동기와
성 격

인간 본성에 대한 탁월한 통찰

동기와 성격

Motivation and Personality

에이브러햄 매슬로 지음 | 오혜경 옮김

연암서가

옮긴이 오혜경

이화여자대학교 사회학과를 졸업하고 서울대학교 심리학과 대학원을 거쳐, 미국 브라운대학교에서 심리학 석사학위를 받았다. 현재 전문 번역가로 활동 중이며, 옮긴 책으로는 『나는 후회하는 삶을 그만두기로 했다』, 『심리학, 즐거운 발견』, 『상처입은 나를 위로하라』, 『중독의 심리학』, 『우리는 대화가 필요해』, 『도그 위스퍼러』, 『How to be happy』, 『나이듦의 기쁨』 등이 있다..

동기와 성격

2021년 3월 25일 초판 1쇄 발행
2021년 3월 30일 초판 1쇄 발행

지은이 | 에이브러햄 매슬로
옮긴이 | 오혜경
펴낸이 | 권오상
펴낸곳 | 연암서가

등록 | 2007년 10월 8일(제396-2007-00107호)
주소 | 경기도 고양시 일산서구 호수로 896, 402-1101
전화 | 031-907-3010
팩스 | 031-912-3012
이메일 | yeonamseoga@naver.com
ISBN 979-11-6087-075-6 03180

값 30,000원

제3판 서문

에이브러햄 매슬로(Abraham H. Maslow)는 20세기의 가장 창의적인 심리학자 중 한 명이다. 이 책 『동기와 성격』(*Motivation and Personality*)은 그의 학문적 성과를 증언해주는 기록으로 매슬로의 이론에 관심 있는 사람들이 가장 중요하게 참조하는 문헌으로 손꼽힌다. 이는 심리학, 교육학, 경영학, 사회과학 등을 다루는 주요 저널에 논문을 싣는 저자들이 이 책에 높은 관심을 보이는 것으로도 증명된다. 이 책은 초판이 1954년, 제2판이 1970년에 출간되었지만 시간이 흐를수록 그 영향력은 점점 더 커졌다. 1971~1976년 사이에 각종 논문과 저서의 참고문헌으로 총 489차례 인용되었는데, 이는 1년에 평균 97차례 이상 인용된 것이다. 또한 초판이 출간된 지 20여 년이 지난 1976~1980년 사이에도 791차례 인용되었으며, 이는 연간 198차례 이상으로 인용 횟수가 증가한 것이다.

이번 제3판은 매슬로의 독창적인 사고를 부각시키고 그가 다루었던 광범위한 개념들을 강조하기 위해 개정되었다. 원문 안에서 장(章)의 순서를 바꾸고 각 장에 새로운 제목과 소제목을 붙였으며, 날짜가 기록된 내용 중 일부는 삭제했다. 13장은 매슬로가 1958년 미시간 주립대학에서 발표했던 강연 원고로 제3판에 새로 추가된 내용이다. 그리고 독자들이 이 책의 역사적·지성사적 문맥을 보다 잘 이해할 수 있도록 몇 가지 내용을 추가했다. 즉 원문의 앞뒤에는 매슬로의 영향력에 관한 분석을, 각 장의 시작에는 서두를, 그리고 책의 뒷부분에는 『동기와 성격』을 인용한 분야별 저널 목록과 그의 연구를 총망라한 연도별 저서 목록을 넣었다.

제3판은 크게 1부 동기이론, 2부 정신병리와 정상성, 3부 자아실현, 4부 인간과학을 위한 방법론의 네 부분으로 구성되어 있다.

1장 '동기이론 서문'에서 매슬로는 전통적인 행동주의자들이 제시했던 동기이론을 인본주의적 관점에서 비판하며 전통적인 동기이론의 한계를 체계적으로 열거한다. 그는 인간을 전인(全人)으로 고려해야 하고, 문화, 환경, 복합적 동기, 동기화되지 않은 행동, 건강한 동기가 미치는 영향 등을 고려해야 한다고 강조한다. 간단히 말해 1장에서 매슬로는 동기에 대하여 인간적인 이론을 전개할 기초를 다진다.

2장 '인간의 동기이론'에서는 욕구단계설을 정통적으로 제시한다. 매슬로는 행동주의와 프로이트 학파, 인본주의 심리학파를 탁월하고 우아하게 통합한다. 욕구단계설은 경영과 광고 분야를 비롯한 다양한 응용심리학 분야에서 패러다임으로 널리 사용되고 있다.

매슬로는 인간의 모든 동기가 공기와 음식, 물 등을 원하는 신체적 욕구로부터 시작하여 단계적으로 배열될 수 있다고 주장한다. 신체적 욕구 다음으로는 안전, 사랑, 존경, 자아실현을 추구하는 네 가지 단계의 심리적 욕구가 뒤따른다. 매슬로는 인간의 이러한 상위 욕구도 음식을 원하는 욕구와 마찬가지로 인간 본성의 실제적이고 통합적인 일부라고 주장한다. 그는 행동주의 학파와 프로이트 학파가 주장하는 지나친 단순화를 경계한다.

3장 '기본 욕구의 충족'에서는 욕구단계설의 함축적인 의미를 탐색한다. 그는 욕구 충족, 욕구 충족의 결과, 욕구 충족과 학습, 성격 형성, 심리적 건강, 병리, 그 밖의 여러 현상 간의 관계를 논의한다.

4장 '본능이론의 재검토'에서는 본능에 대한 고전적인 심리학 이론을 재검토한다. 본능이론은 생물학적 본능의 개념을 인간의 행동에 적용한다. 따라서 본능주의자들은 모든 행동을 학습의 관점에서 설명하려는 행동주의자들과 반대로 모든 행동의 근원을 유전된 본능에서 찾으려 한다.

이 장에서 매슬로는 본능주의적 접근방법의 주요 문제점들을 요약하며 인간의 행동을 유심히 관찰하면 유전과 환경이 함께 영향을 미친다고 주장한다. 매슬로는 인간 욕구에도 본능적 요소가 있지만 대체로 약하다고 말한다. 그에 따르면, 정상적이고 건강한 인간은 본능적 욕구에 지배되지 않으며, 그런 본능적 욕구가 일부 충족되지 않아도 좌절하지 않는다.

지그문트 프로이트는 문화가 요구하는 바와 자아는 우리의 내면 깊숙이 내재된 근본적인 이기적 본능과 충돌한다고 주장한다. 하지만 매슬로는 이에 반대한다. 그는 인간은 근본적으로 선하고 협동적이며, 문화 때문에 좌절하기보다는 문화를 통해 자아를 실현할 수 있다고 주장한다.

5장 '욕구의 단계'에서 매슬로는 욕구단계의 하위 욕구와 상위 욕구의 차이점을 설명한다. 그는 상위 욕구가 진화과정에서 나중에 형성되었으며 각 개인의 발달과정에서도 나중에 나타난다고 말한다. 그에 따르면, 상위 욕구는 덜 강하며 더 오랫동안 욕구 충족을 지연시킬 수 있다. 또한 상위 욕구가 충족되면 개인은 보다 행복해지고 성장할 수 있다. 하지만 상위 욕구가 충족되기 위해서는 더 나은 외부 환경이 필요하다.

다음으로 매슬로는 자신이 제시하는 단계설의 함의를 탐색한다. 그에 따르면 욕구단계설은 인간이 지닌 고등 기능의 풍부하고 복잡한 특성을 잘 설명해준다. 이와 동시에 인간의 행동을 다른 모든 유기체의 동기와 행동과 동일한 연장선 위에 놓는다. 마지막으로 매슬로는 욕구 모델이 철학, 가치, 심리치료, 문화, 신학에서 어떤 의미를 지니는지 간략히 보여 준다.

6장 '동기화되지 않은 행동'에서는 전통적인 심리학의 관심 분야를 표현적·예술적 행위로까지 확장한다. 매슬로가 활동하던 시대의 행동주의 심리학자들은 학습되고 동기화된 행동 이외의 행동은 모두 무시하려는 경향이 있었다. 그러나 매슬로는 모든 행동이 전부 동기화되거나 목표지향적인 것은 아니라고 지적한다. 그는 노래, 춤, 연극 등의 표현적 행동은 비교적 자발적이고 목표가 없으며 그 자체로 즐거운 행동으로 이런 행동들도 심리학이 관심을 가져야 할 영역이라고 본다.

7장 '정신병리의 근원'에서는 두 종류의 욕구 좌절에 대해 언급한다. 위협적인 좌절은 병리현상을 일으키지만 위협적이지 않은 좌절은 병리로까지 이어지지 않는다. 매슬로는 모든 좌절이 위협적인 것은 아니며, 결핍은 부정적인 영향뿐만 아니라 긍정적인 영향도 미칠 수 있다고 주장한다. 또한 위협적인 갈등과 위협적이지 않은 갈등을 논하면서 어떤 종류의 갈등은 긍정적인 영향을 미칠 수도 있다고 주장한다.

8장 '파괴성은 본능인가?'에서 매슬로는 파괴 성향이 선천적이지 않다고 주장한다. 그는 동물, 어린이, 문화 간의(cross-cultural) 행동 연구 결과들을 검토하면서 구성원을 지지해주는 건강한 환경에서는 파괴적인 행동이 거의 일어나지 않는다는 사실을 증명한다. 따라서 그는 파괴성을 포함한 모든 행동을 연구할 때 개인의 성격 구조, 문화적 압박, 직접적인 상황의 세 가지 요소를 반드시 함께 고려해야 한다고 주장한다.

매슬로는 9장 '훌륭한 인간관계로서의 심리치료'에서 위협, 완료 행동, 욕구 충족 등 실험심리학에서 전통적으로 다루어온 개념을 심리치료에 접목한다.

매슬로는 욕구 충족이 이론에서 차지하는 중요한 역할을 인정하면, 어떻게 서로 다른 치료방법들이 모두 효과를 거두는지 이해할 수 있다고 주장한다. 또 수련을 덜 받은 심리치료사가 어떻게 치료효과를 내는지도 알 수 있다고 말한다. 그는 기본 욕구는 대인관계에서만 충족될 수 있다고 지적한다. 매슬로의 욕구단계 중 안전, 소속, 사랑, 자존감에 대한 욕구는 타인과의 관계를 통해 충족될 수 있다.

매슬로에 따르면 훌륭한 인간관계는 근본적으로 치유의 성격을 띤다. 바꾸어 말해 훌륭한 치료는 치료사와 환자 간의 우호적인 인간관계를 기초로 이루어져야 한다. 매슬로가 생각하는 훌륭한 사회는 우호적인 인간관계를 형성하고 격려해주는 사회이며, 심리적으로 건강한 사회다. 매슬로는 전문 심리치료사의 역할이 남아 있을 것이라고 강조한다. 심리치료사는 더 이상 기본 욕구 충족을 추구하지 않고 충족시켜주려고 해도 수용할 수 없는 상태의 사람들에게 여전히 필요한 존재일 것이기 때문이다. 그들에게는 자신들의 무의식적인 생각, 욕구, 좌절, 억압들을 의식으로 끌어올리기 위해 전문적인 치료가 필요하다.

10장 '정상성과 건강에 대한 접근'에서는 심리적 정상성에 대한 주요 정의들을 논의한다. 매슬로는 통계학적·전통적·문화적인 의미에서 잘 적응해서 기능장애가 없는 상태라고 정의된 정상성을 살펴본다. 그는 긍정심리학이 제시하는 건강의 관점에서 좀 더 긍정적인 정의를 제안한다. 매슬로는 심리적인 건강을 자아실현 과정과 욕구단계에 있는 본질적 욕구들의 충족과 관련하여 설명한다. 또한 그는 개인의 다양한 선택이 허용된 자유로운 환경에서 어떻게 심리적인 건강함이 지속될 수 있는지에 대해서도 논의한다.

11장 '자아실현자의 심리적 건강'에서는 자아실현에 대한 획기적인 연구를 설명한다. 매슬로는 연구 대상을 선택하고 테스트하는 데 사용했던 방법들을 설명한다. 이 장의 대부분은 매슬로가 선정한 자아실현자들 사이에서 공통적으로 발견되는 특성과 속성들을 상세히 설명하는 데 할애했다. 이런 속성들에는 정확한 인식, 자발성, 초연함, 독립성, 절정 체험, 유머 감각, 창의성 등이 포함된다.

매슬로는 자신의 연구 대상이 결코 완벽하지 않은, 단점이 있는 사람들이라고 말한다. 아울러 그는 가치가 자아실현과정에 어떤 역할을 하는지에 대해서 설명한다. 그리고 자아실현자들이 이성 대 감성, 이기심 대 이타심, 의무 대 쾌락처럼 서로 상충하는 이분법을 어떻게 해소하는지 논의한다.

12장 '자아실현자의 사랑'에서는 사랑, 특히 건강한 사람들의 사랑을 연구하는 것이 중요하다고 역설한다. 매슬로는 사랑과 섹스 사이의 상관관계를 논의한다. 그리고 사랑을 하면 우리가 어떻게 자아를 초월하고 사랑하는 사람의 독립성과 존엄성을 긍정하게 되는지도 설명한다. 또한 사랑이 본질로 지닌, 보람 있고 이타적인 특성을 논의한다.

13장 '자아실현자의 창의성'에서 매슬로는 화가와 시인 등 다양한 창조적인 직업에 종사하는 사람들의 창의성을 자아실현적인 창의성과 비교한다. 자아실현적인 창의성은 가르치는 일, 요리, 운동 등 모든 분야에서 어떤 일이든지 독창적으로 하려는 성향이다.

창의적인 자아실현자들은 맑고 참신한 시각으로 세상을 보며, 대부분의 사람들보다 자발적이고 표현에 적극적이다. 이런 사람들은 자신을 잘 수용하기 때문에 자신의 더 많은 부분을 창의적인 목적에 투자할 수 있다. 매슬로는 이렇게 위대한 미술, 음악 등의 기초를 이루는 독창적인 통찰력과 영감을 '원초적인 창의성'이라고 부른다. 그는 소수의 천재와 고도의 훈련을 받은 사람들만이 예술 면에서 창의적인 성공을 거둘 수 있다고 한다. 하지만 원초적이며 자아를 실현하는 창의성은 우리의 기본적인 인간성에 기초가 되는 부분이라고 지적한다.

14장 '새로운 심리학을 향한 질문'에서는 심리학에 접근하는 새로운 방식에 제기되는 여러 질문을 다룬다. 여기에는 학습, 지각, 감정, 동기, 지능, 인지, 임상심리학, 동물심리학, 사회심리학, 성격심리학 등의 전통적인 심리학 주제에 대한 새로운 접근이 포함된다.

매슬로는 15장 '과학에 대한 심리학적 접근'에서 과학을 심리학적으로 해석한다. 그는 과학자들도 인간이기 때문에 과학자로서 그들의 행동도 심리학적인 원리에 따른다고 주장한다. 여기에는 과학에서 차지하는 가치, 인간의 두려움, 희망, 꿈의 역할이 포함된다. 매슬로는 과학이 진리를 발견하는 유일한 방법이 아니라는 사실도 강조한다. 그는 과학의 전통적인 관점을 시인과 철학자, 몽상가 등의 접근방법으로 보완할 것을 제안한다. 또한 건강하고 행복하며 균형 잡힌 사람이 더 훌륭하고 창의적인 과학자가 될 가능성이 높다고 주장한다.

16장 '수단중심과 문제중심'에서 매슬로는 과학, 특히 심리학의 많은 문제들이 지나치게 수단중심적 태도 때문에 발생한다고 주장한다. 수단중심이란 과학적 연구의 기구 도구 테크닉에 집중하는 것을 의미한다. 이런 태도는 방법론적으로는 옳지만 별 의미 없는 연구로 이어진다. 또한 과학적 통설에 대한 맹신으로 이어지면서 창의성을 말살시키고 과학이 연구할 수 있는 질문의 범위를 제한한다.

17장 '정형화된 인지와 진정한 인지'에서 매슬로는 사고의 두 가지 유형을 분류하고, 우리가 흔히 사고라고 생각하는 많은 부분이 저급한 범주화에 불과하다고 주장한다. 그는 우선 새로운 체험에 주의를 기울이고 자세히 살피는 것이 새로운 경험을 즉각 범주화하는 것보다 중요하다고 강조한다.

매슬로는 정형화가 맹목적인 범주화의 한 가지 예이며, 습관은 또 다른 예라고 본다. 그에 따르면, 어느 정도의 안정성은 유용하고 필요하다. 그러나 지나친 범주화는 현실을 의식하지 못하게 하며 사람을 지나치게 경직시킨다. 또한 효율적인 문제 해결을 방해한다. 즉, 새로운 문제를 인식하지 못하게 하거나 적절하지 못한 상투적인 방법으로 해결하게 한다.

18장 '심리학에 대한 전체론적 접근'에서 매슬로는 복잡한 인간의 행동이 단순한 부분들로 환원될 수 없다고 논한다. 그는 성격의 특정 부분을 연구할 때조차도 분리된 존재가 아니라 전체의 일부를 다룬다는 사실을 기억해야 한다고 주장한다. 또 표면적으로는 상이한 부분들이 구조적으로 결합된 복합체라는 개념의 '성격증후군'을 소개한다. 그리고 이런 접근방식의 다양한 함의들을 자세히 다룬다.

우리가 이 책을 편집하면서 느꼈던 감동과 희열을 독자들도 느낄 수 있기를 바란다. 매슬로는 인간으로서 또 사상가로서 우리에게 영감을

주었다. 심리학과 인간의 잠재력에 대해 지녔던 그의 비전이 독자들을
감동시켜 그가 제기한 문제들을 깊이 생각하도록 이끈다면, 이 책은 커
다란 성공을 거두었다고 할 수 있을 것이다.

로버트 프레이저

제2판 서문[1]

나는 이번 개정판에 지난 16년간 얻은 의미 있는 주요 교훈들을 담으려 했다. 다음에서 살펴보겠지만 이를 위해 책의 주요 취지를 크게 수정했고, 이는 많은 부분을 다시 쓰지 않았음에도 전체 내용이 실제적이고도 광범위하게 변경되는 결과를 낳았다. 이 책의 주요 취지가 현저히 수정되었기 때문이다.

사실 이 책이 처음 출간되었던 1954년 당시에는 전통적인 심리학을 부정하거나 또 다른 라이벌 심리학을 확립하기보다는 기존의 고전적인 심리학을 바탕으로 무엇인가를 연구·확장해보려는 게 본래 의도였다. 인간 본성의 '보다 높은' 수준을 심도 있게 연구하여 인간 성격에 대해 우리가 가지고 있는 개념을 확장해보고 싶었던 것이다(맨 처음 생각했던 제목은 '인간 본성의 보다 높은 한계Higher Ceilings for Human Nature' 였다). 그래서 이 책의 주제는, 당시의 심리학이 인간 본성에 대해 논한 것들에 추가된다는 의미에서, 인간은 보다 높은 본성을 지니고 있으며

---

[1] 이 서문은 제2판에 실렸던 내용을 그대로 옮긴 것이다. 따라서 장이 제3판의 구성과 일치하지 않을 수도 있다. 참조 인용은 생략했다.

그깃은 유시 본능적인(instinctoid)[2] 인간 본질의 일부라는 한 문장으로 압축될 수 있었다. 그리고 한 가지 더 추가해 행동주의와 프로이트의 정신분석학에서 채택하고 있는 분석적·해부학적·원자론적·뉴턴적 접근과 반대로 인간 본성은 근본적으로 전체론적 성격을 띤다고 강조했다.

달리 표현하면, 나는 기존의 실험심리학과 정신분석학에서 얻을 수 있는 자료들을 수용하고 그 위에 내 이론을 발전시켰다. 또한 행동주의의 실험정신과 본질을 드러내고 심층을 탐구하는 정신분석학의 정신은 수용했지만 그들이 제시하는 인간에 대한 이미지는 거부했다. 다시 말해 이 책은 인간 본성을 다루는 다른 철학 새로운 이미지의 인간을 설명했다.

그렇지만 나는 당시 심리학자들 간의 논쟁으로 치부했던 것이 사실은 새로운 시대정신(Zeitgeist)과 삶에 대한 전반적이며 포괄적인 철학이 지엽적으로 나타난 현상이었음을 깨닫게 되었다. 이런 새로운 '인본주의적' 세계관은 경제학, 사회학, 생물학과 같은 인간의 모든 지식 분야와 법률, 정치학, 의학과 같은 모든 직종, 그리고 가족, 교육, 종교와 같은 사회적인 제도의 전 영역을 대하는 새롭고 희망적이며 고무적인 사고방식이었다. 인본주의적 세계관은 훨씬 더 폭넓은 세계관이자 포괄적인 인생철학의 한 면이며 이미 부분적으로는 성립되어 최소한 개

---

2 매슬로는 두 가지 의미를 전달하기 위하여 instinctoid라는 용어를 만들어냈다. 하나는 인간의 상위 특성들이 '본능'처럼 선천적이며 자연적이고 심리 구조에 내재되어 있다는 것이다. 또 다른 하나는 상위 특성들이 비록 본능과 똑같지는 않지만 비슷한 방식으로 작용한다는 것이다. 독자들이 편하게 읽을 수 있도록 instinctoid를 본문에서는 instinctlike로 바꿨다(우리말로는 문맥에 따라 '유사 본능적, 본능과 유사한'으로 옮겼다-옮긴이).

연성이 있는 부분까지 진전해 있었다. 나는 이와 같은 것들이 진지하게 받아들여져야 한다는 확신 속에서 이 책을 개정했다.

나는 인간, 사회, 자연, 과학, 궁극적인 가치, 철학 등에 대한 새로운 이미지를 뜻하는 '혁명'이, 지식인 공동체의 대다수, 특히 교육받은 대중과 젊은이들의 소통 채널을 통제하는 지식인 공동체로부터 여전히 외면당하고 있다는 사실을 언급하고자 한다(그런 이유에서 나는 이 혁명을 간과된 혁명이라고 부르게 되었다).

그런 지식인들이 제시하는 세계관에는 심각한 절망과 냉소주의가 포함되어 있다. 그것은 때로는 정신을 좀먹는 악의와 잔인성으로까지 악화되기도 한다. 그들은 인간 본성과 사회를 개선할 수 있는 가능성을 부정한다. 또한 인간의 본질적인 가치를 발견하거나 전반적으로 삶을 사랑할 수 있는 가능성도 부정한다.

그들은 정직, 친절, 관용, 애정이 실제로 존재한다는 것을 의심하며 합리적인 회의주의나 판단 유보 정도를 넘어서는 태도를 취한다. 그들은 자신들이 바보, 고지식한 사람, 순진한 사람, 자선가, 극단적 낙천주의자라고 조롱하는 사람들을 만날 경우 적극적으로 적대감을 드러낸다. 이렇게 적극적인 정체 폭로와 증오, 분열은 단순한 경멸의 수준을 넘어선다. 때로 그들은 자신을 기만하거나 놀리려고 시도하는 무례한 처사에 격분하여 반격을 가하기도 한다. 정신분석학자라면 그들의 행동에서 과거의 실망과 환멸에 대해 분노와 복수의 감정이 역동하는 것을 볼 것이다.

이렇게 절망이 만연한 하위문화, '내가 너보다 더 타락했다'는 태도, 약탈과 절망만이 존재하며 선의는 존재하지 않는다고 믿는 반도덕성은 인본주의 심리학과 이 책에 소개된 기초 자료나 저서 목록에 포함된 많은 내용과 정면으로 대치된다. 우리가 인간 본성의 '선함'을 인정하기 위한 전제조건에 아직은 조심스럽게 접근해야 하지만(7, 9, 11, 16장 참조), 인간 본성이 궁극적으로, 또 근본적으로 저열하고 악하다는 절망적인 신념을 단호하게 부정하는 것은 이미 가능해졌다. 그런 신념은 단순히 취향의 문제가 아니다. 그것은 완고한 맹목성과 무지, 사실을 고려하지 않겠다는 강한 거부를 통해서만 유지될 수 있는 신념이다. 그러므로 그런 신념은 사리에 맞는 철학이나 과학적인 입장보다는 개인적인 투사(投射)로 보아야 마땅하다.

나는 처음 두 장과 부록 B에 소개된 과학에 대한 인본주의적이고 전체론적인 개념을 지난 10년간 이루어진 다양한 학문적 발달을 반영하여 철저히 보강했다. 특히 마이클 폴라니(Michael Polanyi)의 훌륭한 저서 『개인적 지식』(Personal Knowledge)을 포함시켰다. 내 저서 『과학의 심리학』(The Psychology of Science)도 매우 유사한 논제를 발전시킨 내용이다. 이런 책들은 여전히 우리를 지배하는 전통적이며 전형적인 과학철학과 대립하고, 인간에 대한 과학적 연구를 위한 훨씬 더 나은 대안을 제시한다.

이 책은 시종일관 전체론적 입장을 취하지만 보다 집중해야 하고 더 어려운 방법들은 부록 B에 포함시켰다. 전체론은 분명히 옳다. 어쨌든 우주는 하나이고 상호 연관되어 있다. 또 모든 사회는 하나로 서로 연관되어 있고 인간도 마찬가지이다. 하지만 전체론적 관점은 세상을 볼 때 마땅히 취해야 할 관점임에도 불구하고 실제로는 어려운 측면이 많다. 나는 원자론적인 사고가 경미한 정신병리현상의 일종이거나 최소한 지적 미성숙이라는 증후군의 한 면을 보여준다는 생각을 최근에 더 많이 하게 되었다. 건강한 자아실현자는 자연스럽게 전체론적 관점에서 사고한다. 반면에 덜 진화되고 덜 성숙하고 덜 건강한 사람은 전체론적 관점에서 사고하기가 몹시 어려워 보인다. 물론 이 진술은 단순히 내가 받은 인상에 불과하기 때문에 확고하게 주장할 생각은 없다. 그렇지만 비교적 수월하게 검증할 수 있는 가설로 제시해도 무방하다고 생각한다.

이 책 전체에서 다루고 있으며 특히 3~7장에 중점적으로 제시한 동기이론의 내력은 흥미롭다. 1942년에 정신분석학회에서 최초로 발표한 이론의 내용은 프로이트, 아들러 융, 레비, 프롬, 호나이, 골트슈타인과 같은 학자들에게서 발견한 부분적인 진리들을 하나의 이론적인 구조로 통합시키려는 시도에서 비롯되었다. 나는 이들이 다양한 환자들을 상대하면서 적합한 방법을 찾아 치료했던 경험으로부터 많은 것을 배웠다. 내가 제기한 질문들은 임상적인 부분이었다. 어린 시절의 어떤 결핍이 신경증을 유발하는가? 어떤 심리치료술이 신경증을 치유하는가? 신경증을 예방하는 방법은 무엇인가? 심리치료술은 어떤 순서로 필요한가? 어떤 것이 가장 강력한가? 어떤 것이 가장 기본적인가?

공정하게 말하면 이 이론은 임상적·사회적·성격학적 면에서는 성공적이었지만 실험적인 면에서는 성공을 거두지 못했다. 동기이론은 대부분 사람들의 개인적인 경험 측면에 적합하다. 또한 사람들에게 자신의 내면적인 삶을 보다 잘 이해하도록 짜임새 있는 이론을 제공해준다. 사람들 대부분은 이 이론이 자신과 직접적·개인적·주관적으로 개연성이 있다고 생각한다. 그렇지만 실험적인 검증과 증거가 부족하다. 나는 이것을 실험실의 실험으로 옮길 만한 좋은 방법을 모색하지 못했다.

이 퍼즐에 대한 대답 중 일부는 동기이론을 산업 현장에 적용시켰던 더글러스 맥그리거(Douglas McGregor)에게서 얻을 수 있다. 그는 자신의 자료와 관찰을 정리하는 데 동기이론이 유용할 뿐만 아니라, 이론을 검증하고 확인하는 근거로 자신의 자료들을 소급 적용할 수 있음을 발견했다. 현재 경험적인 증거들은 실험실이 아니라 이런 현장 분야에서 나오고 있다(저서 목록에는 그런 자료들도 포함되어 있다).

나는 다른 산업분야와 영역에서도 이를 확인했고 다음과 같은 교훈을 얻었다. 즉 우리가 인간 욕구에 대해 논할 때 이는 삶의 본질을 다루는 것이다. 내가 이런 본질을 어떻게 동물실험실이나 시험관 상황에서 실험으로 옮길 생각을 할 수 있었겠는가. 분명 이런 연구에는 한 사람이 온전히 사회적인 환경에 처해 있는 삶의 상황이 필요하다. 그런 상황에서만 확인 또는 반증을 얻을 수 있을 것이다.

나는 4장에서는 심리치료사들이 문제 삼지 않는 동기보다는 신경증 유발 요소들을 강조함으로써 이론의 출발점인 임상-치료적 근원을 보여주었다. 그런 요소들로는 최고의 인간적인 가치이면서 동기 요인인 아름다움, 진실, 탁월함, 완료, 정의, 질서, 일관성, 화합 등이 있다. 또한 무기력, 게으름, 감각적인 쾌락, 감각적인 자극과 활동에 대한 욕구, 삶에 대한 순수한 열정 또는 열정의 부족, 희망 또는 절망 성향, 그리고 두려움, 불안감, 결핍 등의 상황에서 나타나는 퇴행 성향이 있다.

3, 4장에 보완이 필요한 내용은 내 저서 『존재의 심리학』(*Toward a Psychology of Being*)의 3, 4, 5장과 『유사이키안 경영』(*Eupsychian Management*)의 「저급 불평, 고급 불평, 메타 불평」과 「메타 동기이론」에서 논의했다.

인간의 삶은 인간이 지니는 최고의 열망을 고려하지 않고서는 결코 이해할 수 없다. 우리는 더 이상 의문을 제기하지 말고 성장, 자아실현, 건강을 향한 노력, 정체성과 자율성의 추구, 탁월함에 대한 갈망(그 밖에 '위를 향한 노력'(striving upward)이라고 표현할 수 있는 다른 현상들)을 광범위하고 보편적인 인간의 성향으로 받아들여야 한다.

　그러나 퇴행적이며 두려운 나머지 자아를 손상시키는 또 다른 성향들도 있는데, 이는 특히 경험이 없는 젊은이들에게서 자주 나타난다. 우리는 '개인의 성장'에 지나치게 도취되어 그런 성향을 쉽게 망각할 수 있다. 나는 정신병리학과 심층심리학의 지식이 충분하다면 그런 환상을 예방할 수 있다고 생각한다. 우리는 많은 사람들이 좋은 것보다 나쁜 것을 선택하려 하며, 종종 고통스러운 성장과정으로 인해 성장을 기피할 수도 있음을 인식해야 한다. 그리고 자신이 지닌 최상의 가능성을 사랑하면서도 두려워한다는 사실도 알아야 한다. 또한 누구나 진실이나 아름다움, 미덕에 대해 내면 깊은 곳에서 양가적 태도를 가지고 있기 때문에 그것들을 사랑함과 동시에 두려워한다는 것도 인지해야 한다. 인본주의 심리학자들에게 프로이트는 여전히 필독서이다(그의 형이상학이 아니라 그가 발견한 사실들 때문에). 그 밖에도 나는 교육 수준이 낮은 사람들에게서 나타나는 속된 것과 시시한 것, 싼 것과 가짜에 이끌리는 성향을 공감하고 이해하는 데 도움이 되도록 리처드 호가트의 책을 추천하고 싶다.

　'기본 욕구의 유사 본능적 성질'을 다룬 4, 6장은 내가 본질적인 인간적 가치와 인간의 선함에 대한 체계를 세우는 기초가 되었다. 그런 가치와 선은 저절로 입증되며 본질적으로 선하고 바람직한 것으로서 더 이상의 정당화가 필요 없는 개념이다. 그것은 인간 본성의 본질에서 발건되는 기치의 단계로, 모든 인간이 원하고 갈망하는 대상이다. 이뿐만 아니라 질환과 정신병리를 피하기 위해 필요한 것이기도 하다. 달리 표현하면 이런 기본욕구와 메타 욕구는 모든 종류의 도구적 학습과 조건화를 형성하는 기초로 쓰일 수 있는 본질적인 강화물이자 조건화되지 않은 자극이다. 다시 말해 이런 본질적인 좋은 것들을 얻기 위해서라면 동물이나 사람은 무엇이든지 기꺼이 학습하려고 할 것이다.

여기서 개념을 확장시킬 지면이 충분하지는 않다. 그러나 나는 본능적인 기본 욕구와 메타 욕구를 욕구인 동시에 권리로 보는 것이 정당하고 유용하다고 분명하게 언급하고 싶다. 고양이가 고양이가 될 권리가 있다는 뜻과 같은 의미에서 인간이 인간이 될 권리가 있다고 인정하면 이런 의견이 즉시 도출된다. 온전하게 인간이 되기 위해서는 이런 욕구와 메타 욕구의 충족이 필요하다. 그렇기 때문에 그것을 천부적인 권리라고 생각해도 무방하다.

기본 욕구와 메타 욕구의 단계는 다른 측면으로도 나에게 도움을 주었다. 나는 그 단계가 사람들이 자신의 취향과 식욕에 따라 음식을 고를 수 있는 뷔페처럼 사용된다는 사실을 발견했다. 따라서 어떤 사람의 행동의 동기를 판단할 때에는 판단하는 사람의 성격도 고려해야 한다는 것이다. 사람은 행동의 원인을 찾기 위해 동기를 선택할 때, 예를 들어 그 사람이 지니는 전반적인 낙관주의나 비관주의에 따라 선택한다. 나는 오늘날 사람들이 비관주의를 훨씬 더 빈번히 선택한다는 사실을 발견했으며, 그 빈도가 너무 잦아 그런 현상을 동기의 하향평준화라고 명명해야 한다고 생각하게 되었다. 간단히 말해 그것은 행동을 설명하려고 할 때 중간 단계의 욕구보다는 하위 욕구를, 상위 욕구보다는 중간 욕구를 원인으로 더 채택하고 싶어 하는 경향이다. 사람들은 사회적 동기나 메타 동기, 또는 이 세 가지가 혼합된 동기보다 순수하게 물질적인 동기를 선호한다. 그것은 피해망상과 같은 의심이며 인간 본성에 대한 평가절하로서 종종 눈에 띄는 현상이다. 하지만 내가 아는 한 충분히 설명되지 않았다. 나는 어떤 동기이론이라도 완전을 기하려면 이 변수를 추가로 고려해야 한다고 생각한다.

그리고 나는 사상을 연구하는 역사가들이라면, 다양한 문화와 시대 속에서 인간의 동기를 전반적으로 상향 평준화 또는 하향 평준화해왔던 일반적인 추세를 보여주는 예를 쉽게 찾을 것이라고 확신한다. 지금 이 글을 쓰고 있는 시점의 우리 문화는 분명 광범위한 하향평준화 추세에 있다. 하위 욕구들이 무언가를 설명하는 용도로 지나치게 남용되며, 상위 또는 메타 욕구는 심각할 정도로 고려되지 않는다. 내 의견으로 이런 경향은 경험적인 사실보다는 편견에 훨씬 더 의존한다. 하지만 나는 상위 욕구와 메타 욕구의 결정력이 내 연구대상들이 생각하는 것보다 훨씬 더 강하며, 현대 지식인들이 인정하려는 것보다도 훨씬 더 강하다는 사실을 발견했다. 이것은 분명히 경험적이고 과학적인 질문이며, 파벌이나 일부 집단에 남겨두기에는 너무나 중요한 문제다.

나는 5장에서 충족이론을 다루며 충족의 병리학에 관한 내용을 추가했다. 15년 또는 20년 전에는 사람이 얻고자 애썼던 것, 그리고 얻으면 행복해진다고 여겼던 것을 얻고 난 후에 병적인 결과가 수반될 수도 있음을 미처 생각하지 못했다. 우리는 오스카 와일드(Oscar Wilde)가 말했듯이 자신이 바라는 것에 조심해야 한다는 사실을 배웠다. 소원이 이루어지면서 비극이 발생할지도 모르기 때문이다. 비극은 동기의 수준이 물질적인 것이든 대인관계적인 것이든 초월적인 것이든 어떤 수준에서도 일어날 수 있다.

우리는 이렇게 예상하지 못했던 발견을 통해 기본 욕구가 충족되더라도 신념을 가지고 자신을 헌신할 수 있는 가치 체계가 저절로 주어지지 않음을 배울 수 있다. 오히려 기본 욕구의 충족이 권태, 목표 상실, 아노미 상태[3] 등의 결과를 초래할 수 있음을 배웠다. 우리는 자신에게 부족한 것을 얻기 위해 노력할 때, 자신이 가지지 못한 것을 바랄 때, 그런 바람을 성취하기 위해 온 힘을 쏟아 노력할 때 가장 잘 행동하는 같다. 충족된 상태가 반드시 행복이나 만족이 보장되는 상태는 아니다. 충족된 상태는 문제를 해결함과 동시에 문제를 제기하는 일종의 미해결 상태다.

이 발견은 '무엇인가 본질적인 것이 결핍되어 그것을 추구하는 삶이, 의미 있는 삶에 대한 유일한 정의라는 사실을 암시한다. 그러나 우리는 자아실현자들이 기본 욕구는 이미 충족된 상태지만 존재의 영역에서 살 수 있기 때문에 그들의 삶이 보다 풍요롭고 의미 있음을 안다. 그러므로 의미 있는 삶에 대해 일반적으로 확산되어 있는 철학은 잘못된 것이거나 최소한 미성숙한 것이다.

내가 불만이론(Grumble Theory) 현상을 더 이해하게 되었다는 것도 중요하다. 간단히 말해 욕구 충족은 일시적인 행복만을 가져다주며, 그 후에는 다른(그리고 바라건대) 상위 수준의 불만족을 느끼게 된다. 영원한 행복을 바라는 인간의 소망은 절대로 충족될 수 없는 것으로 보인다. 행복은 분명히 얻을 수 있고 실제적인 대상이다. 그렇지만 우리는 행복이 본질적으로 무상하다는 것을 받아들여야 한다. 특히 우리가

---

3 행위를 규제하는 가치나 도덕 기준이 없는 혼란 상태 - 옮긴이.

좀 더 강렬한 행복에 초점을 맞춘다면 더욱 그 사실을 수용해야 한다. 절정 체험은 지속되지 않으며 지속될 수 없다. 강렬한 행복은 일시적일 뿐 지속적이지 않다.

이러한 결론은 3,000년 동안 우리를 지배하면서 천국, 에덴동산, 좋은 삶, 좋은 사회, 좋은 인간에 대한 우리의 관념들을 결정해왔던 행복 이론을 수정해야 한다는 의미다. 우리의 러브 스토리는 전통적으로 '그들은 영원히 행복하게 살았다'로 결말이 난다. 여러 사회 개혁과 혁명 이론도 그랬다. 그러나 사회가 개선되기는 했지만 그 개선은 제한적이었다. 그래서 현혹되었던 사람들은 결국 환멸을 느꼈다. 사람들은 노동조합, 여성의 참정권, 상원의원의 직접선거, 누진소득세, 그 밖에도 여러 차례의 개헌과 같은 개선 방안들이 주는 혜택에 지나치게 현혹되었다. 그 각각의 개선책은 하나같이 천년왕국, 영원한 행복, 모든 문제에 대한 결정적인 해결을 가져올 듯했지만 지나고 나면 환멸이 따랐다. 그러나 환멸은 환상이 있었다는 뜻이다. 우리는 개선을 기대해도 좋다. 하지만 완벽함에 도달하고 영원한 행복이 성취될 수 있을 것이라고는 더 이상 기대하지 말이야 한다.

또한 나는 간과되어 왔지만 이제는 분명하게 드러나는 또 하나의 현상에 대해 언급하고자 한다. 그 현상이란 우리가 이미 받은 축복을 당연하게 받아들여 잊어버리고, 의식으로부터 외면하며, 다시 뺏길 때까지 가치 있게 여기지 않는 것을 말한다. 1970년 1월 내가 이 서문을 쓰고 있는 현재, 미국 문화에 만연한 풍조 하나를 예로 들 수 있다. 지난 150여 년간 투쟁하여 이룬 명백한 진보와 개선이 무가치한 가짜이며 싸워서 지키거나 보호하여 소중히 여길 가치가 없는 것이라고 치부하는 경박히고 생가 없는 사람들이 많다. 그 이유인즉슨 사회가 아직 완벽하지 않다는 것이다.

현재 진행 중인 여성 '해방'을 위한 투쟁은 이렇게 복잡하면서도 중요한 현상을 요약적으로 보여준다. 얼마나 많은 사람들이 단계적이고 통합적인 방식 대신, 이분법적이고 분열적으로 생각하려는 경향을 지녔는지를 보여주는 하나의 예이다(나는 수많은 다른 예를 들 수도 있었다). 오늘날 우리 문화에서 젊은 여성의 꿈은(그 꿈 너머까지는 그 여성이 볼 수 없지만) 자신을 사랑하는 남자를 만나 가정과 아이를 갖는 것이다. 그녀의 환상에서 여자는 그 후로 영원히 행복하게 산다. 그러나 문제는 그녀가 가정과 아이 또는 연인을 간절히 원했다고 해도 조만간 이런 축복에 싫증을 느끼게 된다는 것이다. 무엇인가 부족함을 느끼고 보충해야 할 것처럼 불안정하고 불만족스러워한다. 그런 경우 가정이나 아이, 남편이 가짜인 양, 심지어 덫이나 노예제도라도 되는 양 그 대상들을 공격한다. 또한 양자택일의 방식으로 직업이나 여행의 자유, 개인적인 자율성과 같은 상위 욕구와 충족을 갈망하는 잘못을 저지른다. 불만이론과 단계적·통합적 욕구이론의 요점은 여성이 원하는 것들이 서로 배타적인 대안이라고 생각하는 사고가 미성숙하고 현명하지 못하다는 것이다. 만족하지 못하는 여성은 자신이 가진 모든 것을 움켜쥔 채 더 많은 것을 원하는 노조원과 같다고 생각하면 정확하다. 다시 말해 그녀는 자신의 모든 축복을 유지하면서 더 많은 것을 원한다. 그렇지만 커리어든 무엇이든 그녀가 원하는 것이 달성되면 여전히 이런 영원한 교훈을 배우지 못했다는 듯이 똑같은 과정을 되풀이할 것이다. 행복과 흥분, 성취감을 얼마 동안 느낀 후에는 또다시 그 모든 것을 당연시하고 더 많은 것을 원하며 불안해하고 불만족스러워할 것이다.

나는 우리가 이런 인간의 특성을 제대로 인식하고 영원한 행복이라
는 꿈을 포기할 수 있다면, 또 우리가 일시적인 황홀경 다음에 더 많은
것을 요구하며 불평하게 된다는 사실을 받아들일 수 있다면, 일반 대중
들에게도 자아실현자들처럼 자신의 축복에 감사해하며 양자택일적인
선택의 덫을 피하는 방법을 가르칠 수 있는 실질적인 가능성을 제시한
다. 여성은 여성 고유의 것들(사랑받고 가정을 이루며 아이를 가지는 것)
을 모두 성취하고, 이미 성취한 만족감을 하나도 포기하지 않으면서도
여성성을 넘어서 남성들과 공유한 완전한 인간성에 도달할 수 있다. 예
를 들어 지성과 재능, 그녀만의 특별한 천재성을 개발하고 개인적인 성
취에 도달할 수 있다.

6장 '기본 욕구의 본능적 성질'의 요점은 이 책을 처음 썼을 때와 달
라졌다. 지난 10여 년간 유전학 분야가 급속히 발전하면서 우리는 15
년 전에 생각했던 것보다 유전자의 결정력을 더 많이 인정하게 되었다.
나는 X, Y 염색체에 일어날 수 있는 다양한 현상들, 즉 두 배, 세 배로
증식되거나 손실되는 현상이 심리학자들에게 가장 의미 있는 발견이라
고 생각한다.

'파괴성은 본능인가?'라는 내용을 담은 9장도 이런 새로운 발견 때문
에 상당 부분 수정했다.

유전학 발전의 도움을 받아 내 입장은 이전보다 분명해지고 설명이
가능하게 되었다. 현재로서 유전과 환경의 역할에 관한 논쟁은 지난 50
여 년간과 마찬가지로 단순화되어 있다. 한편으로는 동물에게서 나타
나는 온갖 종류의 본능을 이야기하는 단순화된 본능이론과, 또 다른 한
편으로는 본능에 기초한 관점 자체를 모조리 거부하고 완전한 환경결

성론을 띄하는 입장 사이를 오락가락하고 있다. 두 입장 모두 쉽게 반박될 수 있으며, 내 의견으로는 어리석을 만큼 이치에도 맞지 않는다. 양극화된 이 두 의견과대조적으로 6장과 책의 나머지 부분에서는 제3의 입장을 취하는 이론이 전개된다. 즉 인간에게는 동물적인 의미에서 완전한 본능이라고 할 수 없는 매우 약한 본능의 잔여물이 있다. 이런 본능의 잔여물과 유사 본능적인 성향(instinctlike tendency)은 너무나 약해서 문화와 학습에 쉽게 압도당할 수 있다. 따라서 문화와 학습이 그것들보다 훨씬 더 강력하게 인식된다. 사실 정신분석학을 비롯하여 인간의 내면을 드러내는 여러 치료법들은 '자아의 탐구'까지는 아니더라도 학습, 습관, 문화에서 탈피하여 우리가 가진 본능의 잔여물과 유사 본능적인 성향, 약하게 나타나는 본성이 어떤 것인지를 발견해가는 섬세하고 어려운 작업이다. 한마디로 인간은 생물학적인 본질을 지니고 있지만 그것은 약하고 미묘하게 영향을 미친다. 그것을 발견하려면 특별한 탐색 기술이 필요하다. 우리는 개별적으로, 그리고 주관적으로 우리의 동물성 또는 인간이라는 종의 본성을 발견해야 한다.

이를 통해 우리는 인간 본성이 무척 영향을 받기 쉬워서 문화나 환경이 유전적인 잠재성을 창조하거나 키워줄 수 없는 대신, 아예 없애버리거나 약화시키기는 쉽다고 결론내릴 수 있다. 사회와 관련시켜서 말하면 이러한 결론은 세상에 태어나는 모든 아이에게 동등한 기회를 주어야 한다는 주장을 매우 강력하게 뒷받침한다. 또한 인간의 잠재성이 나쁜 환경에 의해서 쉽게 말살당하거나 파괴당할 수 있기 때문에, 좋은 사회가 필요하다는 주장을 강력하게 뒷받침할 수도 있다. 이것은 인간이라는 종에 속한다는 사실만으로도 완전한 인간이 될 권리, 다시 말해 가능한 잠재성을 모두 실현할 권리가 성립한다는 것과는 별개의 주장이다. 인간이라는 종으로 태어난다는 의미에서 인간으로 존재한다는 것은 인간이 되어간다는 의미로도 정의되어야 한다. 이런 의미에서 아기는 잠재적으로만 인간이며 사회, 문화, 가족 안에서 인간으로 성장해야 하는 존재다.

이런 관점을 취하면 우리는 결국 종의 일원이라는 사실뿐만 아니라 개인차를 훨씬 더 진지하게 받아들여야 한다. 또한 인간은 외부의 힘에 의해 쉽게 변형·변화되며 피상적이고 억압된다. 그러므로 우리는 인간이 여러 종류의 병리현상을 일으키는 존재라는 새로운 시각으로 인간을 보는 법을 배워야 한다. 그런데 이런 사실은 각자의 방식으로 방해받지 않고 성장할 수 있도록 기질과 성향, 각 개인은 숨은 소질을 발견하기 위해 노력해야 한다는 까다로운 과제를 제시한다. 이런 태도를 취한다면 개인의 진정한 기질을 부정할 때 발생하는 미묘한 심리적·생리적 대가와 고통에 이제까지 심리학자들보다 더 많은 관심을 기울여야 한다. 또 의식되지 않거나 외부에서 쉽게 발견할 수 없는 고통에도 마찬가지로 많은 관심을 기울여야 한다. 이는 각 연령 수준에서 '훌륭한 성장'이 의미하는 바에 훨씬 더 세심한 주의를 기울여야 함을 뜻한다.

마지막으로 우리는 사회적 불의라는 알리바이를 포기함으로써 따르는 충격적인 결과를 받아들일 준비를 해야 한다. 사회적 불의를 지속적으로 줄여나갈수록 그것이 '생물학적 불의'로 대체되는 것을 보게 될 것이다. 생물학적 불의로 인해 아이들은 서로 다른 유전적인 잠재력을 가지고 세상에 태어난다. 우리가 모든 아이의 훌륭한 잠재력에 동등하게 기회를 주는 이상적인 지점까지 이르면 그것은 부실한 잠재력도 수용한다는 것을 의미한다. 아이가 선천적으로 나쁜 심장, 약한 신장 또는 신경장애를 갖고 태어났을 때 우리는 무엇을 탓해야 하는가. 원망할 대상이 자연뿐이라면 그 사실은 자연으로부터 '부당하게' 대우를 받은 개인의 자존감에 어떤 의미를 지니게 되는가.

이 장과 또 다른 논문들에서 나는 '주관적 생물학'이라는 개념을 도입했다. 나는 이 개념이 주관적인 것과 객관적인 것, 현상학적인 것과 행동적인 것 사이의 격차를 좁히는 데 매우 유용하다는 사실을 발견했다. 나는 사람들이 자신의 생명현상을 주관적·내성적으로 탐구할 수 있으며, 또 그렇게 해야 한다는 이 발견이 다른 사람들, 특히 생물학자들에게 도움이 되기를 바란다.

파괴성을 다룬 9장은 대대적으로 수정했다. 나는 파괴성을 악의 심리학이라는 보다 포괄적인 범주에 포함시켰다. 악의 한 측면을 조심스럽게 다룸으로써 그 문제 전체가 경험적·과학적으로 연구될 수 있는 대상이라는 사실을 보여주고 싶었다. 이 주제를 경험과학의 영역으로 끌어들였다는 것은 우리가 그에 대해서 꾸준히 이해를 확장시켜갈 수 있을 것이라고 자신 있게 예상한다는 뜻이다. 또 이해가 확대된다는 것은 언제나 그 대상에 대해서 조처를 취할 수 있음을 의미한다.

우리는 공격성이 유전과 문화라는 두 요인에 의해 결정된다는 것을 배웠다. 또한 나는 건강한 공격성과 그렇지 못한 공격성을 구분하는 것이 매우 중요하다고 생각한다.

공격성의 원인을 전적으로 사회나 인간 내면의 성질 때문이라고 할 수 없듯이, 전반적인 악이 전적으로 사회적·심리적 산물이 아니라는 것은 분명하다. 이런 사실은 언급할 필요가 없을 정도로 자명하지만, 이렇게 근거 없는 이론을 믿을 뿐만 아니라 그 믿음에 따라서 행동하는 사람들이 오늘날에도 많다.

나는 '행동의 표현적인 요소'를 10장에 도입했다. 그것은 아폴로적인 통제라는 개념으로서 충족을 위협하는 것이 아니라 오히려 증진시켜주는 바람직한 통제를 뜻한다. 나는 이 개념이 순수심리학 이론과 응용심리학에 매우 중요하다고 생각한다. 나는 이 개념 덕분에 병적인 충동성과 건강한 자발성을 구분할 수 있게 되었다. 이런 구분은 오늘날 절실히 필요하며, 젊은이들과 통제는 반드시 억압적이고 악하다고 생각하는 많은 사람들에게 특히 중요하다. 이런 통찰이 나에게 도움이 되었듯이 다른 사람들에게도 도움이 되기를 바란다.

나는 이런 개념적인 도구를 자유, 윤리, 정치, 행복과 같은 오래된 문제에 적용하는 데 시간을 할애하지 않았다. 그러나 이 개념의 연관성과 위력은 관련 분야의 사상가들에게는 분명하게 보일 것이다. 정신분석가는 이런 해결이 프로이트가 제시했던 쾌락원리와 현실원리의 통합이라는 개념과 어느 정도 중복된다는 사실을 발견할 것이다. 정신역학 이론가들이 유사점과 차이점을 생각해보면 유익한 연구가 될 것이다.

나는 자아실현을 다룬 11장에서 혼란을 일으킬 수 있는 한 가지 근원을 제거하기 위하여 자아실현의 개념을 연장자들에게만 국한시켰다. 내가 사용했던 기준에 의하면 젊은이들은 아직 자아실현을 이루지 못했다. 최소한 우리 문화에서 젊은이들은 아직 정체성 또는 자율성을 확립하거나 도달하지 못했다. 로맨스가 지나간 후의 지속적이며 성실한 애정관계를 체험할 시간이 충분하지 못했으며, 자신의 소명 또는 자신을 헌신할 대상을 발견하지도 못했다. 또한 자신만의 가치체계를 형성하지 못했고, 완벽주의적인 환상을 떨치고 현실적인 안목을 가질 만큼 충분한 체험(타인에 대한 책임, 비극, 실패, 성취, 성공)도 하지 못했다. 그리고 죽음을 편안하게 받아들이지 못했다. 인내하는 방법도 아직 배우지 못했으며, 자신과 다른 사람 내면의 악에 대해 충분히 학습하여 연민을 느낄 수 있는 단계에 이르지 못했다. 부모, 노인, 권력, 권위에 대한 양가적인 태도를 넘어설 연륜도 쌓지 못했으며, 현명해질 가능성에 자신을 개방할 수 있을 만큼 견문을 넓히거나 교육을 받지도 못했다. 그리고 인기 없는 대상이 되거나 도덕성을 드러내는 일에도 부끄러워하지 않을 만큼 용기를 기르지도 못했다.

어쨌든 인간의 잠재성이 실현된 사람, 즉 성숙하고 인간적이며 자아실현을 이루는 사람이라는 개념과 특정 연령층에서의 건강이라는 개념을 분리하는 것이 심리학적으로 더 나은 전략이다. 나는 건강을 '자아실현을 향한 훌륭한 성장'(good-growth-toward-self-actualization)이라고 바꾸어 표현할 수도 있으며, 그것이 상당히 의미 있고 연구 가능한 개념이라는 것을 발견했다. 나는 대학생들을 대상으로 충분히 관찰하면서 '건강함'과 '건강하지 않음'을 구분하는 것이 가능함을 확인했다. 건강한 남녀는 지속적으로 성장하는 경향이 있다. 게다가 사랑과 호감을 가질 만한 대상으로서 악의가 없으며 친절하고 이타적이며(그렇지만 그런 점을 무척 수줍어한다) 연장자들에게 상냥하다는 인상을 주었다. 하지만 그런 젊은이들은 자신에 대해 확신이 없고 아직 자아가 형성되지 않은 상태이다. 그리고 다른 사람들과 비교했을 때 소수에 속하는 입장 때문에 불편해 했다(그들의 개인적인 의견과 취향은 보다 솔직하고 공명정대하며 메타 동기에 따라 동기화된다. 다시 말해 평균보다 고결하다). 그들은 젊은이들에게서 종종 나타나는 잔인함, 비열함, 군중심리에 대해 불편함을 느꼈다.

물론 이런 증후군이 앞으로 계속 발달하여 연장자들에게서 내가 언급했던 자아실현이라는 현상으로 이어질 것인지는 확신하지 못한다. 오직 장기적인 연구를 통해서만 확인할 수 있을 것이다.

나는 내가 연구한 자아실현자들이 국수주의를 초월한다고 묘사했다. 게다가 그들이 계급과 계층도 초월한다는 것을 덧붙였다. 선험적으로 생각하면 풍요로움과 사회적 품위가 자아실현의 가능성을 더욱 높여준다고 기대할 수 있다. 내 경험으로 보았을 때 이것은 사실이었다.

내가 처음 보고할 때 예상하지 못했던 또 하나의 질문이 있다. 즉 이런 사람들은 훌륭한 세상에서 '훌륭한' 사람들과만 더불어 살 수 있는가? 물론 아직 검증되지는 않았지만 돌이켜보면 자아실현자들은 본질적으로 융통성이 있으며 현실적으로 어떤 사람, 어떤 환경에도 적응할 수 있다. 나는 그들이 좋은 사람은 좋은 사람대로, 나쁜 사람은 나쁜 사람대로 대할 수 있다고 생각한다.

나는 '불만'과 이미 이루어진 욕구 충족을 과소평가하거나, 심지어 평가절하하고 외면하려는 보편적인 성향에 대해 연구하면서 발견한 한 가지 특성을 자아실현자를 묘사할 때 추가했다. 자아실현자들은 인간을 불행하게 만드는 이런 뿌리 깊은 근원으로부터 비교적 자유롭다. 간단히 말해 그들은 '감사'할 능력을 갖고 있다. 자신의 축복이 축복임을 항상 의식하고 있다. 기적이 거듭 일어나도 여전히 기적으로 받아들인다. 그들은 과분한 행운, 까닭 없는 은혜를 의식하면서 살기 때문에 삶이 항상 소중하며 절대로 진부해지지 않는다.

나는 자아실현자에 대한 연구가 잘 진행되어 무척 안도했다. 그것은 거대한 도박이었으며, 직관적인 신념을 포기하지 않고 탐구하는 행위였다. 나는 연구과정에서 과학적인 방법과 철학적인 비판의 기본적인 규범들을 무시해야 했다. 그런 규범들은 내 스스로가 믿고 받아들였던 것이기 때문에 그것을 무시하기 위해 매우 신중하게 연구를 진행해야 했다. 나의 탐구는 불안과 갈등, 자기 회의 위에서 진척되었던 것이다.

지난 몇십 년 사이 충분한 검증이 이루어지고 근거 자료가 수집되어 (저서 목록을 참조하기 바란다) 나는 이런 근본적인 불안감을 더 이상 느낄 필요가 없어졌다. 그렇지만 근본적인 방법론적·이론적 문제들이 여전히 우리 앞에 가로막혀 있음을 의식하고 있다. 이미 이루어진 연구는 시작에 불과하다. 이제 연구를 위해서 건강하고 인간적이며 자율적인 자아실현자를 선택할 수 있는 집단방법(team method)을 쓸 준비가 되었다. 의견 일치를 본 그런 방법은 훨씬 더 객관적이며 비개인적이다. 문화 간의 연구도 필요하다. 내 생각으로는 요람에서 무덤까지 계속되는 후속 연구만이 만족스러운 검증을 해줄 것이다. 그리고 내가 했던 것처럼 올림픽 금메달 수상자에 해당하는 탁월한 사람들의 집단에서 연구 대상을 선택하는 방법과 더불어 전체 인구에서 표본을 추출하여 진행하는 연구도 필요하다. 나는 우리가 찾을 수 있는 최고의 인간에게서 '치유 불가능한 죄와 결점들을 보다 완전하게 탐색할 때까지는 더 이상 환원될 수 없는 인간의 근원적 악에 대해서 절대로 이해하지 못할 것이라고 생각한다.

나는 그런 연구가 과학, 윤리, 가치, 종교, 직업, 경영, 대인관계, 사회 등에 대한 우리의 철학을 바꿔놓을 것이라고 확신한다. 또한 우리가 젊은이들에게 비현실적인 완벽주의, 즉 완벽한 인간, 완벽한 사회, 완벽한 교사, 완벽한 부모, 완벽한 정치인, 완벽한 결혼, 완벽한 친구, 완벽한 기관 등에 대한 요구를 포기하도록 가르칠 수 있다면, 위대한 사회적·교육적 변화가 즉각 일어날 수 있다고 생각한다. 그런 완벽함은 절정 체험과 완벽한 융합 등이 일어나는 덧없는 순간을 제외하고는 존재하지 않으며 존재할 수도 없다. 그런 기대는 환상이다. 그렇기 때문에 필연적으로 환멸을 느낌과 동시에 혐오, 분노, 우울함, 복수가 뒤따르게 된다는 것을 지금의 불충분한 지식만으로도 이미 알고 있다. 나는 '이 순간 극락을!'이라는 요구 자체가 중대한 악의 근원임을 발견했다. 완벽한 지도자나 완벽한 사회만을 요구한다면 당신은 더 낫거나 더 못한 것 중에서 선택할 수 있는 기회를 포기하는 것이다. 불완전함을 악으로 정의한다면 모든 것은 불완전하므로 결국 모든 것이 악이 될 것이다.

또한 나는 긍정적인 측면에서 이렇게 위대한 개척자적인 연구가 인간 본성의 본질적인 가치에 대한 지식을 줄 가능성이 가장 많은 원천이라고 믿는다. 여기에는 가치체계, 종교의 대리물, 이상주의를 만족시켜주는 대상, 규범적인 인생철학이 포함되어 있다. 모든 인간은 그런 것들을 필요로 하고 갈구한다. 그것이 결여되면 인간은 비열하고 저속하며 시시한 존재로 전락하게 된다.

심리적인 건강은 주관적으로 좋다고 느껴질 뿐만 아니라 올바르고 진실되며 실제적이다. 이런 의미에서 건강은 질환보다 '더 좋으며' 우월하다. 건강은 올바르고 진실되며 명료하고, 우리로 하여금 더 많은 진실과 더 높은 진실을 보게 해준다. 그래서 건강하지 않은 상태는 고약하게 느껴진다. 이뿐만 아니라 일종의 시력 상실이며, 도덕적이고 정서적인 상실인 동시에 인지적인 병리 상태이기도 하다. 나아가서 그것은 하나의 불구이며 능력이 상실된 상태, 무엇을 행하고 성취할 능력이 부족한 상태를 의미한다.

소수이기는 하지만 건강한 사람은 존재한다. 건강과 그에 따르는 모든 가치, 즉 진, 선, 미와 같은 가치들은 우리가 얻을 수 있는 현실이다.

그것이 가능하다는 사실은 증명되었다. 눈이 보이지 않는 것보다 보이는 것을, 기분이 나쁜 것보다 좋은 것을, 불구인 것보다 건강한 것을 좋아하는 사람에게는 심리적인 건강을 구하라고 조언할 수 있다. 왜 선이 악보다 좋으냐는 질문에 "그것이 더 좋으니까요"라고 대답했던 어린 소녀 이야기가 있다. 우리는 그보다는 더 나은 대답을 할 수 있다. 즉 같은 사고의 맥락에서 '좋은 사회'(형제애가 있고 서로 상승작용을 하며 신뢰하는 사회, Y이론의 사회)에서 사는 것이 정글 같은 사회(X이론이 묘사하는 사회, 권위주의적·적대적·홉스주의적 사회)에서 사는 것보다 생물학적·의학적 또는 다윈의 생존 가치적인 면에서도 좋다. 그와 동시에 주관적이고 객관적인 성장 가치 면에서도 좋다는 것을 보여줄 수 있다. 좋은 결혼, 좋은 우정, 좋은 부모의 경우에도 마찬가지다. 이런 것들은 사람들이 바라는 대상일 뿐 아니라(선호되고 선택되는 대상이라는 뜻이다) 구체적인 의미에서 '바람직'하기도 하다. 이런 진술이 전문적인 철학자들에게는 상당히 곤란한 문제를 야기시키겠지만 그들이 어떻게든 해결할 수 있을 것이라고 확신한다.

비록 훌륭한 사람들의 수가 적고 그들에게도 결점이 있지만, 그런 사람이 존재할 수 있고 존재한다는 사실은 우리에게 용기와 희망, 싸울 힘, 자기 자신과 자신의 성장 가능성에 대한 신념을 주기에 충분하다. 그리고 우리가 인간 본성에 대해 희망을 가진다면 인류애와 연민 또한 가질 수 있다.

나는 이 책의 초판에 포함되었던 마지막 장 '긍정심리학을 향해서'를 생략하기로 했다. 그 내용이 1954년에는 98퍼센트 사실이었지만 오늘날에는 단지 3분의 2 정도만이 사실이기 때문이다. 긍정심리학은 오늘날 널리 확산되지는 않지만 최소한 접할 수는 있게 되었다. 인본주의 심리학, 새로운 초월심리학, 실존심리학, 로저스 심리학(Rogerian psychology), 실험심리학, 전체론적 심리학, 가치추구적 심리학은 적어도 미국에서만큼은 활발히 연구되며 통용된다. 그러나 애석하게도 대부분의 심리학과에서는 이런 분야들을 아직 쉽게 접할 수 없다. 그러므로 관심 있는 학생들은 직접 찾아 나서거나 우연한 기회가 아니면 접할 수 없다. 긍정심리학을 접하고 싶은 독자들이라면 무스타카스, 세브린, 부겐탈, 수티치, 비시와 같은 학자들의 다양한 저서에서 그와 관련된 사람, 아이디어, 자료들의 훌륭한 표본들을 쉽게 찾아볼 수 있을 것이다. 해당 학교, 저널, 학회의 주소는 내 저서『존재의 심리학』의 유사이키아 네트워크(Eupsychian Network)라는 부록에 추천해놓았다.

그렇게 하기 어려운 대학원생들에게는 이 책 초판의 마지막 장을 추천한다. 대부분의 대학 도서관에서 그 책을 찾아볼 수 있을 것이다. 내 저서『과학의 심리학』(Psychology of Science)도 같은 이유에서 추천한다. 이런 질문들을 진지하게 받아들이고 열심히 연구하고 싶은 사람들에게는 폴라니의『개인적 지식』(Personal Knowledge)이 이 분야의 훌륭한 책이라고 추천한다.

제2판은 전통적인 가치배제적인 과학(value free-science)(차라리 과학에서 가치를 배제하려는 무용한 노력이라는 표현이 적절할 것이다)에 대해 점점 더 거세게 일고 있는 반발을 반영하는 한 예이다. 제2판은 이전보다 더 솔직하게 규범적인 입장을 취하며 가치를 추구하는 과학자가 가치로부터 유발되는 연구를 하는 것이 곧 과학임을 좀 더 확신 있게 긍정한다. 나는 그런 과학자야말로 인간 본성의 구조로부터 궁극적이고 종 전체에 보편적인 본질적 가치를 발견할 수 있다고 주장한다.

이 책이 어떤 이들에게는 그들이 사랑하고 존경하는 과학을 향한 공격처럼 보일 수도 있을 것이다. 나도 과학을 사랑하고 존경하는 한 사람으로서 그들의 두려움이 때로는 근거 있다고 인정한다. 특히 사회과학 영역에서 많은 사람들이 정치적인 공약만이 가치배제적인 과학의 유일한 대안이라고 생각한다(이 말의 정의에 의하면 그런 공약에는 온전한 정보가 결여되어 있다). 그런 대안은 가치배제적인 과학과 서로 배타적이라고 생각한다. 많은 사람들은 하나를 수용하면 다른 것을 반드시 배제해야 한다고 생각한다.

이런 이분화가 미숙한 태도라는 것은 당신이 적과 싸울 때, 심지어 당신이 공공연하게 정치적인 입장을 취할 때에도 올바른 정보를 얻는 것이 가장 유리하다는 간단한 사실로 증명할 수 있다.

그러나 우리가 자멸적인 어리석음을 넘어서 이를 수 있는 최고의 수준에서 이런 진지한 질문들을 다룬다면, 규범적인 열정은(선을 행하고 인류를 도우며 세상을 개선하려는) 과학적 객관성과 양립할 수 있으며, 심지어 과학을 가치중립적이려고 노력할 때보다(사실적이지 않은 근거에 의해 비과학자가 가치를 임의대로 확인하도록 방치해둔 채) 훨씬 더 넓은 영역에서 강하고 훌륭하게 만들 수 있음을 확인할 수 있다. 우리가 객관성의 개념을 '방관자적 지식'(방임적, 개입되지 않은 지식, 외부로부터, 외부에 대한 지식)뿐만 아니라, 체험적 지식과 사랑 지식 또는 내가 도교적인 지식이라고 부르는 것까지 포함시킨다면, 그것은 쉽게 가능해진다.

도교적 객관성이라는 단순한 모델은 타인의 존재에 대한 사심 없는 사랑과 감탄(B-love)[4]의 현상학에서 비롯된다. 예를 들어 자신의 아기와 친구, 직업, 심지어 자신의 '문제'나 과학의 영역에 대한 사랑이 완전하고 수용적이면 대상에 개입하거나 참견하지 않고 사랑할 수 있다. 다시 말해 대상을 변화시키거나 개선시키려는 충동 없이 있는 그대로, 되어갈 그대로 사랑하는 것이다. 대상을 홀로 남겨두고 스스로 존재하고 성장하게 지켜보려면 대단한 애정이 필요하다. 그럴 수 있을 때 자기의 아이가 그 내면에 있는 존재로 성장하도록 간섭하지 않고 순수하게 사랑할 수 있다. 내 논리의 요지는 진리도 이 같은 방식으로 사랑할 수 있다는 것이다. 진리의 형성과정도 그대로 신뢰하면서 사랑할 수 있다. 아기가 태어나기 전부터 아기를 사랑하고, 어떤 부류의 사람이 될 것인지 커다란 행복을 느끼면서 조용히 기다리며, 그 미래의 사람을 현재에 사랑하는 것이 가능하다.

아이를 위해 미리 세우는 계획, 야심, 준비된 역할, 심지어 아이가 바라는 희망조차 모두 도교적인 사랑은 아니다. 그것은 부모가 이미 결정한 존재가 되라고 아이에게 강요한다는 뜻이다. 그런 아이는 눈에 보이지 않는 구속복을 입은 채 태어나는 것이다.

아이를 도교적으로 사랑하는 것과 유사하게 앞으로 나타날 진리를 사랑하고 신뢰하며, 그것의 본성이 드러날 때 행복해하고 놀라워하는 것도 가능하다. 우리는 오염, 조작, 강제, 강요되지 않은 진리가, 선험적인 기대나 희망, 계획 또는 현재의 정치적인 필요에 맞게 강제로 끼워 맞춰진 진리보다 아름답고 순수하며 더 진실됨을 믿을 수 있다. 자칫 잘못하면 진리도 '보이지 않는 구속복'을 입고 태어날 수 있다.

규범적인 열정은 사람들에게 잘못 이해될 수 있으며, 선험적인 요구에 따라서 앞으로 나타날 진리를 왜곡시킬 수 있다. 또한 나는 일부 과

---

4 '존재에 대한 사랑'(Being-love)의 약자 - 옮긴이.

학자들이 정치를 위해 과학을 포기하면서 범하는 이런 잘못을 우려하기도 한다. 그러나 도교적인 과학자들이라면 그런 어리석음을 범하지는 않을 것이다. 그들은 아직 형성되지 않은 진리를 사랑하여 그것이 최고의 진리가 될 것이라고 가정하기 때문이다. 또한 그런 이유로 자신의 규범적인 열정에 의해 진리를 놓아줄 수 있는 것이다.

나 역시 진리가 미리 마음을 정한 공론가들에 의해 오염되지 않고 순수할수록 인류의 미래를 위해 더 좋은 진리가 될 것이라고 믿는다. 나는 내가 현재 지니고 있는 정치적인 신념보다는 미래의 진리로부터 세계가 더 많은 것을 얻을 수 있다고 믿는다. 현재의 지식보다는 앞으로 알게 될 것을 더 믿는다.

이것은 "내 뜻대로 마시고 당신 뜻대로 하옵소서"라는 기도의 인본주의적·과학적 표현이다. 인류를 향한 염려와 희망, 선을 행하려는 열정, 평화와 인류애에 대한 갈망, 규범적인 열정 등이 모든 것은 진리를 겸허히 받아들이는 상태로 객관성을 유지한다. 또한 진리를 간섭하거나 미리 판단하지 않는다는 의미에서 도교적으로도 사심 없이 객관성을 유지한다. 이는 많이 알수록 더 많은 도움이 된다는 믿음을 지속적으로 갖는다면 가장 유용하게 쓰일 수 있음을 의미한다.

이 책의 여러 부분과 그 후로 간행된 많은 저술에서 나는 개인이 지닌 실제 잠재력의 실현은, 기본 욕구를 충족시켜주는 부모와 타인들의 존재, 여러 생태학적 요인들, 건강한 문화 또는 건강하지 못한 문화, 세계적인 상황 등에 따라 결정된다고 가정했다. 자아실현과 완전한 인간성에 이르는 성장은 복잡하게 위계를 이룬 '좋은 전제조건들'에 따라

가능해진다. 이런 물리적·화학적·생물학적·대인관계적·문화적 조건들은 개인에게 결정적으로 중요하다. 인간이 충분히 강해지고 온전히 개인으로 존재하면서 자신의 운명을 주관할 수 있게 허용해주는 기본적인 인간적 필수조건과 권리가 인간에게 제공되는가의 여부가 그런 조건들에 따라 결정된다.

이런 전제조건들을 연구하다 보면 인간의 잠재력은 파괴되거나 억압되기가 쉬워 온전하게 인간적인 사람이 된다는 것이 기적처럼 여겨진다. 또한 그런 인간의 존재가 불가능한 현상인 것처럼 보여 경외심을 불러일으키기까지 한다는 사실에 비애를 느끼게 된다. 그러면서도 자아실현자가 실제로 존재한다는 사실에 고무되기도 한다. 그들의 존재는 현실적으로 자아실현이 가능하며 인간이 온갖 시련을 극복하고 결승선에 도달할 수 있음을 보여주기 때문이다.

여기서 연구자가 어떤 순간에 어디에 초점을 맞추고 있는가에 따라 타인으로부터나 자기 자신으로부터 지나치게 '낙관적' 또는 '비관적'이라는 심한 추궁을 받게 될 것이다. 그는 한쪽으로부터는 유전결정론자, 또 다른 한쪽으로부터는 환경결정론자라고 비난을 받을 것이다. 정치적인 집단들은 그런 연구자에게 그 순간의 헤드라인에 따라 하나 또는 다른 꼬리표를 붙여주려고 할 것이다.

물론 올바른 과학자는 이런 이분화 또는 항목화의 양자택일적 경향에 저항하고 정도(程度)의 관점에서 생각할 것이다. 그리고 동시에 작용하는 여러 결정인자들을 전체론적으로 의식할 것이다. 그는 자료에 대해 가능한 수용적인 태도를 유지하며 자신의 바람과 두려움으로부터 그것들을 분명하게 구분해내려고 애쓸 것이다. 좋은 사회는 무엇이며 좋은 인간은 무엇인가와 같은 문제들이 경험적인 과학의 영역에 속할 수 있다. 그리고 그런 영역에서 지식이 진보할 것이라고 기대해도 된다는 사실이 이제는 매우 분명해졌다.

이 책은 완전하게 인간적인 인간을 가능하게 해주는 사회는 어떤 것인가라는 두 번째 문제보다는 완전하게 인간적인 인간은 어떤 사람인가라는 첫 번째 문제에 더욱더 집중한다. 나는 이 책이 처음 출간된 1954년 이후로 두 번째 주제에 대해 많은 내용을 발표했지만, 제2판에 포함시키려는 시도는 자제했다. 그 대신 독자들에게 그 주제에 대한 나의 다른 저서들을 추천할 것이다. 조직개발, 조직이론, 경영이론 등으로 다양하게 불리는 규범적인 사회심리학의 풍부한 연구 문헌들도 탐구하도록 강력하게 촉구한다. 이런 이론들과 사례 보고, 연구에 포함된 의미들은 매우 심오하다. 예를 들어 마르크스 이론, 민주적·권위적 성격에 관한 이론, 기타 우리가 접할 수 있는 다양한 사회철학 등에 실제적인 대안이 될 수도 있을 것이다. 나는 이 분야에서 잘 알려진 아지리스, 베니스, 리커트, 맥그리거와 같은 학자들의 연구를 알고 있는 심리학자들이 적다는 사실에 거듭 놀랄 뿐이다. 어쨌든 자아실현이론을 진지하게 받아들이고 싶은 사람은 새로운 종류의 사회심리학을 수용하기 바란다. 이 분야에서 현재의 발전 추이를 따라잡고 싶은 사람에게 하나의 저널을 추천해야 한다면 제목이 오해를 불러일으키긴 하지만 『응용행동과학 저널』(*Journal of Applied Behavioral Sciences*)을 선택할 것이다.

마지막으로 나는 이 책이 인본주의 심리학, 또는 제3의 세력이라고 불리는 심리학으로 이행되는 과정을 담고 있다는 말을 덧붙이고 싶다. 과학적인 관점에서 보면 인본주의 심리학은 아직 미숙하다. 그러나 그것은 이미 초월적이거나 초개인적이라고 부를 수 있는 모든 심리학적 현상과 행동주의나 프로이트 학파가 지니는 본질적인 철학적 한계 때문에 원칙적으로 접근이 막혀 있던 자료들을 연구할 수 있는 문을 열어 놓았다. 나는 의식과 성격의 보다 상위적이며 긍정적인 상태, 다시 말해 물질주의, 피부에 갇힌 자아, 원자론적-분열적-불화적-대항적 태도를 초월하는 상태뿐 아니라 훨씬 확장된 자아의 일부로서 가치의 개념도 그런 현상에 포함시켰다. 새로 창간된 『초개인심리학 저널』(*Journal of Transpersonal Psychology*)이 이미 이 주제에 대한 논문을 싣기 시작했다.

초월적 인간, 그리고 인간이라는 종을 초월하는 심리학과 철학에 대한 생각을 시작하는 게 가능해졌다. 그것은 아직 도래하지는 않았다.

에이브러햄 매슬로

에이브러햄 매슬로의 영향

로버트 프레이저

인간은 매 순간 자기 자신에게 귀 기울일 용기 없이는 현명한 선택
을 하면서 살 수 없다.

에이브러햄 매슬로
『인간 본성에 대한 심층적 연구』, 1971

서론

에이브러햄 매슬로는 자신의 내면을 깊이 고찰하며 인간의 긍정적
인 잠재력에 대한 확고한 신념에 귀 기울일 수 있는 용기 있는 사람이
었다. 그는 선구자, 몽상가, 과학철학자, 낙천주의자라고 불렸으며, 인
본주의 심리학이나 '제3의 심리학'을 주장하는 가장 대표적인 대변
인이었다. 1954년에 출간된 『인간의 동기와 감정』(*Motivation and
Emotion*)은 인간 심리에 대해 그의 심오한 질문과 초창기의 탐색을 담
고 있다. 그리고 이 책『동기와 성격』(*Motivation and personality*)에
상세히 설명된 아이디어들은 매슬로 평생의 업적에 기초를 이루었다.
이 책은 그가 인간 본성에 대한 긍정적이고 전인적인 시각을 형성하는

데 지대한 영향을 미쳤다. 그리고 여전히 독창적이고 예리하며 영향력 있는 자료로서 오늘날의 심리학, 교육학, 경영, 문화의 변화 추세에 반영되고 있다. 또한 오늘날 많은 분야에서 그가 말한 자아실현, 가치, 선택, 인간에 대한 보다 전체론적인 관점이 점점 더 강조되고 있다.

매슬로의 영향

『에스콰이어』지의 창간 50주년 기념호에는 20세기 중반 미국의 중요 한 인물들을 다루는 기사가 실렸다. 편집자들은 가장 큰 영향력을 지닌 심리학자이자, 인간 본성에 대하여 우리가 가지게 된 현대적인 관점에 매우 중요하게 공헌한 학자로 매슬로를 선정했다. 조지 레너드 (George Leonard)는 다음과 같이 썼다.

그의 글에는 프로이트의 어두운 장엄함이나 에릭 에릭슨(Erik Erikson)의 현학적인 우아함 또는 스키너(B. F. Skinner)의 품위 있는 정확함은 담겨 있지 않다. 그는 현란한 연사도 아니었다. 젊은 시절 수줍음이 많았던 그는 연단에 오르는 것조차 힘겨워했다. 그가 세운 심리학 분야는 대학에서 지배적인 위치를 차지하지 못했다. 그는 1970년에 세상을 떠났지만 그에 대한 제대로 된 전기는 아직 없다.

그러나 매슬로는 과거 50여 년간 미국의 그 어떤 심리학자보다도 더 심도 있게 인간 본성과 가능성을 대하는 우리의 관점을 변화시켜주었다. 직간접적인 그의 영향은 지금도 계속되고 있다. 특히 건강, 교육, 경영이론 분야와 수백만 미국인들의 개인적·사회적 삶의 영역에서 그 영향은 나날이 커지고 있다(Leonard, 1983, p. 326).

매슬로가 학계에 입문할 무렵에는 심리학에 실험적·행동주의적 접근과 임상적·정신분석학적 접근의 두 주류만이 형성되어 있었다. 매슬로는 이런 모델에 만족할 수 없었다. "전반적으로 (…) 나는 인간의 역사가 인간 본성이 평가절하되어온 과정을 기록한 것이라 해도 지나치지 않다고 생각한다. 인간 본성에 내재되어 있는 최고의 가능성들은 항상 과소평가되어왔다."(1971, p. 7)

매슬로는 학자의 길을 걸으면서 인간의 성장과 발달의 높은 가능성에 대한 획기적인 연구를 통해 이런 과소평가를 바로잡기 위해 노력했다. 그는 인본주의 심리학(humanistic psychology)과 초개인심리학(transpersonal psychology)의 새로운 두 분야가 탄생하는 데 지대한 역할을 했다. 이 두 분야는 인간의 행동을 기계적이거나 병리학적인 모델에 제한시키지 않고 인간 본성의 풍부하고 전체적인 복잡성에 대해 탐구했다.

매슬로의 가장 위대한 장점은 의미 있는 질문을 제기하는 능력이었다. 그는 우리의 삶에 핵심이 되는 심리학적인 질문들을 제의했다. 훌륭한 인간이 된다는 것은 무슨 의미인가? 인간에게는 어떤 능력이 있는가? 무엇이 행복하고 창조적이며 충실한 인간을 만드는가? 우리가 인간의 잠재력을 제대로 이해하지 못한다면 개인이 자신의 잠재력을 충분히 실현하고 있는지 어떻게 평가할 수 있는가? 우리는 어떻게 하면 유아기의 미성숙함과 불안정함을 초월할 수 있으며, 어떤 상황에서 그렇게 할 수 있는가? 어떻게 하면 우리는 인간의 비이성적이고 미진한 면모를 누락시키지 않으면서도 한편으로 특별한 잠재력을 존중하며

인간 본성을 보여주는 완전한 모델을 개발할 수 있을까? 심리적으로
건강한 개인에게 동기를 부여하는 것은 어떤 것일까?

자아실현자가 인간 본성의 내면 깊숙한 곳을 가장 진실하게 보여주
는 모습일까? 이 질문은 바보와 몽상가들만이 명확한 대답을 제시할
수 있는 거창한 질문들 가운데 하나다. 자아실현을 통해서 매슬로가 제
안하는 내용은 단순히 심리학적인 사실만이 아니라 인간 본성에 대한
만개한 비전이다. 다른 학자들이 성욕, 권력, 자기 통합, 자극과 반응에
만 몰두할 때 매슬로는 영지적 진리와 이교도적 희열의 비전이 되어주
었다(Lowry, 1973, p. 50).

매슬로가 제기했던 창의적 질문들은 여전히 인간 본성에 관한 의미
있는 통찰을 불러일으키며 더욱 폭넓은 탐구를 촉구하고 있다.

매슬로는 심리적으로 건강하다고 판단한 사람들의 연구에 자신의 삶
을 바쳤다. "실제로 성숙과 건강, 자아실현의 최고 수준에 오른 자아실
현자들은 우리에게 너무나 많은 것을 가르쳐줘서, 어떤 때는 그들이 전
혀 다른 인종처럼 느껴지기도 한다."(Maslow, 1968, p. 71)

매슬로는 긍정적인 건강 상태에 있는 사람과 결핍 상태에 있는 사람
이 다르게 기능한다는 사실을 발견했다. 그는 이런 새로운 접근방식을
'존재의 심리학'(Being-Psychology)이라고 불렀다. 매슬로는 자아실현
자들이 '존재 가치'(Being-Value)에 따라서 동기화된다는 사실을 발견
했다. 이것들은 종교나 문화가 부여하는 것이 아니라 건강한 인간이 자
연스럽게 만들어내는 가치들이다. 그는 "생물학적인 역사에서 볼 때 이
제 인간은 자신의 진화를 스스로 책임지는 시점에 이르렀다. 우리는 스

스로 진화하는 자가 되었다. 진화는 선택하고 결정하는 것을 의미하며, 이는 곧 가치를 판단한다는 의미다"라고 주장했다(1971, p. 11). 자아실현자들이 높게 평가하는 가치에는 진리, 창의성, 아름다움, 선함, 통합성, 생기, 독특함, 정의, 단순성, 자족 등이 포함된다. 인간 본성에 대한 매슬로의 연구는 다음과 같은 주요 아이디어를 핵심으로 하는 결론들을 도출했다.

1. 인간은 보다 높은 수준의 건강, 창의성, 자아실현을 향해 나아가려는 성향을 타고난다.
2. 신경증은 자아실현을 향해가는 성향이 막힌 상태라고 할 수 있다.
3. 상조적인 사회(synergetic society)로의 진화는 자연적이며 필수적인 과정이다. 그런 사회에서 모든 개인은 타인의 자유를 제한하지 않으면서 높은 수준의 자기 발전에 이를 수 있다.
4. 기업에서의 효율성과 개인의 성장이 반드시 양립할 수 없는 것은 아니다. 자아실현의 과정은 각 개인으로 하여금 최고 수준의 효율성을 달성하도록 이끈다.

1968년에 매슬로는 자신이 주도했던 심리학 내에서의 혁명이 확고히 자리 잡았다고 평했다. "나아가 이제 새로운 심리학이 활용되기 시작했다. 특히 교육, 산업, 종교, 조직, 경영, 치료, 자아개선 등의 분야에서 그런 현상이 두드러진다. (…)"(p. iii) 실제로 그의 업적은 20세기를 지배하는 지식 사조의 통합적인 일부를 이룬다. 콜린 윌슨(Colin Wilson)은 자신의 저서에서 매슬로와 현대심리학에 대하여 다음과 같이 언급했다.

20세기 전반은 낭만주의 시대에 대한 반작용이 지배했다. 생물학은 엄격한 다윈주의가, 철학은 다양한 형태의 합리주의와 실증주의가, 과학은 결정론이 지배하던 시기였다. 과학에서의 결정론을 간단히 요약하면, 거대한 컴퓨터를 만들어 현재까지 얻은 모든 과학적 지식을 저장하면, 컴퓨터가 과학적 발명의 미래를 대신 떠맡을 수 있다는 개념으로 표현할 수 있다.

초기의 심리학자들은 우리의 감정과 반응을 두뇌의 기능이라는 관점에서 설명하는 정도로 스스로를 제한했다. 다시 말해 마음을 기계적인 모습으로 분석하는 데에만 몰두했던 것이다. 프로이트의 그림은 그보다는 훨씬 '풍부하고 기이했지만' 무척 비관적이어서 올더스 헉슬리(Aldous Huxley)는 그것이 마음을 "지하실에 갇힌 지하실"로 보는 관점이라고 말했다. 이와 달리 매슬로는 지하실에서 다락방까지 두루 포괄하는 종합적인 심리학을 창조해낸 최초의 인물이다. 그는 프로이트의 철학을 수용하지는 않았지만 그의 임상적인 방법은 받아들였다. 심미적 · 창의적 · 종교적 '초월'에 이르고자 하는 충동도 지배성이나 성적인 충동만큼이나 인간을 이루는 근본적이고 영구적인 부분이다. 이런 충동들이 덜 '보편적'으로 나타난다면, 이런 충동이 주도하는 경지에 이르는 인간이 너무 소수이기 때문일 것이다.

매슬로의 성과는 엄청나다. 모든 독창적인 사상가들과 마찬가지로 그도 우주를 보는 새로운 길을 열어주었다(Wilson, 1972, pp. 181-184).

매슬로는 평생에 걸쳐 지성의 길을 걸어간 선구자였다. 그는 끊임없이 새 로운 경계를 넘어서 더욱 새로운 영역으로 옮겨갔다. 그는 학술적인 연구뿐만 아니리 개인적인 예감, 직관, 확언도 거침없이 발표했다. 그는 종종자신의 이론을 면밀히 분석하고 검증하는 일을 타인들의 몫으로 넘기기도 했다. 매슬로가 제기한 질문들은 매혹적인 미완성의 상태로 남아 있다.

간략한 전기

매슬로는 1908년 4월 1일 뉴욕 브루클린에서 태어났다. 그의 부모는 러시아계 유대인 이민자로 아버지는 나무통 만드는 일을 했다. 젊은 나이에 러시아에서 미국으로 이주한 아버지는 미국에 정착한 후 러시아에 있는 사촌누이에게 결혼 프러포즈 편지를 썼고, 그녀는 그의 프러포즈에 응했다.

일곱 남매의 맏이였던 매슬로는 수줍음을 많이 타는 신경증적인 젊은이였다. 우울 증세를 보였던 그는 심한 불행과 외로움을 느꼈으며 자기배척이 심했다.

나의 어린 시절을 돌이켜볼 때 정신병자가 되지 않은 것은 기적이다. 나는 유대인이 드물었던 동네에서 사는 어린 유대인 소년이었다. 백인만 다니던 학교에 최초로 입학한 흑인 아이를 생각하면 될 것이다. 나는 고립되어 있었고 불행했다. 친구도 없이 도서관에서 책에 파묻혀 지냈다.

우리 부모님은 두 분 모두 교육을 받지 못했다 아버지는 내가 변호사가 되기를 바라셨다. (…)

나는 2주 동안 법학 공부를 해보았다. 그러고는 어느 날 아버지를 찾아뵈었다. (…) 나는 가엾은 아버지에게 변호사가 될 수 없다고 말했다. "그래, 아들아, 그럼 뭐가 되고 싶으냐?" 아버지에게 나는 공부를 하고 싶다고, 모든 것을 공부하고 싶다고 대답했다. 아버지는 교육을 받지 못했기 때문에 배움에 대한 나의 열정을 이해하지 못했다. 하지만 좋은 분이었다(Maslow, in Hall, 1968, p. 37).

매슬로는 선천적으로 뛰어난 지능과 높은 학구열 덕에 훌륭한 학생이 될 수 있었다(몇 년 후에 그의 IQ는 195로 측정되었는데, 이 수치는 당시 측정된 IQ 중 두 번째로 높았다). 매슬로는 뉴욕의 풍요로운 문화생활을 탐닉했으며 고전음악과 연극에도 심취했다. 일주일에 두 차례씩 음악회를 보러 카네기홀에 갔으며 입장료를 마련하기 위해 땅콩을 팔기도 했다.

그는 사촌인 버사와 깊은 사랑에 빠졌다. 19세 때 그는 마침내 용기를 내서 그녀에게 키스했다. 그는 사촌누이가 자신을 거부하지 않은 것이 너무나 경이롭고 기뻤다. 그를 받아들인 버사의 사랑은 매슬로의 불안정한 자존감에 큰 힘이 되어주었다. 그들은 1년 후에 결혼했다.

1928년에 위스콘신 대학으로 전학한 매슬로는 심리학을 전공했다. 그는 당대 최고의 실험심리학자들로부터 탄탄한 실험 연구 훈련을 받았다. 저명한 유인원 연구가 해리 할로(Harry Harlow)가 매슬로의 지도교수가 되었다. 그 후로도 수줍음 많고 명석한 청년에게 매료되어 가르치고, 영감을 주며, 먹여주고, 직장을 얻도록 도와주는 저명한 학자들이 많았지만 맨 처음 지도한 사람은 할로였다.

박사학위를 받은 매슬로는 행동주의 학자 에드워드 손다이크(Edward

Thorndike) 밑에서 연구 조수로 일하게 되었다. 그는 행동주의가 보여주는 가능성에 감명을 받았다. 과학적인 심리학을 동원하여 누구든지 훈련만 시키면 '의사, 변호사, 인디언 추장' 등 무엇이든 만들 수 있다는 존 왓슨(John Watson)의 낙관적인 믿음이 그런 가능성을 단적으로 표현해주었다. 그러나 매슬로는 행동주의 학자들이 삶에 접근하는 방식에 한계가 있음을 깨닫게 되었다.

나를 심리학으로 이끈 것은 왓슨의 아름다운 프로그램이었다. 그러나 그 프로그램의 치명적인 결점은 실험실 안에서, 그리고 실험을 위해서는 훌륭한 이론이지만 실험실 가운처럼 입었다 벗었다 하는 것이라는 점이다. (…)

왓슨의 프로그램은 인간의 이미지, 인생철학, 인간 본성이라는 개념을 만들어내지 못한다. 그것은 삶, 가치, 선택에 길잡이가 되어주지 못한다. 감각을 통해서 보고 만지고 들을 수 있는 행동에 대한 사실만을 끊임없이 수집하는 방법일 뿐이었다.

그러나 언어가 당신의 생각을 가려주고 소통을 막아주는 수단이 되는 것처럼, 인간의 행동은 때로 방어 행위이며 동기와 사고를 은폐하는 수단이기도 하다.

당신이 실험실에서 동물을 다루듯이 집에서 자녀를 다루면 아내가 아마 당신 눈알을 뽑으려 할 것이다. 내 아내는 우리 아기를 상대로는 절대로 실험할 생각을 하지 말라고 무섭게 경고했다(Maslow, in Lowry, 1979, Vol. II, pp. 1059-1060).

매슬로는 프로이트의 이론이 인간 이해에 크게 기여했다고 믿었다.

특히 인간의 행동에서 성적 충동이 차지하는 중심적인 역할을 강조했다는 점에서 프로이트의 공헌을 인정했다. 그는 컬럼비아 대학에서 여대생들에게 성생활에 관한 인터뷰를 하여 물의를 빚기도 했다. 성적 충동에 관한 연구가 일반인들에게 전혀 알려져 있지 않았던 1936년의 일이었다. 매슬로는 어쩌면 2년 후에 진행된 앨프리드 킨제이의 연구에 자극을 주었는지도 모른다. 매슬로는 성적 행위가 할로의 원숭이 실험실에서 연구했던 '지배성'이라는 특성과 관계있음을 발견했다.

매슬로는 브루클린 칼리지의 심리학과 교수직을 받아들이고 14년간 재직했다. 그는 배움에 대한 사랑과 심리학에 대한 열정으로 제자들에게 영감을 주었다. 브루클린 칼리지의 많은 학생들은 이민자 가정 출신이어서 새로운 학문적 환경에 잘 적응하지 못했다. 매슬로는 그들을 보살펴주었던 몇 안 되는 교수 중 한 명이었다. 학생들은 애정 어린 관심으로 돌봐주는 그에게 깊은 감사의 마음을 느꼈다. 매슬로는 가장 인기 있는 교수였으며 '브루클린 칼리지의 프랭크 시나트라'로 유명해졌다.

그 당시 뉴욕시는 나치의 박해를 피해 망명한 유럽의 최고 학자들을 비롯하여 세계 최고의 지성들이 모이는 중심지가 되었다. 뉴욕 뉴스쿨[1]에서 매슬로의 멘터가 되어주었던 학자들 중에는 알프레드 아들러(Alfred Adler), 에리히 프롬(Erich Fromm), 카렌 호나이(Karen Horney), 마거릿 미드(Margaret Mead) 등이 있었다. 인류학자인 루스 베네딕트(Ruth Benedict)와 형태심리학(Gestalt psychology)의 창시자

---

1 The New School for Social Research in New York, 1919년에 소스타인 베블런, 존 듀이 등이 설립한 성인 교육기관으로 30년대 말 대학으로 공인되었으며, 대개 나치의 박해를 피해 망명한 유대계 학자들이 주축이 되어 전체주의에 반대하는 정치철학과 사회주의 사상을 가르쳤다 – 옮긴이.

인 막스 베르트하이머(Max Wertheimer)는 스승일 뿐 아니라, 절친한 친구로도 관계를 유지했다.

매슬로는 베네딕트와 베르트하이머에게서 깊은 영향을 받았다. 그 두 사람은 명석하고 창의적이며 생산적인 학자이기도 했지만 따뜻하고 자애로우며 성숙한 인간이기도 했다. 매슬로는 그들에 관해 메모하면서 훌륭한 인간이자 명석한 학자를 만드는 특성들이 무엇인지 분석하기 위한 시도를 시작했다. 매슬로는 베네딕트와 베르트하이머를 아돌프 히틀러와 비교하면서 최악의 인간성과 최고의 인간성의 예로 들었다.

자아실현자에 대한 나의 연구는 처음부터 계획하고 시작했던 것이 아니었다. 그저 한 지적인 젊은이가 자신이 사랑하고 존경하는 두 사람의 훌륭한 스승을 이해하려는 노력에서 시작한 일이었다. 말하자면 고도의 지능을 헌정하는 행위였다. 나는 숭배하는 것만으로는 만족할 수 없어서 왜 이 두 사람이 세상의 평범한 사람들과 다른지 이해하고 싶었다. 그 두 사람은 루스 베네딕트와 막스 베르트하이머다. 그들은 내가 박사학위를 받은 뒤 서부에서 뉴욕으로 왔을 때 나의 스승이었으며 가장 비범한 인간이기도 했다. 마치 인간이 아니라 인간 이상의 존재처럼 여겨졌다. 내 연구는 과학 이전의 활동으로부터 시작되었다. 베르트하이머와 베네딕트를 묘사하는 기록을 하기 시작했던 것이다. 나는 그들을 이해하기 위해 생각한 것을 일기장과 노트에 기록하면서 어느 한 순간이 두 사람의 패턴을 일반화시킬 수 있겠다는 황홀함을 느꼈다. 나는 서로 비교할 수 없는 두 개인이 아니라 동일한 종류의 인간에 대해서 생각하고 있었던 것이다. 그 점을 깨달았을 때 희열을 느꼈다. 나는 다른 곳에서도 이런 패턴을 찾을 수 있을지 탐색하기 시작했으며, 다양한 사람에게서 마침내 그런 패턴을 발견할 수 있었다(Maslow, 1971, p. 41).

제2차 세계대전이 발발하던 무렵에 매슬로는 애국적인 행렬을 지켜보다가 감동받아 눈물을 흘렸다. 그는 증오, 편견, 전쟁의 원인을 심리학적으로 이해하기 위하여 실험심리학 연구라는 자신의 진로를 포기하기로 결심했다.

그 광경을 보고 있는 동안 눈물이 뺨을 타고 흘러내렸다. 나는 우리가 히틀러나 독일인, 이오시프 스탈린, 공산주의자들을 이해하지 못하고 있다는 생각이 들었다. 우리가 그들을 이해할 수 있다면 지금보다 진보할 것 같다는 생각이 들었다. (…)

군대에 지원하기에 나는 너무 늦었다. 그 순간 나는 평화를 위한 심리학을 발견하는 데 나의 여생을 바쳐야겠다고 생각했다.

나는 인간이 전쟁과 편견, 증오가 아닌 위대한 무엇인가를 보여줄 능력이 있다는 사실을 증명하고 싶었다.

과학자가 아닌 사람들이 다루어왔던 종교, 시, 가치, 철학, 예술과 같은 모든 주제를 과학에서도 다루게 하고 싶었다.

나는 그러기 위해서 내가 찾을 수 있는 가장 훌륭한 인간의 표본들, 즉 위대한 사람들을 이해하는 방법을 취했다(Maslow, in Hall, 1968, pp. 54-55).

1951년에 매슬로는 마침내 브루클린 칼리지를 떠나 새로 개교한 브랜다이스 대학으로 이직했다. 그는 초대 심리학과 과장이 되었으며 대학의 성장과 발전에 공헌했다. 매슬로는 사망하기 1년 전인 1969년까지 브랜다이스 대학에 재직했다. 그 시기에 자신의 아이디어를 정립하면서 인간 본성에 관한 포괄적인 이론을 연구했다. 1962년에 그는 롤로 메이(Rollo May), 칼 로저스(Carl Rogers)와 같은 일군의 탁월한 동료들과 함께 인본주의 심리학협회(Association for Humanistic Psychology)를 창설하는 데 일조했다. 인간의 잠재력 한계를 계속 탐구하면서 매슬로는 『초개인심리학 저널』을 창간하기도 했다. 그는 이두 조류의 심리학에 대해 다음과 같이 썼다.

나는 심리학에 일고 있는 이런 인본주의적 경향이 가장 진정하고 고전적인 의미에서 혁명이라고 믿게 되었음을 고백하지 않을 수 없다. 그런 혁명은 갈릴레오, 다윈, 아인슈타인, 프로이트, 마르크스가 이루었던 혁명과도 비교될 수 있을 것이다. 다시 말해 새로운 지각과 사고방식, 인간과 사회에 대한 새로운 이미지, 윤리와 가치에 대한 새로운 개념이자 우리가 나아가야 할 새로운 방향을 제시하는 혁명인 것이다.

이런 제3의 심리학은 (…) 삶에 대한 새로운 철학, 인간에 대한 새로운 개념, 연구의 새로운 세기가 시작됨을 보여주는 한 단면이다. (…)

또한 인본주의적 심리학과 제3의 심리학이 다음으로 넘어가는 과도기의 준비 단계의 심리학이라고 말할 수 있다. 그것은 인간의 욕구와 흥미보다는 우주에 초점을 맞추는 초개인심리학, 초인간심리학이라는 한 차원 '더 높은' 제4의 심리학에 이르는 중간 단계이다(Maslow, 1968, pp. iii-iv).

또한 매슬로는 기업의 세계에도 관심을 가졌다. 1962년 여름에 그는 캘리포니아에 있는 혁신적인 첨단기술 기업인 논리니어 시스템(Non-Linear Systems)에 객원 펠로가 되었다. 매슬로는 자신의 이론이 기업 경영과도 연관되며 산업계에도 자아실현자들이 많다는 사실을 발견했다.

그는 자신이 심리학에서 옹호하던 것처럼 성공한 많은 기업가들이 인간 본성에 긍정적으로 접근하는 모습을 발견했다. 그는 직원들을 신뢰와 존경으로 대하는 경영인들이 보다 생산적이고 창의적이며 협력적인 직장 환경을 조성하는 모습을 보면서 기뻐했다. 추상적인 매슬로의 이론이 시장에서 실제로 검증되고 확인되고 있었던 것이다.

무엇 때문에 논리니어 시스템에 오게 되었느냐는 질문을 수도 없이 받았다. (…) 한 가지 이유는 내 이론, 그 중에서도 특히 동기이론이 실험실보다 산업 현장에서 실제로 활용되고 검증되고 있다는 사실을 서서히 깨닫게 되었기 때문이다. 나는 실험실에서 동기이론과 자아실현 이론의 검증 방법을 찾지 못해 죄책감을 느끼고 있었다. 그런데 산업계 종사자들이 이런 나의 죄책감을 해소시켜주는 것은 물론 실험실로부터 나를 영원히 해방시켜주었다. 나는 여기 오지 않을 수 없었다. 논리니어는 거대한 실험이 진행되고 있는 하나의 큰 실험실이다.

나는 경영심리학이 순수심리학의 응용에 불과하다는 나의 단순한 관념을 포기했다. 순수심리학이 실생활에서 진행되는 연구로부터 얻는 것이 그 반대의 경우보다 훨씬 더 많다. 삶을 다루는 심리학은 삶이라는 실험실에서 검증되는 편이 낫다. 화학 실험실과 시험관 실험은 인간의 삶을 연구하기에는 형편없는 모델이다(Maslow, in Lowry, 1979, Vol. I, p. 191).

매슬로는 그해 여름 캘리포니아에서 또 한 번 새로운 체험을 하게 되었다. 그와 아내 버사는 휴가차 캘리포니아 해변을 따라 드라이브를 하고 있었다. 예상보다 천천히 이동한 탓에 부부가 빅서(Big Sur)²를 통과하기도 전에 벌써 날이 저물었다. 그들은 모텔처럼 보이는 곳에 차를 세웠다. 그들은 그 허름한 건물에 모여 있던 몇 사람이 매슬로의 신간 『존재의 심리학』을 함께 읽고 있는 것을 발견했다.

매슬로 부부는 이제 막 개원하려는 세계 최초의 성장연구센터인 에설런 연구소(Esalen Institute)에 들어섰던 것이다. 에설런 연구소의 공동 창립자인 마이클 머피(Michael Murphy)가 마침 매슬로의 신간을 막 읽고 흥분하여 다른 직원들에게 그의 책을 추천하기 위해 여러 권을 사다준 참이었다. 매슬로와 머피는 곧 친구가 되었고 매슬로의 아이디어는 에설런 연구소에 지대한 영향을 미쳤다. 또한 인간의 잠재성 운동 전반에도 큰 영향을 미쳤다. (enfant terrible)

매슬로는 인간의 잠재성을 느낌과 체험만 강조하는 방향으로 바꾸는 데만 치중할 수 없는 의식이 있는 지성인이었다. 매슬로는 에설런 연구소가 창립된 지 2년이 지난 후에 그곳에서 최초의 에설런 워크숍을 개최했다. 연구소는 집단 감수성 훈련 그룹과 기타 강렬하고 감정적인 워크숍을 개최하는 전위적인 센터로 명성을 얻고 있었다. 그런데 매슬로가 주관했던 워크숍은 이와는 대조적으로 순수하게 지적인 분위기에서 진행되었다. 에설런 연구소의 직원들 가운데 몇몇 사람들은 매슬로의 아이디어에 관심이 많아 강연과 토론에 내내 참가했다.

형태주의 심리치료를 창시했으며 에설런의 앙팡테리블(enfant

---

2 캘리포니아주 몬터레이에 있는 자연 경관지 - 옮긴이.

terrible)[3]로 알려져 있는 프리츠 펄스(Fritz Pearls)가 매슬로의 첫날 저녁 강의를 듣다가 감정적인 활동이 없자 지루해하기 시작했다. 그는 건너편에 앉아 있는 아름다운 여성을 향해서 "당신은 내 엄마예요, 나는 엄마를 원해요, 당신은 우리 엄마예요"라는 말을 읊조리며 기어가기 시작했다. 그의 돌발행동 때문에 저녁 강연은 중단되고 말았다. 매슬로는 화가 나서 방을 나갔다. 그날 밤 매슬로는 자신의 접근방식과 체험을 강조하는 에설런에서의 지배적인 접근방식의 차이점을 곰곰이 생각했다. 그날 밤 그는 아폴로적 통제와 디오니소스적 방종을 대조하는 고전적인 논문의 윤곽을 완성했다.

매슬로의 연구가 혁명적이고 논쟁의 여지가 있음에도 불구하고 그는 1967년 미국심리학회(American Psychological Association) 회장으로 선출되었다. 동료들은 이론과 방법론에서 그가 주장한 혁신에 반대하면서도 매슬로가 미친 영향을 인정했던 것이다.

매슬로는 1968년에 연구 자금을 받아 말년을 집필에 전념했다. 그는 브랜다이스 대학을 떠나 캘리포니아로 갔는데 그곳에서 1970년 심장마비로 세상을 떠났다.

다음은 1970년 5월 7일 그가 마지막으로 쓴 일기에서 발췌한 내용이다.

누군가가 내게 물었다. (…) 소심하던 젊은이가 어떻게 '용기 있는' 리더이자 연사로 변하게 되었는가? 어떻게 내가 대부분의 사람들이 꺼리는 인기 없는 자리에 선뜻 응하고 소신껏 발언하게 되었는가? 나는

---

3 무서운 아이. 조숙하거나 남을 배려하지 않는 무책임한 사람을 가리키기도 한다 - 옮긴이.

즉시 '사실을 그대로 보려는 지성' 때문이라고 대답하고 싶었다. 하지만 단지 그것 때문만이라고 하는 것은 옳은 대답이 아니었기 때문에 잠시 뜸을 들였다. 결국은 "호의, 동정심, 그리고 지성 때문입니다"라고 대답했다. 나는 내가 연구했던 자아실현자들과 그들의 생활방식, 그들이 지녔었고 이제는 내 것이 되기도 한 초월적 동기들로부터 많은 것을 배웠다고도 했던 것 같다. 나는 불의, 악, 거짓, 진실이 아닌 것, 증오, 폭력, 단순화된 대답들에 감정적으로 반응한다. (…) 그래서 나는 목소리를 내지 않으면 자신이 비천하고 인간답지 못하다는 생각이 들고 죄책감을 느낀다. 어떤 의미에서 보면 나는 목소리를 내지 않을 수 없는 것이다.

어린이와 지성인, 그리고 그 밖의 모든 사람들에게 진지한 이론과 사실들로 뒷받침된 도덕적 정신, 과학적 가치체계, 삶의 방식, 인본주의적 정치가 필요하다. (…) 그래서 나는 스스로에게 명해야만 한다. 일하라!(Lowry, 1979, Vol. II, p. 1309)

참고문헌

Hall, M. H. (1968). A conversation with Abraham H. Maslow. *Psychology Today*, 35-37, 54-57.

International Study Project. (1972). *Abraham H. Maslow: A memorial volume*. Monterey, CA: Brooks/Cole.

Leonard, G. (1983, December). Abraham Maslow and the new self. *Esquire*, pp. 326-336.

Lowry, R. (1973). *A. H. Maslow: An intellectual portrait*. Monterey, CA: Brooks/Cole.

Lowry, R. (Ed.). (1979). *The journals of Abraham Maslow* (2 vols.). Monterey, CA: Brooks/Cole.

Maslow, A. (1968). *Toward a psychology of being* (2nd ed.). New York: Van Nostrand.

Maslow, A. (1971). *The farther reaches of human nature.* New York: Viking Press.

Wilson, C. (1972). *New pathways in psychology: Maslow and the post-Freudian revolution.* New York: Mentor.

1
부

동기이론

1장

동기이론 서문

이 장에서는 올바른 동기이론에 포함시켜야 할 17가지의 명제를 제
시한다. 이 명제들 중에 어떤 것은 너무나 명백하여 더 이상 설명이 필
요 없겠지만, 다시 강조할 필요성을 느껴 포함시켰다. 또 다른 명제들
은 독자들이 수용하기 어려울지도 모르며 어쩌면 논란의 여지도 있을
것이다.

전체론적 접근

내가 제시하는 첫 번째 명제는 인간이 유기적이고 통합된 전체라는
것이다. 올바른 실험과 올바른 동기이론을 정립시키기 위해서는 이 명
제가 실험적인 현실이면서도 이론적인 현실임을 반드시 먼저 인식해야
한다. 동기이론에서 이 명제는 여러 가지 특별한 의미를 지니고 있다.
예를 들어 동기화된다고 할 때는 인간의 일부가 아니라 전체가 동기화
된다는 의미다. 훌륭한 이론에는 위(胃)의 욕구, 입 또는 생식기의 욕구

와 같은 실체가 따로 존재하지 않는다. 인간의 욕구만이 있을 뿐이다. 음식을 원하는 것은 존 스미스라는 사람이지 그의 위가 아니다. 나아가 만족은 그의 어느 한 부분이 아니라 그가 느끼는 것이다. 음식은 존 스미스의 위장이 느끼는 배고픔이 아닌 존 스미스의 배고픔을 만족시켜 준다.

실험심리학자들은 배고픔을 단순히 소화기관의 기능으로만 취급했다. 그럼으로써 개인이 배가 고플 경우에는 소화기관의 기능뿐만 아니라, 그가 활용할 수 있는 다른 대부분의 기능들도 변화된다는 사실을 소홀히 다루었다. 배가 고플 때는 지각이 변화된다(다른 대상보다 음식을 더 쉽게 지각한다). 기억도 변화된다(배가 고플 때는 다른 때보다도 좋은 식사를 더 잘 기억할 것이다). 감정도 변화된다(다른 때보다도 긴장과 신경질을 더 많이 느낀다). 사고의 내용도 변화된다(대수 문제를 푸는 것보다 음식을 구할 생각을 더 많이 할 것이다). 그리고 이런 목록은 생리적이고 심리적인 다른 모든 능력과 기능들까지 아우르도록 확장될 수 있다. 다시 말해 사람이 배고픔을 느끼면 오로지 배가 고프다는 생각뿐이다. 배고플 때는 그 전과 전혀 다른 사람이 된다.

동기 연구에 적합한 패러다임

동기 상태를 연구하는 패러다임으로 배고픔을 선택하는 것은 이론적으로나 설제적으로 현명하지 못하고 옳지도 않다. 곰곰이 분석해보면 배고픔의 충동은 일반적인 동기이기보다는 특수한 경우에 가깝다. 배고픔은 다른 동기보다 고립되어 있다.[1] 그리고 배고픔은 다른 동기보다 덜 일반적이다. 마지막으로 배고픔은 분명한 신체적 근거를 가지고 있다는 점에서 다른 동기들과 다르다.

그보다 일반적이며 직접적인 동기로 무엇이 있을까? 우리의 평범한 일상을 자세히 관찰하면 이런 동기들을 쉽게 찾을 수 있다. 옷, 자동차, 우정, 동료, 칭찬, 체면 등을 원하는 욕구들이 우리의 의식을 스쳐 지나갈 것이다. 일반적으로 이런 것들은 2차적 또는 문화적인 추동(推動)으로 불리면서 '인정할 만한 추동' 또는 1차적인 추동, 다시 말해 생리적 욕구와는 다른 차원에 속한다고 여겨졌다. 그러나 현실에서는 이런 2차적 욕구들이 훨씬 더 중요하며 흔하게 일어난다. 그러므로 배고픔의 추동보다는 이런 욕구들을 동기 연구의 패러다임으로 삼는 것이 옳을 것이다.

모든 추동은 생리적인 추동의 예를 따르리라는 것이 지금까지의 일반적인 가정이었다. 이제는 절대로 그럴 리 없다고 예측해도 좋다. 대부분의 추동은 분리할 수 없고 신체적으로 어떤 부위에 국한시킬 수 없으며, 그 시점에 유기체 내에서 일어나고 있는 유일한 현상으로 생각할 수도 없다. 인간의 전형적인 추동, 욕구, 욕망은 절대로 특정하게 고립되고 제한적인 신체적인 이유 때문에 생기지 않는다. 전형적인 욕망은 훨씬 더 분명하게 인간 전체가 느끼는 욕구인 것이다. 따라서 동기 연구를 위한 모델로는 순수한 배고픔의 추동보다는 돈에 대한 욕망을 선

---

1 여기서 형태주의와 골트슈타인 학파의 심리학자들이 사용하던 의미로 고립이라는 어휘를 사용했다. 형태주의 또는 게슈탈트 심리학에서 의식은 부분의 산술적인 합이 아니라 통합적인 전체로 작용하는 존재로서 장의 역동적인 조직에 따르는 정신과정을 통해 형성된다고 주장한다. 쿠르트 골트슈타인은 독일계 유대인 신경심리학자로 형태주의 이론에 기초하여 전체론적인 유기체 이론을 정립했다 – 옮긴이.

택하는 것이 훨씬 적절할 것이다. 가장 좋은 방법은 어떤 부분적인 목적보다는 보다 근본적인 목적, 예를 들어 사랑에 대한 욕망과 같은 것을 연구하는 편이 나을 것이다. 현재 가지고 있는 모든 증거를 고려해 볼 때, 우리가 배고픔의 추동에 대해 아무리 많이 알게 된다 하더라도 사랑의 욕구를 완전히 이해할 수 없을 것이다. 사실은 더 확실하게 말할 수 있다. 즉 우리가 배고픔의 욕구에 대한 연구를 철저히 하기보다는 사랑의 욕구에 대해 완전한 지식을 얻음으로써 인간의 일반적인 동기(배고픔의 동기를 포함해서)를 더 많이 이해할 수 있을 것이다.

이와 관련하여 형태주의 심리학자들이 종종 제시했던 단순성의 개념에 대한 비판적인 분석을 상기해보자. 배고픔의 추동은 사랑의 추동과 비교했을 때 단순해 보인다. 하지만 장기적인 안목으로 보면 그렇게 단순하지 않다(Goldstein, 1939). 유기체 전체로부터 비교적 독립되어 있는 개별 활동을 택하여 관찰해보면 표면적으로는 간단해 보일 수 있다. 그러나 어떤 중요한 활동이 그 사람에게서 중요한 거의 모든 다른 것과도 역동적으로 연관되어 있음을 쉽게 알 수 있다. 그렇다면 왜 이런 의미에서 전혀 일반적이지 않은 활동을 선택하여 연구하는가? 우리가 일반적으로 사용하는 실험 테크닉을 쓸 때 어떤 활동이 다른 활동으로부터 고립, 환원, 독립시켜 다루기 쉽다는 이유로 적절하지 않더라도 특별히 그런 활동을 선택하여 연구하는 것이 옳은가? 만약 우리가 아무리 시시하고 타당성이 없더라도 실험적으로 간단한 문제와, 실험하기는 어렵지만 중요한 문제 사이에서 선택을 해야 한다면 우리는 주저 없이 두 번째를 선택해야 한다.

수단과 목적

우리가 일상생활에서 느끼는 평범한 욕구들을 자세히 살펴보면 최소한 한 가지 중요한 특성이 있음이 발견된다. 즉 그런 욕구들은 그 자체가 목적이기보다는 대부분 어떤 목적을 위한 수단이라는 것이다. 우리는 자동차를 사기 위하여 돈을 원한다. 이웃들이 모두 소유하고 있는 차가 없다는 이유로 그들에게 열등감을 느끼기 싫어서, 또 자존감을 유지하고 타인들로부터 사랑과 존경을 받고 싶어서 차를 원한다. 대개는 의식적인 욕망을 분석하다 보면 그것보다 더 근본적인 목표를 발견할 수 있다. 다시 말해 정신병리학에서의 증상에 해당되는 상황에 처하게 된다. 증상은 그 자체보다는 그것의 궁극적 의미, 즉 그것의 궁극적인 목적과 결과가 중요하다. 증상 자체에 관한 연구는 전혀 중요하지 않다. 그러나 증상의 역동적인 의미에 대한 연구는 중요하다. 예컨대 그것을 통해 심리치료가 가능해지는 등의 유익한 효과를 가져올 수 있기 때문이다. 하루에도 열 번 이상 우리의 의식을 스쳐가는 특별한 욕구들은, 그 욕구 자체보다 그것이 무엇을 의미하는지, 어디로 이어지는지를 깊이 분석해보았을 때 드러나는 궁극적인 의미가 더 중요하다.

이런 심층 분석은 언제나 더 이상 나아갈 수 없는 어떤 목표나 욕구로 우리를 인도하는 것이 특징이다. 다시 말해 심층 분석을 통해 더 이상의 정당화나 논증이 필요 없이 충족 자체가 목적인 어떤 욕구에 다다르게 된다. 이런 욕구는 보통 사람들에게서는 직접 관찰되지 않으며, 여러 가지 구체적이고 의식적인 욕구들로부터 나오는 개념적인 파생물이라는 점이 특징이다. 그렇다면 동기에 대해 연구하기 위해서는 인간의 궁극적인 목표와 욕망, 욕구를 연구해야 한다.

무의식적인 동기

이런 사실들은 올바른 동기이론이 정립되어야 할 필요성을 다시 시사한다. 이런 궁극적인 목표들이 의식 속에서는 직접 드러나지 않을 때가 많으므로 우리는 무의식적인 동기라는 문제 전체를 다룰 필요성에 직면한다. 삶의 의식적인 동기들만 세밀히 연구하다 보면 우리가 의식 속에서 볼 수 있는 것만큼 중요하거나 그보다도 더 중요한 것들을 많이 놓치게 될 것이다. 정신분석은 의식적인 욕망과 그 아래 깔려 있는 궁극적인 무의식적 목표 사이의 관계가 반드시 직접적이지 않다는 사실을 종종 보여준다. 실제로 그런 관계는 반동형성(reaction formation)[2]의 경우처럼 반대로 나타날 수도 있다. 그렇다면 우리는 올바른 동기이론에서는 무의식적인 삶을 소홀히 다루어서는 안 된다.

인간 욕망의 공통성

서로 다른 문화권에 사는 모든 인간의 기본적인 또는 궁극적인 욕망이 환경의 차이만큼 서로 크게 다르지 않다는 문화인류학적인 증거들은 충분히 확보되어 있다. 이런 현상이 나타나는 이유는 서로 다른 두 문화가 하나의 욕망을 만족시켜주는 전혀 다른 두 가지 방법을 각각 제시하기 때문이다. 자존감의 욕구를 예로 들어보자. 한 사회에서는 훌륭한 사냥꾼이 되면 자존감을 얻는다. 다른 사회에서는 위대한 치유자,

---

2 금지된 충동을 억제하기 위해 그 반대의 경향을 강조함으로써 스스로 수용하기 어려운 충동을 제어하려는 심리적인 태도 또는 습성 - 옮긴이.

또 다른 사회에서는 용맹한 무사 또는 매우 냉정한 사람 등이 됨으로써 자존감을 얻는다. 궁극적으로 생각해 보면 좋은 사냥꾼이 되려는 어떤 사람의 욕망은 또 다른 사람이 훌륭한 치유자가 되려는 욕망과 동일한 역동관계와 동일한 기본 욕망을 가지고 있다. 그렇다면 이렇게 표면적으로 다르게 나타나는 의식적인 욕구들을 서로 다른 범주보다는 동일한 범주에 포함시키는 것이 훨씬 더 유용하다고 주장할 수 있다. 어떤 목적에 도달하기 위해 택할 수 있는 방법들보다 목적 자체가 훨씬 더 보편적이다. 그런 방법들은 특정한 문화에 따라 그 지역에서만 특정하게 결정되기 때문이다. 인간은 우리가 언뜻 생각하는 것보다는 훨씬 서로 비슷하다.

복합적인 동기

의식적인 욕망이나 동기화된 행동은 서로 다른 목적들이 표현되는 하나의 통로로 사용되기도 한다. 몇 가지 방법으로 이런 사실을 입증할 수 있다. 예를 들어 성적인 행동과 의식적인 성적 욕망의 저변에는 매우 복잡한 무의식적인 목적이 깔려 있을 수 있다. 어떤 사람에게 성적 욕망은 스스로 남성성을 확인하려는 욕망일 수 있다. 또 다른 사람의 경우에는 근본적으로 상대방을 감동시키려는 욕구일 수 있다. 또 친밀감, 우정, 안전, 사랑, 또는 그 중 몇 가지를 복합적으로 원하는 것일 수도 있다. 모든 인간이 가지고 있는 성적 욕망의 의식 수준에는 같은 내용이 포함되어 있을 수 있다. 그래서 어쩌면 모든 사람은 자신이 성적 충족만을 원한다고 잘못 생각하고 있을 수도 있다. 그러나 이제 우리는 사람들의 그런 생각이 옳지 않다는 것을 알게 되었다. 개인이 자신의 성적 욕망에 대해 어떤 내용을 의식적으로 생각하는가보다는, 그런 성적 욕망과 행동이 근본적으로 의미하는 바를 생각하는 것이 그 개인을 이해하는 데 훨씬 더 유용하다는 사실을 알게 되었다(이 점은 준비 행동이나 완료 행동 모두에 해당된다).

하나의 정신병리적 증상이 여러 가지 서로 다른, 심지어 반대되는 욕망을 동시에 의미할 수 있다는 발견도 이와 동일한 점을 지지하는 또 다른 증거이다. 예를 들어 히스테리로 팔이 마비되면서 복수, 동정, 사랑, 존경의 욕구가 동시에 충족될 수 있다. 첫 번째 예에서의 의식적인 바람이나 두 번째 예에서 드러난 증세를 단순히 행동 면에서만 받아들이면, 우리는 개인의 행동이나 동기 상태를 완전히 이해할 가능성을 제멋대로 포기하는 꼴이 된다. 그러기 때문에 한 가지 행동이나 한 가지 의식적인 바람에 단 하나의 동기만이 작용하는 경우가 오히려 드물다는 사실이 강조되어야 한다.

동기를 일으키는 상태

어떤 의미에서 유기체의 거의 모든 상태는 그 자체로도 동기를 일으키는 상태이다. 동기에 대해 현재 통용되는 개념들은 동기가 일어난 상태가 특별하고 특이하며 유기체 안에서의 다른 현상들과 뚜렷이 구분되는 상태라는 가정하에 전개되는 듯하다. 그와는 반대로 올바른 동기 이론은 동기가 지속적이고 끝나지 않으며 항상 동요하고 복잡하다고 본다. 사실상 모든 유기체적 상태에 해당되는 거의 보편적인 특성이라고 가정해야 한다.

예를 들어 어떤 사람이 거부당할 것 같다고 말할 때, 그 말이 무슨 의미인지 생각해보자. 정적(靜的)인 심리학은 이런 진술에 만족스러운 결론을 내릴 것이다. 그러나 역동심리학은 이런 진술을 통해 훨씬 더 많은 것을 암시할 것이다. 그리고 경험적으로 완벽하게 정당화시켜 보여줄 수도 있다. 거부당했다는 느낌은 유기체 전반에 걸쳐서 신체적·심리적으로 반향을 불러일으킬 것이다. 나아가 그런 상태는 자동적으로, 그리고 필요에 의해 다른 여러 가지 현상으로 이어질 것이다. 예를 들어 애정을 되찾기 위한 강박적인 욕망, 다양한 방어 노력, 적대감과 같은 현상이 일어난다. 그러면 '이 사람은 거부당했다고 느낀다'는 진술 이외에도 거부감의 결과로 그 사람에게 일어난 여러 가지 이야기를 덧붙여야만 그 진술에 암시된 상태를 설명할 수 있다. 다시 말해 거부당했다는 느낌 자체가 동기를 일으키는 상태인 것이다.

만족은 새로운 동기를 일으킨다

인간은 무엇인가를 갈망하는 동물이며 잠깐 동안을 제외하고는 완전히 만족한 상태에 이르지 못한다. 하나의 욕망이 만족되면 또 다른 욕망이 대두되어 그 자리를 메운다. 그것이 만족되면 또 다른 욕망이 생기며 그런 과정은 계속된다. 평생 동안 무엇인가를 항상 갈망하는 것이 인간의 특성이다. 그렇다면 우리는 모든 동기가 서로 어떤 관계에 있는지를 연구할 필요가 있다. 그와 동시에 우리가 폭넓게 이해하려면 동기적 요소들을 분리된 개체로 보는 시도를 포기해야 한다. 추동 또는 욕망의 출현, 그것이 일으키는 행동, 목표물을 획득함으로써 찾아오는 만족 등은 모두 동기화된 개체의 복잡함으로부터 끄집어낸 인위석이고 고립된 하나의 예만을 보여준다. 어떤 추동이 나타나는 것은 유기체 전체가 가지고 있는 다른 동기들이 만족되거나 만족되지 못한 상태에 따라 결정된다. 즉 다른 우세한 욕망들이 앞서 어느 정도 만족한 상태에 이르냐에 따라 좌우된다. 어떤 것을 원한다는 것은 또 다른 결핍이 이미 만족되었음을 암시한다. 우리가 항상 배가 고프거나 계속 목이 마르거나 재난의 위협을 끊임없이 받거나 모든 사람이 자신을 증오하고 있다면, 음악을 작곡하거나 수학적인 체계를 세우거나 집을 꾸미거나 옷을 잘 차려 입겠다는 욕망을 느낄 수 없다. 여기에는 두 가지 중요한 사실이 있다. 첫째, 인간은 반드시 상대적이거나 단계적인 양식으로 만족될 수 있다. 둘째, 그런 욕구들은 강도에 따라서 일종의 위계를 이루어 배열되는 것으로 보인다.

추동들은 나열하기 불가능하다

우리는 추동이나 욕구를 원자론적으로 열거하려는 시도를 포기해야 한다. 그런 목록은 몇 가지 이유에서 이론적으로 타당하지 않다.

첫째, 무엇보다 그런 목록은 열거된 다양한 추동이 강도나 출현 가능성에서 동등하다는 것을 암시한다. 어떤 욕망이 의식에 떠오를 가능성은 또 다른 강력한 욕망이 충족되는가의 여부에 따라 결정되므로 이런 암시는 정확하지 않다. 다양한 욕구가 생길 가능성은 욕구마다 다르다.

둘째, 이렇게 욕구를 나열한 목록은 이런 욕구들이 서로 분리된다는 것을 암시한다. 하지만 욕구들은 그런 식으로 고립되어 있지 않다.

셋째, 대체로 행동을 근거로 작성된 욕망의 목록은 우리가 알고 있는 욕망의 역동성을 완전히 무시한다. 예를 들어 욕망의 의식적인 면과 무의식적인 면이 서로 다를 수 있고 어떤 특정한 욕구가 몇 가지 다른 욕구를 표현하려는 통로일 수도 있다는 사실을 간과한다.

추동은 고립된 불연속적인 부분들의 산술적인 합계처럼 배열되지 않는다. 따라서 추동을 그런 식으로 열거한다는 것은 어리석은 일이다. 추동은 특수한 정도에 따라 위계적으로 배열된다. 즉 개인이 열거하려고 선택하는 추동의 개수는 그가 분석하려고 하는 특수성의 정도에 따라 결정된다. 추동을 묘사하는 올바른 그림은 무수히 많은 막대가 나란히 있는 그림이 아니다. 한 상자에 세 개의 상자가 들어 있고, 그 세 개의 상자 속에 또 각각 열 개의 상자가 들어 있으며, 그 열 개의 상자 속에 각각 50개의 상자가 들어 있는 식으로 배열된 그림이다. 또는 다양한 배율로 묘사한 생물의 조직 구조에 비유할 수도 있다. 그렇게 해서 우리는 충족이나 평형의 욕구를 이야기할 수 있고, 그보다 구체적으로 먹고 싶은 욕구를 말할 수 있다. 그리고 좀 더 구체적으로 위를 채우려는 욕구, 더 구체적으로는 단백질에 대한 욕구, 나아가 특정한 단백질에 대한 욕구 등으로 좁혀 나갈 수 있다. 우리가 현재 접할 수 있는 욕구 목록은 대부분 여러 수준의 배율에서 무차별적으로 묶어 놓은 것이다. 그렇게 혼란스럽기 때문에 어떤 목록에는 서너 가지의 욕구가 포함되고, 또 다른 목록에는 수백 가지의 욕구가 포함되는 것도 무리는 아니다. 우리가 원한다면 분석의 특수성에 따라 목록에 하나의 추동만 넣을 수 있고, 100만 개의 추동을 포함시킬 수도 있다. 나아가 우리가 근본적인 욕구를 논하고 싶다면 그런 욕구들이 욕구의 세트 또는 근본적위 범주, 욕구들의 집합체라고 분명히 이해해야 할 것이다. 다시 말해 근본적인 목적을 열거하는 것은 목록을 죽 나열하는 작업이 아니라 추상적인 분류 작업이 되어야 한다(Angyal, 1965).

확장하여 논하면 이제껏 발표된 추동의 모든 목록은 다양한 추동이 서로 배타적이라고 암시하는 듯하다. 그러나 추동들은 서로 배타적이지 않다. 대개는 한 추동과 다른 추동을 분명하고 뚜렷하게 분리하는 것이 불가능할 정도로 서로 중복되어 있다. 또한 추동이론을 비판할 경우에는 추동이라는 개념 자체가 생리적 욕구를 집중적으로 연구하다가 생겨났음을 지적해야 한다. 생리적 욕구들은 자극과 동기화된 행동, 목표물로 분리시켜서 다루기가 매우 쉽다. 그러나 우리가 사랑의 욕구에 대해서 이야기할 때 추동과 목표물을 분리하기란 쉽지 않다. 그런 경우에 추동, 욕망, 목표물, 활동은 모두 하나인 것처럼 보인다.

근본적인 목적에 따른 동기의 분류

현재 접할 수 있는 증거들을 살펴보면 동기적 삶을 분류할 때 자극의 일반적인 의미에 따라서 추동들을 열거하기보다는, 근본적인 목표나 욕구를 유일하게 올바른 기초로 삼아서 분류해야 함을 알 수 있다('미는 힘' 보다는 '끄는 힘'에 중점을 두어야 한다는 의미다). 역동적인 접근이 심리학적 이론화 작업에 영향을 미치며 범람하고 있는 가운데 마지막까지 상수로 남는 것은 근본적인 목표뿐이다.

동기화된 행동이 분류를 위한 좋은 근거가 되지 못하는 것은 확실하다. 그런 행동은 여러 가지를 표현할 수 있기 때문이다. 같은 이유에서 특정한 목표물도 좋은 근거는 아니다. 어떤 사람이 음식에 대한 욕망으로 음식을 얻기 위해 적절하게 행동하고 섭취하더라도, 사실 그 사람은 음식보다는 안전을 원할 수도 있다. 어떤 사람은 성적 욕망, 구애 행위, 사랑행위의 전 과정을 거치면서 성적 충족보다는 자존감을 추구하고 있을지도 모른다. 의식을 내성(內省, 자신의 내부를 들여다보며 성찰하는 것)했을 때 나타나는 추동, 동기화된 행동, 그리고 분명하게 나타나는 목표물이나 추구하는 결과들은 모두 인간의 동기를 역동적으로 분류하는 올바른 근거가 되지 못한다. 논리적으로 배제해나가는 과정을 통해서라도 마침내 우리는 무의식적이며 근본적인 목표와 욕구에 도달하게 된다. 그것들이 동기이론에서 분류를 위한 단 하나의 올바른 토대가 되어야 한다.

동물 연구 자료의 부적절성

동기 분야를 연구할 때 이론심리학자들은 동물 실험에 많이 의존해 왔다. 흰쥐가 인간이 아닌 것은 당연하다. 그러나 인간 본성을 이론화할 때 학자들이 동물 실험의 결과를 기본 자료로 하여 근거로 삼는 경우가 비일비재하다. 그런 이유로 불행히도 이 당연한 말을 되풀이하지 않을 수 없다. 동물 연구에서 얻은 자료는 조심스럽고 현명하게 적용시킬 때만 유용하다.

동기이론이 동물중심적이기보다는 인간중심적이어야 한다는 주장에 부합되는 다른 고찰들도 있다. 우선 본능의 개념을 살펴보자. 엄밀히 말해 본능이란 추동, 동기화된 행동, 목표물과 목표가 미치는 영향

등이 모두 유전에 따라서 결정되는 동기 단위라고 정의할 수 있다. 계통 발생적인 척도를 따라서 올라가면 이렇게 정의 내린 본능이 점차 사라지는 추세를 볼 수 있다. 예를 들어 흰쥐의 경우는 우리가 내린 정의에 따라서 기아 본능, 성 본능, 모성 본능 같은 것이 존재한다고 해도 무방할 것이다. 원숭이에게는 성 본능이 확실히 사라지며, 기아 본능은 여러 방식으로 수정되어 존재한다. 모성 본능만 의심할 여지 없이 남아 있다. 우리가 내린 정의에 따르면 인간에게는 행동이 동기화되거나 목표물이 선택될 때 이 세 가지가 모두 사라지고 유전적인 반사, 유전적인 추동, 내적 요인에 따른 학습, 문화적인 학습의 응집물만 남게 된다(4장 참조). 따라서 우리가 인간의 성생활을 살펴보면 순수한 추동 자체는 유전에 따라 주어지지만 대상과 행동을 선택하는 방식은 살아가면서 습득하거나 학습한다는 사실을 발견할 수 있다.

계통발생적인 척도를 따라서 올라갈수록 배고픔은 덜 중요해지고 식욕이 점점 더 중요해진다. 예를 들어 흰쥐는 원숭이보다, 원숭이는 인간보다 먹이를 다양하게 선택하지 않는다(Maslow, 1935).

마지막으로 계통발생적인 척도를 따라 올라가면서 본능이 사라질수록 적응하기 위하여 문화에 더욱 의존하게 된다. 그래도 동물 자료를 사용해야 한다면, 우리는 인간이 흰쥐보다는 원숭이와 훨씬 더 비슷하다는 단순한 이유 때문에라도 동기 실험의 대상으로 흰쥐보다는 원숭이를 선택하는 것이 낫다는 사실을 인식하기로 하자. 할로(1952)와 다른 유인원 연구가(Howells & Vine, 1940)들은 이런 사실을 충분히 보여주었다. 학자들이 동물 자료에 의존하는 동안 동기이론에서 목표나 의도의 개념은 제멋대로 배제되었다(Young, 1941). 우리가 쥐에게 그의 의도를 물어볼 수 없다고 해서 인간에게는 그들의 의도를 물어볼 수 있다는 사실을 꼭 지적해야만 하는가? 우리가 쥐에게 물어볼 수 없다는 이유로 의도나 목표의 개념을 거부하는 대신에 쥐의 의도를 물어볼 수 없기 때문에 쥐를 연구 대상에서 제외시키는 것이 훨씬 더 이치에 맞다고 생각된다.

환경

우리는 지금까지 유기체의 성질에 대해서만 이야기했다. 이제 유기체가 처해 있는 환경이나 상황에 대해서 언급하는 것이 필요하다. 우리는 인간의 동기가 상황이나 타인과의 관계를 떠나서는 거의 행동으로 나타나지 않는다는 사실을 인정해야 한다. 동기에 관한 어떤 이론이든지 이런 사실을 고려하여 환경과 유기체에서 결정 인자로 작용하는 문화의 역할을 포함시켜야 한다.

이런 사실은 인정하되 외부세계, 문화, 환경, 상황에 지나치게 치우치지 않도록 유의해야 한다. 지금 우리가 연구해야 하는 중심 대상은 유기체 또는 성격 구조이기 때문이다. 우리는 상황이론의 극단으로 치우쳐서 유기체를 장(場)에 있는 또 다른 대상 어쩌면 그 유기체가 얻으려고 하는 대상이나 그를 가로막는 장애물과 동등한 위치에 놓는 실수를 범하기 쉽다. 우리는 개인이 장애물이나 가치를 두는 대상을 부분적으로 만들어내기도 한다는 사실을 기억해야 한다. 또한 그런 장애물이나 대상을 정의할 때는 상황 속에서 특정한 유기체가 설정하는 조건에 따라서 정의해야 한다는 점도 잊지 말아야 한다. 우리는 장 안에서 기능하고 있는 특정 유기체로부터 독립된 장을 보편적으로 정의하거나 묘사할 수 있는 방법을 알지 못한다. 한 아이가 자신에게 가치가 있는 대상을 얻으려고 노력하지만 장애물로 인해 제재를 받는다고 할 때, 그 대상이 가치가 있다고 판단하는 주체나 장애물을 장애물이라고 판단하는 주체는 아이 자신임을 분명히 지적해야 한다. 엄밀히 말해 심리학적으로 장애물은 없다. 자신이 원하는 것을 얻으려고 하는 특정한 사람에게만 장애물이 있을 뿐이다.

변하지 않는 근본적인 욕구를 강조하는 이론은 그런 욕구들이 유기체가 처해 있는 특정 상황으로부터 비교적 독립적이다. 욕구는 충족을 위해서 가능한 행동들을 가장 효율적으로 다양하게 조직한다. 이뿐만 아니라 외부적인 현실을 구성하거나 만들어내기도 한다. 바꾸어 말하면 지리적인 환경이 심리적인 환경이 되는 과정을 이해할 수 있는 만족스러운 단 하나의 만족스러운 방법은 특정한 환경에서 유기체가 그 시점에 가지는 목표가 바로 심리적인 환경의 조직 원리가 된다는 사실을 이해하는 것이다.

그렇다면 건전한 동기이론은 상황을 고려해야 하지만 100퍼센트 상황이론이 되어서도 안 된다. 즉 유기체가 지니는 불변성을 이해하려는 노력을 포기하고, 유기체가 살고 있는 환경을 이해하는 것을 우선시할 생각이 아니라면, 상황이론에만 치우쳐서는 안 된다. 이제는 행동이론이 아니라 동기이론에 관심이 있다는 사실을 강조하고자 한다. 행동은 몇 가지 부류의 인자에 의해 결정된다. 동기와 환경적인 힘도 그 중 한 가지다. 동기에 관한 연구는 환경적인 결정 인자들에 대한 연구를 부정하거나 무효화하는 것이 아니라 보완해준다. 두 연구 모두 보다 큰 테두리 안에서 각자의 자리를 차지하고 있다.

통합된 행동

모든 동기이론은 유기체가 통합된 전체로 행동한다는 사실뿐만 아니라 때로는 그렇게 행동하지 않는다는 사실도 고려해야 한다. 고립된 조건화와 습관 같은 현상도 고려해야 한다. 여러 가지 부분화된 반응들과 무수히 많은 분열현상이나 통합의 결여현상들도 알려져 있다. 나아가 우리가 여러 가지 일을 동시에 하는 경우에서 볼 수 있듯이 유기체가 일상적인 삶에서 단일화되지 않은 방식으로 반응할 수도 있다

유기체는 커다란 기쁨을 느끼는 순간이나 창의성을 발휘하는 순간, 또는 중대한 문제나 위협, 응급 상황에 성공적으로 대응할 때 가장 단일화되고 통합된 모습을 보인다. 그러나 위협이 지나치게 압도적이거나 유기체가 그런 위협을 다루기에 너무 약하거나 무력할 때는 분열되는 경향을 보인다. 대체로 삶이 편안하고 성공적일 때는 유기체가 동시에 여러 가지 일을 하면서 여러 방향에 관심을 기울인다.

나는 특수하고 분리된 것처럼 보이는 현상들 중에서 상당 부분은 사실상 그렇지 않다고 믿는다. 좀 더 깊이 분석해보면 그런 현상들이 연결된 전체 구조 안에서 의미 있는 위치를 차지하고 있음을 밝힐 수 있다(예를 들어 전환형 히스테리 증상들). 이렇게 통합되지 않은 것처럼 보이는 현상은 우리가 무지하기 때문일 수도 있다. 그러나 특정 상황에서는 고립되고 단편적이며 통합되지 않은 반응이 일어날 수도 있다는 사실도 이제는 밝혀졌다. 나아가 그런 현상이 반드시 유기체가 약하거나 나쁘거나 병이 들었기 때문만은 아니라는 것도 점점 더 분명해지고 있다. 오히려 그런 현상은 유기체가 지닌 가장 중요한 능력을 보여주는 증거로 받아들여진다. 즉 유기체는 중요하지 않거나 익숙하거나 쉽게

해결되는 문제들은 부분적이거나 특수하거나 분리된 방식으로 다룬다. 나머지 주요 기능들은 보다 중요하고 어려운 문제들을 위하여 남겨둔다(Goldstein, 1939).

동기화되지 않은 행동

모든 행동과 반응이 동기로부터 생겨나는 것은 아니다. 적어도 부족하거나 필요한 것을 찾는다는 의미에서, 즉 욕구 충족을 추구한다는 일반적인 의미에서 반드시 동기화되는 것은 아니다. 성숙, 표현, 성장 또는 자아실현의 현상은 모두 보편적인 동기의 법칙에서 예외에 해당되며, 대응 행동(coping)보다는 표현(expression)으로 이해하는 것이 훨씬 나을 것이다. 이런 현상들은 특히 6장에서 자세히 다룰 것이다.

추가적으로 노먼 마이어(Norman Maier, 1949)[3]는 우리로 하여금 프로이트 학파가 종종 암시했던 구분에 주의를 기울이지 않을 수 없게 만들었다. 대부분의 신경증적인 증상이나 성향은 기본 욕구 충족을 지향하는 충동이라고 할 수 있다. 신경증적인 경우에 이런 충동은 곤경에 처하거나, 방향이 잘못 잡혔거나, 다른 욕구와 혼동되었거나, 그릇된 수단에 고착된 상태다. 그러나 충족지향적이기보다는 단순히 보호적이거나 방어적인 성격을 띠는 다른 증상들도 있다. 그런 증상들은 더 이상의 상처나 위협, 좌절을 방지하려는 목적밖에는 없다. 승리를 기대하며 싸우는 사람과 승리할 희망은 전혀 없지만 가능한 한 고통 없이 패배하

---

3 미시간 대학의 산업심리학자로, 인간 행동을 고전적인 인과 순서로 이해하는 개념을 제시했다 – 옮긴이.

고 싶은 사람의 차이와 비슷하다.

포기와 절망은 치료가 얼마나 진전될 수 있는지, 얼마나 학습을 기대할 수 있는지, 심지어 얼마나 오래 살 수 있는지와 상관있기 때문에 이런 차이점은 명확한 동기이론에서 반드시 다루어져야 한다.

충족을 얻을 가능성

듀이(1939)[4]와 에드워드 손다이크(1940)[5]는 대부분의 심리학자들이 무시해왔던 동기의 한 가지 중요한 면, 즉 가능성을 강조했다. 대체로 우리는 실제로 얻을 수 있다고 생각하는 것을 의식적으로 갈망한다.

사람들은 수입이 증가하면 몇 년 전에는 꿈도 꾸지 못했던 것들을 간절히 원하고 추구하게 된다. 실제로 평균적인 미국인들은 소유할 가능성이 있는 자동차, 냉장고, 텔레비전과 같은 것들을 원한다. 반면 소유할 가능성이 없는 요트나 비행기는 원하지 않는다. 무의식적으로도 원하지 않을 가능성이 크다.

한 국가 내에서 다양한 계급과 계층 간에 나타나는 동기의 차이, 그리 고 서로 다른 나라와 문화에서 나타나는 동기의 차이를 이해하려면 획득, 가능성이라는 요인에도 반드시 관심을 가져야 한다.

---

4 미국의 철학자, 심리학자, 교육학자로서 실용성을 표방한 기능주의와 실천을 수반하는 실행 가능성과 구체적인 활동과 연결되는 행동주의를 옹호했다 - 옮긴이.
5 미국의 동물 실험심리학자로서 시행착오법이라는 학습이론을 정립했다 - 옮긴이.

현실과 무의식

여기서 관련된 주제는 현실이 무의식적인 충동에 미치는 영향이다. 프로이트에게 원초아(id)[6]의 충동은 세상 속의 다른 어떤 것과도 본질적으로 관계없고, 원초아의 다른 충동들과도 관계없는 독립된 실체다.

우리는 이미지를 통해 원초아에 좀 더 근접할 수 있고, 그것을 혼돈과 흥분의 도가니쯤으로 부를 수 있을 것이다. (…) 이런 본능들은 원초아에 에너지를 채워주지만, 거기에는 질서나 통합된 의지는 없고 쾌락의 원리에 따라서 본능적인 욕구를 충족시키겠다는 충동만 존재한다. 논리의 법칙, 무엇보다도 모순의 법칙은 원초아의 작용에 적용되지 않는다. 모순되는 충동들이 서로를 중화시키거나 서로 멀어지지 않으면서 나란히 공존한다. 그들은 에너지를 경제적으로 방출해야만 한다는 강한 압력이 있을 경우에나 타협적으로 결합될 뿐이다. 원초아에는 부정이라고 할 요소가 전혀 존재하지 않는다. 또한 시간과 공간이 우리의 정신 활용에 반드시 필요한 형식이라는 철학자들의 주장이 원초아에는 해당되지 않는 것을 발견하면서 깜짝 놀라게 된다.

원초아는 가치, 선악, 도덕을 알지 못한다. 쾌락의 원리와 밀접하게 엮여 있는 경제적인 또는 양적인 요인이 모든 과정을 지배한다. 우리의 견해로는 본능적 축적과 방출이 원초아에 있는 모든 것이다(Freud, 1933, pp. 103-105).

---

6 인간정신의 밑바닥에 있는 원시적·동물적·본능적 요소. 프로이트의 정신분석 용어로 쾌락을 추구하는 쾌락원칙에 지배되며 즉각적인 욕구충족을 목적으로 한다 – 옮긴이.

이런 충동들은 현실의 조건에 따라 그대로 방출되지 않고 통제, 수정, 억제되는데, 그 정도에 따라서 원초아가 아닌 자아의 일부가 된다.

외부세계와 근접해 있으면서 외부세계가 미치는 영향력에 의해 수정되는 원초아의 부분을 자아로 본다면 거의 틀림없을 것이다. 아무리 작은 생물이라도 외피로 둘러싸여 있듯이 자아는 자극을 수용하고 자극으로부터 유기체를 보호하는 역할을 한다. 이처럼 자아에게는 외부세계와의 관계가 결정적이다. 자아는 원초아에게 외부세계를 나타내주고, 그럼으로써 원초아를 보호해주는 임무를 맡는다. 외부적인 힘이 더 강하다는 것을 무시하고 자신의 본능을 충족시키기 위해서만 맹목적으로 노력하는 원초아는 자아의 도움이 없으면 소멸될 수밖에 없기 때문이다. 자아는 이런 기능을 완수하기 위해서 외부세계를 주시해야 하며 지각과정을 통해 남겨진 기억의 흔적 속에 외부세계에 대한 정확한 그림을 보존해야 한다. 그리고 내면의 흥분에 의해 보태진 모든 요소도 현실 검사를 통해 제거해야 한다. 자아는 원초아를 위해서 운동성에 접근하는 통로를 통제하면서 욕망과 행동 사이에 사고라는 지연 요소를 삽입하고, 그 기간에 기억 속에 저장된 체험의 잔여물을 활용한다. 그렇게 함으로써 자아는 원초아의 과정을 좌우하는 쾌락 원리를 밀어내고 보다 안전하고 성공적인 현실 원리로 그것을 대체한다(Freud, 1933, p. 106).

그렇지만 듀이는 성인의 모든 충동, 최소한 전형적인 충동은 현실에 영향을 받으며 현실과 통합된다고 주장한다. 이는 곧 원초아의 충동은 없다는 주장과 같은 말이다. 또는 그런 충동이 있더라도 그것은 본질적으로 건강하기보다는 병리적이라는 의미가 포함되어 있다.

경험적인 해답을 제시할 수는 없지만 이 두 입장이 빚어내는 모순은 매우 중요하고 직접적인 차이점이기 때문에 여기서 언급했다.

내가 보기에는 프로이트가 묘사하는 종류의 원초아 충동이 존재하느냐의 여부가 중요한 질문은 아닌 듯하다. 어떤 정신분석학자라도 현실, 상식, 논리가 결여되어 있고 개인적인 이득이 없는 판타지 충동이 존재한다는 사실을 증언할 것이다. 그런 충동들이 질환이나 퇴행의 증거인가, 아니면 건강한 인간의 가장 핵심적인 심층부를 드러내는 것인가가 문제다. 삶의 어느 시점에 이르면 현실을 지각하면서 유아적인 환상이 수정되기 시작하는 것일까? 그것은 신경증적인 사람이나 건강한 사람 모두에게 동일한 것일까? 효율적으로 기능하는 인간은 현실의 영향으로부터 완전히 벗어나 충동적 삶의 숨겨진 일부분을 지킬 수 있을까? 또는 그런 충동들이 본질적으로 완전히 유기체 내적인 것이라고 밝혀진다면, 그래서 우리 모두에게 정말로 그것들이 존재한다면, 우리는 다음과 같이 질문해야 한다. 그것들은 언제 나타나는가? 어떤 조건에서 나타나는가? 프로이트가 예상했듯이 그런 충동들은 반드시 문제를 일으키는가? 그것들은 반드시 현실과 대립하는가?

인간이 지닌 최고의 역량에서 나오는 동기

인간의 동기에 대해 알려진 대부분의 내용은 심리학자가 아니라 환자를 치료하는 심리치료사들로부터 얻은 것들이다. 이런 환자들은 유용한 자료도 제공하지만 크나큰 오류의 근원이 될 수도 있다. 그들은 분명 부실한 표본이기 때문이다. 신경증 환자의 동기에서 비롯된 삶은 건강한 동기를 연구하는 패러다임으로 적절하지 않으므로 거부되어야 한다. 건강은 단순히 질병의 부재 상태가 아니며 질병의 반대 상태도 아니다. 관심을 기울일 가치가 있는 동기이론이 되려면 불구가 된 영혼이 방어적으로 취하는 조처들뿐 아니라 건강하고 강한 사람이 지닌 최고의 역량도 다루어야 한다. 인류 역사상 가장 위대하고 훌륭한 사람들이 가졌던 중요한 관심사들까지 모두 포함시켜 설명할 수 있어야 한다.

병든 사람만을 연구해서는 결코 이런 것들을 이해할 수 없다. 그러므로 건강한 남녀에게도 관심을 가져야 하고 동기이론가들은 좀 더 긍정적인 방향을 지향해야 한다.

2장

인간의 동기이론

　이 장은 앞에서 열거한 이론적 요구를 충족시키는 동시에 임상과 관찰, 실험 연구에서 얻은 사실들에 부합될 수 있는 동기이론을 체계적으로 정리하려는 목적에서 쓰였다. 그러나 대부분의 내용은 임상 경험에 의한 것들이라는 사실을 밝혀둔다.

　이 이론은 제임스와 듀이의 기능주의적 전통에 속하며 베르트하이머, 골트슈타인의 전체론(holism)과 형태주의 심리학, 그리고 프로이트, 프롬, 호나이, 라이히, 융, 아들러의 역동주의도 융합되어 있다. 이렇게 통합 또는 합성된 이론을 전체론적-역동적(holistic-dynamic) 이론이라고 부를 수도 있을 것이다.

기본 욕구의 단계

생리적 욕구
일반적으로 동기이론의 출발점이 되는 욕구는 이른바 생리적인 추동이다. 나는 두 가지 계통의 연구를 보면서 생리적 욕구에 대해 우리가 가진 통념을 수정할 필요성을 느꼈다. 첫째 항상성 개념의 발달이며 둘째, 식욕(음식의 선호에 따른 선택)을 보면 신체에서 일어나는 실제적인 욕구나 결핍을 비교적 정확히 알 수 있다는 발견이다.

항상성은 혈액의 흐름을 정상적이고 일정한 상태로 유지하기 위한 신체의 자동적인 노력을 의미한다. 월터 캐논(Cannon, 1932)은 혈액의 수분 함유량, 염분 함유량, 당분 함유량, 단백질 함유량, 지방 함유량, 칼슘 함유량, 산소 함유량, 수소 이온의 일정한 수준(산성 농도의 균형), 혈액의 일정한 온도를 유지하는 항상성의 과정을 설명했다. 이런 목록은 분명히 다른 미네랄, 호르몬, 비타민 등을 포함시키도록 확장될 수 있을 것이다.

영(1941, 1948)은 신체의 욕구와 관련하여 식욕에 관한 연구를 요약했다. 사람은 신체에 어떤 화학물질이 결핍되면 부족한 식품 요소를 원하는 특별한 식욕이나 부분적인 배고픔을 불완전한 방식으로 느끼게 된다는 것이다.

이렇게 볼 때 근본적인 생리적 욕구의 목록을 만드는 작업은 불가능하고 무용한 일로 생각된다. 묘사를 얼마나 세밀하게 하는가에 따라서 원하는 것이 무수히 증가할 수 있기 때문이다. 모든 생리적 욕구를 항상성을 유지하기 위한 것이라고 취급할 수는 없다. 성적 욕구, 수면 욕구, 순수한활동과 운동의 욕구, 동물에게서 나타나는 모성 행동이 항상성에서 비롯된다는 사실은 아직 증명되지 않았다. 나아가 이런 목록에는 생리적 욕구이면서도 동기화된 행동의 목적이 될 수도 있는 다양한 감각적 쾌락(맛, 냄새, 간지럼, 쓰다듬음 등)이 포함되지 않을 것이다. 또한 유기체가 활동, 자극, 흥분을 추구하는 욕구와 무기력함, 게으름을 추구하고 노력을 최소화하려는 성향을 동시에 가지고 있다는 사실도 항상성 개념만으로는 이해할 수 없다.

앞 장에서 생리적인 추동이나 욕구는 분리될 수 있고 신체의 일부에 국한될 수 있기 때문에 전형적이기보다는 희귀한 욕구로 봐야 한다고 지적했다. 다시 말해 이런 욕구들은 다른 욕구들이나 동기들로부터 비교적 독립적이고 유기체 전체로부터도 독립적이다. 많은 경우에 그 추동을 유발하는 국부적이고 신체적인 근거를 지적할 수 있다. 이런 특성은 지금껏 생각해왔던 만큼 일반적으로 여러 욕구에 해당되지는 않지만(피로, 졸음, 모성애적 반응 등이 그런 예외가 된다) 배고픔, 성, 갈증과 같은 고전적인 예에서는 여전히 해당된다고 볼 수 있다.

어떤 생리적 욕구와 그 욕구를 해소하려는 행위가 다른 다양한 욕구들을 충족시키는 경로로도 사용된다는 사실을 다시 지적하고자 한다. 말하자면 배가 고프다고 생각하는 사람이 사실은 비타민이나 단백질보다는 위안이나 의존할 대상을 찾고 있을 수도 있다. 반대로 어떤 사람은 물을 마시거나 담배를 피우는 것과 같은 다른 활동을 통해서도 배고픔을 어느 정도 해소할 수 있다. 다시 말해 이런 생리적 욕구들이 서로 분리될 수 있지만 완전히 분리될 수 없다는 것이다.

다른 모든 욕구 중에서 생리적 욕구가 가장 강력하다. 삶에서 모든 것 이 극단적으로 결핍되어 있는 사람은 다른 어떤 욕구보다도 생리적 욕구에 따라서 동기화될 가능성이 가장 높다는 뜻이다. 음식, 안전, 사랑, 존중이 모두 결핍되어 있는 사람은 다른 무엇보다도 음식을 더 강하게 원할 것이다.

만약 모든 욕구가 충족되지 못하여 인간이 생리적 욕구의 지배를 받게 된다면 그 밖의 다른 욕구들은 사라져버리거나 우선순위에서 밀려날 것이다. 심하게 배고픔을 느낄 때는 의식이 배고픔에 완전히 지배당하므로 인간 전체가 그냥 배가 고픈 상태라고 하는 것이 정확한 표현이 될 것이다. 이 상황에서는 모든 기능이 배고픔을 해결하는 데 동원되고, 이런 기능들을 어떻게 편성할 것인가의 문제도 배고픔을 해소하겠다는 단 하나의 목적에 따라서 결정된다. 그런 상태에서는 수용기[1]와 효과기,[2] 지능, 기억, 습관 등 모든 것들이 배고픔을 만족시키는 도구가 된다고 해도 무방할 것이다. 이 목적에 도움이 되지 않는 기능들은 휴지 상태나 뒤로 밀려난다. 시를 쓰고 싶은 충동, 자동차를 사고 싶은 욕망, 미국 역사에 대한 흥미, 새 신발을 사고 싶은 욕망은 극단적인 굶주림의 상태에서는 잊혀지거나 우선순위에서 밀려날 것이다.

극단적으로, 그리고 위험할 정도로 굶주린 사람에게는 음식 이외의 다른 관심은 존재하지 않는다. 그 사람은 음식을 꿈꾸고 기억하고 생각하며 음식에 대해서만 감정 표현을 하고 음식만을 지각하며 오로지 음식만을 원한다. 보통 때는 먹거나 마시거나 성적 행위를 계획할 때 좀 더 미묘한 결정 요인들이 생리적 추동과 어우러져 융합되기도 한다. 그러나 이 상황에서 이런 미묘한 결정 요인들은 배고픔에 완전히 압도당하여 인간은 오로지 배고픔을 해소하려는 목적만을 가지고 순수한 배고픔의 추동과 행동만을 이야기할 수밖에 없게 된다(단, 인간이 극단적으로 배고플 경우에만 이런 현상이 나타난다).

인간이 어떤 특정 욕구에 압도당할 때 나타나는 또 하나의 특징은 미래에 관한 철학 전체가 바뀔 수도 있다는 점이다. 만성적으로 극단적인 배고픔에 시달리는 사람은 유토피아를 그저 음식이 풍부한 곳이라고

---

1 · 눈, 귀, 코에서와 같이 적합한 자극을 직접 수용하는 세포 – 옮긴이.
2 신경의 말단에 있으면서 근육, 장기 등을 활동시키는 기관 – 옮긴이.

정의할 수도 있다. 음식만 풍족하게 보장된다면 행복해진 마음에 결코 다른 것은 원하지 않을 것이다. 또한 삶 자체를 먹는 것과 관련하여 정의하려는 경향을 나타내고 먹는 것 이외의 것은 중요하지 않은 것으로 치부하게 된다. 배를 채워주는 것과 무관한 자유, 사랑, 연대감, 존경, 철학은 쓸모없는 겉치레로 여기게 될지도 모른다. 그런 사람은 빵으로만 살아간다고 해도 과언이 아닐 것이다.

이런 이야기가 사실임을 인정하더라도 지나치게 일반화시키는 것은 옳지 않다고 반박할 수 있다. 위급 상황은 정상적으로 기능하는 평화로운 사회에서는 보기 힘든 드문 경우를 뜻한다. 그런데 이렇게 자명한 진리가 두 가지 이유로 종종 망각된다. 첫째, 생리적 동기 이외에는 별다른 동기가 없는 쥐들을 대상으로 동기에 관한 많은 연구가 진행되는 까닭에 쥐의 행태를 인간에게 그대로 적용시키는 오류를 범하기 쉽다는 것이다. 둘째, 문화는 인간의 적응을 위한 도구이며, 생리적 위급 상황을 최대한 방지하는 것이 문화의 주된 기능이라는 사실을 우리가 너무 자주 잊는다는 것이다. 미국에서 위급하다고 할 만큼 만성적이고 극단적인 기아가 발생하는 경우는 드물다. 평균적인 미국인이 "배가 고프다"라고 말할 때 사실 그 사람은 배고픔보다는 식욕을 느끼고 있는 것이다. 그 사람은 사고가 발생해야 생사를 가르는 기아를 경험할 것이며, 그럴 기회는 평생에 별로 없을 것이다.

유기체를 극단적으로 배고프고 목마른 상황으로 몰면서 연구한다면 상위 동기들은 제대로 볼 수 없다. 게다가 인간의 능력과 본성에 관해 치우친 견해를 가지게 되기 쉽다. 위급 상황을 일상적인 것으로 취급하고 극심한 생리적 결핍 상태에서 일어나는 행동을 기준으로 삼아서 인간의 모든 목적과 욕구를 측정하려는 학자는 분명 많은 맹점을 가지고 있다. 빵이 없는 상황에서는 인간이 빵만으로 산다는 말은 사실이다. 그러나 빵이 충분히 있고 배가 언제나 든든할 때 인간의 욕구는 어떻게 변할 것인가?

욕구 단계의 역동성

일단 다른(상위) 욕구가 생기면 생리적인 배고픔보다는 그런 상위 욕구가 인간을 지배한다. 그리고 그 욕구가 충족되면 보다 더 높은 수준의 새로운 욕구가 생기며 이런 과정은 계속해서 이어진다. 인간의 기본 욕구들이 상대적인 우세함에 따라서 위계적으로 구성되어 있다는 말은 바로 이런 뜻이다.

이런 표현에 함축된 중요한 한 가지 의미는 동기이론에서 충족도 결핍만큼 중요한 개념이라는 것이다. 욕구가 충족되면 인간은 생리적 욕구의 지배로부터 해방되면서 보다 사회적인 다른 목적들이 부각되기 때문이 다. 생리적 욕구와 그에 따른 부분적인 목표들이 지속적으로 만족되면 이는 더 이상 행동의 유효한 결정 인자나 행동을 조직하는 주체로서 존재하지 않는다. 그런 욕구는 저지되면 다시 나타나 유기체를 지배한다는 의미에서 잠재적으로만 존재한다. 그러나 충족된 욕구는 더 이상 욕구가 아니다. 유기체는 충족되지 못한 욕구의 지배만을 받으며 유기체의 행동은 그런 욕구에 따라서만 생긴다. 만약 배고픔이 충족되면 개인의 현재 역동 상태에서 배고픔은 중요성을 잃게 된다.

이런 진술은 뒤에서 좀 더 자세히 논의될 가설로 어느 정도 검증이 된 다. 즉 미래에 어떤 욕구의 결핍을 가장 잘 참아낼 수 있는 사람은 과거에 그 욕구가 언제나 충족되어왔던 사람들이다. 나아가 과거에 결핍을 겪었던 사람들과 결핍을 겪지 못했던 사람들은 현재의 만족에 대해서 다르게 반응할 것이라는 가설이다.

안전 욕구

생리적 욕구가 어느 정도 충족되면 새로운 욕구가 생기는데 그것을 안전 욕구라고 분류할 수 있다. 즉 안전·안정·의존·보호의 욕구, 두려움과 불안, 혼돈으로부터 해방되려는 욕구, 구조·질서·법·한계를 추구하려는 욕구, 강력한 보호 장치의 욕구 등이 안전 욕구의 예다. 이런 욕구에도 생리적 욕구에 대하여 앞에서 언급했던 모든 내용이 정도는 덜하지만 적용될 수 있다. 안전 욕구도 인간을 완전히 지배할 수 있다. 안전 욕구도 유기체의 모든 기능을 총동원하여 행동을 하게 만드는 유일한 주체가 될 수 있다. 그런 상황에서 우리는 그 사람이 안전을 추구하는 심리 상태에 있다고 해도 괜찮을 것이다. 또 우리는 수용기, 효과기, 지능, 그 밖의 모든 기능도 주로 안전을 추구하는 도구로 활용된다고 말할 수 있다. 배고픈 사람에게서와 마찬가지로 안전을 추구하는 욕구도 현재 세상을 바라보는 관점과 철학뿐만 아니라 미래에 대한 철학과 가치관을 결정하는 강력한 결정 인자로 작용하는 것을 볼 수 있다. 이런 상황에서는 사실상 안전과 보호보다 중요하다고 생각되는 것은 거의 없다. 심지어 이미 만족된 생리적 욕구도 이제는 과소평가될 것이다. 극단적이고 만성적으로 안전이 결핍된 상태에서 살아온 사람이라면 안전만을 추구하면서 살고 있다고 해도 무리가 없을 것이다.

그런데 우리의 문화 속에서 살고 있는 건강하고 운이 좋은 성인들이라면 대체로 안전 욕구가 충족되어 있을 것이다. 평화롭고 순조롭게 돌아가는 안정적인 사회는 구성원들이 야생 동물, 극단적인 기온, 범죄자의 공격, 살인, 혼돈, 폭정 등의 위협으로부터 안전하다고 느끼게 해준다. 그러므로 사실 이런 사회의 구성원들에게 안전 욕구는 행동의 동기가 되지 못한다. 배부른 사람이 더 이상 배고픔을 느끼지 않듯이 안전을 확보한 사람은 위험을 느끼지 않는다. 우리가 이런 욕구들을 직접적으로 분명하게 보고 싶다면 신경증 환자나 신경증의 경계에 있는 사람들, 또는 사회경제적 희생자들을 찾아보거나 사회적 혼돈, 혁명, 권력의 붕괴 현장을 살펴보아야 할 것이다. 고용을 보장해주는 직장을 선호하는 성향이나 저축심, 또는 의료, 치과, 실업, 장애, 노인보험 등 여러 종류의 보험에 가입하고 싶은 욕구는 이러한 극단적 상황들의 중간 단계에서 볼 수 있는 안전 욕구의 표현이다.

낯선 대상보다 익숙한 대상을 모르는 것보다 아는 것을 선호하는 일반적인 성향 또한 안전과 안정을 추구하고 싶어 하는 욕구라고 할 수 있다(Maslow, 1937). 우주와 인간에 대해 만족스러울 만큼 조리 있고 의미 있는 체계를 구축해주는 종교나 철학을 가지려는 성향 역시 안전을 추구하려는 욕구에서 비롯된 현상이다. 여기서 우리는 과학과 철학도 안전 욕구에 따라서 부분적으로 동기화되는 것으로 분류할 수 있다(우리는 뒤에서 과학적·철학적·종교적 노력에는 그 밖에도 다른 동기가 관여한다는 사실을 알게 될 것이다).

그 밖의 경우 안전 욕구는 전쟁, 질병, 자연재해, 범죄의 급증, 사회 해체, 신경증, 두뇌 손상, 권위 붕괴, 또는 만성적으로 열악한 환경처럼 실제적인 위급 상황에서만 유기체의 수완을 주도적으로 동원하는 주체가 된다. 일부 성인 신경증 환자들은 불안한 상황에 처한 어린이가 안전을 갈망하는 것과 비슷한 모습을 보인다. 그들은 세상에 적대적이고 압도적이며 위협적이라고 인식하면서 다른 사람들은 느끼지 못하는 심리적인 위험을 느끼고 반응할 때가 많다. 그들은 대체로 대재앙이 임박한 것처럼 행동하며 마치 모든 상황이 위급 상황인 것처럼 대처한다. 안전에 대한 그들의 욕구는 자신이 의존할 수 있는 보호 장치, 더 강한 사람이나 체제를 찾는 모습에서 분명하게 드러난다. 마치 두려움에 대한 유아적 태도와 위험한 세상에 대한 위협 반응이 잠재된 채 성장과 학습의 영향을 전혀 받지 못한 듯하다. 그래서 그들은 어린아이나 위험하다고 여길 만한 자극에도 깜짝깜짝 놀란다. 특히 호나이(1937)가 이런 '근본적인 불안'에 대해 탁월하게 설명했다.

안전을 추구하려는 욕구가 가장 뚜렷하게 드러나는 신경증은 강박신경증이다.[3] 강박신경증 환자는 자신이 다룰 수 없고 예상할 수 없는 낯선 위험으로부터 벗어날 수 있도록 세상을 안정시키기 위해 필사적으로 노력한다. 그런 사람들은 가능한 모든 우발 사태에 대비하고 새로운 돌발 사태가 발생하지 않도록 온갖 종류의 의식과 규칙, 공식을 동원하여 울타리를 친다. 낯설고 이상한 것은 무엇이든 피하고, 자신만의 제한된 영역을 매우 단정하고 규제되고 질서 잡힌 방식으로 유지한다. 그 영역 안에서는 모든 것이 정확히 부합되게 함으로써 평형을 지탱해나간다. 그들은 예상하지 못한 그 어떤 사태(위험)라도 절대로 발생할 수 없도록 조처를 취하기 위해 노력한다. 그럼에도 불구하고 예상하지 못한 사태가 발생하면 심각한 위험이 초래될 것처럼 공황 상태에 빠진다. 건강한 사람에게는 선호하는 정도에 불과하여 그다지 두드러지지 않는 성향(예를 들어 익숙한 것을 선호하는 성향)이 비정상적인 사람들에게는 절체절명의 필요성으로 변한다. 평균적인 신경증 환자에게서는 새로운 것과 미지의 대상에게 끌리는 건강한 취향이 거의 사라지거나 최소한

---

3 모든 신경증 환자가 불안정하게 느끼지는 않는다. 안전한 상황에 있는데도 애정과 존경의 욕구가 왜곡되는 것이 신경증의 핵심인지도 모른다.

만 남게 된다.

법과 질서, 권위가 실제적으로 위협을 당할 때면 사회에서 안전 욕구는 매우 시급한 것으로 대두된다. 혼돈이나 폭력혁명의 위협이 발생하면 대부분의 사람들은 보다 상위 욕구를 느끼던 상태에서 더욱 그 위력이 강한 안전 욕구를 느끼는 상태로 퇴행한다. 그럴 경우 일반인들에게서 나타나는 예측 가능한 매우 흔한 반응은 독재정권이나 군사통치를 순순히 받아들이는 것이다. 건강한 사람들조차도 위험에 반응하고 자신을 방어할 준비를 하기 위해 현실적으로 안전 욕구의 수준으로 퇴행하려는 경향을 보인다. 이런 현상은 인간 모두에게 해당된다고 볼 수 있을 것이다. 하지만 특히 안전의 경계선에서 살고 있는 사람에게서 더욱 두드러지게 나타난다. 그런 사람들은 권위와 적법성, 법 집행기관이 위협당할 때 특히 심하게 동요한다.

소속감과 사랑의 욕구

생리적 욕구와 안전 욕구가 어느 정도 충족되면 사랑과 애정, 소속감의 욕구가 생기는데, 이런 욕구를 새로운 구심점으로 하여 앞에서 설명했던 과정이 반복된다. 사랑 욕구에는 애정을 주는 것과 받는 것 모두 포함된다. 이런 욕구가 충족되지 못했을 경우 친구, 배우자, 자녀의 부재를 강하게 느낄 것이다. 그런 사람들은 모든 인간관계를 원한다. 어떤 집단이나 가족 내에서 자신의 자리를 간절히 원하는 것은 물론 이런 목표를 달성하기 위하여 혼신의 노력을 다할 것이다. 인간관계를 맺는 것이 세상의 다른 무엇보다도 더 중요해지면 배고픔이 우선시되었을 때 사랑이 불필요하고 비현실적이며 중요하지 않았다는 사실을 망각할지도 모른다. 이제는 외로움, 배척, 거부, 친구의 부재, 불안정에서 비롯되는 고통이 인간을 온통 지배하게 된다.

소속감의 욕구는 소설, 전기, 시, 연극과 최근에 출간되는 사회학 저서들에서 공통 주제로 등장하지만 이를 과학적으로 다룬 정보는 거의 찾아볼 수 없다. 이런 과학 외적의 정보를 통해서 우리는 지나치게 잦은 이사와 그로 인한 혼란, 산업화가 강요하는 빈번한 이동현상이 아이들에게 어떻게 파괴적인 영향을 미치는지 알게 된다. 또는 뿌리 없이 사는 것, 자신의 근원과 자신이 속한 집단을 경멸하게 되는 것, 자신의 가정·가족·친구·이웃과 이별하는 것, 원주민이 아닌 신입 이주자나 나그네가 된다는 것이 얼마나 큰 상처가 되는지 알 수 있다. 우리는 이웃, 자신의 영역, 종족, 같은 부류, 자신의 계층, 패거리, 친숙한 직장 동료 등이 지니는 소중함을 여전히 소홀히 한다. 그리고 무리를 이루고 그곳에 소속되어 함께 몰려다니고자 하는 우리의 근본적인 동물적 성향을 대체로 잊고 있다.[4]

나는 T-집단(training group), 개인 성장 그룹, 그 밖에 의도적인 각종 공동체가 급격히 증가하고 있는 현상이 교제, 친밀함, 소속감의 욕구가 채워지지 못하기 때문이기도 하다고 믿는다. 이동성의 증가, 전통적인 집단, 가족의 해체와 세대 차이, 꾸준히 진행되는 도시화 때문에 점점 심화되고 만연하는 소외감과 이질감 고독을 극복하기 위해 이런 사회 현상이 일어나는지도 모른다. 나는 정확히 그 숫자를 알지 못하지만 젊은이들의 저항집단 가운데 일부도 외부적인 적에 대항하여 무

---

4 아드레이의 『텃세 현상』(*Territorial Imperative*, 1966)이 모든 것을 인지하는 데 도움이 될 것이다. 그 책에는 무모함이 담겨 있지만 내가 무심히 여기던 것들을 중요하다고 강조하고 있다. 그 때문에 나는 그 문제에 대해 진지하게 고려하게 되었다. 아마다른 독자들에게도 도움이 될 것이다.

리에 대한 소속감이나 친교, 진정한 일체감을 느끼고 싶은 갈망 때문에 생기는 것이라는 강한 인상을 받았다. 공동의 적이나 위협으로 인식되어 집단의 단결을 이끌어낼 수 있는 모든 대상이 그런 집단 형성의 동기가 될 수 있다. 공동의 외부적인 위험 때문에 돈독한 형제애나 친밀감을 느낄 수밖에 없는 상황에 처한 군인들 사이에서도 비슷한 현상을 관찰할 수 있다. 이런 친밀감은 평생 지속되기도 한다. 좋은 사회가 건강하게 존속하려면 어떤 식으로든 이런 욕구를 충족시켜야 한다.

우리 사회에서 이런 욕구의 좌절은 부적응이나 보다 심각한 병리 상태에서 흔히 그 핵심을 드러낸다. 사람들은 성적 행위로 표현되기도 하는 사랑과 애정을 대체로 모순된 감정으로 바라보며 여러 가지 제약과 억압으로 족쇄를 채우려고 해왔다. 사실상 모든 정신병리학자들은 사랑 욕구 좌절이 부적응 사례의 근본 원인이라고 강조해왔다. 그러기 때문에 애정 욕구에 관해서 많은 임상 연구가 행해졌다. 어쩌면 우리는 생리적 욕구를 제외하고는 다른 모든 욕구보다도 사랑 욕구에 대해서 더 많은 것을 알고 있을 것이다. 서티(1935)는 '부드러움에 대한 금기'(taboo on tenderness)를 탁월하게 분석했다.

이쯤에서 사랑이 섹스와 동의어가 아니라는 사실을 강조하고 넘어가고자 한다. 섹스는 순수하게 생리적 욕구로 연구될 수도 있지만 인간의 성적 행동은 여러 요인에 의해서 결정된다. 다시 말해 섹스가 성적 욕구 외에도 사랑과 애정의 욕구 등 다른 욕구에 따라서도 결정된다는 것이다. 그리고 사랑 욕구에는 사랑을 주는 것과 받는 것이 모두 포함된다는 사실도 간과해서는 안 된다.

자기 존중의 욕구

몇몇 병적인 경우를 제외하고 우리 사회의 모든 사람들은 자신에 대해 서 안정적이고 호의적인 평가를 받고 싶은 욕구나 자기 존중 또는 자부심을 유지하고 싶은 욕구, 다른 사람들로부터 존중을 받고 싶은 욕구를 가지고 있다. 이런 욕구는 두 가지로 다시 나눌 수 있다. 첫째, 힘, 성취감, 적합성의 느낌, 숙달과 능력, 세상에 대한 자신감을 얻고 독립성과 자유를 추구하려는 욕구가 있다.[5] 둘째 덕망이나 신망(타인으로부터 받는 존중이나 존경을 덕망 또는 신망이라고 정의한다), 지위, 명성, 영광, 지배, 인정, 관심, 가치, 존엄, 품위 등을 추구하려는 욕구가 있다. 상대적으로 볼 때 아들러와 그의 추종자들이 이런 자기 존중의 욕구를 강조한 반면, 프로이트는 소홀히 다룬 편이었다. 그러나 오늘날 임상심리학자나 정신분석학자들 사이에서는 이런 욕구의 중요성이 점점 더 널리 인정되고 있다.

자존감의 욕구가 충족되면 자신감이 생긴다. 능력과 힘을 가진 자신이 세상에서 필요하고 가치 있는 유용한 존재라고 느낀다. 한편 이런 욕구의 충족이 저지되면 열등감이나 무력함, 나약함을 느낀다. 이런 느낌은 근본적인 실의 또는 보상을 받으려는 성향이나 신경증으로 이어진다.

---

[5] 우리는 이 특별한 욕구가 보편적인 것인지 알지 못한다. "노예로 지배를 받은 사람은 반드시 불만족스러워하고 반항적이게 될 것인가?"라는 질문은 오늘날 특히 중요하다. 흔히 알려진 임상 자료에 근거해볼 때 우리는 진정한 자유(안전과 안정을 포기함으로써 얻은 자유가 아니라 적절한 안전과 안정을 기초로 경험하는 자유)를 경험한 사람들이 쉽게 또는 자진해서 자유를 반납하지 않을 것이라고 가정할 수 있을 것이다. 그렇지만 우리는 노예로 태어난 사람에게도 이 사실이 해당되는지는 확실히 알지 못한다. 프롬(1941)의 저서에서 이 문제에 대해 논의한 부분을 참조하기 바란다.

우리는 진정한 능력과 과제를 다룰 수 있는 적절한 역량이 아닌 타인의 의견에 기초하여 자존감을 형성하는 것이 위험하다는 사실을 더 확실히 알게 되었다. 그것은 오만과 자부심에 관한 신학자들의 논쟁으로부터 자신의 본성에 진실하지 못함을 자각하는 과정을 다룬 프롬 학파의 이론, 자아에 관한 로저스의 연구, 에인 랜드(Ayn Rand)와 같은 수필가(1943)의 저술에 이르기까지 다양한 내용을 접하면서 더욱 확실해졌다. 가장 안정적이고, 따라서 가장 건강한 자존감은 외적인 명성이나 세평, 부당한 아부보다는 타인으로부터 당연히 받을 가치가 있어서 받는 존경에 기초하고 있다. 여기서도 순수한 의지력이나 결심, 책임감의 결과로 얻게 되는 능력과 성취를 진정한 내면의 본성이나 기질, 생물학적인 운명, 혹은 숙명으로부터 자연스럽게 흘러나오는 능력이나 성취와 구분하는 것이 도움이 될 것이다. 호나이(1950)는 이런 진정한 내면의 본성이 이상화시켜 놓은 유사자아(pseudo-self)가 아닌 진정한 자아로부터 나온다고 표현했다.

자아실현의 욕구

이 모든 욕구가 충족되어도 우리는 어떤 개인이 자신에게 적합한 일을 하고 있지 않는 한 새로운 불만족과 불안감을 종종(항상 그렇지는 않더라도) 느낄 것이라고 예상할 수 있다. 스스로에 대해서 평온함을 느끼려면 음악가는 음악을 해야 하며 화가는 그림을 그려야 하고 시인은 시를 써야한다. 사람들은 자신의 본성에 진실해져야 하는 것이다. 이런 욕구를 우리는 자아실현의 욕구라고 부를 수 있을 것이다(자세한 설명은 11, 12, 13장을 참조하기 바란다).

골트슈타인(1939)이 최초로 만들어낸 자아실현의 어휘가 이 책에서는 훨씬 더 제한적이고 특수한 용도로 사용되었다. 여기서는 사람들이 자신을 완성하려는 욕구, 즉 자신의 잠재성을 실현하려는 성향을 의미한다. 이런 성향은 자신의 고유함에 좀 더 근접하고 싶은 욕망, 자신이 될 수 있는 최고의 정점에 이르고 싶은 욕망이라고 표현될 수도 있을 것이다.

이런 욕구가 표현되는 개별적인 모습은 사람에 따라서 다양할 것이다. 어떤 사람에게는 훌륭한 부모가 되고 싶다는 욕구로 나타날 수도 있고, 또 다른 사람에게는 그림을 그리거나 발명을 하고 싶은 욕구로 나타날 수도 있다.[6] 이 수준에 이르면 개인차는 극대화된다. 그러나 생리적, 안전, 사랑, 자기 존중의 욕구가 먼저 충족되어야 자아실현의 욕구가 나타난다는 특성은 모든 사람에게 공통적이다.

기본 욕구의 전제조건

기본 욕구가 충족되기 위해서는 반드시 필요한 조건이 있다. 이를테면 언론의 자유, 타인에게 해를 끼치지 않는 범위 내에서의 행동의 자유, 표현의 자유, 정보 탐색의 자유, 집단 내에서 자기 자신과 정의, 공정함, 정직함, 질서를 방어할 수 있는 자유가 기본 욕구 충족에 필요한 전제조건이라 할 수 있다. 이런 조건들은 그 자체가 목적이 아니다. 그러나 충족이 유일한 목적인 기본 욕구와 긴밀하게 연결되어 있으므로

---

6 창조적인 행동에도 복수의 결정 인자가 있다는 점에서 다른 행동들과 비슷하다. 만족스럽든 불만족스럽든, 행복하든 불행하든 배고프든 포만감을 느끼든 창조적인 행동을 타고난 사람에게는 이런 모습을 볼 수 있다. 또한 창조적인 활동도 보상을 받거나 무엇인가를 개선하거나 순수하게 경제적일 수 있다. 어쨌든 우리는 여기서도 드러난 행동 자체와 그 행동에 포함된 다양한 동기와 목적들을 역동적인 방식으로 구분해야 한다.

이런 조건들은 목적에 가깝다고 할 수 있다. 이런 자유에 위협을 받으면 기본 욕구가 직접적으로 위협을 받은 것과 마찬가지로 신속하게 반응한다. 이런 조건들이 충족되지 않으면 기본 욕구의 충족이 거의 불가능하거나 심각하게 위협을 받으므로 방어를 하는 것이다.

지각, 지능, 학습 등의 인지 기능들은 인간이 적응을 도와주는 도구 세트다. 우리의 기본 욕구를 충족시키는 것이 그 도구가 행하는 기능의 일부라는 사실을 기억한다면 인지 기능을 위협하고 그것들의 자율 사용권을 박탈하거나 저지하는 상황도 기본 욕구가 간접적으로 위협을 받는 상황이라고 할 수 있다. 이는 호기심과 지식, 진리, 지혜의 추구와 우주적 신비를 풀어보려는 끊임없는 충동과 같은 일반적인 현상들을 이해하는 데 어느 정도 해답이 될 수 있다. 비밀, 검열, 부정직함, 의사소통 차단은 모든 기본 욕구 충족을 위협한다.

기본 인지 욕구

알고 싶고 이해하고 싶은 욕구

인지적 충동과 그것의 정신역학, 그와 관련된 병리현상에 대해서 우리는 별로 아는 바가 없다. 질병을 치료하려는 의학적·치료적 전통이 지배적인 임상 분야에서는 중요하지 않았기 때문이다. 인지 욕구 영역에서는 전형적인 신경증에서 나타나는 현란하고 자극적이며 신비스러운 증상들을 찾아보기 어렵다. 인지적인 정신병리현상은 표면적으로 나타나는 특별한 징후가 없어 쉽게 간과되기 때문에 정상적이라는 진단을 받기 쉽다. 인지적인 병리 상태의 증상들은 겉으로 잘 나타나지 않는다. 따라서 프로이트, 아들러, 융처럼 심리치료와 정신역학계의 위대한 창시자들의 저서에서 이 주제에 관한 내용은 찾아볼 수 없다.

호기심과 이해의 현상을 역학적으로 연구한 주요 정신분석가로는 폴실더가 유일할 것이다.[7]

지금까지 인지 욕구에 대해 간략히 언급했다. 우주에 관한 지식을 습득하고 체계화하는 것이 기본적인 안전을 얻기 위한 기술에 해당되며 지적인 사람에게서 나타나는 자아실현의 모습이라고 했다. 또한 탐구와 표현의 자유는 기본 욕구 충족의 필수조건이라고 논의했다. 이런 논리 전개가 유용하긴 하지만 호기심, 학습, 철학적 사고, 실험이 어떻게 동기를 일으키는 역할을 하는가라는 질문에 대해서는 명백한 대답을 제시해주지 못한다. 지금까지 논의한 내용은 부분적인 대답만 될 수 있을 뿐이다.

두려움이나 불안감과 같이 지식을 습득하게 하는 부정적인 결정 요인들을 뛰어넘어, 호기심을 충족시키고 알고 설명하고 이해하고 싶어 하는 긍정적인 충동이 존재한다고 가정할 수 있을 만한 몇 가지 논리적인 근거들을 제시해보고자 한다(Maslow, 1968).

1. 인간의 호기심과 유사한 현상을 고등동물에게서도 쉽게 관찰할 수 있다. 원숭이도 물건을 묻거나 구멍에 손가락을 넣어보고 배고픔, 두

---

[7] "그렇지만 인간은 세계, 행동, 실험에 대해서 관심을 가지고 있다. 사람들은 세상 속으로 모험을 떠날 때 충분한 만족감을 느낀다. 그들은 현실을 존재에 대한 위협으로 받아들이지 않는다. 유기체, 특히 인간 유기체는 이 세상에서 진정한 안전과 안정감을 느낀다. 위협은 특정 상황이나 결핍이 있을 때만 일어난다. 그럴 때조차도 불편함과 위험은 지나가는 체험일 뿐이며, 그 체험을 통해서 세상과 연결된 새로운 안전과 안정감에도 달한다."(Schilder, 1942)

려움, 섹스, 위안 등과 관련 없는 온갖 상황에서도 탐험을 할 것이다. 할로의 실험(1950)은 이런 사실을 만족스러운 실험 절차를 통해서 보여주었다.

2. 인류의 역사는 생명을 위협하는 극심한 위험을 무릅쓰고서라도 사실을 탐색하고 설명했던 무수히 많은 사례들을 보여준다. 갈릴레오보다는 소박했지만 탐색하는 데 삶을 바쳤던 사람들은 수없이 많았다.

3. 심리적으로 건강한 사람들에 관한 연구를 살펴보면 그들이 신비스럽고 미지(未知)하며 혼돈스럽고 무질서하며 설명되지 않은 것들에 끌리는 특성이 있음을 알 수 있다. 이런 대상들은 그 자체가 매력적이며 흥미로운 듯하다. 이와 대조적으로 잘 아는 것에 대한 반응은 권태로 나타난다.

4. 정신병리학적 현상에서 발견한 사실들로부터 추정해보는 것도 타당성이 있다. 임상학적 수준에서 관찰했을 때 강박신경증 환자는 익숙한 것에 강박적으로 불안하게 집착하며, 익숙하지 않고 무질서하며 예상하지 못했거나 길들여지지 않은 대상에 두려움을 보인다. 한편 이와 같은 가능성의 정반대로 나타나는 현상들도 있다. 그런 현상으로는 억지스러운 인습 파괴 행동, 모든 권위에 대한 만성적인 반항, 충격을 받거나 놀라고 싶은 욕구를 들 수 있다. 이는 특정한 신경증 환자나 탈사회화 과정을 겪고 있는 사람들에게서 찾아볼 수 있다.

5. 인지 욕구가 좌절되었을 때 실제로 정신병리학적인 결과가 나타나기도 한다(Maslow, 1967, 1968c), 다음에 언급하는 임상학적인 결과도 이런 사실과 관련된 적절한 예이다. 즉 지능이 우수한 사람이 단조로운 일을 하면서 멍청한 삶을 살 때 권태, 의욕 상실, 자기혐오, 전반적인 신체 기능 저하, 지적인 삶과 안목의 퇴화와 같은 병리적 현

상[8]이 나타나는 경우들을 보았다. 또한 파트타임으로 학업을 다시 시작한다든지, 조금이나마 지적 향상에 도움이 되는 일을 구한다든지 통찰을 얻는 치료를 받는 등 적절한 인지적 치료를 받고 증상이 사라진 경우를 적어도 한 번 이상 보았다. 또 지적이고 부유하며 직업이 없는 많은 여성들이 이와 비슷하게 지적인 무기력함의 증세를 보이는 모습도 보았다. 자신에게 가치 있는 일에 몰두하라는 조언을 받은 후에 현저히 호전되고 치유되는 사람들의 모습을 보면서 인지 욕구가 실제로 존재함을 느꼈다. 뉴스나 정보를 접하기 어려운 나라에서, 그리고 공식적인 발표 내용이 명백한 사실과 심하게 모순되어 있는 나라에서, 일부 사람들은 매사에 냉소주의적인 태도를 보이고 모든 가치를 불신하거나 명백한 사실조차 의심했다. 그리고 그런 사람들은 일상적인 대인관계가 깨진 것은 물론 절망, 사기 저하 등의 반응을 보였다. 나머지 다른 사람들은 권태, 복종, 능력 상실, 위축, 독창력 상실 등 보다 수동적인 반응을 보였다.

6. 알고 이해하고 싶어하는 욕구는 성인보다 유아기에 더욱 두드러지게 나타나는 듯하다. 나아가 이런 욕구는 어떤 정의에 따르더라도 학습의 결과라기보다는 성장과정에서 나타나는 자연스러운 산물인 것으로 보인다. 아이들에게는 호기심을 가지라고 가르쳐줄 필요가 없다. 그러나 제도를 통해 호기심을 억제하라고 가르칠 수는 있을 것이다.

7. 마지막으로 인지적인 충동의 만족은 주관적인 것이며 궁극적인 체험을 하게 해준다. 그동안 심리학이 성취된 결과나 학습과 같은 주제

---

[8] 이런 증후군은 테오될 리보(1896)와 데브라 마이어슨(1925)이 쾌감상실(anhedonia)이라고 불렀던 현상과 매우 유사하다. 그러나 그들은 쾌감상실이 다른 근원에서부터 비롯된다고 했다.

들을 선호했기 때문에 통찰과 이해와 관련된 이런 면은 소홀히 다루어졌다. 그렇지만 한 인간의 삶에서 통찰의 순간이야말로 밝고 행복하며 감정적인 순간이고 최고의 순간이기도 하다는 사실은 여전히 진실로 남아 있다. 인간이 인지적 충동에 장애가 되는 대상을 극복하는 모습, 인지 욕구가 좌절되었을 때 병리현상이 나타나는 모습, 인지적 충동이 종과 문화를 넘어서 보편적으로 발생하는 모습, 약할지언정 끈질기게 압박하는 모습, 인지적 충동이 인간의 발달 초기에 자발적으로 나타나는 모습, 인간의 잠재력이 완전하게 발달하려면 인지 욕구의 충족이 반드시 필요한 조건이라는 사실 등은 기본 인지 욕구가 존재함을 일관되게 보여주는 현상들이다.

그러나 이런 가정은 충분하지 않다. 우리는 무엇을 알고 난 후에도 더 많이, 더 상세히, 더 미시적으로 알고 싶은 욕구에 휩싸인다. 이와 동시에 세계에 대한 철학, 신학과 같이 더욱 확장된 방향으로 알고 싶은 욕구도 강렬히 느낀다. 어떤 이는 두 번째 욕구를 의미의 추구라고 표현하기도 했다. 그렇다면 이해하고 체계화하고 조직화하고 분석하고 관계와 의미를 찾고 가치체계를 구축하고자 하는 욕구도 있다고 가정해야 할 것이다.

이런 욕구들을 논의의 장으로 끌어들이면 이것들 자체가 또 하나의 작은 단계를 이루고 있으며 그런 단계에서 알고자 하는 욕구가 이해하려는 욕구보다 더 강렬하다는 것을 발견하게 된다. 앞서 욕구의 강도에 따라 배열된 단계를 설명하면서 보여주었던 모든 특성은 인지 욕구의 단계에도 적용된다.

우리는 이런 욕구들을 앞에서 논의한 기본 욕구들로부터 분리시키고 자하는 안일한 성향에 빠지지 않도록 주의해야 한다. 다시 말해 인지적 욕구와 의욕적(conative) 욕구를 이분화시키지 말아야 한다는 것이다. 알고 이해하고 싶은 욕구도 의욕적(즉 갈구하는 특성을 가지고 있는) 욕구이며, 우리가 이미 논의했던 기본 욕구들만큼이나 성격적 욕구이다. 나아가 이미 살펴보았듯이 두 개의 단계는 뚜렷이 분리되어 있다기보다는 서로 연결되어 있다. 또 뒤에서 살펴보겠지만 이 두 단계는 서로 대립하기보다는 도우면서 기능한다. 이 분야에서의 이론 전개는 『존재의 심리학』을 참조하기 바란다(1968c).

심미 욕구

우리는 다른 욕구들보다 심미 욕구에 대해 훨씬 무지하다. 그러나 역사학과 인문학, 미학자들의 증언이 이 분야에 대해 무시하고 넘어가도록 허락하지 않는다. 소수의 개인을 대상으로 임상-성격학적 기초에서 이 현상을 연구하려는 시도를 통하여 적어도 일부 사람들에게는 기본 심미 욕구가 있다는 사실이 밝혀졌다. 그런 사람들은 추함 때문에 독특한 양식으로 발병이 되며 아름다움을 접하면서 치유된다. 그런 사람들은 아름다움을 능동적으로 갈구한다. 그런 갈구는 오직 아름다움을 통해서만 충족될 수 있다(Maslow, 1967). 그런 모습은 건강한 아이들에게서는 보편적으로 나타난다. 심미적 충동의 증거는 동굴에 거주하던 원주민의 초기 문화로부터 현재에 이르는 모든 문화에서 찾아볼 수 있다.

의욕적 욕구와 인지적 욕구가 많이 중복되기 때문에 이 둘을 분명하게 구별하기는 불가능하다. 질서, 대칭, 종결, 행위의 완료, 체계, 구조에 대한 욕구는 인지·의욕·심미, 심지어는 신경증적 욕구와도 구분할 수 없이 중복되어 있다.

기본 욕구의 특성

욕구 단계의 예외

지금까지 이런 단계가 고정된 순서로 배열되어 있는 것처럼 언급했지만 사실 욕구 단계는 암시했던 것처럼 경직되어 있지 않다. 내가 관찰한 대부분의 사람들이 앞에서 언급한 순서대로 기본 욕구를 가지고 있는 것처럼 보인 것은 사실이다. 그러나 예외도 많이 있었다.

1. 자존감이 사랑보다 더 중요한 사람도 있었다. 단계가 뒤바뀌게 되는 가장 흔한 이유는 강하고 권력이 있는 사람, 타인에게서 존경심이나 두려움을 유발시키는 사람, 자신감이 있거나 공격적인 사람이 사랑받게 될 것이라는 생각하는 사람들이 있기 때문이다. 사랑이 부족하여 사랑을 찾는 사람이 공격적이고 자신감 있는 것처럼 행동하려고 노력할 수도 있다. 그러나 그런 사람들이 자존감을 추구할 때는 높은 자존감과 그런 표현이 목적이기보다는 수단이 된다. 그런 사람들은 자존감보다는 사랑을 얻고 싶어서 과시하게 되는 것이다.

2. 그 밖에도 선천적으로 창의적인 듯한 사람들이 있는데, 그들에게는 창의성의 욕구가 그것과 대립되는 다른 결정 요인들보다 더 중요한 것처럼 보인다. 그들의 창의성은 기본 욕구가 충족되어 그로부터 자유로워졌기 때문에 이루어진 자아실현이 아니라 기본 욕구가 결핍되었음에도 불구하고 나타난 자아실현의 결과일 수 있다.

3. 어떤 사람들에게서는 열망이 영구적으로 소멸되거나 약화될 수도 있다. 다시 말해 강도가 약한 목적이 영구적으로 상실되거나 사라져 버린 채 매우 낮은 수준에서만 삶을 경험한 사람(예를 들어 만성적인

실업 상태를 겪은 사람)은 먹을 것만 충분하면 남은 삶을 만족하며 살 수도 있다.

4. 소위 정신병적인 성격은 사랑 욕구가 영원히 상실된 또 다른 예라고 할 수 있다. 태어나서 맨 처음 몇 달 동안 사랑이 결핍되면 사랑을 주고받을 수 있는 능력과 욕구를 영원히 상실한다는 것이 이런 성격장애를 이해시켜주는 한 가지 견해다. 태어나서 오랜 기간이 지나도록 어미로부터 배우지 못하면 젖을 빨거나 쪼아먹는 반사신경을 잃어버리게 되는 동물이 있는 것처럼 말이다.

5. 단계가 뒤바뀔 수 있는 또 다른 이유로는 어떤 욕구가 오랫동안 충족되면 그런 욕구는 과소평가될 수 있다는 사실을 들 수 있다. 만성적인 배고픔을 경험해보지 못한 사람은 배고픔의 영향력을 과소평가하고 음식이 별로 중요하지 않다고 생각할 수 있다. 그런 사람이 상위 욕구의 지배를 받게 되면 이런 상위 욕구가 가장 중요하다고 생각할 수도 있다. 그렇다면 그런 사람들은 상위 욕구의 충족을 위해서 자발적으로 기본 욕구가 결핍된 상태에 처할 수 있으며, 실제로 그런 사람들이 있다. 오랜 기간에 걸쳐서 기본 욕구가 결핍되는 체험을 하고 나면 이 두 욕구를 다시 평가하려는 마음이 생겨 이전에 기본 욕구를 포기했던 사람이 기본 욕구의 영향을 보다 강하게 의식하게 될 수 있다고 예상할 수 있다. 그리하여 자존심 때문에 직장을 포기했다가 반년쯤 후에는 자존심을 잃을지라도 다시 그 일자리를 찾는 경우가 생길 수 있는 것이다.

6. 지금까지 행동보다는 의식적으로 느끼는 결핍이나 욕구 면에서 욕구의 강도에 따른 단계를 언급했기 때문에 욕구의 위계가 뒤바뀐 것처럼 보일 수 있을 것이다. 행동 자체만을 보면 잘못된 인상을 받을

수 있다. 지금까지는 어떤 사람에게서 두 가지 욕구가 결핍되었을 때 그가 두 가지 중에서 좀 더 기본 욕구를 충족시키고 싶어 할 것이라고 주장했다. 그렇지만 그 주장에 그 사람이 그런 욕구를 반드시 행동으로 옮길 것이라는 의미는 함축되어 있지 않다. 욕구와 욕망 외에도 행동을 결정하는 다른 요인이 많이 있다는 사실을 다시 한 번 강조한다.

7. 이상, 높은 사회적 기준, 높은 가치와 같은 것들로 인해 생기는 예외가 앞의 모든 예외보다 더 중요할 수 있다. 그런 가치를 지닌 사람은 특별한 이상이나 가치를 위해서 모든 것을 포기하는 순교자가 될 수도 있다. 어린 시절에 욕구가 충족되면 좌절을 더 잘 견딜 수 있게 된다는 한 가지 기본적인 개념(또는 가정)을 통해서 이런 사람들을 부분적으로나마 이해할 수도 있을 것이다. 평생 동안 기본 욕구가 충족되었던 사람들, 특히 어린 시절에 그런 체험을 했던 사람들은 기본적인 충족의 결과로 보다 강하고 건강한 성격을 소유하고 있다. 그렇기 때문에 기본 욕구가 현재나 미래에 좌절된다고 하더라도 이를 견딜 수 있는 특별한 인내심을 가지게 되는 것으로 여겨진다. 그런 사람들은 의견의 불일치나 반대를 쉽게 극복할 수 있으며 여론의 흐름도 거스를 수 있다. 개인적으로 큰 대가를 치르더라도 진실을 위해서 단호하게 주장할 수 있는 강한 사람들이다. 사랑을 충분히 받고 사랑을 해보았으며 깊고 진실한 우정을 체험한 사람들은 증오와 거부, 박해를 견딜 수 있다.

좌절에 대한 내성을 충분히 논의하려면 순수한 습관화도 고려해야한다는 것을 알면서도 이렇게 언급했다. 예를 들면 오랫동안 기아에 익숙한 사람들은 비교적 영양 부족을 잘 견딜 수 있을 것이다. 습관화가 욕구 좌절의 내성을 길러준다는 관점과 과거의 충족이 욕구 좌절의 내성을 길러준다는 관점 사이에서 어떻게 균형을 잡아야 하는가는 앞으로 더 연구하면서 밝혀야 할 과제다. 한편 이 두 가지 경향이 서로 모순되지 않기 때문에 나란히 작용하고 있다고 가정해도 무방할 것이다. 좌절의 내성이 증가되는 현상과 관련하여 생각해볼 때 가장 중요한 욕구 충족은 생후 몇 년 동안에 이루어진다고 보는 것이 타당할 것이다. 다시 말해 유아기에 안정적이고 강하게 자란 사람은 그 이후에 어떤 위협에 직면하더라도 안정적이고 강하게 존재할 수 있을 것이다.

만족의 정도

지금까지 펼친 이론적인 논의에 의하면 생리적, 안전, 소속감, 자기 존중, 자아실현의 다섯 가지 욕구는 한 가지가 완전히 충족되어야 또 다른 욕구가 생기는 듯하다. 이는 다음 욕구가 생기기 전에 어떤 욕구가 100퍼센트 충족되어야 한다는 그릇된 인상을 줄 수도 있을 것이다. 사실 정상적인 대부분의 사회 구성원들은 모든 기본 욕구가 부분적으로 충족된 동시에 충족되지 못한 상태에서 지낸다. 강도에 따라 배열된 욕구 단계에서 상위로 올라갈수록 만족의 정도가 감소한다는 것이 보다 현실적인 설명이 될 것이다. 이해를 돕기 위해 어떤 특정 수치를 가정해보자. 평균적인 시민의 경우 생리적 욕구가 85퍼센트, 안전 욕구가 70퍼센트, 사랑 욕구가 50퍼센트, 존경 욕구가 40퍼센트, 자아실현 욕구가 10퍼센트 정도 충족되어 있다는 식이다.

그리고 강력한 욕구가 만족되고 난 후에 그보다 약한 욕구가 새롭게 생긴다는 개념을 이야기할 때도 이런 새로운 욕구 출현이 갑작스럽게 도약하는 현상이라기보다는 무에서부터 점차적으로 나타나는 것이라고 할 수 있다. 예를 들어 강력한 A욕구가 10퍼센트 충족되었을 때 그보다 약한 B욕구는 전혀 감지되지 않는다. 그러나 A욕구가 25퍼센트 정도 충족되면 B욕구가 약 5퍼센트 정도 나타나며, A욕구가 75퍼센트 충족되면 B욕구는 50퍼센트 정도 나타난다.

무의식적인 욕구

이런 욕구들이 반드시 의식적이거나 무의식적이어야 하는 것은 아니다. 그러나 대체로 평균적인 사람의 경우 이런 욕구들이 의식적이기보다는 무의식적인 경우가 많다. 무의식적인 동기가 중요하다는 사실을 입증하는 방대한 증거를 이 시점에서 언급할 필요는 없다고 생각한다. 기본 욕구는 대체로 무의식적이지만 적절한 테크닉과 전문가의 도움을 받으면 의식 수준으로 불러낼 수 있다.

문화적인 특수성

이렇게 기본 욕구를 분류하다 보면 한 문화와 또 다른 문화에서 특정한 욕구들이 표면적으로 다르게 표현되는 현상을 접하게 된다. 그리고 그 차이점 뒤에 가려진 통일성을 고려하려는 시도를 하게 된다. 확실히 어떤 특정한 문화권에서 한 개인이 의식하는 동기의 내용은 다른 사회에 있는 또 다른 사람이 의식하는 동기의 내용과 극단적으로 다를 때가 많다. 그렇지만 서로 다른 사회에 사는 사람들도 그들을 처음 보는 순간 생각했던 것보다 서로 훨씬 더 유사하며 그들을 알게 될수록 이런 공통점을 더 많이 발견하게 된다는 것을 인류학자들은 공통적으로 체험한다. 그러면서 굉장히 놀랍게 보였던 차이점들이 사실은 근본적인 차이가 아니라 피상적인 차이였음을 깨닫게 된다(예를 들어 머리나 옷 스타일의 차이, 음식에 대한 기호의 차이). 기본 욕구를 분류하려는 시도는 어떤 의미에서는 문화마다 다르게 나타나는 표면적인 다양성 뒤에 가려진 이런 공통점을 설명하기 위한 것이라고도 할 수 있다. 여기서 설명한 욕구의 분류가 모든 문화에 적용되며 궁극적이고 보편적이라는 주장은 아직 제시하지 않았다. 그런 욕구들이 피상적이며 의식되는 욕구들보다 좀 더 궁극적이고 보편적이며 기본적인 것이라고만 주장할 뿐이다. 또한 이렇게 욕구를 분류해보면 인간의 공통적인 특성들에 보다 가까이 근접할 수 있을 것이라고만 언급하고 싶다. 기본 욕구들은 피상적인 욕구나 행동보다 모든 인간에게 더 공통적이다.

행동의 복합적인 동기들

우리는 이런 욕구들이 특정 행동을 유일하고 독점적으로 결정하는 요인이 아니라고 이해해야 한다. 먹는 행위나 성적인 유희와 같이 생리적 동기에서 비롯되는 것처럼 보이는 모든 행동이 그런 예가 될 수 있을 것이다. 임상심리학자들은 오래전부터 어떤 행동이든지 다양한 충동이 표출되는 경로가 될 수 있다는 사실을 발견했다. 다르게 표현하면 대부분의 행동은 복합적으로 동기화되거나 과잉으로 결정된다고 할 수 있다. 동적 결정 인자 면에서 보면 어떤 행동은 단 하나의 기본 욕구보다는 동시에 몇 가지 또는 모든 기본 욕구에 의해서 결정되는 경향이 있다. 어떤 행동이 단 하나의 동기에 의해 결정되는 경우가 여러 동기에 의해서 결정되는 경우보다 드물다. 먹는 행위는 배를 채우기 위한 것인 동시에 다른 욕구를 충족시키기 위한 것이기도 하다. 사람은 순수하게 성욕의 배출을 위해서만이 아니라 자신의 성징을 스스로 확인하거나 힘을 느끼거나 애정을 얻기 위해서도 성행위를 한다. 어떤 개인의 한 가지 행동을 분석하면 그 안에 생리적 욕구, 안전 욕구, 사랑 욕구, 존경 욕구, 자아실현 욕구가 모두 표현되어 있는 것을 발견할 수 있을 것이다(실제로 가능하지 않더라도 이론적으로는 가능하다). 여기서 제시하는 이론은 한 가지 특성이나 한 가지 동기가 어떤 행동을 완전하게 설명할 수 있다는, 예를 들어 공격적인 특성이 공격적인 행동의 유일한 원인이라고 설명하는 특성심리학(trait psychology)과 뚜렷이 대조된다.

동기화되지 않은 행동

표현 행동과 대응 행동(기능적인 노력, 또는 의도적인 목표 추구)은 기본적으로 다르다. 표현 행동은 무엇을 하려고 노력하는 행동이 아니다. 그것은 단순히 성격의 반영이다. 멍청한 사람은 멍청하게 행동하기 위해 노력하거나 원해서 멍청하게 행동하는 것이 아니다. 멍청하기 때문에 멍청하게 행동하는 것이다. 내가 테너나 소프라노 대신 베이스의 목소리로 말하는 것도 마찬가지다. 건강한 아이의 무작위적 움직임, 혼자 있는 여성의 얼굴에 떠오르는 행복한 미소, 건강한 여성의 경쾌한 걸음걸이, 꼿꼿한 자세 등도 표현적이며 비기능적인 행동의 또 다른 예이다. 어떤 사람이 동기화되거나 동기화되지 않은 모든 행동을 수행하는 스타일도 대부분 표현적이다(Allport & Vernon, 1933; Wolff, 1943).

그렇다면 모든 행동이 성격 구조를 표현하거나 반영하는 것인가? 반드시 그렇지는 않다. 기계적이고 습관적이며 자동화된, 또는 인습적인 행동은 표현적일 수도 있고 그렇지 않을 수도 있다. 자극에 따라 결정되는 대부분의 행동들도 마찬가지다.

마지막으로 행동의 표현성과 목표지향성은 서로 배타적인 범주에 속하지 않는다는 사실을 강조한다. 보통의 행동은 대부분이 두 요소를 동시에 가지고 있다(상세한 논의는 6장을 참조하기 바란다).

인간중심과 동물중심

동기이론은 인간보다 하등한 동물들이 아닌 인간으로부터 출발한다. 동물 연구에서 밝혀진 많은 사실들이 동물에게는 적절하지만 인간에게는 해당되지 않음이 증명되고 있다. 인간의 동기를 연구하기 위해 왜 동물 연구로부터 시작해야 하는가를 지지해줄 만한 타당한 이유가 전혀 없다. 철학자와 논리학자, 다양한 분야의 과학자들은 이런 허위 단순성의 전반적인 오류를 뒷받침해주는 논리(차라리 비논리라고 하는 편이 나을 것이다)를 밝혀왔다. 인간을 연구하기 전에 동물을 연구할 필요가 있다는 논리는 지질학, 심리학 또는 생물학을 공부하기 전에 수학을 공부해야 한다는 것만큼이나 비논리적이다.

동기와 병리현상

앞에서 말한 바에 의하면 일상생활에서 의식적인 동기를 이루는 내용은 그 동기가 기본적인 목적에 어느 정도 긴밀히 연관되어 있는가에 따라서 상대적으로 중요하거나 중요하지 않다고 인식된다. 아이스크림을 먹고 싶다는 욕구는 사랑 욕구를 간접적으로 표현한 것일 수도 있다. 만약 그렇다면 아이스크림에 대한 욕구는 대단히 중요한 동기가 된다. 그렇지만 아이스크림이 단순히 더위를 식히기 위한 것이라거나 사소한 식욕이라면 그 욕구는 비교적 덜 중요하다. 일상적으로 생기는 의식적인 욕구를 일종의 증상으로, 다시 말해 기본 욕구가 표면적으로 표현된 것으로 인식해야 한다. 이런 피상적인 욕구를 액면 그대로 받아들인다면, 증상의 배후에 있는 근본 현상을 간과하고 증상 자체를 심각하게 다루게 되므로 결코 해명할 수 없는 심각한 혼란에 빠질 것이다.

중요하지 않은 욕구는 충족되지 않더라도 정신병리를 일으키지 않는다. 그러나 중요한 욕구가 좌절되면 병리적인 결과가 나타난다. 그렇다면 정신병리의 기원에 관한 이론은 반드시 올바른 동기이론에 근거해야 한다. 갈등이나 좌절이 반드시 병리현상을 일으키는 것은 아니다. 갈등이나 좌절은 기본 욕구나 그것과 긴밀히 연관되어 있는 부분적인 욕구를 위협하거나 저지당할 때만 병리현상으로 이어진다.

충족의 역할

어떤 욕구는 그 욕구보다 강력한 욕구가 충족되었을 때에만 나타난다고 여러 차례 앞에서 언급했다. 그러므로 충족은 동기이론에서 매우 중요한 역할을 한다. 그렇지만 이와는 별도로 욕구는 충족되는 순간부터 적극적으로 행동을 결정하거나 조직하는 역할을 하지 않는다.

이는 기본적으로 충족된 사람은 존경, 사랑, 안전 등에 대한 욕구를 더 이상 느끼지 않는다는 의미이다. 어떤 사람이 이미 만족된 욕구를 느끼고 있다고 말하는 경우는 배를 채운 사람이 배고픔을 느끼고 있다든지 꽉 찬 병이 비어 있음을 포함한다는 표현과 같이 형이상학적인 의미에서만 가능하다. 무엇이 우리를 움직였는가, 움직일 것인가, 또는 움직일 가능성이 있는가가 아닌 실제로 무엇이 우리를 움직이게 하는가를 알고 싶다면, 만족된 욕구를 동기 요인이라고 생각하면 안 된다. 그런 욕구는 사실상 존재하지 않거나 사라졌다고 생각해야 한다. 우리가 아는 모든 동기이론에서는 이 점이 간과되거나 모순되기 때문에 이 점을 강조하고자 한다. 건강하고 정상적이며 운이 좋은 사람은 위협을 느꺼는 잠시 동안을 제외하고는 섹스, 배고픔, 안전, 사랑, 명예, 자존감의 욕구를 느끼지 않는다. 이 점을 반박하려면 신경 구조가 손상되면 병적인 반사작용이 일어날 것이므로 모든 사람이 모든 병적인 반사작용(예를 들어 바빈스키 반사[9])을 가지고 있다는 사실도 증명해야 할 것이다.

이런 점들을 고려해볼 때 기본 욕구가 어느 하나라도 좌절된 사람은 병들었다거나 적어도 완전한 인간은 아니라고 파악해도 무방하다는 대담한 가정을 제안할 것이다. 비타민이나 무기질이 부족한 사람이 병들었다고 하는 것이나 마찬가지다. 사랑의 결핍이 비타민 결핍보다 덜 중요하다고 누가 말할 수 있겠는가? 사랑에 굶주리면 병리현상이 나타난다는 것을 알면서도 이것이 비과학적이고 비논리적인 방식으로 가치에 관한 질문을 제기하는 것이라고 비난할 수 있는가? 이렇게 가정하는 것이 내과 의사가 펠라그라[10]나 괴혈병[11]을 진단하고 치료하는 것과 무엇이 다른가?

이런 표현이 허용된다면 건강한 사람은 기본적으로 자신의 잠재력과 능력을 최대한 개발하고 실현시키려는 욕구에 따라서 동기가 부여된다고 간단히 말할 것이다. 사람이 어떤 기본 욕구를 만성적으로 심하게 느낀다면, 그 사람은 갑자기 소금이나 칼슘을 갈구하는 경우와 마찬가지로 건강하지 못하고 병든 것이다. 병들었다는 말을 이런 식으로 사용할 수 있다면, 개인과 그가 속한 사회와의 관계도 직시해야 한다. 따라서 여기서 내린 정의는 첫째 기본 욕구가 좌절된 사람을 병들었다고

---

9 신경계에 이상이 생겨서 발바닥의 바깥쪽을 비비면 엄지발가락은 위로 치켜지고 다른 발가락은 부채꼴로 벌어지는 반사 현상 - 옮긴이.
10 니코틴산 결핍 증후군 - 옮긴이.
11 비타민C 결핍으로 발생하는 병 - 옮긴이.

부르기로 했고, 둘째, 그런 기본적인 좌절은 개인의 외부에서 작용하는 힘에 의해서 일어날 수밖에 없기 때문에, 셋째, 개인의 병은 병든 사회로부터 생겨날 수밖에 없다는 점을 분명히 암시하게 될 것이다. 그렇다면 건강하고 선한 사회는 구성원의 모든 기본 욕구를 충족시켜줌으로써 사람이 가진 최상위의 목적이 부각되도록 허용해주는 사회라고 정의될 것이다.

만약 이런 진술이 유별나고 역설적으로 들린다면, 그것은 보다 깊은 동기를 연구하는 방법을 수정하는 과정에서 드러나게 될 수많은 역설 가운데 하나에 불과하다는 사실을 확실히 짚어둔다. 사람들이 삶에서 원하는 것이 무엇인가라는 질문을 던질 때 우리는 인간의 본질 자체를 다루는 것이다.

기능적인 자율성

단계에서 보다 상위에 위치하는 기본 욕구들은 오랜 시간에 걸쳐 충족되면 그보다 강력한 필수요건들이 필요 없어지거나 그런 필수요건들의 적절한 충족으로부터 독립한다.[12] 예를 들어 어린 시절에 사랑 욕구가 충족된 성인은 평균적인 사람들보다 안전, 소속감, 사랑 욕구의 충족으로부터 독립하게 된다. 사랑과 인기를 잃고도 잘 견뎌낼 수 있는

---

[12] 고든 올포트(1960, 1961)는 목적에 이르는 수단이 그 자체로 만족될 수도 있다는 원리를 상세히 설명하고 일반화시켰다. 그런 경우 수단은 그 발단과 과거의 역사를 통해서만 연결될 뿐이다. 유기체는 수단 자체를 원할 수도 있다. 이렇게 동기적 삶에서 학습과 변화가 미치는 중요성을 상기하면 그 이전까지 있었던 모든 내용은 훨씬 더 복잡해진다. 이 두 가지 심리학적인 원리 사이에는 모순이 존재하지 않는다. 그 둘은 서로를 보완해준다. 그렇게 해서 습득된 욕구들을 지금까지 사용된 기준으로 볼 때 진정한 기본 욕구로 취급해야 할지의 여부는 좀 더 연구해보아야 할 것이다.

사람은 강하고 건강하며 자율적인 사람이다. 그러나 이런 힘과 건강은 대부분 안전, 사랑, 소속감, 존경의 욕구를 어린 시절에 꾸준히 만족시켜줌으로써 사회 속에서 생성된 것이다. 다시 말해 개인의 힘이나 건강 같은 특성들은 기능적인 자율성을 확보하게 되어 맨 처음 그런 특성을 형성해준 그 충족으로부터 자유로워진다는 뜻이다. 성격 구조는 심리학에서 찾을 수 있는 기능적인 자율성의 가장 중요한 예라고 생각한다.

3장
기본 욕구의 충족

이 장에서는 앞 장에서 제기한 접근방식으로 인간의 동기에 접근할 때 어떤 이론적 결과가 초래되는지 탐구해볼 것이다. 이 내용은 욕구의 좌절과 병리현상만을 일방적으로 강조하는 분위기를 긍정적으로 또는 건강한 방향으로 균형을 잡아주는 역할을 하게 될 것이다.

기본 욕구의 우선순위나 강도에 따라서 욕구가 위계적으로 배열되는 것이 인간의 동기가 구성되는 기본 원리임을 살펴보았다. 건강한 사람에게서는 보다 강력한 욕구가 충족되면 그보다 덜 강력한 욕구가 나타난다(구성된 욕구 단계를 움직이는 주된 역동 원리). 생리적 욕구는 충족되지 못했을 때 유기체를 지배하게 되며 그 욕구를 가장 효율적으로 충족시키기 위해 모든 기능이 총동원되고 조직된다. 욕구가 어느 정도 충족되면, 생리적 욕구들이 가라앉으면서 단계에서 보다 상위를 차지하는 욕구들이 떠오르고, 그 욕구가 인간을 지배하며 계획하게 만든다. 예를 들면 배고픔 대신 안전에 집착하게 된다. 이런 원리는 단계에 포함된 다른 세트의 욕구들의 경우에도 동일하게 작용한다(예를 들어 사랑, 존경, 자아실현의 욕구).

또한 상위 욕구들은 하위 욕구가 충족되어서가 아니라 하위 욕구와 그 욕구의 충족이 억압당하거나 강제적 또는 자발적으로 그런 욕구들을 박탈당하거나, 포기하기 때문에 생기는 경우도 있을 것이다(거부, 단련, 박해, 고립 등을 거치면서 개인이 강해지는 현상과 금욕, 승화 등). 그러나 충족만이 유기체를 움직이는 힘 또는 기타 심리적인 갈망의 유일한 근원이라고 주장하지는 않았으므로 그런 현상들은 이 책의 논제에 모순되지 않는다.

충족에 관한 이론은 특수하고 제한적이며 부분적인 이론으로서 그 자체만으로 완전하게 존재하거나 타당성을 확보할 수 없다. 충족이론은 좌절이론, 학습이론, 신경증에 관한 이론, 심리적 건강에 관한 이론, 가치이론, 단련·의지·책임에 관한 이론과 함께 구성되어야 타당성을 얻을 수 있을 것이다. 이 장은 거미줄같이 복잡하게 얽힌 인간의 행동, 주관적인 삶, 성격 구조를 결정하는 심리적 결정 인자들 가운데 단 하나만 살펴보려는 시도에서 쓰였다. 한편 포괄적인 그림을 제시하는 대신 기본 욕구 충족의 결정 인자 이외에도 다른 결정 인자가 존재함을 인정한다. 또한 기본 욕구 충족이 필요하지만 충분조건이 아니라는 것과 충족과 결핍 모두 바람직한 결과와 그렇지 못한 결과를 초래할 수 있다는 점을 인정한다. 그리고 기본 욕구 충족은 신경증적인 욕구 충족과 여러 가지 중요한 면에서 다르다는 사실도 인정한다.

기본 욕구 충족이 미치는 결과

어떤 욕구가 충족되면서 나타나는 가장 근본적인 결과는 이런 욕구가 가라앉으면서 상위 욕구가 떠오른다는 것이다.[1] 그 밖의 결과들은 이런 근본적인 원리에 따르는 부수적인 현상들이다. 이렇게 부차적으로 생겨나는 결과의 예는 다음과 같다.

1. 어떤 욕구가 충족된 사람은 과거의 만족 요인과 목적물로부터 독립한다. 그리고 이런 대상들을 경멸하면서 그때까지 간과하거나 원하지 않았거나 무심결에 원하기만 했던 만족 요인과 목적물에 새롭게 의존한다. 과거의 만족 요인이 새것으로 대치되면서 여러 가지 3차적인 결과가 나타난다. 우선 관심에 변화가 생긴다. 즉 처음으로 어떤 현상들에 흥미를 느끼게 되면서 이전에 흥미를 느꼈던 현상들이 지루해지거나 혐오스럽게 느껴지기까지 한다. 이는 인간의 가치관에 변화가 생긴다는 뜻도 된다. 예를 들어 첫째, 충족되지 못한 가장 강렬한 욕구를 만족시켜주는 요인들을 과대평가하게 된다. 둘째, 충족되지 못했지만 덜 강력한 욕구 등을 만족시키는 요인들이나 그런 욕구의 강도를 과소평가하게 된다. 셋째, 이미 충족된 욕구의 강도나 그 욕구의 충족 요인들을 과소평가하거나 가치절하하는 경향이 나타난다. 이렇게 가치가 변화되면서 이에 종속되는 현상으로 미래, 이상향, 천국과 지옥, 행복한 삶에 대한 철학이 다시 구성되며, 개인의 무의식 적인 소망 충족의 상태도 예측할 만한 방향으로 변화하

---

1 이 모든 진술은 기본 욕구에만 적용된다.

게 된다. 한 마디로 이미 얻은 축복, 특히 노력 없이 받은 축복은 당연시한다는 것이다. 항상 누려왔고 또는 한 번도 갈망하거나 결핍된 적이 없었던 음식, 안전, 사랑, 존경, 자유의 욕구는 아예 의식되지도 않는다. 게다가 가치절하되거나 조롱당하고 심지어 파괴되기까지 한다. 물론 이렇게 자신의 축복을 염두에 두지 못하는 현상은 현실적이지 못한 태도로 일종의 병리현상으로 생각해야 한다. 예를 들어 대부분의 경우에 이런 현상은 고통, 배고픔, 빈곤, 고독, 거부, 불의 등의 박탈이나 결핍을 체험하면 간단하고도 쉽게 치유될 수 있다. 어떤 욕구가 충족된 후에 그것을 잊어버리거나 가치절하하는 현상은 주목을 받지 못했지만 잠재적으로 매우 중요하고 강력하다. 이에 대한 자세한 설명은 『유사이키안 경영』(Maslow, 1965b)의 '저급 불평, 고급 불평, 메타 불평'이라는 장에 언급되어 있다. 경제적·심리적 풍요로움이 인간 본성을 한층 높은 차원까지 성장시키기도 하지만, 이 점을 고려하지 않고는 최근 신문 제목에 암시 또는 명시되듯이 가치와 관련된 각종 병리현상의 원인이 되기도 하는 사실을 이해할 수 없을 것이다. 오래전에 아들러(1939, 1964; Ansbacher & Ansbacher, 1956)가 여러 저서에서 '방탕한 삶의 양식'에 대해 썼는데, 병을 일으키는 충족과 건강하고 필수적인 충족을 구분하기 위하여 이 용어를 차용해야 할지도 모른다.

2. 이렇게 가치체계가 변화하면서 인식 능력도 달라진다. 개인이 가지는 흥미와 가치체계가 새롭게 변하기 때문에 주의, 지각, 학습, 기억, 망각, 사고와 같은 모든 인식 능력은 이에 따라서 예측 가능한 방향으로 변화하게 된다.

3. 이렇게 새롭게 나타나는 흥미, 만족 요인, 욕구는 새로울 뿐만 아니

라 어떤 의미에서는 보다 상위 단계의 것이다(5장 참조). 안전 욕구가 충족되면 개인은 그런 욕구로부터 해방되어 사랑, 독립, 존경, 자기 존중 등과 같은 욕구들을 추구할 수 있게 된다. 개인을 물질적이고 이기적이며 저급한 욕구의 구속으로부터 해방시켜줄 수 있는 가장 손쉬운 테크닉은 그것들을 충족시켜주는 것이다(물론 다른 테크닉도 있다는 사실은 언급할 필요가 없을 것이다).

4. 어떤 욕구가 되었든 그것을 충족시켜준다면, 다시 말해 그것이 신경증적 욕구나 가짜 욕구가 아닌 기본 욕구라면 성격 형성에 도움이 된다(다음 내용 참조). 나아가 진정한 욕구 충족은 개인이 성장하고 강해지며 건강하게 발달하는 데 도움이 된다. 말하자면 기본 욕구들을 분리시킬 수 있을 때, 그런 기본 욕구들을 충족시켜주면 인간은 신경증적인 방향이 아닌 건강한 방향으로 발전하게 된다. 콜트슈타인이 어떤 욕구를 충족시키더라도 결국은 자아실현에 이르게 된다고 말한 것은 분명 이런 의미에서였다.

5. 특정 욕구가 충족되고 만족되면 이렇게 일반적인 결과 외에도 어떤 특별한 결과가 따라온다. 예를 들어 다른 조건이 동일할 경우 안전 욕구가 충족되었을 때 주관적인 안정감을 느끼고 숙면을 취할 수도 있다. 또 위기의식이 사라져 좀 더 담대하거나 용감해지기도 한다.

학습과 충족

욕구 충족의 효과들을 탐구하다 보면 연합 학습 옹호자들이 연합적인 학습 역할을 지나치게 과장했다는 점에 대해 불만을 가질 수 있다.

예를 들어 음식을 섭취한 후 식욕이 사라진다든지 안전 욕구가 충족된 뒤 방어 행위의 강도나 유형이 변화하는 것과 같은 충족현상은 다음과 같은 행태를 보인다. 즉 그것을 많이 행사(또는 반복, 사용, 실행)함에 따라 사라지거나, 보상(또는 만족, 칭찬, 강화)이 증가함에 따라 사라진다. 확장하여 이 장 마지막에 열거한 충족현상은 적응과정에서 습득된 변화인데도 연합 법칙을 무시한다. 이뿐만 아니라 자세히 살펴보면 임의적인 연합은 2차적 방식을 제외하고는 일어나지 않는다는 것을 알 수 있다. 그러므로 자극과 반응 간의 관계에서 나타나는 변화만을 강조하는 학습의 정의는 결코 충분할 수 없다.

욕구 충족의 효과는 그 욕구에 고유한 만족 요인이 있을 때만 나타난다. 장기적으로 볼 때 기본 욕구가 아니라면 우연하고 임의적인 선택이란 있을 수 없다. 사랑이 결핍된 사람에게는 애정만이 장기적으로 진정한 만족 요인이 된다. 섹스에 굶주린 사람, 음식에 굶주린 사람 또는 물을 갈구하는 사람에게는 각각 섹스, 음식, 물만이 충족을 줄 것이다. 이런 상황에서 우연한 또는 임의적인 배치는 아무 효과가 없을 것이다(G. Murphy, 1947). 나아가 만족 요인의 신호나 경고 또는 그것과 연합된 것도 아무 효과가 없을 것이다. 오직 만족 요인만이 욕구를 충족시킨다.

행동주의 연합 학습 이론에 대한 비판의 핵심은 이 이론이 유기체의 목적(의도, 목표)을 당연한 것으로 받아들인다는 것이다. 이 이론은 따로 언급되지 않은 목적을 위한 수단의 조작만을 다룰 뿐이다. 이와는 대조적으로 여기에 소개하는 기본 욕구 이론은 유기체의 목적과 궁극적인 가치를 다룬다. 목적은 본질적이면서 그 자체로 유기체에 가치 있는 것이다. 그렇기 때문에 유기체는 이런 목적을 이루기 위해 필요할 경우 어떤 일이라도 마다하지 않을 것이다. 어떤 실험자가 이런 목적에 도달하는 유일한 방법으로 임의적이고 무관하며 시시하고 어리석은 절차를 제시한다 하더라도, 유기체는 목적 달성을 위해서라면 그 일을 기꺼이 할 것이다. 물론 이런 방법은 본질적인 만족 또는 본질적인 강화를 더 이상 주지 못할 때면 즉시 폐기되거나 소진될 것이다.

그렇다면 5장에 열거한 행동적·주관적 변화는 연합 학습 법칙만으로는 도저히 설명될 수 없음이 분명해 보인다. 실제로 연합 학습 법칙은 2차적인 역할만을 할 가능성이 크다. 부모가 아이에게 뽀뽀를 자주해주면 뽀뽀를 원하는 충동 자체가 사라지기 때문에 아이는 뽀뽀를 갈망하지 않는 것을 배우게 된다(Levy, 1944). 성격, 특성, 태도, 취향을 연구하는 대부분의 현대 학자들은 그런 것들이 연합 학습 법칙에 따라서 습득되는 습관의 집합체라고 한다. 그렇지만 이제 이런 표현을 재고하고 수정하는 것이 바람직하다고 생각한다.

좀 더 설득력 있는 통찰과 이해의 습득(형태주의 학습)의 의미에서 보더라도 성격 특성은 학습되는 것이라고 생각할 수 없다. 형태주의적인 접근방법이 학습을 광범위하게 다루긴 하지만, 정신분석학적 발견에 대해 냉담한 태도를 취하는 까닭에서도 아직까지는 외부세계의 내재적인 구조에 대한 인지를 합리주의적으로 강조하는 데 너무 국한되어 있다. 개인의 내부에서 일어나는 의욕적이고 정서적인 과정을 연합 학습이나 형태주의 학습에서 제시하는 것보다 더욱 강하게 학습과 연결시킬 필요가 있다(그러나 이 문제를 해결하는 데 도움이 되는 레빈(1935)의 저서도 참조하기 바란다).

여기서 더 자세한 논의는 생략하고 성격 학습 또는 내재적(intrinsic) 학습이라고 묘사될 만한 학습을 잠정적으로 제시한다. 그런 학습의 핵심은 행동이 아닌 성격 구조에서 변화가 일어나는 것이다. 그런 성격 학습에 포함되는 주된 요소들로는 독특하고 반복적이지 않은 경험과 심오한 개인적인 경험이 가져오는 학습효과, 반복적인 체험이 가져오는 정서적 변화, 충족과 좌절의 체험이 가져오는 의욕적인 변화, 특정한 유형의 조기 경험으로 일어나는 태도와 기대, 철학의 광범위한 변화(Levy, 1938), 유기체가 체험을 선택적으로 동화하면서 생기는 서로 다른 기질의 영향 등을 들 수 있다.

이런 고찰은 결국 학습과 성격 형성의 개념을 보다 긴밀하게 통합해야 한다는 것으로 귀결된다. 나아가 궁극적으로는 인간의 전형적인 학습을 개인 발달의 변화, 곧 성격 구조의 변화, 다시 말해 자아실현과 그 너머를 향한 움직임으로 정의하는 것이 심리학에 풍성한 결과를 가져올 것이다(Maslow, 1969a, b, c).

욕구 충족과 성격 형성

몇 가지를 종합하여 연역해보면 욕구 충족과 일부 또는 많은 성격 특성들의 발달이 밀접하게 연결되어 있다고 할 수 있다. 이런 원리는 좌절과 정신병리 간에 이미 확고히 성립되어 있는 관계를 논리적으로 도치시킨 것에 지나지 않는다.

기본 욕구의 좌절이 적개심의 결정 인자의 하나라고 받아들이는 것이 어렵지 않다면, 좌절의 반대 개념인 기본 욕구의 충족을 적개심의 반대 개념인 친절함의 결정 요인이라고 연역적으로 받아들이는 것도 어렵지 않을 것이다. 두 가지 모두 정신분석학에서 발견된 내용들에 강력하게 암시되어 있다. 그리고 아직 명백하게 이론이 확립되어 있지 않을지라도, 심리치료에서는 환자가 가지고 있는 안전, 사랑, 보호, 존경, 가치 등에 대한 깊은 갈망을 충족시켜주는 요소들에 해당되는 암묵적인 확인, 지원, 허용, 승인, 수용을 강조함으로써 우리의 가설을 받아들이고 있다. 이런 현상은 사랑, 독립, 안전에 결핍된 아이들에게 대체물이나 충족 치료를 통해서 사랑, 독립, 안전을 제공해주기만 하면, 더 이상의 조처 없이도 즉시 치유되는 것을 보면 더욱 확실해진다.

이와 관련된 실험 자료가 턱없이 부족하다는 사실이 안타까울 뿐이다. 그러나 레비(1934a, b, 1937, 1938, 1944, 1951)와 같은 학자는 매우 훌륭한 실험들을 실시했다. 이런 실험의 일반적인 절차는 강아지처럼 갓 태어난 새끼 동물들에게 젖을 빠는 욕구를 충족시켜주거나 부분적으로 좌절시켜주는 것이다.

이런 유형의 실험은 병아리의 쪼는 욕구, 갓난아기의 빠는 욕구, 다양한 동물들의 활동 욕구를 조작하면서 실시되었다. 모든 경우에 충분히 충족된 욕구는 전형적인 과정을 거친 후 그 특성에 따라서 완전히 사라지거나(예를 들어 빠는 욕구) 남은 삶 동안 낮은 적정 수준을 유지했다(예를 들어 활동 욕구). 그런 욕구가 좌절되었던 동물들은 다양한 병적 현상을 보였다. 그 중에서 욕구가 사라져야 할 시점이 지나서도 계속적으로 남아있거나 몹시 활성화되는 현상이 우리의 이론과 가장 관련이 있는 것이었다.

어린 시절의 욕구 충족과 성인의 성격 형성이 밀접하게 관계있다는 진술은 사랑에 관한 레비의 연구에서 분명하게 제시되었다(1943, 1944). 건강한 성인의 여러 가지 특성들, 예를 들어 사랑하는 사람에게 독립성을 허락해줄 수 있는 능력, 사랑의 부재를 견딜 수 있는 능력, 자율성을 포기하지 않고 사랑할 수 있는 능력은 어린 시절에 사랑 욕구가 충족되어서 나타나는 긍정적인 결과들이다.

이렇게 도치된 이론을 가능한 한 명백하고 단순하게 표현하면 보상, 강화, 반복, 훈련을 통해서 아이를 사랑해주는 엄마는 아이가 성장했을 때 사랑 욕구의 강도를 줄여준다. 예컨대 뽀뽀를 할 가능성을 낮춰 주거나 아이가 자신에게 덜 매달리도록 해주게 된다는 것이다. 아이가 사랑을 구하기 위해 사방으로 헤매고 끊임없이 사랑을 갈구하도록 가르칠 수 있는 가장 확실한 방법은 아이에게 사랑을 주지 않는 것이다 (Levy, 1944). 이것은 기능적인 자율성 이론(111쪽 참조)의 또 다른 예이며, 올포트가 당대 학습이론에 회의를 품지 않을 수 없게 만들었던 이론이다.

모든 심리학자들은 아동의 기본 욕구 충족이나 자유로운 선택을 허용하는 실험에 대해 이야기할 때면 이런 성격 특성을 학습된 것이라고 생각한다. "아이가 꿈을 꾸다가 깰 때마다 안아주면 당신이 울음에 대한 보상을 해주었으므로 아이는 안아주기를 원할 때마다 울겠다고 학습하지 않겠는가?", "당신이 아이가 먹고 싶은 대로 먹도록 허락하면 아이의 버릇이 나빠지지 않겠는가?", "당신이 아이의 장난에 주의를 기울이면, 아이가 당신의 관심을 끌기 위해 어리석게 행동하는 것을 배우지 않겠는가?", "당신이 아이 마음대로 하게 해주면 아이는 언제나 제 멋대로 하려고 하지 않겠는가?" 이런 질문들은 학습이론만으로는 답을 얻을 수 없다. 그림 전체를 보려면 충족이론이나 기능적인 자율성 이론도 함께 생각해야 한다.

욕구 충족과 성격 형성이 관계있음을 지지해주는 다른 종류의 자료는 충족이 가져오는 임상적인 효과를 직접 관찰함으로써 얻을 수 있다. 그런 자료는 사람들을 직접 대면하는 사람들이라면 아무나 구할 수 있으며 치료를 위해 만나는 거의 모든 기회에서 얻을 수 있다고 예상해도 좋다.

우리가 이런 사실을 확신할 수 있는 가장 쉬운 방법은 강력한 욕구로부터 시작해서 기본 욕구 충족의 직접적이고 즉각적인 효과를 살펴보는 것이다. 생리적 욕구에 대해서 알아보자. 우리 문화권에서는 음식이나 물의 충족 여부가 성격의 특성과 관련된다고 생각하지 않겠지만 다른 문화적 조건에서는 그럴 수도 있다. 그러나 우리 주변에서도 생리적 수준에서조차 이런 논제에 해당되는 경계선에 있는 경우를 찾아볼 수 있다. 휴식과 수면 욕구를 생리적 욕구라고 한다면 그런 욕구의 좌절과 그로 인한 효과(졸음, 피로, 에너지 부족, 무기력함, 나아가 게으름과 무감각함 등), 충족효과(민첩성, 활기, 열정 등)도 말할 수 있다. 여기서 단순한 욕구 충족의 직접적인 결과를 볼 수 있는데 그 결과들이 반드시 성격 특성이라고까지 할 수 없더라도 성격을 연구하는 사람들에게는 분명 흥미로운 현상일 것이다. 그리고 익숙한 생각은 아니지만 성적 욕구에 대해서도 같은 이야기를 할 수 있을 것이다. 즉 성적 집착이라는 범주와 아직 적당한 어휘를 찾지는 못했지만 그와 대조적으로 성적 충족이라는 범주를 생각해볼 수 있을 것이다.

어쨌든 안전 욕구에서는 훨씬 더 확실한 근거를 확보하게 된다. 염려, 두려움, 근심, 불안, 긴장, 신경질, 안달 등은 모두 안전 욕구가 좌절되어 나타나는 결과들이다. 이와 똑같은 방식으로 임상적인 관찰을 해보면 안전 욕구가 충족되었을 때(안전 욕구의 충족을 표현할 만한 적절한 용어도 가지고 있지 않다) 불안과 신경질 결여, 느긋함, 미래에 대한 자신감, 확신, 안정감 등과 같은 결과들이 나타나는 것을 볼 수 있다. 어떤 어휘를 사용하든 안전하게 느끼는 사람과 불안한 삶을 사는 사람 간에는 분명히 성격적인 차이가 있다.

소속감, 사랑, 존경, 자존감의 욕구와 같은 다른 기본적인 정서 욕구들도 마찬가지다. 이런 욕구가 충족되면 자애로움, 자기 존중, 자신감, 안정감과 같은 특성들이 나타날 수 있다.

욕구 충족이 가져오는 성격적 결과로부터 한 단계 낮은 특성들에는 친절, 너그러움, 이타심, 쩨쩨함과 반대되는 호탕함, 평정, 침착, 행복, 만족 등이 있다. 이런 특성들은 일반적인 욕구가 충족되면서, 다시 말해 심리적인 삶의 조건이 개선되고 풍요로움과 풍족함을 누리는 데서 생기는 부산물, 또는 결과의 결과라고 할 수 있다.

엄밀한 형태나 좀 더 포괄적인 형태의 학습 모두 이런 성격 특성이 발생하는 데 중요한 역할을 한다. 오늘날 우리가 가지고 있는 자료만으로는 학습이 더 강력한 결정 요인인지 그 여부를 단언할 수 없다. 그리고 이런 질문은 대개 쓸데없는 질문으로 치부된다. 그렇지만 이런저런 요인을 강조할 때 그로 인해 발생되는 결과가 서로 너무 다르기 때문에 최소한 그에 따르는 문제는 의식하고 있어야 한다. 성격 교육을 교실에서 실시할 수 있을 것인지, 책, 강연, 문답식 교육서, 훈계가 가장 유용한 도구인지, 설교와 주일학교가 가장 훌륭한 인간을 만들 수 있을지, 아니면 훌륭한 삶이 훌륭한 인간을 만들 수 있을지, 사랑, 따뜻함, 우정, 존경, 훌륭한 육아가 후일의 성격 구조에 더 많은 영향을 미칠 것인지 어느 것을 결정 요인으로 강조하는지에 따라서 성격 교육에 대한 여러 가지 대안이 제시될 수 있다. 성격 형성과 교육에 관한 한 가지 또는 다른 이론을 고수할 때 이 대안들 중에서 어느 하나를 특별히 강조하게 되는 것이다.

욕구 충족과 건강

A라는 사람이 몇 주 동안 위험한 정글에서 가끔씩 음식과 물을 구해 겨우 연명했다고 가정하자. B라는 사람은 살아 있을 뿐만 아니라 라이 플총을 소유하고 있고 입구를 막아놓을 수 있는 비밀 동굴도 알고 있다. C라는 사람은 이 모든 것을 소유하고 있고 두 사람과 함께 지내고 있다. D라는 사람은 음식, 무기, 동료, 동굴과 가장 친한 친구와 함께 있다. E라는 사람은 이 모든 것을 갖춘 것은 물론 존경받는 지도자이기도 하다. 간략하게 이들을 각각 겨우 생존하는 상태, 안전한 상태, 소속된 상태, 사랑받는 상태, 존경받는 상태라고 부르기로 하자.

그러나 이 예는 기본 욕구 충족들을 추가하면서 나열한 것뿐만 아니라 심리적인 건강 정도의 증가를 나열한 것이기도 하다.[2] 다른 모든 조건이 동일하다면 안전하고 소속되어 있으며 사랑을 받는 사람이 안전하고 소속되어 있지만 사랑을 받지 못하고 거부당한 사람보다 건강할 것(건강에 대한 어떤 타당한 정의에 따르더라도)임은 분명하다. 그리고 존경과 숭배를 받는 사람은 이로 인해서 자존감이 생기기 때문에 더욱 건강하고 자아실현을 하며 완전한 인간이 된다.

기본 욕구 충족과 심리적 건강의 정도는 긍정적으로 연결되어 있는 듯하다. 좀 더 심도 있게 연구하면 그것들이 얼마나 연관되어 있는지

---

2 나아가 욕구 충족의 증가 정도라는 연속체를 근거로 성격을 분류할 수도 있을 것이라는 점이 지적되었다. 이 연속체를 개인이 평생 동안 자아실현을 향해 성숙하고 성장해가는 단계나 수준으로 생각한다면 이것을 프로이트나 에릭슨이 제시한 발달체계와 대략 유사한 발달이론의 도식으로 삼을 수도 있을 것이다(Erikson, 1959; Freud, 1920).

한계를 확인해볼 수 있을까? 다시 말해 기본 욕구의 완전한 충족과 이상적인 심리적 건강이 일치하는지 확인할 수 있을까? 충족이론은 그런 가능성을 최소한 암시는 해준다(그러나 Maslow 1969b를 참조하기 바란다). 물론 앞으로 연구가 더 진행되어야 그런 질문에 확답할 수 있겠지만, 그런 가정을 진술한다는 것만으로도 지금껏 도외시되었던 사실들에 관심을 가지고 오래전부터 해답을 찾지 못했던 질문들을 다시 하게 된다.

예를 들어 우리는 건강에 이르는 다른 방법도 있음을 인정해야 한다. 그렇지만 자녀들의 인생행로를 선택하는 상황에서라면, 충족이 건강을 가져오는 경우와 결핍이 건강을 가져오는 경우 중에서 어느 쪽이 더 빈번할까라는 질문을 하는 것이 응당할 것이다. 말하자면 고행, 기본 욕구의 포기, 훈련, 좌절, 비극, 불행을 극복하고 단련되면서 건강에 이르게 되는 사례가 얼마나 자주 일어날까?

또한 이 이론은 우리에게 이기심이라는 예리한 문제를 제기한다. 모든 욕구는 이기적이고 자기중심적인 것일까? 골트슈타인과 같이 이 책에서는 궁극적 욕구인 자아실현 욕구를 매우 개인주의적인 것으로 정의하고 있다. 그러나 건강한 사람들에 대한 경험적인 연구를 보면 그들이 지극히 개인적이고 이기적인 동시에 동정심도 있고 이타적이라는 것을 알 수 있다. 그 내용은 11장에서 다룰 것이다.

충족 건강(gratification health) 또는 행복 건강(happiness health)의 개념을 제시할 때 골트슈타인, 카를 융, 알프레드 아들러, 안드라시 언절, 호나이, 프롬, 메이, 뷜러, 로저스 외에도 많은 학자들이 암묵적으로 같은 노선을 취한다. 이들은 유기체 안에 어떤 긍정적인 성장 성향이 있어서 그런 성향이 안으로부터 유기체를 완전한 발달로 이끈다고 가정한다.

기본 욕구 충족으로 건강한 유기체가 자아실현을 추구할 수 있도록 자유로워진다면, 그건 이미 행동주의에서 주장하는 환경결정론적인 의미에서 외부로부터의 영향을 받아 성장하는 것이라기보다는, 앙리 베르그송이 의미한 것처럼 내재된 성장 성향에 의해서 내부로부터 발달한다고 가정하는 것이기 때문이다. 신경증적인 사람은 타인을 통해서만 충족될 수 있는 기본 욕구가 만족되지 못한 사람이다. 그렇기 때문에 타인에게 더 많이 의존하며 자율성과 자기 결정력이 약하다. 그런 사람은 내재된 자신의 성향보다는 환경에 따라 더 많이 영향을 받게 된다. 건강한 사람은 환경으로부터 독립된 모습을 보이지만 그것이 환경과의 교류가 단절되어 있다는 뜻은 아니다. 그가 환경과 교류할 때 개인의 목적과 자신의 본성이 주된 결정 인자로 작용한다. 환경은 주로 그 사람이 가진 자아실현이라는 목적의 수단이 된다는 뜻이다. 이것은 진정한 심리적 자유다(Riesman, 1950).

욕구 충족과 병리현상

최근의 삶은 물질적(하위 욕구) 충족이 가져오는 권태, 이기심, 엘리트 의식과 '당연히' 우월하다는 생각, 낮은 수준의 성숙에 고착되는 현상, 공동체 의식의 파괴와 같은 병리현상들에 대해서 적지 않은 것들을 가르쳐주었다. 물질적 또는 하위 욕구를 추구하는 삶은 그 자체만으로는 지속적으로 만족스럽지 않은 것이 분명하다.

그러나 이제는 심리적인 풍요가 병리현상을 일으킨다는 새로운 가능성에 직면하게 되었다. 다시 말해 사랑과 헌신적인 보살핌을 받거나, 숭배·존경·칭찬·경청의 대상이 되거나, 무대 중심에 서거나, 충복들을 거느리거나, 모든 소원이 그 즉시 성취되거나, 심지어 타인이 그를 위해 자신을 희생하고 포기해주는 대상이 되는 기회를 누리면서도 고통스러운 결과를 경험하게 되는 것이다.

이런 새로운 현상에 대해서 진보된 과학의 기준에 부합될 만큼 아는 것은 별로 없다. 그저 의심만 하고 있을 뿐이다. 임상 분야에서는 이런 의견이 널리 확산되어 있다. 단순히 기본 욕구만 충족시켜주는 것만으로는 충분하지 않다. 단호함, 강인함, 좌절, 훈육, 한계와 같은 것을 체험하는 것이 아이들에게 필요하다는 아동심리학자와 교육자들의 의견이 차츰 정착되고 있다. 다르게 표현하면 기본 욕구 충족이 억제되지 않은 관대함, 자기 포기, 지나친 허용, 과잉보호, 응석 받아주기와 같은 방향으로 흐를 수 있기 때문에 기본 욕구 충족을 보다 상세히 정의하는 것이 좋을 것이다. 아이에 대한 사랑과 존중은 최소한 부모와 어른들 전반에 대한 사랑, 존중과 통합되어야 한다. 아이들은 경험이 없다. 아이들은 여러 면에서 어리석으며 어떤 문제에 대해서는 정말 멍청하다.

충족으로 인한 병리현상은 가치와 의미의 부재, 성취감이 없는 삶과 같은 메타 병리현상(metapathology)으로 나타날 때도 있다. 확신할 만큼 자료가 충분하지 않지만, 많은 인본주의, 실존주의 심리학자들은 모든 기본 욕구가 충족되더라도 정체성, 가치관, 생의 소명, 생의 의미와 같은 문제가 자동으로 해결되지 못한다고 믿는다. 적어도 어떤 사람들, 특히 젊은이들에게 이런 문제들은 별도로 해결해야 하는 추가적인 삶의 과제다.

마지막으로 이해되지 못하고 있지만 인간이라는 존재는 영구적으로 만족하는 법이 거의 없다는 사실을 다시 언급한다. 그리고 이와 매우 밀접한 맥락에서 사람들은 자신이 받은 축복에 익숙해지면서 잊어버리게 되어 당연시한다. 심지어 그런 것에 더 이상 가치를 두지 않는다는 점도 다시 한 번 지적한다. 그 수가 얼마나 많다고 단언할 수는 없지만 많은 사람들은 최고의 쾌락을 누리면서도 진부하다고 느끼고 신선함을 잃기도 한다(Wilson, 1969). 그런 쾌락을 감사히 여기기 위해서는 그것을 상실하는 경험이 필요할지도 모른다.

욕구 충족 이론의 함의

욕구 충족 이론이 시사하는 몇 가지 중요한 가정들을 간략히 소개한다. 나머지 가정들은 다음에서 언급할 것이다.

심리치료

기본 욕구 충족이 실질적인 치유나 개선 과정에 첫 번째 요소라고 주장할 수 있을 것이다. 지금까지 등한시되었기 때문에 욕구 충족이 치료에 특별히 중요한 요소의 하나라는 사실을 인정해야 한다. 이 논제는 9장에서 자세히 다룰 것이다.

태도, 흥미, 취향, 가치

욕구 충족과 좌절에 의해 흥미가 어떻게 결정되는지를 보여주는 몇 가지 예가 제시되었다(Maier, 1949). 결국 이 문제는 예절, 풍속, 기타 지역적인 사회 관습을 뛰어넘는 도덕, 가치, 윤리에 관한 논의를 포함시켜 훨씬 더 심도 있게 접근할 수 있다. 요즘의 추세는 특정 지역에 국한된 문화적 연상 학습이 태도, 취향, 흥미, 그 밖의 모든 가치를 결정하는 유일한 결정 요인인 것처럼 취급하려고 한다. 다시 말해 임의적인 환경의 힘이 이런 가치들을 결정한다고 보는 것이다. 그러나 가치가 어떻게 결정되는지 이해하려 할 때 유기체의 욕구 충족과 욕구 충족이 미치는 영향을 고려하는 것이 필요함을 알게 되었다.

성격의 분류

기본적인 정서 욕구의 단계가 충족되는 정도를 하나의 일직선이라고 한다면, 성격 유형을 분류할 때 불완전하지만 편리한 잣대를 얻는다. 대부분의 사람들이 비슷한 유기체 욕구를 갖고 있다면, 이런 욕구의 충족 정도에 따라서 각 사람을 다른 사람들과 비교할 수 있을 것이다. 이렇게 하면 인간의 일부분이나 단면적인 면을 서로 관련 없는 무수한 연장선상에서 비교하는 대신, 전인을 단 하나의 연결선에서 분류할 수 있기 때문에, 전체론적이고 유기체적인 원리를 따르게 된다.

권태와 흥미

권태가 결국은 과잉 충족이 아니고 무엇이겠는가? 그러나 여기서도 우리는 미처 지각하지 못하고 해결되지 못한 문제들을 발견하게 될지 모른다. A라는 그림, A라는 친구, A라는 음악을 반복해서 접할 경우 싫증을 느끼는 반면, 왜 B라는 그림, B라는 친구, B라는 음악을 접하면 흥미가 생기고 기쁨이 고조되는 것일까?

행복, 기쁨, 만족, 고양, 희열

욕구 충족은 긍정적인 감정이 생기는데 어떤 역할을 하는 것일까? 감정을 연구하는 학자들은 오랫동안 좌절이 가져오는 정서적인 영향에만 연구를 국한시켜왔다.

사회적 영향

다음 부분에서는 충족이 어떻게 사회에 유익한 결과를 가져오는지 열거했다. 말하자면 개인의 기본 욕구(모든 조건이 같다고 가정하고 몇몇 혼돈스러운 예들은 제외시키고 잠시 동안 결핍과 수련이 가져오는 바람직한 영향들을 무시하고 생각해보자)를 충족시키면 개인의 성격 구조만 개선되는 것이 아니라, 직접적인 대인관계를 비롯하여 국가나 국제적인 차원에서 시민으로서도 개선된다는 사실을 앞으로의 연구 논제로 제시하는 것이다. 이런 욕구 충족 이론이 정치, 경제, 교육, 역사, 사회학적 이론에 함축하는 바는 엄청나고도 명백하다(Aronoff, 1967; Davies, 1963; Myerson, 1925; Wootton, 1967).

좌절 수준

역설적으로 들릴지도 모르지만 어떤 의미에서 욕구 충족은 욕구 좌절의 결정 요인이다. 상위 욕구는 강력한 하위 욕구가 충족되기 전에는 의식되지 않을 것이므로 이는 사실이다. 그리고 어떤 의미에서는 이런 욕구가 의식적으로 존재하지 않으면 좌절감을 일으킬 수 없다. 겨우 생존하고 있는 사람은 인생에서 보다 고차적인 것들, 예컨대 기하학 연구, 투표권, 시민의 자긍심, 존중과 같은 것에 대하여 그다지 고민하지 않을 것이다. 그런 사람들은 좀 더 기본적인 욕구들에 몰두할 것이다.

개인이 개인적·사회적·지적 문제에 좌절을 느끼려면 그가 충분한 문명 수준에 이를 수 있도록 하위 욕구가 어느 정도 충족되어야 한다.

따라서 대부분의 사람들이 언제나 자신이 가지지 못한 것을 원할 수밖에 없는 운명일지라도 모든 사람을 더욱 만족시키도록 노력하는 것이 헛된 시도는 아니라고 인정할 수 있을 것이다. 그러므로 우리는 여성의 참정권, 무상 교육, 비밀투표, 노동조합, 주택 개선, 직접 예비선거와 같은 단 한 차례의 사회 개혁으로 기적이 일어날 것이라고 기대해서는 안 된다. 그와 동시에 발전이 더딘 현실을 너무 과소평가하지 않는 것도 배워야 한다.

인간이 좌절감을 느끼거나 걱정할 수밖에 없는 운명이라면 추위나 배고픔을 걱정하기보다는 전쟁의 종식을 위해 걱정할 수 있는 사회가 더 나은 사회다. 좌절에도 상위 좌절과 하위 좌절이 있다면, 좌절의 수준을 높이는 것이 개인적인 차원뿐만 아니라 사회적인 차원에서도 긍정적인 영향을 미친다. 죄의식과 수치심의 수준에 대해서도 대체로 비슷하다고 할 수 있을 것이다.

즐거움, 막연함, 임의적 행동

철학자, 예술가, 시인들은 오래전부터 이에 대해서 언급해왔지만 과학적인 심리학자들은 이런 행동의 영역을 등한시해왔다. 모든 행동이 동기에 의해 일어나는 것이라는 도그마가 널리 수용되기 때문일 수도 있다. 이 자리에서 이런 잘못(나의 견해로는 잘못이다)을 논하고 싶지는 않다. 그러나 인간은 만족하는 순간부터 압박, 긴장, 긴급함, 필연성을 포기하면서 빈둥거리고, 게으름 피우고, 느긋해지고, 꾸물거리고, 수동적으로 행동하고, 햇빛을 즐기고, 장식을 하고, 꾸미고, 놀고, 즐기고,

전혀 중요하지 않은 것들을 관찰하고, 편안하고 막연하게 지내고 싶어하고, 목적 없이 배우는 것을 좋아하게 된다는 사실에는 의문의 여지가 없다. 다시 말해 동기화되지 않은 행동을 하는 것이다. 욕구가 충족되면 동기화되지 않은 행동이 나타날 수 있다(자세한 논의는 6장을 참조하기 바란다).

상위 욕구의 자율성

하위 욕구가 충족된 후에는 상위 욕구 수준으로 올라가는 것이 일반적이다. 하지만 일단 상위 욕구 수준과 그에 부합되는 가치와 취향을 얻게 되면, 그런 상위 욕구들은 자율성을 띠어 하위 욕구 충족에 더 이상 의존하지 않는 현상이 나타난다. 그런 사람들은 '수준 높은 삶'을 가능하게 해준 하위 욕구의 충족을 경멸하거나 일축해버리기까지 한다.

마치 재벌 3세대가 재벌 1세대의 부를 수치스러워하거나 교육을 받은 이민자의 자녀가 억척스러운 자신의 부모를 부끄러워하는 것과 같은 태도다.

욕구 충족의 영향

대체로 기본 욕구가 충족되면서 나타나는 현상들을 다음에 일부 열거했다.

의욕적-정서적 영향

1. 음식, 섹스, 수면 등과 관련하여 신체적인 충족감과 포만감을 느낀다.

그리고 부산물로 행복감, 건강, 에너지, 희열, 육체적 만족을 느낀다.

2. 안전, 평화, 안정, 보호의 느낌과 위험, 위협을 받지 않는다는 느낌을 가진다.

3. 소속감, 집단의 일원이라는 느낌을 가지며 집단의 목표와 승리에서 일체감을 느낀다. 수용의 느낌 또는 자신의 자리를 차지하고 있다는 느낌, 아늑한 느낌을 가진다.

4. 사랑하고 사랑받는 느낌, 자기가 사랑받을 만한 존재라는 느낌, 사랑의 일체감을 가진다.

5. 자기 의존, 자기 존중, 자존감, 자신감, 스스로에 대한 신뢰의 느낌, 즉 능력, 성취, 권능, 성공의 느낌, 자아의 힘, 존경받을 자격이 있다는 느낌, 신망, 리더십, 독립성의 느낌을 가진다.

6. 자아실현, 자기 완성, 자아 성취의 느낌, 자신의 잠재력과 자원이 발달하여 결실을 맺는 느낌, 그에 따라 성장, 성숙, 건강, 자율성의 느낌이 든다.

7. 호기심이 충족되고, 학습하여 더 많은 지식을 알아간다는 느낌이 든다.

8. 이해 욕구가 충족되고, 철학적 만족감이 강해지며, 거대하고 포괄적이며 단일한 철학이나 종교를 향해 나아가고 있다는 느낌이 든다. 즉 연결과 관계를 더욱 잘 지각하게 되며 경외감 가치에 대한 헌신을 느낀다.

9. 미적 욕구가 충족되며 스릴, 감각적인 충격, 기쁨, 환희, 대칭의 느낌, 정의, 적합성 또는 완벽함을 느낀다.

10. 상위 욕구가 나타난다.

11. 다양한 만족 요인에 일시적 또는 장기적으로 의존하거나 그로부터

독립하게 된다. 하위 욕구와 하위 욕구의 충족 요인들로부터 독립하며 그것들을 차츰 경멸하게 된다.

12. 어떤 대상에 대한 혐오감이나 욕구가 생긴다.

13. 권태 또는 흥미를 느끼게 된다.

14. 가치가 개선되고 취향이 세련되어지며 선택이 탁월해진다.

15. 유쾌한 흥분, 행복, 기쁨, 즐거움, 만족, 침착함, 차분함, 환희를 느끼는 강도와 가능성이 증가한다. 정서생활이 더욱 긍정적이고 풍부해진다.

16. 황홀함, 절정 체험, 오르가슴적 느낌, 환희, 신비 체험이 빈번하게 일어난다.

17. 열망 수준이 변화된다.

18. 좌절 수준이 변화된다.

19. 메타 동기와 존재 가치를 향해서 이동한다(Maslow, 1964a).

인지적 영향

1. 모든 것을 예민하고 효율적이며 현실적으로 인식하게 된다. 현실 검사[3]가 개선된다.

2. 직관력이 개선된다. 들어맞는 육감이 많아진다.

3. 계시와 통찰을 동반하는 신비 체험이 생긴다.

4. 현실, 대상, 문제중심적으로 변화된다. 투사와 자아중심적 행동이 줄어든다. 초개인적이고 초인간적인 인식이 증가한다.

5. 세계관과 철학이 개선된다(좀 더 진실하고, 현실적이며, 자신과 타인

---

3 자아와 비자아, 외계와 자기의 내부를 구별하는 객관적 평가 – 옮긴이.

에 대해서 덜 파괴적이고, 보다 포괄적이며, 통합적이고, 전체적이라는 의미에서 개선된다).

6. 창의성이 증가되고 미술, 시, 음악, 지혜, 과학 분야에서 향상이 일어난다.

7. 로봇처럼 경직된 관습이 줄어든다. 정형화, 강박적인 범주화가 줄어든다(17장 참조). 인간이 만든 범주와 항목화를 꿰뚫고 개인의 독특함을 잘 지각하게 된다. 이분화가 줄어든다.

8. 많은 태도들이 더욱 근본적이고 깊이 있게 변화된다(민주적인 가치관, 모든 인간 존재에 대한 기본적인 존중, 타인을 향한 애정, 모든 연령·성별·인종의 사람들에 대한 사랑과 존중).

9. 특히 중요한 문제를 다룰 때 익숙한 것에 대한 선호와 필요성이 줄어들며, 새롭고 낯선 것에 대한 두려움이 감소한다.

10. 우연적이고 잠재적인 학습이 일어날 가능성이 높아진다.

11. 단순함에 대한 욕구가 감소하여 복잡한 것에서 더 많은 즐거움을 느끼게 된다.

성격 특성에 미치는 영향

1. 긴장, 신경질, 불행, 비참한 느낌과 반대되는 상태인 침착함, 평상심, 차분함, 마음의 평화가 증가한다.

2. 잔인함과 반대되는 친절, 온정, 동정, 이타심이 증가한다.

3. 건전한 관대함이 증가한다.

4. 쩨쩨함, 인색함, 비열함과 반대되는 대범함이 증가한다.

5. 자기 의존, 자기 존중, 자존감, 자신감, 자신에 대한 신뢰가 생긴다.

6. 안전과 평화를 느끼며, 위험하지 않다고 느낀다.

7. 성격에서 기인하는 적대감과 반대되는 호의가 증가한다.

8. 좌절에 대한 내성이 증가한다.

9. 개인차에 대해서 인내심과 흥미가 생기고 인정하게 되면서 편견과 일반화된 적개심이 감소한다. 그러나 판단력이 없어지는 것은 아니다. 인류애, 형제애, 동지애, 타인에 대한 존경심이 증가한다.

10. 용기는 증가하고 두려움은 감소한다.

11. 심리적인 건강함과 그에 따르는 모든 부산물이 나타난다. 즉 신경증, 정신병적 성격, 정신질환으로부터 멀어진다.

12. 민주의식이 더욱 깊어진다. 가치 있는 사람들에 대해 두려움이 없고 현실적인 존경심을 보인다.

13. 긴장이 감소되고 이완된다.

14. 정직성, 진실성, 솔직함이 증가하며 허위와 위선이 줄어든다.

15. 의지력이 강해지고 책임감을 더 즐기게 된다.

대인관계에 미치는 영향

1. 더 나은 시민, 이웃, 부모, 친구, 연인이 된다.

2. 정치적·경제적·종교적·교육적으로 성장하고 개방된다.

3. 아이들, 직원, 열세에 있는 소수 집단을 존중하게 된다.

4. 더욱 민주적이며 덜 권위주의적으로 변한다.

5. 근거 없는 적대감이 줄고 우호적이며, 타인에 대한 관심이 증가하고, 타인과 더욱 쉽게 일체감을 느낀다.

6. 사람들을 더욱 잘 판단하며 선택할 수 있게 된다. 예를 들어 친구, 연인, 지도자를 잘 선택할 수 있게 된다.

7. 점잖고 매력적이고 아름다운 사람이 된다.

8. 더 나은 심리치료사가 될 수 있다.

기타 영향

1. 천국과 지옥, 이상향, 좋은 삶, 성공과 실패 등에 관한 생각이 바뀐다.
2. 더 높은 가치, 더 높은 '영적인 삶'을 향해서 움직인다.
3. 미소, 웃음, 얼굴 표정, 행동, 걸음걸이, 글씨체 등 모든 표현 행동이 바뀐다. 표현 행동이 늘어나고 대응 행동은 줄어든다.
4. 에너지가 변화된다. 나른함, 수면, 조용함, 휴식, 경계 태세 등의 양상이 달라진다.
5. 희망과 미래에 대한 흥미가 생긴다(의욕 상실, 무감각, 쾌감 상실의 반대로).
6. 꿈, 판타지, 어린 시절의 기억이 변화된다(Allport, 1959).
7. 성격에 근거하는 도덕성, 윤리, 가치가 변화된다.
8. 승패에 집착하고 적을 만들며 제로섬 게임을 하던 삶의 방식으로부터 멀어진다.

4장

본능이론의 재검토

재검토의 중요성

앞에서 설명한 기본 욕구 이론은 본능이론을 재고할 필요성을 시사한다. 그것은 기본적인 것과 덜 기본적인 것, 건강한 것과 덜 건강한 것, 자연스러운 것과 덜 자연스러운 것을 구분하기 위해서라도 필요하다.

그 밖에도 본능이론의 재평가와 부활의 필요성을 시사하는 많은 이론적·임상적·실험적 이유들이 있다. 이것들은 심리학자, 사회학자, 인류학자들이 일률적으로 인간의 가소성, 유순함, 순응성, 학습 능력을 강조하고 있는 점에 대해 일정 부분 회의를 제기한다. 인간은 현재의 심리학 이론이 인정하는 것보다 훨씬 자율적이고 자기 결정력이 있는 것으로 보인다.

기존의 이론을 재평가하고자 하는 현대학자들은 그동안의 평가보다 인간이 더 신뢰받을 수 있고 자신을 보호할 수 있으며, 스스로 결정할 수 있는 존재라고 강력하게 주장하고 있다(Cannon, 1932; Goldstein, 1939; Levy, 1951; Rogers, 1954 등). 게다가 최근 학계에서의 다양한 발전으로 인해 보존, 평형 또는 항상성의 성향이나 외부의 자극에 반응하려는 성향과는 다르게, 개인 내부에 긍정적인 성장이나 자아실현의 성향이 있다고 가정하는 것이 이론적으로 필요해졌다는 것도 추가할 수 있다. 아리스토텔레스와 앙리 베르그송, 그 밖의 많은 철학자들은 성장이나 자아실현의 성향을 모호한 형태로 가정해왔다. 심리학자, 정신분석학자, 정신병리학자들 중에서는 골트슈타인, 뷜러, 융, 호나이, 프롬, 로저스 등이 이런 필요성을 인식하는 학자들이다.

그러나 심리치료사, 특히 정신분석학자들의 체험이 본능이론의 재검토 필요성을 재고시키는 데 가장 중요한 영향을 미쳤을 것이다. 이 분야에서 발견된 사실들이 불분명하더라도 이들이 보여주는 논리는 잘못 해석될 여지가 없다. 의사들은 좀 더 기본적인 소원(또는 욕구나 충동)과 덜 기본적인 소원을 구분하지 않을 수 없었다. 즉 어떤 욕구의 좌절은 병리로 이어지지만 어떤 욕구의 좌절은 그렇지 않다는 간단한 논리가 바로 그 핵심이다. 병리로 이어지는 욕구를 충족시켜주면 건강해지지만 그렇지 않은 욕구는 충족시켜주어도 건강해지지 않는다. 좌절되면 병리로 이어지는 욕구들은 믿을 수 없을 만큼 완강하고 저항적이다. 이런 욕구들은 감언이설, 대체물, 뇌물, 대안 등 그 어떤 것을 제시해도 진정되지 않는다. 오로지 적절하게 본질적으로 충족시켜주는 것밖에는 다른 방법이 없다. 의식적이든 무의식적이든 그런 욕구 충족은 영원한 갈망과 추구의 대상이다. 그 욕구들은 이미 주어진 사실이거나 더 이상 의문이 제기될 수 없는 기정사실인 것처럼 완강하고 단순화시킬 수 없어 보인다. 또한 최종적이고 분석이 불가능해 보인다. 심리치료, 정신분석, 임상심리, 사회복지, 또는 아동치료 분야가 다른 모든 점에서 서로 이견을 보이더라도 본능과도 같은 이런 욕구에 대해서만큼은 어떤 설을 가정하지 않을 수 없었다는 사실은 핵심으로 지적되어야 한다.

그런 경험들을 보면서 피상적이고 쉽게 조작될 수 있는 습관들보다는 인간이라는 종이 가지는 특성, 체질, 유전성을 생각하게 된다. 이런 딜레마에서 어느 하나를 선택해야 할 때 의사는 언제나 조건화된 반응이나 습관보다는 본능을 기본 요소로 받아들이는 선택을 한다. 만족스러운 선택이 될 수 있는 타당하고 절충적인 대안들도 있으므로 이런 선택을 한다는 것은 불행한 사태다. 딜레마에는 두 개 이상의 선택이 있다는 것을 알게 될 것이다.

그러나 일반 역동이론이 요구하는 관점에서 볼 때 본능이론, 특히 윌리엄 맥두걸과 프로이트가 제시하는 본능이론은 당시로서는 충분히 인정받지 못했던 어떤 미덕들을 가지고 있음이 분명해 보인다. 본능이론이 지닌 오류들이 미덕보다 훨씬 더 부각되어 제대로 인정받지 못했던 듯하다. 본능이론은 인간이 스스로 움직이는 존재임을 인정했다. 즉 환경뿐 아니라 인간고유의 본성도 행동을 결정하는 데 작용한다는 것이다. 본성이 인간에게 목적, 목표, 가치를 보는 미리 구비된 틀을 제공해 준다는 것을 수용했다. 그리고 상황이 허락하면 병을 예방하기 위해 자신에게 필요한 것, 즉 자신에게 유익한 것을 원하게 된다고 했다. 인간은 누구나 동일한 생물학적 종을 이루는 구성원임을 인정했다. 또 행동은 그 동기와 목적을 이해하지 못하면 의미가 없다고 했다. 그리고 외부의 개입 없이 지내도록 했을 때 유기체는 대체로 생물학적인 능력, 또는 지혜를 보여준다는 사실을 인정했다.

전통적인 본능이론에 대한 비판

본능이론이 갖고 있는 수많은 오류들은 너무 심각하여 외면당할 만하다. 그러나 그것들이 본능이론 자체에 본질적이며 불가피한 오류들은 아니다. 나아가 그 상당 부분은 본능주의자뿐 아니라 그를 비판하는 측도 똑같이 범하고 있는 오류들이라고 주장할 것이다.

환원주의

1920년대와 30년대에 버나드, 존 왓슨, 트레이스 쿠오 등 대부분의 반(反)본능주의자들은 본능이 특정한 자극과 반응이라는 공식으로 설명될 수 없다는 근거에서 본능이론을 비판했다. 단적으로 말해서 본능이 단순한 행동주의 이론에 적합하지 않기 때문에 본능이론을 비판했다고밖에 말할 수 없다. 본능이 행동주의 이론에 적합하지 않다는 것은 사실이다. 그러나 오늘날의 역동적·인본주의적 심리학자들은 그런 비판을 진지하게 받아들이지 않는다. 그들은 인간의 어떤 중요한 전체적인 특성이나 활동이라도 자극과 반응이라는 용어만으로는 규정할 수 없다고 생각한다.

자극과 반응만으로 행동을 규정하려는 시도는 혼란만 일으킬 뿐이다. 반사와 동물의 전형적인 하위 본능을 혼동하는 것이 그 단적인 예이다. 반사는 순수한 운동 반응이고, 하위 본능은 본능 자체이자 그것보다 훨씬 더 많은 것이다. 즉 본능은 미리 결정된 충동, 표현 행동, 대응 행동, 목표물, 정서 등을 포함한다.

타협이 불가능한 접근방식

모든 면에서 완전한 본능과 전혀 본능적이지 않은 것 사이에서 하나를 강제로 선택해야 할 이유는 없다. 왜 본능의 잔재, 충동이나 행동의 본능적인 면, 정도의 차이를 보이는 본능, 부분적인 본능 같은 것은 있을 수 없다고 생각하는가?

많은 학자들이 본능이라는 어휘(욕구, 목적, 능력, 행동, 지각, 표현, 가치, 정서적인 부수물 따위)를 하나씩 또는 포괄적으로 다루기 위해 무분별하게 사용했다. 그 결과 마머(1942)와 버나드(1924)가 지적했듯이 거의 모든 인간의 반응을 본능적이라고 설명하기 위해 많은 사람들이 무분별하게 사용하는 잡동사니가 탄생했다.

내가 제시하는 주된 가설은 인간의 충동이나 기본 욕구가 어느 정도까지는 선천적으로 주어질지도 모른다는 것이다. 그렇다고 해서 그와 관련된 행동, 능력, 인지, 정서까지 타고날 필요는 없다. 가정에 의하면 그런 것들은 학습되는 것이거나 표현적인 것일 수도 있다(예를 들어 색깔을 식별하는 능력과 같은 인간의 여러 능력은 유전에 따라 결정되거나 가능해지기도 한다. 그러나 그 점은 지금 여기서 다룰 관심사가 아니다). 다시 말해 기본 욕구 중에서 유전적인 부분은 목표 달성 행동과 내적으로 연결되지 않은 단순히 의욕적인 결핍과 프로이트의 원초아 충동처럼 맹목적이고 방향이 없는 요구로 간주할 수 있을지 모른다(뒤에서 이런 기본 욕구의 만족 요인들도 내재적인 것임을 살펴볼 것이다). 학습되는 것은 목표와 관련된 (대응) 행동이다.

본능주의자나 그 비판자들 모두 정도의 차이는 고려하지 않은 채 흑백의 이분법적인 논리로만 생각하는 것은 잘못되었다. 복잡한 세트의 반응들이 모두 유전에 의해 결정되거나 결정되지 않는다고 어떻게 장

담할 수 있겠는가? 어떤 반응의 전체는 고사하고 간단한 구조일지라도 유전적으로만 결정될 수는 없다. 또 다른 극단적인 측면에서 보면 인간도 생물학적인 종이기 때문에 유전의 영향으로부터 완전히 자유로울 수 없다.

이런 이분법적 논리 때문에 학습이 개입되었음이 밝혀지기만 하면 그 행동은 본능적이지 않은 것으로 규정하려는 경향을 보인다. 반대로 유전적인 영향이 드러나기만 하면 그 행동은 본능적인 것으로 규정하려고 한다. 대부분의 충동, 어쩌면 모든 충동과 능력, 감정이 학습과 본능에 의해서 결정되는 경우가 흔하기 때문에 이렇게 이분법적인 논리로는 영원히 해답을 구할 수 없을 것이다.

압도적인 힘

본능이론가들의 패러다임인 동물 본능으로부터 여러 가지 오류가 발생하게 되었다. 예를 들어 이런 관점에서는 인간 고유의 본능을 찾아낼 수 없다. 그러나 하등 동물로부터 얻은 더욱 잘못된 교훈은 본능이 완강하여 수정될 수 없고 통제되거나 억압될 수 없다는 원리다. 이런 원리가 연어나 개구리, 들쥐에게는 적합할지 몰라도 인간에게는 적용되지 않는다.

기본 욕구가 어느 정도 유전적인 근거를 가지고 있다면, 지금까지 눈에 보이는 본능만 탐색하면서 모든 환경적인 영향력으로부터 독립적이고, 그런 영향력보다 더 강력한 실제만을 본능적이라고 생각하는 실수를 범했을지도 모른다. 본능과 유사하면서도 쉽게 억압, 억제, 통제될 수 있고 습관, 암시, 문화적 압력, 죄의식 등에 따라서 위장, 수정되거나 심지어 억압될 수 있는 욕구(사랑 욕구가 그런 예에 해당될 것이다)는 왜 있을 수 없다는 것인가? 다시 말해 약한 본능은 왜 생각할 수 없는가?

문화주의자들이 이렇게 본능을 잘못 이해했기 때문에 본능이론을 비판하는 것인지도 모른다. 모든 민속학자들의 경험은 본능이론의 그런 가정과 모순되기 때문에 그들이 본능이론을 공격하는 것은 이해할 만하다. 그러나 문화적·생물학적 요소를 적절히 존중한다면, 문화가 본능적 욕구보다 더 강력하다고 생각한다면 그 문화에 압도당하지 않도록 약하고 부드러운 본능적 욕구를 보호해주어야 한다는 것은 역설이 아닌 분명하고 당연한 진리가 될 수 있을 것이다. 이런 본능적 욕구는 반드시 충족을 요구한다. 좌절되면 병리적인 결과가 나타나는 등 어떤 의미에서는 강력하다고도 할 수 있다. 하지만 그런 본능이 문화로부터 보호받아야 한다는 주장은 여전히 타당하다.

요지를 분명히 하는 데 역설이 도움이 될 수 있다. 내면을 노출시키며 통찰하게 하는 심층 요법들, 사실상 최면 요법과 행동주의 요법을 제외한 거의 모든 치료법은 어찌 보면 약화되고 상실된 본능적 성향과 잔재, 분장(扮裝)한 동물적 자아, 본질적 생태를 노출시키고 회복시키며 강화시키는 치료라고도 할 수 있다. 이런 궁극적인 목표는 성장 워크숍 현장에서 더욱 노골적으로 표현된다. 여러 치료법과 워크숍 모두 고통스럽고 값비싸며 장기적인 노력이 필요하다. 결국은 평생의 노력, 인내, 의지력을 요하는 과정이다. 그런 과정을 거치고도 실패할 수 있다. 그러나 개, 고양이, 새는 개, 고양이, 새가 되는 법을 발견하기 위해 도움을 필요로 하는가? 그런 동물들의 본능이 내는 소리는 크고 분명하며 확실하다. 그러나 우리의 목소리는 약하고 혼란스러우며 간과되기 쉬우므로 그 목소리를 듣기 위해서는 도움이 필요하다.

자아실현자들에게서는 동물적인 자연스러움이 분명하게 나타나지만, 신경증적이거나 '정상 범주에 속하나 병든' 사람들에게서 불분명하게 나타나는 것은 이런 이치로 설명이 가능하다. 병들었다는 것은 인간이 동물 본성을 잃어버린 상태라고도 할 수 있다. 그러므로 역설적이게도 동물성은 영적이며 성인답고 현자다우며 유기체적으로 가장 합리적인 사람에게서 뚜렷하게 나타난다.

원초적인 충동

동물적 본능에 집중하면 또 다른 오류가 발생한다. 학식 있는 역사학자들이나 밝혀낼 수 있을 법한 불가해한 이유들 때문에 서구문명은 내면에 존재하는 동물이 나쁜 동물이며, 가장 원초적인 충동들은 악하면서 탐욕적·이기적·적대적이라고 믿어왔다.[1]

신학자들은 그것을 원죄 또는 악마라고 했으며 프로이트 학파는 원초아라고 불렀다. 철학자, 경제학자, 교육학자들도 제각각 명칭을 붙였다. 다윈은 이런 견해에 너무나 공감한 나머지 동물세계에서 오로지 경쟁만 보았을 뿐, 표트르 크로포트킨 같은 학자가 쉽게 찾아낼 수 있었던 동물세계에서 경쟁만큼이나 흔한 협력 현상은 발견하지 못했다.

이런 세계관은 내면에 존재하는 동물을 착하고 온순한 동물인 사슴, 코끼리, 개, 침팬지 대신 늑대, 호랑이, 돼지, 독수리, 뱀 따위로 묘사하는 표현에서 찾아볼 수 있다. 이는 인간 본성에 대한 악한 동물 해석

---

[1] "인간 본성의 원초적이고 무의식적인 면이 더욱 효율적으로 길들여지고, 나아가 급진적으로 변모될 수는 없을까? 그렇지 못하다면 문명의 운명은 암울하다."(Harding, 1947, p. 5). "훈련된 도덕적인 질서와 선한 의도가 내재되어 있는 의식의 그럴듯한 외양 저변에는 심연의 괴물과 같은 거칠고 본능적인 생명력이 도사리고 있다. 그 힘은 끊임없이 집어삼키고 생성되며 싸우고 있다."(Harding, 1947, p. 1)

(bad-animal interpretation)이라고 부를 수 있을 것이다. 굳이 동물로부터 인간을 추리해야 한다면, 인간과 가장 유사한 유인원을 선택하는 것이 좋을 듯하다.

본능과 이성의 이분법

우리는 새로움에 대한 유연하고 인지적인 적응과 본능이 계통발생적인 척도에서 서로 배타적인 위치에 있음을 살펴보았다. 두 가지 가운데 하나가 더 많이 나타날수록 또 다른 하나는 줄어든다. 이런 현상 때문에 과거부터 인간의 본능적 충동과 합리성을 이분화시키는 중대하고 비극적인 실수(그것이 역사적으로 미친 영향을 생각해볼 때)가 발생했다. 그 두 가지가 인간에게 모두 본능적일 수도 있다는 생각은 거의 아무도 하지 못했다. 그리고 그 두 가지가 미치는 결과나 그것이 내포하고 있는 목표가 서로 적대적이기보다는 동일하고 상조적일 수도 있다는 더욱 중요한 생각도 하지 못했다.

무엇을 알고 이해하고 싶은 충동은 소속감이나 사랑의 욕구만큼이나 의욕적(conative)일 수 있다는 것이 나의 주장이다.

본능 대 이성의 일반적인 이분화나 대조에서는 부정확하게 정의된 본능과 이성이 서로 대립된다. 그러나 현대의 지식에 의해 그 두 가지가 제대로 정의된다면, 서로 심하게 다르며 대립적이라고 여겨지지 않을 것이다. 오늘날 정의할 수 있는 의미에서의 건강한 이성과 건강한 본능적 충동은 건강한 사람에게서 서로 대립하지 않고 같은 방향을 향한다. 건강하지 않은 사람에게서는 서로 대립할 가능성도 있다. 한 예로 요즘 접할 수 있는 모든 과학적 자료들은 정신의학적으로 볼 때 아이들이 보호받고 수용되며 사랑받고 존중받는 것이 바람직하다는 사실을 보여준다. 그러나 이런 것들은 곧 아이들이 본능적으로 원하는 것들이기도 하다. 바로 이런 명백하고 과학적으로 검증 가능한 의미에서 본능적 욕구와 합리성이 서로 대립하지 않고 상승효과를 일으킨다고 주장하는 것이다. 그 두 가지가 대립하는 것처럼 보이는 현상은 병든 사람들에게만 연구가 집중되면서 나타난 부산물이다. 내 주장이 옳다면 여기서 본능과 이성 가운데 어느 것이 주가 되어야 하는 것인가라는 오래된 문제를 해결할 수 있을 것이다. 그런 질문은 바람직한 결혼생활에서 아내와 남편 중에서 누가 주도권을 잡아야 하는가라는 질문과 마찬가지로 없어져야 할 케케묵은 질문이다.

본능과 사회의 대립

열악한 문화 조건에서는 약한 본능적 충동이 쉽게 무너질 수 있기 때문에, 이런 충동이 표현되고 충족되려면 바람직한 문화가 조성되어야 한다. 약한 유전적 욕구가 충족될 수 있으려면 우선 사회가 개선되어야 할 것이다. 본능과 사회, 개인적·사회적 이익 간의 대립을 본질적인 것으로 수용하는 태도는 문제를 자초한다. 그런 관점의 주된 끈기는 실제로 이것들이 병든 사회와 병든 개인에게서 대립한다는 사실에서 기인했을 것이다. 그러나 반드시 양자가 대립해야 할 필요는 없다.[2] 건강한 사회적 여건에서는 개인과 사회의 이익이 대립하지 않고 상승효과를 낸다. 열악한 개인적·사회적 여건에서는 개인과 사회의 이익이 실제로 대립하기 때문에 그릇된 이분법이 존속하는 것이다.

---

2 베네딕트(1970)와 매슬로(1964b, 1965b)에서 서로 상승효과를 내는 사회들에 대한 설명을 참조하기 바란다.

분리된 본능

본능이론이나 동기이론의 한 가지 결함은 충동들이 하나의 위계 안에서 서로 다른 강도에 따라 역동적으로 연결되어 있다는 사실을 인식하지 못한 점이었다. 충동들을 서로 독립적인 것으로 취급한다면 여러 가지 문제가 미해결 상태로 존재할 것이며 많은 가짜 문제들이 생길 것이다

예를 들어 동기적 삶이 지니는 본질적으로 전체적이며 단일한 특성이 가려질 것이며, 수많은 동기 목록을 만들어야 하는 난제가 발생한다. 게다가 어떤 욕구가 또 다른 욕구보다 더 강하거나 중요하거나 기본적이라고 할 수 있는 근거가 되어주는 가치나 선택의 원리가 사라질 것이다. 욕구를 개별적으로 취급하게 되면 욕구는 충족, 다시 말해 그것의 소멸만을 추구할 수 있을 뿐이다. 그렇게 되면 죽음, 정지, 항상성, 자기만족, 평형을 추구하는 본능에 대한 논의로 이어지는 문이 열리게 될 것이다.

이런 사고는 어떤 욕구가 충족되면 그 욕구가 진정되는 동시에 잊고 있던 다른 약한 동기가 표면에 등장하여 충족을 요구한다는 사실을 간과하게 만든다. 갈망은 절대로 사라지지 않는다. 하나의 욕구가 충족되면 또 다른 욕구가 생긴다.

본능의 억제

정신이상자, 신경증 환자, 범죄자, 지적 장애자, 자포자기자에게서 본능이 가장 분명하게 나타날 것이라는 예상은 본능을 부정적 의미에서의 동물적 감정으로 해석하려는 것과 같은 맥락의 사고 행태다. 양심, 이성, 윤리가 심층에 있는 본능과는 전혀 다르고, 단지 습득된 겉면에

지나지 않으며, 이것들이 죄수와 족쇄의 관계처럼 심층의 본능을 억제한다는 원리에서부터 이런 예상이 자연스럽게 유추될 수 있다. 이런 오해 때문에 문명과 학교, 교회, 법정, 입법체제와 같은 모든 제도를 나쁜 동물을 억제하는 힘이라고 표현하게 된다.

이런 오류는 엄청난 비극을 초래한다. 그러기 때문에 신이 왕에게 권한을 부여했다는 믿음과 하나의 종교만 배타적으로 옳다는 믿음, 그리고 진화에 대한 부정을 비롯하여 지구가 평평하다는 믿음과 같은 오류들만큼이나 역사적으로 그 오류의 파장은 크다. 인간으로 하여금 스스로와 서로를 불신하게 만들고 인간의 가능성을 비현실적으로 비관하게 만드는 믿음은 지금껏 일어났던 모든 전쟁과 인종 대립, 종교적 학살에 일부 책임을 져야 할 것이다.

본능적 욕구가 반드시 나쁜 것이 아니라 중립적이거나 선한 것임을 인정하면 무수히 많은 가짜 문제들이 저절로 해결되어 사라질 것이다.

한 예로 아이들을 위한 훈련에서 수많은 추한 의미를 담고 있는 '훈련'이라는 어휘 자체를 폐기하는 수준으로까지 혁신되어야 한다. 정당한 동물적 요구를 수용할 수 있도록 태도가 변화되면, 우리는 욕구 좌절이 아니라 충족을 추구하는 방향으로 발전할 수 있을 것이다.

우리의 문화권에서 평균 정도의 결핍을 겪고 있지만 아직까지 완전히 문화에 적응되지 않은 아이, 다시 말해 건강하고 바람직한 동물성을 아직 박탈당하지 않은 아이는 자기가 생각해낼 수 있는 방법을 총동원하여 안전, 자율성, 사랑 등을 추구할 것이다. 그럴 경우 순수하지 못한 어른은 대개 "아! 저 아이가 쇼하고 있네", "쟤는 관심을 받으려고 저러는 거야"와 같은 반응을 보이며 아이를 어른들 틈에서 쫓아낼 것이다. 즉 이런 진단은 아이가 원하는 것을 주지도 말고 아는 체도 하지 말며

칭찬하거나 감탄하지도 말라는 것으로 해석된다.

그러나 수용, 사랑, 칭찬을 해달라는 간청을 배고픔, 갈증, 추위, 고통에 대한 불평과 마찬가지로 정당한 요구나 권리라고 생각할 수 있다면, 우리는 좌절보다는 충족을 시켜주는 사람이 되려고 할 것이다. 그렇게 대처하면 아이와 부모는 더 재미있게 즐기면서 지내고, 서로를 더 사랑하게 되는 유익한 결과를 얻을 수 있을 것이다.

본능이론에서의 기본 욕구

이 모든 것을 고찰해보면 기본 욕구가 어떤 의미에서는, 그리고 어느 정도까지는 체질적·유전적으로 결정된다는 가설을 세우도록 고무시킨다. 그런 가설은 그 증명에 필요한 유전학적·신경학적인 직접적 테크닉이 아직 존재하지 않기 때문에 곧바로 증명될 수는 없다.

앞으로 소개되는 내용과 매슬로의 1965a에는 인간의 기본 욕구가 본능과 유사하다는 가정을 지지하기 위해서 수집할 수 있었던 자료와 이론적인 고찰이 포함되어 있다.

인간에게만 고유한 본능

본능이론을 완전히 이해하려면 인간이 동물과 동일한 연장선상에 존재한다는 사실은 물론 인간과 다른 종 사이에 차이가 있다는 것도 인식해야 한다. 예를 들어 인간과 다른 모든 동물에게서 먹기, 숨쉬기 등이 어떤 충동이나 욕구가 공통적으로 발견되면 그로써 그것이 본능임을 증명할 수 있다. 그렇지만 그것을 증명한다고 해서 인간에게서만 유일하게 발견되는 본능적 충동도 있을 수 있다는 가능성이 반증되는 것은 아니다. 침팬지, 전서구, 연어, 고양이 등은 각자의 종에만 특유한 본능을 가지고 있다. 그렇다면 왜 인간은 인간에게만 특유한 특성을 가질 수 없다는 것인가?

좌절은 병을 일으킨다

기본 욕구가 본능과 유사하다고 생각하게 하는 또 다른 이유는 모든 임상전문가들이 동의하듯이 이런 욕구의 좌절이 정신병리현상을 일으킨다는 사실이다. 이는 신경증적 욕구, 습관, 중독, 선호에는 해당되지 않는 것이다.

사회가 모든 가치를 만들어내고 주입하는 것이라면, 왜 어떤 욕구는 좌절되었을 때 질환을 일으키고 어떤 욕구는 그렇지 않은가? 우리는 하루에 세 번 식사하면서 감사하다고 말하고 포크와 스푼, 테이블, 의자를 사용하도록 배운다. 반드시 옷과 신발을 착용해야 하며, 밤에는 침대에서 자고, 영어로 말하도록 강요당한다. 소와 양은 먹되 개와 고양이는 먹으면 안 된다. 우리는 옷매무새를 가다듬고 점수를 따기 위해서 경쟁하고 돈을 갈망한다. 그러면서도 이런 강력한 습관들은 좌절되어도 인간에게 상처를 주지 않고 때로는 긍정적인 결과를 가져오기까지 한다. 카누를 타거나 캠핑을 하는 등의 특별한 상황에서 우리는 안도의 한숨과 함께 그런 습관들을 잠시 잊어버림으로써 그 습관들이 비본질적임을 확인한다. 그러나 사랑과 안전, 존경의 경우에는 절대로 그럴 수 없다.

그러므로 기본 욕구는 심리적·생물학적으로 특별한 위치를 차지한다. 그런 욕구들에는 다른 점이 있다. 즉 그것들이 만족되지 않으면 병이 난다.

충족은 건강으로 이어진다

기본 욕구의 충족은 바람직하다, 좋다, 건강하다, 또는 자아실현을 하게 해준다 등으로 다양하게 표현할 수 있는 결과로 이어진다. 바람직하다거나 좋다는 말은 선험적인 의미보다는 생물학적인 의미로 사용되었으며, 조작적으로 정의할 수도 있는 여지가 있다. 선택이 허용되는 여건에서 건강한 유기체는 이런 결과들을 선택하며, 그런 결과를 얻기 위해 노력한다.

욕구 충족에 따르는 이런 심리적·신체적 결과들은 이미 기본 욕구 충족을 다룬 장에서 서술했기 때문에 여기서는 더 이상 언급하지 않을 것이다. 다만 이런 기준에 난해하고 비과학적인 요소는 포함되어 있지 않음을 밝혀둔다. 이 문제가 자동차에 적합한 연료를 선택하는 문제와 별반 다르지 않다는 것만 기억한다면 쉽게 실험이나 공학적 근거를 바탕으로 제기할 수도 있다. 어떤 연료가 다른 연료보다 더 좋다면 그 연료를 넣었을 때 자동차는 더 잘 달릴 것이다. 인간도 안전과 사랑, 존경을 받으면 더 잘 지낸다. 그럴 경우 더 효율적으로 지각하고, 지능을 더욱 뛰어나게 발휘하며, 올바른 결론에 이르는 사고를 더 자주하고, 음식을 더 잘 소화시키며, 여러 가지 질병에 덜 걸린다는 것이 일반적으로 밝혀진 임상적 사실이다.

반드시 충족 요인이 필요하다

기본 욕구 충족 요인들은 다른 모든 욕구 충족 요인들보다 훨씬 더 강력하게 필요하다. 유기체가 기본 욕구를 충족시키려고 할 때는 본성에서 우러나서 어떤 대체물로도 대신할 수 없는 본질적인 충족 요인들을 추구한다. 예를 들어 습관으로 인한 욕구나 신경증적 욕구는 대체물로 충족될 수 있다.

심리치료

우리의 연구 목적에서 심리치료 효과는 매우 흥미로운 주제다. 모든 중요한 유형의 심리치료는 기본 욕구를 양육, 격려, 강화시켜줄 때 성공을 거두는 것으로 보인다. 그와 동시에 신경증적 욕구를 약화시키거나 말살시킨다.

특히 개인의 본질적이고 심층적인 모습을 드러낸다고 분명하게 주장하는 치료법(예를 들어 로저스, 융, 호나이 계통의 치료법)에서는 이 점이 매우 중요하다. 그런 심리치료에는 성격이 내재적이며, 의사가 성격을 새롭게 창조하는 것이 아니라 개인이 성장하고 발달하도록 해방시켜준다는 가정이 포함되어 있기 때문이다. 통찰을 얻거나 억압에서 벗어나면서 어떤 반응이 사라진다면 그런 반응은 내재적이기보다는 외재적이었던 것으로 생각해도 무리가 없을 것이다. 통찰이 반응을 더욱 강하게 만든다면 그 반응은 본질적이라고 할 수 있다. 또한 호나이(1939)가 추측했듯이 불안이 해소되면서 환자가 자애로워지고 적개심이 줄어든다면 그런 사실로부터 애정은 인간 본성의 본질적인 특성인 반면에 적개심은 그렇지 않다는 것을 알 수 있지 않을까?

동기, 자아실현, 가치, 학습, 일반적인 인지, 대인관계, 문화화, 탈문화 화 등의 이론에 쓰일 만한 자료의 금광이 이 분야에 숨겨져 있는 셈이다.

본능을 고무해야 한다

기본 욕구가 본능적 성격을 띤다면 지금까지 수용되었던 문화와 개인 간의 관계를 재고할 필요가 있다. 우리는 인간의 내적인 힘을 결정 요인으로서 좀 더 중요하게 인식해야 한다. 이 점이 고려되지 않은 채 한 개인이 형성되더라도 뼈가 부러지는 등의 뚜렷하고 직접적인 질환은 발병하지 않을 것이다. 그러나 질환이 뚜렷하지 않으면 미묘하게라도, 당장이 아니라면 나중에라도 생긴다는 생각은 옳다. 어린 시절에 약하지만 본질적 욕구에 손상을 입은 결과의 예로 평범한 성인 신경증을 인용해도 틀리다고는 할 수 없다.

심리학과 사회과학에서는 어떤 사람이 자신의 본모습과 본성을 지키기 위하여 문화화에 저항하는 모습을 자신 있게 연구 대상으로 삼아야 한다. 개인을 왜곡시키는 문화의 힘에 기꺼이 항복하는 사람, 즉 잘 적응하는 사람이 어떤 때는 비행소년, 범죄자, 신경증 환자보다 덜 건강할 수도 있다. 이렇게 저항하는 사람들은 외부 세력이 자신의 심리적인 근간을 훼손하려 할 때 그에 대항할 용기가 있다는 것을 자신의 반응을 통해 시위하고 있는지도 모른다.

이런 고찰로부터 언뜻 보기에 역설처럼 보이는 현상이 떠오른다. 교육, 문명, 합리성, 종교, 법률, 정부는 지금까지 주로 본능을 억압하고 억제하는 힘으로 해석되어왔다. 그러나 문명이 본능을 두려워하는 것보다 본능이 문명을 두려워할 것이 더 많다는 우리의 주장이 옳다면, 어쩌면 반대로 조처를 취해야 할지도 모른다. 우리가 더 나은 인간과 더 나은 사회를 만들고 싶다면 말이다. 안전, 사랑, 자존감, 자아실현을 원하는 본능적 욕구를 표현하고 충족시키도록 고무하는 것이 교육, 법률, 종교가 담당해야 할 역할의 하나일지도 모른다.

이분법의 해소

기본 욕구가 본능적 성격을 지닌다는 제안은 생물학 대 문화, 유전 대 학습, 주관 대 객관, 고유성 대 보편성과 같은 여러 철학적 모순들을 해결하고 초월하게 도움을 줄 것이다. 내면을 드러내며 자신을 탐구하는 심리치료나 개인의 성장과 '영혼을 모색' 하는 테크닉이 개인의 객관적이고 생물학적 본성과 동물성, 종의 속성, 다시 말해 개인의 존재를 발견해가는 과정이기도 하기 때문이다.

어떤 학파에 속하든 대부분의 심리치료사들은 신경증의 핵심을 파고들면서 근본적이고 진실하며 실질적인 성격을 노출시키고 해방시켜준다고 생각한다. 그런 성격은 항상 개인의 중심에 있지만 병든 표피로 덮여 가려지고 억압되어왔다. 가짜 자아에서 탈피하여 진정한 자아에 이르게 된다고 했던 호나이의 표현(1950)은 이 사실을 분명하게 보여준다. 자아실현을 설명하는 표현들도 어떤 사람이 잠재적인 형태로 이미 지니고 있던 자아를 현실화시켜준다는 점을 강조한다. 정체성의 탐구나 '진실한 자신이 되어가는 것', '완전하게 기능하는 것', '완전하게 인간적이 되는 것', 개성이 발현되는 것, 또는 진정하게 자신이 된다는 것 역시 동일한 뜻이다(Grof, 1975).

여기서 중심과제는 개인이 특정한 종의 일원으로서 생물학적·체질적·기질적으로 어떤 존재인지를 의식하는 것이다. 이는 다양한 정신분석학파들이 시도하는 것이다. 그들은 개인에게 자신의 욕구, 충동, 감정, 쾌락, 고통을 의식할 수 있도록 도움을 준다. 이것은 일종의 개인의 내적 생명현상의 현상학, 개인의 동물성과 종적 성격의 현상학이다. 그리고 경험을 통해 생물학 발견하기, 주관적인 생물학, 내성 생물학, 경험된 생물학으로 부를 수도 있을 것이다.

그러나 이런 과제는 결국 객관적인 것, 다시 말해 인간성이 지니는 종 특유의 특성들을 주관적으로 발견하는 과정이 될 것이다. 그것은 일반적이고 보편적인 것을 개인적으로 발견하는 과정이다. 또한 비개인적이며 초개인적이고, 심지어 초인간적인 것들을 개인적으로 발견하는 과정이다. 한 마디로 본능과 유사한 욕구는 '영혼의 탐색'과 과학자의 외부적 관찰을 통해 주관적인 동시에 객관적으로 연구될 수 있다. 생물학은 객관적인 과학일 뿐 아니라 주관적인 과학이라고도 할 수 있다.

아치볼드 매클리시(Archibald MacLeish)의 시를 조금 바꾸어 우리는 이렇게 말할 수 있을 것이다.

인간은 의미하지 않는다.
인간은 존재한다.

5장

욕구의 단계

상위 욕구와 하위 욕구의 특성은 서로 다르지만 타고난 인간 본성에 포함되어야 한다는 점에서는 동일하다. 욕구는 인간 본성과 다르거나 반대되지 않으며 인간 본성의 일부다. 이런 사실이 심리학적·철학적 이론에 미치는 영향은 가히 혁명적이다. 대부분의 문명과 정치, 교육, 종교 이론들은 이런 믿음과 정반대되는 사고에 기초하여 인간 본성의 생물학적인 동물성과 본능적인 면이 음식, 섹스와 같은 생리적 욕구에만 국한되어 있다고 가정해왔다. 진리, 사랑, 아름다움을 추구하는 상위 욕구들은 이런 동물적 욕구들과 본질적으로 다르다고 여겼다. 나아가 이런 욕구들은 서로 대립하고 배타적이어서 주도권을 쥐기 위해 서로 끊임없이 갈등한다고 가정했다. 모든 제도와 문화는 상위적인 충동의 입장에서 하위의 동물적 욕구들을 적대적으로 바라보는 관점에서 출발했다. 이 제도들은 필연적으로 욕구를 억제하거나 좌절시키는 장치가 될 수밖에 없으며, 유감스러운 필요악일 뿐이라고 여겼다.

상위 욕구와 하위 욕구의 차이

기본 욕구는 강도에 따라 비교적 뚜렷한 단계로 배열된다. 안전 욕구와 사랑 욕구가 모두 좌절되었을 때 인간을 지배하는 안전 욕구가 사랑 욕구보다 강하다고 할 수 있다. 이런 의미에서 생리적 욕구(각각의 생리적 욕구들도 하부에서 자체적인 단계를 이루어 그 안에서 또다시 순서대로 배열된다)는 안전 욕구보다 강하다. 안전 욕구는 사랑 욕구보다, 사랑 욕구는 존경 욕구보다, 존경 욕구는 자아실현 욕구보다 강하다.

이것은 선택이나 선호의 순서다. 그러나 다음에 열거한 여러 가지 의미에서 하위로부터 상위에 이르는 순서이기도 하다.

1. 상위 욕구는 계통발생적인 과정 또는 진화적인 발달과정에서 나중에 형성된다. 음식에 관한 욕구는 인간을 비롯한 다른 모든 생명체와 공유한다. 사랑 욕구는 고등 유인원과 공유하며 자아실현 욕구는 다른 어떤 종과도 공유하지 않는다. 상위 욕구일수록 인간에게만 고유하다.

2. 상위 욕구는 개체 발생과정에서도 나중에 나타난다. 갓난아기는 신체적 욕구와 불완전한 형태의 안전 욕구를 보인다. 예를 들어 아기는 깜짝 놀라거나 겁을 내기도 하며, 주위 환경이 규칙적이고 질서가 잡혀 의지할 만할 때 훨씬 더 잘 지낼 것이다. 몇 달이 지난 후에야 아기는 대인관계의 첫 조짐을 보이기 시작하며 선택적으로 애정을 표현한다. 그 후에 자율성과 독립성, 성취를 향한 충동, 안전과 부모의 사랑을 넘어서 존중과 칭찬을 받고 싶어하는 욕구를 뚜렷하게 보인다. 자아실현 욕구가 나타나기까지 모차르트도 서너 살까지 기다려

야 했다.

3. 상위 욕구로 올라갈수록 그 욕구는 생존에 덜 필수적이다. 따라서 충족될 때까지 더 오래 기다릴 수 있으며 영구히 말소되기 쉽다. 상위 욕구는 유기체의 자율 반응과 기타 능력들을 지배하고 조직하고 이용할 힘이 약하다. 존경보다는 안전을 추구할 때 더욱 한결같고 편집적이고 절박해지기 쉽다. 상위 욕구가 결핍되었을 때는 하위 욕구가 결핍되었을 때보다 절박한 방어 반응과 응급 반응이 일어나지 않는다. 음식이나 안전과 비교했을 때도 존경은 없어도 되는 사치품인 것이다.

4. 상위 욕구 수준에서 산다는 것은 생물학적인 면에서 더 효율적으로 지내며, 질병에 덜 걸리고, 충분한 수면을 취하며, 왕성한 식욕을 느끼고, 더 오래 산다는 등의 여러 가지 뜻을 포함한다. 정신신체의학 연구가들은 불안, 두려움, 애정 결핍, 지배당하는 상태와 같은 요소들이 바람직하지 않은 신체적·심리적 결과를 초래한다는 사실을 거듭 증명하고 있다. 그러므로 상위 욕구 충족은 생존 가치와 성장 가치도 지니고 있는 것이다.

5. 상위 욕구는 주관적으로 덜 급박하게 느껴진다. 이런 욕구들은 덜 지각되고 덜 뚜렷하며 암시, 모방 또는 잘못된 믿음이나 습관 등에 따라서 다른 욕구들과 쉽게 혼동될 수 있다. 자신의 욕구를 인지할 수 있는 능력, 즉 자신이 정말로 원하는 것이 무엇인지 아는 것은 상당한 심리적 성취다. 상위 욕구의 경우에는 더더욱 그렇다.

6. 상위 욕구 충족은 다른 욕구 충족보다 더욱 바람직한 주관적 결과를 가져온다. 다시 말해 더 깊은 행복감, 평온함, 내면적 삶의 풍요로움을 가져온다. 안전 욕구의 충족은 기껏해야 안도감과 이완의 느낌만

줄 뿐이다. 어떤 경우라도 안전 욕구의 충족은 희열, 절정 체험, 애정
이 충족되어서 느끼는 행복한 광희, 평온함, 오성(悟性), 장엄함 등의
느낌을 주지는 못한다.

7. 상위 욕구 추구와 충족은 정신병리 상태로부터 멀어지는 추세를 의
미하거나 전반적으로 건강 상태에 이르는 추세를 뜻한다. 이에 대한
증거는 3장에서 언급했다.

8. 상위 욕구에는 더 많은 필요조건이 따른다. 보다 우세한 욕구들이 먼
저 충족되어야 한다는 의미만 보더라도 그렇다. 따라서 사랑 욕구가
의식되려면 안전 욕구가 의식되는 것보다 더 많은 양의 충족이 필요
하다. 좀 더 일반적으로 말하면 상위 욕구 수준에서는 삶이 더 복잡
해진다고 할 수 있다. 존경과 지위를 추구하려면 사랑을 추구할 때보
다 더 많은 인원이 필요하고, 공간도 더 넓어야 하며, 더 많은 시간이
필요하다. 그리고 수단과 부분적인 목표와 충족에 이르기까지 예비
적인 종속 단계도 더 많이 필요하다. 사랑 욕구를 안전 욕구와 비교
해도 마찬가지일 것이다.

9. 상위 욕구가 충족되려면 더 좋은 외부적 여건이 필요하다. 사람들이
서로를 죽이지 못하게 할 때보다 서로 사랑하게 하려 할 때 가족, 경
제, 정치, 교육 등의 차원에서 더 나은 환경 여건이 필요하다. 자아실
현이 가능해지려면 매우 좋은 여건이 필요하다.

10. 상위 욕구와 하위 욕구가 모두 충족된 사람은 대체로 상위 욕구에
더 큰 가치를 둔다. 그런 사람들은 상위 욕구 충족을 위해서 더 많은
것을 희생할 것이며, 나아가서 하위 욕구의 결핍을 더 잘 견딜 수 있
을 것이다. 예를 들어 그런 사람들에게는 금욕적인 삶을 살거나, 원
칙을 지키기 위해 위험을 무릅쓰거나, 자아실현을 위해 돈과 특권을

포기하는 것이 더 쉬울 것이다. 두 가지 욕구의 충족을 모두 경험해 본 사람은 포만감보다 자아 존중을 훨씬 더 차원 높고 가치 있는 주관적인 경험이라고 여길 것이다

11. 욕구 수준이 높을수록 사랑의 일체감을 느끼는 범위는 확장된다. 즉 사랑을 통해 동일시하는 사람들의 수가 많아지며 사랑으로 동일시하는 평균 정도도 높아진다. 우리는 사랑의 일체감을 두 명 이상의 욕구가 하나의 단계로 융합되는 것이라고 정의할 수 있다. 서로를 사랑하는 두 사람은 자신의 욕구와 상대방의 욕구를 차별하지 않고 반응할 것이다. 말 그대로 상대의 욕구가 곧 자신의 욕구가 되는 것이다.

12. 상위 욕구 추구와 충족은 사회적·공적으로 바람직한 결과를 낳는다. 상위 욕구는 덜 이기적이다. 배고픔은 극도로 자기중심적이다. 배고픔을 해소하는 유일한 방법은 배고픔을 충족시키는 것뿐이다. 그러나 사랑과 존경의 추구에는 필연적으로 타인이 포함된다. 나아가 타인의 충족도 포함된다. 기본 욕구가 충분히 충족되어 단순히 음식과 안전만을 추구하기보다는 사랑과 존경을 추구할 수 있는 사람은 충성, 우정, 시민 의식과 같은 자질을 개발하는 경향이 있으며, 더 나은 부모, 남편, 교사, 공복(公僕) 등이 될 수 있다.

13. 상위 욕구가 충족되면 하위 욕구만 충족될 때보다 자아실현에 한층 더 근접한다. 우리가 자아실현의 이론을 받아들인다면 이런 사실은 매우 중요하다. 다른 무엇보다도 상위 욕구 수준에서 살고 있는 사람들에게서 자아실현자들이 보여주는 자질을 더 많이 더 뚜렷하게 발견할 수 있을 것이라고 기대해도 된다는 뜻이다.

14. 상위 욕구 추구와 충족은 더 강하고 위대하며 진실된 개인주의로 이어진다. 이는 상위 욕구 수준에서 산다는 것이 더 포괄적인 사랑의

일체감, 다시 말해 더 많은 사회화를 의미한다고 했던 진술과 모순되는 것처럼 보일 수도 있다. 욕구 수준이 높을수록 더욱 사회화된다는 진술은 논리적으로는 옳지만 경험적인 현실은 아니다. 자아실현을 하는 수준에서 살고 있는 사람은 인류를 가장 사랑하는 동시에 개성적으로도 가장 발달된 사람이다. 이는 자기 사랑(자기 존중이 더 좋은 어휘일 수도 있다)이 타인에 대한 사랑과 대립하기보다는 상승효과를 일으킨다는 프롬의 주장을 뒷받침한다. 개성, 자발성, 로봇화에 관한 그의 논의 역시 관련 있다(Fromm, 1941).

15. 욕구 수준이 높을수록 심리치료는 더 쉽고 효과적일 수 있다. 하위 욕구 수준에서는 심리치료 효과가 거의 없다. 심리치료로는 배고픔을 해결해줄 수 없다.

16. 하위 수준 욕구는 상위 수준 욕구보다 훨씬 더 지엽적이며 구체적이고 제한적이다. 배고픔과 갈증은 사랑보다 훨씬 더 육체적이며 사랑은 존경보다는 더 구체적이다. 또한 하위 욕구의 충족 요인도 상위 욕구의 충족 요인보다 훨씬 구체적이며 눈으로 볼 수 있다. 나아가서 하위 욕구를 진정시키는 데 적은 양의 충족 요인으로도 충분하다는 의미에서도 하위 욕구는 제한적이라고 할 수 있다. 먹을 수 있는 음식의 양은 정해져 있지만 사랑, 존경, 인지적인 만족은 무제한적이다.

욕구의 위계가 초래하는 결과

음식에 대한 욕구와 마찬가지로 상위 욕구도 생물학적·본능적이라고 인정하면 다음과 같은 여러 가지 반향이 나타난다.

1. 인지적 욕구와 의욕적 욕구의 이분법이 잘못되었으며 반드시 해결되어야 한다는 깨달음이 가장 중요한 결과일 것이다. 지식, 이해, 인생철학, 이론적인 준거, 가치체계를 추구하려는 욕구도 우리의 원시적이고 동물적인 본성의 의욕적이고 충동적인 일부분이다(우리는 아주 특별한 동물이다). 우리는 인간의 욕구가 맹목적이지 않으며 문화, 현실, 가능성 등에 따라서 수정될 수 있다는 사실을 알고 있다. 따라서 인지가 욕구의 발달에 상당한 역할을 한다고 할 수 있다. 존 듀이(John Dewey)는 욕구의 존재와 정의가 현실에 대한 인식, 즉 충족의 가능성 또는 불가능성에 대한 인식이 있어야 가능하다고 주장한다.

2. 오래된 철학적 문제들을 새로운 관점에서 보아야 할 것이다. 그 중 일부는 인간의 동기작용에 관한 그릇된 이해에서 비롯한 가짜 문제일지도 모른다. 이기심과 이타심 간의 뚜렷한 구분 같은 것이 그런 예다. 예를 들어 사랑하는 본능적 충동 때문에 맛있는 음식을 자신이 먹는 것보다 자녀가 먹는 것을 보는 데서 더한 '이기적' 기쁨을 느낀다면, 우리는 '이기적'인 것과 '이타적'인 것을 어떻게 정의하고 구분할 것인가? 만약 진리를 추구하려는 욕구가 음식을 추구하려는 욕구만큼 동물적이라면, 진실에 목숨을 거는 사람이 음식에 목숨을 거는 사람보다 이기적이지 않다고 할 수 있을까? 음식, 섹스, 진리, 아름다움, 사랑, 존경의 욕구를 충족시켰을 때 동물적·이기적·개인적 쾌락을 동일하게 얻을 수 있다면, 쾌락주의자들의 이론 역시 수정되어야 할 것이다. 이 말에는 쾌락주의가 하위 욕구와 관련하여 논리적으로 부합되지 않더라도 상위 욕구에는 부합될 수도 있다는 의미가 포함되어 있다. 낭만주의와 고전주의의 대립, 디오니소스와 아폴로의 대조도 수정되어야 한다. 이는 최소한 부분적으로라도 하위 욕구가 동

물적이며 상위 욕구는 비동물적 또는 반동물적이라는 근거 없는 이분법에 기초하고 있다. 이와 더불어 이성과 비이성의 개념, 합리성과 충동 간의 대조, 그리고 이성적인 삶과 충동적인 삶을 대조하는 일반적인 관념 역시 수정되어야 할 것이다.

3. 윤리철학자들도 인간의 동기작용을 자세히 살펴보면 많은 것을 배울 수 있다. 우리의 가장 고귀한 충동이 말의 고삐가 아닌 말 자체라고 한다면, 우리의 동물적 욕구가 가장 고상한 욕구와 본질이 같다고 한다면, 어떻게 이 둘을 뚜렷하게 이분화시킬 수 있는가? 나아가 이런 고귀하고 선한 충동들이 더욱 강렬한 동물적 욕구가 먼저 충족된 결과로 생기고 강해지는 것이라는 점을 분명하고 충분하게 인식한다면, 이제는 자기 통제, 억압, 훈련과 같은 것에 덜 집중하고 자발성 충족 선택에 대해 더 많이 논의해야 할 것이다. 그렇게 되면 의무를 일깨우는 엄격한 목소리와 즐거움으로 유혹하는 유쾌한 부름이 우리가 생각했던 만큼 반대되지 않는다고 여겨질 것이다. 상위 수준의 삶, 즉 존재적 삶에 이르면 의무가 곧 즐거움이고, '일'이 사랑을 받으며, 일과 휴가에 차이가 없어진다.

4. 문화, 인간과 문화의 관계에 대한 우리의 개념도 베네딕트(1970)의 표현처럼 '상승작용'(synergy)의 방향으로 변화되어야 한다. 문화는 기본 욕구를 억제하기보다는 충족시켜줄 수 있다(Maslow, 1967, 1969b). 확장하여 문화는 인간 욕구를 위해서가 아니라 인간 욕구에 의해서도 형성된다. 문화와 개인의 이분법은 재고되어야 한다. 이 둘 사이의 적대관계보다는 가능한 협력과 상승효과를 더 강조해야 할 것이다.

5. 인간이 가진 가장 좋은 충동들이 우연적·상대적이기보다 본질적이

라는 인식은 가치이론에도 엄청난 의미를 함축한다. 논리를 통해서 가치를 추론하거나 권위 또는 계시로부터 읽어내려고 노력할 필요가 없으며, 그런 시도는 바람직하지 않다. 우리가 해야 할 일은 관찰하고 연구하는 것뿐이다. 인간 본성은 질문에 대한 답을 이미 갖고 있다. 어떻게 하면 선해질 수 있는가, 어떻게 하면 행복해질 수 있는가, 어떻게 하면 결실을 맺을 수 있는가. 인간 유기체는 필요한 것이 결핍되면 병이 들고, 충족되면 성장함으로써 무엇이 필요하고 가치 있는지 알려줄 것이다.

6. 기본 욕구는 본능과 유사한 성질을 지니지만 여러 면에서 하등 동물에서 잘 볼 수 있는 본능과는 다르다는 것을 연구를 통해 알 수 있다. 그중에서 가장 중요한 차이점은 인간의 기본 욕구가 본능과 유사하면서도 약하다는 것이다. 이는 본능이 강하고 바람직하지 않으며 변화될 수 없다는 오래된 가정과 모순된다. 자신의 충동을 의식하고 스스로 사랑, 존경, 지식, 철학, 자아실현과 같은 욕구들을 정말로 원하고 필요로 한다는 사실을 자각하는 것은 매우 어려운 심리적 과업이다. 그뿐만 아니라 단계가 높아질수록 욕구는 약해지며 더 쉽게 변하거나 억압될 수 있다. 마지막으로 그런 욕구들은 악한 것이 아니라 중립적이거나 선하다. 인간 본능이 방치해두기에는 너무 약하기 때문에 문화, 교육, 학습으로부터 보호를 받아야 한다는 역설에 이르게 된다. 한 마디로 본능은 환경으로부터 제압당하지 않도록 보호받아야 한다는 것이다.

7. 우리가 심리치료(또는 교육, 육아, 그 밖에 일반적으로 좋은 성품을 형성하는 과업)의 목적이라고 이해하고 있는 내용이 상당 부분 변화되어야한다. 많은 사람들은 여전히 본질적인 충동을 억제하고 통

제하는 일련의 방법을 습득하는 것이 그 목적이라고 믿고 있다. 훈육, 통제, 억압은 그런 치료 방법으로 즐겨 사용하는 것들이다. 그러나 심리치료가 그런 통제와 억압을 파괴하기 위해서 노력하는 과정을 의미한다면 자발성, 해방, 자연스러움, 자기 수용, 충동 의식하기, 충족, 자립적 선택이 새로운 키워드가 되어야 할 것이다. 만약 본질적인 충동이 경멸의 대상이 아니라 존중의 대상이라고 이해한다면, 그런 본능을 구속시키기보다는 온전하게 드러나도록 해방시켜 주고 싶어질 것이다.

8. 본능이 약하고 상위 욕구의 성격이 본능과 유사하다면, 문화가 본능적 충동보다 약하지 않고 더 강하다면, 기본 욕구가 억하지 않고 선하다면, 유사 본능적 성향을 키우고 사회를 개선함으로써 인간 본성을 개선하는 것이 가능할지도 모른다. 실제로 문화를 개선한다는 것의 핵심이 곧 우리 내면의 생물학적인 성향이 실현될 수 있는 더 많은 기회를 제공하는 것을 의미하게 될 것이다.

9. 인간이 상위 수준에서 살게 되면 때로는 하위 욕구의 충족으로부터 상대적으로 독립되기도 한다(또는 급할 때는 보다 상위 욕구의 충족으로부터 독립되기도 한다)는 점에서 신학자들의 오랜 딜레마를 해결해줄 방법을 찾아낼 수도 있을 것이다. 그들은 언제나 영과 육, 천사와 악마 같은 인간 유기체 내의 하위와 상위 부분을 통합시키는 시도가 필요하다고 느껴왔다. 그러나 아무도 그에 대한 만족스러운 해결을 찾지 못했다. 상위 욕구 수준에서의 삶이 자율적으로 영위될 수 있다는 생각이 대답의 일부가 될 수 있을 것 같다. 상위 욕구는 하위 욕구 충족을 바탕으로 발달하지만 결국은 하위 욕구로부터 독립되기도 한다(Allport, 1955).

10. 다윈의 생존 가치(survival value)에 더해서 '성장 가치'(growth value)를 가정할 수 있을 것이다. 생존하는 것도 좋지만 인간이 완전한 인간성을 향해서 성장하고 잠재력의 실현, 더 큰 행복, 평온, 절정 체험, 초월, 풍부하고 정확한 현실 인식 등을 향해서 발전하는 것도 인간에게 유익하다(이런 것들이 선호되고 선택되며 유기체에게 유익하다는 뜻이다). 전쟁, 빈곤, 지배, 잔인함이 악하다는 것을 결정적으로 증명하려고 할 때 그런 것들이 우리의 생존과 생육에 피해를 준다는 사실에만 의존할 필요는 없다. 우리는 그것들이 삶의 질, 인성, 의식, 지혜를 퇴화시키기 때문에 악하다고 생각할 수도 있다.

6장

동기화되지 않은 행동

이 장에서는 노력하는 것(striving)(행위, 대응, 성취, 노력, 목적의식)과 존재하고 되어가는 것(being-becoming)(존재, 표현, 성장, 자아실현)을 과학적으로 유용하도록 구분하기 위해 좀 더 탐구해볼 것이다. 이런 분류는 동양문화와 도교에서는 친숙하며, 우리의 문화권에서도 일부 철학자, 신학자, 미학자, 신비주의 학자들 사이에서 찾아볼 수 있다. 이를 따르는 인본주의 심리학자, 실존주의 심리학자들도 그 수가 점점 증가하고 있다

서구문명은 대체로 유대교와 기독교 신학에 뿌리를 두고 있다. 미국은 특히 청교도 정신과 실용주의적 사고의 지배를 받는다. 이런 사고는 근로, 투쟁, 노력, 착실함, 진지함, 그리고 무엇보다도 목적의식을 강조한다.[1] 다른 모든 사회적 제도와 마찬가지로 과학, 특히 심리학은 이런

---

1 한가한 연상, 무용한 이미지, 뒤얽힌 꿈, 무작위적인 탐험 등은 발달하는 데 일정한 기여를 하지만, 이런 것들은 처음부터 어떤 경제 원리나 유용성에 대한 직접적인 기대 따위로 정당화될 수 없다. 우리의 기계론적인 문화 속에서 이렇게 중요한 활동들은 평가 절하되거나 무시당해왔다. (…)

문화적인 분위기와 환경의 영향을 받을 수밖에 없다. 미국의 심리학은 이에 발맞추어 지나치게 실용적이고 청교도적이며 목적지향적으로 흘러왔다. 이런 사실은 심리학이 미치는 영향과 그것이 지향하는 목표에서만 드러나는 것이 아니라 심리학이 소홀히 해왔던 공백에서도 분명하게 나타난다. 어떤 교과서에서도 즐거움과 명랑함, 여가, 명상, 빈둥거리거나 꾸물거리기, 목적이 없고 유용하지 않은 활동, 심미적인 창작이나 체험, 또는 동기화되지 않은 활동과 같은 주제는 다루지 않는다. 말하자면 미국의 심리학은 인생의 반쪽에만 몰두하면서 더 중요할지도 모르는 나머지 반쪽은 무시하고 있는 것이다!

가치의 관점에서 보았을 때 이런 현상은 목적에 대한 관심을 배제한 채 수단에만 집중하는 모습으로 묘사될 수 있을 것이다. 이런 철학은 정통과 수정주의 정신분석학을 포함하여 미국 심리학의 모든 분야에 확산되어 있다. 심리학의 모든 분야는 유용한 것을 이루려는 활동과 적응 또는 무언가를 변화시키거나 효과를 가져오는 활동은 선호하면서 행위 자체가 목적인 행위는 외면한다. 즉 아무것도 이루지 않는 행위와 본질적인 행위는 무시한다. 이런 철학의 극치는 듀이의 『가치 평가론』(*Theory of Valuation*, 1939)에서 명시적으로 나타난다. 그의 이론에서

"우리가 기계론의 무의식적인 편견을 없애고 난 후에는 '무용한 것도 경제적인 것만큼이나 인간 발달에 필수적임을 인식해야 한다. 예를 들어 아름다움은 유용함만큼이나 진화에 중요한 역할을 해왔다. 아름다움의 역할은 그것이 구애나 수태의 실용적인 장치라는 다윈의 주장만으로는 설명될 수 없다. 간단히 말해 영리한 기술자가 물질을 절약하고, 생계를 꾸려나가고, 효율적이며 저렴하게 일을 처리하려는 관점에서 자연을 생각할 수 있듯이, 시인은 은유와 리듬 속에서 자연을 신화적으로 이해할 수도 있는 것이다. 기계론적인 해석도 시적인 해석만큼 주관적이다. 그리고 일정 부분까지는 이 두 해석 모두 유용하다."(Mumford, 1951, p. 35)

는 목적에 도달할 가능성이 사실상 부정된다. 목적은 또 다른 수단에 이르는 수단이 되며, 또 다른 수단의 수단이 되는 식으로 끝없이 반복될 뿐이다(듀이가 다른 저서에서 목적의 존재를 인정하기는 하지만 말이다).

현대심리학이 지나치게 실용주의로 흐른 탓에 중요하게 다루어야 할 부분들을 포기하는 결과가 초래되었다. 즉 심리학은 실용적인 결과와 테크놀러지, 방법론에 집중한 나머지, 아름다움, 예술, 즐거움, 놀이, 경탄, 외경심, 기쁨, 사랑, 행복을 비롯하여 다른 모든 '쓸모없는' 반응과 그 자체가 목적인 경험들에 대해 함구하는 학문으로 악명을 떨치게 되었다. 그러므로 심리학은 화가, 음악가, 시인, 소설가, 휴머니스트, 감식가, 가치론자, 신학자, 그 밖에도 목적이나 향락을 지향하는 사람들에게는 도움이 되지 않는 학문이 되었다. 이는 심리학이 자연주의적이거나 인본주의적인 목적 또는 가치관에 목말라하는 현대인들에게 아무 도움도 주지 못한다는 비난과 다름없다.

행동에 포함된 표현적(수단적이지 않은) 요소와 대응적(수단적·적응적·기능적·목적적) 요소의 구분은 가치심리학의 기초로 아직 제대로 활용되지 못하고 있다.[2] 표현과 대응의 구분, 즉 '유용한' 행동과 '무용한' 행동의 구분을 탐색하고 적용시킴으로써 이런 방향으로 심리학의 영역을 확장해나갈 수도 있을 것이다.

이 장의 전반부에서는 표현과 대응의 차이를 논의할 것이다. 후반부

---

2 우리는 여기서 명확하게 이것 아니면 저것으로 나누는 이분법을 유의해야 한다. 대부분의 행동은 표현적이면서도 대응적인 요소를 가지고 있다. 예를 들어 걷는 행위에는 목적과 스타일이 모두 포함되어 있다. 그리고 우리는 걷는 대신 거니는 행위, 얼굴을 붉히는 행위, 우아함, 구부정한 자세, 휘파람, 아이의 기쁜 웃음, 타인에게 전달할 의사가 없는 은밀한 예술적 활동, 순수한 자아실현 등과 같이 순수하게 표현적인 행위가 이론적으로 가능하다는 점을 올포트와 버몬(1933)처럼 배제하고 싶지 않다.

에서는 동기화되지 않은 행동이라고 볼 수 있는 표현 행동의 몇 가지 예를 살펴보기로 한다.

대응 대 표현

대응 행동과 표현 행동의 차이점을 요약해서 소개하면 다음과 같다.

목적성의 여부 정의에 의하면 대응은 목적적이고 동기화된 행동이며, 표현은 동기화되지 않은 행동이다.

노력하지 않으려고 노력한다는 역설 대응은 노력을 요하지만, 표현은 대체로 노력을 요하지 않는 행위다. 물론 예술적인 표현을 하려면 자발적인 상태가 되는 방법과 표현을 할 수 있는 방법을 배워야 하므로, 예술적 표현은 이 두 유형의 중간에 위치하는 특수한 행위다. 사람은 이완하려는 노력을 하기도 한다.

내외적 결정 인자 대응은 외부 환경과 문화적인 변수에 따라서 더 많이 결정된다. 표현 은 유기체의 상태에 따라서 더 많이 좌우된다. 이로부터 표현이 심층적 인 성격 구조와 훨씬 더 깊은 상관관계가 있다는 것을 추론할 수 있다. 투사적 검사는 표현적 검사라고 하는 편이 더 정확한 표현일 것이다.

학습의 여부 대응은 학습된다. 표현은 학습되지 않은 행동이며 해방되거나 억제에서 벗어난 행동이다.

통제의 가능성 대응은 쉽게 통제된다(억압, 구속, 사회화되기 쉽다). 표현은 종종 통제가 안 되며 때로는 통제가 전혀 불가능하다.

환경에 미치는 영향 대응은 대체로 환경에 변화를 일으키려는 의도에서 나오는 행동이며 실제로 종종 변화를 가져온다. 표현은 아무것도 계획하지 않고 하는 행동이다. 설령 표현이 환경에 변화를 가져오더라도 그것은 우연의 산물일 뿐이다.

수단과 목적 대응은 수단적 행동이며 그 행동의 목적은 위협을 줄이고 싶은 욕구를 충족시키기 위한 것이다. 표현은 그 자체가 목적이다.

의식의 여부 대응은 무의식적일 수도 있지만 대개는 의식적이다. 표현 행동은 의식적이지 않을 때가 많다.

목적성의 여부

대응 행동은 언제나 추동, 욕구, 목적, 의도, 기능, 목표와 같은 결정요인에 의해서 결정된다. 그런 행동은 무엇인가를 이루기 위해서 일어난다. 예를 들어 어떤 목적지를 향해서 걷는다든지, 식품을 사러 간다든지, 편지를 부치러 간다든지, 책꽂이를 만든다든지, 보수를 받고 일하는 행동 모두가 이에 속한다.

대응이라는 용어 자체(Maslow & Mittleman, 1951)가 문제를 해결하거나 최소한 문제에 직면하려는 의도라는 의미를 내포한다. 그러기 때문에 대응 행동은 자기 충족적이지 않으며 그 행위를 넘어서는 무엇과의 관계를 의미한다. 그런 행동은 직접적 욕구나 기본 욕구와 관련될 수도 있고, 수단과 목적, 좌절을 유발한 행동이나 목표를 추구하는 행동과 연관될 수도 있다.

심리학자들이 지금까지 논의했던 바에 의하면 표현 행동은 여러 요인에 의해 결정되기는 하지만 동기화되는 행동은 아니다(다시 말해 표현 행동이 많은 결정 인자를 가지긴 하지만 욕구 충족이 그런 결정 인자는 아닐 수도 있다는 뜻이다). 표현 행동은 단순히 유기체의 상태를 반영하고 비춰주며 나타내고 표현한다. 실제로 표현 행동은 그런 상태의 일부분일 때가 많다. 백치의 어리석음, 건강한 사람의 미소와 활기찬 걸음걸이, 친절하고 자애로운 사람의 인자한 거동, 아름다운 사람의 아름다움, 우울한 사람의 웅크린 자세, 긴장 풀린 근육, 절망적인 표정, 또는 필체, 걸음걸이, 제스처, 미소, 춤 스타일 등이 그 예이다. 이런 행동은 목적이 없으며 의도하는 것이 아니다. 이런 행동은 욕구 충족을 위해서 애써 행하지 않는다.[3] 유기체의 상태에서 비롯되는 부차적인 현상일 뿐이다.

노력하지 않으려고 노력한다는 역설

이 모든 것이 사실이지만 언뜻 보기에 역설같이 보이는 문제, 즉 동기화된 자기표현이라는 또 하나의 개념을 제기할 수 있다. 복잡한 사람

---

[3] 이 진술은 동기이론의 어떤 특정한 진술과는 별개다. 예를 들어 이 진술은 쾌락주의에도 적용된다. 따라서 진술을 수정할 수도 있다. 즉 대응 행동은 칭찬이나 비난, 보상이나 처벌에 반응적이다. 표현 행동은 대부분 그 행동이 표현적인 상태로 남아 있는 한 그런 것에 반응하지 않는다.

일수록 정직, 우아, 친절, 소박해 보이려고 노력할 수 있다. 정신분석을 받았거나 상위 수준의 동기에 이른 사람들은 이 말뜻을 이해하고 있다.

사실 이것이 그런 사람들의 가장 근본적인 문제점 중의 하나다. 예를 들어 건강한 어린이는 자기 수용과 자발성에 이르는 것이 가장 쉬운 일이다. 하지만 자기 회의가 많고, 스스로를 개선하려고 노력하는 성인, 특히 신경증을 앓았거나 여전히 신경증적인 사람에게는 어려운 일이다. 사실 어떤 사람들에게는 불가능하기도 하다. 그 예로 어떤 종류의 신경증을 앓는 사람은 다양한 역할을 선택할 수 있어도 정상적인 의미의 자아는 전혀 없는 배우와도 같다.

하나는 간단하고 또 다른 하나는 복잡한 두 가지 예를 들어서 동기화된 의도적인 자발성이나 도교에서 말하는 내어줌과 놓아줌의 개념에 포함된 모순을 살펴볼 수도 있다. 아마추어가 가장 춤을 잘 출 수 있는 방법은 자발적으로 유연하게 음악의 리듬과 파트너의 무의식적인 바람에 반응하는 것이다. 춤을 잘 추는 사람은 음악에 맞추는 수동적인 악기가 되어 몸으로 음악을 연주하면서 자신을 놓아준다. 여기에는 소원, 비판, 방향, 의지가 필요 없다. 수동적이라는 말의 매우 실제적이고 유용한 의미에서, 춤을 추는 사람은 탈진 상태에 이를 때까지 수동적으로 춤을 춘다. 그렇게 수동적인 자발성이나 자발적인 포기는 때로 인생에 큰 기쁨을 가져다주기도 한다. 파도에 몸을 맡기거나, 보살핌과 간호를 받거나, 마사지를 받거나, 이발을 하는 것도 그와 같다. 또한 성적인 사랑을 나누거나, 아기가 젖을 빨거나 깨물거나 기어오르게 놔두는 엄마도 그와 같은 상태에 있다. 그러나 이런 식으로 춤을 출 수 있는 사람은 거의 없다. 대부분의 사람들은 노력을 하며 자기를 통제하고, 목적을 의식하면서 어떤 방향을 향해 가며 음악의 리듬에 주의 깊게 귀 기울이고, 의식적으로 행동하면서 춤에 빠질 것이다. 구경꾼이나 주관적인 시선으로 볼 때 그런 사람들의 춤추는 모습은 그저 그럴 것이다. 그런 사람들은 마침내 노력하기를 초월하고 자발적인 상태가 되지 않는 한, 자기를 잊고 자발적으로 통제를 포기하는 심오한 체험으로서의 춤을 즐길 수 없기 때문이다.

많은 댄서들은 연습을 하지 않아도 춤을 잘 추지만 교습이 도움이 될 수 있다. 그러나 그것은 자발성과 포기를 배우는 다른 종류의 교습이다. 자연스럽고 비의도적이며 무비판적이고 도교에서처럼 수동적이며 노력하지 않으려고 노력하는 것을 배우는 것이다. 그러기 위해서 사람은 억압, 자의식, 의지, 통제, 문화화, 품위 따위를 내려놓는 방법을 '배워야' 한다.[4]

자아실현의 특성에는 더 어려운 문제가 있다. 동기 발달에서 이 수준에 이른 사람들은 그들의 행동과 창조물이 자발적이고 순수하며 개방적이고 자신을 노출하며 검열받지 않는다. 따라서 표현적이라고 할 만하다(아스라니의 표현대로 '편안한 상태'라고 부를 수도 있을 것이다). 나아가서 그들의 동기의 질이 달라지고 안전, 사랑, 존경과 같은 평범한 욕구 외는 너무나 달라져서 욕구라는 동일한 명칭으로 부르면 안 될 것처럼 여겨지기도 한다(나는 자아실현자들의 동기를 표현하기 위해 메타욕구라는 용어를 제안했다).

사랑을 원하는 마음을 욕구라고 부른다면 자아실현을 하려는 힘은 그런 욕구와는 다른 특성들을 가지고 있으므로, 욕구가 아닌 다른 명칭으로 불러야 할지도 모른다. 사랑과 존경이 결핍되면 필요해지는 외적

---

4 "당신이 외모와 갈망, 욕망으로부터 자유로워질 때 당신은 당신이 움직인다는 사실조차 인식하지 못하면서 자신의 충동에 따라 움직이게 될 것이다." - 노자.

요소가 지금 우리가 다루는 주제와 관련된 주요 차이점이다. 반면에 자아실현은 그런 의미에서 결핍은 아니다. 예를 들어 자아실현은 나무가 물을 필요로 하듯 인간이 건강해지기 위해 필요로 하는 외적 요소가 아니다. 자아실현은 인간 안에 내재되어 있던 것이 내면으로부터 성장하는 것이다. 좀 더 정확히 표현하면 인간 존재 자체가 성장하는 것이다. 나무가 환경으로부터 양분과 햇빛, 물을 필요로 하듯이 인간도 사회적 환경으로부터 안전과 사랑, 존경을 받아야 한다. 그러나 나무나 인간의 경우 모두 바로 그때부터 진정한 발달, 즉 개성의 발달이 시작된다. 모든 나무는 햇빛이 필요하며 모든 인간은 사랑이 필요하다. 하지만 이런 기초적인 필수 요소가 만족되면 나무와 인간은 이런 보편적인 필수 요소들을 각자의 목적에 맞게 활용하면서 고유한 스타일로 독특하게 발달시킨다. 그리 되면 발달은 외부가 아니라 내부에서부터 진행된다. 그리고 역설적이게도 가장 상위의 동기는 동기화되지 않으며, 유기체는 노력하지 않아도 순수하게 표현적으로 행동하게 된다. 다르게 말하면 자아실현은 결핍 때문에 동기화되는 것이 아니라 성장을 위해서 동기화된다. 그것은 '제2의 순진함', '현명한 순수함', '편안한 상태'다.

인간은 전제조건이 되는 하위 단계의 동기 문제들을 해결함으로써 자아실현을 위해 노력할 수 있다. 그렇게 해서 사람은 의식적으로, 또 목적을 가지고 자발성을 추구한다. 그러므로 인간 발달의 최고 수준에서는 다른 많은 심리학적인 이분법과 더불어 대응과 표현의 구분이 해소되고 초월되며, 노력은 무위에 이르는 과정이 된다.[5]

---

5 올포트는 '존재하는 것'이 노력하는 것만큼 능동적이고 어려운 일이라고 강조했다. 그의 제안에 의하면 우리는 노력과 존재를 대조하기보다는 결핍을 보충하려는 노력과 자아를 실현하려는 노력을 대조하게 될 것이다. 이렇게 수정함으로써 '존재하는

내외적 결정 인자

대응 행동은 표현 행동보다 외적 결정 인자에 따라서 더 많이 결정된다. 대응 행동은 물리적·문화적 세계로부터 해결이나 충족을 얻을 수 있는 위급 상황, 문제, 또는 욕구가 생길 때 그에 대응하는 기능적인 반응이다. 궁극적으로 대응 행동은 외적인 충족 요소를 가지고 내적 결핍을 보상하려는 시도이다. 표현 행동은 대응 행동보다 성격에 따라 더 많이 결정된다는 점에서 대응 행동과 대조된다(다음 참조). 대응 행동은 본질적으로 비심리적인 세상과 성격이 서로 영향을 미치면서 적응해나가는 상호작용이라고 할 수 있다. 표현 행동은 성격 구조의 본성이 빚어내는 부차현상 또는 부산물이다. 그러므로 대응 행동에서는 물리적 세계의 법칙과 내면적 성격의 법칙이 모두 작용하는 것을 찾아볼 수 있다. 표현 행동에서는 주로 심리학적·성격학적 법칙을 찾아볼 수 있다. 구상화와 비구상화의 대조가 그런 예를 보여준다.

이로부터 몇 가지 추론이 가능하다. 첫째 성격 구조에 대해 알고 싶다면 연구하기에 가장 적합한 행동은 대응 행동이 아니라 표현 행동이다. 이런 추론은 요즘 많이 사용되는 투사(표현) 검사로 입증된다. 둘째, 심리학이란 무엇이며 최선의 접근방법은 무엇인지에 관한 끊임없는 논란에 해답을 구하고자 할 때 적응하려 하고 의도적이며 동기화된 대응 행동만이 유일한 연구 대상은 아니다. 셋째, 대응 행동과 표현 행동의 구분은 심리학과 다른 과학이 관련되어 있는가, 단절되어 있는가의 질

것', 동기화되지 않은 반응, 목적 없는 활동은 외적인 문제에 대한 대응 행동보다 쉽고, 덜 활력적이며, 노력이 덜 든다고 사람들이 흔히 가지고 있는 생각을 지울 수 있다. 자아실현에 대한 안일한 해석이 잘못된 것일 수도 있음을 베토벤 같은 사람이 고통스럽게 자기를 발달시키는 모습에서 쉽게 볼 수 있다.

문과도 관계있다. 자연계에 관한 연구는 대응 행동을 이해하는 데 도움이 되겠지만 표현 행동을 이해하는 데는 도움이 되지 않을 것이다. 표현 행동은 보다 순수하게 심리적이어서 독자적인 규칙과 법칙을 가지고 있을 것이다. 따라서 자연과학이나 물리적 과학을 통하는 것보다 직접 연구하는 것이 표현 행동을 연구하는 최선의 방법이다.

학습의 여부

이상적인 대응 행동은 특성상 학습되며 이상적인 표현 행동은 특성상 학습되지 않은 행동이다. 절망을 느끼거나 건강하게 보이는 방법, 또는 멍청하게 보이거나 분노를 표현하는 방법을 배울 필요는 없다. 한편 책꽂이를 만드는 방법, 자전거를 타거나 옷을 입는 방법은 배워야 한다. 이런 대조는 수행 평가와 로르샤흐 검사에 대한 반응을 좌우하는 결정 인자들이 다르다는 점에서 분명히 드러날 것이다. 또한 대응 행동은 보상을 받지 못하면 사라지지만 표현 행동은 보상이나 강화 없이도 지속된다. 대응 행동은 충족에 좌우되지만 표현 행동은 그렇지 않다.

통제의 가능성

내외적 결정 인자에 따라 두 종류의 행동이 다르게 결정되는 현상은 의식적·무의식적 통제(금지, 억제, 억압)의 가능성이 서로 다르다는 데서도 나타난다. 자발적인 표현을 조작, 변경, 은폐, 통제하거나 다른 어떤 방식으로든 그것에 영향을 미치기란 매우 어렵다. 실제로 통제와 표현은 정의에서부터 대립된다. 이것은 앞에서 언급한 동기화된 자기표현 행동에서조차도 그렇다. 동기화된 표현 행동은 통제하지 않는 방법을 배우려는 노력의 최종 산물이기 때문이다.

필체, 춤, 노래, 말하기, 감정적인 반응의 스타일을 통제하는 것은 잠시뿐이다. 어떤 반응을 지속적으로 감독하거나 비판할 수는 없다. 머지 않아 피로를 느끼고 주의가 분산되며 생각의 방향 변경이나 순간적인 주의력 상실 등이 일어나게 된다. 그러면서 인간의 반응은 보다 깊은 내면으로부터 덜 의식되며 더욱 자동화된 성격적인 결정 인자들에 의해 장악된다(Allport, 1961). 완전한 의미에서 표현은 의도적인 행동이 아니다. 표현에는 노력이 필요하지 않다는 특징도 이 두 유형의 행동을 대조시킨다. 대응 행동은 원칙적으로 노력하는 행동이다(예술가는 특별한 경우다).

여기서 주의가 필요하다. 자발성과 표현은 항상 좋은 것이며 통제는 어떤 종류일지라도 나쁘고 바람직하지 않은 것이라고 생각하기 쉽다. 그러나 그렇지 않다. 대부분의 경우 표현하는 것이 자기 통제보다 더 기분 좋고 재미있으며 정직하고 힘이 들지 않는다고 느낀다. 주라드(1968)는 이런 의미에서 표현하는 것이 자신과 대인관계에 바람직하다는 사실을 입증했다. 그러나 자기 통제와 억제에는 몇 가지 의미가 포함되어 있다. 그 중 어떤 의미의 자기 통제는 외부세계를 다루는 데 필요하다는 이유 외에도 상당히 바람직하고 건강하다.

통제는 반드시 기본 욕구 충족을 좌절시키거나 포기하는 것을 의미하지 않는다. 내가 '아폴로적 통제'(Apollonizing control)라고 부르는 유형의 통제는 욕구 충족에 전혀 이의를 제기하지 않는다. 그런 통제는 적절한 지연(섹스에서처럼), 우아함(수영이나 무용에서처럼), 심미(음식이나 술처럼), 양식화(소네트처럼), 의식화, 신성화, 존엄화 등 어떤 일을 그냥 하는 것이 아니라, 더 잘 해내는 행위를 통해서 욕구 충족이 더욱 즐겁게 느껴지도록 한다.

거듭 반복하지만 건강한 사람은 표현이 풍부할 뿐만 아니라 자신이 표현하고 싶을 때 표현할 수 있어야 한다. 스스로를 속박하지 말아야 한다. 통제와 억제, 방어를 하지 않는 것이 바람직하다고 생각한 때는 그렇게 할 수 있어야 한다. 그렇지만 자신을 통제하고, 쾌락을 지연하고, 예절을 지키고, 상처 주는 일을 피하고, 입을 다물고, 충동을 자제할 수도 있어야 한다. 디오니소스적 또는 아폴로적일 수 있어야 하며, 금욕적 또는 쾌락주의적일 수도 있어야 한다. 표현도 하고 대응도 할 수 있어야 하며, 통제를 하거나 통제를 해제할 수 있고, 스스로를 노출시키거나 은폐시킬 수 있어야 한다. 또 즐거움을 느끼거나 즐거움을 포기할 수 있고, 미래와 현재를 생각할 수 있어야 한다. 건강한 자아실현자들은 융통성이 있다. 그들은 평균적인 사람들보다 인간의 능력을 덜 상실했다. 그들은 반응과 행동을 더 많이 갖추고 완전한 인간성의 극점을 향해 움직인다. 다시 말해 그들은 인간의 모든 능력을 다 갖추고 있는 것이다.

환경에 미치는 영향

대응 행동은 특성상 세상을 변화시키려는 시도에서 비롯되며 일정 부분 변화시키는 데 성공하기도 한다. 반대로 표현 행동은 환경에 별 영향을 미치지 않는다. 설령 영향을 미치더라도 미리 계획하고 의도해서가 아니라 우연에 의한 것이다.

대화를 하고 있는 어떤 사람을 예로 들 수 있다. 대화는 목적을 가지고 있다. 예를 들어 영업사원이 주문을 받기 위해 노력 중이라면 이런 목적을 위해 의식적으로 대화를 주도한다. 그러나 그의 말투가 무의식적으로 적대적이거나 건방져서 거래가 취소될 수도 있다. 그럴 경우에는 행동의 표현적인 측면이 환경에 영향을 미칠 수 있다. 그러나 영업 사원은 그런 영향이 미치는 것을 원하지 않았고, 건방지거나 적대적으로 대하려고 의도하지 않았으며, 그런 인상을 주고 있다는 사실조차 의식하지 못했을 수도 있다. 표현이 환경에 영향을 미치더라도 그것은 동기화되지 않고 의도되지 않은 부수적인 현상일 뿐이다.

수단과 목적

대응 행동은 항상 동기화된 목적에 수단이 된다. 바꾸어 말하면 수단과 목적을 가진 모든 행동은 대응 행동이다(자발적으로 대응하기를 포기하는 경우는 앞에서 언급했듯이 예외다). 반면에 여러 형태의 표현 행동은 필체처럼 수단이나 목적과 전혀 관계없거나 노래, 산책, 그림, 피아노 즉흥연주처럼 행동 자체가 목적에 가깝다.[6]

의식의 여부

가장 순수한 형태의 표현은 무의식적이거나 의식적이지 않다. 우리는 자신이 어떤 스타일로 걷고 서고 웃는지 대부분 의식하지 못한다. 동영상, 녹음, 캐리커처, 모방 등을 통해서 그런 것들을 의식할 수도 있다. 그러나 그런 경우는 예외거나, 전형적인 경우는 아니다. 옷, 가구,

---

6 지나치게 실용적인 문화에서는 수단적 사고방식이 목적 체험을 능가할 수도 있다. 사랑("사랑하는 것이 정상적인 일이니까"), 스포츠("소화에 도움이 되니까", "긴장을 풀면 숙면을 취할 수 있으니까"), 화창한 날씨("업무에 유익하니까"), 독서("뒤떨어지지 말이야 하니까"), 애정("당신 아이가 신경증에 걸리기를 원하는가?"), 친절("음덕을 쌓아야 하니까"), 과학("국가 안보를 위해서!"), 예술("미국의 광고 산업을 확실하게 개선시켜주었으니까"), 친절("당신이 친절하지 않으면 사람들이 당신에게 해를 입힐 테니까")과 같은 목적 체험이 수단으로 변질된다.

헤어스타일을 선택하는 것과 같은 의식적인 표현 행동은 특별하거나 이례적이거나 중간에 속한 경우다. 그러나 전형적인 대응 행동은 가능하며 특성상 충분히 의식적이다. 대응 행동이 무의식적이라면 그것이 예외적이거나 이례적인 경우다.

표현 행동

표현 행동은 동기화되고 목적을 가지는 대응 행동과는 대조적으로 동기화되지 않고 목적이 없다고 해야 할 것이다. 동기화되지 않는 행동의 예는 많다. 그 중 몇 가지를 간단히 논하고자 한다. 심리학에서는 그런 행동이 소홀히 다루어지고 있다. 이는 과학도들이 세상을 제한된 시각으로 보아 제한된 세상을 만들어내고 있음을 입증하는 좋은 예이다. 목수에게 세상은 나무로 만들어진 것으로 보일 뿐이다.

존재

표현 행동은 인간이 자기 자신으로 존재할 때, 발달하고 성장하고 성숙할 때, 어딘가로 이동하지 않을 때(예를 들어 사회적 신분 상승을 위한 이동) 나타난다. 또한 자신이 처한 현재 상황이 아닌 다른 상황을 위해서 노력하지 않을 때 나타난다.[7] 존재한다는 것을 이해하기 위한 출발점으로 기다림의 개념이 유용할 것이다. 햇빛을 쬐고 있는 고양이는 나무와 마찬가지로 기다리지 않는다. 기다림은 유기체에게 전혀 의미가

---

[7] 11장 '자아실현자: 심리적 건강에 대한 연구'에서 이런 관찰을 기록하고 상세히 부연했다.

없으며, 낭비되고 유용하지 못한 시간이라는 의미를 함축하고 있다. 또한 삶에 대한 지나친 목적지향적 태도에서 초래될 부산물이다. 조급함은 효율성이라는 측면에서 보더라도 별 도움이 되지 않으며, 수단이 되는 경험과 행동조차도 부담 없이 즐기고 음미하고 감상하는 대상이 될 수 있기 때문에, 기다림을 대하는 이런 태도는 어리석고 비효율적이며 낭비되는 반응이다. 자투리 시간을 목적을 위해 즐길 수도 있지만 낭비할 수도 있음을 보여주는 훌륭한 예로 여행과 교육을 들 수 있다. 그리고 일반적인 대인관계도 이에 해당된다.

여기서 우리는 낭비되는 시간의 개념을 역으로 생각해볼 수 있다. 효용지향적·목적지향적 또는 욕구를 해소하려는 유형의 사람에게는 아무것도 이루지 못하거나 아무런 목적에도 도움이 되지 않는 시간은 낭비되는 것이다. 이 말도 적절한 표현이기는 하지만 목적 체험이 따르지 않는 시간, 즉 즐기지 못하는 시간은 낭비되는 시간이라고 할 수 있을 것이다. '낭비되는 것을 즐길 수 있는 시간은 낭비되는 시간이 아니다.' '필요하지 않은 일도 매우 중요할 수 있다.'

목적 체험을 그대로 받아들이지 못하는 우리의 문화를 단적으로 보여주는 훌륭한 예는 산책, 카누 타기, 골프와 같은 활동에서 찾을 수 있다. 이런 활동은 자연의 열린 공간과 햇빛, 아름다운 환경을 느끼게 해주기 때문에 각광받고 있다. 본래 마음을 변하게 해주기 위한 동기화되지 않은 목적 활동과 목적 체험이 의도적이고 실용적인 틀 속에 끼워 맞춰진 예를 발견할 수 있다.

예술

예술적 창조 행위는 타인과 소통하고 감흥을 일으키며 보여주는 등

타인과 관계되는 반응을 일으키려고 할 때 동기화될 수도 있다. 그리고 소통보다는 표현을 지향할 때, 즉 타인과의 관계보다는 개인의 내면에 집중할 때 상대적으로 동기화되지 않을 수도 있다. 표현 행동이 대인관계에서 예견하지 못했던 효과, 즉 2차적인 효과를 가져올 수도 있다는 사실은 논지를 벗어난다.

그러나 "표현 욕구가 존재하는가?"라는 질문은 논지의 핵심이 된다. 그런 욕구가 존재한다면 카타르시스나 해방현상과 마찬가지로 예술적인 표현도 음식을 찾거나 사랑을 구하는 것처럼 동기화된 행동이다. 앞의 여러 장에서는 유기체 내에서 어떤 충동이 일어났든지 그것을 표현하려는 욕구가 있다는 것을 인정할 수밖에 없게 만드는 증거들이 있다고 지적했다. 어떤 욕구나 능력도 충동이다. 따라서 표현을 하고 싶어 한다는 것이 사실이므로 표현 욕구를 별도로 인정한다는 것은 분명 역설이 될 것이다. 그렇다면 표현 욕구는 분리된 욕구나 충동인가, 아니면 어떤 충동에든 포함되는 보편적 특성이라고 해야 하는가?

지금 시점에서 이런 대안들 가운데 꼭 하나를 선택할 필요는 없다. 이 모든 대안이 소홀히 다루어져왔다는 사실을 입증하는 것이 유일한 목적이기 때문이다. 어떤 대안이 가장 유효하든지 그 대안은 동기화되지 않은 행동의 범주를 인정하거나 동기이론 전체를 재구성해야 한다는 사실을 인정하게 만들 것이다.

세련된 사람의 심미적인 체험도 상당히 중요하다. 수많은 사람들에게 이런 체험은 풍요롭고 소중한 것이다. 따라서 그런 사람들은 심리학이 어떤 과학적 근거를 가지고 이런 체험을 부정하거나 무시하더라도, 그런 심리학적 이론을 비웃거나 조롱할 것이다. 과학은 현실의 작고 소소한 일부분뿐만 아니라 모든 현실을 다 설명해야 한다. 심미적 반응은 무용하고 목적이 없다는 사실과 심미적 반응의 동기(일반적인 의미에서 그런 동기가 실제로 존재한다면)에 대해서 아무것도 알지 못한다는 사실은 우리에게 공식적인 심리학이 얼마나 빈곤한지 보여줄 것이다.

인지 면에서 말하면 심미적인 지각조차도 일반적인 인지에 비해 상대적으로 동기화되지 않은 것으로 볼 수도 있다.[8] 어떤 현상의 다면성을(그런 현상의 유용성보다는 그것이 가져오는 목적 체험들에 각별히 주목하면서) 도교적인 양식으로 사심 없이 지각하는 것은 심미적인 지각의 특징 가운데 하나다.[9]

---

8 17장 '정형화와 진정한 인지'에서 우리는 범주화된 지각이 부분적인 지각임을 보게 된다. 그런 지각은 대상의 모든 속성을 살펴보는 것이 아니라 유용하거나, 관련 있거나, 욕구를 충족시켜주거나, 욕구를 위협하는 몇 가지 속성에 근거하여 범주화시키는 것일 뿐이다.

9 두뇌가 이런 선택을 하는 데 기여한다. 두뇌는 유용한 기억을 활성화하고 유용하지 않은 기억은 의식 아래에 묻어두기 때문이다. 지각도 마찬가지라고 할 수 있다. 지각은 행동의 보조수단으로서 현실에서 흥미로운 부분만을 분리해낸다. 지각은 사물 자체보다는 그것을 어떻게 이용할 것인가를 보여준다. 지각은 대상을 미리 분류하고 꼬리표를 붙인다. 우리는 대상을 보는 일이 거의 없으며 그것이 어느 범주에 속하는지 알기만 하면 충분하다. 그러나 때때로 우연한 행운으로 감각이나 의식이 삶에 덜 밀착된 사람들이 존재한다. 마치 자연이 어떤 인간에게는 지각 기능과 행동 기능을 공존시키는 것을 잊어버린 듯하다. 그런 사람들이 어떤 대상을 볼 때는 자신을 위해서가 아니라 대상을 있는 그대로 본다. 그들은 단순히 행동을 하겠다는 의도만을 가지고 지각하지 않는다. 아무런 목적도 없이 지각 자체를 위해서 그 즐거움을 위해서 지각한다. 그런 사람들은 의식이나 감각들 중 하나가 분리된 채 태어나는 특성을 가진다. 그리고 그런 분리가 어떤 특정한 감각의 분리인지, 의식의 분리인지에 따라서 화가, 조각가, 음악가, 시인이 된다. 그러므로 우리가 다양한 예술에서 보게 되는 것은 현실에 대한 훨씬 더 직접적인 비전이다. 이런 예술가들은 자신이 지각하는 무수히 많은 것들을 활용하려는 의도가 적기 때문에 훨씬 더 많은 것을 지각한다!"(Bergson, 1944, pp. 162-163).

감상

인간은 심미적 체험 이외에도 많은 체험을 수동적으로 받아들이고 즐긴다. 이렇게 즐기는 행동 자체는 동기화된 활동의 목적이나 의도, 욕구 충족의 부산물이라고는 할 수 있어도 동기화되었다고 하기는 어렵다.

신비, 경이, 희열, 경외심, 감탄은 모두 주관적인 풍부한 체험으로서 수동적·심미적 부류에 속하며 마치 음악과도 같이 유기체를 휩싸며 압도하는 체험이다. 이런 것들도 수단적이기보다는 목적 체험으로서 외부세계를 바꾸지 못한다. 적절하게 정의 내린다면 여가 역시 이에 해당된다(Pieper, 1964).

그런 궁극적인 즐거움에 대해 두 가지를 언급한다. 첫째, 기능에서 느끼는 즐거움과, 둘째, 생물학적 즐거움, 활기찬 체험과 같이 순수한 삶의 즐거움이다. 아이가 새롭게 습득한 기술을 반복하여 숙달했을 때 기뻐하는 모습이 기능의 즐거움을 보여주는 한 예다. 춤을 추는 것도 좋은 예다. 기본적인 삶의 즐거움이 어떤 것인지는 고통을 받고 있거나 소화불량이거나 구토 증세를 느끼는 사람이 증언해줄 수 있다. 즉 살아 있으며 건강하기 때문에 구하거나 동기화되지 않아도 자동적으로 생기는 부산물이 바로 가장 궁극적인 생물학적 즐거움(활기찬 체험)이다.

놀이

놀이치료나 놀이 진단에 관한 자료들에서 분명히 알 수 있듯이 놀이는 대응 행동이거나 표현 행동 또는 그 둘 다일 수도 있다(131쪽 참조). 이런 일반적인 결론이 과거에 제시되었던 다양한 기능적·목적적·동기적 놀이이론을 대체할 수 있는 가능성도 상당히 많다. 우리가 동물에게도 대응 대 표현이라는 이분법을 사용하지 못할 이유가 없기 때문에 동물의 놀이를 보다 유용하고 현실적으로 해석할 수 있기를 기대해볼 수도 있을 것이다. 놀이가 무용하며 동기화되지 않은 것으로서, 수단이기보다는 목적이고, 노력이기보다는 존재의 현상이라는 가능성을 인정한다면 이런 새로운 연구 영역이 열릴 수 있다. 웃음, 환희, 명랑, 즐거움, 기쁨, 황홀경, 도취와 같은 현상에서도 같은 사실이 확인될 수 있을 것이다.

지적 표현

이데올로기, 철학, 신학, 인식 등과 같은 지적 표현은 심리학에서 사용하는 도구들의 분석 대상이 되기를 거부해온 또 다른 영역이다. 다윈과 듀이 이후로 사람들이 사고를 문제해결 활동, 즉 기능적이고 동기화된 활동으로만 생각해왔기 때문이기도 할 것이다. 건강한 사람이 영위하는 올바른 삶에서 사고는 지각과 마찬가지로 자발적이며 수동적인 수용이나 생산물일 수도 있다. 또한 동기화되지 않고 노력하지 않으면서 인간의 존재와 본성을 드러내는 행복한 표현일 수도 있다. 사고는 마치 나무에 달린 사과나 꽃향기처럼 무엇인가를 일으키려 하기보다는 무엇인가가 일어나도록 놓아주는 행위일 수도 있다.

2
부

정신병리와
정상성

7장
정신병리의 근원

    지금까지 소개한 동기 개념은 정신병리의 발단 좌절, 갈등, 위협의 성격을 이해하기 위한 중요한 단서들을 포함하고 있다.

    정신병리현상이 어떻게 시작되고 유지되는가를 설명하고자 하는 모든 이론은 앞으로 우리가 다루게 될 좌절과 갈등이라는 두 개념에 가장 크게 기대고 있다. 어떤 좌절은 병리현상을 일으키지만 어떤 좌절은 그렇지 않다. 갈등도 마찬가지다. 이런 수수께끼를 풀기 위해서는 기본욕구 이론에 기초할 필요가 있음이 밝혀질 것이다.

결핍과 위협

    좌절을 논의하다 보면 인간을 분해하는 실수를 범하기 쉽다. 입이나 위가 좌절되었다든지 어떤 욕구가 좌절되었다고 하려는 경향이 있다는 것이다. 우리는 인간의 일부분이 좌절되는 것이 아니라 인간 전체가 좌절된다는 것을 기억해야 한다.

이 점을 염두에 두면 중요한 특징이 드러난다. 즉 좌절이 성격에 대한 위협과 다르다는 것이 분명해진다. 지금까지 일반적으로 좌절은 인간이 원하는 바를 얻지 못하는 것, 바람이나 충족이 방해받는 것으로만 정의되었다. 그런 정의는 유기체에서 중요하지 않은 결핍과 중요한 결핍을 구분하지 못한다. 중요하지 않은 결핍은 다른 것으로 쉽게 대체되고 심각한 후유증을 남기지 않지만 중요한 결핍은 성격, 즉 개인의 삶의 목적과 방어체계, 자존감, 자아실현, 기본 욕구에 위협이 된다. 여기서 나는 좌절에서 비롯된다고 생각해왔던, 대체로 바람직하지 못한 다양한 결과들이 위협적인 결핍에서만 발생하는 것이라고 주장한다.

목표물은 개인에게 두 가지 의미를 지닌다. 하나는 본질적인 의미이고, 또 다른 하나는 2차적인 의미, 즉 상징적인 가치다. 아이스크림을 원했으나 가지지 못한 어떤 아이는 아이스크림만 얻지 못한 것일 수도 있다. 그러나 아이스크림을 빼앗긴 또 다른 아이는 감각적인 충족만 상실한 것뿐만 아니라 엄마의 사랑까지도 박탈당했다고 느낄 수도 있다.

두 번째 아이에게 아이스크림은 본질적인 가치 외에도 심리적인 가치가 있는 대상이기도 한 것이다. 아이스크림을 잃는 것이 건강한 아이에게는 별 의미가 없을지도 모른다. 그리고 그런 사소한 결핍을 위협적인 결핍을 가리키는 좌절과 같은 이름으로 불러야 할지 의문스럽다. 사랑, 위신, 존경 또는 다른 기본 욕구를 상징하는 목표물이 결핍되었을 때만 지금까지 일반적으로 좌절의 결과라고 여겨졌던 해로운 결과들이 나타나게 될 것이다.

특정 부류의 동물과 특정 상황을 예로 들어 어떤 대상에 갖는 이중적인 의미를 분명하게 보여줄 수 있다. 예컨대 지배 복종 관계에 있는 두 마리의 원숭이에게 먹이는 배고픔을 달래주는 대상이면서, 지배적 지위의 상징이기도 하다. 그렇기 때문에 복종적인 원숭이가 먹이를 집으려고 할 경우 지배적인 원숭이로부터 공격을 당할 것이다. 그러나 복종적인 원숭이가 먹이에서 지배라는 상징적인 가치를 배제시킬 수 있다면 지배적인 원숭이는 먹이를 먹게 해줄 것이다. 그럴 때 복종적인 몸짓만으로 쉽게 먹이에서 지배적 지위의 상징을 제거할 수 있다. 먹이에 다가가면서 성행위 자세를 취하는 것이다. 그런 몸짓은 "내가 이 먹이를 원하는 이유는 배고픔을 달래기 위해서일 뿐이야. 네 지배성에 도전할 생각은 없어. 난 네 지배를 인정해"라고 말하는 것과 같다. 이와 마찬가지로 우리는 친구가 해주는 비판을 두 가지 방식으로 받아들일 수 있다. 비판을 받을 경우 보통은 공격을 당하고 위협받았을 때 느끼는 반응을 보일 것이다. 비판은 공격적일 때가 많으므로 당연한 반응이기도 하다. 따라서 당사자는 화를 낸다. 그러나 이런 비판이 자신에 대한 공격이나 거부가 아님을 확신하면 비판에 귀 기울일 뿐만 아니라 고마운 마음을 가질 수도 있다. 그러므로 친구가 자신을 사랑하고 존중한다는 표현을 많이 했을 때는 비판이 공격이나 위협이 아닌 단순한 비판으로 받아들인다(Maslow, 1936, 1940b).

이런 구분을 제대로 하지 않은 탓에 정신의학계에서는 불필요한 많은 혼란이 일어났다. "성적 결핍은 공격이나 승화와 같이 좌절로 인한 여러 결과들을 일으키는가?"라는 질문이 반복해서 제기되었다. 많은 경우를 통해 이제는 독신생활이 정신병리현상을 일으키지 않는다는 것이 널리 알려졌다. 그러나 나쁜 영향을 미치는 경우도 많다. 어떤 요인이 그렇게 다른 결과를 초래하도록 결정하는가? 신경증적 증상이 없는 사람들을 대상으로 실시한 임상 연구들은 성적 결핍이 이성으로부터의 거부, 열등감, 무가치하다는 느낌, 존중받지 못하는 느낌, 고립, 또는 그 밖의 기본 욕구의 좌절로 받아들여질 때에만 병리현상을 일으킨다는 명확한 대답을 제시한다. 성적 결핍이 당사자에게 그런 의미로 받아들여지지 않을 때는 비교적 쉽게 견뎌낼 수 있다.

유년기에 체험하는 불가피한 결핍도 좌절을 일으키는 것으로 생각된다. 이유(離乳), 배변, 걷기 등 사실상 모든 새로운 수준의 적응은 아이를 강압적으로 훈련시켜야 할 수 있는 것으로 여겨진다. 그러나 여기서도 단순한 결핍과 성격에 위협이 되는 결핍을 구분할 필요성이 있다. 부모로부터 사랑과 존중을 받고 있다고 확신하는 아이들을 관찰하면, 아이들은 그런 결핍과 훈육, 처벌을 놀라울 만큼 잘 견뎌냈다. 아이가 그런 결핍이 기본적인 성격, 인생의 주요 목표, 또는 주요 욕구에 위협이 된다고 느끼지 않으면 좌절로 인한 영향은 거의 받지 않았다.

이런 관점으로 볼 때 위협이 되는 좌절은 단순한 결핍보다는 또 다른 위협 상황과 더욱 밀접하게 연관되어 있음을 알 수 있다. 좌절로 인해 생기는 전형적인 결과들은 외상, 갈등, 대뇌 손상, 심각한 질병, 실질적인 신체 위협, 임박한 죽음, 모욕, 극심한 고통과 같이 다른 종류의 위협의 결과일 때가 많다.

이런 사실을 바탕으로 나는 단일 개념으로서의 좌절보다는 좌절을 구분해주는 두 개념이 더 유용하다는 최종적인 가설을 세우게 되었다. 그 두 개념이란 기본적이지 않은 욕구의 결핍과, 성격에 대한 위협, 다시 말해 기본 욕구나 그와 관련된 다양한 대응 기제에 대한 위협을 말한다. 결핍은 좌절의 개념이 일반적으로 함축하는 것보다 훨씬 적음을 의미하고, 위협은 더 많은 것을 의미한다. 결핍은 정신병리현상을 일으키지 않지만 위협적인 것이다.

갈등과 위협

갈등의 단일한 개념도 좌절과 마찬가지로 위협의 개념에 따라서 여러 가지로 구분할 수 있다. 우선 몇 가지 종류의 갈등을 살펴보자.

순수한 선택은 가장 단순한 의미에서 갈등을 일으킨다. 모든 인간의 일상생활은 이런 종류의 무수한 선택으로 이루어져 있다. 이런 종류의 선택과 다른 종류의 선택은 다음과 같은 점에서 다르다. 즉 순수한 선택은 동일한 목표에 이르게 해주는 갈림길에서의 선택을 의미하며 이때의 목표는 유기체에게 덜 중요하다. 그런 선택의 상황에서 일어나는 심리적인 반응은 정신병리와 거의 관계없다. 주관적으로 전혀 갈등을 느끼지 않을 때도 많다.

또 다른 종류의 갈등은 목표 자체가 중요하지만 그 목표에 접근하는 다른 방법들이 있는 상황에서 발생한다. 목표가 사라질 위험에 처한 것은 아니다. 목표의 중요성은 각 개인에 따라서 결정되는 문제다. 어떤 사람에게 중요한 것이 다른 사람에게는 중요하지 않을 수도 있다. 결정을 한 후에는 갈등이 사라진다. 그러나 목표가 중요한 것이었을 때는 동일한 목표에 도달하는 수많은 갈림길 중에 하나를 선택하면서 매우 심한 갈등을 느낄 수도 있다.

위협이 되는 갈등은 이런 두 종류의 갈등과는 근본적으로 다르다. 여전히 선택을 해야 하는 상황이지만 이때의 선택은 절대적으로 필요하면서도 서로 다른 두 가지 목표 중에서 하나만 선택해야 한다. 이때의 선택은 선택할 대상만큼이나 중요한 다른 어떤 것을 포기해야 하므로 선택을 해도 갈등이 해소되지 않는다. 필요한 목표나 욕구 충족을 포기한다는 것은 위협적이며 선택을 하고 난 후에도 위협의 후유증은 남는다. 한 마디로 이런 종류의 선택은 기본 욕구의 만성적인 좌절이라는 나쁜 결과로 끝날 수 있다. 이런 갈등은 병을 일으킨다.

비극적인 갈등은 대안이나 선택의 가능성이 전혀 없는 순수한 위협이라고 하는 편이 나을 것이다. 어떤 선택을 하더라도 모두 비극적이며, 위협적인 결과를 초래하거나 비극적인 위협이라는 하나의 가능성밖에는 없는 상황이다. 그런 상황은 갈등의 의미를 확대 해석해야만 갈등 상황이라고 할 수 있을 것이다. 이런 상황은 곧 사형을 당하게 되는 사람에게서 볼 수 있다. 또한 동물 신경증에 관한 많은 실험에서 보듯이, 도망치거나 공격하는 등 달리 행동할 수 있는 모든 가능성이 차단되어 오직 고통만이 존재하고 있음을 알면서도, 그런 방향으로 내몰리는 동물에서도 볼 수 있다(Maier, 1939).

정신병리학의 관점에서 갈등을 논해도 우리가 좌절을 분석한 후에 내렸던 것과 똑같은 결론에 도달할 수밖에 없다. 대체로 갈등 상황이나 갈등 반응도 위협적인 것과 위협적이지 않은 것으로 분류할 수 있다. 위협적이지 않은 갈등은 병의 원인이 되지 않으므로 그다지 중요하지 않다. 반면에 위협적인 갈등은 병을 유발시키기 때문에 중요한 관심사이다.[1] 갈등 중에는 증상을 일으키지 않는 종류의 갈등도 있을 수 있으므로, 병적 증상의 원인으로 갈등을 이야기할 때는 위협이나 위협적인 갈등에 대해서만 언급하는 것이 좋을 것이다. 어떤 갈등은 유기체를 강

---

[1] 위협이 항상 정신병리를 일으키는 것은 아니다. 위협을 신경증적이거나 정신병적으로 해결하려는 방법도 있지만 건강하게 다루는 방법도 있다. 나아가서 표면상 위협적인 상황이 어떤 특정한 개인에게 심리적인 위협을 일으킬 수도 있고 그렇지 않을 수도 있다. 삶에 대한 위협이 심하게 발생하는 상황보다 조롱, 무시, 친구로부터의 절교, 자녀의 질병, 또는 멀리 떨어져 있는 낯선 사람에게서 당한 부당한 행위가 더 위협적일 수도 있다. 위협은 개인을 강하게 해주는 효과를 가져올 수도 있다.

하게 해주기도 한다. 그런 후에 정신병리 원인의 영역에서 개념들을 재분류할 수 있을 것이다. 먼저 결핍에 대해 논하고 선택으로 넘어갈 것이다. 그 두 가지는 정신병리현상의 원인이 아니기 때문에 정신병리학을 연구하는 사람들에게는 중요한 개념이 아니다. 갈등이나 좌절이 중요한 것이 아니라 이 두 가지가 지니고 있는 질병을 일으키는 특성이 중요한 개념이다. 즉 유기체의 기본 욕구와 자아실현을 저지하려는 위협이나 실제 저지가 그런 특성이라고 할 수 있다.

위협에 대한 개인적인 정의

일반적인 역동이론과 다양한 경험적 연구 결과들을 보면 위협을 개인적으로 정의해야 할 필요성이 있다. 즉 우리는 종 전체에 공통적인 기본 욕구의 의미에서뿐 아니라 특정 문제에 직면한 개체의 관점에서 궁극적으로 상황이나 위협을 정의해야 한다는 것이다. 지금껏 좌절과 갈등은 외부 상황에 대한 유기체의 지각이나 내면적인 반응 대신 외부 상황이라는 측면에서만 정의되어왔다. 그래서 외상적인 상황이 외상의 주관적인 느낌과 같지 않다는 것을 다시 한 번 지적한다. 외상적인 상황은 심리적으로 위협적일 수도 있지만 반드시 그렇지만은 않다. 그런 상황은 대처만 잘한다면 교육적 효과를 내는 것은 물론 개인을 강하게 만들어줄 수도 있다.

어떤 특정 상황이 유기체에게 위협으로 지각되는지 어떻게 알 수 있을까? 인간의 경우에는 전체적인 성격을 기술하기에 적당한 어떤 테크닉, 예를 들어 정신분석학적 테크닉 같은 것으로도 쉽게 판단할 수 있다. 그런 테크닉은 그 사람에게 무엇이 필요한지, 무엇이 부족한지, 무엇이 그를 위험에 빠뜨리는지 알 수 있게 해준다. 건강한 성인은 평균적이거나 신경증적인 성인들보다 외부 상황으로부터 위협을 덜 받는다. 이런 성인기의 건강은 유년기에 위협을 덜 받거나 위협을 성공적으로 극복하여 얻는 것이긴 하지만 세월이 흐를수록 성인의 건강은 위협의 영향에 점점 더 강해진다는 것을 기억해야 한다. 예를 들면 스스로에 대해서 확신을 가지고 있는 남성의 남성성을 위협하기란 거의 불가능하다. 평생 사랑을 받아와서 사랑받을 가치가 있고 사랑받을 수 있다고 느끼는 사람에게서 사랑을 빼앗는 것은 큰 위협이 되지 못한다. 여기서도 기능적인 자율성의 원리를 고려하여 이해해야 한다.

역동이론으로부터 확실하게 이끌어낼 수 있는 마지막 요점은, 위협의 느낌 자체가 또 다른 반응을 불러오는 역동적인 자극이라고 항상 생각해야 한다는 것이다. 유기체가 받는 위협의 느낌이 어디로 연결되는지, 그런 느낌이 개체로 하여금 어떤 행동을 하게 만드는지, 개체가 위협에 어떻게 반응하는지를 알지 못하면 위협을 완전히 이해할 수 없다. 신경증 이론에서는 위협받는다는 느낌의 성질과 이런 느낌에 대한 개인의 반응을 동시에 이해하는 것이 절대적으로 필요하다.

위협이 되는 외상과 질병

위협의 개념에는 흔히 사용되어왔던 갈등이나 좌절이라는 단어에 따라서 갈등 또는 좌절이라고 분류할 수 없는 현상들이 포함되어 있다. 특정 종류의 심각한 질병도 정신병을 일으킬 수 있다. 심장마비를 경험했던 사람은 종종 위협받는 것처럼 행동한다. 어린아이가 겪는 질병이나 병원 체험은 그로 인해서 겪게 되는 결핍과는 별도로 직접적인 위협이 된다.

또한 매우 근본적이고 심한 외상도 갈등이나 좌절은 아니지만 위협의 효과를 가져오는 것들의 목록에 추가시킬 수 있다. 사고를 심하게 당한 사람은 자신이 자기 운명의 주인이 아니며 항상 죽음이 가까이 있다는 결론을 내릴지도 모른다. 그렇게 압도적으로 강하고 위협적인 세상에 직면해본 어떤 사람들은 작은 능력만 발휘하면 충분할 때도 자신감을 잃을지 모른다. 물론 그보다 약한 외상은 덜 위협적일 것이다. 또한 위협에 취약한 특정 성격 구조를 가진 사람들에게서 그런 반응이 더 자주 나타날 것으로 예상된다.

어떤 이유에서건 죽음에 임박하면 기본적인 자신감을 잃게 만들 수 있기 때문에 우리를 위협의 상태로 빠뜨릴지도 모른다(그러나 반드시 그런 것은 아니다). 우리가 더 이상 상황을 다룰 수 없게 되면, 세상이 너무 힘겨워지면, 스스로 운명의 주인이 되지 못하면, 자신이나 세상에 대해 통제할 수 없게 되면, 우리는 분명 위협을 느낄 것이다. '우리가 할 수 있는 일이 없다'고 할 만한 다른 상황들 역시 때때로 위협적으로 느껴질 수 있다. 어쩌면 아무런 조처를 취할 수 없는 심한 고통도 이 범주에 포함시켜야 할 것이다.

개념의 정의를 확장시켜 일반적으로 다른 범주에 속하는 현상들도 위협에 포함시킬 수 있을 것이다. 예를 들면 갑작스럽고 강렬한 자극을 받는 것, 발을 헛디뎌 갑자기 떨어지는 것, 듣도 보도 못한 것, 아이의 일상이나 리듬이 갑자기 깨지는 것 등은 아이를 단순히 흥분시킨다기보다 위협한다고 할 수도 있을 것이다.

위협의 핵심에 대해서도 언급해야 한다. 즉 기본 욕구의 직접적인 결핍 또는 저지, 기본 욕구에 가해지는 위험(모욕, 거부, 고립, 체면의 실추, 힘의 상실) 모두가 위협적이다. 나아가 능력을 잘못 활용하거나 활용하지 못하는 상황도 자아실현에 직접적인 위협이 된다. 마지막으로 존재 가치 또는 메타 욕구에 가해지는 위험도 고도로 성숙한 사람에게는 위협이 될 수 있다.

자아실현의 억압이라는 위협

골트슈타인(1939, 1940)의 의견과 마찬가지로 궁극적인 자아실현을 향한 발달을 억압하거나 억제하려고 위협하는 상황을 대부분의 사람들은 위협으로 체험한다고 이해할 수 있다. 현재의 피해뿐만 아니라 미래의 피해를 강조하는 것은 매우 중요하다. 이에 해당되는 예로 프롬이 제안한 '인본주의적' 양심이라는 혁명적인 개념을 언급할 수 있을 것이다. 프롬은 인본주의적 양심이란 자아실현 또는 성장으로 향하는 길에서 벗어났음을 지각하는 것이라고 하였다. 이와 같은 표현은 프로이트의 초자아 개념과 상대적이다. 따라서 부적절하다는 사실을 뚜렷이 보여준다.

또한 위협과 성장 억제를 동의어로 취급하면 현재 주관적으로는 위협으로 느끼지 않지만, 미래에는 위협적이거나 성장을 억제시킬 수 있는 상황도 가능해진다. 아이들은 당장은 자신을 즐겁게 해주고 진정시켜주며 고마움을 느끼게 해줄 충족을 원하지만, 그런 충족은 성장을 억제시킬지도 모른다. 부모가 아이에게 져서 방종으로 인한 정신질환을 일으키게 만드는 경우가 그런 예다.

정신병리의 근원

정신병리의 근원을 그릇된 발달과 동일시할 때 또 하나의 논란이 야기되는데, 그런 논란은 일원론적 특성으로부터 기인한다. 모든 또는 거의 대부분의 질환은 단일한 근원에서 비롯된다고 암시했다. 정신병의 근원은 복합적이기보다는 단일하다. 그렇다면 질병에 따라 각각 다르게 나타나는 개별적인 증상들은 어디서부터 나오는가? 육체적 질병의 근원뿐 아니라 정신질환의 근원도 단일한지도 모른다. 의학적 모델에서 서로 다른 질병이라고 말하고 있는 것들이 사실은 호나이가 주장했듯이(1937) 더 깊은 질환에서 생기는 피상적이고 특이한 반응들인지도 모른다. 안정과 불안정을 평가하는 S-I 테스트(Maslow, 1952)는 그런 기본 가정에서 개발되었다. 특히 히스테리나 건강염려증 또는 불안신경증과 같은 개별적 질환에 걸린 사람들보다는 전반적인 심리적 질환을 앓는 사람들을 잘 구분하는 것으로 보인다.

여기서는 정신병리의 근원에 관한 이런 이론으로부터 여러 가지 중요한 문제점과 가정들이 뒤따른다는 사실을 밝히는 것이 유일한 목적이다. 따라서 지금 이런 가설을 더 깊이 탐구하는 노력은 하지 않을 것이다. 이런 이론이 정신병리현상을 단일화시키고 단순화시켜줄 수 있다는 가능성을 강조하는 것으로 충분하다.

요약

대체로 다음과 같은 것들이 우리의 감각에서 모두 위협적으로 느껴진다고 요약할 수 있다. 즉 기본 욕구와 메타 욕구(자아실현 욕구를 포함하여) 또는 그런 욕구들이 기초하고 있는 조건들이 좌절될 위험이나 실제로 좌절되는 것, 생명에 대한 위협, 자기 보존에 대한 위협, 인간이 세상을 기본적으로 주관할 수 있는 능력에 대한 위협, 궁극적인 가치에 대한 위협이 그런 것들이다.

우리가 위협을 어떻게 정의하든 절대로 소홀히 해서는 안 될 측면이 하나 있다. 정의에 다른 어떤 것들을 포함시키든지 유기체의 기본적인 목적과 가치, 욕구는 반드시 포함시켜 다루어야 한다는 것이다. 즉 어떤 정신병리의 근원에 관한 모든 이론도 반드시 동기이론에 기초를 두어야 한다는 뜻이다.

8장
파괴성은 본능인가?

표면상 기본 욕구(동기, 충동, 추동)는 악하거나 부도덕하지 않다. 음식, 안전, 소속감, 사랑, 사회적인 인정, 자기 인정, 자아실현 등을 원하고 필요로 하는 것은 나쁜 일이 아니다. 오히려 대부분의 문화권에서 사람들이 각 지역마다 고유한 양식으로 이런 욕구들을 추구하는 것이 바람직한 현상이라고 생각할 것이다. 과학적으로도 그런 것들은 악하다기보다는 중립적이라고 조심스럽게 말할 수 있을 것이다. 인간에게만 존재한다고 알고 있는 대부분의 능력(추상화하는 능력, 문법적인 언어를 말하는 능력, 철학을 구성하는 능력 등)과 체질적인 차이(능동성과 수동성, 중배엽과 외배엽, 높거나 낮은 수준의 에너지 등)도 중립적이라고 할 수 있다. 탁월함, 진실, 아름다움, 적법성, 단순성과 같은 것에 대한 메타 욕구를 본질적으로 나쁘거나 악하거나 부도덕하다고 하는 것은 우리가 알고 있는 어떤 문화권에서도 불가능하다.

그러므로 인간성과 인간이라는 종을 이루는 원재료는 세상과 인류의 역사, 각 개인의 성격에서 명백하게 드러나는 악을 설명하지 못한다. 악이라고 부르는 많은 부분이 신체나 성격의 질환, 무지와 어리석음, 미성숙함, 악한 사회적·제도적 장치 때문이라고 할 수 있을 만큼은 충분히 알게 되었다. 그러나 그 정도가 얼마만큼이라고 할 수 있을 정도로 충분히 알지 못한다. 우리는 건강, 치료, 지식, 지혜, 연륜과 심리적인 성숙, 바람직한 정치적·경제적·사회적 제도와 체제로 악을 감소시킬 수 있다는 것은 안다. 그러나 얼마나 감소시킬 수 있을까? 그런 조처들로 악을 완전히 제거할 수 있을까? 현재로서는 인간 본성이 본질적·원초적·생물학적·근본적으로 악하고, 부도덕하며, 악의적이고, 난폭하며, 잔인하고, 살인적이라는 주장을 반박할 수 있을 만큼 지식이 충분하다고 인정할 수 있다. 그러나 악한 행동에 본능적인 성향이 전혀 포함되어 있지 않다고 할 수 없다. 그런 진술을 할 만큼 지식이 충분하지 못하며 그런 진술에 모순되는 증거들이 어느 정도 있다는 사실이 분명하기 때문이다. 어쨌든 우리는 그런 지식을 얻을 수 있으며 이와 같은 질문들을 확장된 인본주의적 과학의 영역으로 끌어들여야 한다는 것도 그만큼 분명해졌다(Maslow, 1966; Polanyi, 1958).

이 장에서는 선과 악의 영역에 속하는 한 가지 중대한 질문에 경험적으로 접근하는 예를 보여주게 될 것이다. 단정짓겠다고 노력하지 않았지만, 파괴성에 관한 지식이 최종적이고 결론적인 해답에 이르지 못했을지언정 진전했음을 상기시켜줄 것이다.

동물

어떤 동물들에게서는 원초적인 공격성처럼 보이는 성향들이 나타난다. 많다고는 할 수 없지만 몇몇 종의 동물들에게서는 공격적인 성향이 확연히 나타난다. 어떤 동물들은 분명 죽이기 위한 목적으로 살생하며, 특별한 외부적인 이유 없이 공격성을 보이는 듯하다. 닭장에 들어간 여우는 자기가 먹을 수 있는 양보다 더 많은 닭을 죽이며, 쥐를 괴롭히는 고양이 이야기는 모두 잘 알고 있을 것이다. 수사슴과 기타 유제류[1]는 발정기 때 싸움을 걸며, 때로는 짝이 있는데도 싸움을 걸기도 한다. 많은 동물들, 심지어 고등동물들도 노년기가 되면 체질적인 이유 때문인지 더욱 악랄해진다. 온순했던 동물들도 이유 없이 공격하기도 한다. 먹이를 얻기 위한 이유가 아닌데도 다양한 동물들이 다른 동물을 죽인다.

실험실 쥐를 대상으로 실시한 한 유명한 연구에서 해부학적인 특성을 교배하듯이 야성과 공격성, 난폭성도 교배할 수 있다는 사실이 밝혀졌다. 이렇게 교배한 특별한 종이나 다른 종에서도 나타나는 사나운 성향은 원초적으로 유전되는 행동 결정 인자일 수도 있다. 사납고 야성적인 쥐의 부신선은 그보다 온순한 쥐의 부신선보다 훨씬 발달되어 있다는 일반적인 발견을 통해 이런 논리는 더욱 설득력을 얻는다. 물론 유전학자들이 난폭성을 배제하고 온순함을 강화시키는 정반대의 방향으로 교배시켜 다른 종을 탄생시킬 수도 있다. 우리는 이런 예와 관찰을 근거로 문제가 되는 행동이 특별한 동기에서 비롯되며, 이런 특수한 종류의 행동에는 유전적인 추동이 있다는 가장 간단한 설명을 수용할 수 있게 된다.

그러나 표면상으로 원초적인 난폭성처럼 보이는 다른 많은 경우를 분석해보면 원초적 난폭성이 아닐 경우도 있다. 인간과 마찬가지로 동물에게서도 공격성은 다양한 상황에서 여러 방식으로 나타날 수 있다.

---

1 발굽이 있는 동물들 - 옮긴이.

예를 들면 텃세(Ardrey, 1966)라는 결정 인자는 땅에 둥지를 트는 새들에게서 확인할 수 있다. 그 새들은 알을 낳을 장소를 선택할 때 자기가 정해놓은 반경 안에 들어오는 다른 새들을 공격한다. 그러나 그 새들은 침입자를 제외한 다른 동물들은 절대 공격하지 않는다. 침입자만 공격할 뿐 아무나 공격하지 않는 것이다. 어떤 종들은 자기가 속한 특정 집단 또는 가족과 같은 냄새나 외양을 지니지 않은 다른 동물, 심지어 같은 종의 동물까지도 공격할 것이다. 예를 들어 짖는원숭이(howler monkey)는 폐쇄적인 사회를 형성하고 살아간다. 다른 원숭이가 그 집단에 들어갔을 경우 매서운 공격을 받고 쫓겨난다. 그러나 오랜 기간 충분히 주위에 머무르면 결국은 집단의 일원이 되고 나중에는 그 원숭이도 다른 낯선 원숭이를 공격하게 된다.

고등동물을 연구해보면 공격성이 지배와 더욱 밀접하게 연관되어 있음을 발견할 수 있다. 너무 복잡하여 그 내용을 자세히 인용할 수 없다. 하지만 이런 지배성과 지배성으로부터 발달된 공격성이 그 동물에게는 기능을 하거나 생존을 하는 데 필요한 어떤 가치를 지닌다고 할 수 있을 것이다. 지배 위계에서 어떤 동물이 차지하는 위치는 그것이 얼마만큼의 먹이와 짝을 차지할 것인가의 여부를 비롯하여 여러 가지 생물학적인 충족 여부를 결정한다. 거의 모든 잔인성은 이런 동물에게서 지배 위치를 증명하거나 지배 위치의 혁명을 일으킬 필요가 있을 때만 나타난다. 다른 종도 이와 마찬가지인지는 확실히 알지 못한다. 그러나 텃세, 낯선 개체에 대한 공격, 암컷에 대한 질투 어린 보호, 약하거나 병든 개체에 대한 공격과 같은 현상과 본능적인 공격성이나 잔인성으로 설명되는 기타 현상들은 공격을 위해 공격을 하려는 동기보다 지배성을 확보하려는 동기에서 나오는 것이라고 짐작할 수 있다. 이런 공격성은 목적 행동보다는 수단 행동일 것이다.

영장류를 연구해보면 공격성이 덜 원초적이며, 점점 더 파생적이고, 반응적이며, 좀 더 기능적으로 변해간다. 그리고 동기 전체, 사회적 힘, 직접적인 상황적 결정 인자에 대해 더욱 합리적이고 이해할 수 있는 반응으로 나타난다. 모든 동물 중에서 인간과 가장 유사한 침팬지에까지 이르게 되면 공격성 자체를 위해서 공격한다고 의심할 만한 행동은 전혀 나타나지 않는다. 이 동물들은 어릴 때면 사랑스럽고 협조적이며 다정하여 그들이 모인 집단에서는 어떤 이유에서라도 잔인하게 공격하는 모습은 찾아볼 수 없을 것이다. 고릴라도 마찬가지다.

동물에서 인간으로 논의를 확장하려면 항상 유의해야 한다. 그러나 논의를 위해서 가장 가까운 동물들로부터 인간을 추측하는 것을 수용할 수 있다면, 동물의 행태는 사람들이 생각해오던 것과는 반대되는 사실을 증명해주고 있다는 결론을 내릴 수밖에 없다. 인간이 동물적인 유산을 가지고 있다면 그것은 주로 유인원으로부터 물려받은 유산일 것이다. 그런데 유인원들은 공격적이기보다는 협동적이다.

대체로 동물들이 실제보다 훨씬 공격적이라고 생각해온 잘못은 과학적인 가짜 사고의 일반적인 유형을 보여주는 하나의 예라고 할 수 있다. 그런 사고방식은 근거 없는 동물중심주의(animal centrism)라고 표현하면 적당할 것이다. 이런 실수가 일어나는 절차를 소개하면 첫째, 이론을 구성하거나 편견을 가진 후에 진화의 전 범위에서 그런 요지를 가장 잘 보여주는 하나의 동물을 선택하는 것이다. 둘째, 연구자는 그런 이론에 적합하지 않은 모든 동물의 행동을 도외시하는 것이다. 본능적인 파괴성을 증명하고 싶다면 토끼 대신 늑대를 선택하면 된다. 셋째, 그렇게 특별히 구미에 맞는 종을 선택하는 대신 하등에서 고등으로 진화되는 전체 계통발생적인 범위를 살펴보았다면 드러났을 분명한 발달 추세를 잊어야 한다. 예를 들어 동물의 척도에서 위로 올라가게 되면 식욕은 점점 더 중요해지는 반면에 배고픔은 덜 중요해진다. 나아가 변이성(變異性)도 점점 더 커진다. 예외도 있지만 대부분 수태로부터 성숙한 개체가 될 때까지의 기간이 더 길어진다. 그리고 반사, 호르몬, 본능은 결정 인자로서 덜 중요해진다. 이를 지능, 학습, 사회적 결정이 대체하게 된다. 어쩌면 이것이 가장 중요한 변이성일 수도 있다.

동물 연구에서 얻은 증거들을 요약하면 첫째, 동물 연구의 결론을 인간에게 적용시키는 것은 매우 조심스럽게 다뤄야 하는 섬세한 과제다. 둘째, 파괴적이고 잔인한 공격성을 일으키는 원초적이고 유전적인 성향은 어떤 종의 동물에게서는 발견되겠지만, 대부분의 사람들이 생각하는 것보다는 드물 것이다. 또 다른 종에서는 전혀 나타나지 않는다. 셋째, 동물에게서 보이는 공격적인 행동의 특수한 경우들을 세심하게 분석해보면 그것이 공격성 자체를 위한 공격 본능의 표현이 아니라, 다양한 결정 인자에 대해 2차적으로 파생된 반응일 때가 많다는 사실이 발견된다. 넷째, 계통발생적인 척도에서 위로 올라갈수록, 따라서 인간에게 근접할수록 공격성이 원초적인 본능이라고 추정되는 증거는 점점 더 약해진다. 그래서 유인원에 이르면 그런 증거는 완전히 사라진다. 다섯째, 인간과 가장 비슷한 유인원을 자세히 연구하면 원초적으로 악의적인 공격성의 증거는 거의 찾아볼 수 없다. 그 대신 친절함, 협동심, 심지어 이타주의의 증거는 많이 발견된다. 마지막 중요한 점으로, 우리가 아는 것은 고작 행동뿐인데 그로부터 동기를 짐작하려는 우리의 성향을 언급할 수 있다. 인간이 동물을 죽이려는 충동 때문이 아니라 음식을 섭취하기 위해 스테이크를 먹듯이 대부분의 육식동물들도 가학성 때문이 아니라, 먹이를 얻기 위해 동물을 죽인다는 사실에 동물행동학자들도 동의한다. 따라서 인간의 동물적 본성에 대해 진화론적으로 논할 때, 그 자체가 목적인 공격성이나 파괴성이 인간에 내재되어 있다고 우리에게 강요하는 이론은 의심하거나 거부해야 한다.

어린아이들

아이들은 관찰하고 실험·연구해서 얻은 결과들은 투사적인 방법도 유사하다. 마치 어른의 공격성이 투사될 수 있는 로르샤흐 잉크무늬와도 같다.(로르샤흐 검사: 스위스 정신과 의사인 헤르만 로르샤흐H. Rorschach가 만든 투사법 검사로 일련의 막연하고 무의미한 잉크 얼룩을 제시하여, 투영되는 환자의 지각반응을 분석한다.) 아이의 타고난 이기심과 파괴성에 대한 논의와 논문은 많지만, 협동과 친절, 동정과 같은 것은 별로 다루어지지 않는다. 후자에 관한 얼마 되지 않는 연구 결과들조차도 대개는 간과된다. 심리학자와 정신분석학자들은 종종 영아를 원죄와 증오심을 가지고 태어나는 작은 악마라고 여긴다. 이렇게 희석되지 않은 그림은 확실히 잘못된 것이다. 이 분야에는 애석하게도 과학적인 자료가 부족하다는 사실을 인정한다. 나의 판단은 소수의 탁월한 연구들, 특히 어린이의 동정심에 관한 로이스 머피(Lois Murphy, 1937)의 연구에 의존했다. 그렇지만 부족한 증거만으로도 아이들이 원초적으로 파괴적이며 공격적이고 적대적인 작은 동물이어서, 훈육과 처벌을 통해 선(善)을 주입시켜야 한다는 결론에 의심을 갖기에는 충분하다.

실험과 관찰에서 얻은 사실들에 의하면 정상적인 아이들은 사람들의 주장대로, 원초적인 방식으로 적대적이고 파괴적이며 이기적인 행동을 하는 것처럼 보인다. 그러나 똑같이 원초적인 방식으로 너그럽고 협동적이며 이타적인 모습을 보이는 경우도 그만큼 잦다. 불안정하고 기본 욕구가 좌절되어 있으며 안전, 사랑, 소속감, 자존감의 욕구를 위협당하는 아이들이 이기심, 증오, 공격성과 파괴성을 더 많이 보이는 것이 두 부류의 행동 양식 발생의 상대적인 빈도를 결정하는 주된 원리인 듯하다. 부모로부터 사랑과 존중을 받은 아이에게서는 파괴성이 덜 나타날 것이다. 실제로 그런 사실을 보여주는 증거도 있다. 이런 증거는 적개심이 본능적이기보다는 반응적이고 수단적이며 방어적이라는 해석을 암시한다.

사랑과 보살핌을 받은 한 살 또는 그 이상의 건강한 아기에게서 악, 원죄, 가학성, 악의, 상처주는 데서 느끼는 쾌락, 파괴성, 고의적인 잔인성 또는 그 자체가 목적인 적대감과 같은 것은 찾아보기 어렵다. 오히려 지속적으로 관찰하면 그 반대의 모습을 볼 수 있을 것이다. 자아실현자에게서 발견되는 사랑스럽고 존경스러우며 부러운 점들을 그런 아기에게서 발견할 수 있을 것이다. 물론 연륜에서 우러나오는 지식과 경험, 지혜는 제외하고 말이다. 사람들이 아기를 사랑하고 원하는 것은 한두 살 된 아기들이 명백한 악, 증오, 악의 같은 것을 갖고 있지 않기 때문이기도 할 것이다.

파괴성에 대해 논하면 나는 정상적인 아이에게서는 단순한 파괴적 본능이 직접적이며 원초적으로 표현된다고 생각하지 않는다. 좀 더 자세히 살펴보면 겉으로 드러나는 파괴성의 사례들은 역동적으로 분석될 수 있을 것이다. 시계를 분해하는 아이의 입장에서는 시계를 망가

뜨리는 것이 아니라 관찰하는 것이다. 굳이 원초적인 충동을 이야기해야 한다면 파괴성보다는 호기심이 훨씬 적절할 것이다. 엄마에게는 파괴성으로 보일 수도 있는 많은 행동의 경우에, 그것은 호기심뿐만 아니라 활동성, 놀이, 발달중인 능력과 기술을 연습하고자 하는 의도의 표현이다. 때로는 아버지가 열심히 인쇄한 종이를 작고 예쁜 조각들로 잘라 놓은 경우처럼 창조 행위이기도하다. 어린아이가 악의적인 파괴 행동으로부터 순수한 기쁨을 얻기 위해 일부러 파괴적인 행동을 한다고는 생각하지 않는다. 간질과 같이 병적인 경우는 예외일 수 있다. 확실히 알려져 있지는 않지만 이런 병리적인 경우에도 그들의 파괴성 또한 위협에 대한 반응으로 나타나는 반응적인 것일지도 모른다.

동기간의 시샘은 특별하고 때로는 헷갈리는 경우다. 두 살짜리 아이가 갓 태어난 남동생에게 공격적인 위험한 행동을 할 수 있다. 때로는 적대적인 의도가 순진하고 분명하게 표현되기도 한다. 두 살짜리 아이는 엄마가 두 아이를 사랑할 수 있다는 생각을 할 수 없다는 것이 이치에 맞는 한 가지 설명이 될 수 있다. 아이는 상처를 주기 위해서 상처를 주는 것이 아니라 엄마의 사랑을 차지하기 위해 상처를 주는 것이다.

또 다른 특별한 경우는 공격성이 종종 동기가 없는 것처럼 보이는, 다시 말해 공격성을 목표로 공격성을 보이는 정신병적 인격자를 들 수 있다. 이를 설명하기 위해서는 베네딕트(1970)가 왜 안정된 사회가 전쟁에 가담하는가를 설명하기 위해 최초로 진술했던 원리를 도입할 필요가 있다. 그녀는 건강하고 안정된 사람은 넓은 의미에서 자신의 형제, 다시 말해 자신과 동일시할 수 있는 사람에게는 적대적이거나 공격적이지 않다고 설명했다. 반면에 친절하고 다정하며 건강한 사람도 상대방을 인간으로 취급하지 않는다면 매우 쉽게 냉대할 수 있다. 그럴 때는 마치 귀찮은 벌레를 죽이거나 먹기 위해서 동물을 도살하는 것처럼 전혀 죄책감을 느끼지 않는다.

정신병자들은 타인과 자신을 동일시할 수 없기 때문에, 골칫거리가 된 동물을 죽일 때처럼 증오나 쾌락을 느끼지 않고 태연히 사람을 죽일 수 있다고 생각하는 것이 그들을 이해하는 데 도움이 될 것이다. 잔인하게 보이는 아이들의 반응도 대인관계를 맺을 만큼 성숙하기 전에 이런 방식으로 동일시하지 못하기 때문에 나타나는 것일지도 모른다.

마지막으로 이와 관련하여 의미론적으로 고찰해보는 것이 상당히 중요하다. 가능한 한 간략히 말하면 공격성과 적대감, 파괴성은 모두 성인에게 해당되는 단어다. 어린아이들에게는 의미가 없는 단어다. 따라서 그런 단어가 수정되거나 새롭게 정의되지 않은 채 아이들에게 그대로 사용되어서는 안 된다.

예를 들어 두 살짜리 아이는 다른 아이와 나란히 앉아 있어도 서로 상호작용을 하지 않으면서 따로 놀 수 있다. 그런 아이들 간에 이기적이거나 공격적인 상호작용이 일어나면 그것은 열 살짜리 아이들 사이에서 일어나는 상호작용과는 다르다. 두 살짜리의 경우는 상대방을 의식하지 못하면서 하는 행동일 수 있다. 그런 아이가 상대방이 저항하는데 장난감을 뺏는다면, 그 행위는 성인의 이기적인 공격이라기보다는 꽉 낀 통에서 물건을 억지로 꺼내는 행동에 더 가까울 것이다.

아기가 입에 물고 있는 젖꼭지를 빼앗겼을 때 분노에 차서 고함을 지르거나, 세 살짜리 아이가 야단을 치는 엄마를 때리거나, 다섯 살짜리 아이가 "난 네가 죽었으면 좋겠어"라고 화를 내면서 소리를 지르거나, 두 살짜리 아이가 갓 태어난 남동생을 괴롭히는 경우도 모두 마찬가지다. 이럴 때 아이를 성인처럼 취급하거나 아이의 반응을 어른의 반응처럼 해석해서는 안 된다.

아이의 입장에서 이해하면 대부분의 그런 행동은 반응적인 것으로 받아들여야 한다. 그런 행동은 증오하거나 상처주려는 유전된 추동이 아니라 실망, 거부, 외로움, 존중, 보호를 받지 못할 것에 대한 두려움(기본 욕구 좌절이나 그런 좌절이 일어날 것 같은 위협)으로부터 나타날 것이다. 하지만 이와 같이 공격적 행동이 반응적이라는 설명이 모든 경우의 파괴적인 행동을 설명해줄 수 있는지 아니면 대부분의 경우만을 설명해줄 수 있는지는 현재 우리의 지식 또는 무지로는 단정지을 수 없다.

인류학

민족학에 의존하면 비교 자료를 더욱 풍부하게 논의할 수 있다. 관심이 있다면 자료를 훑어보기만해도 현존하는 원시문화에서 적대감, 공격성, 파괴성의 정도가 일정하지 않고, 0~100퍼센트까지 극단적으로 편차를 보인다는 사실을 즉시 알 수 있을 것이다. 아라페시족(Arapesh)은 유순하고 상냥하며 비공격적이어서 부족의식을 진행할 자기주장이 강한 사람을 찾는 데 어려움을 겪는다. 그 반대의 극단으로는 추크치족(Chukchi)이나 도부족(Dobu)처럼 증오심에 가득 찬 부족도 찾아볼 수 있다. 물론 이것은 표면적으로 관찰한 행동에 대한 내용이다. 이런 행동의 이번에 가려져 있으며 곁에서 보는 것과는 다를 수도 있는 무의식적인 충동에 대해서는 여전히 의문이다.

하지만 인간은 공격적인 몇몇 지역은 말할 것도 없고 미국 사회의 평균인만큼도 공격적이거나 파괴적으로 살아가야 할 이유가 없다. 인간의 파괴성과 악의, 잔인함은 인간의 기본 욕구 좌절이나 위협에 대한 반응적인 결과로서, 2차적인 공격성일 가능성이 매우 높다고 생각할 만한 강력한 근거들을 문화인류학에서 찾아볼 수 있다.

임상적인 체험

정신과 치료에 관련된 자료에 따르면, 폭력, 증오, 분노, 파괴적인 바람, 복수의 충동과 같은 것들이 가려져 보이지 않을지라도, 사실상 거의 모든 사람에게 존재한다. 경험이 많은 임상의들은 절대 증오를 느껴본 적이 없다고 주장하는 환자의 말을 진지하게 받아들이지 않을 것이다. 그들은 환자가 증오를 억압 또는 은폐하고 있다고 생각하며, 모든 사람에게서 그런 감정을 발견할 수 있다고 추측한다.

그러나 정신과에서는 난폭한 충동을 실제로 행동으로 옮기는 대신 그에 대해 자유롭게 이야기함으로써 치료한다. 그러면 그런 충동이 사라지고 빈도도 줄어들며 내재되어 있는 신경증적이고 비현실적인 요소가 제거되는 경향도 나타난다. 성공적인 치료 또는 성공적인 성장이나 성숙에서 나타나는 일반적인 결과는 자아실현자에게서 나타나는 현상과 비슷하다. 즉 그들은 적개심, 증오, 난폭함, 악의, 파괴적인 공격성을 보통 사람들보다 훨씬 덜 경험하게 된다. 또 그들은 분노나 공격성을 잃어버리지는 않지만 공격성의 성질은 의분, 자기 긍정, 착취에 대한 저항, 불의에 대한 분노로 바뀐다. 다시 말해 건강하지 않은 공격성에서 건강한 공격성으로 변화되는 것이다. 건강한 사람들은 자신의 분노와 공격성에 대해 덜 두려워하며 그런 것을 표현할 때는 보다 진지하게 표현한다. 난폭함은 두 개의 반대되는 의미를 지닌다. 덜 난폭하게 행동하려고 하는, 즉 자신의 난폭함을 통제하려는 것과 평화적으로 행동하려고 노력하는 것이다. 또는 건강한 난폭함과 건강하지 못한 난폭함 사이의 대비라고도 할 수 있다.

그렇지만 이런 '자료'가 우리의 논점을 해결해주지는 못한다. 실제로 프로이트와 그의 충실한 추종자들은 난폭함이 본능적이라고 생각하는 데 비해, 프롬과 호나이를 비롯한 신프로이트 학파들은 본능적이지 않다고 결론을 내렸기 때문이다.

내분비학과 유전학

폭력성의 근원에 대해서 알려진 모든 것을 종합하고 싶다면 내분비 학자들이 수집한 자료들을 심층 분석해야 할 것이다. 여기서도 하등동물의 상황은 비교적 단순하다. 성호르몬과 부신, 뇌하수체 호르몬은 공격성, 지배성, 수동성, 야성의 명백한 결정 인자다. 그러나 모든 내분비선은 상호 연결되어 결정되므로 이런 자료들은 전문 지식을 요한다. 자료가 더욱 복잡한 인간의 경우는 말할 것도 없다. 그렇지만 이런 자료를 그냥 간과할 수는 없다. 남성 호르몬이 자기주장이나 싸울 태세와 싸울 능력 등과 관련된다는 증거가 있다. 사람마다 서로 다른 양의 아드레날린과 노어아드레날린이 분비되는데 이런 화학물질은 행동을 결정하는 데 영향을 미친다. 심리내분비학(psychoendocrinology)이라는 새로운 학제 간의 과학이 분명 이 문제에 대해 많은 것을 알려줄 것이다.

물론 유전자와 염색체에 관한 유전학 자료들도 관련 있을 것이다. 예를 들어 남성 염색체를 두 개 가진 남성(남성적 유전자를 두 배 가지고 있는 남성)이 통제 불가능할 정도로 난폭하다는 발견은 환경결정론을 부정한다. 가장 완벽한 사회경제적 조건을 갖춘 평화로운 사회에서도 어떤 사람들은 기질 때문에 난폭하게 행동할 것이다. 이런 발견은 '남성, 특히 사춘기의 남성은 싸움과 갈등의 대상, 즉 폭력을 어느 정도 필요로 하는 것은 아닐까?'라는 아직 완전히 해결되지 못한 논란거리를 제공한다. 아기뿐만 아니라 원숭이 새끼조차도 그럴 수 있음을 시사하는 증거들이 있다. 이런 공격성이 어느 정도 본질적으로 결정되는가에 대한 결론은 미래학자들의 몫으로 남겨두어야 할 것이다.

이론적 고찰

이미 살펴보았듯이 파괴성이나 가해 행동은 원초적인 동기이기보다는 2차적이거나 파생된 행동이라는 견해가 지배적이다. 이는 인간에게서 나타나는 적대적이거나 파괴적인 행동이 이유 있는 결과이며, 어떤 상황에 대한 반응이고 근원이기보다는 산물이라고 예상할 수 있다는 의미이다. 이와 대조를 이루는 견해는 파괴적 행동이 일부든 전부든 파괴성의 본능에서 직접적·원초적으로 나오는 산물이라는 것이다.

그런 논쟁에서 행동과 동기를 구분하는 것이 가장 중요하다. 행동은 여러 가지 힘에 의해 결정되며 내면적 동기는 그 중 하나일 뿐이다. 행동의 결정 요인에 관한 어떤 이론도 최소한 다음과 같은 결정 인자를 포함해야 한다. 즉 성격 구조, 문화적 압력, 직접적인 상황이나 현장을 포함해야 한다. 다시 말해 내면적 동기에 관한 연구는 행동의 주요 결정 인자를 다루는 이 세 가지 중에서 한 분야의 일부분일 뿐이라는 것이다. 이런 점을 염두에 두고 질문을 다시 해보자. 파괴적인 행동은 어떻게 결정되는가? 미리 결정되어 유전되는 특별한 동기가 파괴적인 행동의 유일한 결정 인자인가? 이런 질문들은 선험적인 근거만으로도 즉시 해답을 얻을 수 있다. 특별한 본능은 물론 가능한 동기를 모두 합쳐도 공격성이나 파괴성이 표현되는 것을 완전히 결정하지 못한다. 문화가 개입되어야 하며 행동이 일어나는 직접적인 상황이나 현장도 고려된다.

문제를 또 다른 방식으로 표현할 수도 있다. 즉 파괴적인 충동 하나만을 논한다는 것이 우스꽝스러울 정도로 인간의 파괴적인 행동은 여러 근원에서 생겨난다. 몇 가지 예에서 이런 사실을 확인할 수 있다.

자신의 목표를 향해가는 과정에서 우연히 파괴적 행동이 일어날 수 있다. 멀리 있는 장난감을 잡기 위해 다른 장난감을 짓밟고 있음을 아이는 눈치 채지 못할 수 있다(Klee, 1951).

파괴성이 기본적인 위협을 받았을 때 동시에 발생할 수 있는 여러 반응 가운데 하나인 경우도 있다. 따라서 기본 욕구를 좌절시키는 위협, 방어나 적응 기제에 대한 위협, 삶의 전반적인 방식에 대한 위협에는 불안과 적대감의 반응이 나타나기 쉽다. 즉 그런 상황에서는 적대적·공격적·파괴적 행동이 흔히 예상된다. 이것은 공격을 위한 공격보다는 대응하는 공격이며 방어 행동이다.

불안정한 사람은 유기체에 피해를 당하거나 손상을 입었을 때 위협을 받은 것처럼 느낄 것이다. 따라서 파괴적인 행동이 나타날 것이라고 예상할 수 있다. 두뇌 손상을 입은 많은 환자들이 여러 가지 절박한 방법들을 동원하여 흔들리는 자존감을 지탱하기 위해 필사적으로 노력하는 모습이 이에 해당된다.

삶에 대한 권위주의적인 견해 때문에 공격적인 행동을 간과하거나 부정확하게 표현할 수도 있다. 인간이 먹거나 먹히는 두 부류로 분류되는 동물들만 있는 정글에 살게 된다면 공격성을 보이는 게 현명하고 논리적인 행동일 것이다. 권위주의적으로 묘사되는 사람들은 무의식적으로 세상을 정글과 동일시하려는 경향이 있다. 그들은 공격이 최선의 방어라는 원칙으로 뚜렷한 이유도 없이 덤비고 때리고 파괴한다. 그들이 타인의 공격을 예상하기 때문에 그렇게 행동한다는 것을 깨닫지 못하면 그 모든 반응을 이해할 수 없다. 방어적인 적대감에는 이 밖에도 널리 알려진 다른 형태들도 있다.

이제는 제대로 분석된 가학-피학적 반응의 역동관계가 제대로 분석되면서 단순한 공격성 이면에 상당히 복잡한 역학관계가 가려 있다는 것이 인정되고 있다. 이런 역학관계를 보면 적대감이 본능적이라는 추정이 단순하게 느껴진다. 다른 사람을 지배하기 위한 권력을 가지려는 압도적인 추동도 마찬가지다. 호나이의 분석에 의하면(1939) 이 분야에서도 반드시 본능으로만 설명할 필요가 없다는 사실이 분명하게 나타난다. 제2차 세계대전은 악당의 공격과 정당하게 분노하는 사람의 방어가 심리적으로 동일하지 않다는 사실을 가르쳐주었다.

이런 목록은 쉽게 늘어날 수 있다. 파괴적인 행동이 증상에 불과하며 여러 요인으로부터 비롯되는 행동이라는 논지를 증명하기 위해 이런 예들을 인용했다. 정말로 역동적인 연구를 하고 싶다면 이런 행동들이 표면적으로는 동일하게 보이지만 다른 근원으로부터 나왔다는 점에

주의를 기울여야 한다. 역동심리학자들은 카메라나 기계적인 녹음기가 아니다. 무엇이 일어나는가뿐만 아니라 어떻게 일어나는가를 알려는 호기심이 있어야 한다.

파괴성은 본능인가, 학습의 결과인가

우리는 사학, 사회학, 경영연구, 의미론, 모든 종류의 병리학, 정치학, 신화학, 심리약학과 다른 영역들에서 얻은 자료들도 언급할 수 있다. 그러나 이 장 도입 부분에서 제기되었던 질문들은 경험적인 질문들이므로 앞으로의 연구 결과에 따라 답을 얻을 수 있을 것이라고 확신한다. 게다가 이런 사실은 더 이상 지적할 필요가 없을 것이다. 물론 여러 분야의 자료를 통합하는 과정에서 공동 연구의 가능성도 생기고 어쩌면 그런 연구가 꼭 필요해질 수도 있다. 어쨌든 이렇게 수집한 자료들만으로도 모든 것이 본능, 유전, 생물학적 운명이라거나 환경, 사회적 영향력, 학습이라는 식의 극단적인 흑백논리를 펼치는 행태를 거부해야 함을 배우기에는 충분하다. 유전과 환경이라는 오래된 이분화는 마땅히 없어져야 하지만 여전히 존재한다. 파괴성을 결정하는 요인은 여러 가지다. 지금도 이런 결정 요인들 중에서 문화와 학습, 환경을 고려해야 함은 분명하다. 확실하게 집어낼 수는 없지만 생물학적 결정 인자도 필수적인 역할을 할 가능성이 높다. 최소한 폭력성이 인간 본질의 불가피한 일부라는 사실은 받아들여야 한다. 때때로 기본 욕구는 좌절될 수밖에 없다. 인간은 그런 좌절을 겪으면 폭력, 분노, 복수라는 결과를 낳는다는 사실을 알기 때문에라도 폭력의 불가피성을 받아들여야 한다.

마지막으로 본능이 전능한가, 문화가 전능한가 사이에서 택일할 필요는 없다. 이 장에서 제기된 입장은 이런 이분법을 불필요하게 만들며 초월한다. 유전이나 기타 생물학적 결정은 흑백이 아니라 정도의 문제다. 인간에게는 생물학적이고 유전적인 결정 인자들이 존재하지만 그런 결정 인자들이 약한 대부분의 사람들은 학습된 문화적 영향력에 쉽게 압도당할 수 있는 증거들이 많다. 인간 본능은 약하다. 이뿐만 아니라 하등동물에게서 볼 수 있는 전체적이고 온전한 본능이기보다는 부분적(단편적)인 잔여물에 불과하다. 인간에게는 본능은 없고 본능의 잔여물, 본능과 유사한 욕구, 본질적 역량, 잠재력만이 남아 있는 듯하다. 나아가 임상과 성격학 분야에서의 경험들은 이렇게 본능과 유사한 약한 성향들이 악하고 해롭다기보다는 선하고 바람직하며 건강하다는 사실을 알려준다. 따라서 이런 성향이 없어지지 않도록 보존하기 위해 노력하는 것이 적절하고 가치 있는 일이며 선한 문화가 담당해야 할 주요 기능임을 시사한다.

9장

훌륭한 인간관계로서의 심리치료

실험심리학자들은 아직 개발하지 않은 금광과도 같은 심리치료 연구에 별다른 관심이 없다. 하지만 성공적인 심리치료 결과로 사람들은 이전과 다르게 지각하고 사고하며 학습한다. 또한 동기와 감정이 변화된다. 심리치료는 인간의 내면에 있는 꾸밈없는 본성을 외적인 성격과 대조시켜주는 최고의 테크닉이다. 그들의 대인관계와 사회를 향한 태도도 변화된다. 성격은 표면적으로나 심층적으로 변화된다. 외모가 바뀌고 신체적 건강이 증진된다는 증거도 있다. 지능이 향상되는 경우도 있다. 그런데도 심리치료는 학습, 지각, 사고, 동기, 사회심리학, 생리심리학 등 대부분의 심리학 서적의 목차에 포함되어 있지 않다.

하지만 학습이론의 예만 보더라도 비극, 외상, 갈등, 고통은 물론 결혼, 우정, 자유 연상, 저항 분석,[1] 직업에서의 성공과 같은 치료적 영향력이 미치는 학습효과를 연구함으로써 도움을 받을 수 있을 것이라는 데는 의문의 여지가 없다.

---

1 환자의 무의식 속에 억압되어 있는 것이 의식으로 떠오르는 것을 거부하려는 경향을 분석하는 것 - 옮긴이.

심리치료적 관계를 사회적 관계 또는 대인관계에 속하는 하부적인 예로 살펴보면, 즉 사회심리학의 한 분야로 보면 해결되지 못하고 있는 또 다른 중요한 문제들이 나타난다. 우리는 이제 환자와 치료사가 서로 관계 맺는 방식을 최소한 세 가지로 분류할 수 있게 되었다. 즉 권위주의적·민주적·방임적 관계가 그것이다. 이 세 가지 방식은 다양한 경우에 각각 유용하다. 아이들의 클럽 분위기, 최면술의 유형, 정치이론의 유형, 모자관계(Maslow, 1957), 인간보다 하등한 영장류의 사회조직에서도 이 세 가지 방식의 관계를 찾아볼 수 있다(Maslow, 1940a).

치료 목적을 자세히 살펴보면 현재의 성격이론이 부적절하게 발전해 왔음을 알 수 있으며, 과학에서 가치의 존재가 전혀 없다고 하는 근본적인 과학적 정통주의에 의문을 제기할 수밖에 없을 것이다. 또한 건강, 질병, 치료에 대한 의학적 개념의 한계가 여실히 드러나며, 우리 문화에 유용한 가치체계가 여전히 확립되지 않았음이 분명하게 나타날 것이다. 이런 상황에서 사람들이 문제를 두려워하는 것도 무리는 아니다. 심리치료가 일반 심리학의 중요한 분야임을 증명하기 위해서 그 밖에도 많은 예를 들 수 있을 것이다.

심리치료는 다음과 같은 일곱 가지 중요한 방식으로 작용한다고 할 수 있다. 즉 표현(행위의 완료, 해방, 카타르시스), 기본 욕구 충족(지원, 확인, 보호, 사랑, 존중을 제공한다), 위협의 제거(보호, 올바른 사회적·정치적·경제적 여건을 제공한다), 통찰력·지식·이해의 개선, 제안이나 권위 제공, 여러 행동요법의 경우처럼 증상에 대한 직접적인 처치, 긍정적인 자아실현·개성 형성 또는 성장이다. 성격이론이라는 보다 일반적인 면에서 보면, 이런 목록은 성격이 문화적·심리치료적으로 인정받는 방향으로 변화되는 방식을 열거해 놓은 것이라고도 할 수 있다.

우리는 이 책에서 지금까지 제시되었던 동기이론과 심리치료 자료들 간의 상관관계를 추적하는 데 특별히 관심이 있다. 그 내용에 의하면 기본 욕구 충족은 모든 요법의 궁극적이고 긍정적인 목표, 다시 말해 자아실현에 도달하는 과정으로 이어지는 중요한(어쩌면 가장 중요한) 단계임이 드러날 것이다.

이런 기본 욕구는 대부분 타인에 의해서만 충족될 수 있다. 따라서 치료는 대인관계를 토대로 이루어져야 한다. 근본적인 치료효과를 얻을 수 있는 기본 욕구(예를 들어 안전, 소속감, 사랑, 존경의 욕구)는 타인을 통해서만 충족될 수 있다.

내 경험은 좀 더 간단한 치료에 국한되어 있다. 보다 심도 깊은 정신분석학에서 경험을 얻은 사람들은 욕구 충족보다는 통찰이 더 중요한 약이라는 결론에 도달할 가능성이 훨씬 높다. 병이 심한 사람은 자아와 타인에 대한 유아적인 해석을 버릴 때까지, 그리고 개인적이고 대인관계적인 현실을 사실적으로 지각하고 수용할 수 있을 때까지, 기본 욕구 충족을 수용하거나 이해할 수 없기 때문이다.

궁극적인 통찰요법의 목적이 좋은 대인관계와 그에 따르는 욕구 충족을 수용하게 해주는 것을 지적함으로써 원한다면 우리는 그 점에 대해 논쟁할 수도 있다. 우리는 환자가 동기의 변화를 일으키기 때문에 통찰이 효력을 발휘하게 된다는 것을 안다. 그러나 좀 더 단순하고 간단한 욕구 충족요법과 보다 깊고 장기적이며 어려운 통찰요법 간의 조잡한 분류를 잠정적으로 받아들이는 것도 핵심을 파악하는 데 도움이 될 것이다. 앞으로 살펴보겠지만 결혼, 우정, 협동, 가르침과 같이 전문적인 치료 상황이 아닌 경우에도 욕구 충족은 가능하다. 그러면 비전문적인 치료사들도 일종의 치료 기술을 사용한다고 광범위하게 볼 수 있는 이론적인 길이 열리게 된다. 현재로서 통찰요법은 전문 분야에 속하며 많은 수련을 필요로 한다. 비전문 요법과 전문 요법의 이분법이 가져오는 이론적인 결과들을 심층 분석하면 유용한 점을 많이 발견하게 될 것이다.

심층적인 통찰요법에는 다른 원리들도 포함되어 있지만, 기본 욕구 좌절과 충족이 미치는 영향에 관한 연구를 출발점으로 삼으면, 통찰요법을 가장 잘 이해할 수 있을 것이라는 의견을 제시할 수 있다. 이런 관점은 간단한 요법을 설명하기 위해 정신분석학이나 다른 통찰요법의 연구를 끌어들이려는 현재의 관습과는 정면으로 배치된다. 현재의 관습에 따른다면 심리치료와 개인의 성장은 심리학 이론에서 고립되어 독자적으로 존재하는 분야로 만드는 부차적인 결과를 낳는다. 그렇게 고립된 분야는 그 분야에만 국한된 특수 법칙 또는 자생적인 법칙의 지배를 받는다.

이 장에서는 그런 암시를 분명하게 거부할 것이며, 심리치료에만 국한된 특별한 법칙은 없다는 믿음에서 출발하여 논의를 전개할 것이다. 마치 그런 법칙이 존재하는 것처럼 할 수 있었던 것은 대부분의 전문 심리치료사들이 심리학적 수련보다는 의학적 수련을 받았기 때문이다. 그러나 한편으로는 실험심리학자들이 심리치료에서 나타나는 현상이 인간 본성에 대해 가졌던 기존의 생각에 어떤 영향을 미치는지 외면해 왔기 때문이기도 하다. 간단히 말해 심리치료는 올바른 일반심리학 이론에 정당하게 기초를 두어야 할뿐더러 심리학 이론도 책임을 질 수 있을 만큼 영역을 확장해야 한다고 주장할 수 있다. 따라서 통찰의 문제는 이 장의 뒷부분에서 설명하기로 하고, 우선은 보다 단순한 치료 현상을 다룰 것이다.

심리치료와 욕구 충족

모든 것을 종합했을 때 순수하게 인지적이거나 비인격적인 심리치료를 부정하는 많은 사실을 알고 있다. 그러면서도 그것들은 욕구 충족 이론이나 성장과 치유에 대한 대인관계 접근방식과 양립할 수 있다.

주술적 치유

사회가 존재하는 곳이면 심리치료는 향상 있어왔다. 무당, 치료사, 마녀, 공동제의 현명한 노파, 사제, 구루, 그리고 최근 서구문명에서는 의사가 현재의 심리치료 효과를 이룰 수 있었다. 실제로 위대한 종교 지도자나 종교 기구는 총체적이고 극적인 정신병뿐만 아니라 미묘한 성격장애나 가치장애를 치유해줌으로써 인정받아왔다. 그러나 이들의 의견은 서로 아무런 공통점이 없고 진지하게 받아들일 필요도 없다. 우리는 기적을 행한 사람이 어떻게 또는 왜 그런 기적을 일으켰는지 스스로 알지 못할 수 있음을 인정해야 한다.

이론과 실제 간의 괴리

이론과 실제 간의 괴리는 오늘날에도 존재한다. 심리치료의 다양한 학파들은 모두 의견이 서로 다르며 때로는 첨예하게 대립하기도 한다. 임상 분야의 심리학자들은 기간만 충분하다면 이런 각각의 학파들을 대표하는 치료사들에게서 치유를 받은 환자들을 찾아낼 수 있을 것이다. 이런 환자는 자신을 치료해준 이론에 감사해하며 그 이론의 충실한 지지자가 될 수 있을 것이다. 또한 이런 학파들의 실패담을 모으는 것도 그에 못지않게 손쉬운 방법이다. 여기에 상황을 세 배로 혼란스럽게 만드는 경우를 추가할 수 있는데 심리치료라고 할 만한 어떤 수련도 받아본 적 없는 의사로부터 치유를 받은 사람들도 있다. 교사, 목사, 간호사, 치과 의사, 사회복지사까지 언급할 필요도 없다.

이런 다양한 이론적 학파들은 경험적이고 과학적인 근거를 토대로 비판하고, 각 이론의 상대적인 유효성에 따라 서열을 정할 수도 있다. 그리고 미래에는 특정이론에 의한 수련이 다른 수련법보다 더 높은 치유 성공률 또는 성장을 가져왔음을 보여주는 통계치를 얻을 것이라고 기대할 수도 있다. 물론 이런 다양한 방법이 항상 실패하거나 성공하는 것은 아니다.

그러나 지금으로서는 치료효과가 이론과는 독립적으로, 또는 어떤 이론 없이도 나타날 수 있음을 인정해야 한다.

테크닉이 제각각이어도 좋은 결과를 얻을 수 있다

예를 들어 프로이트의 정신분석학과 같은 고전적인 학파에만 국한시켜보더라도, 일반적인 의미의 능력뿐만 아니라 치료의 효율성 면에서 분석가마다 광범위한 개인차가 있다는 사실을 분석가들도 이해하며 인정한다. 교육 활동이나 저술 활동에 큰 공헌을 하고 박식하다고 인정받으며 교수나 강사, 분석가를 훈련시키는 저명한 분석가들도 환자를 치료하는 과정에서 종종 실패를 경험한다. 그리고 저술 활동이나 학문적 발견을 하지 못하더라도 대부분의 환자들을 치료할 수 있는 분석가들도 있다. 물론 명석함과 환자를 치유하는 능력 사이에는 어느 정도 긍정적인 상관관계가 있지만 해명할 수 없는 예외도 있다.

치료사의 성격

역사적으로 보면 치유이론의 한 학파에서 대가의 경지에 이른 사람이 치료사로서는 유능하지만 학생들을 가르치는 데는 실패했던 경우들이 있다. 치유의 능력이 단지 이론과 내용, 지식의 문제라면, 그리고 치료사의 성격과 무관하다면 교사와 동등하게 똑똑하고 열성적인 학생은 누구나 교사만큼 잘할 수 있어야 옳을 것이다.

치료 없이 나타나는 개선효과

어떤 유형의 치료사라도 처음 환자에게 치료 절차나 시간 등 치료 외적인 사항들만 의논한 뒤 두 번째 만났을 때 환자 스스로 호전되었다고 말하거나 실제로 호전된 모습을 보여주는 경우를 흔히 경험할 것이다. 단순하게 주고받은 말과 행동만으로는 이런 결과를 전혀 이해할 수 없다. 때로는 치료사가 아무 말도 하지 않았는데 치료효과가 나타나기도 한다. 예를 들면 한 여대생이 개인적인 문제로 조언을 구하기 위해 나를 찾아왔다. 나는 한마디도 하지 않고 그 여학생만 이야기했을 뿐인데, 한 시간이 지날 무렵 그녀는 만족스럽게 문제를 해결하고 나의 조언에 감사해하며 방을 나갔다.

삶의 체험이 가져오는 치료효과

문제가 오래되지 않고 심각하지 않은 경우 평범하지만 중대한 삶의 체험이 완전한 의미에서의 치료효과를 가져오기도 한다. 전문 치료사의 도움 없이 훌륭한 결혼생활, 직장에서의 적당한 성공, 깊은 우정, 자녀의 출생, 응급 상황, 고난 극복과 같은 경험들만으로도 성격에 변화가 일어나고 증상이 사라지는 모습을 가끔 접한다. 사실 삶의 바람직한 상황들이 궁극적인 치료작용제이며, 전문 심리치료는 환자가 그런 상황들을 활용할 수 있게 도와주는 역할을 할 뿐이라는 주제로 논문도 쓸 수 있을 것이다. 많은 정신분석가들은 자기 환자들이 분석을 받지 않던 공백기나 분석이 완료된 후에도 호전되는 모습을 본다.

훈련을 받지 않은 치료사가 거두는 성공적인 치료

치료사 훈련을 받아본 적이 없거나 부적절하게 훈련받은 사람들이 많은 환자를 치료하거나 다룬다는 매우 특이한 상황이 오늘날 가장 난해한 문제인지도 모른다. 1920, 30년대에는 대다수의 심리학과 대학원생들에게 훈련의 기회가 제한적이거나 때로는 훈련이 거의 이루어지지 않았다(요즘도 정도는 덜하지만 여전하다). 그들은 인간이 좋고 인간을 이해하고 도와주고 싶어서 심리학을 선택했다. 학생들은 대부분의 시간을 감각현상, 조건화된 반사의 세분화, 무의미한 음절, 미로를 통과하는 흰쥐의 행보 등에 소모해야 하는 기괴한 컬트적 분위기에 동화되었다. 그보다는 유용하지만 여전히 철학적으로 불완전한 실험과 통계 방법에 관한 훈련도 받았다.

그렇지만 일반인이 보기에 심리학자는 여전히 심리학자이기 때문에 인생의 중요한 질문들을 그에게 던졌다. 일반인의 눈에 심리학자는 왜 이혼과 증오가 발생하고 사람들이 정신병자가 되는지에 대해서 어떤 해답을 가지고 있을 법한 전문가였다. 종종 심리학자는 자기가 아는 범위 내에서 최선을 다해 답해야 했다. 특히 정신과 의사나 정신분석에 대해 들어본 적 없는 작은 도시나 마을 주민들의 경우 심리학자에게 의존할 수밖에 없다. 심리학자를 대신할 수 있는 유일한 대안은 좋아하는 아주머니, 가족의 주치의, 목사 정도였다. 그렇기 때문에 수련을 받지 못한 심리학자라도 죄의식을 덜 느낄 수 있었다. 그리고 필요한 수련을 받으려는 노력을 소홀히 할 수도 있었다.

그러나 여기서 이야기하고 싶은 요점은 젊은 심리학자들조차 깜짝 놀랄 정도로 어설픈 노력이 종종 효과를 거두었다는 것이다. 그들은 실패를 각오했으며, 실패하는 경우가 더 많았다. 그렇지만 뜻하지 않은 성공적인 결과에 대해서는 어떻게 설명할 수 있는가?

전문 치료사에게서는 이런 현상이 덜 발견된다. 그래서 어떤 정신과 의사들은 이런 사례들을 인정하지 못하는 태도를 취한다. 그러나 이런 일을 흔히 접하는 성직자나 교사, 의사들은 물론 심리학자나 사회복지사들에게서도 비슷한 현상을 쉽게 확인할 수 있다.

요약

이런 현상을 어떻게 설명할 것인가? 동기이론과 대인관계 이론의 도움을 받아야만 제대로 이해할 수 있을 듯하다. 무엇보다 치료 기간 중에 의식적으로 말하거나 행한 것이 아니라 무의식적으로 행하고 지각한 것을 강조할 필요가 있다. 치료가 효과를 보았다고 보고되었던 모든 경우에서 치료사는 관심을 가지고 환자에게 도움을 주고자 했다. 그럼으로써 치료사는 환자에게 자신이 가치 있는 존재임을 확인시켜주었다. 모든 경우에 치료사는 더 현명하고 연륜 있고 강하고 건강한 사람으로 인식되었기 때문에 환자는 더 안전하고 보호받는다고 느꼈다. 따라서 스스로 덜 불안하거나 덜 약하다고 느낄 수 있었다. 앞에서 열거한 요인들과 더불어 들어주려는 자세와 책망하지 않고 솔직함을 장려하는 태도, 죄를 지은 사실이 드러난 후에도 수용하고 인정해주는 태도, 부드러움과 친절함, 환자에게 자기편이 있다고 느낄 수 있게 해주는 태도 등이 환자로 하여금 사랑과 존경, 보호를 받고 있음을 무의식적으로 깨닫게 했다. 이미 언급했듯이 이 모든 요소는 기본 욕구가 충족되었음을 의미한다.

기본 욕구 충족이 담당하는 역할에 좀 더 큰 비중을 둠으로써 이미 잘 알려진 치료 요인들(암시, 카타르시스, 통찰, 그리고 더 최근에 개발된 행동요법 등)을 보완한다면, 이렇게 알려진 치료 절차를 통할 때보다 더 많은 현상들을 설명할 수 있을 것이다. 어떤 치료현상(짐작하건대 덜 심각한 경우일 것이다)은 욕구가 충족되었기 때문에 일어났다고밖에는 설명할 수 없다. 보다 복잡한 치료 테크닉들로 충분히 설명할 수 있는 심각한 다른 경우들도, 좋은 인간관계에서 자동적으로 이루어지는 기본 욕구 충족을 치료 결정 요인으로 추가하면 더 완벽하게 설명할 수 있다.

좋은 인간관계

우정과 결혼 등 인간관계를 분석해보면 기본 욕구는 인간관계를 통해서만 충족될 수 있다. 또한 우리가 기본적인 치료술이라고 이미 언급했던 안전, 사랑, 소속감, 가치감, 자존감을 부여해줄 때 이런 욕구가 충족되는 것을 볼 수 있다.

인간관계를 분석하는 동안 우리는 좋은 관계와 나쁜 관계를 구분해야 할 필요성과 가능성에 반드시 직면하게 된다. 기본 욕구 충족을 어느 정도 달성하는가를 기준으로 삼으면 관계를 효과적으로 분류할 수 있다. 우정, 결혼, 부모 자식 간의 관계와 같은 인간관계는 소속감, 안정감, 자존감, 그리고 궁극적으로는 자아실현을 지지해주거나 개선시켜주는 정도에 따라서 심리적으로 좋은 관계로, 그렇게 해주지 못하는 정도에 따라서 나쁜 관계(비록 이 정의가 제한적이기는 하지만)로 정의될 수 있을 것이다.

나무, 산 또는 개라는 애완동물도 인간의 기본 욕구를 충족시켜줄 수 없다. 반드시 타인을 통해서만 존중과 보호, 사랑을 받을 수 있으며 이런 것들을 줄 수 있는 대상도 다른 인간뿐이다. 또 바로 이런 요소들이 좋은 친구, 좋은 연인, 좋은 부모 자식, 좋은 교사와 제자가 서로에게 주는 것들이며, 모든 좋은 인간관계로부터 추구하는 만족이다. 그리고 훌륭한 인간을 양성하는 데 필수적인 전제조건이며 모든 심리요법의 궁극적(당장의 목표가 아니더라도) 목표다.

내가 제시한 정의체계에서 전반적으로 시사하는 바는 첫째, 심리치료는 근본적으로 심리치료에만 유일한 관계에 기초한다고 할 수 없다. 심리치료의 근본적인 특성들이 모든 '좋은' 인간관계에서 발견되는 근본적인 특성들과 일치하기 때문이다. 둘째, 만약 그렇다면 심리치료의 근본적인 특성들은 좋거나 나쁜 인간관계라는 관점에서 지금까지보다 더 철저히 분석되어야 한다.[2] 좋은 우정의 가치를 의식하지 못해도 그 가치가 퇴색하지 않듯이 이런 동일한 특성들이 무의식적으로 나타나더라도 치료효과는 나타날 수 있다. 그렇지만 이 말은 이런 특성들을 충분히 의식하면서 자발적으로 활용할 때 그 가치가 높아진다는 확고한 사실과 모순되지는 않는다.

---

[2] 이런 결론들은 사랑과 존경을 직접 받을 수 있는 좀 더 경미한 경우(우리나라에서는 대다수의 사람들이 이 경우에 해당된다고 믿는다)에만 논의를 국한시키면 더 인정하기 쉽다. 신경증적 욕구 충족과 그 결과를 다루는 문제는 너무 복잡하기 때문에 미룰 수밖에 없다.

우정: 사랑하고 사랑받는 관계

좋은 우정 관계(부부관계, 부모 자녀 간의 관계, 또는 일반적인 인간관계도 우정의 관계라고 볼 수 있다)를 좋은 인간관계의 패러다임으로 삼아 자세히 살펴보면, 이런 관계가 앞에서 언급했던 것보다도 더 많은 만족감을 준다. 상호간의 솔직함, 신뢰, 정직성, 방어의 부재가 그 자체로서의 가치뿐 아니라 표현과 카타르시스에서 비롯되는 해방의 가치도 지닌다(6장 참조). 건강한 우정은 건강한 수동성, 이완, 유아적인 모습, 바보스러움을 표현하는 것을 허용한다. 어떤 위험도 없고 역할에도 상관없으며, 허식을 부리지 않아도 사랑과 존경을 받을 수 있다면, 약할 때는 약한 모습을 보이고, 혼돈스러울 때는 보호받으며, 성인으로서의 책임감에서 벗어나고 싶을 때는 아이처럼 행동할 수 있기 때문이다. 나아가 정말 좋은 관계는 프로이트적인 의미에서의 통찰력도 개선시켜준다. 좋은 친구나 배우자는 우리를 위해서 치료사의 분석적인 해석에 견줄 만한 의견을 자유롭게 제시할 수 있기 때문이다.

좋은 인간관계가 지니는 교육적인 가치라고 포괄적으로 부를 만한 효과에 대해서는 아직 충분히 논의하지 않았다. 우리는 안전하게 느끼고 싶고, 사랑을 받고 싶은 욕구뿐만 아니라 더 알고 싶고, 호기심을 충족시키고 싶은 욕구도 있다. 또한 포장되어 있는 모든 것을 풀어보고 싶고, 잠겨 있는 모든 문을 열어보고 싶은 욕구도 있다. 그 밖에도 세계를 체계화시키고 깊이 이해하고 이치에 닿게 해보려는 철학적인 충동도 고려해야 한다. 좋은 친구관계나 모자관계도 이런 면에서 많은 것을 충족시켜주지만 훌륭한 치료관계는 이런 욕구를 특정한 정도까지 만족시켜줄 것이다.

마지막으로 사랑하는 것이 사랑받는 것만큼이나 큰 기쁨이라는 분명한(그렇기 때문에 소홀히 다루어지는) 사실도 언급하는 것이 좋을 것이다.[3] 사랑하려는 개방적인 충동은 우리 문화 속에서 성적 충동이나 적대적인 충동만큼, 또는 그보다도 더 심각하게 억제되어 있다(Suttie, 1935). 우리는 이상할 정도로 제한된 소수의 관계, 어쩌면 모자관계, 조부모와 손자관계, 부부나 연인관계라는 세 부류의 관계에서만 사랑을 개방적으로 표현하도록 허락한다. 심지어 그런 경우에도 민망함, 죄책감, 방어, 역할 연기, 또는 지배권을 확보하기 위한 싸움 때문에 애정 표현이 쉽게 억압되고 혼란스러워진다는 것을 알고 있다.

치료관계에서는 공개적으로 사랑과 애정의 충동을 말로 표현하는 것이 허용되고 독려된다는 점이 충분히 강조되지 않는다. 치료관계(또한 다양한 '개인 성장' 집단)에서만 애정의 충동이 당연하게 받아들여지고 예상된다. 그리고 애정의 충동은 건강하지 못한 혼합물들이 의식적으로 제거, 정화되어 최고조로 활용된다. 이런 사실들은 프로이트의 전이와 역전이의 개념을 재평가할 필요성이 있음을 분명하게 지적해준다. 프로이트의 개념은 질병 연구에서 발전된 개념이기 때문에 건강함을 다루기에는 지나치게 제한적이다. 그의 개념은 건강함과 병듦, 합리적인 것과 비합리적인 것을 포함할 수 있도록 확장되어야 한다.

관계: 치료를 위한 전제조건

인간관계의 특성은 지배-복종적, 평등적, 냉담 또는 방임적의 최소

---

[3] 우리는 특히 아동심리학 저서들에서 이렇게 불가해한 실수에 봉착하게 된다. "아이는 사랑을 받아야 한다", "아이는 부모의 사랑을 받기 위해 착하게 행동할 것이다" 등의 이야기와 마찬가지로 "아이들은 사랑해야 한다", "아이는 부모를 사랑하기 때문에 착하게 행동할 것이다"와 같은 이야기도 똑같이 타당성 있을 수 있다.

세 가지로 분류할 수 있다. 이는 치료사와 환자의 관계를 비롯하여 다양한 영역에서 발견되었다.

어떤 치료사는 자신이 적극적이며 결단력이 있고 환자를 다루는 우두머리라고 생각할 수 있고, 또 어떤 치료사는 환자와 공동 작업을 하는 파트너라고 생각할 수도 있다. 또 어떤 치료사는 감정을 배제한 채 침착하게 환자의 거울 역할을 해주면서 절대로 개입하지 않고 인간적으로도 가까워지지 않으며 거리를 둘 수도 있다. 프로이트는 마지막 유형을 추천했지만 나머지 두 유형의 관계가 더 일반적이다. 그러나 공식적으로는 환자에 대해 갖게 되는 정상적인 인간적 감정을 가리키는 유일한 용어는 역전이뿐이다. 다시 말해 환자에게 갖는 인간적 감정은 비합리적이고 병적이라는 것이다.

마치 물고기에게 물이 필요한 모든 물질을 얻을 수 있는 매개물이듯이, 환자에게 환자와 치료사의 관계가 필요한 치료술을 얻을 수 있는 매개물이라면, 그런 관계는 관계 자체가 아니라 어떤 매개물이 환자에게 가장 좋은가라는 관점에서 고려되어야 한다. 또한 한 유형은 철저하게 신봉하면서 나머지 유형은 배제하는 실수를 하지 않도록 유의해야 한다. 이 세 가지 유형과 또 다른 유형들이 존재한다면 이 모든 것을 좋은 치료사의 자질에 포함시켜야 할 것이다.

앞의 내용에 의하면 평균적인 환자가 따뜻하고 친절하며 민주적인 파트너 관계에서 가장 많은 효과를 볼 것이다. 그러나 그런 분위기가 유익하지 않은 환자들도 많아서 일률적인 규칙으로 적용할 수 없다. 만성적으로 고착된 중증 노이로제의 경우에는 더욱 그렇다.

치료사는 친절함을 약한 것으로 여기는 권위주의적인 성격의 환자가 치료사를 만만하게 보도록 허용해서는 안 된다. 그런 환자에게 도움을 주기 위해서는 허용의 한계를 분명하게 정해주는 것이 바람직할 수도 있다. 랑케(Ranke) 학파는 치료관계의 한계를 논의하면서 이 점을 특히 강조했다.

애정을 덫이나 올가미라고 생각하는 사람들은 냉담한 관계 외의 다른 모든 관계에서도 불안해하며 움츠러들 것이다. 죄책감을 심하게 느끼는 사람은 벌을 요구할 것이다. 경솔하고 자기 파괴적인 사람에게는 회복 불가능한 자해(自害)를 하지 못하도록 분명하게 명령해야 할 것이다.

그러나 치료사가 (가능한 한) 환자와의 관계를 의식해야 한다는 규칙에는 예외가 있을 수 없다. 치료사의 성격 때문에 어떤 한 유형에 치우치게 될지라도 환자에게 도움을 주어야 한다는 것을 염두에 두고 스스로를 점검해야 한다.

일반적인 의미에서든 개별적인 환자의 입장에서든 치료사와의 관계가 나쁘면, 심리치료에 포함된 여러 자원이 효과를 낼 것이라고 확신할 수 없다. 그런 관계는 아예 성립될 수 없거나 곧 깨져버릴 것이기 때문이다. 설령 환자가 몹시 싫어하거나 원망하거나 불안감을 느끼는 의사와 관계를 지속한다고 하더라도, 치료과정에서 자기방어 또는 반항을 하거나 치료사를 불쾌하게 만들겠다는 생각에 많은 시간을 소모하게 될 것이다.

요약하면 만족스러운 인간관계를 형성하는 것이 목적이 아니라 목적에 이르는 수단이라고 할지라도 그것이 심리요법에서 매우 바람직하거나 필요한 전제조건이라고 보아야 한다. 만족스러운 인간관계는 모든 인간이 필요로 하는 치료술을 제공해주는 최선의 매개물이기 때문이다.

관계를 훈련시키는 치료

이런 관점에는 또 다른 흥미로운 것이 함축되어 있다. 환자에게 훌륭한 인간관계로부터 얻어야 하는 것들을 제공하는 것이 심리치료의 본질이라고 한다면, 심리적으로 병든 사람이란 타인과 충분히 좋은 관계를 맺어본 적 없는 사람이라고 정의할 수 있다. 이는 아픈 사람이 사랑이나 존경 등을 충분히 받지 못한 사람이라고 앞에서 내렸던 정의와 모순되지 않는다. 사랑이나 존경도 타인으로부터만 받을 수 있는 것이기 때문이다. 따라서 동어 반복적으로 보이긴 하지만 이 두 가지 정의는 우리를 각각 다른 방향으로 이끌며 치료의 다른 면을 볼 수 있게 해준다.

질병에 대한 두 번째 정의[4]는 심리치료적인 관계를 새로운 각도에서 보게 해준다. 대부분의 사람들은 치료를 최후의 수단이나 절박한 조처라고 생각한다. 일반적으로 치료는 아픈 사람들이 받는 괴상하고 비정상적인 것이라 생각한다. 또한, 수술처럼 필요하지만 불행한 사태라고 생각한다. 심지어 치료사들조차 그렇게 생각한다.

결혼, 우정, 파트너 관계처럼 유익한 관계를 시작할 때는 대부분 이런 태도를 갖지 않는다. 그러나 이론적으로 심리치료는 수술에 비할 수 있지만 우정과도 유사하다. 그렇다면 심리치료를 건강하고 바람직한 관계 또는 어느 정도, 어느 면에서는 인간 사이의 이상적인 관계라고 보아야 한다. 이론적으로 심리치료는 기대를 갖고 기꺼이 시작해야 하는 관계다. 앞에서 고찰해본 내용들로부터 이런 결과는 당연히 도출될 수 있다. 그러나 현실에서는 종종 그렇지 못하다. 물론 이런 모순은 일반

---

4 좋은 관계를 맺어본 적 없는 경우 - 옮긴이.

적이지만 신경증 환자가 병에 집착할 필요성을 느낀다는 이유만으로는 치료 거부의 이유를 충분히 설명할 수 없다. 치료관계의 근본적인 성격에 대해서 환자뿐 아니라 많은 치료사들이 오해하고 있다는 것도 이런 모순을 설명하는 데 포함시켜야 한다. 나는 치료를 받게 될 환자들에게 일반적인 설명 대신 앞에서 언급한 내용을 설명해주었을 때 더 기꺼이 치료에 임하는 것을 발견했다.

대인관계 면에서 치료를 정의하면, 좋은 인간관계를 맺는 테크닉을 수련하고, 그런 인간관계를 맺는 것이 가능하다는 것이 증명된다. 또한, 그것이 얼마나 즐겁고 유익한 것인지를 발견해가는 과정이 치료의 한 측면임을 알 수 있다(만성적인 신경증 환자는 특별히 도움을 받지 못하면 좋은 인간관계를 맺는 것이 불가능하다). 그런 후에는 환자가 훈련받은 내용을 전이시킴으로써 다른 사람과도 깊고 좋은 관계를 맺을 수 있기를 바라게 될 것이다. 그렇게 되면 환자는 대부분의 사람들처럼 친구, 자녀, 아내 또는 남편, 동료들로부터 모든 필요한 심리적 치료를 받을 것이다. 이런 관점에서 볼 때 치료는 환자에게 좋은 인간관계를 개발할 수 있도록 준비시켜주는 과정이라고도 정의할 수 있다. 모든 인간이 그런 인간관계를 원하며, 비교적 건강한 사람들은 그 안에서 자신에게 필요한 많은 심리 치료법을 배운다.

앞에서 제기한 점들로부터 유추해볼 수 있는 또 다른 사실은 환자와 치료사가 서로를 선택하는 게 이상적이라는 점이다. 환자가 치료사를 선택할 때는 치료사의 명성, 진료비, 수련의 테크닉, 기술 등만 생각할 것이 아니라 서로에 대한 인간적인 호감도 고려해야 한다. 이를 통해 치료 시간이 단축되며, 환자와 치료사 모두 편안해지고, 이상적인 치료에 더 근접할 수 있을 것이다. 즉 우리는 치료 전 과정이 두 사람 모두에게 보람 있는 체험이 될 것이고 논리적으로 쉽게 결론 내릴 수 있다. 그리고 그런 결론으로부터 환자와 치료사의 배경, 지능 수준, 경험, 종교, 정치적 입장, 가치관 등이 유사할수록 이상적이라고 할 수 있다.

이쯤 되면 치료사의 성격이 가장 중요한 요소까지는 아니더라도 비중을 두고 고려해야 할 점이라는 사실이 분명해진다. 치료사는 심리치료라는 이상적인 인간관계를 쉽게 맺을 수 있는 사람이어야 한다. 나아가 치료사는 다양한 사람들 또는 모든 인간과 그런 관계를 맺을 수 있어야 한다. 따뜻하고 동정적이며 타인을 존중해줄 수 있을 만큼 자신에 대한 확신이 있어야한다. 또한 본질적으로 민주적인 사람이어야 한다. 이때 '민주적'의 심리학적 의미는 다른 사람이 인간이자 고유한 존재라는 이유만으로 그를 본질적으로 존중해준다는 뜻이다. 다시 말해 치료사는 정서적으로 안정되어 있고 건강한 자존감을 가지고 소유해야 한다. 또한 그가 처한 삶의 상황이 양호하여 자신의 문제에 몰두하지 않을 수 있어야 이상적이다. 행복한 결혼생활을 하며, 경제적으로 풍족하고, 좋은 친구들이 있으며, 삶을 사랑하고, 좋은 시간을 즐길 능력이 있어야 한다.

마지막으로 이 모든 사실은 치료가 진행 중일 때나 끝난 후에 치료사와 환자 사이에 접촉이 계속되는 것을 피해야 한다고 정신분석학자들이 성급하게 내린 결론도 다시 고려해볼 여지가 있음을 시사한다.

치료로서의 일상생활

나는 심리치료의 궁극적인 목표와 이런 결과를 초래하는 특정한 심리적 치료술을 일반화하여 표현하고 그 개념을 확장시켰다. 그러기 때문에 논리적으로 심리치료와 다른 인간관계나 삶의 사건 간의 장벽을 허물 수 있었다. 보통 사람의 삶에서도 전문적인 심리치료가 지향하는 궁극적인 목적과 다름없는 목적을 향하여 나가도록 개인을 도와주는 관계와 사건들이 만들어진다. 이런 관계와 사건들은 병원 밖에서 전문 치료사의 도움 없이 일어나지만 심리치료적이라고 불러도 무방할 것이다. 그렇다면 훌륭한 결혼생활, 우정, 좋은 부모, 직장, 교사 등이 만들어내는 일상적인 기적을 살펴보는 것도 심리치료에 포함시켜야 한다는 주장도 가능하다. 그런 생각에서 직접 유추할 수 있는 한 가지 명제는, 환자가 전문적인 치료를 통해서 일상에서의 치료적 관계를 받아들이고 다룰 수 있게 되는 즉시, 환자를 일상적인 관계 속으로 이끄는 방법에 더 많이 치중해야 한다는 것이다.

전문가들은 타인에 대한 보호, 사랑, 존경과 같이 중요한 심리치료적 도구들을 아마추어에게 넘긴다고 두려워할 필요가 없다. 이런 것들은 강력한 도구이지만 위험한 도구는 아니다. 사람을 사랑하거나 존중해 줌으로써 상처를 줄 수 없다고 해도 무리하지 않을 것이다(때로 신경증적인 사람들은 예외가 되기도 하는데, 그런 경우는 이미 심각한 상태라고 할 수 있다). 보호와 사랑, 존경은 항상 선하며 상대에게 해를 입히지 않는다고 기대해도 좋을 것이다.

이것을 받아들이고 나면 모든 선한 인간은 무의식적으로 잠재적인 치료사라는 것을 확신해야 한다. 이뿐만 아니라 이런 사실을 인정하고 독려하고 가르쳐야 한다는 결론을 수용해야 한다. 최소한 모든 인간에게 어린 시절부터 비전문적 심리치료의 기초 정도는 가르칠 수 있다. 공중 심리치료(개인을 대상으로 한 의료와 대조되는 공중보건이라는 개념을 들어서 비유하면, 개인 심리치료와 대조되는 공중 심리치료의 개념을 제시할 수 있을 것이다)의 한 가지 분명한 임무는 이런 사실을 가르치고 널리 전파하여 모든 교사나 부모, 또는 모든 인간에게 이런 기초들을 가르치고 적용할 수 있는 기회를 주는 것이다. 사람들은 언제나 자기가 존경하고 사랑하는 사람에게 조언과 도움을 구하기 위해 찾아갔다. 심리학자뿐 아니라 종교인들이 주도하여 이런 역사적인 현상을 공식화, 언어화, 보편화하도록 장려하지 못할 이유가 없다. 사람들이 타인을 불필요하게 위협하고 모욕하며 상처주고 지배하며 거부할 때마다 그 행위가 아무리 미약하더라도 정신병리를 일으키는 원인이 된다는 것을 분명히 가르쳐주어야 한다. 또한 친절하고 도움을 주며 너그럽고 심리적으로 민주적이며 다정하고 따뜻한 사람은 미약하나마 정신을 치유하는 힘이 된다는 것도 인식시켜주어야 한다.

자가요법

여기에 제기되는 이론에는 자가요법이 일반적으로 인식되는 것보다 가능성이 더 많지만 한계도 더 많다는 의미가 함축되어 있다. 모든 사람들이 자신에게 무엇이 부족한지, 자신의 근본적인 욕구가 무엇인지, 이런 근본적인 욕구가 충족되지 못함을 나타내는 증상들이 어떠한지 개략적으로 배운다면, 이런 부족함을 채우려고 의식적으로 노력할 것이다. 이런 이론에 의하면 대부분의 인간이 사회에 만연한 가벼운 부적응 증세를 스스로 치유할 가능성은 자신이 인식하는 것보다 훨씬 더 높다 해도 좋을 것이다. 안전, 사랑, 소속감, 타인으로부터의 존경은 상황적인 장애나 가벼운 성격장애의 만병통치약이다. 사람들은 자신에게 사랑, 존경, 자존감 등이 필요하면 의식적으로 찾아 나선다. 의식적으로 그런 요소들을 추구하는 것이 무의식적으로 결핍을 보충하려고 노력하는 것보다 훨씬 더 효과적이라는 데 대부분의 사람이 동의할 것이다.

그러나 많은 사람에게 이런 희망을 주고 일반적으로 생각하는 것보다 자가요법의 가능성이 훨씬 높다고 말하는 동시에, 반드시 전문가의 도움을 구해야 하는 문제들도 있다는 것을 지적해야 한다. 심각한 성격 장애나 실존적 신경증의 경우, 환자가 경미하게 개선되는 것 이상을 바란다면, 그런 장애를 발생, 악화, 유지시키는 역동적인 힘을 이해하는 과정이 선행되어야 한다. 그렇게 하기 위해서는 의식적인 통찰을 일으키는 데 필요한 모든 도구가 반드시 동원되어야 한다. 하지만 현재로서는 전문적으로 수련받은 치료사만이 그런 도구들을 사용할 수 있다. 사례가 심각하다면 문외한이나 현명한 노파와 같은 사람의 도움은 십중팔구 영구적 치료를 가져오는 효과는 없을 것이다. 이것이 자가요법의 본질적인 한계다.[5]

집단요법

심리치료에 대한 나의 접근방식에는 T-그룹을 비롯한 집단요법을 더 많이 존중해야 한다는 의미도 함축되어 있다. 심리치료와 개인의 성장이 대인관계에 기초하고 있음을 충분히 강조했기 때문에, 선험적인 근거만으로도 두 명으로 이루어진 인간관계를 더 큰 집단으로 확대하는

---

5 이 내용이 처음으로 쓰인 후로 호나이(1942)와 패로(1942)가 자기 분석에 대해 쓴 흥미로운 책이 출간되었다. 전문적인 분석과 똑같은 정도에는 미치지 못하지만, 그들은 개인이 혼자 노력하더라도 전문적인 분석을 통해서 얻을 수 있는 종류의 통찰을 얻을 수 있다고 주장한다. 대부분의 분석가들은 이 사실을 부정하지 않지만, 엄청난 의지, 인내, 용기, 끈기가 요구되기 때문에 사실상 실용적이지 못하다. 나는 개인 성장에 관한 많은 책에도 이와 비슷한 이야기가 해당된다고 믿는다. 그런 책들은 도움이 될 수 있지만, '안내자', 구루, 리더와 같은 사람이나 전문가로부터 도움 없이 중대한 변화를 겪을 수 있을 것이라고는 기대하지 말아야 한다.

것이 유익할 것이라고 생각할 수 있다. 일반적인 요법이 두 명으로 이루어진 이상적인 축소판 사회라면 집단요법은 열 명으로 이루어진 이상적인 축소판 사회라고 할 수 있다. 우리는 돈과 시간의 절약이나 더 많은 환자에게 심리치료를 제공하기 위한 차원에서도 집단요법을 탐구해볼 강력한 동기를 가지고 있다. 그러나 그 밖에도 개별 심리치료에서는 불가능한 것들이 집단요법과 T-그룹에서는 가능함을 보여주는 경험적인 자료들도 있다. 환자가 집단의 다른 구성원들도 자신과 비슷한 인간이며, 포괄적으로는 자신의 목표, 갈등, 만족과 불만족, 숨겨진 충동과 생각들이 사회에서 보편적이라는 것을 알게 되면, 자신만 특이하다는 느낌, 고립감, 죄의식 같은 것을 쉽게 해소할 수 있다는 것은 이미 알려져 있다. 개인이 집단에 속하면 혼자만의 은밀한 갈등과 충동으로 인해 정신질환이 발생할 가능성은 감소한다.

실제 치료에서 나온 결과들도 집단치료에 대해 또 다른 기대를 하게 만든다. 개별 심리치료에서 환자는 적어도 한 명, 즉 치료사와 좋은 인간관계를 맺는 방법을 배운다. 그러면서 환자가 이런 능력을 사회생활에 적용시킬 수 있기를 기대한다. 환자들은 가끔 그렇게 할 수 있지만 못하는 경우도 있다. 집단치료에서는 환자들이 적어도 한 명과 좋은 관계를 맺는 방법을 배울뿐더러 치료사가 지켜보는 가운데 여러 명으로 구성된 집단 전체와도 좋은 관계를 맺는 방법을 연습한다. 깜짝 놀랄 만한 정도는 아니지만 이미 나와 있는 실험 결과들을 보면 확실히 고무적이다.

이론으로부터 유추할 수 있고 경험적인 자료들이 이런 사실을 제시하기 때문에, 집단 심리치료에 관한 연구는 더욱 촉구되어야 한다. 집단요법이 전문적인 심리치료 전망에 훌륭한 단서를 제공하기도 하겠지만, 그것이 일반적인 심리학 이론과 광범위한 사회이론에 대해서도 더 많은 것을 알려줄 것이다.

T-그룹, 집단 감수성 훈련 그룹, 민감성 훈련, 현재 개인 성장 집단으로 분류되어 있는 기타 모든 종류의 집단과 정서 교육 세미나, 워크숍도 마찬가지다. 절차는 다르지만 이런 집단들도 모든 심리치료와 동일한 장기적인 목표, 다시 말해 자아실현, 완전한 인간성, 종과 개인으로서 가지고 있는 잠재력의 완전한 활용 등과 같은 목표를 가지고 있다. 다른 심리치료들과 마찬가지로 이런 집단들도 유능한 사람이 이끌면 기적을 행할 수 있다. 그러나 잘못 운영되면 무용하거나 해로울 수 있음을 보여주는 경험도 충분히 있다. 그러므로 훨씬 더 많은 연구가 이루어져야 한다. 물론 이것은 집단요법 치료사에게만 국한되는 것이 아니다. 외과 의사나 다른 전문가에게도 해당되므로 놀라운 결론은 아니다. 또한 문외한이나 아마추어가 어떻게 하면 무능한 치료사를 피하고 유능한 치료사(또는 의사, 치과 의사, 구루, 안내자, 교사)를 선택할 수 있을 것인가라는 문제도 아직 해결되지 못하고 있다.

좋은 사회

좋은 사회란 무엇인가

훌륭한 인간관계에 대해 앞에서 논의한 정의와 비슷한 맥락에서, 우리는 좋은 사회에 대한 분명한 정의와 그에 함축된 의미를 탐색해볼 수 있다. 좋은 사회는 구성원들에게 건강하고 자아실현자가 될 가능성을 열어주는 사회다. 또한 그것은 나쁜 인간관계는 최소화하고 좋은 인간관계를 최대한 양육, 장려, 보상, 생성하도록 제도를 갖추고 있는 사회다. 그리고 심리적으로 좋은 사회는 건강한 사회와, 나쁜 사회는 병든 사회와 동의어다. 따라서 좋은 사회는 기본 욕구가 충족되는 사회, 나쁜 사회는 기본 욕구가 좌절되는 사회(즉 사랑, 애정, 보호, 존경, 신뢰, 진실은 충분하지 않고 적대감, 모욕, 두려움, 경멸, 지배가 지나친 사회)를 각각 의미한다는 점은 앞에서 말한 정의와 본질로부터 필연적으로 수반되는 추론이다.

사회적·제도적 압력이 정신병을 일으키거나 병을 치료해주는 결과를 가져온다는 사실은 강조되어야 한다(즉 사회적 압력이 그런 결과가 발생하기 더 쉽고, 편리하게 하며, 가능성을 높인다. 그리고 그로 인해 생기는 1, 2차적 결과들을 더 증폭시킨다). 그러나 사회적 압력이 그런 결과가 나타나도록 절대적으로 운명을 결정하거나 불가피하게 만든다는 의미는 아니다. 우리는 단순하거나 복잡한 사회 어디서나 다양한 범위의 성격들을 접한다. 그래서 한편으로는 인간 본성의 가소성과 회복력을 인정하면서도, 또 다른 한편으로는 사회적인 압력에 저항하거나 그것을 경멸할 수 있을 만큼 예외적인 사람들(11장 참조)을 보면서 이미 형성된 성격에 특이한 고집이 존재함을 인정할 수 있다. 인류학자는 잔인한 사회에서도 친절한 사람을 찾아낼 수 있으며, 평화로운 사회에서도 투사를 찾아낸다. 이제 우리는 인간에 대해 충분히 알게 되었기 때문에, 루소처럼 인간의 모든 악을 사회적 제도 탓으로 돌릴 수 없다. 또 사회적인 제도만 개선되면 모든 인간이 행복하고 건강하고 현명해질 것이라고 바랄 수도 없다.

우리는 사회를 다양한 관점에서 바라볼 수 있으며, 각각의 관점은 서로 다른 이유에서 모두 유용한 가치가 있다. 예를 들어 우리는 우리의 사회나 다른 사회의 평균을 낸 후 그 사회가 병들었다거나 극단적으로 병들었다는 식으로 분류할 수 있다. 그러나 질환을 일으키는 힘과 건강을 유지시켜주는 힘을 측정하고 서로 비교하는 것이 더 유용한 분석이 될 것이다. 우리 사회에서는 이 두 힘이 위태롭게 흔들리며 균형을 유지하고 있다. 한순간 어떤 힘이 우세했다가 또 다른 순간에는 다른 힘이 통제하는 양상으로 유지된다. 이런 힘들을 측정하고 실험하지 못할 이유는 없다.

그런 일반적인 고찰을 뒤로 하고 개인 심리 차원으로 주의를 돌려 우선 문화에 대한 주관적인 해석의 현상을 살펴보자. 이런 관점에서 볼 때 신경증적인 사람은 세상에서 위험, 위협, 공격, 이기심, 모욕, 냉정함을 압도적으로 많이 본다. 따라서 그들에게는 사회가 병들었다고 해도 무리가 없을 것이다. 한편 그들의 이웃이 동일한 문화와 동일한 사람을 보면서 사회가 건강하다고 생각할 수 있다는 사실도 물론 이해가 된다. 그런 결론들은 심리적으로 서로 모순되지 않는다. 심리적으로 두 가지 견해가 공존할 수 있다. 그러므로 병이 깊은 사람들은 각자 주관적으로 병든 사회에서 살고 있다. 이런 진술과 앞에서 심리치료적인 관계에 대해 논의한 내용을 통합했을 때 얻을 수 있는 결론은 심리치료가 좋은 사회의 축소판을 재현해보려는 시도라는 것이다. 구성원의 대다수가 보기에 병든 사회에서도 이와 같은 표현을 할 수 있다. 우리는 여기서 지나친 주관주의를 경계해야 한다. 환자가 보기에 병든 사회는 좀 더 객관적인 의미에서도(즉 건강한 사람들에게도) 좋지 않은 사회다. 그런 사회가 신경증적인 사람들을 만들어낸다는 한 가지 이유에서라도 좋지 않은 사회다.

사회는 인간 본성에 어떻게 영향을 미치는가

이론적으로 심리치료는 병든 사회의 근본적인 스트레스와 병을 유발하는 경향을 상쇄시키는 역할을 한다. 또는 좀 더 일반화시켜 표현하면, 심리치료는 사회에서 병을 유발하는 힘에 개인적인 차원에서 맞서 싸우는 것이라고 할 수 있다. 이는 사회의 전반적인 건강이나 질병의 정도에 상관없이 사용할 수 있는 표현이다. 말하자면 내부로부터 뚫고 나오고 파도를 역류하며 혁명적이다. 또는 궁극적인 의미에서 급진적인 작업이라고 할 수 있다. 그렇다면 모든 심리치료사는 사회에 존재하는 정신병을 유발시키는 힘에 대항하여 각개전투를 하는 셈이지만, 이런 힘이 근본적이고 원초적인 것이라면 사실 그들은 사회와 대항하고 있는 것이다.

심리치료가 확장될 수 있다면, 그래서 심리치료사가 1년에 몇십 명이 아니라 몇백만 명을 상대할 수 있다면 우리 사회의 본성에 대항하는 미약한 힘들은 상당히 눈에 띄게 될 것이다. 그렇게 되면 사회가 변화되리라는 것은 의심할 여지가 없다. 친절함, 너그러움, 다정함과 같은 것들이 확산되면서 인간관계의 분위기가 달라질 것이다. 또 상당히 많은 사람들이 친절해지고 공손해지며 너그러워지고 사교적이게 된다면, 그런 사람들이 법적·정치적·경제적·사회적 변화도 가져올 것을 확신할 수 있을 것이다(Mumford, 1951). 어쩌면 T-그룹, 집단 감수성 훈련 그룹, 그 밖에 여러 종류의 '개인 성장' 그룹과 수련이 급속히 확장되면서 눈에 띌 만한 효과를 사회에 일으킬지도 모른다.

사회가 아무리 좋을지라도 병적인 부분을 완전히 제거할 수는 없는 듯하다. 타인의 위협이 없더라도 위협은 자연, 죽음, 좌절, 질병, 심지어 사회에서 더불어 살아가기 위해 어쩔 수 없이 자신의 욕구를 수정해야 한다는 것에서도 발생한다. 또한 타고난 악의 때문이 아니더라도 무지, 어리석음, 두려움, 오해, 둔감함 따위로 인하여 인간 본성 자체가 많은 악을 만들어낼 수 있음을 잊어서는 안 된다(8장 참조).

이것은 무척 복잡하게 서로 얽혀 있는 문제여서 오해를 받거나 오해를 불러올 만한 말을 하기 매우 쉽다. 어쩌면 이에 대해서 달리 장황하게 언급하지 않고 이상향적인 사회심리학에 관한 세미나를 위해 준비했던 논문(1968b)을 언급함으로써 이런 오해의 소지를 줄일 수 있을지도 모른다. 그 논문은 존재하지 않는 판타지 대신 경험적·실제적인 것들을 강조하며, 양자택일의 진술보다는 정도(程度)에 대하여 진술할 것을 주장하고 있다. 그 과제는 다음과 같은 질문들로 구성된다. 인간 본성은 어느 정도까지 선한 사회를 허용하는가? 사회는 인간 본성을 어느 정도까지 선할 수 있도록 허용하는가? 우리가 이미 알고 있는 인간 본성의 내재된 한계를 고려할 때 인간 본성이 어느 정도까지 선하다고 희망할 수 있는가? 사회의 본성에 내재되어 있는 어려움들을 고려할 때 우리는 어느 정도까지 선한 사회를 희망할 수 있는가?

완벽한 인간이란 있을 수 없고 생각할 수조차 없지만, 내 개인적인 판단으로 인간은 대부분의 사람들이 믿는 것보다는 훨씬 더 개선될 수 있다. 나에게 완벽한 사회는 거의 불가능한 희망으로 보인다. 완벽한 결혼, 우정, 모자관계조차도 이루기 거의 불가능하다는 사실로 짐작건대, 특히 그렇게 판단할 수 있다. 한 쌍, 한 가족, 한 집단에서조차 순수한 사랑을 얻기가 그토록 어렵다면 2억의 인구에게는 얼마나 어렵겠는가? 30억의 인구에게는? 쌍, 집단, 사회가 완전해질 수는 없지만 분명히 개선될 수 있으며, 아주 좋은 상태에서부터 아주 나쁜 상태에 이르기까지 다양하게 존재할 수 있다.

나아가 우리는 쌍, 집단, 사회를 개선하는 것이 빠르거나 쉽다는 생각을 받아들이지 않을 만큼은 충분히 알게 되었다. 한 명을 개선시키고 그 상태를 유지하는 데도 수년 간의 치료가 필요하다. 따지고 보면 '개선'은 그 사람이 평생 동안 자신을 개선시키는 과제를 떠안을 수 있도록 만들어주는 것에 불과하다. 대화, 통찰, 각성의 어떤 멋진 순간에 즉각적인 자아실현이 일어날 수도 있지만 극히 드물다. 그렇기 때문에 그런 경우에 의존할 수는 없다. 정신분석학자들은 통찰에만 의존하지 말아야 한다는 것을 오래전에 깨달았다. 그래서 요즘은 이런 통찰을 활용하고 적용하기 위해 장기적이며 느리고 고통스러우며 반복적인 과정을 통하여 끊임없이 노력해야 함을 강조한다. 동양의 영적인 스승이나 안내자도 자신을 개선하는 것이 평생에 걸쳐 해야 할 노력이라는 사실을 지적할 것이다. T-그룹, 감수성 훈련 그룹, 개인 성장 그룹, 정서교육과 같은 집단을 이끄는 사려 깊고 냉정한 지도자들도 이와 동일한 교훈을 서서히 깨달아가고 있다. 그들은 이제 자아실현의 '빅뱅' 이론을 포기하는 고통스러운 과정을 겪고 있다.

이 영역에서의 모든 공식은 다음의 예에서 볼 수 있듯이 정도에 관한 공식이어야 할 것이다. 첫째, 사회가 건강할수록 아픈 사람들이 적을 것이므로 개인 심리치료의 필요성이 감소할 것이다. 둘째, 사회가 건강할수록 전문적인 치료 없이도, 다시 말해 아픈 사람들이 좋은 삶의 체험만으로도 치료나 도움을 받을 가능성이 더 높아진다. 셋째, 사회가 건강할수록 환자들이 단순한 충족요법을 받아들일 가능성이 높으므로 치료사가 환자를 치료하기 쉬워질 것이다. 넷째, 사회가 건강할수록 전쟁, 실업, 빈곤과 그 밖에 사회적으로 병을 일으키는 영향력이 감소하고, 개인을 지지해주는 좋은 삶의 체험, 훌륭한 인간관계가 풍부해지기 때문에 통찰요법이 치료효과를 발휘하기 더 쉬워진다. 물론 이렇게 쉽게 검증할 수 있는 수많은 다른 명제들도 가능할 것이다.

다음과 같이 흔히 제기되는 비관적인 역설을 해결하려면 개인의 질병과 치료, 사회의 특성 간의 관계를 앞에서와 같이 진술하는 것이 필요하다. 그 역설인즉 맨 처음 질병의 원인이었던 병든 사회에서 어떻게 건강이나 건강의 개선이 가능할 수 있을까라는 질문이다. 물론 이런 딜레마에 암시되어 있는 비관주의는 자아실현자나 심리치료 개념과 모순된다. 자아실현자와 심리치료는 실제로 존재함으로써 그 존재 자체로도 건강함이 가능하다는 사실을 입증해주고 있다. 그렇지만 질문 전체를 경험적인 연구에 개방하기 위해서라도 그런 일이 어떻게 가능한지에 대해서 이론을 제시하는 것이 도움이 될 것이다.

전문적인 심리치료

테크닉

질병이 심해질수록 환자는 욕구 충족 방법으로 혜택을 받기가 점점 더 어려워진다. 이런 연장선상에서 환자는 기본 욕구 충족을 원하면서 추구하지 않으며, 오히려 신경증적 욕구 충족을 선호한다. 또한 기본 욕구 충족을 제시해도 그것을 활용할 수 없는 극단적인 지점에 이를 수 있다. 환자가 애정을 두려워하고 불신하며 오해하고 거부하기 때문에 애정을 주어도 소용이 없다.

이런 지점에 이르면 다른 무엇으로도 대체할 수 없는 전문적인 통찰요법이 필요하다. 암시, 카타르시스, 증상의 치유, 욕구 충족과 같은 다른 요법은 효과가 없을 것이다. 그러므로 이 지점을 지나면 다른 세계로 들어가는 것이나 다름없다. 그 영역은 자체적인 법칙의 지배를 받으며, 이 장에서 논의된 모든 원칙은 수정되거나 제한적으로 적용될 수밖에 없다.

전문적인 요법과 아마추어 요법의 차이는 광범위하면서도 중요하다. 프로이트, 알프레드 아들러 등이 제시한 혁명적인 발견으로부터 시작된 금세기의 심리학적인 발전은, 심리치료를 무의식적인 테크닉으로부터 의식적으로 적용할 수 있는 과학으로 변모시켰다. 현재 선량한 일반인들은 사용할 수 없고, 충분한 지능을 토대로 힘들게 수련받은 사람들만 사용할 수 있는 심리치료 도구들이 개발되어 있다. 그런 도구는 자연스럽고 무의식적인 것이 아니라 인위적인 테크닉이다. 그런 테크닉은 심리치료사가 자신의 성격 구조와는 무관하게 배울 수 있는 것이다.

여기서는 그런 테크닉들 중에서도 가장 중요하고 혁명적인 것들만을 언급하고자 한다. 즉 환자에게 통찰을 제시하는 것, 다시 말해 무의식적인 욕구, 충동, 억압과 생각을 그들에게 의식적인 수준으로 제시해주는 것(발생적 분석, 성격 분석, 저항 분석, 전이 분석)이다. 성격만 좋고 전문적인 테크닉을 갖추지 못한 사람보다 좋은 성격이라는 필요조건을 갖춘 전문 심리치료사들이 유리하다. 그 이유는 그들만이 이런 도구를 사용할 수 있기 때문이다.

어떻게 해서 이런 통찰이 일어나는가? 현재로서는 거의 대부분의 테크닉이 프로이트가 고심하여 만들어낸 것에서 크게 진전하지 못한 상태다. 자유 연상, 꿈의 해석, 일상적인 행동 뒤에 숨겨진 의미의 해석이 환자가 자신에 대해서 의식적인 통찰을 할 수 있도록 도와줄 수 있는 주요 통로다. 몇 가지 다른 방법들도 실행단계에 있지만 앞에서 언급한 테크닉들보다는 훨씬 덜 중요하다. 일종의 의식 분열을 유도하여 그것을 활용하는 이완 테크닉과 기타 테크닉들은 지금보다 앞으로 더 많이 활용되겠지만 프로이트적 테크닉만큼은 중요하지 않다.

이런 테크닉들은 정신과나 정신분석학 기관, 임상심리학과 대학원과 같은 기관에서 제공하는 수련과정을 이수할 의사와 적당한 지능을 가지고 있는 사람이라면 일정 범위 내에서 습득할 수 있다. 예상하겠지만 그런 테크닉을 효과적으로 활용하는 정도에는 개인차가 있다. 통찰요법을 배우는 어떤 학생들의 직관력은 다른 사람들보다 뛰어나다. 내가 좋은 성격이라고 분류하는 성격을 소유한 사람들이 그렇지 않은 치료사보다 훨씬 더 효율적으로 이런 테크닉을 활용할 수 있을 것이다. 정신분석학을 다루는 모든 기관은 학생들에게서 일정한 기준의 성격을 요구한다.

프로이트가 보여준 새롭고 위대한 또 하나의 발견은 심리치료사가 스스로를 이해하는 것이 중요하다는 인식이다. 정신분석학자들은 치료사도 통찰을 얻어야 할 필요가 있다고 인식하지만, 다른 학파의 심리치료사들은 이 점을 공식적으로 인정하지 않고 있다. 그것은 실수다. 여기서 제시한 이론에 의하면 치료사의 성격을 개선시켜줄 수 있는 힘은 그 사람을 더 좋은 치료사로 만들어줄 수 있다. 정신분석학자나 어떤 심층 치료사도 이런 과정을 도와줄 수 있다. 치료에 실패하더라도 치료사는 최소한 자신을 위협할 가능성이 있는 것과 내적으로 갈등과 좌절을 일으키는 주요 부분을 의식할 수는 있게 될 것이다. 따라서 그들이 환자를 다룰 때 자신 안에 있는 이런 힘을 감안하고 수정하려고 노력한다. 항상 그런 힘을 의식하고 있으면 자신의 지능 영역으로 그것들을 끌어들일 수 있다.

앞에서 언급했듯이 과거에는 치료사의 성격 구조가 그들이 따르는 어떤 이론보다도 훨씬 더 중요했으며, 그들이 의식적으로 사용하는 테크닉보다도 더 중요했다. 그러나 테크닉을 쓰는 치료가 정교해지면서 이런 중요성은 줄어들고 있다. 훌륭한 심리치료사라는 전체 그림에서 성격 구조는 그 중요성이 점점 퇴색되고 있다. 앞으로도 이런 추세는 계속될 것이다. 수련, 지능, 테크닉, 이론이 더 중요해져 마침내 미래의 어느 시점에서는 그것만이 유일하게 중요한 요소로 존재할 것이다. 앞에서 나는 현명한 노파의 테크닉을 칭송했다. 과거에는 그것이 얻을 수 있었던 유일한 테크닉이었다. 또 우리가 아마추어 심리치료라고 했던 이 테크닉은 현재와 미래에도 항상 중요하게 남아 있을 것이라는 단순한 이유에서였다. 그러나 이제는 동전을 던져 목사 또는 정신분석가에게 갈지 결정한다는 것은 현명하지도 않고 정당화될 수도 없다. 훌륭한 전문 심리치료사는 직관적인아마추어를 멀찌감치 따돌렸다.

우리는 머지않은 미래에 특히 사회가 개선된다면 전문 심리치료사를 확인하고 지지하며 기타 욕구 충족을 얻기 위한 용도로 활용하지 않게 될 것이라고 기대할 수 있다. 이런 것들은 아마추어들로부터 얻을 수 있기 때문이다. 개인은 단순한 충족요법이나 해방요법으로 해결할 수 없는 질환을 치료하기 위하여 심리치료사에게 갈 것이다. 그런 질환은 아마추어 치료사가 사용하지 못하는 전문적인 테크닉만을 가지고 접근할 수 있을 것이다.

역설적으로 앞에서 언급한 이론들로부터 완전히 반대되는 연역도 가능하다. 비교적 건강한 사람이 치료를 통해서 훨씬 더 많은 효과를 본다면, 가장 병이 심한 사람 대신 가장 건강한 사람을 위해서 더 많은 치료 시간을 할애하는 것도 충분히 가능할 것이다. 1년에 열 명을 개선시켜주는 것이 한 명을 치료해주는 것보다 더 유익하다. 특히 그런 건강한 사람들이 아마추어 치료사의 위치에 있는 사람들일 경우(교사, 사회복지사, 의사 등)에는 더욱 유익하다는 합리적인 근거에서 그런 추리를 해볼 수 있다. 이런 조처는 이미 상당 부분 진행되고 있다. 숙련된 정신분석학자와 실존적 분석가들이 젊은 치료사들을 수련시키고 가르치고 분석하는 데 많은 시간을 할애하고 있다. 또한 요즘은 치료사가 의사, 사회복지사, 심리학자, 간호사, 목사, 교사들을 가르치는 일도 흔하다.

통찰과 욕구 충족

통찰요법이라는 주제를 마무리하기에 앞서 통찰과 욕구 충족 사이에서 지금까지 암시되었던 이분법을 해소하고 넘어가는 것이 좋을 듯하다. 이런 이분법에 의하면 한 극단에는 순수하게 인지적이거나 이성적인 통찰(냉정하고 감성적이지 않은 지식)이 다른 극단에는 유기체적인 통찰이 있다. 프로이트 학파들이 때때로 완전한 통찰을 이야기할 때, 환자의 증세에 대한 지식 자체는 치료효과가 없다는 사실을 인정한다는 뜻이 내포되어 있다. 증세가 무엇에서 발생했으며, 그런 증상들이 당시의 심리적 질서 속에서 어떤 역동적인 역할을 하는가에 대한 지식을 추가한다고 하더라도, 그런 지식은 치료효과를 발휘하지 못할 때가 많다. 지식과 동시에 정서적인 체험, 체험의 실제 재현, 카타르시스, 반응이 뒤따라야 한다. 다시 말해 완전한 통찰은 인지적일뿐더러 정서적인 체험이기도 하다.

이런 통찰은 의욕적이며, 욕구를 충족시켜주는 체험, 좌절 체험, 사랑, 거부, 경멸, 거절, 보호 등을 당한다는 실제적인 느낌이라고 좀 더 자세히 주장할 수 있다. 그럴 경우 분석가가 언급하는 감정은 깨달음에 대한 반응이라는 편이 더 옳을 것이다. 예를 들어 환자가 그때까지 억압하거나 잘못 이해하고 있었던 20년간의 경험을 생생하게 재현하면서 아버지가 자신을 정말로 사랑했었다는 사실을 깨닫게 되는 것이다. 또 적절한 감정을 경험해봄으로써 자신이 언제나 사랑했다고 여겼던 엄마를 사실은 증오하고 있었음을 갑자기 깨닫게 되는 것이다.

우리는 인지적·정서적임과 동시에 의욕적인 이런 풍부한 경험을 유기체적 통찰이라고 부를 수 있을 것이다. 그러나 우리가 정서적인 체험만을 주로 연구하고 있었다면 어떻게 될까? 여기서도 우리는 의욕적인 요소를 포함하도록 체험을 확대시켜야 한다. 그렇게 해서 결국은 유기체적·전체적 감정을 이야기해야 한다. 또한 의욕적인 체험만을 다루어온 경우에도 마찬가지다. 그때에도 유기체의 기능적이지 않은 체험들까지 포함할 수 있도록 확장해야 할 것이다. 마지막 단계는 유기체적 통찰, 유기체적 감정, 유기체적 의욕 사이에는 연구자의 접근 관점의 차이가 있을 뿐, 본질적인 차이는 없음을 인식하는 것이다. 그러면 맨 처음 드러났던 이분법이 주제에 지나치게 원자론적으로 접근하면서 생겨난 인위적 산물이라는 사실을 분명히 알게 될 것이다.

10장

정상성과 건강에 대한 접근

정상과 비정상이라는 어휘는 다른 여러 가지 의미를 포함하고 있어 이제는 거의 쓸모없는 개념이 되었다. 오늘날의 심리학자와 정신과 의사들은 매우 일반적인 어휘를 이와 같은 어휘에 포함되어 있는 보다 특정한 개념으로 대체하려는 경향을 강하게 보인다. 이 장에서도 그와 같은 작업을 하고자 한다.

지금까지 정상성을 정의하려는 시도는 통계적이거나 문화적으로 상대적인 개념, 또는 생물학적-의학적 개념의 범위에서 이루어졌다. 그러나 이런 개념들은 일상적으로 우리가 사용하는 개념이 아니라 공식적인 정의다. 그런데 이 말이 포함하는 비공식적인 의미도 전문적인 것 못지않게 분명하다. "무엇이 정상인가?"라고 물을 때 대부분의 사람들은 마음속에 다른 어떤 개념을 가지고 있다. 대부분의 사람들 또는 전문가들조차도 비공식적인 순간에는 나름대로 가치를 담아서 질문한다. 사실상 우리가 무엇을 가치 있게 여길 것인가, 우리에게 무엇이 좋고 무엇이 나쁜가, 무엇을 염려해야 하는가, 죄책감을 느끼거나 고결하게 여겨야 하는 대상이 무엇인가와 같은 질문을 하고 있는 것이다. 나는 이 장의 제목을 전문적인 의미와 아마추어적인 의미 모두에서 해석했다. 이 분야에 종사하는 대부분의 전문가들은 대체로 인정하지 않지만, 나는 그와 같이 두 차원에서 해석하는 것 같다는 인상을 받았다. 정상성이 무엇을 의미해야 하는가에 대해서는 상당히 많은 논의가 이루어졌지만, 문맥이나 보통 대화 중에 그것이 실제로 무엇을 의미하는가에 대해서는 거의 논의가 이루어지지 않았다. 그런데 치료를 할 때 항상 정상성과 비정상성이라는 질문을 전문적인 맥락에서가 아닌 화자의 맥락에서 해석한다. 한 엄마가 자기 아이가 정상이냐고 질문하면, 나는 그 엄마가 아이에 대해 염려를 해야 하는가의 여부와, 아이의 행동을 통제하려는 자신의 노력을 바꿔야 하는가, 또는 외면한 채 잊어야 하는가를 묻는 것이라고 이해한다. 강의가 끝난 후에 사람들이 성행위의 정상성과 비정상성에 대해 질문하면 나도 그들과 똑같은 식으로 이해할 때가 있다. 그러면 "그 문제를 걱정하시오" 또는 "그건 걱정하지 않아도 됩니다"라는 의미의 대답을 한다.

이 문제에 대해 정신분석가와 정신과 의사, 심리학자들이 최근에 새롭게 관심을 가지게 된 이유는 이것이 중대한 가치의 질문이라고 생각하기 때문이다. 예를 들어 정상성에 대해 이야기할 때 프롬은 선함, 바람직함, 가치의 문맥 속에 정상성을 포함시킨다. 이 분야의 다른 학자들도 점차 그런 경향을 따르고 있다. 얼마 전부터 일고 있는 가치심리학을 정립하려는 매우 솔직한 노력의 일환으로 이런 작업이 이루어지고 있다. 그런 가치심리학은 철학 교수나 그 밖의 전문가들에게 이론적인 준거들을 제공할 뿐만 아니라 일반인들에게도 실용적인 안내자 역할을 할 것이다.

이보다 한 걸음 더 나아갈 수도 있다. 많은 심리학자들이 공식적인 종교들이 노력하다가 실패한 작업을 자신들이 시도한다고 솔직하게 인정하고 있다. 다시 말해 사람들에게 인간 본성을 그 자체, 다른 사람, 전반적인 사회 및 세계와의 관계 속에서 이해시키고, 그런 틀 안에서 죄책감을 느껴야 할 때와 그렇지 않을 때는 언제인지 이해할 수 있도록 노력한다는 것이다. 즉 과학적 윤리학이라고 할 수 있는 작업을 하고 있는 것이다. 나는 이 장에서 독자들이 나의 진술을 그런 방향으로 이해할 수 있기를 바란다.

관례적인 개념

이 중요한 주제를 본격적으로 다루기에 앞서, 정상성을 묘사하고 정의하려고 했지만, 성공을 거두지 못했던 전문적인 시도 몇 가지를 살펴보자.

통계적 평균치

인간 행동에 대한 통계 조사는 단순히 어떤 경우가 있으며, 무엇이 실제로 존재하는가를 말해줄 뿐 그에 대한 평가는 완전히 배제해야 하는 것으로 여겨졌다. 그러나 불행하게 과학자를 포함한 대부분의 사람들은 우리 문화에서 가장 흔하고 일반적인 것, 즉 평균을 정상으로 인정하려는 유혹에 저항할 만큼 강하지 못하다. 보통 사람들에게 그런 유혹은 너무 강하다. 예를 들어 성행위에 관한 킨제이의 탁월한 조사는 그것이 제공하는 자료 자체로는 매우 유용하다. 그러나 앨프리드 킨제이와 다른 연구원들은 무엇이 정상인지(바람직한 것인지)에 대한 논의를 피해갈 수 없다. 우리 사회에서는(정신의학적인 관점에서 볼 때) 병적이고 건전하지 못한 성생활이 평균적이다. 그러나 평균이라고 해서 반드시 바람직하거나 건강한 것은 아니다. 따라서 우리는 평균을 의미할 때 정상이라고 하는 대신 평균이라고 말하는 법을 배워야 한다.

또 하나의 예는 아기의 발달 기준에 관한 아얼드 게셀(Gessel)의 표이다. 이것은 분명 과학자와 의사들에게는 유용하다. 그러나 대부분의 엄마들은 자기 아이가 걷거나 컵으로 물을 마시는 등의 발달과정에서 평균 이하에 속하면, 마치 그것이 나쁘거나 놀랄 일이라도 되는 양 걱정하기 쉽다. 무엇이 평균인지 안 후에도 우리는 여전히 "평균이 바람직한 것인가?"라는 질문을 해야 한다.

사회적인 약정

정상적은 무의식적으로 전통적·습관적·관습적과 동의어로 사용되면서 대부분 전통을 인정하기 위한 가면 역할을 한다. 내가 대학에 갓 입학했을 무렵 여성의 흡연 때문에 한바탕 소동이 벌어졌었다. 여학생 처장은 정상이 아니라는 이유로 흡연을 금지시켰다. 그 당시에는 여학생이 바지를 입거나 사람들이 있는 곳에서 손을 잡고 다니는 것도 정상이 아니었다. 물론 그녀는 정상이 아니라고 할 때 '전통적이 아니다'라는 의미로 말했으며 그것은 진실이었다. 그러나 '이것은 비정상적이고 건강하지 못하며 본질적으로 병적이다'라는 그녀의 암시는 잘못된 것이었다. 몇 년 후에 전통이 바뀌자 그녀의 방식은 '비정상'이 되어 사라졌다.

정상을 이런 의미로 사용하는 또 다른 예는 신학의 영역에서 찾아볼 수 있다. 어떤 전통을 신학적으로 승인하면서 은폐하는 것이다. 흔히 성스러운 책들은 행동을 위한 기준을 마련해주는 것으로 해석되지만, 과학자들은 이런 전통에 주의를 기울이지 않는다.

문화적 규범

마지막으로 문화적으로 상대적인 것을 정상적이고 바람직하고 선하고 건강하다고 정의하는 기준도 진부하다고 생각할 수 있다. 물론 인류학자들은 인종중심주의를 최초로 의식하게 하는 데 많은 영향을 미쳤다. 우리는 바지를 입거나 개 대신 소를 먹는 것과 같은 국지적인 문화적 관습을 인간이라는 종 전체에 확대시킬 수 있는 절대적인 기준을 마련하기 위해 노력하면서 인종중심적으로 살아왔다. 민족학이 발전되면서 이런 생각들은 많이 사라졌으며 민족중심주의가 위험하다는 것을 인식하게 되었다. 자신의 문화를 초월하거나 벗어나서 인류를 이웃 집단이 아닌 하나의 종으로 판단할 수 있는 위치에 있지 않은 이상 인간 전체를 단정지을 수 없다.

수동적인 적응

수동적인 적응을 정상으로 취급하는 정의의 오류가 가장 두드러지는 예는 잘 적응된 사람의 개념에서 찾아볼 수 있다. 일반적인 관점에서는 이렇게 합리적이고 명백한 개념을 심리학자들이 적대적으로 비판하는 모습에 의아해할 것이다. 모든 사람은 자신의 자녀가 잘 적응하며 집단의 일원으로 소속되어 또래 친구들로부터 많은 인기와 존경, 사랑을 받기를 원한다. 그렇다면 '어느 집단에 적응하는 것인가'가 중요한 질문이 될 것이다. 나치·범죄자 집단, 비행청소년 집단, 약물중독자 집단에 잘 적응하는 것도 괜찮은가? 누구에게 인기를 끈다는 것인가? 누구의 존경을 받는다는 것인가? 허버트 웰스(H. G. Wells)의 단편 「맹인들의 골짜기」(The Valley of the Blind)에서 보듯이 모두가 맹인일 때는 맹인이 아닌 사람이 부적응자가 된다.

적응이란 한 개인이 자신의 문화, 즉 외부 환경에 자신을 수동적으로 맞춰가는 것이다. 그러나 그 문화가 병들었다면 어떻겠는가? 같은 맥락에서 또 다른 예를 들면, 우리는 비행청소년들이 정신의학적 기준에서 반드시 악하거나 바람직하지 않다고 성급하게 판단하지 말아야 한다. 미성년자의 범죄와 비행은 착취와 부정, 불공평함에 대한 심리적·생물학적으로 정당한 반항의 표현일 수도 있기 때문이다.

적응은 능동적이기보다는 수동적인 과정이다. 개성 없이 행복할 수 있는 사람, 심지어 잘 적응된 광인이나 죄수도 이상적으로 적응할 수 있다.

이렇게 극단적인 환경주의는 인간이 무한히 유순하고 순응적인 동시에 현실은 불변한다고 암시한다. 그러기 때문에 적응은 현상 유지를 내포하며 숙명론적인 개념이다. 또한 올바른 개념도 아니다. 인간은 한없이 유순한 존재가 아니며 현실도 변화될 수 있다.

질병의 부재

의학적·임상적 관습으로는 정상성을 전혀 다르게 정의한다. 즉 정상은 손상, 질병, 분명한 기능장애가 없는 상태다. 내과 의사는 진찰 후에 신체적으로 이상한 곳을 발견하지 못하면 환자가 여전히 고통스러워해도 정상이라고 진단할 것이다. 내과 의사가 말하는 정상은 "내 기술로는 당신에게서 이상을 발견할 수 없습니다"라는 뜻이다.

심리학 수련을 받은 의사, 즉 심신의학 전문가는 그보다는 더 많은

것을 보기 때문에 정상이라는 말을 덜 사용할 것이다. 사실 많은 정선
분석가들은 정상적인 사람, 다시 말해 질병으로부터 완전히 자유로운
사람은 없다고 한다. 즉 아무도 완벽하지 않다는 것이다. 이는 사실이
긴 하지만 여기서 추구하는 윤리적 연구에는 별 도움이 되지 못한다.

새로운 개념

이런 다양한 개념을 거부해야 하는 것을 안 이상 어떤 개념을 사용해
야 할까? 이 장에서 관심을 기울이는 새로운 준거틀은 구성과 개발 단
계에 있다. 현재로서는 분명하게 파악했거나 논박할 수 없는 증거에 의
해 신뢰가 높다고 입증되지는 않았다. 그런 개념은 올바른 방향으로 개
발되고 있는 중이라는 설명이 적합할 것이다.

나는 일반화되어 인류 전체에 적용할 수 있는 심리적 건강을 규정하
는 어떤 형태의 이론이 곧 개발될 것이라고 예상한다. 그런 이론은 문
화나 시대와 관계없이 모든 인간에게 적용될 수 있을 것이다. 정상성에
대한 이런 개념은 이론적 근거와 경험적 근거라는 두 차원에서 발전하
는 중이다. 나중에 언급하게 될 새로운 사실 및 자료는 이런 새로운 사
고 형태를 지지해준다.

드러커(1939)는 기독교 발생 이래로 서유럽 문화가 개인의 행복과
복지를 추구하는 방법을 제시하는 데 네 가지 개념의 지배를 차례로 받
았다는 논문을 발표했다. 이런 개념이나 신화는 각각 특정 유형의 인간
을 이상으로 정해놓고 그에 따르면 개인의 행복과 복지가 보장된다고
가정했다. 중세와 르네상스에는 각각 영적인 인간과 지성적인 인간이

이상형이었다. 그 후 자본주의와 마르크스주의가 출현하면서 경제적인 인간이 이상적인 사고를 지배했다. 최근에는 특히 독재국가에서 영웅적인 인간(나치즘의 의미에서 영웅적인)이 그와 유사한 신화적 존재였다고 해도 무방할 것이다.

이제는 이 모든 신화가 실패하고 이런 주제에 대해 가장 앞서나가는 사상가와 학자들의 마음속에 새로운 신화가 형성되어가고 있는 듯하다. 그리고 10년이나 20년 내에 심리적으로 건강한 사람(eupsychic person), 요컨대 '자연스러운' 사람의 개념이 확산될 것으로 예상된다. 이런 개념이 드러커가 이야기했던 개념들만큼이나 우리 시대에 영향을 미칠 것이라고 예상된다.

이제 심리적으로 건강한 사람이라는 새롭게 발전되고 있는 개념의 본질에 대해 간단하면서도 다소 독단적으로 소개하고자 한다. 첫째, 인간마다 신체 구조에 비유하여 논의할 수 있을 만한 심리적인 구조라는 골격, 즉 고유한 본질적인 특성을 가지고 있다는 강력한 믿음이 이 개념의 핵심을 이룬다. 또한 인간은 일부는 유전적으로 결정되며 문화적 경계를 넘어서 모든 인류에게서 공통적으로 나타나며, 또 일부는 개인에게 고유하게 나타나는 욕구나 능력, 성향을 지니고 있다. 이런 기본 욕구는 악하기보다는 선하거나 중성적이다. 둘째, 완전한 건강과 정상적이고 바람직한 발달은 이런 본성을 실현하고, 잠재력을 완수하며, 은밀하고 희미하게 보이는 본질적인 특성이 지시하는 길을 따라 성숙해가는 것이라는 개념과 외부 환경에 따라서 만들어지기보다는 내면으로부터 성장해가는 것이라는 개념이 포함되어 있다. 셋째, 대부분의 정신병리현상은 본질적인 인간 본성이 부정당하거나 좌절, 왜곡될 때 나타난다는 것을 이제는 분명히 알 수 있게 되었다.[1]

이런 개념에 의하면 무엇이 선한 것인가? 내면의 인간 본성을 실현하는 방향으로 바람직하게 발달할 수 있도록 이끌어주는 것이 선이다. 무엇이 악하거나 비정상적인 것인가? 본질적인 인간 특성을 좌절, 차단, 부정하는 것은 악하고 비정상적이다. 무엇이 정신병리적인가? 자아실현의 과정을 방해, 좌절, 왜곡시키는 것이다. 심리치료 또는 모든 종류의 치료나 성장은 과연 무엇인가? 인간의 내면적인 본성이 지시하는 방향을 따라서 그 사람을 자아실현과 발달의 궤도로 되돌려놓는 모든 수단을 치료라고 할 수 있다.

---

1 언뜻 보기에는 이 개념이 과거의 아리스토텔레스 학파와 스피노자 학파의 아이디어를 상기시킨다. 사실 이 새로운 개념은 오래된 철학 학파들과 많은 공통점이 있다고 할 수밖에 없다. 그렇지만 우리는 아리스토텔레스나 바뤼흐 스피노자가 인간 본성에 대해 알고 있던 것보다 훨씬 많은 것을 알게 되었다는 점도 지적해야 한다. 우리는 인간의 진정한 본성을 따라서 사는 것이 훌륭한 삶이라는 아리스토텔레스의 가정에 동의할 것이다. 그러나 그는 인간 본성에 대해서 충분히 알지 못했다. 이런 본성 또는 인간 본성의 본질적인 구조를 서술하기 위해 아리스토텔레스가 할 수 있었던 것은 자신과 사람들을 살펴보거나 사람들이 어떻게 생겼는지 관찰하는 것뿐이었다. 그렇지만 인간을 아리스토텔레스처럼 외양만 보면 결국은 인간 본성의 정적인 개념에 도달할 수밖에 없게 될 것이다. 아리스토텔레스는 자신의 문화권 안에서 당대에 통용되는 훌륭한 사람의 그림밖에는 그릴 수 없었다. 아리스토텔레스가 훌륭한 삶에 대한 자신의 개념에서 노예제도를 인정했다는 점을 상기해보자. 그는 노예의 특성이 노예에게는 근본적인 성질이므로 그 사람은 노예로 있는 것이 유익하다고 생각하는 치명적인 실수를 범했다. 이것은 훌륭한 사람, 정상적인 사람, 건강한 사람 개념을 정립하기 위해 시도하면서 단순히 표면적인 관찰에만 의존하는 것이 어떤 약점을 지니는지 보여준다.

미래의 우리 모습

정상성에 대한 전통적인 개념과 새롭게 떠오르고 있는 개념 간의 차이점을 한마디로 표현하면 이렇다. 새로운 개념에 의하면 인간을 지금 있는 그대로의 모습으로만 보는 것이 아니라 미래의 모습으로 본다는 것이 근본적인 차이점이다. 다시 말해 우리는 표면과 현실만이 아닌 잠재성도 볼수 있다는 것이다. 우리는 이제 인간의 내면에 무엇이 숨겨져 있는지, 무엇이 억제되고 소홀히 다루어지고 감춰져 있는지 더 잘 알게 되었다. 우리는 지금 나타난 사례에 대한 외적인 관찰에만 의존하는 대신에 그가 가진 가능성과 잠재성, 가능한 최고 수준의 발달의 관점에서 인간의 본질적인 특성을 판단할 수 있게 되었다. 이런 접근방식은 역사가 항상 인간 본성을 과소평가해왔다고 간략히 요약될 수 있다.

우리가 역동심리학자들로부터 지능이나 합리성만으로는 자아실현을 달성할 수 없다는 것을 배운 점도 아리스토텔레스보다 유리하다. 당신은 아리스토텔레스가 인간의 능력을 순서대로 배열하면서 이성을 맨 위에 위치시켰던 것을 기억할 것이다. 이런 개념은 이성이 인간의 감성적이고 본능적인 특성과 반드시 대조되고 투쟁하며 어긋난다는 사고로 이어진다. 그러나 우리는 정신병리학과 심리치료를 살펴보면서 우리가 가지고 있는 심리적 유기체라는 그림을 수정할 수 있었다. 따라서 이성과 감성, 우리 본성의 의욕적이거나 무언가를 원하는, 또는 충동적인 면을 동등하게 존중해야 한다는 것을 배웠다. 게다가 건강한 사람을 대상으로 한 우리의 경험적인 연구로부터 이 두 가지가 분명하게 대립하지 않으며, 인간 본성의 이런 면이 협력적이고 상승효과를 가져올 수도 있다는 것도 배웠다. 건강한 사람은 통합되어 모든 부분이 되었다고 할 수 있다. 신경증적인 사람은 내면에서 여러 면이 서로 대립하고 있으므로 그의 이성은 감성과 투쟁을 벌인다. 우리는 이런 분열의 결과로 감정적이고 의욕적인 삶이 오해를 받고 부실하게 정의되었다는 것을 알게 되었다. 그뿐만 아니라 우리가 과거로부터 물려받은 합리성의 개념역시 오해를 받고 잘못 정의되었다는 것도 깨닫게 되었다. 프롬이 말했듯이 "이성은 인간 본성이라는 죄수를 감시하는 역할을 맡음으로써 이성도 죄수가 되었으며, 이성과 감성 모두 불구로 만들었다."(Fromm, 1947) 우리는 자아실현이 단순히 사고 행위만을 통해서 일어나는 것이 아니라, 지적인 능력의 표현과 함께 감성적이고 본능적인 능력을 적극 표현함으로써 인간 성격 전체가 실현될 때 일어나는 것이라는 프롬의 주장에 동의해야 할 것이다.

선한 상황에서 인간이 어떤 모습이 될 수 있을지에 관해 정확한 지식에 의한다면 선악, 시비(是非), 바람직한 것과 바람직하지 않은 것에 대한 논의는 가능하고 합리적일 것이다. 그리고 인간은 자신이 될 수 있는 사람이 되고 자신을 실현하고 있을 때 행복하고, 평온하며, 자기 수용적이고, 죄책감으로부터 자유로우며, 자신과 평화롭게 지낼 수 있다는 사실이 인정되어도 그러할 것이다.

"행복한 것이 불행한 것보다 더 낫다고 어떻게 증명할 수 있는가?"라고 철학자가 이의를 제기할 수도 있을 것이다. 이런 질문은 경험적 자료에 근거하여 대답할 수 있다. 우리가 다양한 조건에서 충분히 인간을 관찰한다면, 관찰자가 아닌 관찰 대상들은 불행하기보다는 행복하기를, 고통받기보다는 편안하기를, 불안하기보다는 평온하기를 자발적으로 선택한다는 것을 발견할 수 있다. 다시 말해 다른 조건이 동일하다면(병이 심하지 않아서 스스로 선택할 수 있다는 단서가 붙는다면, 그리고 병이 심하게 든 조건은 뒤에서 논의하기로 한다) 인간은 질병보다는 건강을 선택한다.

이런 사실은 우리가 익히 알고 있는 수단과 목적에 관한 가치명제(당신이 x라는 목적을 원한다면 y라는 수단을 실천해야 한다. 즉 오래 살고 싶으면 비타민을 먹어라 따위의 판단)를 향해 일반적으로 철학이 제기하는 이의에도 해답을 제시한다. 우리는 이제 이런 명제에 다르게 접근할 수 있다. 우리는 인류가 원하는 것이 사랑, 안전, 고통의 제거, 행복, 장수, 지식 등이라는 것을 경험적으로 안다. 그러면 우리는 "당신이 행복하고 싶으면…"이라고 말하는 대신 "당신이 건강한 인간이라면…"이라고 말할 수 있을 것이다.

우리가 개는 샐러드보다 고기를 좋아하고 금붕어는 담수가 필요하며, 꽃은 햇빛이 풍부해야 잘 자란다고 하는 등의 경험적인 의미에서도 앞의 이야기는 사실이다. 지금 나는 순수하게 규범적인 진술이 아니라 묘사적이고 과학적인 진술을 하고 있는 것이다.

우리가 '될 수 있는 존재'(what we can be)는 곧 우리가 '되어야 할 존재'(what we ought to be)와 동일하며 되어야 할 존재보다는 될 수 있는 존재가 훨씬 좋은 표현이다. 우리가 기술적이며 경험적인 태도를 견지하고 있다면 어떠해야 한다는 말은 완전히 잘못된 표현이라는 것을 유념하기 바란다. 우리가 꽃이나 동물에게 어떠해야 한다고 말하면 그 표현이 얼마나 어색한지 분명히 알 수 있을 것이다. 여기서 '어떠해야 한다'는 말에 무슨 의미가 있는가? 고양이 새끼가 무엇이 되어야 한다는 말인가? 이 질문에 대한 답과 이런 질문을 던지는 의도는 아기에게도 마찬가지로 적용된다.

더 확실하게 표현하면 오늘날에는 어떤 순간에 한 사람의 현재 상태와 그가 될 수 있는 존재를 구분하는 것이 가능하다. 우리는 인간의 성격이 여러 겹 또는 여러 층으로 구성되어 있다는 것을 익히 알고 있다. 서로 모순될지라도 무의식적인 것과 의식적인 것은 공존한다. (어떤 의미에서는) 의식적인 면이 존재한다고 할 수 있고 (좀 더 깊은 다른 의미에서는) 무의식적인 면이 존재한다고도 할 수 있다. 그리고 어느 날은 무의식적인 면이 부각되어 의식적인 것이 될 수도 있다. 그런 의미에서는 무의식적인 것이 존재한다고 할 수 있다.

이런 틀에서 볼 때 당신은 나쁜 행동을 하는 사람도 내면에는 애정을 갖고 있을지 모른다고 이해할 수 있다. 사람들이 이런 인간 보편적인 잠재성을 실현할 수 있다면 그는 더 건강한 사람이 될 것이며, 특별히 이런 의미에서 그는 더 정상적인 사람이 되는 것이다.

인간과 다른 존재들과의 중요한 차이점은 인간의 욕구, 취향, 본능의 잔여물이 약하며 분명하지 않기 때문에 의심, 불확실성, 갈등의 여지가 있다는 것이다. 또한 문화, 학습, 타인의 취향에 의해서 너무 쉽게 가려지거나 사라진다는 것이다. 오랫동안 우리는 본능이 동물과 마찬가지로 뚜렷하며 명백하고 강하며 강력하다고 생각하도록 길들여져 왔기 때문에 본능이 약할 수도 있다는 가능성은 깨닫지 못했다.

우리도 본능과 유사한 성향과 능력으로 이루어진 희미한 골격, 구조, 본성을 가지고 있다. 그러나 그것을 스스로 깨닫는 것은 어렵고도 위대한 업적이다. 자연스럽고 자발적이게 되는 것, 자신이 어떤 존재이며 무엇을 진정으로 원하는지 알게 되는 것은 힘들게 얻는 희귀하고 고귀한 성취이며, 오랜 시간의 노력과 용기를 요한다.

타고난 인간 본성

이제 요약을 해보자. 첫째, 해부학적이고 생리적인 것뿐만 아니라 기본 욕구와 갈망, 심리적인 능력들도 인간이 타고나는 내적 설계 또는 내적 본성이다. 둘째, 이런 내적 본성은 명백하여 쉽게 드러나는 것이 아니라 숨어 있고 실현되지 않은 것이며, 강하다기보다는 약하다.

그러면 이런 욕구와 기질적인 잠재성은 타고나는 구조라는 것을 어떻게 알 수 있을까? 4장에서 열거한 12가지의 증거와 발견의 테크닉들(매슬로 1965a도 참조하기 바란다) 중에서 가장 중요한 네 가지만 언급하면 다음과 같다. 첫째, 이런 욕구와 능력의 좌절은 정신병을 일으킨다(사람들을 병들게 한다). 둘째, 이런 욕구가 충족되면 건강한 성격이 형성되지만 신경증적 욕구는 충족되어도 그렇지 못하다. 다시 말해 기본 욕구 충족은 사람들을 개선시켜주며 건강하게 만들어준다. 셋째, 자유로운 조건에서라면 사람들이 자발적으로 욕구 충족을 선택한다. 넷째, 건강한 사람들을 통해 이런 욕구를 직접 연구할 수 있다.

우리가 기본적인 것과 기본적이지 않은 것을 분류할 때 의식적 욕구를 내성해보거나 무의식적 욕구를 기술하는 것만으로는 충분하지 않다. 현상학적으로는 신경증적 욕구도 타고난 욕구와 똑같이 느껴지기 때문이다. 신경증적 욕구도 충족을 추구하고, 의식을 독점하며, 내성하는 사람이 구별할 수 있을 만큼 기본 욕구와 다른 특성을 보이지 않는다. 어쩌면 삶의 마지막 순간이나 회상 속에서만(톨스토이의 이반 일리치가 그랬듯이) 또는 특별한 통찰의 순간에만 구별할 수 있을지도 모른다.

이제 우리는 상관관계가 있으며 함께 변하는 또 다른 외부적 변수를 고려해야 한다. 이 또 다른 변수는 신경증과 건강의 연속선이다. 우리는 비열한 공격성이 기본적이기보다는 반응적인 것이며 원인보다는 결과임을 확신하게 되었다. 비열한 사람이 심리치료를 통해서 건강해지면 악의가 감소되기 때문이다. 그리고 건강하던 사람이 병이 들면 적대적이고 악의적으로 변하며 심술을 부리게 된다.

게다가 신경증적 욕구를 충족시켜주었을 때는 기본적으로 타고난 욕구를 충족시켜줄 때처럼 건강이 증진되는 효과는 나타나지 않는다. 신경증적으로 권력을 추구하는 사람에게 원하는 모든 권력을 준다고 해도 그 사람의 신경증적 증상은 줄어들지 않으며, 권력 추구의 욕구도 만족될 수 없다. 많은 것이 충족되어도 그는 여전히 갈구할 것이다(사실은 다른 것을 찾고 있기 때문이다). 신경증적 욕구가 충족되든 좌절되든 근본적인 건강 상태는 달라지지 않는다.

안전이나 사랑과 같은 기본 욕구의 경우는 매우 다르다. 그런 욕구는 충족되면 건강해지며 충족시켜주는 것이 가능하다. 그러나 좌절되면 질병이 생긴다.

지능이나 활동이 강한 성향과 같은 개인의 잠재성에도 똑같은 원리가 적용되는 것으로 보인다(우리가 가지고 있는 유일한 자료는 임상 분야에서 얻은 것이다). 그런 성향들도 충족을 요구하는 추동의 양상을 보인다. 만족시켜주면 사람은 훌륭하게 성장한다. 아직 잘 알려져 있지는 않지만 그런 성향을 좌절시키고 저지하면 다양하고 미묘한 문제들이 즉시 발생할 것이다.

그러나 가장 분명한 테크닉은 실제로 건강한 사람을 직접 연구하는 것이다. 우리는 비교적 건강한 사람을 선별할 수 있을 만큼 충분한 지식을 얻게 되었다. 완벽한 사례는 존재하지 않는다는 전제하에, 예를 들어 우리는 라듐의 농도가 묽을 때보다 짙을 때 라듐의 성질에 대해 더 많이 배울 수 있을 것이라고 예상할 수 있다.

11장에 보고한 연구 결과는 과학자도 탁월함, 완벽함, 이상적인 건강, 인간 가능성의 실현이라는 의미에서 정상성을 기술하고 연구할 수 있다는 가능성을 보여준다.

본질적인 것과 비본질적인 것의 구분

인간의 본질적 설계 중에서 가장 철저히 연구된 예는 사랑 욕구다. 사랑 욕구를 대상으로 지금까지 언급한 네 가지 테크닉을 이용하여 인간 본성에서 본질적이고 보편적인 것과 비본질적이고 국지적인 것을 구분하면 다음과 같다.

1. 신경증의 근원을 추적하는 대부분의 치료사들은 어린 시절 사랑이 결핍된 경우가 많다는 사실에 동의한다. 반(半)실험적인 절차를 따른 연구들을 통해 애정이 심각하게 결핍되면 영아의 생명까지도 위협받을 수 있음이 증명되었다. 다시 말해 애정의 결핍은 질병으로 이어진다.

2. 이런 질병은 회복이 불가능할 정도로 진전되지 않았다면, 특히 어린 아이들의 경우에는 애정과 친절함을 베풀어줌으로써 치유가 가능한 것으로 알려졌다. 심각한 성인의 경우에도 심리치료와 분석의 한 가지 기능이 환자로 하여금 사랑을 받고 활용할 수 있게 해주는 것이라는 사실을 믿을 만한 좋은 근거들을 얻을 수 있다. 여기서 사랑은

환자에게 치유효과를 보여주는 약이다. 그리고 애정을 충분히 받은 유년 시절과 건강한 성인기 사이에는 상관관계가 있음을 증명하는 증거들이 많다. 그런 자료들이 누적되어 사랑이 인간의 건강한 발달에 필요한 기본 욕구라는 일반화를 가능하게 해준다.

3. 비뚤어지지 않은 아이들에게 선택의 자유를 주었을 때 아이들은 애정을 선호했다. 이것을 증명할 수 있는 실험은 아직 없지만, 이런 결론을 지지해줄 만한 임상적인 자료는 많으며 인종학적인 자료들도 있다. 흔히 아이들이 냉정하고 적대적인 교사, 부모, 친구보다 다정한 교사, 부모, 친구를 선호하는 모습에서 이 진술의 의미를 알 수 있을 것이다. 예를 들면 발리 섬에서 태어난 아기의 울음에서 아기가 냉담함보다 애정을 선호한다는 것을 알 수 있다. 발리의 성인들은 미국의 성인들보다 애정을 많이 원하지 않는다. 발리의 아이들은 쓰라린 경험을 통해서 애정을 요구하고 기대하지 말아야 한다는 것을 배운다. 그러나 발리의 아이들은 이런 훈련을 싫어한다. 아이들은 애정을 요구하지 않도록 훈련을 받는 동안 서럽게 운다.

4. 마지막으로 우리는 건강한 성인에게서 어떤 점들을 발견하는가? 대부분의 사람들은 (모든 사람은 아니더라도) 사랑하는 삶을 살았으며 사랑을 했고 사랑을 받았다. 게다가 그들은 지금도 사랑을 하고 있다. 그리고 역설적으로 이런 사람들은 사랑을 충분히 받았기 때문에 평균적인 사람들보다 사랑을 덜 원한다.

결핍으로 인한 모든 질병은 이런 사실들이 더욱 개연성 있고 상식적임을 완벽하게 대비하여 보여준다. 동물에게 염분이 부족하다고 상상해보자. 첫째, 이런 결핍은 병을 일으킨다. 둘째, 염분을 섭취하면 질병이 치유되거나 완화된다. 셋째, 염분이 부족한 흰쥐나 인간에게 선택의 자유를 주면 짠 음식을 선택할 것이다. 비정상적으로 많은 양의 염분을 섭취할 것이다. 인간의 경우 소금에 대해 주관적인 갈망을 느끼며 소금의 맛이 특별히 좋다고 할 것이다. 넷째, 이미 염분을 충분히 섭취한 건강한 유기체는 염분을 갈망하거나 필요로 하지 않는다.

그러므로 우리는 유기체가 건강을 유지하고 질병을 예방하기 위해서 염분을 필요로 하는 것과 같은 이유에서 사랑을 원한다고 할 수 있다. 즉 인간은 자동차가 가솔린을 필요로 하듯이 사랑과 염분을 필요로 하도록 설계되었다고 할 수 있을 것이다.

나는 좋은 조건, 허용과 같은 것에 대해 자세히 언급했다. 이런 것들은 과학적인 연구에서 요구되는 관찰의 특별한 조건들이다. '여러 상황에서 이것이 사실이다'라는 과학적인 표현에 해당되는 조건들이다.

건강의 조건

본성이 드러나기에 좋은 조건을 구성하는 요소들은 무엇인가라는 주제에 대해 현대의 역동심리학이 제시하는 내용들을 살펴보기로 하자.

인간은 희미하게 드러나는 본질적인 특성이 있다고 앞에서 언급한 내용을 결론짓는다면, 인간의 내적 본성은 단순한 하등동물의 본능처럼 강하고 압도적이지 않으며 매우 섬세하고 미묘하다. 사랑, 지식, 철학을 원하는 인간 욕구는 분명하고 확실하기보다는 약하고 희미하다. 고함을 지르기보다는 속삭인다. 그리고 그런 속삭임은 다른 것들에게 쉽사리 밀려난다.

인간이 필요로 하는 것이 무엇이며 인간이 어떤 존재인지 발견하기 위해서는, 이런 욕구의 표현을 장려해주는 특별한 조건과 그것을 실현시켜줄 수 있는 수용력을 갖추는 것이 필요하다. 일반적으로 이런 조건은 충족과 표현의 용인이라는 하나의 주제로 요약될 수 있을 것이다. 우리는 새끼를 밴 흰쥐가 무엇을 먹는 것이 가장 좋은지 어떻게 알 수 있는가? 여러 가능성 중에서 흰쥐가 선택할 수 있게 해주고 원하는 것을 원하는 때에 원하는 양과 방식으로 마음대로 먹을 수 있게 해주면 알 수 있다. 아기의 경우 젖을 뗄 때 아기들마다 가장 적절한 시기에 개별적으로 젖을 떼게 하는 것이 좋다. 이 시기를 어떻게 결정하는가? 아기에게 물어볼 수도 없고 구식 학파의 소아과 의사들에게도 질문할 필요도 없다. 아기에게 젖과 고형 음식 중에서 선택하고 결정하게 한다. 고형 음식이 좋으면 아기는 젖을 뗄 것이다. 이와 같은 방식으로 우리는 아기가 사랑, 보호, 존중, 통제가 언제 필요한지 알려주는 방법에 대해 배웠다. 즉 허용하고 수용하며 충족시켜주는 환경을 만들어주는 것이다. 또한 이런 분위기는 심리치료에 최적의 조건이며, 장기적으로 보았을 때 유일하게 가능한 조건이다. 비행청소년 쉼터에서 룸메이트를 선택하는 것, 대학에서 교수와 과목을 선택하는 것, 폭격수를 선택하는 것과 같이 다양한 사회적 상황에서 여러 가능성을 열어두고 자유롭게 선택하게 하는 방법도 유용하다(바람직한 좌절, 훈육, 충족을 제한하는 것과 같이 중요하지만 곤란한 질문은 배제했다. 지금의 실험 목적에는 허용이 최선의 조건이지만, 타인을 배려하거나 타인의 욕구를 의식하거나 미래에 대비하는 것을 가르칠 때는 허용으로 충분하지 않을 수도 있다는 것만 지적한다).

그렇다면 자아실현이나 건강을 증진시키려는 관점에서 볼 때 이론적으로 좋은 환경이란 모든 필요한 기본 요소들을 공급해주며, 평균적인 인간이 자신의 희망과 요구를 표현하고 선택할 수 있도록 방해하지 않는 것이다(그러나 인간이 타인을 위해서 자신의 욕구 충족을 지연하거나 포기하기도 한다는 것과, 타인도 욕구와 희망사항을 가지고 있다는 사실은 항상 염두에 둬야 한다).

환경과 성격

이렇게 정상성에 대한 새로운 개념과 환경과의 관계를 이해하기 위해 애쓰는 동안 우리는 또 하나의 중요한 문제에 직면한다. 완벽하게 건강히 지내려면 그것을 가능하게 해주는 완벽한 세계가 필요하다는 추론이 가능할 것이다. 그러나 실제 연구를 보면 상황은 반드시 그런 식으로 전개되지 않는다.

우리 사회는 완벽하지 않지만 그 안에서 지극히 건강한 개인을 발견할 수 있다. 물론 그들도 완벽한 것은 아니지만 현재로서 우리가 생각할 수 있는 한 훌륭한 사람들이다. 어쩌면 이 시점의 문화 속에서 우리는 인간이 얼마만큼 완벽해질 수 있는지 충분히 알지 못하는지도 모른다.

어쨌든 연구를 통해 개인은 자신이 성장하고 속해 있는 문화보다 더 건강할 수 있으며 그보다 훨씬 더 건강할 수도 있다는 중요한 사실을 발견했다. 이런 현상이 가능한 주된 이유는 건강한 사람이 자신의 환경으로부터 스스로를 분리시킬 수 있는 능력이 있기 때문이다. 다시 말해 그런 사람들은 외부의 압력보다는 내면의 규범에 따라 살아간다.

우리의 문화는 민주적이고 다원적이어서 표면적으로 드러나는 한 사람의 행동이 위협적이거나 놀랍지만 않으면 원하는 대로 개성을 살릴 수 있도록 허용해주는 편이다. 건강한 개인들은 이상한 옷과 태도, 행동으로 타인의 눈에 띄지 않는다. 그들이 가지고 있는 것은 내면의 자유다. 타인의 인정이나 비난으로부터 자유롭고 스스로 인정을 받고자 하는 사람은 심리적으로 자율적이다. 다시 말해 문화로부터 독립적이다. 취향과 의견의 자유와 관용이 개인으로 하여금 문화로부터 독립성을 유지할 수 있게 해주는 핵심적인 조건일 것이다.

요약하면 우리가 가지고 있는 연구 자료들은 좋은 환경이 좋은 성격을 만들어주지만, 환경과 성격과의 관계는 절대로 완벽하게 일치되지 않는다는 결론을 보여준다. 게다가 좋은 환경의 정의는 물질적·경제적 영향력뿐 아니라, 영적·심리적 영향력도 강조하는 방향으로 변화해야 한다는 결론에 도달한다.

심리적 유토피아

모든 사람이 심리적으로 건강한 심리적 이상향에 대해 사색적인 기술을 할 수 있는 기회가 주어져 기쁘다. 나는 그것을 유사이키아 (Eupsychia)[2]라고 부른다. 우리가 알고 있는 지식에 의해 건강한 사람을 생각할 때 1,000명의 건강한 가족이 어느 무인지대로 옮겨가 그곳에서 원하는 대로 자신의 운명을 개척할 수 있다고 상상하면 우리는 어

---

[2] 정신적으로 건강한 사람들, 즉 자아실현자들 1,000명이 속세와 단절된 외딴 섬에서 고유하게 만들어낸 문화적 공동체를 말한다. 이런 점에서 유사이키아는 정신적으로 건강한 사회 또는 조직이라고 할 수 있다 – 옮긴이.

떤 종류의 문화가 진화될 것이라고 예측할 수 있을까? 그들은 어떤 교육, 경제 제도, 성 문제, 종교를 선택할까?

어떤 것들은 전혀 확신할 수없 다. 특히 경제 문제가 그렇다. 그러나 다른 부분들은 확신한다. 그런 집단은 분명 (철학적으로) 무정부적인 집단일 것이다. 그리고 도교적이지만 사랑이 충만한 문화 속에서 젊은 이들을 포함한 모든 사람은 훨씬 더 자유롭게 선택할 수 있다. 또한 기본 욕구와 메타 욕구가 우리 사회에서보다 훨씬 더 존중받으리라는 것을 확신할 수 있다. 서로를 간섭하지 않으며 언론, 종교, 철학, 옷과 음식, 또는 예술에 관한 이웃의 취향에 영향을 덜 받을 것이다. 간단히 말해 유사이키아에 사는 주민들은 좀 더 도교적이고 타인의 말에 끼어들지 않으며, 매우 특별한 상황을 제외하고는 항상 기본 욕구가 충족될 것이다(그런 특별한 상황은 설명하지 않았다). 그리고 서로에 대해서 더욱 정직할 것이며 가능한 모든 곳에서 자유로운 선택을 할 수 있도록 허용될 것이다. 사람들은 타인을 훨씬 덜 통제하며 덜 난폭하고 경멸하지 않으며 거만하게 굴지도 않을 것이다. 그런 조건에서는 인간 본성의 가장 깊은 층이 더욱 쉽게 곁으로 드러날 수 있을 것이다.

내가 이야기하는 성인(成人)이 특별한 경우임을 지적한다. 일반적으로 자유 선택의 상황이 모든 사람에게 효과적인 것은 아니며, 온전한 사람에게만 유익할 것이다. 아프거나 신경증적인 사람은 잘못된 선택을 할 것이다. 그런 사람은 자기가 원하는 것이 무엇인지 알지 못한다. 설령 안다고 하더라도 제대로 선택할 용기가 없다. 인간에 대한 자유로운 선택을 이야기할 때는 건강한 성인 또는 아직 왜곡되거나 비판적이지 않은 아이들을 의미하는 것이다. 자유로운 선택 상황을 연구한 대부분의 훌륭한 실험들은 주로 동물을 대상으로 이루어진 것들이다. 또한 심리요법의 분석을 통해 임상 수준에서도 자유 선택에 대하여 상당히 많은 것을 배웠다.

정상성의 본질

이제는 정상성의 본질로 되돌아와 인간이 달성할 수 있는 최고의 탁월함을 정상성이라고 정의하기에 이르렀다. 그러나 이런 이상은 도달할 수 없는 목표가 아니다. 오히려 그것은 우리 안에 숨겨진 채 현실보다는 잠재성으로 존재한다.

게다가 그것은 희망이나 바람이 아니라 경험적인 연구 결과에 기초하고 있으며, 누군가가 만들었다기보다는 발견한 정상성의 개념이다. 그런 정상성에는 인간 본성에 대해 더 많은 경험적 연구가 이루어지면서 확장될 수 있는 자연주의적인 가치체계가 포함되어 있다. 그런 연구는 "어떻게 하면 훌륭한 사람이 될 수 있을까?", "어떻게 하면 바람직한 삶을 살 수 있을까?", "어떻게 하면 결실을 맺을 수 있을까?", "행복해질 수 있을까?", "평화롭게 지낼 수 있을까?"와 같이 오래전부터 제기되어온 질문들에 해답을 제시해줄 수 있을 것이다. 유기체는 그것이 필요로 하는 것이 무엇이며 자신이 가치를 두는 것이 무엇인지를 그런 가치들이 결핍되었을 때 병이 들고 고통을 겪게 됨으로써 알려준다. 즉 유기체에게 무엇이 좋은지를 알려주는 것이다.

마지막으로 한 가지 더 언급하면 새로운 역동심리학에서의 핵심 개념은 자발성, 해방, 자연스러움, 자기 선택, 자기 수용, 충동에 대한 의식, 기본 욕구 충족 등과 같은 것이다. 기존의 심리학에서는 인간 본성의 심층이 위험하고 악하며 약탈적이고 탐욕스럽다는 원칙에 근거하여 통제, 억압, 훈련, 훈육, 형성 등을 핵심 개념으로 다루었다. 교육, 가족 훈련, 자녀 양육과 기타 일반적인 사회화는 우리 안에 있는 이렇게 어두운 힘을 통제하는 과정으로 여겨졌다.

인간 본성에 대해 이렇게 상반되는 두 가지 개념을 가질 때 이상적인 사회, 법, 교육, 가정에 대한 개념이 서로 얼마나 달라지는지 깨닫기 바란다. 일종의 그런 개념들은 억제하고 통제하는 힘이다. 또 다른 관점에서 볼 때 그것들은 충족시켜주고 실현시켜주는 힘이다. 통제와 억제에는 두 종류가 있다는 것을 다시 한 번 강조한다. 하나는 기본 욕구를 좌절시키고 두려움을 주는 억제다. 또 다른 하나(아폴로적 통제)는 섹스에서 절정의 순간을 지연시키거나 우아하게 식사를 하거나 유유하게 수영을 하려고 할 때 필요한 통제로서 기본 욕구 충족을 오히려 증가시킨다. 물론 이것은 지나치게 단순화시킨 이분적 대조다. 어떤 한 개념도 완전히 옳거나 완전히 틀린 것은 아니다. 그렇지만 관념적인 유형을 이렇게 대조해봄으로써 더 예리하게 지각할 수 있을 것이다.

어쨌든 정상성을 이상적인 건강 상태와 동일시하는 이런 개념이 지지될 수 있다면, 개인 심리에 관한 개념뿐 아니라 사회에 대한 이론도 수정해야 할 것이다.

3
부

자아실현

11장
자아실현자의 심리적 건강

이 장에서 보고할 연구는 여러 가지 면에서 기존의 연구와는 다르다. 일반적인 연구처럼 처음부터 계획된 사회적인 연구가 아니라 나의 개인적인 호기심이 발로된 시도였다. 또한 평소에 느껴왔던 다양한 도덕적·윤리적·과학적 문제들을 해결해보기 위함이었다. 나는 다른 사람들에게 증명하거나 보여주기보다는 내 자신을 설득하고 가르치려 했을 뿐이었다.[1]

그러나 뜻하지 않게 이런 연구에서 커다란 깨우침을 얻었다. 연구방법론적인 결점이 많았는데도 너무 짜릿한 의미들을 내포하고 있었던 것이다. 따라서 다른 사람들에게 알리는 것이 온당하다는 생각이 들었다.

더욱이 심리적 건강이 당면한 문제이기 때문에 논란의 여지가 있는 제안이나 자료라도 그 나름대로 중요한 것을 보여주는 가치가 있다고 생각한다. 이런 종류의 연구를 진행하기 위해서는 스스로 규범을 만들어야 하므로 많은 어려움이 따른다. 그러나 신뢰성 있는 자료를 얻을

---

1 자아실현자에 대한 매슬로의 연구는 평생 지속되었던 비공식적인 개인적 탐구였다 - 편집자.

때까지 기다리려면 한이 없을 것이다. 실수를 두려워하지 않고 도전하여 최선을 다하면서 실수로 인해 많은 것을 배우고, 시간이 흐르면서 실수를 다시 하지 않기를 기대하는 수밖에 없다. 따라서 이 연구를 어떻게 활용하든지 전통적인 신뢰성, 타당성, 표본 추출과 같은 것을 고집하는 사람들에게 사과의 말을 전하면서 연구를 소개한다.

연구

연구 대상과 방법

연구 대상은 개인적으로 친분이 있는 사람들, 친구들, 그리고 공인과 역사적인 인물들 중에서 선택했다. 추가로 젊은이들을 대상으로 진행한 최초의 연구에서는 3,000여 명의 대학생들을 심사했다. 그러나 '바람직한 성장'을 관찰하기 위하여 즉시 활용할 수 있는 한 명과 미래에 활용 가능한 10~20명만 선별했다.

내가 연장자들에게서 발견한 종류의 자아실현은 우리 사회의 젊고 성장하는 사람들에게서는 찾아보기 불가능하다는 결론을 내릴 수밖에 없었다.

나는 래스킨(E. Raskin), 프리드먼(D. Freedman)과 협조하면서 비교적 건강한 대학생들로 구성된 패널을 찾기 시작했다. 우리는 대학생들 중에서 임의로 가장 건강한 1퍼센트를 선택했다. 2년이 넘는 기간에 걸쳐 진행된 이 연구는 완료되기 전에 중단되었지만 그 상태만으로도 임상적인 수준에서는 매우 유익한 내용이 되었다.

나는 소설가나 극작가가 창조한 인물들도 예시를 위해 활용하고 싶었지만, 우리의 시대와 문화에서 사용할 수 있을 만한 예를 발견할 수 없었다(그 사실 자체도 생각할 거리를 제공하는 발견이었다).

우리가 처음으로 내렸던 임상적인 정의에는 긍정적인 기준과 부정적인 기준이 모두 포함되어 있었다. 우리는 이 정의를 근거로 대상을 최종적으로 선택하거나 제외시켰다. 부정적인 기준은 신경증, 정신병적 성격, 정신병, 또는 이런 방향으로 진행하는 현저한 성향 등의 부재였다. 심인성 질환이 있을 것 같은 대상도 신중히 검토하여 제외시켰다. 여건이 허락되는 경우에는 로르샤흐 검사를 실시했다. 그럼으로써 이 검사가 건강한 사람을 선택할 때보다 숨어 있는 정신병리현상을 발견할 때 더 유용한 도구임이 밝혀졌다. 연구 대상을 선택하는 긍정적인 기준으로는 자아실현(self-actualization)을 하고 있다는 증거가 활용되었지만, 정확히 설명하기에는 아직 어려운 증후군이었다. 여기서 논의하기 위한 목적으로는 재능, 능력, 잠재력과 같은 것을 충분히 활용하는 것 정도로 느슨하게 표현해도 될 듯하다. 그런 사람들은 자아를 실현하고 있는 듯했으며, 자기가 할 수 있는 일을 최대한 잘해내고 있는 것처럼 보였다. 그들을 보면서 "네 자신이 되어라!"라는 니체의 말이 떠올랐다. 그들은 가능한 한 최대로 성장하고 있거나 그런 경지에 다다른 사람들이다. 이런 잠재력들은 각 개인에게 고유한 것일 수도 있고 인간에게 보편적인 것일 수도 있다.

안전, 소속감, 사랑, 존경, 자기 존중과 같은 기본 욕구, 지식과 이해를 추구하는 인지적 욕구가 과거 또는 현재에 충족되었거나, 드문 경우에는 이런 욕구를 극복한 것도 기준에 포함된다. 다시 말해 연구 대상들은 안전하게 느끼고, 불안감이 없으며, 수용되고, 사랑받으며 사랑하고, 존중받을 가치가 있고 존중받는다고 느꼈다. 또 자신의 철학적·종교적·가치론적 태도를 확립했다고 여기고 있었다. 이런 기본 욕구의 충족이 자아실현에 충분한 조건인지, 필요조건에 불과한지는 여전히 확답을 얻지 못한 질문이다.

연구 대상 선정에 쓰인 일반적으로 대체로 자존감과 안전의 성격 증후군을 연구하는 데 사용되었던 반복법(iteration)이었다. 이 내용은 18장에서 소개하고자 한다. 이 테크닉은 개인적·문화적 신념의 상태를 비전문적인 수준으로 다루는 데서 출발했다. 우선 그 증후군에 대해 현존하는 광범위한 용법과 정의들을 비교한 후, 그것을 실제 쓰이는 용법대로 더욱 세밀히 정의하면서(즉 이것은 사전 편찬의 단계와 비슷하다) 일반인들이 내리는 정의에서 통상적으로 발견되는 논리적·사실적 모순들을 제거했다.

이렇게 수정된 통속적 정의에 기초하여 첫 연구 대상 집단들이 선정되었다. 한 집단은 증후군이 두드러지고 또 한 집단은 증후군이 비교적 낮게 드러나도록 선정했다. 이런 사람들은 임상적인 방식으로 최대한 면밀히 연구했다. 그리고 이런 경험적인 연구를 기초로 수집되는 자료에 따라 맨 처음 수정되었던 통속적 정의는 또다시 변화와 수정을 거쳤다. 이렇게 하여 최초의 임상적 정의가 탄생되었다. 이런 새로운 정의에 기초하여 최초의 연구 집단을 재선발하게 되는데, 이 과정에서 일부 대상은 유지되고 일부는 제외되었으며 또 일부는 추가되었다. 이 두 번째 수준의 집단도 임상적으로 연구되었으며, 가능한 경우에는 실험적·통계적 연구가 추가되었다. 그럼으로써 최초로 내렸던 임상적 정의가 수정되고 풍부해졌다. 또 그 정의에 따라서 새로운 사람들의 집단이 선정되는 식으로 진행되었다. 이렇게 하면서 처음에는 모호하고 비과학적이었던 통속적 개념이 점점 더 정확하고 조작 가능한 성격을 띠면서 과학적인 개념으로 발전했다.

물론 이렇게 나선형으로 진행되는 자기 수정과정에 외부적·이론적·실제적 고려 사항들을 포함시킬 수도 있다. 예를 들어 연구 초기에는 통속적 정의가 요구하는 바가 너무 비현실적이어서 그 정의에 적합한 인간이 없을 정도였다. 우리는 한차례의 실수와 어리석음, 단점으로 인해 가능한 연구 대상자를 제외시키는 일을 결국 중단해야 했다. 다시 말해 어떤 사람도 완벽할 수 없기 때문에 완벽함을 기준으로 선별할 수 없었다.

모든 경우 임상적인 작업에서 통상적으로 요구되는 정도의 만족스럽고 완전한 정보를 얻는 것이 불가능하다는 점에서도 문제가 제기되었다. 연구 목적을 밝히자 잠재적인 연구 대상들은 자의식이 생겼고 경직되거나 연구를 가볍게 여기기도 했다. 또는 연구자와의 관계를 단절하기도 했다. 결과적으로 초기에 실험 연구를 할 때부터 모든 나이 든 대상들은 간접적인 방법을 통해 몰래 연구할 수밖에 없었다. 젊은 대상들만 직접적으로 연구할 수 있었다.

이름을 밝힐 수 없는 현존 인물들을 대상으로 했기 때문에 일반적인 과학적 연구에서 요구하거나 희망하는 두 가지 사항은 충족시킬 수 없었다. 즉 연구를 반복할 수 없었으며 결론을 이끌어낸 자료들도 공개할 수 없었다. 이런 어려움은 공적이고 역사적인 인물들을 포함시키고, 최대한 공개적으로 활용할 수 있는 젊은이와 아동들의 보완 연구를 포함시킴으로써 극복되었다.

대상들은 다음과 같은 범주로 분류되었다.[2]

---

2 Bonner(1961, p. 97), Bugental(1965, p. 264-276), Manual and Bibliography for Shostrom's POI Test of Self-Actualization(1963. 1968)도 참조하기 바란다.

1. 사례: 확실한 일곱 명과 가능성이 높은 두 명의 현존 인물(면담을 함)

   확실한 두 명의 역사적 인물(말년의 링컨과 토머스 제퍼슨)

   가능성이 높은 일곱 명의 공적·역사적 인물들(알베르트 아인슈타인, 엘리너 루스벨트, 제인 애덤스, 윌리엄 제임스, 알베르트 슈바이처, 올더스 헉슬리, 바뤼흐 스피노자)

2. 부분 사례: 부족하지만 연구에 활용될 수 있을 만한 다섯 명의 현존 인물[3]

자료의 수집과 제시

여기서의 자료는 특정하고 불연속적인 사실들을 수집하는 일반적인 연구 방법과는 달리, 우리가 친구나 지인의 전체적인 인상을 서서히 인식해가는 것과 같은 방식으로 수집되었다. 특별한 상황을 설정하거나, 의미 있는 질문을 하거나 연장자들을 상대로 검사하는 것(젊은 사람들에게는 검사를 실시하는 것이 가능했다)이 거의 불가능했다. 우연히 일상적인 만남을 갖는 것처럼 접촉했으며 가능한 경우에는 친구들과 지인들에게 질문하기도 했다.

이런 제약과 더불어 연구 대상이 적었고 많은 대상에게서 얻은 자료

---

3 G.W. Carver, Eugene V. Debs, Thomas Eakins, Fritz Kreisler, Goethe, Pablo Casals, Martin Buber, Danilo. Dolci, Arthur E. Morgan, John Keats, David Hilbert, Arthur Waley, D. T. Suzuki, Adlai Stevenson, Sholom Aleichem, Robert Browning, Ralph Waldo Emerson, Frederick Douglass, Joseph Schumpeter, Bob Benchley, Ida Tarbell, Harriet Tubman, George Washington, Karl Muenzinger, Joseph Haydn, Camille Pissarro, Edward Bibring, George William Russell(A. E.), Pierre Renoir, Henry Wadsworth Longfellow, Peter Kropotkin, John Altgeld, Thomas More, Edward Bellamy, Benjamin Franklin, John Muir, Walt Whitman 이 가능한 사례들로 제안되거나 다른 사람들을 통해 연구되었다.

가 불완전하여 수량화된 자료를 제시하기가 불가능했다. 가치가 있을지도 모르는 전체적인 결과만을 제시할 수 있을 뿐이었다.

관찰

초래된 전체 결과를 전체론적 방식으로 분석해본 결과 자아실현자들은 다음과 같은 영역에서 특성을 가지고 있음이 밝혀졌다. 이에 대해서는 앞으로 임상적·실험적 연구가 더 진행되어야 할 것이다. 그들은 현실 지각, 수용, 자발성, 문제중심적 태도, 고독, 자율성, 신선한 인식, 절정 체험, 인간적 유대, 겸손과 존경, 대인관계, 윤리, 목적과 수단, 유머, 창의성, 사회화에 대한 저항, 불완전성, 가치, 이분화의 해소 등의 면에서 특별함을 보였다.

현실 지각

자아실현자가 현실을 지각하는 특성은 인간의 성품에서 거짓과 부정직함을 꿰뚫어보는 남다른 능력에서 나타난다. 다시 말해 그들은 사람들을 정확하고 유능하게 판단하는 능력이 있다. 대학생들을 대상으로 실시한 비공식적인 실험에서 안정적인(건강한) 학생들이 그렇지 않은 학생들보다 교수들을 정확하게 판단하는 경향이 있음을 분명히 볼 수 있었다. 안정적인 학생들은 S-I 검사에서 높은 점수를 보였다(Maslow, 1952).

연구가 진행되면서 이런 능력은 삶의 다른 영역들로 확장된다는 것이 분명해졌다. 사실상 모든 영역으로 확장되었다. 미술, 음악, 지성, 과학, 정치, 공공 정책과 같은 영역에서도 안정적인 학생들은 은폐되거나 혼돈스러운 현실을 신속하고 정확하게 파악했다. 비공식적인 조사 결과에 의하면, 주어진 한 시점에서 동원할 수 있는 사실들을 바탕으로 미래를 예측하게 했을 때 건강한 사람들의 예측이 좀 더 정확한 것으로 나타났다. 그들은 개인적인 바람, 소망, 불안, 두려움, 개인의 성격에 따라 일반화되어 있는 낙관주의나 비관주의에 덜 의존하여 예측하기 때문이었다.

처음에는 이런 특성을 훌륭한 취향 또는 판단력이라고 불렀는데, 그런 어휘에는 이런 특성이 절대적이 아니라 상대적이라는 의미가 함축되어 있었다. 그러나 여러 이유에서(그 이유들 중 일부는 뒤에서 자세히 설명할 것이다) 이것을 분명히 존재하는 것(의견의 집합체가 아니라 현실이라는 의미에서)에 대한 지각(취향이 아니라)이라고 부르는 편이 더 낫겠다는 것이 점점 분명해졌다. 이런 결론이나 가정이 어느 날 실험적 검증을 거칠 수 있게 되기를 바란다.

이것이 사실이라면 이런 특성이 지니는 중요성은 아무리 강조해도 지나치지 않을 것이다. 영국의 정신분석학자 머니-카일(Money-Kyrle, 1944)은 신경증 환자들이 건강한 사람처럼 현실세계를 정확하고 효율적으로 지각하지 못한다고 했다. 그렇기 때문에 그들은 상대적일 뿐만 아니라 절대적으로 비효율적이라고 믿었다. 신경증 환자들은 정서적으로 병든 것이 아니라 인지적으로 틀린 것이다! 건강한 사람은 현실 지각이 정확하고 신경증 환자는 부정확하다면 여기서 사실에 대한 명제와 가치에 대한 명제는 하나가 된다. 그리고 원칙적으로 가치 명제는 단순히 취향이나 권고의 문제가 아니라 경험적으로 증명할 수 있는 문제가 된다. 이런 문제와 씨름해본 사람이라면 우리가 진정한 가치의 과학, 결과적으로 윤리, 사회관계, 정치, 종교 등에 관한 과학을 정립하는 부분적인 기초를 마련했을지도 모른다는 사실을 분명하게 볼 수 있을 것이다.

부적응이나 극단적인 신경증의 경우에 지각이 왜곡되어 빛, 촉감, 냄새를 정확히 감지하지 못할 가능성이 충분히 있다. 그러나 이런 결과는 단순한 생리적인 영역을 벗어나서 지각의 영역에서 나타날 수도 있다. 또한 최근의 많은 실험에서 밝혀진 바와 같이 건강한 사람의 경우에는 병든 사람에 비해서 소망, 바람, 편견이 지각에 영향을 덜 미칠 것이다. 선험적으로 고찰해보면 현실 지각 능력이 우수하면 진실을 추리하고, 지각하며, 결론에 도달할 수 있는 능력이 뛰어나다는 것을 가정할 수 있다. 또 전반적으로 논리적이며 효율적으로 인지할 수 있는 능력도 뛰어나다는 가정을 할 수 있다.

건강한 사람이 현실과 이렇게 훌륭히 관계를 맺음으로써 나타나는 인상적이고 유익한 면들은 13장에서 자세히 다룰 것이다. 자아실현자들은 일반적이고 추상적이다. 또한 그들은 범주 대상으로부터 신선하고 구체적이며 개별적인 것을 대부분의 사람들보다 훨씬 더 쉽게 식별해낸다. 따라서 대부분의 사람들은 인간이 만들어낸 개념, 추상성, 기대, 신념, 정형화된 틀을 실제 세계라고 혼돈하면서 살고 있는 데 비해, 자아실현자들은 본질적인 실제 세계에서 산다. 그렇기 때문에 그들은 자신의 바람, 소망, 두려움, 불안, 자신만의 이론과 신념, 또는 자기가 속한 문화적 집단의 이론과 신념을 인식하는 대신 있는 그대로의 실제를 지각하기가 훨씬 더 쉽다. 허버트 리드(Herbert Read)는 그런 지각을 '순수한 눈'이라고 적절하게 표현했다.

사람들이 미지의 대상과 관계를 맺는 방식도 이론심리학과 임상심리학의 또 다른 가교가 될 가능성을 지닌 것으로 보인다. 우리가 연구한 건강한 대상들은 평균적인 사람들과 달리 미지의 세계를 접하면서 위협을 느끼거나 두려워하지 않았다. 그들은 미지의 대상을 받아들이고 편안해했으며 이미 알고 있는 것보다는 오히려 미지의 대상에 더 매료되었다. 그들은 모호하고 틀이 잡히지 않은 것들을 참아낼 뿐 아니라 (Frenkel-Brunswik, 1949) 좋아했다. 다음과 같은 아인슈타인의 말이 바로 이런 특성을 보여준다. "신비함은 우리가 체험할 수 있는 가장 아름다운 대상이다. 신비함은 모든 예술과 과학의 근원이다."

사실 이런 사람들은 대부분 지식인이나 학자, 과학자이므로, 여기서 주된 결정 인자는 어쩌면 지적 능력인지도 모른다. 그러나 우리는 많은 과학자들이 높은 지능을 가졌음에도 소심함, 인습, 불안, 기타 성격적 결함 때문에 자신들의 소임을 외면하는 경우를 볼 수 있다. 그들은 기존의 지식에만 몰입하면서 스스로를 속박했다.

건강한 사람들은 미지의 대상에 두려움을 갖지 않는다. 그렇기 때문에 귀신을 달래는 의식이나 휘파람을 불면서 공동묘지를 지나가는 등의 상상 속의 위험으로부터 자신을 보호하기 위해 시간을 낭비하지 않는다. 그들은 미지의 대상을 무시, 부정, 회피하거나, 그것이 이미 알고 있는 것이라고 스스로를 속이지 않는다. 또 그것을 성급하게 조직, 이분화, 분류하려고도 하지 않는다. 그들은 익숙한 것에만 매달리지 않는다. 진실을 원하는 그들의 갈망은 골트슈타인의 두뇌 손상 환자(1939)나 강박신경증 환자의 경우에 과장된 모습으로 나타나듯이 확실성, 안전함, 분명함 등을 추구하는 파멸적인 욕구가 아니었다. 건강한 사람들은 객관적인 상황에 따라 필요할 경우 무질서, 지저분함, 혼란, 모호함, 의심, 불확실함, 불명확함, 부정확함, 부정밀함을 편안하게 견딜 수 있다(이 모든 요소는 과학과 예술, 삶 전반에 걸쳐서 어떤 단계에서는 바람직할 때도 있다).

따라서 의심, 모호함, 불확실성, 판단을 중지해야 할 필요성이 대부분의 사람들에게는 고문처럼 괴롭지만 어떤 사람들에게는 기분 좋은 자극적인 도전이 된다. 그런 체험을 하는 시기가 인생의 침체기보다는 최고의 순간이 될 수도 있다.

수용

처음에 표면적으로만 인식할 때는 다양하고 서로 연관이 없어 보이는 많은 성격 특성이 사실은 보다 근본적인 한 가지 태도의 표현이나 파생물이라고 이해해야 할지도 모른다. 압도적인 죄책감, 사람을 마비시키는 수치심, 심하고 극단적인 불안 등이 자아실현자들에게서 비교적 덜 나타나는 것이 그런 특성이다. 이런 현상은 죄책감, 수치심, 불안감 때문에 매사에 구애를 받는 신경증적인 사람들과 분명하게 대조된다. 우리의 문화에서는 건강한 사람들조차 불필요한 상황에서 너무나 많은 일에 죄책감과 수치심을 느끼거나 불안해한다. 그러나 건강한 사람들은 자신의 본성과 자기 자신을 불평불만 없이 받아들이며, 심지어 그런 문제를 대수롭지 않게 생각하고 넘어가기도 한다.

그들은 자신의 인간 본성과 그에 따르는 모든 결점, 이상적인 이미지와 현실과의 괴리를 크게 근심하지 않으며 냉정하게 받아들일 수 있다. 그들이 자기만족을 하고 있다고 표현하면 잘못된 인상을 줄 수도 있다. 따라서 그런 사람들은 자연을 받아들일 때처럼 의문의 제기 없이 인간의 약점과 죄와 악을 받아들일 수 있다고 하는 편이 오해의 소지가 없을 듯하다. 사람들은 물이 축축하다거나 바위가 단단하다고, 또는 나무가 녹색이라고 불평하지 않는다. 아이들이 경이롭고 순수한 시선으로 세상을 있는 그대로 관찰하고 비판을 하거나 대상이 달라지도록 요구하거나 논쟁하지 않듯이 자아실현자들도 자신과 다른 사람들의 인간 본성을 있는 그대로 바라본다. 물론 이런 태도가 체념과 동일한 것은 아니다. 그러나 죽음이나 질병과 같은 상황에 처했을 때는 체념하는 모습을 보여주기도 한다.

이 점도 우리가 앞에서 이미 언급했던 내용을 표현만 다르게 한 것임을 유의해서 살펴보기 바란다. 즉 자아실현자는 현실을 보다 분명하게 본다는 것이다. 우리의 연구 대상들은 인간 본성을 자기가 원하는 대로가 아니라 있는 그대로 본다. 그들의 눈은 현실을 왜곡하는 색안경을 통해서가 아니라 자기 앞에 있는 것을 그대로 본다(Bergson, 1944).

수용의 가장 처음 단계이자 분명한 수준은 동물적인 수준이다. 건강한 동물의 면모를 가진 자아실현자들은 왕성한 욕구를 보이며 후회, 수치심, 변명 없이 자신을 즐긴다. 그들은 하나같이 음식을 보면 강한 식욕을 느끼고 잠도 잘 잔다. 성생활이나 기타 생리적인 충동들을 불필요하게 억압하지 않으면서 즐긴다. 그들은 이렇게 하위 수준에서뿐만 아니라 사랑, 안전, 소속감, 명예, 자존감과 같은 모든 수준에서 자신을 잘 받아들인다. 그들은 자연의 산물이 왜 다른 형태로 구성되어 있지 않느냐고 불평하기보다는 수용하려는 경향이 강하기 때문에 의문의 제기 없이 이 모든 것을 가치 있게 받아들인다. 평범한 사람이나 특히 신경증적인 사람들이 특정 음식, 분비물, 체취, 신체 기능 등에 대해 보이는 혐오 반응을 자아실현자들에게서는 별로 발견할 수 없다는 점에서도 이런 사실이 나타난다.

자기와 타인에 대한 수용에 밀접하게 관련된 현상으로, 방어를 하지 않고 스스로를 보호하기 위해 각색하거나 겉치레를 하지 않으며, 타인에게서 그런 꾸밈을 발견하면 혐오한다는 점을 들 수 있다. 이런 사람에게서는 위선적 말투, 책략, 허위, 겉치레, 게임, 관습적인 방식으로 타인에게 감명을 주려는 태도와 같은 것들이 유난히 나타나지 않는다. 그들은 자신의 단점을 갖고도 편안하게 살 수 있기 때문에, 나이가 들면서 자신의 단점이 단점이 아니라 중립적인 성격 특성에 지나지 않는다고 지각하게 된다.

그렇다고 죄의식, 수치심, 슬픔, 불안, 방어가 전혀 없다는 것은 아니다. 불필요하거나 신경증적이며 비현실적인 죄책감과 같은 것이 나타나지 않을 뿐이다. 섹스, 배뇨, 임신, 생리, 노화와 같이 동물이기에 겪는 과정은 현실의 일부로 받아들이는 것이다.

건강한 사람들이 죄책감을 느끼는 부분 또는 부끄러워하거나 불안해하거나 슬퍼하거나 후회하는 부분은 다음과 같다. 첫째, 게으름, 사려 깊지 못함, 격노함, 타인에게 상처 주기와 같이 개선될 수 있는 단점들, 둘째, 편견, 질투, 샘과 같이 심리적으로 건강하지 못한 상태였을 때부터 남아 있는 앙금, 셋째, 성격 구조로부터 비교적 독립되어 있으면서도 매우 강하게 남아 있는 습관, 넷째, 자신이 동일시하고 있는 종이나 문화, 집단이 지니는 단점들이다. 일반적인 공식으로 정리해보면 건강한 사람들은 현실적인 상태와 지향해야 할 상태 사이의 괴리 때문에 괴로워하는 것으로 보인다(Adler, 1939; Fromm, 1947; Horney, 1950).

자발성

자아실현자들의 행동은 자발적이며 사고나 충동과 같은 내면생활은 그보다 훨씬 더 자발적이다. 단순함과 자연스러움이 그들 행동의 특징이며, 지어내거나 결과를 가져오려는 노력은 하지 않는다. 즉 그들은 반드시 비인습적으로 행동하는 것이 아니다. 자아실현자들의 비인습적 행동의 빈도를 실제로 조사한다면 그렇게 높은 수치는 아닐 것이다. 그들의 비인습적인 면모는 피상적인 것이 아니라 내면적이고 본질적인 것이다. 다시 말해 그들의 충동과 사고, 의식은 뛰어나게 비인습적이고 자발적이며 자연스러운 것이다. 자신이 살고 있는 세계의 사람들이 자신의 그런 비인습적인 면모를 이해하거나 수용할 수 없다는 것을 인식하고 있다. 그리고 사람들과 사사건건 싸우고 상처주고 싶어 하지 않기 때문에 그들은 유머로써 체념하면서 최대한 우아하게 인습적인 절차와 의식을 수행해나갈 것이다. 나는 이런 성향의 사람이 개인적으로 조롱하고 경멸했던 명예가 주어졌을 때 자신을 기쁘게 하려는 사람들에게 상처를 주거나 문제를 일으키기보다는 순순히 받아들이는 것을 보았다.

이렇게 인습을 존중하는 태도는 경우에 따라 쉽게 바뀔 수 있다. 그런 사실은 자아실현자들이 매우 중요하거나 근본적이라고 생각하는 어떤 일에 그것을 억제하는 인습을 수용하지 않으려는 태도에서 나타난다. 자아실현자의 비인습적인 모습은 사소한 일은 크게 문제 삼고 별로 중요하지도 않은 규제가 마치 세계의 명운이 걸린 중대사라도 되는 양 그에 대항하여 싸우는 평범한 보헤미안이나, 상습적으로 권위에 저항하는 사람들과는 다르다.

이런 내면적인 태도는 자신의 주요 관심사와 밀접한 어떤 일에 몰입했을 때에도 나타난다. 주요 관심사에 몰두할 경우 평소 같았으면 순응했을 온갖 행동 규범들을 태연하게 외면할 수 있다. 그럴 때에는 마치 그들이 평소에 인습적으로 행동하기 위해서 의식적으로 노력하고 있는 것처럼 보이기도 한다.

마지막으로 그들은 자연스러운 행동을 좋아하거나 기대하지 않는 사람들과 함께 있을 때 외면적인 행동 습관을 자발적으로 포기할 수 있다. 또한 좀 더 자유롭고 자연스러우며 자발적이 되도록 허용해주는 사람들과 함께 지내기를 선호한다. 그런 태도에서도 그들이 행동에 대한 통제를 부담으로 느끼고 있다는 사실을 확인할 수 있다.

　이런 특성의 한 가지 결과 또는 관련된 사실은 그들이 인습적이기보다는 상대적으로 자율적이며 개별적인 윤리 규범을 가지고 있다는 것이다. 필요한 상황에서 그들은 인습뿐만 아니라 법까지도 위반할 수 있기 때문에 무심코 지켜보면 비윤리적으로 보일 수도 있다. 그들의 윤리가 주변 사람들의 윤리와 반드시 일치하지 않더라도 그들은 윤리적이다. 이런 관찰 때문에 평균적인 사람의 일반적인 윤리적 행동이 윤리적 행동(진실이라고 인식되어 근본적으로 수용된 원칙에서 비롯되는 행동)이기보다는 인습적 행동이라는 것을 확실히 이해할 수 있다.

　그들은 평범한 관습과 일반적으로 수용되는 위선과 거짓말, 사회생활의 모순들로부터 동떨어져 있기 때문에 마치 자신이 낯선 곳에 사는 스파이나 외계인처럼 느끼기도 하며 실제로 그렇게 행동하는 경우도 있다.

　나는 그들이 자신의 진면모를 감추려고 애쓴다는 인상을 심어줄 생각이 없다. 때때로 그들은 통상적인 경직성이나 인습적인 맹목적성에 분노하는 순간 의도적으로 자신을 해방시키기도 한다. 예를 들어 그들은 누군가를 가르치려 하기도 하고, 누군가를 불의와 상처로부터 보호하려 하기도 한다. 때로는 너무나 즐겁고 황홀하여 그 감정을 자제하는 것이 신성을 범하는 죄처럼 느끼기도 한다. 그런 경우 그들은 자신이 주변 사람에게 어떤 인상으로 비쳐질지 불안해하지 않으며, 죄책감이나 수치심을 느끼지도 않는다. 그들은 중대사가 걸려 있지 않거나 비인습적인 행동으로 누군가에게 피해를 줄 우려가 있을 때 인습적인 행동을 한다.

그들이 쉽게 현실에 개입하고, 동물이나 아이의 친근한 태도로 수용하거나 자발성을 표현하는 것은 자신의 충동, 욕구, 의견과 전반적인 주관적 반응들을 더 잘 의식하고 있다는 의미다(Fromm, 1947; Rand, 1943; Reik, 1948). 이런 능력을 임상적으로 연구한 자료에 의하면, 평균적이며 정상적이고 적응을 잘하는 사람이 자신이 누구이며 무엇을 원하고 자신의 의견이 무엇인지 알지 못한다는 프롬의 의견(1941)을 확인할 수 있다.

이런 사실들을 통해서 궁극적으로 자아실현자와 보통 사람들 사이의 가장 심오한 차이를 발견하게 된다. 다시 말해 자아실현자의 동기적 삶은 일반 사람들의 동기적 삶과는 양뿐만 아니라 질적으로도 다르다는 것이다. 자아실현자를 대상으로 할 때는 결핍 동기 대신 메타 동기나 성장 동기와 같이 완전히 다른 동기의 심리학을 구성해야 할지도 모른다. 어쩌면 현재 사는 것(living)과 살 준비를 하는 것(preparing to live)을 구분하는 것이 유용할지도 모른다. 일반적인 동기 개념은 자아실현을 하지 않는 사람들에게만 적용시켜야 할지도 모른다. 내 연구 대상들은 일반적인 의미에서 노력하는 것이 아니라 발전하고 있다. 완전함에 이르도록 성장하기 위해 노력하며 자신만의 방식으로 더 완전하게, 더 많이 발달하려고 애쓴다. 일반 사람의 동기는 불충분하게 충족된 기본 욕구를 채우려고 노력하는 것이다. 그러나 자아실현자는 아무것도 결핍되지 않았지만 여전히 충동을 가지고 있다. 그들은 일하면서 노력하고, 그저 성격의 성장, 성격의 표현, 성숙, 발달 등의 특별한 의미에서 야망을 가지고 있다. 즉 자아실현이 그들의 동기다. 혹 이런 자아실현자들이 일반 사람들보다 더 인간적이고 분류학적인 의미에서 인간이라는 종에 더 가까우며, 종의 본성을 더 많이 드러낸다고 생각할 수도 있지 않을까? 뒤틀리고 불구가 된 부분적으로만 발달된 견본이나, 길들여지고 갇히고 훈련된 사례들만을 통해서 인간이라는 생물학적인 종을 판단하는 것이 과연 옳을까?

문제중심적인 태도

우리가 관찰한 사람들은 일반적으로 자기 외부의 문제들에 심각하게 집중한다. 요즘 용어로 말하면 그들은 자아중심적보다 문제중심적이다. 그들은 자신을 문제 삼는 경우가 별로 없으며 자신에 대해서 지나치게 근심하지 않는다. 통상적으로 불안정한 사람이 보이는 내향성과 대조된다. 이런 사람들은 대부분 열정을 쏟아 부어야 할 어떤 사명, 완수해야 할 과제, 자기 외부의 어떤 문제들을 가지고 있다(Bühler & Massarik, 1968; Frankel, 1969).

이것은 반드시 그들이 선호하거나 자기 힘으로 선택하는 과제가 아니다. 자신의 책임이나 의무라고 느끼는 과제일 수도 있다. 그래서 나는 '그들이 하고 싶어하는 과제'라는 말 대신 '그들이 해야 할 과제'라는 표현을 썼다. 일반적으로 이런 과제는 개인적인 것이 아니라 이타적이고, 인류의 이익, 국가 또는 가족 몇 사람들의 이익과 관련된 것들이다.

몇몇 예외가 있지만 우리의 연구 대상들은 대체로 철학적 또는 윤리적이라고 할 만한 종류의 질문들과 기본적인 쟁점들에 관심을 가지고 있다. 그들은 광범위한 준거틀 안에 살고 있다. 그들은 숲을 보지 못할 정도로 나무에 가까이 다가가지 않는 것 같다. 쩨쩨하지 않고 광범위한 가치체계, 지엽적이지 않고 보편적인 가치체계 안에서 순간보다는 세기(世紀)를 내다보며 일을 도모한다. 한마디로 그들은 어떤 의미에서는 모두 철학자다.

물론 그런 태도는 일상적인 삶의 모든 영역에서 많은 의미를 갖는다. 예를 들어 우리가 최초에 연구했던 중요한 증후군 중의 하나인 소심함과 사소함, 쩨쩨함의 결여, 즉 대범함은 문제중심적 태도라는 더 일반적인 제목 아래 포함시킬 수 있을 것이다. 사소한 것들 위에 있다는 인상, 더 넓은 시야를 갖고 있다는 인상, 가장 넓은 준거틀 안에 살고 있다는 인상, 영원의 관점을 취한다는 인상[4]은 사회적인 면이나 대인관계 면에서 굉장히 중요하다. 그런 인상은 당면한 문제들을 염려하지 않는다는 느낌과 평온함을 전달함으로써 자신들뿐 아니라, 그와 관계하는 모든 사람들의 삶을 편안하게 해주는 것으로 보인다.

고독

내 연구 대상들은 스스로에게 해를 입히거나 불편해하지 않으면서 고독하게 지낼 수 있다. 게다가 그들 모두는 평균적인 사람들보다 고독과 사생활을 훨씬 긍정적으로 즐긴다.

그들은 싸움에 휘말리지 않고 평온을 유지하며, 다른 사람들이 격정에 휩싸이는 일에 동요하지 않을 수 있다. 그들은 초연하고 과묵하며 평온하고 침착하게 행동하는 것이 수월하다. 따라서 그들은 보통 사람들처럼 개인적인 불행에 호들갑을 떨지 않을 수 있다. 존엄성이 박탈당하는 여건에서도 자신의 존엄성을 지킬 수 있을 것이다. 이런 현상은

---

4 영원의 관점에서(under the aspect of eternity): 스피노자가 사용했던 철학 용어로 보편적이고 영원한 것에 대한 경의를 담은 표현 - 옮긴이.

다른 사람들의 느낌과 생각에 의존하기보다는 자신이 상황을 어떻게 해석하는가에 무게를 두려는 성향 때문일 수도 있다. 이런 과묵함은 금욕적이거나 초연해보이기도 한다.

이런 초연함은 다른 특성들과도 연관이 있을 것이다. 첫째, 내 연구 대상들은 평균적인 사람들보다 더 객관적(이 어휘에 담긴 모든 의미에서)이라고 할 수 있다. 우리는 그들이 자기중심적이기보다는 문제중심적이라는 것을 살펴보았다. 그들은 자기 자신, 자신의 바람, 동기, 희망, 열망이 포함된 문제를 대할 때조차 문제중심적인 태도를 유지한다. 따라서 그들은 보통 사람에게서는 보기 힘들 정도의 집중력을 갖는다. 강렬한 집중의 부산물로 외부 환경을 염두에 두지 않고 잊어버리는 무심함과 같은 현상이 나타나기도 한다. 문제가 생기고 근심과 책임감이 따르는 시기에도 숙면을 취하고, 식욕이 왕성하며, 웃고 미소 지을 수 있는 능력이 그런 예에 해당된다.

대부분의 사람들과 사회적 관계를 맺을 때 초연함으로 인해 문제가 발생하기도 한다. '정상'적인 사람들의 눈에는 그들의 특성이 냉담하고 건방지며 애정이 없고 불친절하며, 심지어 적대적으로 비치기 쉽다. 이와 대조적으로 일반 사람들의 교우관계는 상대방에게 매달리고 요구하며 확인, 칭찬, 지원, 따뜻함, 배타성을 요구하는 관계라고 할 수 있다. 일반적인 의미에서 자아실현자들은 다른 사람을 필요로 하지 않는다. 그런데 서로를 필요로 하고 그리워하는 것이 우정의 일반적인 계약조건이기 때문에, 보통 사람들은 자아실현자의 초연함을 쉽게 받아들이지 못한다.

자율성의 또 다른 의미는 다른 사람들에 의해서 '좌우되는' 인질이 아니라 스스로 결정, 통제하고 능동적이며 책임감 있고 자제력이 있는 강한 결정 주체가 된다는 것이다. 그들은 스스로 결정을 내리며 스스로 일을 시작하고 자신과 자신의 운명에 대해서 책임을 진다. 이것은 말로 표현하기 어려운 미묘한 특성이지만 매우 중요하다. 그들은 내가 인간적으로 정상적이라고 받아들였던 당연한 점들을 심하게 병들고 비정상적이며 약한 것이라고 볼 수 있게 가르쳐주었다. 즉 많은 사람들이 스스로 결정하지 않고 판매원, 광고주, 부모, 선전원, 텔레비전, 신문 따위가 대신 결정하도록 한다. 그들은 스스로 움직이며 결정하기보다는 다른 사람들에 의해서 조종을 당한다. 그러기 때문에 사람들은 자신이 무력하고 약하며 휘둘린다고 느끼기 쉽다. 그들은 포식동물의 먹이이며, 스스로 결정하는 책임 있는 인간이 아니라 의지박약한 울보가 되는 것이다. 주체적으로 선택해야 하는 정치경제 상황에서 이런 무책임함은 재난을 의미한다. 스스로 선택하는 민주 사회의 시민들은 스스로 결심하고 움직이며 결정하고 선택하는 자유 행위자, 자유 의지의 인간들이어야 한다.

솔로몬 아시(1956)와 데이비드 맥클랜드(McClelland, 1961, 1964; McClelland & Winter, 1969)가 실시한 광범위한 실험 연구에 의하면, 스스로 결정하는 사람은 여건에 따라서 인구의 약 5~30퍼센트일 것으로 짐작된다. 내가 연구한 자아실현자들은 100퍼센트 모두 스스로 결정하는 사람들이었다.

마지막으로 많은 신학자, 철학자, 과학자들에게는 방해가 되겠지만 내 견해를 밝히려고 한다. 자아실현을 하는 개인들은 평균적인 사람들보다 덜 '결정되며' 더 많은 '자유 의지'를 가지고 있다. 자유 의지와 결정론의 개념을 어떻게 정의하든지 내 연구에서 이런 개념들은 경험적인 현실이었다. 게다가 자유 의지와 결정론은 전부 아니면 전무하다는 개념이 아니라 정도에 관한 개념이다.

자율성

자아실현자들의 또 하나의 특성은 물리적·사회적 환경으로부터 상대적으로 독립적이라는 점이다. 이는 우리가 앞에서 언급한 내용들과 어느 정도 교차하는 특성이기도 하다. 그들은 결핍 동기보다는 성장 동기에 따라서 움직이기 때문에 만족을 얻기 위해 현실 세계나 타인, 문화, 또는 목적에 도달하게 해주는 수단에 의존하지 않는다. 다시 말해 외부적인 만족 요건을 구하지 않는 것이다. 오히려 그들은 자신의 발전과 지속적인 성장을 위해 자신의 잠재력이나 내면에 숨어 있는 자원에 의존한다. 나무가 햇빛과 물, 영양분을 필요로 하듯이 대부분의 사람들은 외부에서만 얻을 수 있는 사랑, 안전, 기타 기본 욕구의 충족을 필요로 한다. 그러나 외부의 충족 요인들에 의해서 내면의 결핍이 충족되면 인간 발달의 진정한 과제, 즉 자아실현의 문제가 시작된다.

환경으로부터 독립적이란 역경, 타격, 결핍, 좌절 등에 직면했을 때 비교적 안정적으로 반응한다는 의미이다. 그런 사람들은 다른 사람들을 자살로 몰고 갔음직한 상황에서도 평온을 유지한다. 그들은 '자족한다'고도 묘사된다.

결핍 동기에 따라 행동하는 사람은 다른 사람들을 통해서만 그의 주된 욕구(사랑, 안전, 존경, 명예, 소속감)를 충족시킬 수 있기 때문에 다른 사람들이 반드시 필요하다. 그러나 성장 동기에 따라 움직이는 사람은 다른 사람 때문에 방해를 받기도 한다. 그들에게 충족과 좋은 삶의 결정 인자는 사회적인 것이 아니라 인간 내면에 속한 것들이다. 그들은 다른 사람의 좋은 평판이나 심지어 그들의 애정으로부터 독립될 수 있을 정도로 강해진다. 명예, 지위, 보상, 인기, 특권, 사랑은 자기의 발전과 내면의 성장보다 덜 중요하게 여겨진다(Huxley, 1944; Northrop, 1947; Rand, 1943; Rogers, 1961). 여기서는 사랑과 존경으로부터 독립된 지점에 이를 수 있는 최선의 방법은 사랑과 존경을 과거에 충분히 받았음을 기억하는 것이다. 물론 이것이 유일한 방법은 아니다.

늘 감사하는 마음

자아실현자들은 삶의 기본적인 것들에 대해 경외와 기쁨, 놀라움, 심지어 황홀경을 느끼면서 거듭하여 감사할 수 있는 놀라운 능력을 지녔다. 그런 체험이 다른 사람들에게는 진부할지라도 그들은 윌슨(C. Wilson)이 '새로움'(newness)(1969)이라고 표현했던 체험을 한다. 따라서 그런 사람에게는 어느 날의 석양도 처음 보는 것처럼 아름다우며, 수백만 송이나 한 송이의 꽃을 본 후에도 사랑스러움을 느낄 수 있다. 수천 번째로 본 아기도 처음 본 아기처럼 기적의 산물로 여긴다. 결혼한 지 30년이 지나도 여전히 자신의 결혼을 행운이라고 확신하며, 아내가 환갑이 되어도 40년 전과 마찬가지로 아내의 아름다움에 감탄한다. 그런 사람에게는 평범한 하루 일과와 순간순간의 업무가 짜릿하고 자극적이며 황홀할 수 있다. 이런 강렬한 느낌은 항상 생기는 것이 아니다. 그것은 예상하지 못했던 순간에 때때로 찾아온다. 페리를 타고 강을 열 번 건넜던 사람이 열한 번째 건널 때 처음과 똑같은 느낌과 흥분, 아름다움에 대한 반응을 다시 경험할 수 있다(Eastman, 1928).

아름다운 대상을 선택하는 데는 차이가 있다. 어떤 사람은 자연을, 어떤 사람은 아이들이나 위대한 음악을 대상으로 한다. 그러나 그들이 어느 대상을 통해서든 삶의 기본적인 체험으로부터 황홀경, 영감, 힘을 이끌어낸다는 사실은 분명하다. 그들은 아무도 나이트클럽에 가거나, 많은 돈을 벌거나, 파티에서 즐거운 시간을 갖는 일 따위에서 이와 똑같은 느낌을 받을 수 없을 것이다.

어쩌면 특별한 체험 하나를 추가해야 할지도 모른다. 몇몇 연구 대상들은, 성적인 쾌락, 특히 오르가슴을 느끼는 쾌락뿐만 아니라 음악이나 자연에서 얻는 것과 똑같은 근본적인 힘과 활력을 그러한 특별한 체험에서 얻었다고 했다. 이 점은 신비 체험을 다루는 부분에서 더 언급할 것이다. 이런 주관적인 체험이 주는 강렬한 감정은 앞에서 언급했듯이 자아실현자에게 구체적이고 신선한 현실과 체험이 밀착되어 있음을 보여주는 한 측면이다. 어쩌면 우리가 풍부한 지각을 여러 범주 또는 항목으로 분류하거나 꼬리표를 붙이기 때문에 체험이 진부해지는 것일 수도 있다. 그럼으로써 그 지각은 더 이상 모험적이거나, 유용하거나, 위협적이거나, 어떤 식으로든 자아와 관련 있다고 여기지 않게 되는 것이다(Bergson, 1944).

또한 나는 악의에서 비롯된 것은 아니지만, 우리가 받은 축복에 익숙해지는 것이 인간의 악과 비극, 고통을 만들어내는 가장 중요한 근원이라고 믿게 되었다. 우리는 평소 당연하게 받아들이는 것들의 가치를 제대로 평가하지 않기 때문에, 소중한 생득권을 시시한 잡동사니들과 바꾸면서 후회와 회한을 남기고 자존감을 손상시킨다. 안타깝게도 우리는 아내, 남편, 자녀, 친구들이 주위에 있을 때보다 죽은 후에 더 사랑하고 가치를 인정하기 쉽다. 신체적인 건강, 정치적인 자유, 경제적인 복지도 그런 것들을 잃고 난 후에 진정한 가치를 깨닫게 된다는 점에서 이와 비슷하다.

산업 현장에서의 '위생' 요인에 관한 프레데릭 헤르츠버그의 연구(1966),[5] 세인트 네오에서 느낀 여백에 관한 윌슨의 관찰(1967, 1969),[6] 그리고 '저급 불평, 고급 불평, 메타 불평'이라는 내 연구(1965b)는 우리가 자아실현자들처럼 자신이 받은 축복을 상기할 수 있고, 감사의 마음을 지속적으로 가질 수 있다면 삶이 무한히 개선될 수 있음을 보여준다.

절정 체험

윌리엄 제임스(William James, 1958)가 신비 체험이라고 언급하며 표현했던 절정 체험이라는 주관적 표현은, 모두 그런 것은 아니었지만, 내 연구 대상들에서는 공통적인 체험이었다. 앞에서 설명한 강렬한 감정들은 때로는 신비 체험이라고 할 수 있을 정도로 강하고 혼돈스러우며 광범위해질 때가 있다. 자신의 성적 오르가슴을 익숙한 표현으로 묘사하는 몇몇 조사 대상자들을 보면서 이 주제에 대한 관심이 생겨 주의를 기울이게 되었다. 그리고 나중에는 그들의 표현이 여러 작가들이 어떤 사건을 신비 체험이라고 부르면서 묘사할 때 사용했던 표현들과 비슷하다는 사실을 기억하게 되었다. 그런 체험을 할 때는 시야가 탁 트이는 듯한 느낌이며, 기존에 느껴보지 못했던 힘과 무력감이 동시에 느껴진다. 또한 엄청난 황홀경과 경이, 외경심이 느껴지며, 시공을 잊는다. 그리고는 마침내 무엇인가 극도로 중요하고 가치 있는 일이 일어났

---

5 근무 만족 요인과 불만족 요인, 이른바 위생 요인이 서로 비례하지 않는다는 연구로, 위생 요인이 충족되면 근로자들의 불만족은 감소하지만 만족이 증가하는 것은 아니라는 결론을 내렸다 – 옮긴이.

6 윌슨이 세인트 네오라는 동네를 지나다가 불편한 일을 겪으면서 평소 같았으면 즐기지 않았을 것에 대해서 새롭게 감사하는 마음을 느꼈다 – 옮긴이.

으며, 자신이 그런 체험으로 인해 일상생활에서도 어느 정도 변화되고 강해졌다고 여기게 된다.

이런 체험은 수천 년 동안 신학적이거나 초자연적인 것과 연관되어 왔지만, 이제는 체험을 그런 연관관계로부터 분리시킬 필요가 있다. 이런 체험은 자연적인 체험이며 과학의 영역 안에 포함될 수 있으므로, 나는 이것을 절정 체험이라고 명명할 것이다.

우리는 연구 대상들로부터 그런 체험이 덜 강렬하게 일어날 수도 있다는 사실을 배우기도 한다. 신학적인 문헌들은 대부분 신비 체험과 다른 모든 체험이 질적으로 다르다고 가정한다. 그러나 초자연적인 것으로 언급하지 않고 자연현상으로 연구하는 순간부터 신비 체험을 강렬함에서 경미함에 이르는 양적인 연장선상에서 다루는 것이 가능해진다. 그렇게 되면 많은 사람들, 어쩌면 모든 사람에게서 경미한 신비 체험이 일어난다. 특정한 사람에게서는 종종, 어쩌면 매일 일어날 수도 있다는 사실을 발견할 수 있을 것이다.

문제에 몰두하거나, 치열하게 집중하거나, 강렬한 육감적 체험을 하거나, 자기를 잊고 음악과 미술에 심취하는 등 몰아의 경지에 빠지거나, 자아를 초월할 수 있게 해주는 어떤 체험이 극한적으로 격해지면, 그것이 곧 강렬한 신비 체험 또는 절정 체험인 것으로 보인다.

이 연구를 처음 시작했던 1935년 이래 나는 '절정 체험을 하는 사람'(peaker)과 '절정 체험을 하지 못하는 사람'(nonpeaker) 간의 차이를 점점 더 강조하게 되었다. 대체로 그것은 정도나 양의 차이지만 매우 중요한 차이점이다. 그런 차이점으로 인한 결과들은 매슬로 1969b에서 자세하게 다루었다. 간단히 요약하면 절정 체험을 하지 못하는 자아실현자들은 실제적이고 효율적인 중배엽형[7]의 사람들로서 성공적으로 살아간다. 절정 체험을 하는 사람들 역시 존재의 영역에서 산다. 그러나 그들은 시, 미학, 상징, 초월, 신비적이고 개인적이며 비제도적인 '종교'의 영역, 다시 말해 절정 체험의 영역에서 산다. 나는 이런 구별이 결정적인 성격학적 '부류 구분'이 될 것이라고 예측한다. '건강할 뿐' 절정 체험을 하지 못하는 자아실현자들은 사회개혁가, 정치인, 사회의 일꾼, 개혁가가 될 것이다. 현실을 초월하는 절정 체험자들은 시를 쓰거나 음악이나 철학, 종교에 종사할 가능성이 더 많다. 따라서 절정 체험 여부를 기준으로 삼으면 사회적인 삶을 특별히 의미 있게 구분하게 될 것이다.

인간적인 유대

일반적으로 자아실현자들은 인간에 대해 깊은 일체감과 동정심, 애정을 느낀다. 그들은 모든 사람이 한 가족인 것처럼 유대감과 친밀감을 느낀다. 대부분의 사람들은 자기 형제가 어리석고 약하거나 못되게 굴어도 형제애를 느낀다. 형제는 다른 사람보다 쉽게 용서받을 수 있다. 그런 맥락에서 자아실현자는 인류를 도우려는 진실된 바람을 갖고 있다.

어떤 사람의 견해가 오랜 기간에 걸쳐 충분히 일반화되지 않고 확장되지 않는다면 인류와 일체감을 느끼기 어렵다. 자아실현자들은 사고, 충동, 행동, 감정 면에서 남다른 사람들이다. 단적으로 말하면 그들은 어떤 근본적인 면에서는 마치 낯선 곳에 사는 외계인과도 같다. 그들이 다른 사람들을 좋아하더라도 다른 사람들은 그들을 이해하지 못한다.

---

7 뼈대가 굵고 근육과 골격이 잘 발달한 체형. 미국의 심리학자인 윌리엄 셸든이 분류한 체형의 하나로, 활동적이고 공격적이다 – 옮긴이.

자아실현자들은 보통 사람들의 부족함에 슬퍼하거나 분노하기도 한다. 그러나 대부분 사람들의 부족함은 불편함에 지나지 않지만 때로는 쓰라린 비극으로 발전하기도 한다. 자아실현자는 때로 보통 사람과 멀리 떨어져 있지만, 그들은 근본적으로 깊은 유대감을 느낀다. 그들은 범인들보다 많은 것을 잘할 수 있고 다른 사람들이 보지 못하는 것을 볼 수 있다. 또 대부분의 사람들에게는 보이지 않는 진실을 자신은 분명히 볼 수 있으면서도 겸손하게 사람들을 대한다.

겸손과 존중

내 연구 대상들은 깊은 의미에서 민주적인 사람들이었다. 나는 권위주의와 민주적인 성격 구조에 대해서 이전에 이루어졌던 분석에 근거하여 말한 바 있다(Maslow, 1943). 그 내용은 복잡하여 여기서 전부 소개하지 않을 것이다. 지면이 제한되어 있으므로 이런 행동 몇 가지만을 간단히 소개한다. 그런 사람들은 모두 분명하고 겉으로 드러나는 민주적 특성들을 지니고 있다. 그들은 계급, 교육 수준, 정치적 신념, 인종, 피부색과 관계없이 성격만 맞으면 누구와도 친하게 지낼 수 있다. 그들은 보통 사람들이 분명하고 중요하게 생각하는 이런 차이점들을 의식조차 못하는 듯이 보일 때도 있다.

이렇게 눈에 띄는 특성 외에도 그들의 민주적인 감정은 더 깊다. 예를 들어 자신에게 무엇인가를 가르쳐줄 수 있는 사람이라면, 상대방이 어떤 특성을 지닌 사람이든 상관없이 그에게서 배울 수 있다고 생각한다. 배우는 관계에서 그들은 표면적인 존엄성, 지위나 나이, 체면과 같은 것을 유지하려고 노력하지 않는다. 내 연구 대상들은 겸손함이라고 할 수 있는 어떤 특성을 공유하고 있다 해도 무방할 것이다. 그들은 다른 사람이 배울 수 있는 것이나 알고 있는 것과 비교하여 자기가 얼마나 적게 알고 있는가를 잘 의식한다. 그러기 때문에 그들은 자신이 모르는 것이나 자기가 가지지 못한 기술을 가르쳐줄 수 있는 사람에게 정직하게 존경심을 보이고 겸손해질 수 있다. 예를 들어 그들은 훌륭한 목수에게 진실된 존경을 표한다. 사실상 어떤 분야에서라도 기술이나 도구에 숙련된 장인에게 그런 태도를 보인다.

이런 민주적인 감정과 취향을 분별하지 못하는 것이나, 모든 인간과 무차별적으로 일체감을 느끼는 것은 신중하게 구분해야 한다. 그런 사람들은 자신이 엘리트이면서 친구들도 엘리트를 고른다. 그러나 그들이 선택하는 엘리트는 출생, 인종, 혈통, 가문, 이름, 나이, 젊음, 명성, 권력의 면에서 엘리트가 아니라 성격, 능력, 재능 면에서 엘리트다.

심오하지만 모호하여 알기 어려운 한 가지 성향은 어떤 사람이 단순히 인간이라는 이유만으로 그를 존중해준다는 점이다. 내 연구 대상들은 상대방이 악한일지라도 심하게 모욕하거나 멸시하지 않는다. 또한 존엄성을 가지고 상대방을 대한다. 그렇지만 그들은 옳고 그름, 선과 악에 대한 확고한 의식을 갖고 있다. 그들은 악한 사람과 악한 행동에 보복하지 않을 가능성이 더 크다. 그들은 자신의 분노에 대해서 보통 사람들보다 훨씬 덜 혼돈스러워하며, 그로 인해 갈등하거나 의지가 약해지지 않는다.

대인관계

자아실현자들은 어떤 성인들보다 더 깊고 심오한 대인관계를 맺는다 (아이들보다 더 깊은 관계를 맺는다는 뜻은 아니다). 그들은 보통 사람들이 가능하다고 생각하는 것보다 더 사랑하고 융화되며 완벽하게 일체감을 느끼고 자아의 경계를 허물 수 있다. 그러나 그들의 관계에는 특별한 점이 있다. 우선 그런 관계에서 자아실현자의 상대방도 보통 사람들보다 건강하며 자아실현에 가까이 이르는 사람이라는 것을 발견할 수 있었다. 그들도 자아실현에 매우 근접해 있을 때가 종종 있었다. 전체 인구 중에서 자아실현에 근접한 사람이 차지하는 비율이 너무 작기 때문에 그들의 관계는 선택적이라고 할 수 있다.

이런 현상에 의한 한 가지 결과는 자아실현자들이 소수의 사람들과 특별히 깊은 관계를 맺는다는 점이다. 그들의 교제 범위는 상당히 좁다. 그들이 깊이 사랑하는 사람의 수는 많지 않다. 자아실현자의 방식으로 누군가와 가깝게 지내려면 많은 시간이 소요되기 때문이라는 것도 그 이유가 될 것이다. 헌신은 한순간에 이루어지는 것이 아니다. 한 연구 대상은 이렇게 표현했다. "나는 여러 친구를 사귈 시간이 없습니다. 누구라도 진정한 친구를 사귀기 위한 시간이 없을 것입니다." 이렇게 누군가에게만 헌신하는 것과 인간적인 따뜻함, 자비심, 애정, 우정을 널리 발산하는 것이 동시에 가능하다. 실제로 어떤 사람은 두 가지를 다 하기도 한다. 그들은 거의 모든 사람에게 친절하거나 인내심을 발휘하는 경향이 있다. 그들은 아이들을 특별히 사랑하며 아이들에게서 쉽게 감동을 받는다. 매우 특별하지만 그들은 모든 인류를 사랑하거나 모든 인류에 대해 자비심을 갖는다.

그러나 그들이 분별없이 사랑한다는 뜻은 아니다. 그들은 그럴 만한 사람에게는 심한 말을 하기도 한다. 특히 위선적이고 허세를 부리며 거만하고 자아도취에 빠진 사람들을 그렇게 대한다. 그러나 자아실현자들은 그 사람들을 항상 낮게 평가하는 것은 아니다. 다음과 같은 표현이 이런 태도를 설명해줄 것이다. "대부분의 사람들은 대단한 존재가 되지 못하지만 그럴 가능성은 있었다. 사람들은 좋았던 의도에 비해 나타난 신통치 않은 결과를 이해하지 못한다. 그러면서 온갖 어리석은 실수를 범하고 비참한 상태에 빠진다. 선하지 않은 사람들은 대부분 깊은 불행에 빠지는 대가를 치른다. 우리는 그런 사람들을 공격하기보다는 불쌍히 여겨야 한다."

자아실현자들이 타인에게 적대적인 반응을 보일 때는, 그럴 만하고, 책망을 듣는 사람이나 다른 사람에게 유익하기 때문에 그렇다고 하는 것이 가장 간단한 설명일 것이다. 프롬의 표현에 의하면 그들의 적대감은 성격에서 나오는 것이 아니다. 그들의 적대감은 반응적이거나 상황적이라고 할 수 있다. 내가 자료를 수집한 모든 대상은 여기서 언급할 만한 또 다른 공통적인 특성을 보였다. 즉 그들에게는 몇몇의 추종자, 친구, 심지어 제자나 숭배자가 따른다. 그를 따르는 숭배자들과 개인의 관계는 일방적이기 쉽다. 숭배자들은 그 사람이 주고자 하는 것보다 더 많은 것을 요구하는 경향이 있다. 그리고 그들의 헌신은 일반적인 선을 넘을 때가 많아 자아실현자들은 민망하고 곤혹스럽기도 하다. 심지어 혐오스럽다고 느끼기도 한다. 내 연구 대상들은 이런 관계를 강요당할 때면 친절하고 유쾌하게 대하면서도 가능한 한 품위 있게 그들을 피하려고 했다.

윤리

내 연구 대상 중에서는 아무도 그들의 실제 삶에서 옳고 그름의 차이에 대해 장기간에 걸쳐 확신하지 못한다는 것을 발견하지 못했다. 문제를 말로 표현할 수 있든 없든 그들은 보통 사람들이 윤리적인 문제를 다룰 때 흔히 겪는 혼란, 혼돈, 모순, 갈등을 일상생활에서 별로 겪지 않는다. 다음과 같이 표현할 수도 있을 것이다. 이런 사람들은 윤리적이며, 분명한 도덕 기준을 가지고 있고, 옳은 일을 하며, 그릇된 일을 하지 않는다는 것이다. 그들이 선과 악, 옳음과 그름에 대해서 가지고 있는 생각이 반드시 전통적인 것과 일치하지 않을 수도 있다는 말은 덧붙일 필요가 없을 것이다.

내가 설명하고자 하는 특성을 데이비드 레비(David Levy)가 표현해 놓았다. 그는 몇 세기 전에 이 모든 특성을 가진 사람들을 신의 길을 걷는 사람, 또는 신성한 사람이라고 묘사했다. 연구 대상들 중에서 몇몇 사람은 신을 믿는다고 말했지만, 이런 신은 인격적인 존재보다는 형이상학적인 개념에 가까웠다. 종교를 사회적-행동적 의미에서만 정의한다면 무신론자를 포함한 이들 모두는 종교적인 사람들이라고 할 수 있다. 그러나 종교라는 용어를 초자연적인 요소와 제도적인 정통성을 강조하는 보수적인 의미에서만 사용한다면(이것이 분명 더 일반적이다), 그들이 종교적이냐는 질문에 대한 우리의 대답은 달라질 것이다. 그들 중 극히 일부만이 보수적인 의미에서 종교적이라고 할 수 있기 때문이다.

수단과 목적

자아실현자는 대부분의 시간을 수단과 목적을 분리할 수 있는 것처럼 행동한다. 일반적으로 그들은 수단보다는 목적에 집중하며 수단은 이런 목적에 종속된다. 그러나 이것은 지나치게 단순화시킨 진술이다. 우리의 연구 대상은 보통 사람들에게는 수단에 불과한 많은 체험과 활동 자체를 목적으로 여기기 때문에 상황은 그보다 복잡해진다. 그들은 행위 자체를 절대적으로 음미할 수 있다. 목적지에 도착하는 것 못지않게 그곳까지 가는 과정 자체를 즐길 수 있다. 때로는 가장 사소하고 일상적인 활동으로부터 독특하게 즐길 만한 게임이나 춤, 놀이를 만들어 낼 수도 있다. 막스 베르트하이머는 대부분의 아이들이 뛰어난 창의성을 발휘하여 특별한 체계나 리듬을 만들어내어 그것에 따름으로써 상투적인 일과 기계적이고 반복적인 체험을 틀이 잡힌 재미있는 게임으로 바꿀 수 있음을 지적하기도 했다. 그는 아이들에게 책을 다른 책꽂이로 옮기는 활동을 시키는 실험을 통해서 이런 사실을 관찰했다.

유머

나의 모든 연구 대상이 남다른 유머 감각이라는 공통적인 특성을 갖고 있음을 초기부터 쉽게 파악할 수 있었다. 그들은 보통 사람들이 재미있다고 생각하는 것을 재미있게 여기지 않았다. 그들은 누군가에게 상처를 줌으로써 웃기는 적대적인 유머나 타인의 열등한 점을 놀리면서 우월감을 드러내는 유머는 즐기지 않는다. 또한 재미없고, 오이디푸스적이거나, 음란한 농담과 같이 권위에 반항하는 유머도 좋아하지 않는다. 그들이 재미있다고 생각하는 유머는 철학과 밀접하게 연관되어 있는 특성을 보였다. 인간이 어리석은 모습을 보이거나, 자신의 위치를 망각하거나, 시시한 존재가 대단한 존재인 양 보이려고 할 때 인간 전체에 대해서 슬쩍 농담을 던진다. 따라서 그런 유머는 현실의 유머라고 부를 수도 있을 것이다. 그들의 유머는 자기 자신을 향한 것이기도 하다. 하지만 광대짓을 하거나 피학적으로 표현하지는 않는다. 그 예로 에이브러햄 링컨의 유머를 들 수 있다. 링컨은 타인에게 상처를 주는 농담은 하지 않았을 것이다. 또한 그의 농담 대부분은 웃음을 끌어내는 것 이외의 다른 기능, 즉 무엇인가 의미를 담고 있었을 가능성이 많다.

그의 농담은 우화나 비유처럼 유쾌한 형식에 담긴 교훈이었다.

양적으로만 말하면 내 연구 대상들은 일반적인 사람들보다 유머를 덜 표현한다고 할 수 있을 것이다. 그들은 폭소가 아니라 잔잔한 미소를 짓게 하는 사려 깊고 철학적인 유머를 일반적인 부류의 말장난, 농담, 재치 있는 의견, 명랑한 응답, 조롱보다 더 자주 구사한다. 그들의 유머는 상황에 덧붙이기보다는 상황에 내재하는 것이며 계획되기보다는 즉흥적으로 나타난다. 따라서 다시 반복될 수 없는 성질의 것이다. 유머집이나 포복절도할 만한 농담에 익숙한 일반 사람들이 보기에 그들을 진지하고 엄숙하다고 생각하는 것도 놀랄 일은 아니다.

그런 유머는 모든 곳에 녹아들 수 있다. 인간의 상황, 인간의 자부심, 진지함, 분주함, 소란, 야망, 노력과 계획은 모두 재미있고 유머러스하다. 심지어 우습게 보일 수 있다. 나는 언젠가 '키네틱 아트'[8]가 움직이는 방에서 이런 태도를 이해했던 적이 있었다. 모든 소란스러움, 움직임, 혼돈, 분주 함, 소동이 아무 곳으로도 빠져나가지 못하는 모습은 마치 인간사를 유머러스하게 패러디한 것처럼 보였다. 이런 태도는 직업적인 일에도 영향을 미친다. 그래서 이들에게는 직업 역시 진지하게 받아들이면서도 어떤 의미에서는 가볍게 받아들일 수 있는 놀이가 된다.

창의성

창의성은 내가 관찰하거나 연구했던 모든 사람들에게서 발견한 공통적인 특성이었다(13장 '자아실현자의 창의성' 참조). 예외 없이 모든 사람이 독창성이나 창의성을 다양한 모습으로 보여주었다. 이런 특별한

---

8 작품 자체가 움직이거나 움직이는 부분을 넣은 예술 작품 – 옮긴이.

특성은 이 장 뒷부분의 논의를 통해 좀 더 완전하게 이해할 수 있을 것이다. 그것은 모차르트 유형의 특별한 재능에서 비롯되는 창의성과는 다르다. 천재들은 우리가 이해할 수 없는 능력을 보여준다는 사실을 직시하는 것이 유익할 것이다. 그런 사람들에 대해서는 어떤 특별한 추동이나 능력이 선천적으로 주어지는 것 같다고 말할 수밖에 없다. 그런 힘이나 능력은 그 인격의 나머지 부분과는 별로 관련이 없으며, 모든 증거로 추측하건대 타고나는 것으로 보인다. 그런 재능이 심리적인 건강함이나 기본 욕구의 충족에 기초한 것이 아니기 때문에 여기서 그 점에 대해서는 관심을 두지 않을 것이다. 자아실현자의 창의성은 천진난만한 어린이의 순수하고 보편적인 창의성과 비슷해 보인다. 그것은 모든 인간이 타고날 때 주어지는 잠재성이며 공통되는 인간 본성의 기본적인 특징인 듯하다. 대부분의 사람들은 사회화되면서 이런 특성을 잃어버리게 되지만, 소수의 사람들은 신선하고 순진하며 솔직한 인생관을 유지한다. 그리고 대부분의 사람들처럼 잃어버렸다가도 나중에 되찾게 되는 것으로 보인다. 조지 산타야나는 되찾은 특성을 '제2의 순수성'이라고 불렀는데, 탁월한 표현이라고 생각한다.

내 연구 대상들 중 어떤 사람에게서는 이런 창의성이 책을 쓰고, 음악을 작곡하고, 미술 작품을 창조하는 등의 일반적인 형태가 아닌 훨씬 더 소박한 모습으로 나타났다. 이렇게 특별한 유형의 창조성은 건강한 인성의 표현으로서 세상에 투영되며 그가 하는 모든 일에 작용하는 것처럼 보였다. 이런 의미에서 제화업자나 목수, 점원도 창의적일 수 있다. 무슨 일을 하든지 그 일을 하는 사람의 성품의 본성에서 나오는 특별한 태도나 혼을 담아서 할 수 있을 것이다. 심지어 아이처럼 창의적인 눈으로 사물을 볼 수도 있다.

논의를 위해서 창의성을 앞에서 언급한 특성이나 뒤에서 설명하게 될 특성들과는 별개인 것처럼 다루었으나 사실은 그렇지 않다. 여기서 창의성에 대해 논할 때 어쩌면 앞에서 이야기했던 지각의 신선함, 침투력, 효율성을 결과라는 또 다른 관점에서 설명하는 것일 수도 있다. 이런 사람들은 진실과 현실을 더 쉽게 파악하는 듯하다. 그렇기 때문에 좀 더 갇혀 있는 사람들의 눈에 이들이 창의적으로 보이는 것이다.

나아가 앞에서 살펴보았듯이 이런 사람들은 덜 억압되고, 덜 억제되어 있으며, 덜 구속되어 있다. 한마디로 문화화가 덜 되어 있다. 좀 더 긍정적으로 표현하면 더 자발적이고 자연스러우며 인간적이다. 다른 사람들 눈에 이들이 창의적으로 비쳐지는 것은 이 때문이기도 할 것이다. 어린이에 대한 연구에서 볼 수 있듯이 한때 모든 사람들은 자발적이었다. 어쩌면 가장 깊은 곳에는 여전히 자발적인 면이 남아 있을 수도 있다. 그러나 이런 내면의 자발성과 더불어 표면적이지만 강력한 억압이 존재한다고 추측한다면 보통 사람들의 경우에 이런 자발성은 자주 드러나지 못하도록 억제되고 있음이 분명하다. 억누르는 힘만 없다면 모든 인간이 이런 특별한 종류의 창의성을 보여줄 것이라고 기대할 수도 있을 것이다(Anderson, 1959; Maslow, 1958).

문화화에 대한 저항

문화로부터 인정을 받고 문화와 동일시한다는 소박한 의미에서 적응을 논할 때, 자아실현자들은 잘 적응된 사람들이 아니다. 여러 면에서 문화와 더불어 지낸다고 할 수 있다. 그러나 심오한 의미에서 보면 하나같이 자신이 속해 있는 문화로부터 내면적인 거리를 유지하려고 하며 문화화에 저항한다고 할 수도 있다. 문화와 인성을 다루는 문헌들은 문화가 개인을 규격화시키는 과정에 저항하는 현상에 대해 거의 언급하지 않고 있다. 그렇기 때문에 우리의 보잘것없는 자료조차도 어느 정도는 중요하게 쓰일 것이다. 데이비드 리스먼(1950)이 지적했듯이 그나마 규격화되지 않고 남아 있는 부분을 보존하는 것이 미국 사회에서는 더욱 중요하기 때문에도 그렇다.

건강한 사람과 그가 처한 건강하지 못한 문화와의 관계는 매우 복잡하다. 그로부터 최소한 다음과 같은 사실들을 도출할 수 있을 것이다.

1. 우리의 문화에 속한 모든 사람들은 음식, 옷, 언어, 행동 양식을 선택할 때 표면적으로는 관습의 테두리 내에서 행동한다. 그렇지만 진정한 의미에서는 관습적이지 않으며, 최신 유행을 따르거나 멋지거나 세련되다고 할 정도는 아니다. 어떤 관습을 따르는가는 중요하지 않다. 교통 법규를 예로 들어보자. 어떤 교통 법규든 모두 괜찮고 그런 규칙이 삶을 편안하게 해준다면 문제 삼지 않겠다는 것이 그들이 보여주는 내면적 태도다. 여기서도 그들이 중요하지 않거나 바꿀 수 없거나 개인적으로 주된 관심사가 아닌 일들은 수용하려는 일반적인 성향을 볼 수 있다. 신발이나 머리 모양의 선택, 파티에서의 예절이나 처신 등은 내 연구 대상들에는 주요 관심사가 아니었다. 따라서 그들에게서는 가벼운 정도의 반응밖에는 이끌어내지 못한다. 이런 것들은 도덕적 문제가 아니기 때문이다. 그러나 무해한 관습을 인내심을 가지고 수용한다고 해서 그들이 문화와 자신을 동일시하며 진심으로 승인한다는 의미는 아니다. 그렇기 때문에 그들이 관습에 양보하는 것은 마지못해 하는 무심한 행동에 가깝다. 이는 솔직하고 직선적으로 처신하는 대신 부드럽게 처신하고 불필요하게 정력을 낭

비하지 않겠다는 의도에서 비롯된 행동인 것이다. 그들은 난감한 상황에서 관습에 양보하는 것이 거슬리거나 대가가 클 때 관습에서 쉽게 벗어날 수 있다. 그 순간 그들이 관습을 따랐던 태도가 표면적이었음이 드러난다.

2. 그런 사람들은 불안정하거나 강한 의미에서 권위에 저항한다고는 할 수 없다. 그들은 문화에 대해서 조바심을 낸다. 그리고 장기간에 걸쳐 매 순간 만성적으로 불만족을 표현하거나 문화를 빠른 기간 안에 변화시키려 하지 않는다. 그러나 그들은 불의를 보면 분노를 폭발시킬 때가 많다. 내 연구 대상들 중 한 명은 젊은 시절에 반항아였다. 그는 위기를 극복하기 위해 노조위원장을 맡았으나 환멸과 절망을 느끼고 위원장직을 사퇴했다. 그는 이 시대 우리 문화 내에서 일어나는 사회 변혁의 느린 속도에 체념하면서 젊은이들을 교육하는 일에 종사하게 되었다. 그 밖의 모든 연구 대상들은 문화적 개선에 대해서 차분하고 장기적인 관심을 가지고 있었다. 그런 관심은 그들이 사회 전반의 변화가 느리게 일어난다는 사실을 수용함과 동시에 그런 변화의 필요성과 바람직함을 확신하고 있다는 뜻으로 해석되었다. 이것은 절대 씨움을 피하는 태도가 아니다. 단기간에 변화가 가능할 때, 또는 결단이나 용기가 필요할 때, 그들도 그런 것들을 보여줄 수 있다. 일반적인 의미에서 급진적인 집단의 사람들은 아니지만 그들은 쉽게 급진적으로 변할 수도 있을 것이다. 첫째 무엇보다도 그들은 지식인의 집단이며(누가 그들을 선정했는지 기억할 필요가 있을 것이다), 대부분의 사람들은 이미 투철한 사명을 가지고 있다. 스스로가 세상을 개선시키기 위해 무엇인가 정말 중요한 일을 하고 있다고 생각하고 있었다. 둘째, 그들은 현실적인 집단이며 무의미한 희생은

치를 의사가 없어 보였다. 예를 들어 독일과 프랑스에서 일어났던 반 나치 저항운동처럼, 극적인 상황에서는 그들도 급진적인 사회운동을 택하기 위해 자신의 일을 중단할 가능성이 매우 높다. 그들은 단순히 싸움을 반대하는 것이 아니라 비효율적인 싸움을 반대한다는 인상 을 받았다. 그들과 논의하면서 떠오른 공통된 사실 하나는 그들이 인 생을 즐기고 좋은 시간을 보내는 것이 바람직하다고 생각하는 것이 었다. 이런 태도는 강력하고 지속적인 반항의 삶과는 양립할 수 없어 보인다. 나아가 그들은 이런 반항이 보상에 비해 너무 큰 희생이라고 생각한다. 그들도 대부분 젊은 시절에 투쟁을 했었고, 조급함과 열정 을 가졌던 적이 있다. 그러나 대부분의 경우 빠른 변화를 바라는 자 신의 낙관적 견해가 근거 없었음을 깨달았다. 그들이 공통적으로 도 달한 종착점은 침착하게 수용하면서 유머를 잃지 않고 문화를 개선 하기 위해 일상적으로 노력하는 삶이었다. 대부분 문화를 거부하고 밖에서부터 투쟁을 하는 대신 내면으로부터 이런 변화를 이끌어내 려는 마음가짐을 갖고 있었다.

3. 그들은 문화로부터 초연한 내면의 감정을 항상 의식하지는 않지만 때로는 나타내기도 한다. 거의 모든 자아실현자들이 다른 문화와 다 양하게 비교하면서 미국 문화 전반에 대해 토론할 때 마치 자신은 그 안에 속하지 않은 것처럼 문화로부터 거리를 두는 모습을 보일 때, 그런 감정이 두드러졌다. 자신의 문화에 대한 애정, 인정, 적대감, 비판이 다양하게 뒤섞여 있는 모습은 그들이 자신의 판단으로 미국 문화에서 좋은 점을 선택하고 나쁜 점을 거부하고 있음을 보여주었 다. 다시 말해 그들은 각각을 재보고 분석하고 경험한 후에 독자적으 로 판단하는 것이다. 이런 태도는 문화가 개인을 형성하는 힘에 수동

적으로 자신을 내맡기는 일반 사람들의 모습과는 다르다. 권위주의 적인 성격에 대한 많은 연구에서 자민족중심적인 모습을 보였던 연 구 대상들이 그런 일반 사람들의 예라고 할 수 있다. 그리고 공상 속 의 완벽한 천국(또는 옷깃에 달린 배지의 "이 순간 극락을!"과 같은 구 호)이 아닌 현존하는 다른 문화와 비교했을 때, 상대적으로 괜찮 은 자신의 문화를 무조건 거부하는 태도와도 다르다. 문화로부터 초 연한 태도는 앞에서도 설명했지만 사람들로부터 거리를 두고 사생 활을 지키고 싶어하는 모습과 익숙하다. 또 일상적인 것을 일반 사람 보다 덜 필요로 하는 모습에도 반영된다.

4. 이런 여러 가지 이유에서 그들은 자율적인 사람들이라고 할 수 있 다. 다시 말해 사회의 규범보다는 자신의 인격이 제시하는 법칙에 지 배를 받는다는 것이다. 이런 의미에서 그들은 미국인일 뿐만 아니라 다른 사람보다 더 확실하게 인류라는 더 큰 집단의 구성원이라고 할 수 있다. 그들이 미국 문화를 초월하여 존재한다고 말하는 것은 엄 밀히 해석하면 오해를 살 수도 있을 것이다. 결국 그들도 영어로 말 하고, 미국인처럼 행동하며, 미국인의 기질 등을 지니고 있기 때문이 다. 그러나 그들을 과잉 사회화되고, 로봇화되고, 민족중심적인 사람 들과 비교하면, 그들 집단이 단순히 또 다른 하위 문화 집단이 아닌 덜 문화화되고, 덜 틀에 잡히고, 덜 짓눌린 집단이라고 가정하고 싶 은 유혹을 억제하기 어려워진다. 여기에는 문화에 대한 상대적인 수 용으로부터 상대적인 초연함에 이르는 연장선, 또는 정도의 의미가 포함되어 있다. 만약 이것이 지지될 수 있는 가설이라면 또 하나의 가설이 추론될 수 있을 것이다. 즉 서로 다른 문화 속에 있지만 자신 의 문화로부터 더 초연한 사람들은 특정 국가에 국한되는 특성이 덜

하다. 이뿐만 아니라 자기 사회에서 덜 성숙한 사람들보다는 다른 문화에 속한 성숙한 사람들과 여러 면에서 더 유사할 것이다.

요약하면 미국 문화 내에서 건강하게 발달하는 것이 가능하다는 관찰을 통해 "불완전한 문화 속에서 건강하고 선한 사람이 된다는 것이 가능한가?"라는 질문에 어느 정도 대답이 되었다. 그런 사람들은 내면적인 자율성과 외부에 대한 수용을 복합적으로 결합하면서 잘 살아갈 수 있다. 물론 문화에 완전히 동화되지 않으려는 개인의 초연한 태도를 문화가 용인해줄 수 있을 때에만 가능하다.

물론 이것이 완벽한 건강은 아니다. 우리의 불완전한 사회는 분명 연구 대상들에게 억압과 규제를 가하고 있다. 그들이 사소한 것을 비밀에 부쳐야 할 정도로, 자발성이 위축될 정도로, 잠재력의 일부가 실현되지 못할 정도로 사회가 영향을 미치고 있다. 그리고 우리의 문화(또는 어떤 문화라도) 속에서는 극소수만이 건강함을 유지할 수 있기 때문에 건강함에 이른 사람들은 자신과 같은 부류가 소수여서 외롭다. 따라서 자발성이 떨어지고 가진 것을 덜 실현하게 된다.[9]

불완전함

소설가, 시인, 수필가가 훌륭한 인간을 묘사하면서 범하는 흔한 실수는 그런 인물들을 너무 선하게 그려 하나의 캐리커처를 만들어놓는 것이다. 그렇기 때문에 아무도 그렇게 되고 싶어하지 않는다. 작가 개인의 완벽을 추구하고 싶은 바람과 결점에 대한 수치심, 죄책감이 여러

---

9 이 문제에 도움을 준 타마라 뎀보(Tamara Dembo)에게 감사하는 마음이다.

부류의 인물들에게 투사된다. 그리고 보통 사람들은 자기 자신이 할 수 있는 것보다 훨씬 많은 것들을 이런 인물들에게 요구한다. 그래서 때때로 교사나 성직자들은 일상적인 욕구도 없고 결점도 없는 무미건조한 사람들로 인식되는 것이다. 선하고 건강한 사람을 그려보려는 대부분의 소설가들이 이런 실수를 범한다. 사람들을 강하고 따뜻하며 욕망이 꿈틀거리는 실제 인간의 모습으로 그리는 대신 뻣뻣한 셔츠나 꼭두각시, 비현실적인 이상을 나타내는 비현실적인 투사의 대상으로 묘사한다. 내 연구 대상들은 부족한 인간의 단점들도 많이 보여준다. 그들도 어리석고 쓸모없는 한심한 습관들을 가지고 있다. 그들은 지루하거나 고집스럽거나 타인을 짜증나게 만드는 사람일 수 있다. 그들도 허영심, 자부심, 자신의 작품이나 가족, 또는 친구와 자녀들에게로 기울어지는 편파적인 성향으로부터 자유로울 수 없다. 화를 내는 일도 드물지 않다.

예측하기 힘든 남다른 무자비함을 보이는 경우도 있다. 그들은 강한 사람들이라는 사실을 기억해야 한다. 필요할 경우 보통 사람들의 수준을 넘어서는 칼 같은 냉정함을 보일 수도 있다. 오랫동안 믿어왔던 친구가 정직하지 못하다는 것을 발견하고 가차없이 급작스럽게 절교하기도 한다. 사랑하지 않는 사람과 결혼했던 여성이 이혼을 결심할 경우 잔인할 정도로 결단력 있게 행동한다. 어떤 사람들은 가까운 사람의 죽음으로부터 냉혹할 정도로 빨리 회복된다.

연구 대상들이 객관적인 세계에 몰두함으로써 나타나는 또 하나의 현상을 말할 수 있다. 그들이 어떤 현상이나 문제에 집중하고 흥미에 사로 잡혀 몰입할 경우, 방심하거나 유머를 잃거나 일상적인 사회의 예절 따위를 잊어버리기도 한다. 그런 상황에서 그들은 수다나 가벼운 대화, 파티 등에 관심 없다는 사실이 더 분명히 드러나게 될 것이다. 다른 사람들에게 충격적이거나 모욕적인 말이나 행동을 할 수 있다. 또 괴로움이나 상처를 줄 수도 있다. 초연함으로 인해 발생하는 다른 바람직하지 못한 결과들(최소한 다른 사람들의 관점에서 보았을 때)은 앞에서 열거했다.

그들의 친절함이 실수로 이어질 수도 있다. 동정심에서 결혼하기도 하며, 신경증 환자나 따분한 사람 또는 불행한 사람과 깊은 관계를 맺고 후회하기도 한다. 사기꾼에게 이용당하기도 하고, 지나치게 베풀어서 기생충 같은 인간이나 정신병자를 키울 수도 있다.

마지막으로 이런 사람들도 죄책감, 불안, 슬픔, 자기 책망, 내적 갈등으로부터 자유로울 수 없다는 사실은 이미 언급했다. 오늘날 대부분의 사람들은(심지어 대부분의 심리학자들까지도) 이런 반응들이 신경증적인 근원에서 나오지 않았다는 사실을 중요하게 받아들이지 않는다. 그러므로 우리의 연구 대상들이 건강하지 않다고 생각할 수 있다.

이 연구가 나에게 가르쳐준 교훈을 다른 모든 사람들도 배울 수 있기를 바란다. 완벽한 인간은 없다! 그래도 선한 사람, 무척 선한 사람, 정말 위대한 사람들은 찾아볼 수 있다. 창조자, 예언자, 현자, 성자, 개혁가, 운동가들이 존재한다. 그런 비범한 사람들의 수가 많지 않더라도, 그들은 인간이라는 종의 미래에 대해 우리에게 희망을 주는 존재들이다. 그러나 그런 사람들이 때때로 지루하고, 짜증나게 하며, 거만하고, 이기적이며, 분노하고, 우울해하는 사람들일 수도 있다. 인간 본성에 대한 환멸을 피하려면 우리가 그들에 대해 가지고 있는 환상부터 버려야 한다.

가치

자아실현자 가치관의 기초는 자아, 인간 본성, 사회생활의 많은 부분, 자연과 물리적 현실의 본성을 철학적으로 수용하면서 자연스럽게 형성된다. 이렇게 수용적인 가치관이 일상에서 그들이 개별적으로 내리는 가치 판단의 상당 부분을 설명해준다. 그들이 인정하거나 인정하지 않는 것, 충실히 지키려고 하는 것, 반대하거나 지지하는 것, 그들을 기쁘게 하거나 불쾌하게 하는 것 등은 바탕에 깔린 이 수용적 특성이 표면적으로 다양하게 나타난 것이라고 이해할 수 있다.

고유한 역동성이 자아실현자 모두에게 자동적·보편적으로 공급해주는 것은 이런 기초적 가치관뿐만이 아니다(그렇기 때문에 최소한 이 점에 대해서는 완전하게 성숙한 인간 본성이 보편적이며 문화적 차이가 없는 것이라고 할 수 있을 것이다). 그 밖에도 이 역동성은 다음과 같은 결정인자들을 제공한다. 첫째, 특이할 정도로 현실과 편안한 관계, 둘째, 인간에 대한 애정, 셋째, 삶의 조건에 대한 기본적인 만족과 그것에서 비롯되는 여유, 풍부함, 넘치는 풍족함 같은 다양한 부산물, 넷째, 수단과 목적에 대한 분별력 있는 태도 등이 바로 그런 것들이다.

세상을 향한 이런 태도에서 비롯된 가장 중요한 결과는 삶의 많은 영역에서 선택을 둘러싼 갈등과 투쟁, 양가적 감정과 불확실성이 감소하거나 사라진다는 사실이다. 그럼으로써 이런 태도의 타당성도 검증된다. 소위 도덕이라고 하는 것의 많은 부분은 수용하지 못하거나 만족하지 못하는 상태에서 나타나는 부수적인 현상임이 분명해진다. 이교도적인 수용의 분위기에서는 많은 문제가 불필요하다고 여겨지거나 사라진다. 문제가 해결되어서라기보다는 처음부터 본질적인 문제가 아니었기 때문이다. 예컨대 카드 게임, 댄스, 짧은 옷 입기, 일부 성당에서 머리 노출하기 또는 또 다른 성당에서 머리 노출하지 않기, 와인 마시기, 고기를 선택하여 먹기, 어떤 날은 먹고 어떤 날은 먹지 않기와 같이 병든 사람들이 만들어낸 문제에 불과했다는 사실을 분명히 알게 되어 사라지는 것이다. 그런 하찮은 문제들이 사라질 뿐만 아니라 그런 깨달음은 성 간의 관계, 신체의 구조와 기능, 죽음에 대한 태도와 같은 더욱 중요한 차원에서도 일어난다.

나는 이런 발견이 좀 더 깊어지자 도덕, 윤리, 가치로 통용되는 많은 것들이 평균적인 사람들 사이에 만연한 정신병리현상의 부산물에 불과할지도 모른다는 생각을 하게 되었다. 자아실현자에게서는 어떤 선택(그 안에 가치가 표현되는)을 강요할 때 일어나는 많은 갈등, 좌절, 협박이 사소한 갈등과 마찬가지로 사라지거나 해소된다. 그들은 절대로 화해할 수 없을 것 같은 성 간의 싸움을 전혀 갈등으로 여기지 않는다. 오히려 즐거운 협력으로 받아들인다. 성인과 아동 간의 대립적인 이해도 그다지 대립적이지 않은 것으로 받아들인다. 타고난 차이, 계급과 계층의 차이, 정치적인 견해 차이, 역할 차이, 종교 차이 등도 성이나 연령의 차이와 마찬가지로 여긴다. 우리는 이런 차이들이 보통 사람들에게서는 불안, 두려움, 적대감, 공격성, 방어, 질투를 양산하는 토대가 된다는 것을 알고 있다. 그러나 연구 대상들이 이런 차이에 대해 바람직하지 않은 반응을 덜 보인다는 사실을 보면 모든 차이에 대해 사람들이 꼭 그렇게 부정적으로 반응할 필요는 없다는 것이 드러난다. 자아실현자들은 차이를 두려워하기보다는 즐길 수 있다.

교사와 학생 간의 관계를 특정 패러다임으로 삼아서 예를 들어보자. 우리가 연구했던 교사들은 전체적인 상황을 다르게 해석함으로써 전혀 신경증적인 기미를 보이지 않으며 행동했다. 예를 들면 교실에서의 상황이 의지, 권위, 품위의 충돌이 아니라 유쾌한 협력관계라고 해석했다. 또 쉽고도 필연적으로 위협을 당할 수밖에 없는 인위적인 체면을 벗어버리고, 쉽게 위협받을 수 없는 자연스러운 단순함을 취하기도 했다. 우월해지려는 노력도 포기했다. 그런 교사들에게는 학생들을 위협하는 권위주의적인 요소가 없었다. 그들은 학생들이 자기들끼리, 또는 교사와 경쟁하는 존재라고 보는 시각을 거부했다. 전형적인 교사의 틀에 갇히려 하지 않았다. 예컨대 배관공이나 목수와 다름없이 현실적인 인간으로 존재하려는 태도를 견지했다. 이런 모든 태도가 의심, 경계심, 방어, 적대감, 불안이 사라지는 교실 분위기를 조성한다. 결혼생활, 가정, 다른 대인관계 상황에서도 위협이 감소할 경우, 위협에 대한 유사한 반응들이 사라지는 경향이 있다.

절박한 사람과 심리적으로 건강한 사람이 갖는 원칙과 가치들은 최소한 몇 가지 면에서 다를 수밖에 없다. 그들은 물리적인 세계, 사회적인 세계, 개인적인 심리적 세계를 근본적으로 다르게 지각하거나 해석한다. 그런데 개인의 가치체계가 그런 세계의 조직과 질서를 어느 정도 결정한다. 기본 욕구가 충족되지 못한 사람은 세상이 위험한 장소나 정글, 그리고 자신이 지배할 수 있는 사람과 자신을 지배할 수 없는 사람으로 구성된 적진이라고 생각한다. 그들의 가치체계는 하위 욕구, 특히 번식과 안전 욕구에 지배당하고 움직이는 정글 속 동물들의 가치체계처럼 결핍을 채우려는 것이다. 기본적으로 충족된 사람은 이와 다르다. 그들은 풍요롭기 때문에 이런 욕구와 충족을 당연한 것으로 받아들이고, 좀 더 상위 수준의 충족에 몰두할 수 있는 여유가 있다. 그들의 가치관은 다르다. 그리고 당연히 다를 수밖에 없다.

자아실현자의 가치관에서 최상위 부분은 독특하며 색다른 성격 구조를 표현한다. 자아실현은 자아가 실현된 모습이며 서로 같은 자아는 있을 수 없다. 따라서 이것은 옳을 수밖에 없다. 오귀스트 르누아르, 요하네스 브람스, 스피노자는 한 명씩만 존재한다. 내 연구 대상들은 앞에서도 보았듯이 많은 공통점을 가지고 있다. 하지만 평균적인 사람들로 이루어진 통제 집단보다 개별화되어 있었다. 게다가 착오를 일으킬 수 없을 만큼 자기 자신들이었기 때문에 다른 사람과 혼돈될 수 없었다. 다시 말해 그들은 서로 유사한 동시에 달랐다. 그들은 지금껏 설명한 어떤 집단보다도 개인적인 동시에 사회화되고 인류와 일체감을 느끼고 있었다. 그들은 인간이라는 종과 자신의 고유한 개성에 동시에 더 가까이 다가간 존재들이었다.

이분법의 해소

이쯤에서 우리는 자아실현자에 대한 연구에서 도출한 이론적으로 매우 중요한 결론을 일반화시켜 강조할 수 있을 듯하다. 이 장과 또 다른 부분에서 여러 차례에 걸쳐 과거에 양극화 대립, 이분법이라고 여겼던 현상들이 덜 건강한 사람들에게서만 나타난다는 결론을 내렸다. 건강한 사람에게서는 이분법이 해소되고 양극화가 사라지면 본질적이라고 여겼던 많은 대립들이 합쳐지고 융화되어 하나를 이루게 된다. 슈놀트(1969)의 연구도 참조하기 바란다.

예를 들어 오래전부터 설정되어 있었던 가슴과 머리, 이성과 본능, 인지와 의욕 간의 대립이 건강한 사람들에게서는 대립이 아닌 상승효과를 내며 사라지는 것을 볼 수 있었다. 그런 것들이 결국 같은 것을 뜻하고 같은 결론으로 이어지기 때문에 갈등이 사라진다. 한마디로 이런 사람들에게서 욕망은 이성과 조화를 이룬다. 세인트 오거스틴의 "하나님을 사랑하고 네가 뜻하는 대로 행하라"라는 말은 "건강해져라. 그러면 당신의 충동을 믿어도 좋다"라는 말로 바꿔 쓸 수 있을 것이다.

건강한 사람은 이기적인 동시에 이타적으로 행동하므로 이기심과 이타심의 이분법도 사라진다. 우리의 연구 대상은 매우 영적이면서도 이교도적이고 육감적이어서 심지어 섹스가 영적이고 '종교적인' 경지에 이르는 통로가 되기도 한다. 의무가 즐거움일 때, 일이 놀이일 때, 그리고 자신의 의무를 다하고 덕이 있는 사람이 자신의 즐거움과 행복을 추구할 때, 의무와 기쁨은 대립되지 않으며 일이 놀이와도 대립되지 않는다. 사회와 가장 일체감을 느끼는 사람이 가장 개인적인 사람이라면 굳이 양극화를 고집할 이유가 무엇이겠는가? 가장 성숙한 사람이 아이와 같다면? 가장 윤리적이고 도덕적인 사람이 가장 욕망이 강하고 동물적이라면? 이 모든 질문에서 양극화는 의미를 잃는다.

친절함과 무례함, 구체성과 추상성, 수용과 저항, 자아와 사회, 적응과 부적응, 타인과의 동일시와 분리, 진지함과 유머, 디오니소스적인 면과 아폴로적인 면, 내향성과 외향성, 강렬함과 무심함, 진지함과 발랄함, 전통적인 면과 전통적이지 않은 면, 신비주의적인 면과 현실적인 면, 능동성과 수동성, 남성성과 여성성, 욕망과 사랑, 에로스와 아가페에 대해서도 비슷한 결과를 얻었다. 그런 사람들에게서 원초아와 자아, 초자아는 서로 협동하면서 상승효과를 내고 있다. 그것들은 신경증적인 사람들의 경우에서처럼 서로 싸우지 않으며, 각각의 요구가 근본적으로 일치한다. 인지와 충동과 정서도 융화되어 유기적인 일체를 이루며 비(非)아리스토텔레스적으로 서로 침투하고 있다. 상위 요소와 하위 요소가 대립하지 않고 화합하고 있으며, 수많은 심각한 철학적 딜레마들이 뿌리 두 개 이상 있거나 역설적으로 뿌리가 전혀 없다는 사실이 밝혀졌다. 성숙한 사람들에게서는 남녀 간의 싸움이 성장통(成長痛)에 불과하다면 누가 한쪽을 편들고 싶겠는가? 누가 알면서도 고의적으로 정신병을 택하겠는가? 정말로 건강한 여성은 선한 동시에 악하기도 하다는 사실을 발견하고도, 마치 선과 악이 서로 배타적인 듯이 선한 여자와 악한 여자를 가르는 것이 필요하겠는가?

건강한 사람은 여러 면에서 평균적인 사람들과 다르다. 정도의 차이뿐 아니라 유형이 다르기 때문에 두 종류의 심리학이 생겨난다. 장애를 입고, 발육이 저지되고, 미성숙하고, 건강하지 못한 표본은 손상된 심리학과 손상된 철학만을 제시할 것이 점점 더 분명해지고 있다. 자아실현자에 대한 연구가 보다 보편적인 심리학의 기초가 되어야 한다.

12장
자아실현자의 사랑

    사랑이라는 주제에 대해 경험 과학이 제시할 수 있는 내용이 굉장히 빈약하다는 사실에 놀라울 따름이다. 일반인들이 이 주제를 다루는 것이 심리학자들의 특별한 소임이라고 생각하는 것과 달리 심리학자들은 이상하게도 침묵하고 있다. 마땅히 해야 할 일보다는 쉽게 할 수 있는 일을 선호하는 학자들의 고질적인 병폐를 보여주는 또 하나의 예일 수도 있다. 내가 알고 있는 그다지 명석하지 못한 주방 보조가 깡통 따는 일을 무척 잘한다고 하여 어느 날 호텔에 있는 모든 깡통을 딴 것과 같은 이야기나 진배없다.

    나는 그 과제를 떠맡으면서 비로소 이 문제를 더 잘 이해하게 되었다. 그것은 어떤 학문적 전통에 따르더라도 어려운 주제였다. 과학적 전통 안에서 연구하기란 몇 배 더 어려웠다. 마치 정통심리학의 전통적인 테크닉들이 무용지물이 된 듯한 느낌이었다.

    여기서 우리가 해야 할 일은 분명하다. 우리는 사랑을 이해해야 한다. 사랑을 가르치고 만들고 예측할 수 있어야 한다. 그러지 않으면 적대감과 의심으로 가득 찬 세상을 살아가게 될 것이다. 연구 조사, 연구 대상, 주요 자료들은 앞 장에서 소개했다. 이제 우리 앞에는 그들이 사랑과 섹스에 대해 우리에게 무엇을 가르쳐줄 것인가라는 구체적인 질문이 남아 있다.

개방성

테오도르 레이크(Theodor Reik, 1957)는 사랑의 한 가지 특성을 불안감의 부재라고 정의했다. 건강한 사람들에게서는 이런 현상이 뚜렷하게 나타난다. 더욱 완전한 자발성이 나타나며, 방어와 역할을 포기하게 되고, 관계 속에서 노력하려는 성향이 감소한 것은 확실하다. 관계가 지속되면서 친밀함과 솔직함, 자기표현이 점점 더 많아진다. 그런데 이런 것들이 최고조에 이르는 것은 희귀 현상이다. 그들은 사랑하는 사람과 함께 있을 때 자기 자신이 되고 자연스러움을 느낄 수 있었다고 한다. '긴장을 풀 수 있다'고도 했다. 이런 솔직함에는 자신의 단점이나 잘못, 심리적이고 신체적인 결점을 파트너에게 자유롭게 드러내는 것도 포함된다.

내 연구 대상들의 보고에 의하면 건강한 애정관계가 자발성과 자연스러움을 최대한 허용해주고 위협으로부터 자신을 방어하고 보호하려는 의지를 포기하게 만든다고 한다. 따라서 그런 관계에서 가장 깊은 만족감을 느끼게 된다는 것이다. 그런 관계에서는 경계하고, 은폐하고, 좋은 인상을 주기 위해 애쓰고, 긴장하고, 말과 행동을 조심하고, 억압할 필요가 없다. 연구 대상들은 누가 자신에게 어떤 기대나 요구를 한다는 느낌 없이 자기 자신이 될 수 있었다. 그들은 심리적·신체적으로 발가벗은 상태에서도 자신이 사랑을 받고 상대가 원하는 존재라고 생각하며 안정을 느낄 수 있었다. 이런 결론은 적대감과 분노도 더 자유롭게 표현하고, 서로에게 의례적인 예의를 갖출 필요를 덜 느끼게 되었다는 발견으로도 더욱 지지를 받았다.

사랑하고 사랑받기

내 연구 대상들은 과거에 사랑을 받고 사랑을 했으며 현재도 사랑을 주고받는 사람들이다. 자료를 얻을 수 있었던 거의 모든 연구 대상들은 다른 모든 조건이 동일할 경우, 사랑이 결핍되었을 때보다는 사랑을 받았을 때 심리적으로 건강할 수 있다는 결론을 보여주었다. 금욕이 건강에 이를 수 있는 한 가지 길이며 좌절이 어떤 유익한 효과를 가져올 수 있다는 사실을 인정하더라도 기본 욕구 충족이 우리 사회에서 훨씬 더 일반적인 건강의 기초 또는 전조라고 여겨진다. 이것은 사랑을 받는 것뿐 아니라 사랑을 하는 일에도 해당된다.

자아실현자들이 현재 사랑을 하고 사랑을 받는다는 것도 사실이다. 몇 가지 이유에서 그들은 사랑을 하고 사랑을 받을 수 있는 능력이 있다(이 말이 앞의 문장을 반복하는 것처럼 들릴지도 모르지만 사실은 그렇지 않다). 이런 사실들은 임상적으로 관찰되었으며 널리 알려져 있다. 또한 쉽게 확인할 수도 있다.

윌리엄 메닝거(1942)는 인간이 서로 사랑하기를 진정으로 원하지만 어떻게 하는지 모를 뿐이라고 예리하게 진술했다. 건강한 사람들에게는 이런 진술이 사실이 아니다. 그들은 적어도 사랑하는 방법을 알고 있다. 갈등과 위협, 억압에 휘말리지 않으면서 자유로우면서도 쉽고 자연스럽게 사랑할 수 있다.

그러나 내 연구 대상들은 사랑이라는 말을 신중히 사용했다. 그들은 누군가를 사랑하는 것과 누군가를 좋아하거나, 호의를 가지거나, 자비를 품거나, 가족처럼 느끼는 것과 분명하게 구분하려고 했다. 그들은 사랑을 약하거나 무관심한 감정이 아닌 강렬한 감정으로 묘사했다.

섹스

우리는 자아실현자의 애정생활에서 섹스의 특이하고 복잡한 특성들로부터 많은 것을 배울 수 있다. 많은 실타래가 엉켜 있기 때문에 결코 간단하지 않다. 자료가 풍부하다고도 할 수 없다. 내밀한 사람들에게서는 이런 종류의 정보를 얻기가 쉽지 않다. 그러나 내가 아는 한 그들의 성생활은 사랑과 섹스의 본성에 대해 어느 정도 추측을 해서 기술할 수 있을 정도로 일관된 특성을 보이고 있다.

우선 건강한 사람에게서는 사랑과 섹스가 아주 종종, 더 완벽하게 서로 융합되어 있다. 사랑과 섹스는 분명 별개의 개념이다. 이 두 가지를 불필요하게 혼동하면 전혀 도움이 되지 않는다(Reik, 1957; Suttie, 1935). 하지만 건강한 사람들의 삶에서는 사랑과 섹스가 서로 합치고 녹아든다. 사실 우리가 연구한 사람들의 삶에서는 사랑과 섹스가 덜 분리되어 있으며, 분리하기가 어려웠다. 자아실현을 하는 남성과 여성들은 섹스만을 추구하지 않으며, 섹스만으로는 만족하지 않는 경향을 보였다. 그런 사람들이 애정 없는 섹스는 하지 않을 것이라고 단정 지을 만한 자료는 확보하지 못했다. 그러나 애정이나 사랑 없이 섹스를 할 기회가 주어질 경우에는 잠정적으로 섹스를 포기하거나 거부하는 경우가 상당히 많았다.

자아실현자들은 보통 사람들보다 오르가슴을 더 중요하게 생각하면서도 동시에 덜 중요하게 여겼다. 그들에게서 오르가슴은 깊고 신비한 체험이지만, 사랑의 관계에서 성적인 요소가 결여되어도 다른 사람들보다 오히려 더 쉽게 참는다. 이것은 역설이나 모순이 아니다. 역동적인 동기이론으로부터 자연스럽게 표출되는 현상이다. 상위 수준에서 사랑을 하면 하위 수준의 욕구나 좌절, 만족이 덜 중요하고 덜 중심적이어서 더 쉽게 무시할 수 있다. 그러나 그런 욕구가 만족될 때는 진심으로 즐길 수 있다.

그들의 인생 철학에서 섹스가 중심적인 역할을 하지는 않지만, 그들은 보통 사람들보다 더 진심으로 완전하게 섹스를 즐길 수 있다. 섹스는 즐길 만하며 당연한 것이다. 그리고 그것을 기초로 무엇을 쌓아올릴 수 있는 대상이다. 또 물과 음식처럼 기본적으로 중요하고 그만큼 즐길 수 있는 대상이라고 여기며, 섹스의 충족을 당연한 것으로 받아들인다. 자아실현자는 보통 사람들보다 섹스를 훨씬 더 강렬하게 즐긴다. 그와 동시에 섹스를 훨씬 덜 중요하게 여기는 그들의 이런 태도를 통해 표면적으로 나타나는 역설 같은 현상을 이해할 수 있다.

섹스에 관한 이와 같은 복합적인 태도로 인해 그들이 오르가슴을 신비 체험으로 받아들이기도 하지만 어떤 때는 상당히 가볍게 받아들이기도 한다는 사실도 강조한다. 다시 말해 자아실현자들이 느끼는 성적 쾌락은 매우 강렬하기도 하고 강렬하지 않기도 하다는 것이다. 이것은 사랑이 항상 광희, 황홀경, 신비 체험이라고 생각하는 낭만적 태도와는 모순된다. 사실 섹스는 강렬함보다는 섬세한 쾌락일 수도 있고, 진지하고 심오한 체험보다는 즐겁고 가벼운 장난일 때도 있다. 심지어 의무일 때도 있다. 이런 사람들이 언제나 최고조의 체험을 하는 것은 아니다. 그들은 섹스를 대체로 평균적인 강도에서 가볍고 온화하게 즐길 때가 많다. 섹스를 황홀한 감정의 가장 강렬한 곳까지 파고드는 체험이라기보다는 흥을 돋우며 유쾌하고 즐거우며 재미있고 간지러운 정도의 체험으로 여기기도 한다.

자아실현자들은 자신이 타인에게 성적으로 끌린다는 사실을 보통 사람들보다 훨씬 더 자유롭게 인정한다. 나는 그들이 타인에게 매력을 느끼는 현상을 가볍게 받아들이면서도 다른 사람들보다 이런 이끌림을 행동으로 옮기지 않고 이성과 좀 더 편안한 관계를 맺는다는 인상을 받았다.

건강한 사람들의 성에 대한 태도에서 발견한 또 하나의 특성은 그들이 두 성의 역할과 성격을 명확하게 구분하지 않는다는 것이다. 즉 그들은 섹스나 애정, 기타 모든 면에서 남성은 적극적이며 여성은 수동적이라고 가정하지 않았다. 그들은 자신의 남성성이나 여성성에 대해 확신했기 때문에, 상대방 성이 해야 할 역할이라고 문화적으로 인식되는 일을 하게 되어도 꺼리지 않았다. 그들은 능동적인 동시에 수동적인 연인들이 될 수 있으며, 이런 현상이 성행위와 신체적인 애정 행위에서 가장 분명하게 나타났다는 것이 주목할 만했다. 키스를 하거나 키스를 받는 것, 성행위의 체위, 주도권, 조용히 사랑을 받는 것, 놀리거나 놀림을 당하는 것과 같은 행동이 남녀 모두에게서 나타났다. 때에 따라서 그들은 능동적인 행위와 수동적인 행위를 모두 즐겼다. 그들은 수동적인 애정 행위나 능동적인 애정 행위 한 가지에만 한정되는 것을 탐탁지 않게 여겼다. 자아실현자는 두 가지 모두에서 특별한 기쁨을 느꼈다.

이것은 에로틱한 사랑과 아가페적인 사랑이 근본적으로 다르지만 가장 훌륭한 사람들에게서는 융화된다는 논제와도 일치하는 현상이다. 다르시의 논문은 궁극적으로 남성적이거나 여성적, 능동적이거나 수동적, 자아중심적이거나 자아소멸적인 두 종류의 사랑을 가정한다. 그리고 일반 사람들에게서는 이런 속성들이 대조되거나 양극으로 나타나는 것도 사실이다. 그러나 건강한 사람들에게서는 그렇지 않다. 그들에게서는 이분화가 해소되면서, 능동적인 동시에 수동적이고, 이기적이면서도 이타적이며, 남성적인 동시에 여성적이고 자기에 몰입하면서 자기가 소멸되기도 하는 것이다.

자아 초월

훌륭한 애정관계의 한 가지 중요한 면은 욕구의 일체감이라고도 할 수 있다. 이 현상은 두 사람이 갖는 욕구의 위계들이 단일한 위계로 통합되는 것이다. 이렇게 되면 한 사람이 상대방의 욕구를 자신의 것처럼 느끼며, 자신의 욕구가 다른 사람의 욕구인 것처럼 느끼기도 한다. 이제 자아는 두 사람을 포함하는 범위로 확장되며, 두 사람은 심리적인 목적을 위해 하나의 통합체, 한 사람, 하나의 자아가 된다.

역사적으로 애정관계나 이타주의, 애국심과 같은 대상을 이론화하려는 시도는 많았다. 그와 함께 자아 초월에 대해서도 많은 언급이 있었다. 앵기얄(1965)의 저서에는 이런 성향에 대해 기술적인 수준으로 탁월하게 설명한 내용이 포함되어 있다. 그는 동위(homonomy)[1]라고 명명한 성향의 다양한 예를 논하면서 자율성, 독립성, 개별성의 성향과 대조했다. 이렇게 다양한 성향들이 자아의 한계를 넘어서 확장될 수 있도록 심리학에서 체계적으로 다루어야 한다는 그의 주장이 옳았음을 입증하는 임상적·역사적 증거들이 점점 더 많이 쌓이고 있다. 게다가 자아의 한계를 벗어나고자 하는 욕구가 비타민이나 무기질을 필요로 하는 욕구와 같다는 사실도 분명해 보인다. 즉 그런 욕구도 충족되지 않으면 인간을 병들게 한다는 것이다. 자아 초월의 가장 만족스럽고 완벽한 예는 건강한 사랑의 관계라고 할 수 있을 것이다(Harper, 1966; Maslow, 1967).

즐거움과 명랑함

건강한 사람의 사랑과 성생활은 종종 황홀함의 절정에 이르기도 한다. 그러나 한편으로는 어린아이나 강아지들의 놀이와 손쉽게 비교될 수 있다. 그들의 놀이는 명랑하고 유머러스하며 장난스럽다. 그것은 즐거움이자 기쁨이며 노력하는 것과는 전적으로 다른 행위다.

타인에 대한 존중

이상적이거나 건강한 사랑의 주제에 대해 연구한 학자들은 그런 사

---

1 서로 동등한 것들이 나란히 배치되어 있다는 개념 – 옮긴이.

람들이 상대방의 개성을 인정하고, 그 사람의 성장을 열망하며, 그 사람의 개성과 독특한 성격을 존중한다는 사실을 강조했다. 이런 주장은 자아실현자들을 관찰한 결과 분명하게 확인되었다. 그들은 상대방이 성공을 거두었을 때 위협을 느끼기보다는 기뻐하는 흔하지 않은 능력을 가지고 있었다. 그들은 아주 깊게, 근본적으로 파트너를 존중하고 있었는데, 이런 사실은 많은 의미를 지닌다.

타인에 대한 존중은 그 사람이 독립된 개체이며 분리되어 자율적으로 행동하는 개인이라는 사실을 인정하는 것이다. 자아실현자들은 상대방의 바람을 제멋대로 이용하거나 통제하거나 무시하지 않는다. 그들은 존중 대상에게 절대로 감할 수 없는 존엄성을 부여하며 불필요한 모욕을 주지 않는다. 자아실현자들은 성인뿐 아니라 아이들과도 이런 식으로 관계를 맺는다. 우리 문화에서 거의 아무도 할 수 없는 일이지만, 자아실현자들만큼은 아이들을 진정으로 존중하면서 대할 수 있다.

서로 존중하는 이성관계에서 한 가지 흥미로운 점은 상대를 존중하는 행동이 존중하지 않는 행동이라고 정반대로 해석될 때가 종종 있다는 것이다. 예를 들어 여성들을 존중한다는 많은 행동들은 여성을 비하하던 과거로부터 넘어온 후유증에 지나지 않는다. 그리고 어쩌면 지금도 여성에 대해 품고 있는 깊은 경멸을 무의식적으로 표현하는 것일 수도 있다. 여성이 방에 들어올 때 일어서고, 의자를 내주고, 코트 벗는 것을 도와주고, 먼저 문으로 들어가게 양보하고, 무엇이든지 최고의 것을 먼저 여성에게 주는 등의 문화적 습관은 약하고 무능한 사람에 대한 보호를 암시한다. 그러기 때문에 여성이 약하고 스스로를 돌볼 능력이 없다는 사고를 역사적으로, 역동적으로 의미한다. 스스로를 확실하게 존중하는 여성들은 이런 존중의 표현이 그 반대를 뜻한다는 사실을 잘 알고 있으므로 이를 경계하는 경향이 있다. 자아실현을 하는 남성은 여성을 부족한 인간이 아니라 완전한 인간, 동반자, 동등한 상대, 친구로서 존중하므로 더 편안하고 자유롭고 친숙하게 여성을 대한다. 어쩌면 전통적인 의미에서는 불친절하게 행동할 수도 있다.

그 자체가 보상인 사랑

사랑이 여러 바람직한 효과를 보인다고 해서 사람들이 그런 효과를 얻기 위한 의도로 사랑에 빠진다거나 사랑을 하겠다는 동기가 생기는 것은 아니다. 건강한 사람의 사랑은 자발적인 감탄과 수용적이고 무조건적인 경외심과 즐거움이라고 묘사하는 것이 훨씬 더 정확하다. 마치 훌륭한 그림에 감동을 받을 때의 체험과도 비슷하다. 심리학 문헌에서는 보상과 목적, 강화와 충족에 대해서만 지나치게 많이 다룬다. 반면 그 자체가 보상이 되는 목적 체험이나(수단 체험과 대조되는 의미의) 아름다움을 접할 때의 경외심과 같은 주제는 미흡하게 다루고 있다.

내 연구 대상들이 보여준 감탄과 사랑은 대부분의 경우 보상을 요구하지 않고, 아무런 목적으로도 이어지지 않으며, 그 자체만으로 확실하고 풍부한 체험이었다.

감탄은 아무것도 요구하지 않으며 아무것도 보상받지 못한다. 목적이 없고 유용하지도 않다. 그것은 능동적이기보다는 수동적이며 도교에서 말하는 단순한 수용에 가깝다. 경외심에 휩싸인 사람은 그 체험에 대해 아무것도 하지 않는다. 오히려 체험이 그들에게 무엇인가를 해준다. 그들은 어린아이와 같은 순수한 눈으로 지켜보면서 동의나 반대도 하지 않고, 인정이나 부정도 하지 않는다. 그 체험에 내재된 매혹적인 특성에 사로잡혀 그 체험이 효과를 내도록 맡길 뿐이다. 그런 체험은 파도타기의 재미를 느끼기 위해서 파도에 몸을 맡길 때의 기대에 찬 수동성으로 비유될 수도 있다. 아니면 서서히 빛이 변해가는 석양을 경외하고 삼가며 담담하고 흥미롭게 감상하는 행위에 비유되는 것이 더 나을 수도 있다. 우리가 석양에 주입시킬 수 있는 것은 없다. 그런 의미에서 우리는 로르샤흐 검사를 할 때처럼 어떤 체험에 자신을 투사하거나 그 체험을 하려는 노력을 하지 않는다. 또 그것은 다른 무엇을 상징하거나 표시하지도 않는다. 그것을 찬양하도록 연상 학습을 받거나 찬양함으로써 보상을 받지 않는다. 소유하고 싶은 욕구 없이 그림을 감상할 수 있으며, 장미를 꺾지 않고 장미 덤불을 즐길 수 있다. 예쁜 아기를 유괴하고 싶다는 생각 없이 귀여워할 수 있으며 새를 새장 안에 가두고 싶은 생각 없이 즐길 수 있다. 또한 아무것도 하지 않거나 요구하지 않으면서 서로를 즐기며 감탄할 수 있다. 물론 경외심과 감탄 외에도 사람들을 연결시켜주는 다른 성향들도 있다. 사랑이라는 커다란 틀에서 경외심과 감탄이 유일한 성향은 아니지만 분명히 일부분을 이룬다.

이런 관찰이 암시하는 가장 중요한 의미는 우리가 사랑에 대한 대부분의 이론들과 모순되는 이야기를 하게 된다는 것이다. 대부분의 이론들은 사람들이 매료되어 사랑에 빠진다기보다는 추동에 의해 사랑하도록 내몰린다고 가정하기 때문이다. 프로이트(1930)는 목적에 억압당하는 성에 대해서, 레이크(1957)는 목적에 억압당하는 권력에 대해서 이야기했다. 우리가 자아에 불만족하기 때문에 투사된 환상, 즉 과대평가되어 비현실적인 파트너를 탄생시킨다는 이야기를 하는 사람들도 많다.

그러나 건강한 사람들은 위대한 음악을 감성하듯이 사랑에 빠진다.

사람들은 음악에 경외심을 느끼고 휩싸이면서 사랑한다. 위대한 음악에 휩싸이겠다는 사전 욕구가 없었는데도 그렇게 된다. 호나이는 한 강연에서 신경증적인 요소가 없는 사랑은 다른 사람을 목적에 이르는 수단이 아니라 목적 자체로 보는 것이라고 정의했다. 따라서 그런 사람은 사랑을 이용하려 하기보다는 즐기고 찬양하고 기뻐하고 명상하고 감상한다. 세인트 버나드(St. Bernard)가 이를 적절히 표현했다. "사랑은 그 자체 외의 이유를 찾지 않으며 한계가 없다. 사랑은 자신의 열매이며 즐거움이다. 나는 사랑하기 때문에 사랑한다. 나는 사랑할 수 있기 위하여 사랑한다."(Huxley, 1944)

이타적인 사랑

비슷한 이야기는 신학적 문헌에서도 많이 찾아볼 수 있다. 신적인 사랑과 인간의 사랑을 구분하려는 노력은 사심 없는 찬양과 이타적인 사랑이 인간적인 능력이 아닌 초인적인 능력이라는 가정에 기초하고 있다. 물론 이런 주장은 반박되어야 한다. 최고의 상태에 있는 인간, 완전하게 성숙한 인간은 이전 시대에는 초인의 특권이라고 오해되었던 많은 특성을 보인다.

앞 장들에서 제기된 다양한 이론적 고찰 안에서 이런 현상을 가장 잘 이해할 수 있을 것이다. 우선 결핍 동기와 성장 동기 사이의 구분을 고려해보자. 자아실현자들은 안전, 소속감, 사랑, 지위, 자존감 등의 욕구를 이미 만족했기 때문에 더 이상 이런 욕구 때문에 동기가 생기지 않는 사람들이라고 정의할 것을 제안했다. 그러면 사랑이 충족된 사람은 왜 사랑에 빠질까? 그들은 사랑의 병적인 결핍 상태를 보충하도록 내몰린 사람들과는 다른 이유에서 사랑을 할 것이다.

자아실현자들은 보충이 필요할 만큼 심각하게 결핍된 것이 없다. 성장, 성숙, 발달을 추구하도록 자유롭게 해방된 사람, 다시 말해 개인과 종으로서의 최고의 특성을 완성하고 실현하도록 자유로워진 사람으로 인식되어야 한다. 그런 사람들의 행위는 성숙함에서 발산되는 것이며 노력하지 않아도 표현된다. 그들의 본성이 사랑이기 때문에 사랑하는 것이다. 친절, 정직, 자연스러움 등에 대해서도 같은 이야기를 할 수 있을 것이다. 강한 사람이 강해지려고 의도하지 않아도 강하며, 장미는 향기를 풍긴다. 고양이가 우아하거나 아이가 아이답듯이, 그들의 본성으로 인해 자연스럽게 사랑이나 정직함, 친절함 등을 발산하게 되는 것이다. 그런 부차적인 현상은 신체적인 성장이나 심리적인 성숙과 마찬가지로 동기가 생겨서 일어나는 것이 아니다.

보통 사람들의 경우 노력하려는 의지가 그들의 사랑을 온통 지배하는 것과 달리 자아실현자들은 사랑할 때 노력하지 않는다. 철학적으로 표현하면 이런 특성은 존재의 한 면이자 이루어져가는 것의 한 면으로서, B-love(Love for the Being of the other), 즉 타인의 존재에 대한 사랑이라고 부를 수 있을 것이다.

초연함과 개성

자아실현자들이 개성, 초연함, 자율성을 유지한다는 사실이 언뜻 보기에는 역설로 받아들여질 수도 있다. 그런 것들은 앞에서 설명한 종류의 일체감이나 사랑과는 양립될 수 없어 보이기 때문이다. 그러나 이것은 눈에 보이는 역설일 뿐이다. 우리가 살펴보았듯이 초연함과 욕구의 일체감, 다른 사람과 심오한 상호관계를 맺는 성향은 건강한 사람에게서 얼마든지 공존할 수 있다. 사실 자아실현자들은 가장 개인적이면서도 이타적이고 사회적이며 모든 인간을 사랑하는 사람들이다. 우리의 문화가 이런 특성들을 동일한 연장선상의 양극에 놓는 것은 명백한 잘못이며 이제는 수정되어야 한다. 자아실현자들은 이런 특성들을 공존하며 그들 안에서 이분화가 해소된다.

우리는 연구 대상에서 건강한 이기심, 상당한 자존감, 타당한 이유 없이는 희생을 하지 않으려는 의지를 발견했다.

우리는 그들이 맺는 사랑의 관계에는 사랑할 수 있는 크나큰 능력과, 타인에 대한 깊은 존중, 자신에 대한 존중이 혼합되어 있음을 보았다. 그들이 보통 연인들과 같은 의미에서 서로를 필요로 한다고 할 수 없다는 점에서도 그 사실은 잘 드러난다. 그들은 서로 가깝지만 필요할 때는 헤어져서 각자 다른 길을 갈 수 있다. 그들은 상대방에게 매달리거나 얽어매려고 하지 않는다. 서로를 즐기지만 오랜 이별이나 죽음을 철학적으로 받아들이고 강하게 견뎌낼 수 있다. 매우 열정적이고 황홀한 연애를 하면서도 그들은 자신으로 남아 자신의 주인 역할을 한다. 서로를 강렬하게 즐기면서도 자신의 기준에 따라 살아간다.

이런 발견들이 확인된다면 우리 문화에서 이상적이거나 건강하다고 여겨지는 사랑의 정의가 수정되거나 확장될 필요가 생길 것이다. 우리는 통상적으로 자아가 완전하게 융합되어 분리된 느낌이 없어지고 개성을 강화시키기보다는 개성을 포기하는 것을 사랑이라고 정의해왔다. 그런 특성도 사랑이다. 그러나 자아가 어떤 의미에서는 통합되면서도,

다른 의미에서는 여전히 분리된 채 강하게 남아 있다. 따라서 개성이 강화된다고 말하는 것이 옳을 듯싶다. 이 두 경향은 개성을 초월하면서 개성을 뚜렷하고 강하게 만든다. 또한 이 두 경향은 서로 모순되는 것이 아닌 보완적인 것으로 인식되어야 한다. 게다가 이 진술에는 강한 정체성을 가지는 것이 자아를 초월할 수 있는 최선의 방법이라는 사실도 시사하고 있다.

13장

자아실현자의 창의성[1]

나는 15년 전 굉장히 건강하며 고도로 진화되고 성숙한 사람, 즉 자아실현자들을 연구하기 시작하면서 창의성에 대한 기존 생각을 수정해야 했다. 그런 생각은 그 이후로 계속 진화했고 앞으로도 진화할 것이라고 생각한다. 이 내용은 그에 대한 경과 보고로서, 논의하고 있는 특정한 주제 때문만이 아니라, 심리학이 무엇이며, 무엇이어야 하는가에 대한 나의 생각의 변화와 함께하고 있어 더욱 흥미로울 것이다.

선입관

나는 건강, 특수한 재능, 재주, 생산성이 동의어라는 고정관념을 포기

---

1 『동기와 성격』이 처음 출간되고 4년이 지난 후에 매슬로는 미시간 주립대학이 주최한 창의성 심포지엄에서 창의성과 자아실현에 대해 이야기했다. 이 장은 1958년 2월 28일 이스트랜싱의 미시간 주립대학에서 그가 했던 강연을 편집하지 않고 실은 내용이다. 다만 이해를 돕기 위해 소제목만 덧붙였다 - 편집자.

해야 했다. 내 연구 대상들 중에서 상당수는 앞으로 설명하려는 특별한 의미에서 건강하고 창의적이었다. 그러나 일반적인 의미에서는 생산적이지 않았으며 대단한 재주나 재능을 가지고 있지 않았다. 시인, 작곡가, 발명가, 예술가나 창의적인 지식인도 아니었다. 가장 위대한 천재들 중 어떤 사람들은 심리적으로 건전한 사람들이 아니라는 사실도 분명했다. 그 예로 빌헬름 리하르트 바그너, 빈센트 반고흐, 에드가르 드가, 조지 고던 바이런 등을 들 수 있다. 어떤 천재들은 건강했고 어떤 이들은 건강하지 못했다. 위대한 재능은 선하거나 건강한 성격과는 어느 정도 무관하다. 우리는 그에 대해 아는 것이 별로 없다고 일찍부터 결론을 내리게 되었다. 예를 들어 위대한 음악적 재능이나 수학적 재능은 습득되기보다는 타고나는 것이라는 증거들이 있다. 그렇다면 건강과 특별한 재능은 별개의 변수들로서, 어쩌면 매우 약한 상관관계가 있거나 아예 관계가 없는 것이 분명한 듯싶다. 그리고 현재로서는 심리학이 천재형의 특별한 재능에 대해 거의 아는 바가 없다고 인정하는 것이 옳을 듯하다. 그에 대해서는 더 이상 언급하지 않고 좀 더 보편적인 종류의 창의성에 제한하여 논의하고자 한다.

그런 창의성은 모든 인간이 보편적으로 타고나는 것으로서 심리적인 건강에 따라서 변화하는 특성이다. 게다가 나는 대부분의 다른 사람들과 마찬가지로 창의성을 어떤 생산물이라는 관점에서 생각하고 있었다. 또 무의식적으로 창의성을 인간의 노력 중에서 일부 틀에 박힌 영역에만 국한시켜 생각해왔다는 사실을 발견하게 되었다. 즉 무의식적으로 화가, 시인, 작곡가는 창의적인 삶을 살 것이라고 가정했던 것이다. 그렇게 생각하면 이론가, 예술가, 과학자, 발명가, 작가들은 창의적이고 그 밖의 사람들은 창의적일 수 없다. 마치 창의성이 특정 직종만

이 점유하는 특권인 양 어떤 사람이 그에 속하는가, 속하지 않는가라는 양분법적인 사고를 했던 것이다.

새로운 모델

그러나 여러 연구 대상들을 관찰하면서 이런 예상은 빗나갔다. 예를 들어 교육도 받지 못했고 가난하며 전업주부인 한 여성은 인습적인 의미에서 어떤 창의적인 업적도 남기지 못했다. 하지만 훌륭한 요리사, 어머니, 아내, 가정주부로 살아가고 있었다. 돈은 별로 없었지만 그녀의 집은 항상 아름답게 가꿔져 있었다. 그녀는 완벽하게 손님을 접대했다. 매 끼의 식사는 연회와 같았다. 식탁보, 수저, 유리잔, 도자기, 가구를 고르는 그녀의 안목은 완벽했다. 그녀는 이 모든 영역에서 창의적이고 참신하며 재치 있고 기발했다. 이런 그녀를 창의적이라고 생각하지 않을 수 없었다. 그녀와 또 그와 비슷한 사람들을 보면서 일류 수프가 이류 그림보다 창의적이라고 생각하게 되었다. 그리고 요리나 육아, 살림도 창의적일 수 있으며, 시가 창의적이지 않을 수 있음을 배웠다.

또 다른 연구 대상은 넓은 의미에서 사회봉사라고 표현하면 적절할 일에 전념하고 있었다. 그녀는 개인적인 차원에서뿐만 아니라 단체를 결성하여 상처에 붕대를 감아주고 학대당하는 사람들을 도와주고 있었다. 그녀가 혼자만의 힘으로 도와줄 수 있는 것보다 더 많은 사람들을 도와줄 수 있도록 기구를 조성한 것이 그녀의 '창조물' 중 하나였다.

또 한 명은 정신과 의사로 논문을 쓰거나 이론을 연구하지는 않는 '순수한' 임상의였다. 그는 매일 사람들이 스스로 창의성을 발휘하도록 도와주는 일에서 기쁨을 얻고 있었다. 그는 환자 한 사람 한 사람이 세상에서 유일한 존재인 것처럼 다가갔다. 또 어려운 용어나 기대, 전제 조건 없이 순수하고 소박하지만 도교적인 위대한 지혜로 환자를 다루었다. 그가 볼 때 각 환자는 고유한 인간이었다. 그런 이유로 환자는 새롭게 이해하고 새로운 방식으로 풀어야 할 문제였다. 어려운 환자조차도 성공적으로 치유함으로써 그의 방식이 틀에 박힌 진부한 것이 아니라 '창의적'임이 입증된 셈이다.

또 다른 사람으로부터는 사업체를 설립하는 것도 창의적인 활동이라는 사실을 배웠다. 젊은 운동선수로부터는 완벽한 태클도 소네트[2]처럼 심미적인 산물이며, 그와 똑같은 창의성으로 접근할 수 있는 대상임을 배웠다. 다시 말해 창의적이라는 어휘를(심미적이라는 어휘와 함께) 생산물뿐만 아니라 사람의 성품, 활동, 과정, 태도 등에도 적용할 수 있음을 배웠다. 나아가 창의적이라는 어휘를 표준화하여 인습적으로 받아들이는 시, 이론, 소설, 실험, 그림이라는 제한된 범위의 생산물뿐만 아니라 다른 생산물에도 적용하게 되었다.

자아를 실현하는 창의성

그 결과 '특별한 재능과 그에 관련된 창의성'을 '자아를 실현하는 창의성'과 구분해야 할 필요성을 발견하게 되었다. 자아를 실현하는 창의성은 성격에서 직접 나오며 일상생활에서 광범위하게 나타났다. 반

---

2 13세기 이탈리아 민요에서 파생된 소곡 또는 14행시 -옮긴이.

드시 위대하고 눈에 띄는 작품에만 나타나는 것이 아니다. 예를 들어 유머나 가르치는 일 등 어떤 일이든지 창의적으로 하는 경향에서 나타났다.

지각

자아를 실현하는 창의성의 본질적인 면은 벌거벗은 임금을 알아본 아이의 우화에서 예시되듯이 특별한 지각 능력에서 드러날 때가 많다 (이런 지각 능력도 창의성을 어떤 작품으로만 보려는 개념과는 모순된다). 이런 사람들은 일반적이고 추상적이며 항목화되거나 범주화되고 분류된 것들뿐만 아니라 신선하고 가공되지 않은 구체적이고 표의적인 것도 볼 수 있다. 따라서 그들은 대부분의 사람들이 실제 세계라고 혼돈하는 개념, 추상, 기대, 신념, 고정관념으로 이루어진 언어화된 세계보다는 훨씬 더 본질의 실제 세계에 산다. 이런 특성은 "체험을 향한 개방성"이라는 로저스의 표현에 잘 나타나 있다.

표현

나의 모든 연구 대상들은 상대적으로 더 자발적이고 표현에 뛰어났다. 그들의 행동은 더 자연스러우며 덜 통제되고 억제되어 있었다. 그들의 행동은 덜 차단되고 자기비판을 덜 받으면서 더 쉽고 자유롭게 표현될 수 있는 것처럼 보였다. 다른 사람으로부터 조롱받을지도 모른다는 두려움 없이 생각과 충동을 억제하지 않고 표현할 수 있는 능력은 자아를 실현하는 창의성의 본질적인 부분임이 밝혀졌다. 로저스는 건강함의 이런 면을 "완전하게 기능하는 사람"이라는 멋진 말로 표현했다.

제2의 순진함

자아실현자의 창의성은 모든 행복하고 안정된 아이들의 창의성과 여러 면에서 비슷하다. 그런 창의성은 고정관념과 진부함으로부터 벗어난 자발적이고 쉽고 순수한 창의성이다. 순수하고 자유로운 지각과 순수하고 억압되지 않은 자발성 표현력이 이런 창의성의 주된 구성 요소인 것으로 보였다. 거의 모든 아이들은 무엇이 있어야 한다거나 무엇이 전에 있었다는 사전 기대 없이 어른보다 자유롭게 지각할 수 있다. 그리고 거의 모든 아이들은 계획이나 사전 의도 없이 즉석에서 그림, 놀이, 춤, 시, 노래, 게임 따위를 만들어낼 수 있다.

연구 대상들은 이렇게 어린아이와 같다는 의미에서 창의적이었다. 그들은 아무도 아이들이 아니었기 때문에(모두 50~60대였다) 어린이다움이 지니는 중요한 특성을 적어도 두 가지 정도 유지하거나 되찾았다고 하는 것이 오해의 소지가 없을지도 모르겠다. 그 두 가지란 첫째, 그들은 체험을 항목화하지 않거나 체험에 개방되어 있었다. 둘째, 편안하게 자발적이며 표현적인 행동을 했다. 이런 점들은 아이에게서 발견할 수 있는 특성들과는 질적으로 확실히 다르다. 아이들은 단순히 순진하다고 할 수 있지만, 연구 대상들은 산타야나가 표현했듯이 '제2의 순진함'을 얻었던 것이다. 그들이 보여주는 지각과 표현의 순수함은 세련된 정신과 결합되어 있다.

어쨌든 여기서 우리는 태어날 때는 모든 인간에게 주어진 잠재성이었지만, 그 사람이 사회화되면서 잃어버리거나 억제되고 묻혀버린 인간 본성의 근본적인 특성을 다루고 있다.

미지의 대상에 대한 친밀감

연구 대상들은 보통 사람들과 달리 창의성의 표현을 더욱 가능하게 해주는 또 다른 특성을 가지고 있다. 자아실현자들은 미지의 신비스럽고 혼란스러운 대상에 대해 겁을 내지 않았으며, 그것에 매료되기도 했다. 다시 말해 그런 대상을 선택적으로 선별하여 궁리하고 명상하고 몰입했다. 그에 대해 앞에서 설명했던 부분을 다시 살펴보면 다음과 같다.

그들은 미지의 대상을 무시, 부정, 회피하거나, 그것이 이미 알고 있는 것이라고 스스로를 기만하려고 애쓰지 않는다. 또 그것을 성급하게 조직, 이분화, 분류하려고도 하지 않는다. 그들은 익숙한 것에만 매달리지 않는다. 진실을 원하는 그들의 갈망은 골트슈타인의 두뇌 손상 환자(1939)나 강박 신경증 환자의 경우에 과장된 모습으로 나타나듯이 확실성, 안전함, 분명함, 질서 등을 추구하는 파멸적인 욕구가 아니었다. 건강한 사람들은 객관적인 상황에 따라 필요할 경우 무질서, 지저분함, 혼란, 모호함, 의심, 불확실성, 불명확함, 부정확함, 부정밀함을 편안하게 견딜 수 있다(이 모든 요소는 과학과 예술, 삶 전반에 걸쳐서 어떤 단계에서는 바람직할 때도 있다).

따라서 의심, 모호함, 불확실성, 판단을 중지해야 할 필요성이 대부분의 사람들에게는 고문처럼 괴롭지만 어떤 사람들에게는 기분 좋은 자극적인 도전이 된다. 그런 체험을 하는 시기가 인생의 침체기보다는 최고의 순간이 될 수도 있다.

이분화의 해소

오랫동안 혼란스러워했던 한 가지 현상이 분명해지기 시작했다. 자아실현자에게서 이분화가 해소되는 현상이 바로 그것이다. 간단히 말해 모든 심리학자들이 하나의 직선상에 있다고 받아들였던 여러 가지 양극성과 서로 반대되는 것들을 이제까지와는 다르게 보아야 한다는 사실을 발견했다. 예를 들어 어려움을 겪었던 최초의 이분화 현상은 연구 대상들이 이기적인지 이타적인지 판단할 수 없을 때 나타났다. 여기서 우리가 얼마나 자연스럽게 양자택일의 함정에 빠지는지 지켜보기 바란다. 내가 질문을 던지는 양식에는 한쪽이 많아지면 다른 한쪽이 줄어든다는 가정이 포함되어 있었다. 그러나 관찰한 사실들이 나를 압박했기 때문에 나는 아리스토텔레스적인 논리 양식을 포기하지 않을 수 없었다. 어떤 의미에서 연구 대상들은 매우 이타적이면서도, 또 다른 의미에서는 이기적이었다. 그러면서 그 두 특성은 양립될 수 없는 것이 아니라 사리에 맞고 역동적인 통합 또는 종합을 이루면서 한데 융화되어 있었다. 프롬이 자기 사랑에 관해 그의 고전적인 논문에서 묘사한 것과 매우 유사한 특성, 즉 건강한 이기심을 보이고 있었다. 그들은 반대되는 것들을 절묘하게 조합시켰고 이기심과 이타심을 모순되고 서로 배타적인 것으로 보려는 관점 자체가 성격 발달의 낮은 수준을 보여주는 특성이라는 사실을 이를 통해 일깨웠다. 연구 대상들은 그와 같은 방식으로 다른 이분법들도 해소하여 통합하고 있었다. 즉 인지 대 의욕(머리 대 가슴, 소망 대 사실)은 의욕과 '함께 구성된' 인지가 되며 본능과 이성에 대해서도 같은 결론에 이를 수 있었다. 의무가 즐거움이 되며 즐거움이 의무와 통합된다. 일과 놀이의 구분도 모호해진다. 이타심을 이기적으로 즐길 수 있는데 어떻게 이기적인 쾌락주의와 이타주의가 대치될 수 있는가? 모든 사람들 중에서 가장 성숙한 사람들은 아이 같은 면도 강하다. 자아가 가장 강하고 뚜렷하며 개인적인 그들이 가장 쉽게 자아가 소멸되고 자아를 초월하여 문제중심적으로 변할 수 있는 사람들이다.

위대한 화가들이 바로 이와 같은 일을 한다. 그들은 서로 어울리지 않 는 색깔과 형태, 온갖 불일치를 하나로 섞어서 조화시킨다. 혼란스럽고 모순되는 사실들을 함께 엮어서 그것들이 하나에 속한다는 것을 우리에게 보여주는 위대한 이론가들도 마찬가지다. 위대한 정치가, 정신과 의사, 철학자, 훌륭한 부모, 훌륭한 연인, 위대한 발명가도 모두 마찬가지다. 그들 모두 분리되어 있거나 심지어 반대되는 요소들을 하나로 엮어서 통합을 이루어내는 사람들이다.

우리는 여기서 통합 능력에 대해 이야기하고 있다. 또한 내면이 통합되어 있는 정도와 그 사람이 세상에서 하는 일을 통합시킬 수 있는 능력이 서로 관계됨을 이야기하고도 있다. 개인의 내면이 통합되어 있을수록 창의성을 발휘하여 건설적이고 종합적이며 통일되고 통합된 결과를 이룰 수 있다.

두려움 없음

이 모든 현상들의 이유를 탐색하면서 나는 연구 대상들이 비교적 두려움이 없다는 것이 중요한 이유라는 결론을 내렸다. 그들은 확실히 덜 사회화되어 있었다. 다시 말해 다른 사람들이 말하거나 요구하거나 조롱하는 것을 덜 두려워하는 것 같았다. 그들은 자신의 더 깊은 자아를 인정하고 받아들임으로써 세상의 진정한 본성을 용감하게 지각하고, 더욱 자발적으로(덜 통제되고, 덜 억압되며, 덜 계획적이고, 의지에 덜 따르거나, 덜 기획된 상태로) 행동할 수 있었다. 그들은 자신의 생각이 미치광이 같거나 어리석거나 터무니없어도 덜 두려워했다. 조롱을 당하거나 인정을 받지 못하는 것을 덜 두려워했다. 그들은 감정에 휩싸이도록 스스로를 방치할 수 있었다.

이와 대조적으로 평균적이거나 신경증적인 사람들은 자신 안에 있는 두려움을 막으려고 했다. 통제하고 억압하며 억제했다. 스스로 자아의 가장 깊은 부분을 인정하지 않을뿐더러 다른 사람들도 인정해주지 않을 거라고 생각했다.

내가 말하고자 하는 바는, 연구 대상들의 창의성은 자기 수용이라는 보다 큰 통합과 일체에서 나오는 부차현상이라는 것이다. 보통 사람의 내부에서는 깊은 내면의 힘과 그것을 방어, 통제하려는 힘 사이에 내전이 벌어진다. 하지만 연구 대상들에게서는 갈등이 해소되기 때문에 덜 분열된 양상을 보인다. 결과적으로 그들의 더 많은 부분이 즐거움과 창의적인 목적에 유용하게 활용될 수 있는 것이다. 그들은 자신을 자신으로부터 보호하는 일에 시간과 정력을 덜 낭비한다.

절정 체험

'절정 체험'에 대해 후기에 진행했던 또 다른 연구 결과는 이런 결론을 뒷받침하고 풍부하게 해주었다. 건강한 사람들뿐만 아니라 많은 사람에게 자신의 삶에서 가장 멋지고 황홀했던 순간이 언제였는지 물었다. 이는 창의적 체험, 심미적 체험, 연인의 체험, 통찰의 체험, 오르가슴의 체험, 신비의 체험 등을 다룬 문헌들이 묘사한 인지 변화에 대해 일반화되고 포괄적인 이론을 정립해보기 위해서였다. 이런 모든 현상을 표현하기 위해 일반화시켜 사용한 용어가 '절정 체험'이었다. 나는 이런 체험들은 자신과 세상에 대한 지각을 특별히 어떤 공통된 방식으로 변화시켰다는 인상을 받았다. 그리고 이런 변화들이 이미 묘사했던 자아실현과 비슷하거나, 개인 안에서 분열이 일시적으로라도 통합되는 모습으로 나타났다는 사실에도 깊은 인상을 받았다.

그리고 그런 사실은 옳았다. 그러나 여기서도 내가 갖고 있던 믿음들을 일부 포기해야 한다는 사실을 배웠다. 우선 찰스 모리스(Charles Morris)도 발견했듯이 셀던[3]의 체질적 차이를 인정해야 했다. 서로 다른 체질의 사람들은 서로 다른 사건들로부터 절정 체험을 한다는 사실을 발견했다. 그러나 사람들이 무엇으로부터 그런 체험을 하든지 그들은 주관적인 체험을 비슷하게 묘사했다. 그리고 한 여성이 출산할 때의 느낌을 묘사하면서, 리처드 버크[4]가 우주적 의식을 묘사할 때, 올더스 헉슬리[5]가 모든 문화와 시대에 있었던 신비 체험을 묘사할 때, 브루스터 기셀린[6]이 창조과정을 묘사할 때, 스즈키 다이세쓰[7]가 선불교에서

---

3 미국의 심리학자로서 내배엽, 중배엽, 외배엽형이라는 체형 분류를 만들어냈다 - 옮긴이.

4 캐나다의 정신과 의사로서, 지극히 인습적인 생활을 해오다가 30대 어느 날 저녁에 절정 체험을 통해 세계의 모든 구성 원리를 순간적으로 의식할 수 있었다고 한다 - 옮긴이.

5 영국의 소설가, 평론가로서 『위대한 신세계』가 대표작이다 - 옮긴이.

6 유타 대학의 문예창작 교수이자 작가이며, 많은 예술가들의 창조 활동에 관한 수기와

깨달음의 체험을 묘사할 때와 동일한 표현을 사용하는 것에 무척 놀랐다. 이로부터 창의성이나 건강 등에도 여러 종류가 있을 것이라는 가능성에 마음을 열게 되었다.

그러나 개인 안에서의 통합과 그 사람과 세계 간의 통합이 절정 체험의 본질적인 면이라는 사실이 지금 우리가 논하고 있는 주제와 관련해서 가장 중요한 발견이다. 이런 존재의 상태에서 인간은 통합된다. 잠시 동안 그 사람 안에 있던 분열, 양극화, 분리가 해소된다. 그는 승자도 패자도 없는 내면의 전쟁을 초월한다. 그런 상태에서 그는 훨씬 더 개방적으로 체험을 받아들이며 더욱 자발적이고 완전하게 기능한다. 이것은 우리가 이미 살펴보았듯이 자아를 실현하는 창의성이 지니는 본질적인 특성들이다.

비록 순간에 그칠지라도 두려움, 불안, 억압, 방어와 통제가 완전히 사라진다. 또 자제나 지연, 제약을 포기하는 것이 절정 체험에서 나타나는 한 가지 특성이다. 붕괴와 분해에 대한 두려움, '본능'에 압도당하는 것에 대한 두려움, 죽음과 정신착란에 대한 두려움, 고삐 풀린 쾌락과 감정에 지는 것에 대한 두려움 등이 일시적으로 사라지거나 멈춘다. 두려움은 현실을 왜곡시키므로 두려움이 사라지는 현상 역시 개방된 지각을 의미한다.

그것은 순수한 충족, 순수한 표현, 순수한 고양이라고도 생각할 수 있다. 그러나 이런 체험은 '세상 속에서' 일어나는 일이다. 따라서 프로

기록들을 수집해서 연구했다 – 옮긴이.

7 일본의 불교 학자로서 20세기 초에 저술과 번역, 강연 등을 통해서 서양에 선불교를 소개했다 – 옮긴이.

이트의 용어에 의하면 '쾌락의 원리'와 '현실의 원리'가 융화됨을 나타
내는 것이기도 하다.

이 모든 두려움이 자신의 깊은 내면에 대한 두려움이라는 사실을 유
의하기 바란다. 마치 절정 체험의 순간에는 자신의 깊은 자아를 통제하
고 두려워하는 대신 수용하고 포용하게 되는 듯하다.

우선 세계뿐 아니라 자기 자신도 통합되어서 일관된 조화를 이룬다.
다시 말해 그 사람은 더 완전하게 자신이 되며 독특하고 고유한 존재가
된다. 그렇기 때문에 노력하지 않고 더욱 쉽게 표현하고 자발성을 보인
다. 그러면 그가 가진 모든 능력은 평소보다 더 완벽하게 조직되고 조
정되어 보다 효율적으로 통합되고 조화를 이룬다. 그때는 모든 일을 노
력 없이 편안하게 할 수 있다. 억압, 의심, 통제, 자기비판 등이 사라지
면서 자발적이고 조화로우며 효율적인 인간이 된다. 마치 갈등이나 분
열, 망설임이나 의심이 없는 동물처럼 수월하게 힘이 분출하여 능숙한
거장이 연주하는 듯한 능력을 발휘하게 된다. 그런 순간에 그의 힘은
최고조에 이르며, 확신에 찬 기술, 자신감, 창의성, 통찰력, 묘기에 자신
조차도 놀라게 될지 모른다(절정 체험이 지나가고 난 후에). 그 순간에
는 모든 것이 너무 쉬워서 즐기며 웃을 수도 있다. 다른 때라면 불가능
했을 일도 대담하게 시도해볼 수 있다.

간단히 말해 그 사람은 더욱 통합되고 일체가 되며, 더욱 고유하고 독
특해지며, 더욱 생기 있고 자발적이며, 더욱 완전하게 표현하게 되고 억
압이 해소되며, 더욱 수월하고 강력해지며, 두려움과 의심을 뒤로 하고
더욱 담대하고 용감해지며, 더욱 자아초월적이며 망아의 상태에 빠진다.

그리고 내 질문을 받았던 거의 모든 대상들은 그런 체험을 기억할 수 있었다. 그런 이유로 나는 그보다도 더 많은 사람들이 일시적인 통합의 상태, 심지어 자아실현과 자아를 실현하는 창의성의 상태에 도달할 역량을 갖추었을 것이라고 잠정적으로 결론을 내렸다(물론 부적절한 절차로 대충 표본을 추출했기 때문에 이런 내용은 잠정적으로만 제시할 뿐이다).

창의성의 수준

고전적인 프로이트의 이론은 우리의 연구 목적에는 별로 도움이 되지 않으며, 우리의 자료와 부분적으로 모순되기도 한다. 그의 이론은 본질적으로 원초아 심리학이다. 그리고 본능적인 충동과 그 변천에 대한 연구로서, 프로이트적 기본 대립은 충동과 충동을 억제하려는 방어 사이의 대립이라고 여겨진다. 그러나 창의성(또한 놀이, 사랑, 열정, 유머, 상상력, 판타지)의 근원을 이해하는 데 중요한 원리는 억압된 충동보다도 1차적 과정으로, 의욕적이기보다는 본질적으로 인지적이다. 우리가 인간 심층심리학의 이런 면으로 주의를 돌리자마자 정신분석학적인 자아심리학(psychoanalytic ego psychology)(Kris, Milner, Ehrenzweig), 카를 융의 심리학, 그리고 미국의 자아와 성장심리학(self-and-growth psychology) 사이에서 많은 공통점을 발견했다.

평균적이며 상식적이고 잘 적응된 사람에게서 볼 수 있는 정상적인 적응은 인간 본성 심층의 상당 부분을 지속해서 의욕적 또는 인지적으로 거부하는 것을 의미한다. 현실세계에 잘 적응한다는 것은 자아를 분열시킨다는 의미다. 즉 자신이 위험한 존재이기 때문에 자신에게서 등을 돌린다는 뜻이다. 그러나 이런 심층은 그가 기쁨을 느끼고, 놀고, 사랑하고, 웃고, 또 그보다도 더욱 중요하게, 창의성을 발휘하는 능력의 근원이기도 하다. 따라서 인간이 그렇게 자신의 내면을 거부함으로써 많은 것을 잃기도 한다는 사실이 분명해졌다. 자신 안에 있는 지옥으로부터 스스로를 보호하느라고 그 안에 함께 있는 천국까지도 버리는 것이다. 극단적인 경우에는 평면적이고 긴장되고 경직되고 얼어붙은, 매사에 통제되고 조심스러우며 강박적인 사람이 된다. 그런 사람은 웃거나, 놀거나, 사랑하거나, 순진하게 아이처럼 굴거나, 무엇을 신뢰할 수 없다. 그의 상상력, 직관, 부드러움, 감정은 막히거나 왜곡된다.

1차적 수준

치료로서의 정신분석학의 목적은 궁극적으로 통합을 이루려는 것이다. 의사는 통찰을 통해 이런 근본적인 분열을 치료하여 억압되어 있던 것이 의식이나 전의식으로 떠오르게 하기 위해 노력한다. 그러나 여기서도 우리는 창의성의 깊은 근원을 연구함으로써 내용을 수정할 수 있다. 우리가 1차적 과정과 맺은 관계는 금지된 소원과 맺은 관계와는 다르다. 가장 중요한 차이점은 1차적 과정이 금지된 충동처럼 위험하지 않다는 것이다. 1차적 과정은 억압되고 검열되기보다는 에르네스트 샤흐텔(1959)이 보여주었듯이 망각되었거나 주의에서 벗어나 있는 내용이다. 몽상, 시, 연극에 심취하기보다는 실용적이고 목적을 향한 노력을 요하는 어려운 현실에 적응해야 하기 때문에 은폐되어 있는 사고과정이다. 또는 풍요로운 사회에서는 1차적 사고과정에 대한 저항이 분명히 적을 것이라고 다르게 표현할 수도 있다. 이제까지는 '본능'에 가해지는 억압을 풀어주는 데 별로 기여한 바 없는 교육이 앞으로 많은 역할을 해서 이런 1차적 과정을 의식적이고 전의식적인 삶으로 통합시키고 받아들일 수 있게 해주기를 기대한다. 미술, 시, 무용 교육은 대체로 이런 방향으로 많은 일을 할 수 있다. 또는 역동심리학에 관한 교육도 도움이 될 수 있다. 예를 들어 1차적 과정의 언어로 표현한 도이치와 머피(1967)의 임상 면담은 일종의 시로 볼 수도 있다. 매리언 밀너(Marion Milner, 1967)의 탁월한 저서 『그림 그릴 수 없음에 대하여』(On Not Being Able to Paint)는 나의 논지를 완벽하게 보여준다.

'위대하다'고 선정된 예술 작품보다는 재즈나 유아적인 그림에서 볼 수 있는 즉흥연주 또는 즉흥화가 내가 묘사하려고 했던 종류의 창의성을 보여주는 가장 좋은 예이다.

2차적 수준

첫째, 위대한 작품은 위대한 재능을 필요로 하는데, 나는 그런 재능이 내 연구와 무관한 주제임을 발견했다. 둘째, 위대한 작업은 섬광과 같은 감흥, 영감, 절정 체험만으로 이루어지는 것이 아니라 고된 노력, 오랜 수련, 혹독한 비평, 완벽주의자적인 기준을 요하는 일이었다. 다시 말해 자발성 뒤에 숙고가 따르며, 완전한 수용 뒤에 비판이, 직관 뒤에 치열한 사고가, 대담함 뒤에 신중함이, 판타지와 상상력 뒤에 현실 검토가 뒤따르는 작업이다. "이것이 진실인가?", "다른 사람도 이것을 이해할 수 있을까?", "이 구조가 견고한가?", "이것이 논리의 검증을 통과할까?", "이것이 세상에 나갔을 때는 어떻게 될까?", "내가 증명할 수 있을까?"와 같은 질문이 따라오는 것이다.

그 다음에는 비교와 판단과 평가, 그리고 다음날 아침의 냉정하고 계산적인 생각과 선택, 거부가 뒤따른다.

1차적 과정에서 2차적 과정으로 넘어오며 디오니소스에서 아폴로로, '여성성'에서 '남성성'으로 넘어온다는 표현을 쓰고 싶다. 심층으로의 자발적인 퇴행은 끝이 나고 영감과 절정 체험에 필요한 수동성과 수용은 능동성, 통제와 피나는 노력에게 자리를 내주어야 한다. 절정 체험은 인간에게 찾아온다. 그러나 그 인간이 위대한 작품을 만들어야 한다. 그것을 여성적인 단계 다음에 남성적인 단계가 이어지는 것이라고 묘사할 수도 있을 것이다.

엄밀히 말해서 나는 창의성의 첫 단계인, 노력을 기울이지 않고 저절로 찾아오는 과정만을 연구했다. 통합된 개인의 자발적인 표현, 또는 개인 안에서 이루어지는 일시적인 통합의 과정만을 연구했을 뿐이다. 그런 과정은 자신의 심층에 접할 수 있을 때만, 즉 자신의 1차적 사고 과정을 두려워하지 않을 때만 찾아올 수 있다.

통합된 창의성

2차적 과정보다 1차적 과정을 통해 이루어지는 창의성을 '1차적 창의성', 주로 2차적 사고과정에 기초를 둔 창의성은 '2차적 창의성'이라고 부를 것이다. 2차적 창의성은 다리, 건물, 새로운 자동차, 과학 실험, 학술 연구와 같이 세상 속에 존재하는 생산물의 많은 부분을 차지한다. 이런 창의성은 본질적으로 다른 사람의 아이디어를 통합하고 개발하는 것이다. 두 유형의 창의성의 차이는 의용군과 헌병, 개척자와 정착자의 차이에 비유될 수 있을 것이다. 두 유형의 과정을 잘 융합하고 연결하여 손쉽고 능숙하게 활용하는 능력을 '통합된 창의성'이라고 부를 것이다. 이런 창의성으로부터 위대한 예술 작품이나 과학 또는 철학의 업적이 탄생된다.

이런 모든 이야기는 창의성 이론에서 통합, 또는 자아 일관성, 조화, 온전함이 차지하는 역할이 더욱 중요해진다는 사실로 요약될 수 있다. 보다 고차원의 포괄적인 통합을 이루면서 이분화를 해소하는 것은 개인 안의 분열을 치유하고 그를 더욱 조화롭게 만든다. 내가 말하는 분열은 인간의 내부에 존재하는 것이기 때문에 일종의 내전이 일어나서 한 사람의 일부가 다른 부분과 싸우는 것이라고 할 수 있다. 어쨌든 자아를 실현하는 창의성은 금지된 충동이나 소망에 대한 통제를 해결함으로써 이루어지는 것이 아니다. 그보다는 1차적 과정과 2차적 과정을 융합시킴으로써 더 직접적으로 이루어지는 것으로 보인다. 물론 이런 금지된 충동에 대한 두려움에서 나오는 방어가 1차적 과정까지 억압하여, 모든 심층부에서 전체적이고 무차별적이며 공포스러운 전쟁 상태로 밀어넣는 것으로 보인다. 그러나 그런 무차별함은 필연적이지 않는 듯하다.

창의성과 자아실현

요약하면 자아를 실현하는 창의성은 성취보다는 성격을 강조한다. 성취는 성격에서 발산되는 부차현상이며 2차적인 것이기 때문이다. 자아를 실현하는 창의성에는 대담성, 용기, 자유, 자발성, 명쾌함, 통합, 자기 수용과 같은 성격적인 특성들이 중요하다. 이런 특성들은 내가 설명해왔던 종류의 전반적인 창의성을 가능하게 해주는 것들이다. 창의성이란 창의적인 생활, 창의적인 태도, 또는 창의적인 사람에게서 그 자체로 표현되는 것이다. 또한 자아를 실현하는 창의성에서 문제 해결이나 작품 제작으로 이어지는 특성보다는 그것이 지니는 표현적인 특성, 또는 존재적인 특성을 강조했다. 자아를 실현하는 창의성은 방사능과 같이 '방사되며' 문제와 관계없이 삶의 모든 영역에 나타난다. 마치 명랑한 사람은 목적이나 계획, 심지어 의식도 없이 명랑함을 발산하는 것과 같다. 그것은 햇빛처럼 발산되어 모든 곳에 퍼진다. 그럼으로써 자랄 수 있는 것들을 자라게 해준다. 또어떤 창의성은 바위처럼 성장할 수 없는 것들에 닿아서 낭비되기도 한다.

마무리할 때쯤 나는 확실히 대체할 만한 그럴듯한 개념도 제시하지 못한 채 널리 수용되고 있는 창의성의 개념만 살피려고 했음을 깨달았다. 클라크 무스타카스가 제안했듯이 자아를 실현하는 창의성은 건강 자체와 동의어처럼 보일 때도 있어 정확히 정의하기 어렵다. 그리고 자아실현이나 건강은 완전한 인간성의 실현과정이나 인간의 존재라고 정의되어야 하기 때문에, 자아를 실현하는 창의성이란 본질적인 인간성의 결정적인 또는 필수적인 특성과 동의어라고 할 수 있다.

4
부

인간과학을 위한
방법론

14장
새로운 심리학을 향한 질문[1]

단순히 수학적이거나 실험적인 기술만 있으면 제시할 수 있는 해
답보다는 문제 제기가 훨씬 더 중요할 때가 많다. 새로운 질문과
가능성을 제시하며 오래된 문제들을 새로운 각도에서 보려면 창의
적인 상상력이 필요하다. 과학에서의 진정한 진보는 그로 인해 이
루어진다.

알베르트 아인슈타인과 레오폴트 인펠트
『물리학의 진화』, 1938

또 다른 과학철학의 시작이 가능해졌다. 그것은 원자론적이면서도
전체론적이며, 고유하면서도 반복적이고, 인간적이고 개인적이면서도
기계적이다. 또한 변화하면서도 안정적이고, 초월적이면서도 실증적인

---

1 나는 이 장에서 몇 가지 지엽적인 수정만 했을 뿐 대부분의 내용은 그대로 두었다. 여
기서 제시한 제안들은 여전히 타당하며, 15년간 이런 방향으로 어느 정도 진전이 이
루어졌는지 살펴보는 것도 연구자들에게는 흥미로울 것이기 때문이다(매슬로가 이
의견을 덧붙이고 15년이 지난 오늘날, 이런 질문들 중에서 어떤 것들은 학계에서 인정받
는 분야로 자리 잡았다. 또 많은 질문들은 해답을 얻지 못한 채 여전히 흥미를 유발하고 있
다 - 편집자).

특성을 지니고 있으며, 긍정적이고 가치에 기초를 둔 지식과 인식의 개념이다. 이 장에서는 새로운 접근방법으로 인간심리학에 다가가면서 떠오르는 질문들을 개관해보았다.

학습

사람들은 현명해지고, 성숙해지며, 친절해지고, 좋은 취향을 가지게 되고, 독창성을 확보하며, 좋은 성격을 형성하고, 새로운 환경에 적응하고, 좋은 것을 식별해내고, 진실을 추구하고, 아름답고 진정한 것을 알게 되는 방법을 어떻게 배우는 것일까? 다시 말해 어떻게 비본질적인 학습이 아닌 본질적인 학습이 이루어지는 것일까?

학습은 비극, 결혼, 자녀의 출생, 성공, 승리, 연애, 질병, 죽음과 같은 특별한 체험을 통해 이루어진다. 또한 학습은 고통, 질병, 우울증, 비극, 실패, 노년, 죽음을 통해서도 이루어진다.

지금까지 연합 학습이라고 여겨졌던 많은 것들이 상대적·임의적·우연적이기보다는 본질적인 학습이며 현실이 요구해서 이루어지는 것이다.

자아실현자에게서 반복, 적합성, 임의적인 보상은 점점 덜 중요해진다. 어쩌면 일반적인 종류의 선전이 그들에게는 효과가 없을 것이다. 그들은 임의적인 연상, 특권의 암시, 구매자의 속물근성을 자극하는 요소, 단순하고 의미 없는 반복과 같은 것의 영향을 훨씬 덜 받는다. 어쩌면 이런 선전은 그들에게 부정적인 효과를 미쳐 오히려 상품을 구매하지 않게 만들 가능성도 높아진다.

왜 교육심리학은 목적(예컨대 지혜, 이해, 좋은 판단력, 좋은 취향)이 아니라 수단(예컨대 성적, 학위, 학점, 졸업 증서)에 집중하는가?

우리는 정서적인 태도, 취향, 선호 성향이 습득되는 과정을 충분히 알지 못한다. '가슴으로 이루어지는 학습'은 등한시해왔기 때문이다.

현재 시행되고 있는 교육은 아이들을 덜 성가시고 덜 못된 존재로 만듦으로써 어른들이 편하게 아이들을 적응시키려고 한다. 좀 더 긍정적인 목표를 지향하는 교육은 아이의 성장과 미래의 자아실현에 더 관심을 가져야 한다. 우리는 어떻게 하면 아이들이 강해지고 자기를 존중하며 정당하게 분노하고 지배와 착취, 선전과 맹목적인 문화화, 암시와 유행에 저항하도록 가르칠 수 있는지 알고 있는가?

우리는 목적이 없고 동기화되지 않은 학습, 다시 말해 잠재적인 학습 또는 순수하게 본질적인 흥미 때문에 이루어지는 학습에 대해서는 거의 아는바가 없다.

지각

지각은 실수, 왜곡, 환상과 같은 것에만 지나치게 제한되어 있는 연구 분야다. 베르트하이머라면 그것을 심리적인 맹점에 관한 학문이라고 불렀을 것이다. 그런 영역에 직관, 잠재의식적 지각, 무의식적이거나 전의식적인 지각과 같은 연구는 왜 추가하지 않는가? 좋은 취향에 대한 연구는 왜 포함시키지 않는가? 진정하고 진실되며 아름다운 것에 대한 연구는? 심미적 지각에 관한 연구는? 왜 어떤 사람은 아름다움을 지각하는데 어떤 사람은 지각하지 못하는가? 우리는 지각이라는 주제에 희망, 꿈, 상상, 독창성, 구성, 질서를 통해 현실을 적극적으로 조종하는 현상도 연구 주제로 포함시킬 수 있을 것이다.

동기와 관심, 자기 이해에 얽매이지 않은 지각, 감상, 경외, 감탄, 비선택적인 자각 등도 연구 주제로 포함시킬 수 있다.

고정관념에 관한 연구는 풍부하게 이루어졌지만, 새롭고 구체적이며 베르그송적인 현실에 관한 과학적인 연구는 거의 이루어지지 않았다.[2]

프로이트가 이야기했던 부동성 주의력(free-floating attention)[3] 현상은 어떤가.

건강한 사람으로 하여금 현실을 보다 능률적으로 지각하고, 미래를 보다 정확히 예측하며, 사람들의 실체를 보다 쉽게 지각할 수 있게 해주는 요소들은 무엇인가? 사람들로 하여금 미지의 무질서하고 혼돈스러우며 신비스러운 것을 견디게 해주는 요소들은 무엇인가?

건강한 사람의 희망과 바람은 왜 그들의 지각을 왜곡시키지 않는가?

건강할수록 그 사람의 여러 능력들은 서로 연관되어 있다. 감각적인 양식들을 연구할 때도 개별적인 감각을 분리시켜서 연구하는 것보다 공감각적으로 연구하는 것이 더욱 기본적인 연구방식이다. 이뿐만 아니라 감각기관은 유기체의 운동기관과 연결되어 있다. 이런 상호 연관관계를 파악하기 위해서 더 많은 연구가 필요하다. 또한 통합적인 의식, 존재 인지(B-cognition), 깨달음, 초개인적 또는 초인간적 지각, 신비 체험과 절정 체험의 인지적인 측면과 같은 주제에 대해서도 더 많은

---

2 베르그송은 목적과 이해를 갖지 않고 대상을 있는 그대로 파악하는 능력인 직관을 강조했다 – 옮긴이.

3 치료사가 환자의 주의력에 초점을 맞추고 그의 마음속으로 환자의 모든 연상이 흘러 들어가게 하는 치료사의 마음 상태를 의미한다 – 옮긴이.

연구가 필요하다.

감정

긍정적인 감정(즉 행복함, 침착함, 평온함, 마음의 평정, 만족, 수용)은
아직까지 충분히 연구되지 않았다. 동정심, 연민, 자선에 관한 연구도
불충분하다. 기쁨, 즐거움, 놀이, 게임, 스포츠는 충분히 이해되지 못했
다. 황홀경, 환희, 열정, 유쾌함, 명랑함, 행복감, 안녕, 신비 체험, 종교나
정치에서의 전향 체험, 오르가슴을 불러오는 감정에 관한 연구도 부족
하다.

정신병적인 사람과 건강한 사람이 느끼는 투쟁, 갈등, 좌절, 슬픔, 불
안, 긴장, 죄책감, 수치심과 같은 것들 간의 차이도 충분히 알려져 있지
않다. 건강한 사람에게서는 이런 감정들이 좋은 영향을 미칠 수 있다.

감정이 조직화하는 효과나 그 밖의 여러 가지 바람직한 효과를 가져
온다는 사실은 감정이 혼란을 일으키는 효과보다는 연구가 부족하다.
어떤 상황에서 감정이 지각, 학습, 사고 등의 능률을 높여주는 것일까?

인지의 정서적인 측면, 예를 들어 통찰과 함께 오는 정신의 고양, 이
해와 더불어 오는 평온함, 나쁜 행동에 대한 보다 깊은 이해에서 오는
수용과 용서도 연구해야 할 분야다.

사랑과 우정의 정서적인 면과 그것들이 가져다주는 만족과 기쁨도
다루어야 한다.

건강한 사람에게서 인지, 의욕, 정서는 서로 대립하거나 배척하기보
다는 더 많은 상승효과를 일으킨다. 그 이유를 밝혀내야 하며, 근저의

기계적인 원리가 무엇인지 이해해야 한다. 예를 들면 건강한 사람들은 시상하부와 대뇌가 다르게 연결되어 있는가? 또 다른 예로 의욕과 정서가 동원되면 어떻게 인지에 도움이 되는가? 인지와 의욕의 상조작용이 어떻게 정서와 감정 등을 지원해주는가? 심리적인 삶의 이런 세 측면은 분리시킬 것이 아니라 상호 연관시켜 연구해야 한다.

심리학자들은 감정가나 감식가들을 부당할 정도로 소홀히 대해왔다. 먹고 마시고 흡연하는 등 육감적인 만족을 단순하게 즐기는 행위도 분명히 심리학에서 다루어야 한다.

이상향을 건설하려는 의도의 배후에는 어떤 충동이 있을까? 희망은 무엇일까? 우리는 왜 천국, 좋은 삶, 더 나은 사회에 관한 관념들을 상상하고 투사하며 만들어낼까?

감탄의 의미는 무엇일까? 경외의 의미는? 또 놀라움은? 영감에 대한 연구는? 어떻게 하면 사람들이 더욱 노력하도록 영감을 불어넣을 수 있을까? 어떻게 하면 더 나은 목표를 향하도록 영감을 줄 수 있을까?

왜 쾌락은 고통보다 빠르게 사라질까? 쾌락, 감사, 행복감을 새롭게 해줄 수 있는 방법이 있을까? 우리가 받은 축복을 당연시하지 않고 감사하는 방법을 배울 수 있을까?

동기

부모가 느끼는 충동을 이야기해보자. 우리는 왜 아이들을 사랑할까, 왜 아이를 갖기 원할까, 왜 아이들을 위해서 희생할까? 아니면 다른 사람에게는 희생처럼 보이는 것들이 왜 부모에게는 희생으로 여겨지지 않는 것일까? 왜 아기들은 사랑스러운 것일까?

정의, 평등, 자유, 정의와 자유에 대한 갈망도 연구 대상이다. 왜 사람들은 대가를 치르면서, 심지어 자신의 목숨까지 포기하면서 정의를 위해 싸울까? 왜 어떤 사람들은 이득을 얻지 못하는데도 학대받고 부당하게 취급당하며 불행한 사람들을 도우려고 할까?

인간은 맹목적인 충동과 추동에 따라서 행동하기보다는 자신의 목적, 목표, 결과를 추구한다. 물론 충동과 추동에 의해서 움직이는 경우도 있지만 항상 그런 것은 아니다. 정확한 그림에는 이 두 가지가 모두 포함되어야 한다.

이제까지 우리는 좌절이 병리현상을 일으키는 효과만 연구하면서 '건강을 유발하는' 효과는 소홀히 다루었다.

항상성, 평형, 적응, 자기 보존, 방어, 순응은 부정적인 개념에 지나지 않으며 긍정적인 개념을 통해서 보완되어야 한다. '모든 관심은 생명 보존에만 집중되어 있으며 삶을 가치 있게 만드는 방향으로는 관심을 기울이지 않는 듯 보인다.' 쥘 앙리 푸앵카레가 자신의 문제는 끼니를 얻는 것이 아니라 끼니 사이에 권태를 느끼지 않는 것이라고 말했다. 기능적 심리학을 자기 보존이라는 관점에서 유용함을 연구하는 학문이라고 정의한다면, 메타 기능적(metafunctional) 심리학은 자기 완성이라는 관점에서 유용함을 연구하는 학문이라고 할 수 있다.

상위 욕구를 소홀히 하고 하위 욕구와 상위 욕구 간의 차이를 무시한다면, 한 가지 욕구가 충족된 후에도 갈망이 계속될 경우 사람들은 실망할 수밖에 없다. 건강한 사람에게서는 욕구가 충족되면 갈망이 소멸되는 것이 아니다. 일시적인 충족 기간이 지난 후에는 상위 욕구와 상위 수준의 좌절이 이어진다. 그에 따라서 이전과 같은 불만과 불안이

다시 생긴다.

식욕과 취향, 선호도 생과 사를 가르는 동물적이고 필사적인 기아와 함께 다루어야 한다.

비뚤어진 그림을 똑바로 걸고 싶은 욕구, 미완성된 과제를 완수하려는 욕구, 풀지 못한 문제를 포기하지 않으려는 욕구와 같이 완벽함, 진리, 정의에 대한 추구도 연구 대상이 되어야 한다. 또는 이상향을 추구하려는 충동, 외부세계를 개선하고 싶은 욕구, 잘못된 것을 바로잡고 싶은 욕구도 연구해야 한다.

프로이트나 이론적인 심리학자들이 소홀히 했던 인지적 욕구들(Aronoff, 1962)도 다루어야 한다. 미의식 또는 심미적 욕구에 포함되어 있는 의욕적인 면은 어떻게 다룰 것인가? 우리는 순교자와 영웅, 애국자와 이타적인 인간의 동기를 충분히 이해하지 못한다. 그것을 프로이트처럼 '단지 무엇에 지나지 않는다'는 식의 환원적인 설명은 건강한 사람을 이해하는 데 도움이 되지 않는다.

선악의 심리학과 윤리와 도덕의 심리학은 어떻게 다루어야 할 것인가? 과학, 과학자, 지식, 지식의 탐구, 지식 탐구의 배후에 있는 충동, 철학적 충동에 관한 심리학도 연구해야 한다. 감상, 명상, 묵상도 또 다른 연구 주제다.

일반적으로 섹스는 마치 그것이 전염병을 피하는 문제라도 되는 양 논의되어왔다. 섹스의 위험성에 골몰하느라 그것이 즐거운 여가이며, 심층으로부터 치유적이며 교육적인 활동이 될 수도 있다는 분명한 사실을 잊어버렸다.

지능

우리는 이상적인 경우를 설정하여 이끌어낸 지능의 개념이 아닌 실제 현상으로부터 이끌어낸 지능의 개념으로 만족해야 하는 것일까? IQ의 개념은 지혜와는 아무 상관이 없다. 그것은 전적으로 기술적인 개념이다. 예를 들어 헤르만 괴링⁴은 IQ는 높지만 어리석은 사람이다. 그는 분명 악한이었다. 높은 지능이라는 특별한 개념을 분리하는 것이 나쁘다고 생각하지 않는다. 그러나 그런 대상만을 제한하여 다루는 심리학에서는 지능이 기술적으로 다루기에 더 만족스럽다는 이유로 지혜, 지식, 통찰, 이해, 상식, 좋은 판단력 등과 같이 더 중요한 주제는 소홀히 다루는 문제가 생긴다. 이것은 인본주의자에게는 매우 거슬리는 개념이다.

어떤 것들이 지능(즉 효율적인 지능, 상식, 좋은 판단력)을 향상시키는 영향을 미칠 수 있을까? 우리는 지능에 해를 미치는 요인에 대해서는 많이 알고 있지만 지능을 향상시키는 요인에 대해서는 알지 못한다. 지능을 회복시켜주는 심리치료도 가능하지 않을까? 지능에 대한 유기체적 개념은 어떤 것일까? 또한 지능 검사는 어느 정도까지 문화에 따라 결정될까?

인지와 사고

회심, 전향, 정신분석학적 통찰, 갑작스러운 이해, 원리의 지각, 계시,

---

4 히틀러의 2인자로 나치의 잔혹 행위를 주도했던 인물 - 옮긴이.

득도, 깨어남. 지혜는 어떤 것이며 좋은 취향, 훌륭한 도덕성, 친절함 등과 사고는 어떤 관계가 있는가?

순수한 지식이 가져다주는 기질적·치료적 효과도 연구해야 한다.

창의성과 생산성에 관한 연구는 심리학에서 중요한 위치를 차지해야 마땅하다. 사고를 연구할 때 기존의 사고 연구에서 활용되던 식으로 이미 정해져 있는 퍼즐의 해답을 찾는 활동보다는 새로움, 독창성, 새로운 아이디어의 창조에 더 많은 주의를 기울여야 한다. 창의적인 사고가 사고의 으뜸일진대 왜 최고 상태의 사고를 연구하지 않는가?

과학과 과학자, 철학과 철학자를 다루는 심리학도 필요하다.

만약 건강하고 명석한 사람이 있다면 그 사람은 듀이 유형의 사고만을 하지는 않을 것이다. 듀이 유형의 사고란 평형을 깨뜨리거나 귀찮은 문제가 생길 때 자극을 받으며, 문제가 해결되면 멈추는 형태의 사고를 말한다. 건강한 사람의 사고는 자발적이고 명랑하며 즐겁다. 마치 간이 담즙을 분비하듯이 노력 없이 이루어지며 자동적으로 발산된다. 인간은 사고하는 동물임을 즐길 뿐 사고를 하도록 시달림을 받을 필요가 없다.

사고는 항상 방향이 있고 조직적이며 동기화되고 목적을 지향하지 않는다. 판타지, 공상, 상징적 표현, 무의식적 사고, 유아적이고 정서적인 사고, 정신분석학적인 자유 연상 등도 그 나름대로 생산적이다. 건강한 사람들은 이런 방법을 통해 많은 결론을 내리고 판단을 한다. 이런 사고는 전통적으로 합리성에 반한다고 여겨졌지만, 사실은 합리성과 함께 상승효과를 가져온다.

무심함, 개인적인 요소 또는 자아의 일부를 주입하지 않고 현실의 본성에 대해 보이는 수동적인 반응, 자아중심적이기보다는 문제중심적인 인지 등은 객관성의 개념이라고 할 수 있다. 도교적 객관성, 애정이 담긴 객관성 대 방관자적 객관성도 새로운 심리학에서 다루어야 할 주제들이다.

임상심리학

우리는 자아실현에 도달하는 데 실패한 것을 정신병리라고 생각해야 한다. 평균적이거나 정상적인 사람도 정도가 덜 극적이고 덜 긴박할지라도 정신병자와 비슷하게 병리적인 경우에 속한다고 할 수 있다.

심리치료의 목적과 목표를 긍정적으로 볼 필요가 있다(이는 모든 교육, 가족, 의료, 종교, 철학의 목표에도 해당된다). 예를 들어 결혼, 우정, 경제적인 성공과 같이 긍정적이고 성공적인 삶의 체험이 갖는 치료적 가치가 강조되어야 한다.

임상심리학은 비정상을 연구하는 심리학과는 다르다. 성공적이고 행복하며 건강한 개인을 다루는 개인적이고 개별적인 사례 연구도 임상심리학에 포함될 수 있다. 임상심리학은 질병을 비롯하여 건강과 약하고 소심하고 잔인한 사람이 아닌 강하고 용기 있는 사람도 연구할 수 있다.

비정상에 관한 심리학은 정신분열증과 같은 연구에만 제한되어서는 안 된다. 냉소주의, 권위주의, 쾌감 상실, 가치 상실, 편견, 증오, 탐욕, 이기심과 같은 주제들도 다루어야 한다. 이런 현상들도 가치의 관점에서 보면 심각한 질병이다. 치매, 조울증, 강박신경증과 같은 질환은 기술의 관점에서 보면, 다시 말해 이런 질환들이 인간의 능력을 제한한다는 의미에서 인간에게 심각한 질병이다. 그러나 히틀러, 베니토 무솔리니 또는 스탈린 같은 사람이 뚜렷한 정신분열증을 일으켰다면, 그것은 저주가 아니라 축복이었을 것이다. 긍정적이고 가치지향적인 심리학의 관점에서 우리가 연구해야 하는 주제는 가치의 의미에서 사람들을 악하게 만들거나 제약하는 장애들이다. 사회적으로는 냉소가 우울증보다 더 중요하다.

우리는 범죄성을 연구하는 데 많은 시간을 할애한다. 준법 행위, 사회와의 동일시, 자선, 사회적 양심과 같은 주제도 함께 연구하는 것이 어떨까?

결혼, 성공, 자녀, 연애, 교육과 같은 긍정적인 삶의 체험이 미치는 치료효과에 관한 연구와 더불어 특히 비극, 질병, 결핍, 좌절, 갈등과 같은 나쁜 체험이 미치는 치료적 효과도 연구해야 한다. 건강한 사람은 이런 체험조차도 바람직하게 활용할 수 있는 것으로 보인다.

흥미에 대한 연구(권태에 대한 연구와 대조되는)도 이루어져야 한다. 생기, 삶에 대한 소망, 죽음에 대한 저항, 열정을 품은 사람들을 보아야 한다.

성격의 역동성, 건강, 적응에 대해 현재 우리가 알고 있는 지식은 대부분 병든 사람들에 관한 연구에서 나왔다고 해도 과언이 아니다. 건강한 사람들에 관한 연구는 이런 오류를 바로잡아주고 심리학적인 건강에 대해 직접 가르쳐줄 것이다. 뿐만 아니라 신경증, 정신병, 정신장애, 정신병리 전반에 대해서도 우리가 알고 있는 것보다 훨씬 더 많은 것을 가르쳐줄 것이다.

능력, 역량, 기술, 솜씨에 관한 임상적인 연구, 직업, 소명, 사명에 대한 연구도 필요하다. 천재와 재능에 대한 임상적인 연구에 우리는 똑똑한 사람보다 지적 장애자에게 훨씬 더 많은 돈과 시간을 투자한다.

일반적으로 생각하는 좌절이론은 비뚤어진 심리학의 좋은 예다. 자녀 양육에 관한 많은 이론은 아이를 프로이트적인 관점에서 본다. 즉 아이들은 오로지 보존 성향만을 지닌 유기체로서 이미 도달한 적응에 의지할 뿐이라고 여긴다. 새로운 적응을 향해 나아가고 성장하고 자신만의 양식으로 발달하려는 충동이 없다는 것이다.

오늘날까지도 심리 진단 테크닉은 건강이 아닌 병리현상을 진단하는 데 사용된다. 우리는 창의성, 자아의 강도, 건강, 자아실현, 최면, 질병에 대한 저항력과 같은 것을 측정할 만한 적당한 로르샤흐 검사나 TAT, MMPI와 같은 기준이 없다. 성격에 대한 대부분의 설문들은 여전히 로버트 우드워스[5] 모델을 본뜬 것이다. 그 설문에는 질병의 많은 증상이 열거되어 있으며, 이런 증상에 응답하지 않은 것으로 건강 점수를 계산한다.

심리치료는 사람들을 개선시켜준다. 그런데도 우리는 치료를 받은 후의 성격을 검사하지 않음으로써 사람들이 최선의 상태가 되었을 때의 모습이 어떤지 관찰할 기회를 놓친다.

절정 체험을 하는 사람과 절정 체험을 하지 못하는 사람에 대한 연구도 필요하다.

동물심리학

동물심리학 연구는 지금껏 기아와 갈증에 집중했다. 왜 상위 욕구는 연구하지 않는가? 우리는 흰쥐가 사랑, 아름다움, 이해, 지위 등을 추구

---

5 1920년에 최초의 성격 검사인 인성 검사를 만든 심리학자 – 옮긴이.

하는 인간의 상위 욕구와 비교될 만한 어떤 욕구를 가지고 있는지 알지 못한다. 동물심리학자들이 구사할 수 있는 테크닉을 이용히여 알아낼 수 있으리라고 기대하는 것은 무리다. 우리는 기아 직전까지 몰리거나 고통이나 전기 충격을 받아서 극단적인 상황에 처한 절박한 쥐를 연구하는 심리학을 넘어서야 한다. 인간이 그런 극단적인 상황에 처할 경우는 거의 드물다(원숭이와 유인원을 대상으로도 그런 연구가 행해졌다).

이해와 통찰에 대한 연구는 기계적이며 맹목적인 연합 학습에 대한 연구보다 더 강조되어야 한다. 보다 복잡한 상위 수준의 지능은 하위 수준의 단순한 지능 못지않게 강조되어야 한다. 지금까지 심리학자들은 동물의 수행 능력의 상한보다는 평균적인 수행 능력에 대한 연구를 선호했다.

허즈번드(1929)가 쥐도 인간 못지않게 미로를 달릴 수 있다는 사실을 입증했을 때, 미로는 학습을 연구하는 도구로서 그 즉시 폐기되어야 했다. 우리는 이미 인간이 쥐보다 학습 능력이 뛰어나다는 사실을 알고 있다. 이런 사실을 입증할 수 없는 테크닉을 사용하는 것은 마치 천장이 낮은 방에 허리를 굽히고 들어간 인간의 키를 재는 것이나 마찬가지다. 그러면서 우리는 인간이 아닌 천장의 높이를 잴 뿐이다. 미로는 낮은 천장을 재는 기능밖에는 하지 못한다. 심지어 그것은 쥐가 학습이나 사고를 통해 이룰 수 있는 최고치조차도 측정하지 못한다.

하등동물보다는 고등동물을 대상으로 연구하면 인간심리에 대해 더 많은 것을 알게 될 가능성이 훨씬 높다.

동물을 연구하면 순교자 정신, 자기 희생, 수치심, 상징, 언어, 사랑, 유머, 예술, 아름다움, 양심, 죄책감, 애국심, 이상, 시나 철학, 음악, 과학의 창조와 같이 인간에게만 고유한 능력들은 소홀히 하게 된다는 것을 항상 기억해야 한다. 동물심리학은 인간이 모든 영장류와 공유하는 인간의 특성에 대해 배우는 데 필요하다. 그러나 동물심리학은 인간이 다른 동물과 공유하지 않거나 잠재 학습과 같이 다른 동물보다 인간이 월등한 분야의 특성을 연구하는 데는 필요 없다.

사회심리학

사회심리학은 모방, 암시, 편견, 증오, 적대감 그 이상을 연구해야 한다. 그런 것들은 건강한 사람들에게는 그다지 중요하지 않다.

민주주의와 무정부주의 이론, 민주적 대인관계, 민주적 지도자, 민주주의와 민주주의적인 사람들과 민주적인 지도자 사이에서의 권력, 이타적인 지도자의 동기, 다른 사람들을 군림하고 싶어하지 않는 건강한 사람들의 성향 등이 연구되어야 한다. 사회심리학 역시 하등동물이 가지고 있는 권력 개념이라는 낮은 천장에 막혀 있다.

현재로서는 협동, 이타심, 친절함, 헌신보다 경쟁이 훨씬 더 많이 연구된다. 자유와 자유로운 사람들에 대한 연구는 오늘날의 사회심리학에는 설자리가 없다.

문화는 어떻게 개선되는가? 일탈자는 어떤 좋은 영향을 미칠 수 있을까? 우리는 일탈자가 없으면 문화가 진보하거나 개선될 수 없다는 것을 안다. 그런데 왜 그들을 더 많이 연구하지 않을까? 왜 일반적으로 그들을 병적이라고 인식할까? 왜 건강하다고 인식하지 않을까?

사회적 영역에서 형제애와 평등주의도 계급과 계층, 지배만큼 관심을 받아야 마땅하다. 왜 종교적인 형제애는 연구하지 않을까? 소비자와 생산자의 협력은? 계획적이며 이상향적인 공동체는?

문화와 개인 간의 관계에서는 마치 문화가 주된 동인이며, 문화가 개인을 형성하는 힘이라는 사실이 너무나 엄연하다는 듯이 연구가 진행된다. 그러나 보다 강하고 건강한 사람은 문화의 영향력에 저항할 수 있으며 실제로 그렇게 한다. 문화화와 사회화는 일부 사람들에게 어느 정도까지만 효력을 미친다. 환경으로부터의 자유에 대한 연구가 필요하다.

여론조사는 인간의 가능성에 대한 저급한 개념을 무비판적으로 수용한 내용에 근거하고 있다. 예를 들어 일반 사람들의 투표가 이기심이나 순수한 습관에 따라서 결정된다고 믿는다. 이것은 단지 99퍼센트의 건강하지 못한 사람들에게서만 사실이다. 건강한 사람들은 최소한 부분적으로라도 논리, 상식, 정의, 공정함, 현실 등에 근거하여 투표하거나 구매하거나 판단한다. 매우 이기적이고 협소한 시각에서만 본다면, 자신의 이익에 반대되더라도 그런 결정을 할 수 있다.

민주주의 사회에서 어떤 사람들은 지도자의 위치에 오르면 다른 사람에게 권력을 행사할 수 있는 기회가 생긴다기보다는 봉사할 기회가 생기기 때문에 그 자리를 추구한다는 사실은 왜 무시될까? 미국 역사나 세계 역사 속에서 이런 동기가 심오하고 중요한 힘으로 작용해왔는데도 이런 사실은 사회심리학으로부터 외면당해왔다. 토머스 제퍼슨은 지도자의 자리에서 따라오는 이기적인 이익 때문에 권력을 원한 것은 분명 아니었다. 그보다는 그 자리에서 요구되는 일을 자신이 잘할 수 있겠다는 판단하에 스스로를 희생하기로 했던 것이다.

의무감, 충성심, 사회에 대한 의무, 책임, 사회적 양심도 중요한 주제다. 우리는 범죄자들을 연구하는 데 많은 시간을 할애하면서, 왜 훌륭한 시민, 정직한 인간들은 연구하지 않을까? 왜 개혁운동가, 원칙, 정의, 자유, 평등을 위해 싸우는 투사, 이상주의자는 연구하지 않을까?

편견, 비호감, 결핍, 좌절이 가져오는 좋은 효과, 심지어 심리학자들은 편견과 같이 병적인 현상을 놓고도 그것을 다면적으로 연구하려는 노력을 기울이지 않는다. 구성원을 추방하거나 제외시키는 것도 어떤 좋은 효과를 미친다. 만약 어떤 문화가 석연치 않거나 병들었거나 악한 것일 때는 더욱 그렇다. 그런 문화로부터 추방당하는 것은 고통이 따를지라도 개인에게는 좋은 일이다. 자아실현자는 자신이 인정할 수 없는 하부 문화로부터 스스로 물러남으로써 추방을 자초하기도 한다.

우리는 독재자, 범죄자, 정신병자에 대해서 아는 것만큼 성자, 기사, 선행자, 영웅, 이타적인 지도자에 대해서는 잘 알지 못한다.

인습은 좋은 면을 갖고 있으며 바람직한 효과를 가져오기도 한다. 분명 좋은 인습이 있다. 그러나 건강한 사회와 병든 사회에서 인습의 가치는 확연히 다르다. '중산층'의 가치도 마찬가지다. 친절, 관용, 너그러움, 자선은 사회심리학 교과서에서 거의 자리를 차지하지 못한다.

프랭클린 루스벨트나 토머스 제퍼슨과 같은 부유한 자유주의자들도 있다. 그들은 자신의 경제적인 이익을 저버리고 공정함과 정의를 위해 싸움으로써, 자신의 재력이 지시하는 바와는 상당히 모순되게 처신하기도 한다.

반유대주의, 반흑인주의, 인종주의, 외국인 혐오에 대한 저서는 많이 출간되어 있지만 친유대주의, 친흑인주의, 패배자에 대한 동정심과 같은 현상은 거의 인식되지 않는다. 이런 사실은 우리가 이타주의, 부당하게 대우받는 사람에 대한 동정이나 염려보다는 적개심에 더 집중한다는 것을 보여준다.

스포츠맨 정신, 공정함, 정의, 타인에 대한 배려에 관한 연구는 어디 있는가.

대인관계나 사회심리학에 관한 교과서에서 사랑, 결혼, 우정, 치유적 관계에 관한 연구를 다루면 그 뒤에 따라오는 모든 장의 패러다임을 제공해줄 수 있을 것이다. 그러나 지금까지 나와 있는 교과서에서 그런 주제가 진지하게 다루어진 경우는 거의 없었다.

판매 저항, 선전 저항, 선동 저항, 타인의 의견에 대한 저항, 자율성의 유지, 암시에 대한 저항, 모방에 대한 저항, 위신에 대한 저항과 같은 현상이 건강한 사람에게서는 현저하게 나타난다. 이에 반해 평균적인 사람에게서는 잘 나타나지 않는다. 건강을 보여주는 이런 증상은 응용사회심리학에서 보다 중점적으로 다루어야 한다.

사회심리학은 인간의 수동성 적응성을 지나치게 강조한다. 또한 인간에게 애초에 고정된 형태가 없다고 주장하면서 자율성, 성장 성향, 내면적인 힘의 성숙을 소홀히 다루는 여러 부류의 문화적 상대주의를 버려야 한다. 사회심리학은 인간을 환경의 인질이라는 관점뿐만 아니라 능동적인 행동 주체라는 관점에서도 연구해야 한다.

심리학자와 사회과학자가 인류를 위해 경험적인 가치체계를 제시해주지 않으면, 아무도 그 일을 하지 않을 것이다. 이런 과제만으로도 많은 문제들을 발생시킬 것이다.

인간 잠재성의 긍정적인 발달이라는 관점에서 볼 때, 심리학은 제2차 세계대전을 치르는 동안 완벽한 실패작이었다고 할 수 있다. 많은 심리학자들이 오로지 테크놀러지로서만 심리학을 활용했으며, 이미 알고 있는 영역에만 그것을 적용할 수 있었다. 아직까지 전쟁의 경험을 통한 새로운 심리학 이론은 나오지 않았지만 앞으로 발전할 수 있을지도 모른다. 이것은 많은 심리학자들과 과학자들이 전쟁 후에 평화를 확보하는 과제는 소홀히 다루면서 전쟁의 승리만을 강조하는 근시안적인 사람들과 협력했다는 뜻이다. 그들은 가치에 대해 고민하는 대신 전쟁의 핵심은 무시하면서 학문을 일종의 기술적인 게임으로 전락시켰다. 그러나 심리학은 가치를 추구하는 투쟁이며, 최소한 그것을 지향이라도 해야 하는 학문이다. 심리학의 체계 내에는 이런 실수를 방지할 수 있는 장치가 없다. 예를 들어 테크놀러지를 과학으로부터 분리시켜줄 수 있는 철학이나, 민주적인 사람들은 진정 어떤 사람들이며, 민주화가 무엇에 관한 투쟁이고, 투쟁의 강조점이 무엇이었는지 또는 무엇이어야 했는지를 이해할 수 있게 도와주는 가치이론이 빠져 있다. 심리학자들은 목적보다도 수단에 관한 질문을 다루었다. 이런 연구는 민주주의 체제뿐만 아니라 나치에게도 쉽게 이용당할 수 있다. 심지어 심리학자들의 연구는 미국에서조차도 권위주의가 생장하는 것을 방지하는 데 힘을 쓰지 못했다.

지금까지 사회제도, 즉 문화는 일반적으로 욕구를 충족시켜주고, 행복을 주고, 자아실현을 장려하는 주체라기보다는 개인을 형성하는 주체, 강요하는 주체, 억압하는 주체로 연구되었다. "문화는 문제의 집합인가, 기회의 집합인가?"(A. Meiklejohn). 문화를 형성하는 주체(culture-as-shaper)로 보는 개념은 병리적 사례만을 지나치게 다루는 전통에서 비롯된 결과일 것이다. 건강한 대상을 연구에 활용하면 문화가 충족의 근원임을 알 수 있다. 우리가 너무 종종 개인을 형성하고 훈련하며 틀에 맞춰가는 힘으로만 인식하는 가족과 관련해서도 동일한 사실이 확인될 것이다.

성격

잘 적응된 성격이나 훌륭한 적응이라는 개념은 발전과 성장의 가능성을 낮은 천장으로 가로막는다. 소, 노예, 로봇은 잘 적응되는 것이 좋다.

어린아이의 초자아는 두려움, 처벌, 사랑의 상실, 버림받음 등을 받아들이면서 생겨난다고 여겨진다. 그러나 안전을 느끼며 사랑받고 존중받은 어린이와 성인에 관한 연구를 보면 사랑의 일체감, 타인을 기쁘게 하고 행복하게 해주고 싶은 욕구, 또한 진리, 논리, 정의, 일관성, 옳음과 의무에 기초하여 본질적인 양심이 형성될 수 있다는 것을 알 수 있다.

건강한 사람의 행동은 불안, 두려움, 불안정함, 죄책감, 수치심에 덜 좌우되며 진실, 논리, 정의, 현실, 공정함, 적합성, 아름다움, 올바름 등의 요소에 따라서 더 많이 결정된다.

이타심에 관한 연구는 어디 있는가? 질투의 결여에 대한 연구는? 의지력은? 강한 성격은? 낙관주의는? 친절함은? 현실성은? 자아 초월은? 대담함과 용기는? 시샘의 결여는? 진정성은? 인내심은? 충성심은? 신뢰성은? 책임감은? .

물론 긍정심리학에서 가장 적절하고 명백한 연구 대상은 심미적 건강, 가치관의 건강, 신체적 건강 등 여러 가지 건강을 포함하는 심리적 건강함이다. 그러나 긍정심리학을 위해서는 선한 사람, 안정적이고 자신 있는 사람, 민주적인 성격의 사람, 행복한 사람, 침착한 사람, 평온한 사람, 평화로운 사람, 인정이 많고 너그럽고 친절한 사람, 창조하는 사람, 성자, 영웅, 강한 사람, 천재 등 훌륭한 인간들을 표본으로 삼아 더 많이 연구해야한다.

무엇이 친절? 사회적 양심, 협동, 친근함, 동일시, 관용, 우정, 정의에 대한 갈망, 정당한 분노와 같이 사회적으로 바람직한 특성을 낳는가?

우리는 정신병리에 대해서는 매우 풍부한 어휘를 개발했지만 건강이나 초월에 대해서는 아직 미흡한 어휘를 가졌을 뿐이다.

좌절과 결핍도 좋은 효과를 낸다. 정당한 훈육과 부당한 훈육에 관한 연구도 필요하다. 그리고 현실을 직접 다룰 수 있는 기회가 주어지고 본질적인 보상과 처벌과 피드백으로부터 배울 수 있을 때 얻게 되는 자기 훈련에 관한 연구도 필요하다.

독특함과 개성에 관한 연구도(고전적인 의미에서의 개인차가 아닌) 요구된다. 우리는 개별 사례를 통해 성격을 연구하는 과학을 발전시켜야 한다.

사람들은 어떻게 문화에 적응되거나 틀이 사로잡혀서 서로 비슷해지지 않고 개성을 보이는 것일까? 대의에 대한 헌신은 무엇일까? 무엇이 자신을 자아 초월적인 대의나 사명과 동일시하는 헌신적인 사람을 만들까?

자족하며, 행복하고, 침착하며, 평온하고, 평화스러운 성격도 연구 대상이다. 자아실현자의 취향 가치, 태도와 선택의 상당 부분은 상대적이며, 외부적인 것에 기초하지 않고 본질적이며, 실제 현실에 의해 결정되는 기준에 따른다. 그러므로 그것은 그릇됨보다는 옳음, 거짓보다는 진실, 추함보다는 아름다움을 추구하는 취향이다. 그들은 전혀 가치가 존재하지 않는 로봇의 세계, 오로지 유행과 변덕과 타인의 의견, 모방, 암시, 체면만 존재하는 세계가 아니라 안정적인 가치체계 안에서 살아간다.

자아실현자는 좌절을 느끼는 수준과 좌절에 대한 참을성이 훨씬 높을 것이다. 죄책감과 갈등과 수치심의 수준도 그럴 것이다.

부모와 자녀의 관계는 오로지 그것이 문제의 집합체인 양, 잘못을 저지를 수 있는 기회인 양 연구되어왔다. 그것은 근본적으로 기쁨과 즐거움의 관계이며 즐길 수 있는 기회이다. 마치 역병처럼 취급되는 사춘기에 대해서도 같은 이야기를 적용할 수 있다.

15장

과학에 대한 심리학적 접근

과학을 심리학적으로 해석하는 작업은 과학이 자율적이며 비인간적이거나 본질적인 규칙을 가진 '사물'이 아니라, 인간의 창조물임을 분명히 인식하는 것에서 출발한다. 과학의 근원은 인간의 동기에서 비롯된다. 과학의 목적은 인간의 목적이고 인간에 의하여 창조되고 재생되며 유지된다. 과학의 법칙과 조직, 표현은 과학이 발견하는 현실의 본성에 근거할 뿐만 아니라 그런 발견을 하는 인간 본성에도 기초하고 있다. 심리학자, 특히 임상적인 경험이 있는 심리학자라면, 인간이 만들어내는 추상적인 대상보다는 인간과 과학, 과학자를 연구함으로써 자연스럽게 인격적인 방식을 통해 주제에 접근할 것이다.

심리학자는 과학에 관한 이런 특성이 사실이 아니라고 믿으려는 잘못된 노력, 과학을 자율적이며 스스로 통제하는 학문으로 만들려는 끈질긴 노력, 과학이 체스와 같이 고유하고 자의적인 규칙을 가지고 있어 이해관계에 얽매이지 않는 게임으로 보려는 노력을 비현실적이며 그릇되고 반경험주의적인 태도라고 여겨야 한다.

이 장에서는 과학이 인간의 창조물로서 심리학적으로 검토되어야 할 대상이라는 사실을 인식했을 때 따라오는 중요한 결과와 의미들을 상세히 설명하고자 한다.

과학자에 대한 연구

과학자에 대한 연구는 과학 연구에서 기본적이며 필수 영역이다. 제도로서의 과학은 인간 본성의 한 측면을 확대하여 투사한 것이기도 하다. 그러므로 인간 본성에 대한 지식이 증가하면 과학에 대한 지식도 증가할 것이다. 예를 들어 모든 과학과 과학의 이론 편견과 객관성의 본질, 추상화 과정의 본질, 창의성의 본질, 문화 적응과 과학자가 문화 적응에 저항하는 현상의 본질, 희망·소원·불안·기대로 인해 지각이 오염되는 현상, 과학자의 역할과 지위의 본질, 우리 문화에 존재하는 반지성주의, 신념·확신·믿음·확실성의 본질 등에 관한 지식이 향상되고 영향을 받게 될 것이다.

과학과 인간의 가치

과학은 인간의 가치에 기초를 두고 있으며 그 자체도 가치체계다(Bronowski, 1956). 인간의 정서적·인지적·표현적·심미적 욕구는 과학의 근원과 목적이 된다. 그런 욕구의 충족은 추구해야 할 '가치'다. 진리 또는 확실성에 대한 사랑과 마찬가지로 안전함에 대한 사랑도 '가치'다. 간결함, 절약, 우아함, 단순함, 정확함, 단정함에서 느끼는 심미적인 만족은 공예가, 예술가 또는 철학자와 마찬가지로 수학자와 과학자에게도 가치로 여겨진다.

이 사실과 별도로 과학자들도 우리 문화의 기본 가치를 어느 정도까지는 늘 공유하게 될 것이다. 그렇게 공유하는 가치로는, 정직성, 인도주의, 개인에 대한 존중, 사회봉사, 실수를 하더라도 스스로 결정할 수 있는 개인의 권리에 대한 민주적인 존중, 생명과 건강의 보존, 고통의 해소, 인정받아 마땅할 때 인정해주기, 공로 함께 나누기, 스포츠맨 정신, '공정함'과 같은 것을 들 수 있다.

'객관성'과 '사심 없는 관찰'이라는 표현은 다시 정의할 필요가 있다. 맨 처음 '가치의 배제'에 대해 성급하게 판단을 내리는 신학적이거나 기타 권위주의적인 교리를 배제한다는 의미였다. 우리는 가능한 한 오염되지 않은 사실을 원하기 때문에 르네상스 시대와 마찬가지로 오늘날에도 이런 독단을 배제하는 것이 필요하다. 오늘날 제도화된 종교가 우리나라의 과학계에 미치는 위협은 미약하다. 하지만 우리는 강력한 정치적·경제적 교리의 영향을 받고 있기 때문에 이런 영향력들과 싸워야 한다.

가치의 이해

그러나 자연과 사회, 또는 우리 자신을 지각할 때 인간의 가치에 의해 그런 지각이 오염되는 것을 방지할 수 있는 방법은 다음과 같다. 지금까지 알려진 바에 의하면 그런 가치를 항상 예민하게 의식하고, 가치가 지각에 미치는 영향을 이해하며 그런 이해의 도움을 받아 필요한 수정을 하는 것뿐이다(오염이라는 표현을 쓸 때 우리가 지각하고자 하는 것은 현실의 결정 인자로, 심리적인 결정 인자와 현실의 결정 인자를 혼동하는 것을 의미했다). 가치, 욕구, 희망, 편견, 두려움, 흥미, 신경증에 대한 연구는 모든 과학 연구의 기본이 되어야 한다.

또한 추상화하고 분류하며 유사점과 차이점을 찾아내려 하고 인간의 흥미, 욕구, 바람, 두려움에 따라 현실에 선택적인 주의를 기울이면서 현실을 한데 뒤섞으려는 모든 인간의 일반적인 성향들도 이런 진술에 포함시켜야 할 것이다. 다양한 절차와 범주에 따라 우리의 지각을 이런 식으로 조직화하는 것은 어떤 의미에서는 바람직하고 유용하지만, 다른 의미에서는 그렇지 않다. 조직화가 현실의 한 면을 뚜렷이 드러나게도 하지만, 그와 동시에 다른 면을 그늘에 가리기 때문이다. 자연이 우리에게 분류할 수 있는 단서를 줄 경우도 있고, 어떤 경우에는 자연에 '자연스러운' 분할선이 존재하기도 한다. 하지만 이런 단서들은 매우 미미하며 애매하다는 것을 반드시 이해해야 한다. 그럴 경우에는 자연을 인위적으로 분류해야 한다. 우리는 이런 작업을 자연이 제공하는 단서를 따라 하기도 하지만, 인간 본성, 무의식적인 가치, 편견, 관심을 따라 하기도 한다. 이론에서 인간적인 결정 요인을 최소한으로 줄이는 것이 과학이 추구하는 이상이지만 그런 결정 요인이 영향을 미친다는 사실을 부정함으로써 이상에 도달할 수 없다. 오히려 그것들을 분명하게 의식하는 것이 이상에 다다르는 데 도움이 될 것이다.

가치에 대해 이렇게 불편한 논의를 하는 이유는 과학의 목적을 더욱 효율적으로 성취하기 위해서다. 이 점을 이해하면, 불편해하는 순수과학자들은 안심할 수 있을 것이다. 자연에 대한 우리의 지식을 개선하고 연구자를 연구함으로써 우리의 지식을 정화시켜나가는 것이 과학의 목적이다(Polanyi, 1958, 1964).

인간의 법칙과 자연의 법칙

인간심리의 법칙과 비인간적인 자연의 법칙은 동일한 면도. 있지만 어떤 면에서는 완전히 다르다. 인간이 자연세계에서 산다고 하여 인간과 자연의 법칙, 규칙들이 동일하다고는 할 수 없다. 현실세계에 살고 있는 인간은 자연 법칙에 양보를 해야 하지만 이런 사실 자체가 인간이 자연 현실의 법칙이 아닌 인간 본연의 법칙을 가지고 있다는 것을 부정하는 것은 아니다. 바람, 두려움, 꿈, 희망은 자갈, 철사, 기온, 원자와는 다른 원리에 따라 움직인다. 철학은 교량과 똑같은 방식으로 구성되지 않는다. 가정(家庭)과 수정(水晶)은 다른 방식으로 연구해야 한다. 동기와 가치에 관한 모든 논의는 비인간적인 자연을 주관화하여 심리학적으로 고찰하고자 하는 바람을 암시하지는 않는다. 그러나 우리는 물론 인간 본성은 심리학적으로 고찰해야 한다.

이런 비인간적인 현실은 인간의 바람과 욕구와는 독립하여 존재하며, 인간에게 악의적이지도 호의적이지도 않다. 의도, 목적, 목표, 기능도 없고(생명체만이 목적을 가진다) 의욕적이거나 정서적인 성향도 없다. 인류의 멸망이 불가능한 사태도 아니지만, 만약 모든 인류가 사라진다고 하더라도 이런 현실은 지속될 것이다.

'순수하고' 사심 없는 호기심에서든, 인간의 직접적인 목적을 위해서 현실을 예측하고 통제하려는 의도에서든, 이런 현실을 사실적으로 지각하는 것이 더 바람직하다. 우리는 비인간적인 현실을 절대 완전히 알 수 없지만, 그런 현실에 보다 가까이 다가가서 더 진실되게 또는 덜 진실되게 알 수도 있다고 한 이마누엘 칸트의 주장이 옳았다.

과학의 사회학

과학과 과학자의 사회학에 대한 연구는 지금보다 더 많은 관심을 받아야 한다. 과학자들이 문화적 변수에 따라서 일부 결정된다면 이런 과학자들의 생산물 역시 문화적 변수에 따라 결정될 것이다. 과학은 다른 문화에 속한 사람들의 공헌을 어느 정도까지 필요로 하는가. 과학자는 좀 더 타당하게 지각하기 위해서 문화로부터 어느 정도 거리를 두어야 하는가. 과학자는 어느 정도까지 특정 국가의 국민이기보다는 국제주의자여야 하는가. 과학자들의 산물은 어느 정도까지 그가 속한 계급과 지위에 따라서 결정되는가. 우리는 자연을 지각하는 과정에서 문화가 미치는 '오염' 효과를 더 완전히 이해하기 위해 반드시 이런 질문들을 제기하고 답을 구해야 한다.

현실에 대한 다른 접근방식

과학은 자연적·사회적·심리적 현실에 관한 지식에 접근하는 한 가지 수단에 불과하다. 창의적인 예술가, 철학자, 문학적 인본주의자, 또는 드물게는 하수구를 뚫는 사람일지라도 진리의 발견자가 될 수 있으며, 과학자와 마찬가지로 격려를 받아야 한다.[1] 이들이 서로 배타적이거나 분리되어 있다고 생각해서는 안 된다. 시인, 철학자, 심지어 몽상가이기도 한 과학자는 그보다 폭이 좁은 동료들보다 분명 더 나은 과학자일 것이다.

우리가 이런 심리학적 다원주의에 따라 과학을 다양한 재능, 동기, 흥미의 결집체라고 생각한다면 과학자와 비과학자 간의 경계는 희미해질 것이다. 순수이론에 관심이 있는 과학자는 순수하게 기술적인 과학자보다는, 오히려 과학의 개념을 비판하고 분석하는 일에 몰두하는 과학철학자와 더 가까울 것이다. 심리학자는 엔지니어보다 인간 본성에 대하여 조직적인 이론을 제시하는 극작가나 시인과 더 가까울 것이다. 과학역사가는 역사가인 동시에 과학자이기도 하지만, 어느 쪽에 속하더라도 상관없다. 개별적인 사례를 연구하는 임상심리학자나 의사는 추상화하는 작업과 실험에 몰두하는 동료 심리학자보다는 소설가로부터 더 많은 정보를 제공받을 수도 있다.

나는 과학자와 비과학자를 분명하게 구분하여 정의 내릴 수 있는 방법을 모른다. 실험 연구를 추구하는가의 여부를 기준으로 할 수도 없다. 너무 많은 사람들이 과학자로 살면서 진정한 실험을 해본 적이 없거나 앞으로도 할 생각이 없는 경우가 많기 때문이다. 전문대학에서 화학을 가르치는 사람이 한 번도 새로운 것을 발견해본 적도 없고, 화학

---

1 오늘날 이상화된 예술가와 과학자 간의 차이점은 다음과 같이 표현할 수 있다. 첫째, 예술가는 개별적인, 즉 고유하고 특별하고 개성적인 지식과 발견에 주력하는 전문가이다. 반면 과학자는 보편적인, 즉 일반화되고 추상적인 것을 다루는 전문가다. 둘째, 예술가는 문제에 해답을 얻고 점검하고 확실성을 성립시키는 역할보다는, 문제를 발견하고 질문을 던지고 가설을 세우는 역할을 한다는 점에서 과학자와 더 가깝다. 문제를 해결하고 점검하고 확실성을 성립시키기 위해서는 주로 증명하고 실험할 수 있는 내용을 다루게 되는데, 이런 역할은 통상적으로 과학자 고유의 책임에 속한다.

저널을 읽거나 다른 사람의 실험을 그대로 반복하면서도 자신을 화학자라고 생각할 수도 있다. 그런 사람은 체계적으로 호기심을 발휘하는 명석한 열두 살짜리 학생이나 광고주의 의심쩍은 주장을 확인해보는 의심 많은 소비자보다도 과학자로서 자격 미달이다.

한 연구소의 소장을 어떤 면에서 과학자라고 할 수 있는가? 그는 행정이나 조직과 관련된 일로 시간을 때우면서도 스스로를 과학자라고 부르기를 희망할 수도 있다.

창의적으로 가설을 세우는 사람, 세심하게 확인하고 실험하는 사람, 철학적인 체계를 세우는 사람, 역사학자, 기술자, 조직자, 교육가, 작가, 편집자, 적용하는 사람, 감정하는 사람 모두를 결합한 사람이 이상적인 과학자라고 가정할 때, 우리는 이렇게 다른 기능을 하는 최소한 아홉 명의 전문가가 모이면 가장 이상적인 팀이 될 것이라고 생각할 수 있다. 그러나 그중 누구도 만능이라는 의미에서는 과학자라고 할 수 없다!

이는 과학자와 비과학자 간의 이분법이 지나치게 단순하다는 요지를 보여준다. 하지만 지나치게 전문화된 사람이 장기적으로 볼 때는 별로 바람직하지 않다는 사실도 염두에 두어야 한다. 그런 전문가는 전인으로서는 결함이 있기 때문이다. 고르게 발달되고 원만하며 건강한 사람은 고르게 발달되었지만 온전하지 못한 사람보다 일을 더 잘 할 수 있다. 너무 순수하게 사고하기 위해 충동과 감정을 억제하는 사람은 역설적으로 병든 방식으로 생각할 수밖에 없는 병든 사람이 된다. 즉 그의 사고는 부실해진다. 한마디로 예술가적 취향이 있는 과학자가 그렇지 못한 동료보다 더 좋은 과학자일 것이라고 기대해도 괜찮다는 뜻이다.

역사적 사례를 살펴보면 이 사실은 분명해진다. 위대한 과학자들은 대부분 광범위한 방면에 흥미를 가지고 있었으며 틀에 갇힌 기술자가 아니었다. 아리스토텔레스에서 알베르트 아인슈타인에 이르기까지, 레오나르도 다빈치에서 프로이트까지 위대한 발견자들은 다재다능한 팔방미인으로서 인본주의적·철학적·사회적·심미적인 다방면에 관심이 있었다.

결론적으로 과학에서의 심리학적 다원주의는 지식과 진리에 이르는 길이 여러 갈래가 있으며, 창의적인 예술가, 철학자, 문학적인 인본주의자도 개인으로서 또는 그 사람 안에 있는 한 면을 통해서 진리의 발견자가 될 수 있다는 사실을 우리에게 가르쳐준다.

심리적인 건강

모든 조건이 동일하다면 우리는 행복하고 안정적이며 평온하고 건강한 과학자(또는 예술가, 기계공, 임원)가 불행하고 불안정하며 문제가 있는 사람보다 더 훌륭한 과학자(또는 예술가, 기계공, 임원)가 될 것이라고 예상할 수 있다. 신경증적인 사람은 현실을 왜곡하고, 현실에 무엇인가를 요구하며, 그것을 성급하게 개념화한다. 또 미지의 대상과 새로운 것을 두려워하고, 현실을 훌륭하게 보고하고 싶다는 욕구에 좌우되며, 쉽게 겁을 내고, 다른 사람들의 승인을 간절히 원한다.

이런 사실에는 적어도 세 가지 의미가 포함되어 있다. 첫째, 과학자, 더 정확히 표현해서 일반적으로 진리를 탐구하는 사람이 최상의 업적을 이루기 위해서는 심리적으로 건강한 상태에 있는 것이 좋다. 둘째, 문화가 개선되고 그에 따라 시민들의 건강이 개선되면 진리 탐구도 향상될 것이라고 기대해도 좋다. 셋째, 심리치료가 개별 과학자의 역량을 향상시켜줄 것이라고 기대할 수 있다.

　우리가 학문적인 자유, 임기 보장, 더 좋은 보수 등을 얻으려고 압력을 행사하는 것은, 더 나은 사회 조건이 지식을 탐구하는 사람들에게 도움을 주는 경향이 있음을 이미 전제한다는 것을 보여준다.[2]

2　이것이 혁명적인 주장이라고 생각하며 더 많은 내용을 알고자 하는 독자들을 위해서 이 분야에서 가장 위대한 저서인 마이클 폴라니의 『개인적인 지식』(1958)을 추천한다. 이 책을 아직 읽지 않았다면 당신은 21세기를 맞을 준비가 되어 있지 않다고 생각해도 좋다. 당신이 이렇게 훌륭한 책을 읽을 시간과 의지력 또는 정력이 없다면 내 저서 『과학의 심리학: 예비 조사』(Maslow, 1966)를 추천한다. 이 책은 유사한 논지를 담고 있지만 짧고 읽기 쉽다는 장점이 있다. 이 장과 이 두 권의 책에서 권고하는 참고 목록은 과학 분야에 반영되어 있는 새로운 인본주의적 시대정신을 충분히 보여줄 것이다.

16장

수단중심과 문제중심

'공인된' 과학이 지닌 단점과 병폐에 더 많은 관심이 집중되고 있다. 그러나 린드의 탁월한 분석(1939)을 제외하고 이런 실패의 근원에 대한 논의는 거의 도외시되어왔다. 이 장에서는 정통과학, 특히 심리학의 많은 결점이 수단 또는 테크닉 중심으로 과학의 본질을 밝히려는 접근 때문에 생긴다는 사실을 입증하기 위해 노력할 것이다.

나는 과학의 본질이 문제, 질문, 기능, 목표보다는 도구, 테크닉, 절차, 기구, 방법에 있다고 믿는 경향을 수단중심이라고 한다. 조잡한 수준에서의 수단중심 성향은 과학자를 엔지니어, 의사, 치과 의사, 실험실 기술자, 유리 부는 장인, 소변 검사자, 기계운전자 등과 혼동한다. 최고의 지성 수준에서의 수단중심 성향은 과학과 과학적 방법을 동의어로 취급하는 형태로 나타난다.

테크닉에 대한 지나친 강조

우아함, 세련됨, 테크닉, 기구를 필연적으로 강조하면, 흔히 어떤 문제가 지니는 의미, 생명력, 중요성, 그리고 전반적인 창의성을 경시하려는 결과가 나타난다. 심리학 박사과정에 있는 사람이라면 이것이 무슨 의미인지 이해할 것이다. 학계에서는 방법론적으로 만족스러운 실험이라면 그 내용이 사소하더라도 비판을 받지 않는다. 대담하고 획기적인 문제는 '실패'가 될 수도 있기 때문에 시작도 하기 전에 비판을 받고 사장되는 경우가 많다. 과학 저술에 대한 비판은 대부분 방법, 테크닉, 논리 등에 대한 비판에 그친다. 나는 내가 흔히 접하는 문헌들에서 어떤 논문이 중요하지 않다거나, 사소한 내용이라거나, 이치에 맞지 않는다고 비판하는 내용을 본 적이 없다.[1]

그렇기 때문에 논문의 절차에 하자가 없으면 논문 주제는 문제가 되지 않는다. 간단히 말해 학술 논문은 더 이상 지식에 공헌할 필요가 없다는 것이다. 박사과정에 있는 학생들은 자기 분야의 테크닉과 그 분야에 이미 축적되어 있는 자료만 숙지하면 된다. 훌륭한 연구 아이디어가 바람직하다는 사실은 그다지 강조되지 않는다. 결과적으로 전혀 창의성이 없는 사람들이 '과학자'가 되는 것이 가능해진다.

---

1 "그러나 학자들조차도 대부분 시시한 주제에 대한 거창한 학술 논문을 집필하는 데 매달렸다. 그들은 그것을 독창적인 연구라고 불렀다. 그들이 발견한 사실이 이전에는 알려지지 않았던 것이라는 점이 중요할 뿐, 알 가치가 있는가는 중요한 문제가 아니었다. 조만간 다른 전문가가 그런 연구들을 활용한다. 모든 대학의 전문가들은 둑을 쌓는 인디언들과도 같은 인내심으로 불가사의한 목적으로 서로를 위해 논문을 써주었다."(Van Doren, 1936, p. 107). 앉아서 운동선수들을 지켜보는 사람이 '스포츠맨'이다.

고등학교와 대학의 과학 수업과 같이 낮은 수준의 과학을 다룰 때도 비슷한 결과가 나타난다. 학생들은 과학을 지시받은 대로 기구를 조작하거나 기계적인 절차를 따르는 것과 동일하게 생각하도록 배운다. 다시 말해 인도하는 대로 따라하면서 다른 사람들이 이미 발견한 사실을 되풀이하는 것이 과학이라고 생각하게 되는 것이다. 과학자는 기술자나 과학에 관한 책을 읽는 독자와는 다르다는 것을 가르쳐주지 않는다.

이런 주장의 요지에는 오해의 소지가 있을 것이다. 이는 연구방법을 폄하하려는 의도가 아니다. 과학에서조차도 수단이 목적과 쉽게 혼동될 수 있다는 것을 지적하고 싶을 뿐이다. 과학의 목적 또는 목표만이 방법에 존엄성과 타당성을 부여해준다. 물론 과학자들이 테크닉에도 관심을 가져야 하지만 그런 테크닉은 올바른 목적, 즉 중요한 질문에 해답을 얻는 일에 도움을 줄 때 중요할 뿐이다. 과학자들이 이 사실을 잊는 순간 프로이트의 말처럼 그들은 안경을 쓰고 사물을 보는 대신 안경을 닦는 일에 모든 시간을 쏟는 사람이 된다.

수단중심적 태도는 '질문 제기자'와 문제 해결자 대신 기술자와 '도구 조작자'를 과학을 주도하는 위치에 세우려는 경향이 있다. 상황을 극단적이며 비현실적으로 이분화시키지 않더라도, 방법만을 아는 사람과 무엇을 해야 하는지도 아는 사람 사이의 차이점을 지적할 수 있을 것이다. 언제나 다수를 차지하는 방법만을 아는 사람이 불가피하게 과학계에서 사제 계급이 되는 경향이 있다. 즉 절차, 의식, 의례, 예식과 같은 분야에서 권위를 차지하게 되는 것이다. 과거에는 그런 사람들이 성가신 존재에 불과했지만, 과학이 국가적·국제적 정책의 문제로 부상된 오늘날에는 그런 부류가 실제적인 위험 요소가 될 수도 있다 일반 사람들은 창조자나 이론가보다는 조작자를 훨씬 더 쉽게 이해할 수 있기 때문에 이런 추세는 두 배로 더 위험하다.

수단중심적 태도는 수량화를 무분별할 정도로 과대평가하고, 수량화를 목적으로 생각하려는 경향이 강하다. 이는 수단중심적인 과학이 진술 내용보다는 진술 절차를 훨씬 더 강조하기 때문이다. 그러면 내용이 얼마나 적절하고 함축된 의미의 폭이 얼마나 넓은가보다는, 절차가 얼마나 우아하고 정확한가가 중요한 위치를 차지하게 된다.

수단중심적인 과학자는 자신이 제기하는 문제를 무의식적으로 자신이 사용하는 테크닉에 끼어 맞추려는 경향이 있다. 그 반대가 되어야 옳은데도 말이다. "내가 지금 가지고 있는 기술과 설비를 이용하여 다룰 수 있는 문제는 어떤 것일까?"가 그들이 연구를 시작할 때 제기하는 질문이다. 그러나 "내 시간을 투자하여 풀어야 할 가장 급박하고 중요한 문제는 무엇일까?"를 더 자주 질문해야 한다. 대부분의 평범한 과학자들이 세계에 대한 기본적인 질문이 아니라, 하나의 기구나 테크닉의 한계에 따라 그 경계가 결정되는 작은 영역에서 평생을 보내는 사실을 달리 어떻게 설명할 수 있는가? 심리학 분야에서 '동물심리학자'나 '통계심리학자', 다시 말해 동물이나 통계를 활용할 수 있다면 어떤 문제를 다루더라도 상관하지 않겠다는 사람들을 우습게 여기는 경우는 별로 없다. 우리는 이런 사람을 보면 가로등 밑이 '더 밝다는 이유'로 실제로 지갑을 잃어버린 장소가 아닌 그곳에서 지갑을 찾으려 했다는 유명한 주정꾼 이야기나, 유일하게 기절한 환자만을 치료할 수 있기 때문에 모든 환자를 기절시킨다는 의사 이야기가 떠올라야 마땅하다.

수단중심적 태도는 과학의 위계를 만들어내는 경향이 강하다. 그리고 그 위계 안에는 물리학은 생물학보다, 생물학은 심리학보다, 심리학은 사회학보다 '과학적'이라는 상당히 유해한 인식이 자리 잡고 있다.

우아함, 성공, 테크닉의 정확성에 근거를 둘 경우에만 위계를 가정하는 것이 가능하다. 문제중심적 과학의 관점에서라면 그런 위계는 절대로 제안될 수 없다. 실업, 인종 편견, 사랑을 다루는 질문이 별, 나트륨, 또는 신장 기능에 대한 질문보다 덜 중요하다고 누가 주장할 수 있는가?

수단중심적 태도는 여러 과학을 지나치게 뚜렷이 분할시켜 서로 분리된 영역으로 갈라놓는 경향이 있다. 자크 러브(Jacques Loeb)는 신경학자, 화학자, 물리학자, 심리학자, 철학자 중에서 어디에 해당되느냐는 질문을 받았을 때 "나는 문제를 해결한다"라는 대답만 했다. 분명 이것이 정상적인 대답이어야 한다. 그리고 러브와 같은 사람들이 많을수록 과학에 도움이 될 것이다. 그러나 과학자를 용감한 진리의 추구자가 아니라 기술자와 전문가로 전락시키는 철학은 이런 필요성을 가로막고 있다. 기술자는 문제를 해결하기 위해 노력하는 사람이 아니라 이미 답을 알고 있는 사람이다.

과학자들이 자신을 전문 기술자가 아니라 질문을 제기하고 문제를 푸는 사람이라고 여기면, 새로운 미개척지로 많은 연구가 집중될 것이다. 우리가 가장 많이 알아야 하지만 가장 무지한 심리학적·사회학적 문제들로 시선을 돌리게 될 것이다. 왜 이런 학문에 뛰어드는 사람들이 적을까? 열두어 명의 학자들이 심리학적 문제를 추구하는 데 비해 물리나 화학 연구에는 왜 백여 명씩 몰려드는가? 무수히 많은 명석한 두뇌들이 더 나은 폭탄이나 페니실린을 생산하기 위해 골몰하는 대신 국수주의나 심리치료, 착취와 같은 문제를 연구하는 것이 인류를 위해 더 유익하지 않은가?

수단중심적 태도는 과학자와 다른 영역에서 진리를 추구하는 사람들 사이에 너무 깊은 골을 만든다. 또한 진리를 추구하고 이해하는 다양한 방법들 사이에 너무 큰 간극을 만든다. 우리가 과학을 진리, 통찰, 이해의 추구이자 중요한 질문에 대한 관심이라고 정의한다면, 과학자와 시인, 예술가, 철학자를 구분하기 어려워지는 것은 당연하다.[2] 그들이 언명하는 문제들은 동일할 수도 있다. 물론 궁극적으로는 의미론적으로 정직하게 구분이 이루어져야 한다. 주로 방법론과 오류를 방지하는 테크닉의 차이에 근거하여 그런 구분이 이루어져야 한다는 사실은 인정해야 할 것이다. 그렇지만 과학자와 시인, 철학자 간의 간격이 지금만큼 크지 않다면 과학에 도움이 될 것이다. 수단중심적 태도는 이런 분야들을 서로 다른 영역으로 갈라놓을 뿐이지만, 문제중심적 태도는 그 분야들이 상호 협력적인·조력자임을 인식하게 해줄 것이다. 대부분의 위대한 과학자들의 전기를 보면 문제중심적 태도가 수단중심적 태도보다 더 진리에 가깝다는 사실을 알 수 있다. 수많은 위대한 과학자들은 예술가이자 철학자이기도 했으며 과학을 연구하는 동료들뿐 아니라 철학자들로부터도 많은 내용을 이끌어내었다.

수단중심주의와 과학적 정통성

수단중심주의는 과학적 정통성의 신봉으로 이어질 수밖에 없고, 그 것은 이단을 만들어낸다. 과학에서의 질문과 문제는 질서정연하게 구성, 분류, 정리되기 어렵다. 과거의 질문은 더 이상 질문이 아니라 해답

---

2 "당신은 질문 자체를 사랑해야 한다." - 릴케
"우리는 대답이라는 대답은 모두 배웠다. 우리가 모르는 것은 질문이다." - 매클리시, *The Hamlet of A. MacLeish*, Houghton Miffin.

이다. 미래의 질문은 아직 생기지 않았다. 그렇지만 과거의 방법과 테크닉을 체계화하고 분류하는 것은 가능하다. 이런 것들은 '과학적 방법론의 법칙'이라고 한다. 전통, 충성, 역사가 깃든 채 권위의 인정을 받은 이런 방법들은 암시를 하거나 도움을 주는 정도가 아니라, 현재를 구속하는 영향력을 미치는 경향이 있다. 창의성이 부족하고 소심하며 전통적인 과학자들을 통해서 이런 '법칙'은 선조들이 문제를 풀었던 방식으로만 오늘날의 문제를 풀어야 한다는 명령이 되고 만다.

그런 태도는 심리학과 사회과학에서 특별히 더 위험하다. 이 영역에서 진정 과학적이 되라는 명령은 '물리학과 생명과학의 테크닉을 사용하라'는 명령으로 해석된다. 그러다 보니 많은 심리학자들과 사회과학자들에게서 오래된 테크닉을 그대로 모방하려는 경향이 나타난다. 사실 그들의 학문은 발전의 정도와 문제와 자료의 성격이 물리과학과는 근본적으로 다르기 때문에, 새로운 테크닉을 개발하는 것이 반드시 필요하다. 과학에서의 전통은 위험한 축복이고, 충성은 부적절한 위험 요소다.

과학적 정통성에는 그것이 새로운 테크닉의 발달을 저해하는 경향이 있다는 중대한 위험성이 내포되어 있다. 일단 과학적 방법에 관한 법칙이 체계화되면 그것을 그대로 적용시키는 일만 남는다. 새로운 방법과 절차는 필연적으로 의심을 받으며 대부분 적대감에 부딪힌다. 정신분석학, 형태주의 심리학, 로르샤흐 검사 등이 모두 그런 예다. 적대감에 부딪힐 것이라고 예상하는 이유는 새로운 심리학과 사회과학에서 요구되는 관계적이고 전체론적이며 증후군을 다룰 수 있는 논리, 통계, 수학이 아직 발명되지 못한 탓도 있다.

일반적으로 과학의 발전은 협력의 산물이다. 그렇지 않고서야 한계가 있는 개인이 어떻게 그토록 중요하고 위대한 발견을 할 수 있는가? 협력을 하지 않는다면 누구의 도움도 필요 없는 거인이 나타날 때까지 발전은 멈추고 말 것이다. 정통성은 이단에게 도움을 주지 않겠다는 거부를 의미한다. 천재(정통적이거나 이단적인 경우 모두)는 매우 드물기 때문에, 이는 정통적인 과학만이 지속적으로 원활히 발전해나간다는 것을 시사한다. 이단적인 아이디어는 올바른 것이라면 무시나 반대를 극복하고 정통으로 자리 잡는다.

어쩌면 수단중심주의가 조성하는 정통성의 또 다른 위험성이 더 심각한 위험성일지도 모른다. 과학의 관할 영역을 점점 제한시켜나간다는 것이다.

정통성은 새로운 테크닉의 발달을 저해할 뿐만 아니라 많은 질문을 제기하는 것조차 저지하려는 경향이 있다. 눈치 빠른 독자라면 짐작할 수 있겠지만, 현재 가능한 테크닉으로 해답을 줄 수 없는 질문은 제기되면 안 된다는 것이 질문을 저지하는 근거가 된다(예를 들어 주관적인 것, 가치, 종교에 관한 질문). 이런 어리석은 근거 때문에 감히 제기하거나 대답하려고 애쓰면 안 되는 질문이 있기라도 하듯이 불필요하게 패배를 고백하게 되는 것이다. 또한 그로 인해 용어의 모순과 '비과학적인 문제'의 개념이 생기는 것이다. 과학사를 읽고 이해한 사람이라면 아무도 풀 수 없는 문제라는 말을 할 수 없을 것이다. 아직까지 풀리지 않은 문제라고 말할 수 있을 뿐이다. 이 표현을 통해 우리는 행동을 취하고, 독창성과 창의성을 발휘하고자 하는 자극을 받는다. 현재 통용되는 과학적 정통성의 표현에 의해 "우리가 지금 알고 있는 과학적 방법으로 무엇을 할 수 있는가?"라는 질문을 하면, 우리는 그와 반대로 자발적으로 한계를 설정하고 인간의 흥미가 미치는 광대한 영역을 포기하도록 조장된다. 이런 경향은 위험한 극단으로 치우칠 수도 있다. 국회의 국가연구재단 설립 시도과정에서 빚어졌던 논란도 이런 경향을 반영한다.

한 물리학자가 심리학과 사회과학이 '과학적'이지 않다는 근거로, 재단이 주는 모든 혜택에서 제외시키자는 제안을 했던 것이다. 세련되고 성공적인 테크닉만을 절대적으로 추앙하고 있으며, 과학의 본질이 질문을 제기하는 것이고 과학이 인간의 동기와 가치에 뿌리박고 있다는 사실을 그들이 전혀 인식하지 못한 데서 비롯된 처사라고밖에는 생각할 수 없다. 아니면 어떤 근거로 그런 주장을 할 수 있는가? 나는 심리학자로서 동료 과학자인 물리학자들이 제기한 이 주장과 그 비슷한 조롱을 어떻게 해석해야 하는가? 그들의 테크닉을 따라야만 하는가? 그들이 제시하는 방법은 내 문제에는 무용하다. 그런 테크닉이 심리학의 문제들을 어떻게 해결해주는가? 풀지 말고 그냥 두어야 할까? 아니면 과학자들은 그 분야로부터 완전히 물러나고 문제를 다시 신학자들에게 돌려주어야 할까? 아니면 그들의 입장에는 인신 공격성 조롱이 포함되어 있는 것일까? 혹시 심리학자들은 멍청하고 물리학자들만 똑똑하다고 암시하는 것일까? 그렇지만 도대체 무슨 근거에서 그렇게 근본적으로 터무니없는 주장을 할 수 있을까? 그들은 어떤 인상을 받았기 때문일까? 그렇다면 나는 어떤 한 과학자 집단에도 다른 집단 못지않게 바보들이 많이 속해 있다는 인상을 받았다는 것도 보고해야 하는가? 어떤 인상이 더 타당성이 있을까?

그들이 테크닉에게 최고의 위치를, 아니 유일한 위치를 내주었다는 것 말고는 이런 현상을 달리 설명할 방법이 없을 것 같다는 우려가 든다.

수단중심적 정통주의는 과학자들이 대담하고 용감해지기보다는 '안전하고 착실하기를' 독려한다. 그로 인해 과학자들의 일상 업무는 미지의 새로운 길을 개척하기보다는 이미 잘 닦여진 길을 따라 조금씩 앞으로 나아가는 것에 그친다. 아직 알려지지 않은 대상에게 급진적으로 접근하기보다는 보수적인 방법을 쓸 것을 강요한다. 수단중심은 과학자들을 개척자가 아니라 정착자로 만드는 경향이 있다.[3]

과학자들이 최소한 가끔씩이라도 들어가야 할 올바른 장소는 무질서하고, 희미하며, 다루기 어렵고, 신비스러우며, 아직 잘 규명되지 않은 미지의 영역의 한가운데다. 그곳이 바로 문제중심적 과학이 필요할 때마다 과학자들이 있어야 할 영역이다. 수단을 강조하는 접근방식은 그들이 그런 영역에 들어가는 것을 방해한다.

방법과 테크닉에 대한 지나친 강조는 과학자들로 하여금 자신들이 실제 상태보다 더 객관적이며 덜 주관적이라고 착각하게 만든다. 또한 가치에 관여할 필요가 없다는 생각을 하게 만든다. 방법은 윤리적으로 중립적이나 문제와 질문은 그렇지 않다. 언젠가는 가치와 관련된 까다로운 논쟁에 휘말리게 되어 있다. 가치의 문제를 피해갈 수 있는 한 가지 방법은 과학의 목적보다는 테크닉을 강조하는 것이다. 실제로 과학에서 수단중심적 경향의 주요 뿌리는 가능한 한 객관적, 즉 가치배제적이려고 하는 노력에 박혀 있다.

그러나 15장에서 살펴보았듯이 과거에 과학은 객관적이지 않았으며, 현재도 그렇지 않거니와 그럴 수도 없다. 과학은 절대로 인간의 가치로부터 독립적일 수 없다. 게다가 객관성을 유지하기 위해 노력하는 것

---

3 "천재들은 기갑 선봉대들이다. 그들은 측면을 무방비 상태로 노출시킬 수밖에 없는 상태에서 섬광처럼 무인지대로 전진한다."(Koestler, 1945, p. 241)

(즉 인간이 가능한 한도에서 객관성을 유지하는 것이 아니라 완전하게 객관성을 지키려고 노력하는 것)이 타당하냐는 것도 논란거리다. 이 장에서 열거한 모든 오류는 인간 본성의 단점을 무시하려는 시도가 위험할 수도 있음을 증언한다. 신경증 환자들을 보면 그런 헛된 노력에 대해서 크나큰 주관적인 대가를 치르기도 한다. 이뿐만 아니라 아이러니하게도 그러면서 점점 더 빈약한 사고를 하게 된다.

이렇게 가치로부터 자유로울 수 있다는 환상 때문에 무엇이 가치 있는 것인가를 따지는 기준은 점점 더 모호해지고 있다. 수단중심적 철학들이 극단으로 치우치면(그런 일은 드물지만), 그리고 그 철학들이 일관적이라면(철학자들은 어처구니없는 결과가 나올까봐 감히 그러지도 못하지만), 중요한 실험과 중요하지 않은 실험을 구별할 방법은 사라질 것이다. 기술적으로 실행이 잘된 실험과 잘못 실행된 실험만 있을 뿐이다.[4]

방법론적 기준만을 적용하면, 가장 시시한 연구도 가장 유용한 연구만큼 존중받을 것을 요구할 수 있다. 물론 실제로는 그렇게 극단적인 경우는 발생하지 않는다. 그러나 극단적인 경우가 방지되는 것은 방법론적 기준이 아니라 다른 기준과 표준에 호소하는 과학자들이 있기 때문이다. 이런 오류가 노골적으로 드러나는 경우는 드물지만 덜 명백하게 드러나는 경우는 종종 있다. 과학 저널들은 연구할 가치가 없는 것들의 요지를 보여주는 예들로 가득 차 있다.

만약 과학이 규칙과 절차 이상의 아무것도 아니라면, 한편으로는 과

---

4 "과학자는 어떤 문제를 풀었기 때문이 아니라, 진정한 진보를 가져오는 해결로 이어지는 문제를 제기했기 때문에 '위대하다'고 일컬어진다."(Cantril, 1950)

학과, 또 다른 한편으로는 체스, 연금술, 우산학[5]이 또 치과 기술이 무슨 차이가 있는가?[6]

---

5 우산에 관한 모든 사실을 연구하는 분야 - 옮긴이.

6 옥스퍼드 대학 코퍼스 크리스티 칼리지의 리처드 리빙스턴(Richard Livingstone) 경은 기술자를 "자신이 하는 일의 궁극적인 목적과 우주의 질서에서 그 일이 차지하는 위치를 제외하고 그 일에 대해서 모든 것을 알고 있는 사람이다"라고 정의했다. 이와 비슷한 맥락에서 또 다른 사람은 전문가가 거대한 허위성을 휩쓸고 다니면서 작은 실수 하나라도 피해보려고 애쓰는 사람이라고 정의했다.

17장

정형화된 인지와 진정한 인지

그것이(이성이) 자기 앞에 제시된 대상을 알지 못한다고 고백할 때조차 이성은 그것이 자신의 오래된 범주들 중 어떤 것에 새로운 대상을 집어넣어야 할지 알지 못하는 무지일 뿐이라고 믿는다. 그 것을 언제라도 열릴 준비가 되어 있는 서랍 중에서 어떤 서랍을 열 고 집어넣을 것인가? 이미 재단된 옷들 중에서 어떤 옷을 입힐 것 인가? 그것이 이것일까 저것일까 아니면 또 다른 것일까? 그리고 '이것' '저것' 또 다른 것'은 이미 항상 생각한 것이며 알고 있는 것 이다. 우리가 새로운 대상에 대해서 새로운 개념, 어쩌면 그에 맞 는 새로운 사고방식을 찾아야 할지도 모른다는 생각은 매우 불쾌 하다. 그러나 철학의 역사는 바로 그 지점에 존재한다. 그리고 체계 들 간에 영원히 갈등이 빚어진다는 사실과 실재를 우리가 이미 가 지고 있는 개념이라는 기성복에 만족스럽게 끼워 맞추는 것이 불 가능하다는 사실을, 다시 말해 맞춤복이 필요하다는 사실을 보여 준다.

앙리 베르그송
『창조적 전화』, 1944, pp. 55-56

정형화된 인지와 새롭고 겸손하며 수용적이고 구체적인 도교적 인지, 특유하고 고유하며 선입관, 기대, 바람, 희망, 두려움, 불안이 포함되지 않은 순수한 인지 사이의 차이는 여러 심리학 영역에 중요한 의미를 지닌다.

대부분의 인지 행위는 진부하며 부주의한 인식, 나열, 범주화일 뿐이다. 기존의 항목에 따라서 나태하게 범주화하는 것은, 완전하고 분산되지 않은 주의를 기울여 고유한 현상의 다면을 실제적이고 구체적으로 지각하는 것과는 근본적으로 다르다. 어떤 체험을 완전하게 감지하고 음미하는 것은 그러한 실제적이고 구체적인 인지를 통해서만 가능하다.

이 장에서는 이런 이론적인 고찰에 비추어 인지의 문제점들을 논의할 것이다. 나는 인지라고 통용되는 많은 부분이 사실은 대체물에 불과하며, 인지라고 생각되는 것이 유동적이고 진행 중인 현실에 살고 있다는 인간의 조건 때문에 필요해진 이류 속임수에 불과하다는 나의 신념을 전달할 수 있기를 바란다. 그러나 대부분의 사람들은 이 사실을 인정하려고 하지 않는다. 현실은 역동적이지만 평균적인 서구인의 정신은 정적인 것만을 인식할 수 있다. 그러므로 우리의 주의, 지각, 학습, 기억과 사고의 상당 부분은 현실보다는 현실로부터 도출하여 고정시킨 추상이나 이론적인 구조물을 다룬다.

이 장에서 다루는 내용이 추상성과 개념에 대한 반론으로 받아들여지지 않도록 개념을 형성하고 일반화, 추상화를 하지 않고는 살아갈 수 없다는 사실을 분명히 밝혀둔다. 그러나 그런 개념과 추상화가 공허하거나 어리석은 내용으로 채워지기보다는 경험에 기초를 두어야 한다는 것이 요점이다. 개념과 추상화는 구체적인 현실에 뿌리를 두고 그것에 확실히 기초해야 한다. 단순한 어휘, 꼬리표 추상이 아니라 의미 있는 내용을 포함하고 있어야 한다. 이 장에서는 병리적인 추상화, 추상화로의 환원, 추상화의 위험을 다루게 될 것이다.

주의

주의의 개념이 지각의 개념과 근본적으로 다르다는 점에서 볼 때, 주의에서는 선택적이고 예비적이며 조직하고 동원하는 행동이 상대적으로 더 강조된다. 이런 행동은 주의를 기울이는 현실의 성질에 따라서 결정되는 순수하고 참신한 반응일 필요가 없다. 주의는 흔히 개별 유기체의 본성, 개인의 관심, 동기, 편견, 과거 경험 등에 따라서도 결정된다.

그러나 주의 반응 중에서도 독특한 사건에 개별적으로 주의를 기울이는 것과 주의를 기울이는 사람의 마음속에 이미 존재하는 범주들을 외부세계에서 정형화하고 범주화하여 재인식하는 것을 구별할 수 있다는 사실이 더 중요하다. 다시 말해 주의과정은 우리가 이미 가지고 있는 것들을 세상에서 인지하거나 발견하는 것에 불과할지도 모른다는 것이다. 어떤 체험을 실제로 해보기 전에 미리 판단하는 것이라고도 할 수 있다. 즉 그것은 변화, 새로움, 유동성에 대한 진실한 인지라기보다는 과거에 대한 합리화나 현재 상태를 유지하려는 시도일 수도 있다. 이미 알고 있는 것에만 주의를 기울이거나 새로운 것을 익숙한 형태에 억지로 끼워 맞춤으로써 이런 현상이 일어날 수 있다.

유기체가 정형화시켜 주의를 기울이기 때문에 발생하는 유익과 해악은 모두 분명하다. 어떤 체험을 단순 분류하는 데는 완전한 주의가 필요하지 않으므로 에너지와 노력을 절약할 수 있다. 범주화 작업은 완전

한 주의를 기울이는 것보다 훨씬 덜 피곤하다. 게다가 범주화를 할 때
는 집중하거나 유기체의 모든 자원을 동원할 필요가 없다. 새로운 중요
한 문제를 지각하거나 이해하는 데 요구되는 주의 집중은 극도로 피곤
하기 때문에 비교적 드물게 일어난다. 이런 결론은 사람들이 간결한 독
서, 요약된 소설, 다이제스트 잡지, 판에 박힌 듯한 영화, 진부함으로 가
득 찬 대화를 활용하고, 실제 문제를 피하려고 하거나 정형화된 가짜
해결책을 선호하는 일반적인 성향을 보이는 현상에서 확인할 수 있다.

항목화 또는 범주화는 완전한 반응이 아니라 부분적이고 명목적인
반응이며 대용물에 불과하다. 그렇게 하면 행동이 자동화될 수 있기 때
문에(즉 한 번에 몇 가지 일을 할 수 있다) 하위 활동을 반사적으로 하면
서 상위 활동을 하는 것이 가능해진다. 간단히 말해 체험하는 것 중에
서 익숙한 요소들에는 주의를 기울일 필요가 없다.[1]

다음의 진술에는 역설이 포함되어 있다. 우리가 이미 구성해놓은 항
목에 적합하지 않는 것에는 주의를 기울이지 않는 경향이 있으며(예를
들어 낯선 것), 비정상적이고 낯설며 위험하거나 위협적인 것들이 주의
를 가장 요한다는 것이 사실이기 때문이다. 낯선 자극은 위험할 수도
있고(어둠 속에서 나는 소리) 위험하지 않을 수도 있다(창문에 새로 단
커튼). 우리는 낯설고 위험한 것에는 세심한 주의를 기울이며, 낯익고
안전한 것에는 최소한의 주의만 기울인다. 그리고 낯설고 안전한 대상
에는 그 중간 정도의 주의를 기울이거나 아니면 그 대상은 낯익고 안전
한 것으로 변화된다. 다시 말해 그런 대상은 범주화되는 것이다.[2]

---

1 실험적인 예를 보고 싶다면 바틀릿의 탁월한 연구를 참조하기 바란다(1932).
2 "유아기부터 노년기에 이르기까지 모든 인간에게는 새로운 것을 기존의 것에 동화시
키는 작업보다 더 기분 좋은 일은 없다. 이미 잘 알고 있는 일련의 개념들을 위협하는

호기심 성향으로부터 얻어지는 흥미로운 고찰이 한 가지 있다. 즉 새롭고 낯선 것은 전혀 주의를 끌지 않거나 압도적으로 주의를 끈다는 것이다. 비교적 덜 건강한 대다수의 사람들은 위협적인 경험에만 주의를 기울이는 반응을 보인다. 마치 주의를 집중하는 것이 위험에 대한 반응이거나, 위급 반응이 필요하다는 경고로만 여겨지는 듯하다. 그들은 위협적이지 않거나, 위험하지 않은 경험들은 주의를 기울이거나, 인지적 또는 정서적인 반응을 보일 가치가 없는 것으로 여기고 외면한다. 그들의 삶에는 위험에 맞닥뜨리는 것과 위험 사이에 긴장을 푸는 것 두 가지밖에는 없다.

그러나 그렇지 않은 사람들도 있다. 그들은 위험한 상황에만 반응하지 않는다. 그들은 위험하지는 않지만 기분 좋게 흥분시키는 체험에 반응하고 인지한다. 심지어 감격하기도 한다. 어쩌면 더 안정되고 자신감이 있기 때문인지도 모른다. 이런 긍정적인 반응은 위급 반응과 마찬가지로 유기체의 내장기관과 자율신경계를 통해 일어난다. 체험이 약하든 강하든 약간의 유쾌한 자극이든 주체하지 못할 정도의 황홀함이든 상관없이 일어난다. 이런 두 종류의 체험의 주된 차이점은 하나가 주관적으로 유쾌하게 느껴지는 데 반해 또 다른 하나는 불쾌하게 느껴진다는 것이다. 이와 같은 사실을 관찰해보면 인간은 세상에 수동적으로 적응만 하는 것이 아니라, 세상을 즐기고 그것에 적극적으로 부딪칠 수도 있다는 것을 알 수 있다. 정신 건강이라고 부를 수 있는 요인이 적응양

침입자나 파괴자가 들어올 때마다 예기치 못함을 꿰뚫어보면서 그것을 변장한 친숙함이라고 꼬리표를 붙이는 것이 가장 즐거운 일이다 (…) 우리가 어떤 대상을 표현할 개념이나 측정할 표준이 없는 지경까지 이르면 우리는 그것에 대해서 호기심이나 경이심조차 느끼지 않는다."(James, 1890, Vol. II, p. 110)

식의 이런 차이점을 설명해줄 수 있을 것이다. 비교적 불안감이 큰 사람은 주의를 주로 응급 기제로 활용하며 세상을 위험한 것과 안전한 것으로 단순하게 분류하는 경향이 있다.

아마도 범주화시키는 주의와 대조되는 개념으로 프로이트의 '부동성 주의력'을 들 수 있을 것이다.[3] 프로이트가 적극적인 주의보다 수동적인 주의를 바람직한 주의 형태로 추천했다는 사실을 유의해서 보기 바란다. 적극적인 주의가 실제 세계에 각종 기대치를 부과하려는 경향이 있다는 이유에서였다. 그런 기대는 현실의 목소리가 너무 약할 경우 목소리를 제거할 수도 있다. 프로이트는 현실이 우리에게 말해주려는 것이 무엇인지를 알아내는 데에만 관심을 가지고, 삼가며 겸손하고 수동적인 태도를 취해 대상의 본질적 구조가 우리의 지각을 결정하도록 허용하라고 조언한다. 이는 곧 우리가 어떤 체험을 마치 세상에서 다른 무엇과도 동일하지 않은 고유한 것처럼 받아들여야 한다는 뜻이다. 또한

---

[3] '주의가 어느 정도 의식적으로 집중되면 인간은 자신에게 제시되는 자료들 중에서 선택하기 시작한다. 어떤 한 점이 마음속에서 특별히 명료하게 고정되면서 다른 것들은 무시되며, 이런 선택과정에는 개인의 성향으로 인한 기대가 뒤따른다. 그렇지만 그런 반응은 피해야 한다. 선택과정에 개인의 성향이 개입되면 이미 알고 있는 것 이외의 다른 것은 절대로 발견하지 못할 위험성이 생긴다. 그리고 개인이 자신의 성향을 따르면 지각되어야 할 대상은 왜곡될 것이다. 인간이 듣는 것의 의미는 대부분의 경우 나중에 식별할 수 있다는 사실을 잊어서는 안 된다.

그러므로 환자에게 머릿속에 떠오르는 모든 것을 비판이나 선택 없이 말하라고 지시하고 나면, 의사에게는 주의를 고르게 분산시키라는 원칙이 필수적으로 따르게 된다. 만약 의사가 그렇게 행동하지 않는다면 그는 환자가 '정신분석의 근본규칙'에 순종함으로써 생길 수 있는 이점을 내팽개치는 셈이다. 의사들에게 그 규칙은 지각 기능을 발휘할 때 모든 의식적인 노력을 삼가야 하며, 개인의 '무의식적인 기억'이 충분히 펼쳐질 수 있게 놓아두어야 한다는 말로 표현할 수 있다. 또는 치료기법의 용어로 말하면 '그저 듣기만 할 뿐 특별히 어떤 것을 마음에 담아두려고 노력하지 말라'고 단순하게 표현할 수 있다.'(Freud, 1924, pp. 324-325)

그 체험을 우리가 가진 이론, 도식, 개념에 끼워 맞추려고 하지 말고 그것의 본성을 이해하도록 노력을 기울여야 한다는 의미다. 이것은 완벽한 의미에서 자아중심에 반대하고 문제중심적 태도를 취하라는 조언이다. 우리가 접하는 체험의 본질적인 성질을 이해하려면 자아, 자아의 체험, 선입관, 자아의 희망, 두려움 등을 가능한 한 최대한 배제해야 한다.

과학자와 예술가가 체험에 접근하는 방식 간의 낯익은(고정관념화되기까지 한) 대조가 이해에 이러한 도움이 될 수 있다. 진정한 과학자와 예술가라는 추상적인 개념을 가정할 수 있다면 과학자는 근본적으로 체험을 분류하고, 그것을 다른 모든 체험과 연결시키며, 세상에 대한 단일한 철학 속에 포함시키고 다른 모든 경험과 경험 사이의 다르고 유사한 점을 찾으려고 하는 사람이라고 할 수 있다. 그렇게 함으로써 어떤 체험에 다가가는 두 부류의 접근방식을 정확히 대조할 수 있을 것이다. 과학자는 체험에 이름이나 꼬리표를 붙여 분류하려고 할 것이다. 반면에 예술가는 자신의 체험의 고유하고 개별적인 특성에 가장 흥미를 느낀다. 그들은 각각의 체험을 개별적인 것으로 받아들인다. 사과 하나하나마다 고유하고 다르며 모델 하나, 나무 한 그루, 머리 하나도 다른 것과 같지 않다. 비평가가 한 예술가에 대해서 이렇게 말했다. "그는 다른 사람들이 스쳐보는 것을 유심히 본다." 그들은 체험을 분류하거나 자신이 가지고 있는 정신적인 카탈로그에 그것을 집어넣는 일에는 전혀 흥미가 없다. 체험을 새롭게 보는 것이 그들의 의무이다. 그런 다음 재능이 있다면 그보다 예리하지 못한 사람들도 체험을 새롭게 볼 수 있도록 한 방식으로 그것을 동결시키는 것이다. 지멜은 이렇게 표현했다. "과학자는 무엇을 알기 때문에 무엇을 본다. 그러나 예술가는 무엇을 보기 때문에 그것을 안다."

모든 고정관념과 마찬가지로 이런 대조도 위험하다. 다만 과학자들도 좀 더 직관적이고 예술적인 자세를 가지며 생생하고 직접적인 경험을 존중하고 감상할 수 있으면 유익하다는 것이 이 장이 시사하고 있는 요지다. 마찬가지로 예술가도 과학이 보는 것과 같이 현실을 연구하고 이해하면, 그가 세상을 대하는 반응도 보다 타당하고 성숙해질뿐더러 심화될 수 있다. 예술가와 과학자에게 주어지는 명령은 동일하다. '현실을 온전하게 보라.'

지각

고정관념은 편견을 다루는 사회심리학뿐만 아니라 지각의 기본 과정에도 적용되는 개념이다. 지각은 실제 사건의 본질적인 성질을 흡수 또는 기재하는 것이 아닐 수도 있다. 지각은 체험을 살펴보는 것이라기보다는 분류하기, 표 붙이기, 이름 붙이기일 때가 더 많다. 따라서 지각은 진정한 지각이 아닌 다른 이름으로 불러야 할지도 모른다. 정형화된 지각과정에서 일어나는 일은 말할 때 진부한 문구와 상투적인 표현을 쓰는 것과 비슷하다. 예를 들어 어떤 사람을 소개받을 때 그 사람에게 지대한 관심을 보이며 다른 어떤 사람과도 다른 독특한 개인으로 이해하거나 지각하려고 노력할 수도 있다. 하지만 우리는 종종 그 사람을 고유한 개인이 아닌 어떤 범주의 대표나 어떤 개념의 예로 분류한다. 다시 말해 정형화된 지각을 하고 있는 사람은 카메라이기보다는 파일을 정리하는 점원에 비유되어야 할 것이다.

지각의 정형화를 보여주는 많은 예로서 다음과 같은 지각 경향을 언급할 수 있다.

1. 낯설고 새로운 것보다 익숙하고 상투적인 것을 지각하려는 경향
2. 실제적인 것보다 도식화되고 추상적인 것을 지각하려는 경향
3. 무질서하고 혼돈스러우며 불분명한 것보다 조직화, 구조화되고 분명한 것을 지각하려는 경향
4. 이름이 없거나 이름을 붙일 수 없는 것보다 이름이 있거나 이름을 붙일 수 있는 것을 지각하려는 경향
5. 의미 없는 것보다 의미 있는 것을 지각하려는 경향
6. 비인습적인 것보다 인습적인 것을 지각하려는 경향
7. 예상하지 못한 것보다 예상한 것을 지각하려는 경향

더욱이 사건이 낯설고, 구체적이며, 애매하고, 이름이 없으며, 의미가 없고, 비인습적이며, 예상하지 못한 것일 때 그 사건을 보다 익숙하고, 추상적이며, 조직화된 형식에 억지로 끼워 맞추려는 경향을 강하게 보인다. 우리는 사건을 고유하고 독특한 그 자체로 지각하기보다는 범주의 견본으로 지각하려는 경향이 있다.

이런 경향을 보여주는 무수한 예는 로르샤흐 검사, 형태주의 심리학 문헌, 투사 검사, 예술이론에서 찾아볼 수 있다. 예술이론의 분야에서 보면, 미키 하야카와(1949, p. 103)가 인용했던 한 미술 교사의 예를 들 수 있다. 그는 "학생들이 팔을 일반적인 팔의 한 예라고 생각하기 때문에, 그리고 일반적인 팔은 어때야 하는지 알고 있다고 생각하기 때문에 개별적인 팔을 그릴 수 없다고 말했다." 샤흐텔의 저서에는 이런 흥미로운 예들이 많다(1959).

자극을 이미 구성되어 있는 범주의 체계에 보관하려고 할 경우, 그 자극을 이해하고 감지하려고 할 때보다 그것에 대해 덜 알아도 된다. 대상을 고유하게 처리하고, 완전하게 다루며, 대상 안에 빠지고, 이해하는 진정한 지각은 많은 시간을 요한다. 반면에 대상에 꼬리표를 붙이거나 목록을 작성하는 데는 몇 분의 1초면 충분하다.

또한 범주화는 순식간에 이루어지기 때문에 범주화가 새로운 지각보다 훨씬 덜 유효할 것이다. 범주화 과정에서는 가장 두드러지는 특성만이 반응을 결정하는 데 사용될 것이다. 이런 특성들은 잘못된 실마리를 제공하기 십상에다. 따라서 범주화하는 지각은 곧 실수로의 초대가 될 것이다.

범주화하여 지각할 때는 맨 처음 저지른 실수가 수정될 가능성이 더욱 낮아지기 때문에 이런 실수는 매우 심각하다. 어떤 범주에 포함된 사물이나 사람은 계속 그곳에 남아 있으려는 경향이 있다. 사람들은 고정관념에 모순되는 행동들을 심각하게 고려할 필요가 없는 예외로 여기기 때문이다. 예를 들어 어떤 사람이 부정직하다고 믿게 되었다면, 카드 게임에서 그 사람이 속임수 쓰는 모습을 포착하지 못했을 때도 그를 계속 도둑이라고 할 것이다. 우리는 그 사람이 들킬까 봐 두렵거나 귀찮다는 특별한 이유 때문에 정직하게 행동했을 것이라고 짐작할지도 모른다. 그 사람의 부정직성을 확신하면 그의 부정직한 행동을 한 번도 포착하지 못해도 그 믿음은 변하지 않는다. 그럴 경우 그는 부정직한 모습을 보이기 두려워하는 도둑으로 취급된다. 또는 범주에 모순되는 행동이 그 사람의 본질적인 특성이 아니라 피상적인 특성이라고 생각하면서 그 점을 흥미롭게 생각할 수도 있다.

진실이 눈앞에 있는데도 어떻게 사람들은 계속해서 거짓을 믿을 수 있는가라는 오래된 문제에 어쩌면 정형화라는 개념이 답을 줄지도 모른다. 사람들이 증거에 영향을 받지 않는 이유는 억압이나 어떤 일반적인 동기적 힘이 작용하기 때문이다. 이는 사실임에 틀림없다. 다만 그것이 완전한 진실이며 그 자체로 충분한 설명이 되는가가 문제다. 지금까지의 논의에 의하면 증거를 보지 못하는 현상의 배후에는 다른 이유들이 있다는 것을 알 수 있다. 우리가 고정관념의 피해자가 될 때는 그런 과정을 통해서 생기기도 하는 폭력을 짐작할 수 있다. 우리는 자신과 다르다고 생각하는 많은 사람들과 한데 엮여 동일하게 취급될 때 모욕감과 무시당한 느낌을 받는다. 이 주제를 윌리엄 제임스(William James)보다 훌륭하게 표현하기는 쉽지 않을 것이다. "우리의 지성이 어떤 사물을 대할 때 맨 처음 하는 행위는 그것을 다른 것들과 함께 분류하는 것이다. 그러나 우리에게 무한히 중요하고 온전히 집중하도록 일깨워주는 어떤 대상을 볼 때는 그것이 독특하고 고유한 것처럼 느껴지기도 한다. 어쩌면 우리가 별로 고심하거나 사과하지 않고 게를 단순히 갑각류라고 분류하고 처리하면 아마 게도 게 나름대로 분노의 감정에 휩싸일지 모른다. '난 그런 것이 아니야.' 이렇게 말하지 않을까. '난 나 자신일 뿐이야.'"(1958, p. 10)

학습

습관이란 이전에 성공을 거두었던 해결방법을 사용하여 현재의 문제를 풀려고 하는 것이다. 이는 우리가 반드시 현재의 문제를 어떤 범주에 집어넣고, 이 특별한 문제의 범주에 가장 효율적인 해결방법을 선택한다는 사실을 시사한다. 따라서 이 과정에 분류 작업은 필연적으로 수반된다.

습관이라는 현상은 범주화된 주의, 지각, 사고, 표현과 같은 것에도 해당되는 한 가지 특성을 가장 잘 보여준다. 즉 그런 모든 과정이 사실상 '세상을 동결'시키려는 노력이라는 것이다. 세상은·유동적이며 모든 사물은 과정의 가운데 있다. 이론적으로는 이 세상의 어떤 것도 정적이지 않다(실질적인 목적에서 보면 많은 것이 정적이지만). 이론적으로 생각하면 매 경험, 매 사건, 매 행동은 어떤 식으로든(중요하든 중요하지 않든) 이미 일어났었거나 다시 일어날·다른 모든 경험, 행동 등과 다르다.[4]

그렇다면 앨프리드 화이트헤드[5]가 반복해서 지적했듯이 과학의 이론과 철학 상식은 근본적이고 필연적인 사실에 기초하는 것이 이치에 맞을 것이다. 그러나 대부분은 그렇게 하지 않는다. 가장 세련된 과학자와 철학자들은 텅 빈 공간과 그 안에서 목적 없이 밀려다니는 영원한 물체라는 오래된 개념을 오래전에 폐기했다. 그런데도 폐기된 개념들

---

4 "똑같은 것은 절대 없으며 변하지 않고 남아 있는 것은 하나도 없다. 당신이 이 사실을 분명하게 의식한다면 어떤 것들이 서로 같다는 듯이, 또 어떤 것들이 동일하게 남아 있다는 듯이 습관에 따라서 행동해도 괜찮다. 어떤 차이가 차이가 되려면 차이를 낳아야 한다. 그런데 어떤 차이는 차이를 낳지 않기 때문에 동일한 듯이 취급해도 무방하다. 그럼에도 불구하고 언제나 차이가 존재한다는 사실을 인식하는 한, 그리고 그것들이 차이를 만드는지 스스로 판단해야 한다는 사실을 인식하는 한, 당신은 습관에 의존해도 괜찮다. 당신은 언제 그 습관을 버려야 할지 알 것이기 때문이다. 어떤 습관도 완벽하지는 않다. 습관은 상황에 관계없이 그것을 따르겠다고 고집하거나 무작정 의존하지 않는 사람에게는 유용하다. 그보다 판단력이 부족한 사람에게는 습관이 비효율성, 어리석음, 위험을 가져오는 경향이 있다."(Johnson, 1946, p. 199)

5 영국의 철학자이자 수학자로 기호논리학을 확립했으며, 유기체론에 바탕을 둔 독창적인 형이상학을 수립했다 – 옮긴이.

은 여전히 우리의 보다 덜 지성적인 반응의 기초로 존재하고 있다. 우리는 세계를 변화하고 성장하는 개념으로 받아들여야 하지만, 이를 실천하는 경우는 드물다. 우리는 여전히 뉴턴적 사고를 하고 있다.

범주화하려는 모든 행동은 움직이며 변화하는 과정 중에 있는 세계를 다루기 쉬운 대상으로 만들기 위하여, 그 움직임을 동결시키고 정지시키려는 노력으로 이해될 수 있을지도 모른다. 마치 세계가 움직이지 않을 때만 그것을 다룰 수 있을 것처럼 생각되기 때문이다. 이런 경향의 예로는 정적이고 원자론적인 수학자들이 움직임과 변화를 고정된 방식으로 다루기 위해 발명한 기발한 요령, 즉 미적분을 들 수 있다. 그러나 이 장에서는 심리학적인 예가 더 적합할 것이다. 정적인 사고를 가진 사람들은 유동적인 세계를 다루거나 대응할 수 없기 때문에, 과정 중에 있는 세계를 일시적인 정지 상태로 동결시키려는 경향을 보인다. 습관과 모든 재생학습이 그런 예라는 논제를 세우고자 한다.

미지의 상태를 두려워하여 성급하게 결론을 동결시키는 행동이 항목화라면, 불안을 줄이고 피하고자 하는 희망이 그러한 행동에 동기를 부여한다. 따라서 미지의 대상과 편안하게 관계를 맺는 사람이나, 불확실성을 참아낼 수 있는 사람(Frenkel-Brunswik, 1949)은 지각할 때 동기가 덜 일어난다. 동기와 지각이 밀접하게 연관되어 있다는 것은 건강한 상태가 아닌 어느 정도 정신병리적인 현상으로 이해하는 것이 가장 정확할 것이다. 매우 거칠게 표현하면 이런 연관관계는 조금 병든 유기체가 보이는 증상이라고 할 수 있다. 자아실현자에게서는 그런 연관이 최소화된다. 망상이나 환각 현상에서 볼 수 있듯이 신경증적이거나 정신병적인 사람에게서는 그것이 극대화되기도 한다. 건강한 사람의 인지는 비교적 동기화되지 않으며 병든 사람의 인지는 비교적 동기화된다고 표현하는 것도 이런 차이를 설명하는 한 가지 방법이다.

습관은 윌리엄 제임스가 지적했듯이(1989) 보수적인 기제다. 왜 그 럴까? 우선 어떤 학습된 반응은 그 존재만으로도 동일한 문제에 대하 여 학습을 통해 다른 반응이 형성되는 것을 방해한다. 그러나 통상적으 로 학습이론자들로부터 무시를 당하지만 그것 못지않게 중요한 또 다 른 이유가 있다. 즉 학습은 근육이 나타내는 반응일 뿐 아니라 정서적 인 선호 반응이기도 하다. 우리는 영어를 말하는 법을 배울 뿐 아니라 그것을 좋아하고 선호하는 것도 배우게 된다(Maslow, 1937).[6] 그러면 학습은 완전히 중립적인 과정이 아니다. 우리는 '만약 이 반응이 잘못 된 것이라면 간단하게 학습을 취소하거나 올바른 반응으로 대체할 수 있다'라 말할 수 없다. 우리는 학습을 하면서 어느 정도 헌신을 하고 충 성을 바치기 때문이다. 그러므로 불어를 유창하게 구사하고 싶다면 유 일한 선생의 발음이 형편없을 경우에는 아예 배우지 않는 것이 낫다. 훌륭한 선생이 나타날 때까지 기다리는 것이 훨씬 더 효율적이다. 이 와 같은 이유에서 우리는 가정과 이론에 대해 매우 경박한 태도를 취하 는 과학자들의 의견에 반대해야 한다. 그들은 '잘못된 이론이라도 아예 없는 것보다는 낫다'고 말한다. 비록 앞에서 이야기한 것들이 타당성이 있더라도 실제 상황은 그처럼 단순하지 않다. 스페인의 속담에 이런 말 이 있다. "습관은 처음에는 거미줄과 같지만 나중에는 밧줄이 된다."

---

[6] "한 편집자가 명시선집에 모스, 본, 포터, 블라스, 브룩의 감미로운 내용을 포함시 킨 후로, 다른 편집자들도 블라스, 브룩, 포터, 본, 모스를 덩달아 인용했다. 어떤 무 모한 편집자가 자신의 판단력에 따라서, 이제 고전이 된 브룩, 모스, 포터, 블리스, 본을 제외하고 책을 출간한다면 경멸하는 평론가들은 그 시집을 보면서 한결같이 한탄할 것이다. '본, 브룩, 포터, 모스, 블라스를 빠뜨리다니 무슨 시집이 이따위인 가!'"(Guiterman, 1939)

이런 비판이 모든 학습에 적용되는 것은 아니다. 원자론적이고 재생적인 학습, 다시 말해 고립된 특별한 반응을 인지하고 기억하는 학습에만 적용된다. 많은 심리학자들은 이런 학습만이 과거가 현재에 영향을 미칠 수 있는 유일한 방법이라거나 과거 경험의 교훈을 현재의 문제 해결에 유용하게 활용할 수 있는 유일한 방법이라고 한다. 세상에서 배우는 많은 것들, 즉 과거로부터 우리가 받는 가장 중요한 영향은 원자론적이지도 재생적이지도 않다. 그러므로 이것은 너무나 순진한 가정이다. 과거로부터 받는 가장 중요한 영향, 중요한 유형의 학습은 우리가 성격 학습 또는 내재적 학습이라고 부르는 것이다(Maslow, 1968a). 그것은 우리의 모든 경험이 성격에 미치는 영향을 의미한다. 따라서 인간은 경험을 동전처럼 하나씩 낱개로 얻는 것이 아니다. 경험이 어떤 깊은 영향을 미친다면 그것은 사람 전체를 바꾸어놓는다. 그럼으로써 어떤 비극적인 체험의 영향이 미성숙한 한 사람을 보다 성숙하고 현명하며 인내심 있고 겸손하며 성인으로서의 삶에서 만나는 어떤 문제라도 잘 해결할 수 있는 어른으로 변모시키기도 할 것이다. 비극적인 체험을 한 사람이 특정한 유형의 문제(예를 들어 어머니의 죽음)를 다루거나 해결하는 특별한 기술을 획득한다는 점 외에는 달라지지 않는다는 것이 이와 대조되는 이론이다. 비극적 체험이라는 예가 하나의 무의미한 음절을 또 하나의 음절과 맹목적으로 연합시키는 일반적인 예보다 훨씬 더 중요하고 유용하며 전형적이다. 내 의견으로는 그런 실험은 또 다른 무의미한 음절을 제외하고는 세상에서 다른 어떤 것과도 관계없다.[7]

---

[7] "우리가 증명하려고 노력해왔던 기억은 서랍 속에 기억을 집어넣는 기능도 아니다. 등록부에 기재하는 기능도 아니다. 등록부나 서랍 같은 것은 없다. 적절히 표현하면 기능조차 없다. 그 기능은 쉬지 않고 과거 위에 과거를 쌓아 올리면서 의도할 때나 가

만약 세상이 과정 중에 있다면 매 순간은 새롭고 고유하다. 이론적으로는 모든 문제가 새로운 문제다. 과정이론에 의하면 전형적인 문제는 이전에는 한 번도 접해보지 못했던 문제다. 다시 말해 근본적으로 다른 어떤 문제와도 다르다. 그래서 이 이론에 따르면 과거의 문제와 유사한 문제라도 그것이 모범적인 것이라기보다는 특별한 것으로 이해되어야 한다. 이것이 사실이라면 특별한 해답을 구하기 위해 과거에 의존하는 것이 도움이 되기도 하지만 위험하기도 할 것이다. 나는 실제 관찰을 거치면 이것이 이론뿐 아니라 실제적으로도 사실임이 드러날 것이라고 믿는다. 어쨌든 삶에서 발생하는 문제들 중 최소한 일부는 새로운 문제이다. 그렇기 때문에 새로운 해답을 구해야 한다는 사실에 대해 자신이 어떤 이론적인 편견을 가지고 있더라도 누구든 토를 달 수 없을 것이다.

생물학적인 관점에서 습관은 필요함과 동시에 위험하기 때문에 적응에서 이중적인 역할을 한다. 습관은 필연적으로 일정하고 변하지 않으며 정적인 세계를 암시하는데, 그것은 진실이 아니다. 한편 적응에는 세계가 분명히 변화하고 역동적이라는 의미가 암시되어 있다. 그런데도 습관은 적응과정에서 가장 효과적인 도구로 흔히 생각된다. 습관은 어떤 상황에 대해서 이미 형성된 반응 또는 문제에 대해 이미 가지고

___

능할 때 간헐적으로 작동하기 때문이다. (⋯)

그렇지만 우리가 분명한 개념을 가지고 있지 않을지라도 우리의 과거가 우리에게 남아 있다는 것을 어렴풋이 느낀다. 우리의 존재, 사실상 우리의 성격은 태어나서부터 살아온 역사의 응축물이 아니라면 무엇이겠는가? 아니 우리는 이미 기질을 가지고 태어나므로 과거가 태어나기 이전부터의 역사의 응축물이라고 해야 할지도 모른다. 우리가 과거의 작은 부분만을 가지고 생각하는 것은 분명하지만, 우리가 갈구하고 의지하고 행동하는 데는 우리 영혼의 고유한 성향을 포함한 우리의 과거 전체가 전부 포함되어 있다. 그렇다면 우리의 과거 전체는 충동이라는 형태로 드러나는 것이다. 과거는 개념의 형태 속에서 느껴진다."(Bergson, 1944, pp. 7-8)

있는 대답이다. 그것은 이미 형성되어 있기 때문에 무기력 상태를 일으키며 변화에 저항한다. 그러나 상황이 변하면 우리의 반응도 변하거나 변할 태세를 갖추어야 한다. 습관은 새로운 상황에 맞춰서 새롭게 필요해지는 반응을 형성하는데 반드시 저항하거나 그 과정을 지연시킨다. 그러기 때문에 이미 형성되어 있는 습관은 아예 반응이 없는 것보다 못할 수도 있다.

이런 역설을 또 다른 관점에서 설명하면 이해하는 데 도움이 될 수 있을 것이다. 습관은 반복해서 일어나는 상황을 다룰 때 시간, 노력, 사고를 절약시켜주기 위해 형성된다고 할 수 있다. 문제가 비슷한 형태로 반복적으로 일어날 때마다 그것을 다루기 위해 자동적으로 내놓을 수 있는 습관적인 해답이 준비되어 있으면 많은 사고를 절약할 수 있다. 이렇게 습관은 반복적이며 변화하지 않고 익숙한 문제에 대한 반응이다. 그렇기 때문에 습관은 '가정'의 반응(as-if reaction)이라고 할 수 있다. '세상이 정적이고 변화하지 않으며 일정하다고 가정'하고 일어나는 반응이다. 물론 이 해석은 습관이 적응기제로서 지니는 기본적인 중요성에 감명을 받은 심리학자들이 되풀이 강조하면서 생겨난 것이다.

우리가 접하는 많은 문제들이 반복적이고 익숙하며 변화하지 않는 것들이므로 그것은 사실이다. 소위 고등 활동이라고 하는 사고, 발명, 창조에 몰두하는 사람은 이런 활동들이 일상생활에서 사소한 문제들을 자동적으로 해결해주는 무수히 많은 습관들을 전제조건으로 요구한다는 것을 깨닫는다. 창조를 하는 사람은 습관을 활용함으로써 고등 활동에 에너지를 집중할 수 있다. 그러나 여기에는 모순, 심지어 역설이라고 할 만한 것이 포함되어 있다. 세상은 정적이고 익숙하고 반복적이며 불변하는 대상이 아니다. 오히려 세상은 끊임없이 유동하며, 항상 새롭고 무엇인가로 발전하며 변화하고 움직인다. 우리는 이것이 세상의 모든 면을 올바르게 특징짓는 진술인지의 여부에 대해 논쟁할 필요는 없다. 우리는 논의를 위해 세상의 어떤 부분은 불변하며 어떤 부분은 변한다고 가정함으로써, 불필요한 형이상학적인 논쟁을 피해갈 수 있다. 만약 이런 가정이 받아들여진다면, 아무리 유용한 습관이라도 그것은 세상의 고정적인 면만을 위한 것이다. 그러므로 유기체가 독특하고 새롭고 이전에 접해보지 못한 문제를 만나 세상의 변화와 유동적인 면을 다루려고 할 때는, 습관이 확실히 방해와 장애가 된다는 가정도 받아들여야 할 것이다.[8]

그렇다면 여기서 우리는 역설에 직면하게 된다. 습관은 필요한 동시에 위험하며, 유용한 동시에 해롭다는 것이다. 습관 덕분에 시간 노력, 사고를 절약하기도 하지만 크나큰 대가를 치르기도 한다. 습관은 적응에 쓰이는 주된 무기이면서도 적응을 방해한다. 문제 해결의 방법도 되지만 장기적으로 새롭고 범주화시키지 않는 사고, 다시 말해 새로운 문제 해결에 대한 반대말이 되기도 한다. 습관은 우리가 세상에 적응하는 데 유용하기는 하지만,[9] 종종 우리의 창의성과 독창성을 방해한다. 이

---

8 "인간은 세계의 무한한 다양성에 대해 점점 더 섬세하게 반응하는 법을 배울 때에만, 그리고 바로 인접한 주위 환경에 완전히 압도되지 않는 법을 발견할 때에만 살 수 있고, 또 주인이 될 수 있는 존재다."(Bergson, 1944, p. 301)
   "우리의 자유는 그것이 확인되는 바로 그 순간부터 습관을 형성한다. 그런 습관은 자유가 끊임없는 노력을 통해서 새로워지지 못하면 자유를 질식시킬 것이다. 자유는 자동성 때문에 완고해진다. 가장 생생한 사고조차도 그것을 표현하는 형식 속에서 경직되고 만다. 말이 생각을 거스르고 문자가 영혼을 죽인다."(Bergson, 1944, p. 141)
9 재생 기억은 일련의 범주, 즉 준거들이 없으면 훨씬 더 어렵다는 사실을 부연할 수 있다. 이 결론에 대한 실험적인 증거를 원하는 독자에게 바틀릿의 탁월한 저서(1932)를 추천한다. 에르네스트 샤흐텔의 저서(1959)에도 이 주제에 관한 훌륭한 내용이 있다.

는 결국 습관이 우리가 세상을 우리에게 적응시키는 것을 막기도 한다는 뜻이다. 마지막으로 습관은 진실되고 새로운 주의, 지각, 학습, 사고를 게으른 방식으로 대체하는 경향이 있다.

사고

사고의 영역에서 범주화는 정형화된 문제만을 대하는 것과, 이런 문제를 풀기 위해 정형화된 테크닉만을 구사하는 것과, 모든 인생의 문제를 대하기에 앞서 이미 정해놓은 대답과 해결방식을 취하는 경향을 통해서 일어난다. 이런 세 가지 경향이 합쳐지면 창의성과 독창성은 확실히 침해를 받을 것이다.[10]

정형화된 문제

범주화를 하려는 경향이 강한 사람은 어떤 종류의 문제든지 피하거나 간과하려고 시도할 것이다. 예기치 못한 것을 마주할 용기가 없기

---

[10] 명료함과 질서는 인간이 예상한 상황을 다루게 해준다. 그런 것들은 기존의 사회적 상황을 유지하는 데 필요한 기초이다. 그렇지만 명료함과 질서만으로는 충분하지 않다. 예측하지 못했던 것에 대처하고 앞으로 나아가고 흥분을 경험하기 위해서는 단순한 명료함과 질서를 초월할 필요가 있다. 순응의 족쇄를 찬 채 갇혀 있으면 삶은 퇴보한다. 체험 속의 모호하고 무질서한 요소들을 통합시키는 능력은 새로움으로 나아가기 위해서 필수적이다."(Whitehead, 1938, p. 108)

"생명의 진수는 기존의 질서가 무너질 때 발견된다. 우주는 생명을 마비시키는 완전한 순응을 거부한다. 그렇지만 우주는 그것을 거부하면서 중요한 체험에 필수조건인 새로운 질서를 향해 나아간다. 우리는 질서의 형식을 향한 목표와 질서의 새로움을 향한 목표, 성공의 기준과 실패의 기준을 설명해야 한다."(Whitehead, 1938, p. 119)

때문에 삶의 모든 부분을 정리하고 통제하려는 강박신경증 환자가 가장 극단적인 예가 될 것이다. 그런 사람은 이미 주어진 대답 이상의 것을 요구하는 문제, 다시 말해 자신감, 용기, 안정감을 요구하는 모든 문제에 심각하게 위협을 느낀다.

그들은 문제를 반드시 지각해야 할 경우 문제가 자기에게 익숙한 범주의 전형인지 살펴본다(익숙한 것은 불안감을 일으키지 않기 때문이다). "이 특정한 문제를 내가 이미 경험했던 문제의 부류들 중 어디에 집어넣을까?" 또는 "이 문제가 어떤 범주에 들어맞을까, 안 되면 어디에 끼워넣을 수 있을까?"에 대한 대답을 찾기 위해 시도할 것이다. 그렇게 위치를 정해주는 반응은 문제와 범주를 유사하다고 지각해야 나올 수 있다. 여기서 복잡한 유사성에 대해서까지 다루고 싶지는 않다. 이렇게 유사성을 지각하는 반응이 반드시 지각 대상인 현실의 본질적인 특성을 겸손하고 수동적으로 받아들이는 과정은 아니라는 사실을 지적하는 것으로 충분할 것이다. 그런 사실은 체험을 고유한 범주로 분류하려는 다양한 개인들이 결국은 성공적으로 정형화를 하게 된다는 것에서 증명된다. 그런 사람들은 간과할 수 없는 경험들을 만나면 당혹스러워하지 않기 위하여 어떻게든 분류할 것이다. 설사 분류를 위해서 경험을 자르고 왜곡하고 압박할 필요가 있더라도 그렇게 할 것이다.

정형화된 테크닉

일반적으로 정형화를 함으로써 얻을 수 있는 가장 중요한 이 점은 문제를 성공적으로 배치하면서 그 문제를 다룰 수 있는 테크닉들을 자동적으로 손에 넣게 된다는 것이다. 범주화를 하는 이유는 이것뿐만은 아니다. 문제를 배치하려는 경향은 깊이 동기화된 활동이기도 하다. 그 예로 전혀 이해할 수 없는 증상보다 불치병이라도 자기가 아는 병을 대할 때 더 편안하게 느끼는 의사를 들 수 있다.

어떤 사람이 동일한 문제를 과거에 여러 번 다루어보았다면 문제 해결을 위한 적당한 방법은 언제든 사용할 준비가 되어 있을 것이다. 물론 이것은 이전에 처리했던 것과 같은 방식으로 해결하려는 강한 경향을 의미한다. 그러나 이미 살펴보았듯이 습관적인 해결은 유익한 동시에 해롭다. 유익한 점으로는 문제를 해결하기 쉽고, 에너지가 절약되며, 자동화가 가능하고, 정서적으로도 선호하며, 불안감이 줄어든다는 것 등을 들 수 있다. 심각한 해악은 융통성, 적응성, 창의적인 독창성을 잃는다는 것이다. 다시 말해 역동적인 세상을 마치 정적인 것으로 다룰 수 있을 것처럼 짐작했을 때 따라오는 일반적인 결과들이 곧 정형화된 테크닉이 가져오는 해악이다.

정형화된 결론

정형화된 결론을 내리는 과정 중에서 가장 잘 알려진 예는 아마도 합리화일 것이다. 합리화나 그 비슷한 과정들이 결론부터 내리고 그런 결론을 지지하거나 그에 부합되는 증거를 찾는 일에 지적인 활동의 상당 부분을 쏟아 붓는 행위라고 정의를 내려도 우리의 논의를 위해서는 적당할 것이다("나는 저 친구가 싫으니까 왜 그런지 적당한 이유를 찾아낼 거야"). 이것은 단지 사고와 비슷해 보이는 허울에 불과한 행동이다. 결국은 문제의 성질과는 관계없는 결론을 내리게 되므로 올바른 의미에서 사고라고 할 수 없다. 열띤 논쟁을 하며 증거를 찾아 애쓰는 것은 모두 연막작전일 뿐이다. 결론은 사고가 시작되기도 전에 이미 내려져 있다. 그런 허울조차 내세우지 않는 경우도 종종 있다. 사람들은 생각하는 듯한 제스처조차 취하지 않고 믿어버리기도 한다. 이것은 합리화보다도 노력이 덜 필요한 작업이다.

어떤 사람이 태어나서 처음 10년 동안 얻은 사고만을 온전히 간직한 채 조금도 그 사고를 변화시키지 않으면서 살아가는 것도 가능하다. 그런 사람의 IQ는 높을 수도 있다. 그렇기 때문에 그런 사람은 자신의 기존의 아이디어를 지지해주는 모든 증거를 찾아내는 일에 지적 활동의 상당 부분을 투자할지도 모른다. 우리는 이런 종류의 활동이 세상에서 유용할 때도 있다는 사실을 부정할 수 없다. 그렇지만 나는 생산적이고 창의적인 사고와 합리화를 확실히 구분하여 표현하는 것은 바람직하다고 생각한다. 합리화가 유익한 경우도 있다. 하지만 그로 인해 사람들이 실제 세계를 볼 수 없게 되고, 새로운 증거에 둔감해지며, 지각과 기억이 왜곡되고, 변화하는 세계에서 수정 능력과 적응 능력을 상실하며, 정신 발달이 멈춰버리는 등 여러 가지 놀라운 부작용들과 유익함을 비교해보면 그 유익함은 매우 미미한 정도다.

그러나 합리화만이 우리가 볼 수 있는 예는 아니다. 어떤 문제가 특정 상황에 가장 적합한 연상을 선택하기 위한 자극으로 사용되는 경우도 범주화라고 볼 수 있다.

범주화된 사고는 재생 학습과 특별히 밀접하게 연관되어 있는 것처럼 보인다. 내가 열거한 세 유형의 과정은 습관 행동의 특별한 형태로 다룰 수도 있다. 거기에는 분명 과거와의 특별한 관계가 포함되어 있다. 어떤 새로운 문제를 다루든지 그럴 때의 문제 해결은 과거의 경험을 토대로 분류하고 해결하는 테크닉에 지나지 않는다. 이런 유형의 사고는 과거에 습득한 습관과 재생 학습에 대한 기억을 간추리고 재배치하는 것에 지나지 않는다.

범주화된 사고와 전체론적이고 역동적인 사고와의 대비는 전체론적이고 역동적인 사고가 기억과정보다는 지각과정에 더 가깝다는 것을 이해할 때 더욱 명확히 드러난다. 전체론적인 사고과정에서는 마주친 문제의 본질적인 성질을 가능한 한 명확하게 지각하는 데 주안점을 둔다. 어떤 문제가 제시되면 그런 문제는 과거에 전혀 접해본 적 없는 것처럼 그 나름의 관점에서 고유한 양식으로 세심하게 검토된다. 그것은 본질적인 성질 자체를 탐색하는 것이고, "문제 안에서 해결을 지각하는 것"(Katona, 1940; Wertheimer, 1959)이다. 한편 연상적 사고는 어떤 문제가 과거에 경험했던 문제와 어떤 관련이 있는가, 또는 어떻게 유사한가를 보려는 과정이다.

행동이라는 관점에서 이런 원칙은 "난 모르겠다 – 어디 보자"라는 모토로 축약될 수 있다. 다시 말해 어떤 사람이 새로운 상황에 접했을 때 미리 확실하게 결정된 방식으로 단호하게 반응하지 않는다는 것이다. 그것은 마치 이 상황이 과거의 상황들과 다를 가능성도 있다는 점에 민감하게 주의를 기울이고 그에 따라서 적절한 반응을 할 태세를 갖추고 "난 모르겠다 – 어디 보자"라고 말하는 것과 같다.

이 이야기를 하면서 전체론적 사고에서는 과거의 경험이 사용되지 않는다고 암시하는 것은 아니다. 물론 사용된다. 앞에서 '학습'을 다룰 때 성격적인 또는 내재적인 학습을 논의하면서 설명했듯이, 과거의 경험이 다른 방식으로 사용된다는 것이 요점이다. 연합적인 사고가 일어난다는 사실에는 의심의 여지가 없다. 다만 어떤 종류의 사고가 중심점이 되며, 패러다임으로 쓰이고, 이상적인 모델이 되는가가 논점이 된다. 전체론적-역동적 이론가들은 의미 있는 사고 행위가 되려면 사고라는 어휘의 정의에 부합되도록 창의성, 독창성, 고유성이 포함되어 있어야 한다고 주장한다. 사고는 인간이 새로운 것을 창조해내는 데 사용하는 테크닉이다. 따라서 그런 정의는 사고가 혁명적인 특성을 지니고 있어서 기존에 결론을 내린 것과 때때로 갈등을 빚기도 한다는 점을 암시한다. 만약 사고가 지적인 현상 유지와 갈등을 빚는다면, 그런 사고는 습관, 기억 또는 이미 배운 것들과 반대됨을 의미한다. 사고의 정의에 의하면 사고는 우리가 이미 배운 것을 부정해야 하기 때문이다. 과거의 학습과 습관이 효과가 있다면 우리는 자동적·습관적으로 익숙하게 반응할 수 있다. 그럴 때 우리는 생각할 필요가 없으며, 이런 관점에서 사고는 학습의 한 유형이라기보다는 학습과 반대되는 개념으로 볼 수 있다. 과장이 허락된다면 사고는 우리의 습관을 파괴하고 과거의 경험을 무시할 수 있는 능력이라고 정의할 수도 있을 것이다.

인류 역사에 빛나는 위대한 업적들에 예시된 창의적인 사고에는 또한 가지 역동적인 면이 포함되어 있다. 대담함, 배짱, 용기가 그런 특성이다. 표현이 적절하지 않더라도 소심한 어린이와 용감한 어린이를 비교하면 이해에 도움이 될 것이다. 소심한 어린이는 안전, 익숙함, 보호로 상징되는 엄마 곁에만 있으려고 한다. 용감한 어린이는 그보다 자유로워서 집 근처에서 좀 더 멀리 떨어진 곳까지 모험을 하러 갈 수 있다. 습관에 의지하는 태도는 엄마에게 매달리는 것에 비유될 수 있는 소심한 사고 행태다. 대담한 사상가라는 표현이 생각하는 사상가라는 표현처럼 동어 반복적이기는 하지만, 대담한 사상가는 과거, 습관, 기대, 학습, 관습, 인습에서 자유롭게 벗어날 수 있어야 하며, 안전하고 익숙한 항구를 떠나 모험을 하러 나설 때마다 불안감에서 벗어날 수 있어야 한다.

정형화된 결론의 또 다른 유형은 개인의 의견이 모방, 또는 위신에 대한 암시를 통해 형성되는 모습에서 볼 수 있다. 대개는 그런 현상이 건강한 인간 본성에 깔려 있는 기본 성향인 것으로 여겨진다. 그러나 그것을 경미한 정신병이나 그에 근접한 상태로 생각하는 것이 더 정확할 것이다. 그것은 중요한 문제가 개입되었을 때 지나치게 불안해하고 지나치게 인습적이거나 지나치게 태만한 사람들, 즉 자신의 의견이 없거나, 자신의 의견이 무엇인지 모르거나 자신의 의견을 불신하는 사람들이 고정된 준거틀이 없고 구성되지 않은 상황에 대해 보이는 반응이다.[11]

우리가 삶의 가장 기초 영역에서 도달하게 되는 많은 결론과 문제 해결방법이 사실상 이런 종류인 것으로 보인다. 우리는 생각을 하는 동안 다른 사람들이 내리는 결론을 알아보고 그런 결론을 내릴 수 있게 하기 위해 눈치를 본다. 그런 결론은 사고의 가장 진실된 의미에서 볼 때 사고라고 할 수 없다. 다시 말해 그런 사고는 문제의 본질에 따라서 결정되는 것이 아니라, 우리가 자신보다 더 신뢰하는 타인으로부터 통째로 가져온 정형화된 결론이다.

예상하겠지만 그런 태도에는 이 나라에서의 관습적인 교육이 왜 그토록 목표에 미치지 못하는지 이해하는 데 도움이 되는 것들이 암시되어 있다. 여기서는 교육이 개인에게 현실을 직접적으로 새롭게 살펴보도록 가르치려는 노력을 거의 하지 않는다는 한 가지 면만을 강조할 것이다. 교육은 그보다 세상의 모든 면을 일정하게 바라볼 수 있는 미리

---

11 에리히 프롬(1941)의 저서에서 이런 상황의 역동성에 대한 탁월한 논의를 찾아볼 수 있다. 이와 동일한 주제는 에인 랜드(Ayn Rand)가 소설 형식으로 쓴 『수원』(*The Fountainhead*, 1943)에서도 논의된다. 이와 관련된 『1066과 모든 것』(*1066 and All That*, Yeatman & Seller, 1931)도 흥미로우면서 유익하다.

만들어놓은 안경을 씌울 뿐이다. 학생들은 무엇을 믿을 것인지, 무엇을 좋아할 것인지, 무엇을 인정할 것인지, 무엇에 죄책감을 느껴야 할 것인지를 미리 만들어놓은 안경을 통해서 보게 된다. 각 개인의 개성이 제대로 형성되도록 도와주는 경우는 극히 드물다. 또한 학생들에게 현실을 자신만의 스타일로 볼 수 있을 정도로, 우상을 파괴하거나, 타인과 다를 정도로 대담해지도록 격려해주는 경우는 드물다. 어떤 대학의 카탈로그를 보더라도 고등 교육에서도 정형화가 일어난다는 주장을 증명할 수 있다. 변화하며 말로 설명할 수 없고 신비한 현실이 3학점씩으로 깔끔하게 분할되어 있다. 그리고 기적적인 우연의 일치에 의해서 강의는 정확히 15주간 지속되며, 마치 귤 조각처럼 독립적이고 서로 배타적인 학과로 분리할 수 있다.[12] 현실이 범주를 만들어내는 것이 아니라 인간이 범주를 현실에 부과한다는 사실을 보여주는 완벽한 예가 있다면 바로 대학 교과목 편성이 그에 해당될 것이다.

이 모든 문제는 분명하지만 그에 대해서 어떤 조처를 취해야 할 것인가는 분명하지 않다. 정형화된 사고를 살펴본 후 우리는 범주에 덜 몰두하고 새로운 체험, 구체적이고 특수한 현실에 보다 관심을 기울여야 한다는 점을 제안할 수 있을 것이다. 화이트헤드보다 더 적절하게 이

---

12 "과학은 고정되고 안정된 것이라고 교육된다. 그러나 실상 지식체계의 생명과 가치는 새로운 사실이나 새로운 관점이 대안의 가능성을 암시할 때 그 즉시 가장 소중히 여기던 구성물을 수정할 자세와 기동력에 달려 있다."

"나는 이 칼리지의 학장이다. 내가 알지 못하는 것은 지식이 아니다."(이것은 19세기 말 옥스퍼드 대학 베일리얼 칼리지 학장으로 막강한 권한을 행사했던 고전학자 벤저민 자우엣Benjamin Jowett을 비꼰 사행시의 일부 구절을 화이트헤드가 인용한 것이다. 화이트헤드는 진보를 가로막는 학계의 권위적인 풍토를 비판하고 있다 - 옮긴이)(Whitehead, 1938, p. 59)

요지를 표현할 수는 없을 것이다.

우리의 전통적인 교육방법은 지적인 분석과 공식화된 지식의 습득에
지나치게 치중해 있다는 비판을 제기한다. 내가 의미하는 바는 우리가
개별적인 사실들과 거기에서 새롭게 나타나는 가치들의 상호작용을 구
체적으로 이해하는 습관을 기르는 데 게을리해왔다는 것이다. 그리고
우리는 이렇게 다양한 가치들이 상호작용하는 면을 무시하게 만드는
추상적인 공식만을 강조해왔다는 것이다.

현재 우리의 교육은 몇 가지 추상에 대한 철저한 연구와 수많은 추상
에 대한 그보다 가벼운 연구를 결합한 것에 지나지 않는다. 우리는 학
문적인 관례 속에서 지나치게 탁상공론에 치우쳐왔다. 일반적인 수련
은 구체적인 이해를 이끌어내는 것을 목표로 해야 하며, 무엇인가를 하
고 싶어하는 젊은이들의 갈망을 만족시켜주어야 한다. 이런 노력에도
어느 정도의 분석은 필요하겠지만, 다양한 영역에서 생각하는 방법을
보여줄 수 있을 정도면 충분하다. 에덴동산에서 아담은 동물들에게 이
름을 붙여주기 전에 먼저 그것들을 보았다. 전통적인 교육체제에서 아
이들은 동물을 보기 전에 이름부터 붙여준다

이런 전문적인 수련은 교육의 한 면만을 다룰 수 있다. 그런 수련의
무게중심은 지성에 놓여 있으며, 주된 도구는 인쇄된 책이다. 수련의
또 다른 면의 무게중심은 전체 환경으로부터 분석적으로 분리되지 않
은 직관에 놓여야 한다. 그런 수련의 목적은 현실의 골자를 제외하는
분석을 최소화하면서 대상을 직접적으로 이해하는 것이다. 다양한 가
치를 제대로 이해하는 것이야말로 무엇보다도 요구되는 일반적인 수련
의 유형이다(Whitehead, 1938, pp. 284-286).

언어

언어는 보편적인 정보를 체험하고 전달하는 탁월한 수단이다. 즉 범주화하는 훌륭한 수단이다. 물론 언어는 독특하고 개별적인 것들을 정의하고 소통하려고 노력하기도 하지만 궁극적으로 이론적인 목적에서 볼 때는 종종 실패한다.[13] 독특한 대상을 가지고 언어가 할 수 있는 최대한의 일은 이름을 지어주는 것인데, 이름은 결국 그 대상을 묘사하거나 전달해주지 못하고 꼬리표만 붙일 뿐이다. 독특한 대상을 완전히 알 수 있는 유일한 방법은 그것을 직접 체험하는 것이다. 그 체험에 이름을 붙이는 행위조차도 더 이상의 이해를 방해할 수도 있다.

언어가 체험을 범주에 억지로 포함시키는 한 그것은 현실과 인간 사이를 방해한다. 다시 말해 우리는 언어의 편리성 때문에 대가를 치르는 것이다. 이론적으로 최선의 상태일 때도 언어에 이런 한계가 있는 것이 사실이라면, 언어가 독특함을 다루려는 노력을 완전히 포기할 경우 상황은 훨씬 악화될 것이다. 정형화, 상투어, 표어, 구호, 진부한 문구, 슬로건, 통칭으로 완전히 전락할 것이다. 그럴 경우 언어는 뻔한 생각, 진부한 지각을 위해서 쓰이는 노골적이고 솔직한 수단이 되어 정신적 성

---

13 시는 대부분의 사람들이 '표현할 재간이 없는' 독특한 체험을 전달하거나 최소한 표현이라도 해보려는 시도다. 그것은 본질적으로는 말을 뛰어넘는 감성적인 체험을 말로 옮기는 일이다. 그것은 신선하지도 고유하지도 않은 도식적인 꼬리표를 가지고 신선하고 고유한 체험을 묘사하려는 시도다. 이렇게 절망적인 상황에서 시인들이 할 수 있는 일은 이런 말을 사용하여 대비, 수사, 새로운 단어 형태 등을 만들어내는 것이 전부다. 그러면서 그들은 이런 것들을 통해서 체험 자체를 묘사할 수는 없지만, 독자들이 유사한 체험을 할 수 있기를 바란다. 시인들이 가끔 성공한다면 그것은 단지 기적일 뿐이다.

장을 저해하고 인간을 무능하게 만들 것이다. 그렇게 되면 언어는 '생각을 소통하기보다는 생각을 은폐하는 기능'을 하게 된다.

그러므로 필요에 의해 언어를 반드시 사용해야 하지만, 언어를 사용하는 동안은 반드시 그 단점을 의식하고 있을 필요가 있다. 과학자에게 한 가지 조언한다면 시인을 존중하는 법을 배우라는 것이다. 과학자들은 대부분 자신들의 언어만 정확하고 다른 언어들은 부정확하다고 생각하지만, 역설적으로 시인의 언어가 더 정확하지는 못하더라도 더 진실할 때가 많다. 그리고 때로는 더 정확하기도 하다. 예를 들어 재능 있는 시인이라면 지적인 교수가 10쪽에 걸쳐서 할 말을 응축된 몇 줄로 표현할 수 있다. 링컨 스테펀스(Lincoln Steffens)의 이야기라고 알려져 있는 다음의 내용이 이를 잘 보여준다(in Baker, 1945, p. 222).

스테펀스가 '사탄과 나'에 대해 말했다.

"5번가를 걸어가고 있을 때 어떤 남자가 갑자기 멈추더니 허공에서 한 조각의 진리를, 살아 있는 한 조각의 진리를 집어 들었습니다."

"당신은 그것을 봤소?" 내가 사탄에게 물었다.

"걱정되지 않습니까? 진리가 당신을 파괴할 수도 있다는 사실을 알지 못하나요?"

"알지요, 그러나 걱정되지 않습니다. 그 이유를 말해줄까요? 지금은 그것이 살아 있는 아름다운 것이지만 그 사람이 이름을 붙인 후 정리할 테고, 그때쯤이면 진리는 죽을 것이기 때문입니다. 만약 인간이 진리를 살려둔다면 그것이 날 파괴하겠지요. 난 걱정 안 합니다."

언어가 시공의 바깥에 있다는 특성도 문제를 일으키는 데 기여한다.

적어도 특정한 단어들은 분명히 시공 밖에 존재한다. 영국이라는 단어는 그 나라가 변화를 겪는 1,000년 동안 성장하지도, 늙지도, 발전하지도, 진화하지도, 변화하지도 않는다. 그렇지만 이런 단어가 우리가 시간과 공간 안에서 벌어지는 사건을 묘사하는 데 쓸 수 있는 전부다. "영국은 항상 존재할 것이다"라는 말은 무슨 뜻인가? 존슨은 이렇게 말했다. "현실이라는 손가락은 인간의 혀가 전할 수 있는 것보다 훨씬 더 빨리 써 내려간다. 언어의 구조는 현실의 구조보다 덜 유동적이다. 우리가 들은 천둥이 더 이상 소리가 아니듯이 우리가 말하는 현실은 더 이상 존재하지 않는다."(Johnson, 1946, p. 119)

이론

범주를 기초로 한 이론은 언제나 추상적이다. 다시 말해 그런 이론은 현상의 어떤 특성들이 다른 특성들보다 더 중요하다거나 주의를 더 기울일 가치가 있다고 강조한다. 그래서 그런 이론이나 추상화는 현상의 어떤 특성들을 훼손, 무시 또는 간과하기 쉽다. 한마디로 진실의 일부를 누락시킬 수 있다는 것이다. 우리는 이런 선택과 거부의 원리 때문에 어떤 이론도 세상에 대해서 실용적으로 치우친 부분적인 견해 이상을 줄 수 없음을 예상해야 한다. 또한 모든 이론을 다 합쳐 세상의 현상들에 대한 견해를 완전히 얻을 수 없다는 것도 사실일 것이다. 이론가나 지식인보다는 예술적·정서적으로 민감한 사람들이 어떤 경험에 있는 주관적인 풍부함을 더 많이 체험하는 듯하다. 신비 체험은 특정 현상의 모든 특성을 이런 식으로 완전하게 감지하는 완벽하고 극단적인 경우인지도 모른다.

이런 고찰은 특수화된 개별적인 경험의 또 다른 특성, 즉 비추상적인 특성을 대조해서 보여줄 것이다. 비추상적이라는 말은 골트슈타인이 말하는 구체적이라는 것과 같은 의미는 아니다. 두뇌 손상 환자들이 구체적으로 행동할 때, 사실 그들은 대상이나 체험의 감각적인 특성을 모두 보지 못한다. 그들은 특정한 문맥이 결정하는 한 가지 특성만을 볼 수 있다. 그들에게 와인 병은 와인 병으로만 보일 뿐 무기, 장식품, 문진, 소화전으로는 보이지 않는다. 추상화 과정을 여러 가지 이유에서 어떤 사건의 무수히 많은 특성 중 어떤 특정한 것에 선택적으로 주의하는 것이라고 정의한다면 골트슈타인의 환자들은 추상화를 하고 있다고 할 수도 있을 것이다.

그렇다면 분류하는 체험과 감지하는 체험, 이용하는 체험과 즐기는 체험, 한 가지 방식의 인식과 또 다른 방식의 인식을 대조해볼 수 있다. 신비적이고 종교적인 체험에 대해서 쓴 모든 저자는 전문 심리학자들과는 달리 이런 대조를 강조해왔다. 예를 들어 헉슬리는 이렇게 말했다. "인간이 성장할수록 그의 지식은 점점 더 개념적이고 체계적인 형태를 띤다. 또한 그 지식이 담고 있는 사실적·공리적 내용은 무한히 증가한다. 그러나 직접적인 감지의 질이 떨어지며 직관력이 무디어지고 상실되면서 이런 이득은 상쇄된다."(1944, vii)[14]

그러나 우리는 감지하지 않고도 여러 가지 방법으로 자연과 관계를 맺을 수 있다. 사실상 감지는 모든 관계 중에서 생물학적인 면으로는 가장 중요하지 않은 관계다. 그렇기 때문에 이론과 추상화에 위험성이

---

[14] 신비주의에 대한 참고 서적으로 헉슬리의 *The Perennial Philosophy*(1944)와 제임스의 *The Varieties of Religious Experience*(1958)를 추천한다.

내포되어 있다고 해서 모든 이론과 추상화에 낙인을 찍는 어리석은 행동을 해서는 안 된다. 이론과 추상화를 통해 얻을 수 있는 유익함은 막대하고 확실하다. 의사를 소통하고 세상을 실제적으로 조작한다는 관점에서 보면 특히 유익하다. 나의 의견이 허락된다면, 나는 활동하는 지식인과 과학자 등이 활용하는 일반적인 인지과정만이 연구자의 병기고에 있는 유일한 무기가 아니라는 사실을 기억할 때, 그들이 더욱 능력을 발휘할 수 있을 것이라고 제안한다. 다른 무기들도 있다. 자신들이 소홀히 다루는 인지 유형을 활용하면 숨겨진 실제 세상의 어떤 부분에 다가갈 수 있다는 사실을 이해하지 못하여 그런 무기들을 시인과 예술가에게만 넘겨주는 것이다. 지식인이나 과학자들도 다른 무기들을 활용하면 추상화 작업만을 하는 지식인들에게는 가려져 있던 것들을 볼 수 있게 될 것이다.

게다가 18장에서 살펴보겠지만 전체론적인 이론화도 가능하다. 그런 이론의 관점에서는 사물들이 서로 절개, 분리되어 있는 것이 아니라 전체 안에 담겨 있는 것으로 보일 것이다. 또한 전체를 이루는 여러 면으로 서로 연결된 채 온전한 상태로 존재하는 것으로도 보일 것이다. 그것들이 바탕을 배경으로 자리잡고 있는 형태나 여러 배율로 확대된 모습이 눈에 들어올 것이다.

18장

심리학에 대한 전체론적 접근[1]

전체론적-역동적 접근

근본적인 심리학적 자료

근본적으로 심리학적인 자료를 정확히 정의하기는 어렵지만 그런 자료가 아닌 것을 구분하기는 수월하다. 그동안 환원적인 시도를 많이 했

---

[1] 이 장에서는 인간 성격의 구성에서 자존감과 안정감이 차지하는 역할에 대한 연구에서부터 직접 얻은 이론적인 결론들을 소개한다. 이 내용은 다음 논문과 실험들에서 상세히 설명했다.

The authoritarian character structure, *J. Social Psychol.*, 1943, *18*, 401-411.

A clinically derived test for measuring psychological security-insecurity, *J. Gen. Psychol.*, 1945, *33*, 21-51. (with E. Birsh, E Stein, and I. Honigmann).

Published by Consulting Psychologists Press, Palo Alto, Calif., 1952.

Comments on Prof. McClelland's paper. In M.R. Jones(ed.), *Nebraska Symposium on Motivation, 1955*, Lincoln; University of Nebraska Press, 1955.

The dominance drive as a determiner of the social and sexual behavior of infra-human primates, I, II, III, IV, *J. Genet. Psychol.*, 1936, *48*, 261-277; 278-309(with S. Flanzbaum); 310-338; 1936, *49*, 161-198.

Dominance-feeling, behavior, and status, *Psychol. Rev.*, 1937, *44*, 404-429.

지만 모두 실패했다. 우리는 근본적인 심리학적 자료가 근육의 경련, 반사, 기본 감각, 뉴런이 아니며, 심지어 관찰 가능한 하나의 명시적인 행동도 아니라는 것을 알고 있다. 그것은 훨씬 더 단위가 크며, 최소한 적응 또는 대응 행동과 같은 크기 정도의 단위일 것이라고 생각하는 심리학자들이 점점 더 많아지고 있다. 그런 단위는 필연적으로 유기체, 상황, 목표 또는 의도를 포함한다. 동기화되지 않은 반응과 순수한 표현에 대한 내용을 생각해보면, 이런 견해조차 너무 제한된 듯하다.

간단히 말해 심리학자들이 요소나 근본적인 단위로 분석하기 위해 접근했던 본래의 복잡성이 심리학에서 다루어야 할 근본적인 자료라는 역설적인 결론에 이르게 된다. 우리가 사용하는 근본적인 자료의 개념은 단순한 것이 아니라 복잡한 것이며 부분이 아닌 전체를 언급하는 특별한 종류의 개념이다.

Dominance-feeling, personality, and social behavior in women, *J. Social Psychol.*, 1939, *10*, 3-39.

Dominance-quality and social behavior in infra-human primates, *J. Social Psychol.*, 1940, *11*, 313-324.

The dynamics of psychological security-insecurity, *Character and Pers.*, 1942, *10*. 331-344.

Individual psychology and the social behavior of monkeys and apes, *Int. J. Individ. Psychol.*, 1935, *1*, 47-59.

Liberal leadership and personality, *Freedom*, 1942, 2, 27-30.

Some parallels between the dominance and sexual behavior of monkeys and the fantasies of patients in psychotherapy, *J. Nervous Mental Disease*, 1960, *131*, 202-212(with H. Rand and S. Newman).

Self-esteem (dominance-feeling) and sexuality in women, *J. Social Psychol.*, 1942, *16*, 259-294.

A test for dominance-feeling (self-esteem) in women, *J. Social Psychol.*, 1940, *12*, 255-270.

이런 역설을 곰곰이 생각해보면 근본적인 자료를 찾으려는 행위가 세계는 단순한 요소들이 누적되어 복잡한 것들로 구성된다는 원자론적인 세계관을 가정하는 과학철학과 세계관을 반영하는 것이라는 사실을 이해하게 될 것이다. 과학자의 처음 과제는 복잡한 것을 단순한 것으로 환원하는 일이다. 이런 작업은 분석을 통해 더 이상 환원할 수 없을 때까지 세밀히 분리하면서 이루어진다. 이런 과제는 과학의 다른 영역에서 얼마 동안은 성공했지만 심리학에서는 그렇지 못했다.

이런 결론은 환원을 지향하는 노력 전체가 본질적으로 이론적인 것임을 보여준다. 이런 노력이 과학 전반의 본질적인 성질을 보여주는 것이 아님을 이해해야 한다. 그것은 과학에서 통용되는 원자론적이고 기계적인 세계관을 반영 또는 암시하는 것에 불과하다. 그런 세계관을 의심해볼 만한 충분한 근거들이 있다. 따라서 환원하려는 노력을 공격하는 것은 과학 전반에 대한 공격이 아니다. 과학에 접근하는 여러 태도 중 하나를 공격하는 것일 뿐이다. 그렇지만 우리가 처음에 제기했던 문제는 여전히 해결하지 못하고 있다. 표현을 바꿔서 다시 질문해보자. 즉 "심리학에서 근본적인, 즉 더 이상 환원될 수 없는 자료는 무엇인가?"라고 묻지 말고, "심리학적 연구 주제는 무엇인가?", "심리학적 자료의 성질은 어떠하며 어떻게 연구될 수 있는가?"라고 물어보자.

전체론적 방법론

우리는 어떻게 사람을 '단순한 부분'으로 환원시키지 않고 연구할 수 있을까? 나는 그것이 환원주의적인 노력을 거부하는 일부 학자들이 생각하는 것보다 훨씬 더 간단한 문제라는 것을 증명할 수 있다.

우선 내가 분석 전반에 대해 반대한 것이 아니라 환원이라는 특정 부류의 분석에만 반대한다는 사실을 이해해야 할 필요가 있다. 분석이나 부분과 같은 개념의 타당성을 부정할 필요는 없다. 우리는 보다 타당하고 효과적인 연구를 위해 이런 개념들을 다시 정의할 필요가 있을 뿐이다.

예를 들어 얼굴을 붉히거나 떨거나 말을 더듬는 것과 같은 행동을 두 가지 다른 양식으로 연구할 수 있다. 한편으로는 그것이 불연속적이고, 고립되어 있으며, 그 자체로 완비되어 있고, 이해될 수 있는 행동인 것처럼 연구할 수 있다. 다른 한편으로는 그것을 유기체 전체에서 나오는 한 가지 표현으로 연구하면서 유기체와의 상호관계와 유기체의 다른 표현들과의 풍부한 관계를 이해하기 위해 노력하는 방식을 취할 수도 있다. 이런 구분은 위장과 같은 장기를 연구하는 두 가지 방법에 비유하면 분명해진다. 즉 우리는 위장을 시체로부터 절제하여 해부대 위에 놓고 보거나, 살아서 기능하는 유기체 내에서 연구할 수 있다. 이런 두 가지 방법에 따라 얻은 결과들이 여러 가지로 다르다는 사실을 해부학자들은 알고 있다. 두 번째 방법을 통해서 얻은 지식이 시험관과 유사한 테크닉을 통해 얻은 결과들보다 훨씬 타당하고 유용하다. 물론 현대의 해부학자들도 절개하고 분리하여 연구하는 방법을 비난하지 않는다. 이런 테크닉도 사용한다. 그러나 제자리에 위치한 장기에서 얻은 지식, 인간은 개별 장기의 집합체가 아니라는 지식, 시체의 장기는 살아 있는 몸속의 장기와 다르다는 지식을 토대로 테크닉을 사용한다. 다시 말해 해부학자들은 과거에 행해졌던 모든 연구를 여전히 하지만 이제 다른 태도로 연구하며 전통적으로 쓰였던 테크닉 외에도 더 많은 것을 구사한다.

이와 같이 우리도 성격 연구에 두 가지 태도로 접근할 수 있다. 우리는 분리된 실체를 연구한다고 생각할 수도 있고, 전체의 부분을 연구한다고 생각할 수도 있다. 전자는 환원적-분석적 방법이라고 하며, 후자는 전체론적-분석적 방법이라고 한다. 성격에 관한 전체론적 분석의 한 가지 특징은 유기체 전체에 대한 사전 연구와 이해를 한 후에, 전체의 부분을 차지하는 연구 대상이 유기체 전체의 구성과 역학에서 담당하는 역할을 연구하는 것이다.

이 장에서 다루는 내용의 근간을 이루는 두 가지 연구(자존감 증후군과 안전 증후군에 관한 연구)에서는 전체론적-분석적 방법이 활용되었다. 즉 자존감이나 안전에 관한 연구이기보다는 자존감이나 안전이 성격에서 담당하는 역할에 대해 연구했다. 방법론적 용어로 표현하면, 연구 대상의 자존감에 대해 구체적으로 알아내려고 시도하기 전에, 기능하며 적응하는 개인 전체로서 각 연구 대상을 이해하는 것이 필요하다는 뜻이다. 따라서 자존감에 대해 구체적으로 질문을 제기하기 전에, 연구 대상이 자신의 가족과 맺고 있는 관계, 그가 속한 하위문화의 종류, 중요한 인생 문제에 적응하는 일반 양식, 미래에 대해 품고 있는 희망, 이상, 좌절, 갈등에 대하여 먼저 탐구해야 한다. 내가 사용하고 있는 단순한 테크닉들로 대상을 이해했다고 느낄 때까지 이런 절차는 지속되었다. 그런 후 나는 특정 행동에서 자존감의 실제 심리적인 의미를 이해할 수 있다는 느낌이 들었다.

우리는 특정 행동을 적절히 해석하기 위해 이런 배경적인 이해가 필요하다는 것을 예로 보여줄 수도 있다. 깊은 신앙심을 결정하는 다른 요인들도 있지만, 대체로 자존감이 낮은 사람은 자존감이 높은 사람들보다 더 종교적인 성향이 있다. 한 특정한 개인에게서 종교적인 감정이 어떤 다른 힘의 근원에 기대야 할 필요성을 의미하는지의 여부를 알기 위해서는 알아야 할 것들이 있다. 그런 것들에는 개인이 받았던 종교적인 수련, 그 사람에게 작용하고 있는 여러 가지 외부적인 강요, 신앙심이 깊은 것인지 피상적인 것인지 여부, 외부적인 것인지 진지한 것인지 여부 등이 있다. 다시 말해 우리는 어떤 사람에게 개인적으로 종교가 무슨 의미인지 이해해야 한다. 그러면 규칙적으로 교회에 가는 사람이 교회에 가지 않는 사람보다 덜 종교적이라고 평가될 수도 있다. 사회적인 고립을 피하거나, 부모를 기쁘게 하기 위해서나, 종교가 겸양을 실천하는 도구가 아니라 타인을 지배하는 무기라고 여기거나, 보다 우월한 집단의 일원이라는 표시가 되거나 클래런스 데이(Clarence Day)[2]의 아버지처럼 "무지한 대중에게는 종교가 유익하며, 나도 그에 보조를 맞춘다"라는 식으로 생각하는 등 다양한 이유로 교회에 나갈 수 있기 때문이다. 역동적인 의미에서 그런 사람들은 전혀 종교적이지 않지만 여전히 종교적인 것처럼 행동할 수도 있다. 우리는 종교가 그 사람의 성격에서 담당하는 역할을 분석하기 전에 종교가 그에게 무엇을 의미하는지를 알아야 한다. 교회에 가는 행위 자체는 아무것도 말해주지 않으므로 우리에게는 사실상 아무 의미가 없다.

종교의 예보다도 더 두드러지는 또 다른 예로 동일한 행동이 심리적으로 정확히 반대의 의미를 갖는 정치적-경제적 급진주의를 들 수 있다. 급진주의 자체를 보면, 즉 문맥에서 떼어내어 행동만을 불연속적으로 보면, 우리는 급진주의가 안전의 느낌과 어떤 관계가 있는지 연구하면서 무척 혼란스러운 결과를 접하게 된다. 어떤 급진주의자들은 극단적으로 안정되어 있으며 또 어떤 급진주의자들은 극단적으로 불안정하

---

2 미국의 수필가, 사회운동가였으며 아버지와의 일화가 담긴 자서전 『아버지와 인생을』(Life with Father)이 대표작이다 – 옮긴이.

다. 그러나 우리가 이런 급진주의를 완전한 문맥에서 분석해보면, 어떤 사람들은 삶이 만족스럽지 않거나, 원한을 품었거나, 실망했거나, 좌절 했거나, 다른 사람들이 가진 것을 가지지 못해서 급진주의자가 된다는 것을 알 수 있다. 그런 사람들을 면밀히 연구해보면, 그들은 때로는 의식적으로, 또 때로는 무의식적으로 인간에 대해 매우 적대적이다. 이런 종류의 사람들은 자신의 개인적인 어려움을 세상의 위기로 지각하려는 경향이 있음을 알 수 있을 것이다.

그러나 또 다른 유형의 급진주의자들은 앞에서 설명한 사람들과 똑같은 방식으로 투표하고 행동하고 말하지만, 그들과는 완전히 다른 종류의 사람들이다. 그런 사람들의 경우에는 급진주의에 전혀 다른, 심지어 정반대의 동기와 의미를 부여할 수 있다. 그들은 안정되어 있으며 행복하고 개인적으로 만족을 느낀다. 그러나 동료에 대한 깊은 사랑 때문에 불행한 사람들의 운명을 개선해주고 자신과 직접 관련이 없더라도 불의에 대항하기 위해 앞장선다. 그들은 이런 충동을 개인적인 자선, 종교적인 권고, 참을성 있는 가르침, 급진적인 정치 활동 등 다양한 방법으로 표현한다. 그들의 정치적 신념은 수입의 변화, 개인적인 재난과 같은 요인들과 무관한 경향이 있다.

간단히 말해 급진주의는 완전히 다른 근원적인 동기들로부터, 즉 반대되는 유형의 성격 구조들로부터 나오는 표현의 형태다. 어떤 사람에게서는 인간에 대한 증오심으로부터 급진주의가 나타나고, 또 어떤 사람에게서는 인간에 대한 사랑으로부터 나타나기도 한다. 만약 급진주의만을 연구한다면 그런 결론에 도달하기 어려울 것이다.[3]

---

3 보다 일반적으로 사용되는 전체론적 테크닉(대부분 그렇게 명명되지는 않지만)은 성격 검사를 구성할 때 활용되는 반복법이다. 나는 이 테크닉을 성격 증후군 연구에서

여기서 제기하는 전반적인 관점은 원자론적이기보다는 전체론적이고, 분류학적이기보다는 기능주의적이며, 정적이기보다는 역동적이고, 인과적이기보다는 역동적이며 단순하게 기계적이기보다는 목적적이다. 나는 역동적으로 생각하는 사람에게는 원자론적이기보다는 전체론적으로, 기계적이기보다는 목적적으로 생각하는 것이 더 자연스럽다는 사실을 발견했다. 우리는 이런 관점을 전체론적-역동적 관점이라고 부를 것이다. 골트슈타인이 사용했던 의미에서 유기체적인 관점이라고도 할 수 있을 것이다(1939, 1940).

원자론적임과 동시에 분류학적이고 정적이며, 인과적이고 단순기계적이며, 또 조직화되고 단일화된 관점이 이런 해석과 반대된다고 볼 수 있다. 원자론적인 사고를 하는 사람은 역동적이기보다는 정적으로, 목적적이기보다는 기계적으로 생각하는 것이 훨씬 더 자연스럽다고 여길 것이다. 이런 일반적인 관점을 임의적으로 일반적-원자론적 관점이라고 부를 것이다. 나는 이런 부분적인 여러 견해들이 함께 나타나는 경향이 있을 뿐만 아니라, 논리적으로도 반드시 공존한다는 사실을 보여주는 것이 가능하다고 확신한다.

인과이론의 한계점

이쯤에서 인과관계의 개념에 대해서 몇 가지 언급할 필요가 있다. 내

도 사용했다. 우리는 모호하게 파악된 전체로부터 출발하여 그 구조를 여러 부분으로 세분화시키면서 진행한다. 이런 분석을 통해 우리는 본래 가지고 있었던 전체에 대한 개념에서 문제점을 발견한다. 그러면 전체는 더욱 정확하고 효율적으로 재구성, 재정의되고 새롭게 표현된다. 그리고 다시 앞에서와 같은 과정으로 분석한다. 그리고 이런 분석은 다시 더 발전되고 정확한 전체를 보여준다.

가 보기에 인과관계는 일반적인 원자론적 이론에서 중요한 핵심 개념이지만, 심리학자들은 이를 얼버무리거나 무시해왔다. 인과관계 개념은 일반적인 원자론적 관점의 핵심에 있으며, 관점이 낳은 자연스러운 결과이다. 심지어 필연적인 결과이기도 하다. 하지만 세상을 본질적으로 독립적인 실체의 집합체로 본다고 하더라도 이런 실체들이 서로 연관되어 있다는 분명한 현상은 해결되지 못한 채 남는다. 이런 문제를 해결하려는 최초의 시도는 단순한 당구공과 같은 인과관계의 개념을 불러온다. 그렇게 되면 하나의 분리된 실체가 또 다른 분리된 대상에게 무엇인가를 하지만, 실체들은 그 사건에 관련되면서도 자신의 본질적인 정체성을 계속 유지한다. 그런 관점은 쉽게 유지될 수 있고, 오래된 물리학이 우리에게 세계에 관한 이론을 제공해주는 동안은 절대적인 것처럼 보였다. 그러나 물리학과 화학의 발전으로 이런 인과이론의 수정이 필요해졌다. 예를 들어 오늘날에는 복합적인 인과관계라는 좀 더 세련된 표현이 쓰인다. 사람들은 세상을 엮고 있는 상호관계가 너무 복잡하고 정교하여 테이블에 있는 당구공이 부딪치는 식으로 묘사할 수 없다는 것을 인식하게 되었다. 그러나 그에 대한 해답을 구하기 위해 대부분 그들은 원래의 개념을 근본적으로 재구성하기보다는 그 개념을 복잡하게 만들 뿐이다. 하나의 원인 대신 여러 개의 원인을 가정하지만, 그것들도 서로 분리되어 독립적으로 일어난다고 여전히 같은 방식으로 이해하는 것이다. 이제 당구공은 또 다른 하나의 공에 맞는 것이 아니라, 동시에 열 개의 공과 부딪치며, 무슨 일이 일어났는지 이해하기 위해 좀 더 복잡한 수학을 동원할 뿐이다. 베르트하이머의 표현에 의하면 그들의 본질적인 절차는 여전히 분리된 실체들을 '총계'에 더하는 것뿐이다. 복잡한 사건을 근본적으로 파악하기 위해 변화가 필요하다고 여기지 않는다. 인과이론의 입장에 있는 사람들이 보기에는 현상이 아무리 복잡하더라도 본질적으로 새로운 일이 벌어지는 것은 아니다. 이런 식으로 원인이라는 개념은 필요해지면 얼마든지 새로운 원인들을 수용할 수 있도록 계속해서 확장된다. 때로는 어떤 원인의 개념이 오래된 원인의 개념과 과거에 한때 연결되었다는 것 이외에는 아무런 관계도 없는 상태가 될 때까지 확장된다. 그렇지만 사실 이런 원인들이 표면적으로는 다르게 보이더라도 동일한 세계관을 반영하고 있기 때문에 본질적으로는 동일하다.

인과이론은 특히 성격에 관한 자료를 다룰 때 가장 철저하게 무너진다. 어떤 성격 증후군을 관찰하더라도 인과관계 외의 다른 관계가 존재한다는 사실을 보여주기는 쉽다. 즉 우리가 꼭 인과론적 용어들만 써야 한다면 증후군의 각 부분은 다른 모든 부분이나, 이런 다른 부분들의 집단에 원인인 동시에 결과가 된다고 해야 할 것이다. 게다가 각 부분은 그것이 속한 전체의 원인이자 결과라고 해야 옳을 것이다. 인과론적 개념을 꼭 사용해야 한다면 이렇게 우스꽝스러운 결론이 우리가 내릴 수 있는 유일한 결론이다. 우리가 순환적인 또는 가역적(可逆的)인 인과관계라는 새로운 개념을 도입하여 상황을 다루려 하더라도, 증후군 안에서의 관계들이나 부분과 전체와의 관계를 완전하게 묘사할 수는 없을 것이다.

인과관계라는 어휘가 가지는 문제점은 이뿐만이 아니다. 전체로서의 하나의 증후군과 '외부'로부터 그 증후군에 가해지는 모든 힘 사이의 상호작용이나 상호관계를 묘사하기도 어렵다. 예를 들어 자존감이라는 증후군은 전체로서 변화하는 경향이 있음이 드러났다. 우리가 조니의 말더듬증을 고치기 위해 그 증상만 다루다 보면 아무것도 변화시키지 못하거나, 조니의 말더듬증을 고치면서 그의 자존감 또는 한 인간으로서의 조니 전체를 변화시키게 될 가능성이 매우 높다. 외부적인 영향력은 대체로 인간의 일부나 조금이 아니라 인간 전체를 변화시키는 경향이 있다.

이 상황에는 일반적인 인과관계의 어휘로는 설명할 수 없는 또 다른 특징이 있다. 특별히 설명하기 어려운 한 가지 현상이 나타나기 때문이다. 유기체(또는 또 다른 증후군)가 마치 '원인을 삼키고 소화하여 결과를 내는' 것 같다는 표현이 그 현상을 가장 잘 설명할 수 있는 방법이다. 어떤 효력을 미치는 자극이(가령 외상적인 경험이라고 해두자) 성격에 작용하면 이런 체험으로부터 어떤 결과들이 생긴다. 그러나 이런 결과들은 본래 원인이 된 경험과 일대일 또는 직선적인 관계를 맺는 적이 거의 없다. 실제로 그 경험이 효력이 있다면 성격 전체를 바꾸어놓는다. 그 전과 달라진 이런 성격은 전과 다르게 표현되며 다른 행동을 낳는다. 좀 더 심해진 안면경련이 그런 결과라고 가정해보자. 이런 경련의 10퍼센트는 외상적 상황 때문에 일어난 것일까? 만약 그렇다고 한다면 일관성을 지키기 위해 유기체에게 작용했던 모든 효력 있는 자극들도 안면경련의 10퍼센트 증가를 가져왔다고 해야 한다. 음식이 소화, 섭취되어 유기체를 이룬다는 것과 같은 의미에서 모든 경험도 유기체에게 흡수되기 때문이다. 내가 1시간 전에 먹었던 샌드위치가 지금 이 글을 쓰게 하는 원인인가, 또는 내가 마셨던 커피인가. 아니면 내가 어제 먹었던 음식인가, 오래전에 들었던 작문 수업인가, 일주일 전에 읽었던 책인가.

어떤 사람이 흥미를 느끼는 논문을 쓰는 것처럼 중요한 자기표현은 어떤 특정한 원인에 의해서 생겨나지 않는다. 성격 전체의 표현이거나 창조물인 것이다. 그리고 성격은 그 사람에게 일어났던 거의 모든 일의 결과라고 할 수 있다. 이럴 때 자극이나 원인이 재조정을 거치면서 성격에 흡수된다고 생각하는 것도 어떤 자극이 유기체에 영향을 미친다고 생각하는 것과 마찬가지로 자연스럽게 여겨져야 한다. 여기서 최종 결과는 서로 분리된 채 남아 있는 원인과 결과가 아니라 새로워진 성격이다.(아무리 조금 새로워졌다고 하더라도)

우리는, 유기체가 자극이나 원인으로부터 어떤 작용의 영향을 받는 수동적인 행위자가 아니라 원인과 복잡하고 상호적인 관계를 맺으며, 그 원인에 무엇인가를 작용할 수 있는 능동적인 행위자라는 사실을 보여줌으로써, 전통적인 인과 개념을 다루는 심리학이 부적절하다는 사실을 증명할 수 있다. 정신분석학 저서를 읽은 사람들은 이런 사실을 흔히 접한다. 우리가 자극을 보지 못할 수도 있고, 왜곡하거나 재구성할 수도 있으며, 왜곡되어 있다면 재구성하거나 다시 형태를 만들 수도 있다는 사실만 독자에게 상기시켜주면 충분할 것이다. 자극은 찾아 나서거나 피할 수 있으며 걸러서 선택할 수도 있다. 필요하다면 만들 수도 있다.

인과 개념은 상호작용을 하더라도 서로 분리된 채 남아 있는 실체들로 세계가 구성되어 있다는 원자론적인 세계관에 근거한다. 그렇지만 성격은 성격의 표현과 결과 성격에 영향을 주는 자극(원인)으로부터 분리될 수 없다. 따라서 심리학적인 자료를 다룰 때만이라도 인과 개념은 다른 개념으로 대체되어야 한다.[4] 이에 적합한 개념인 전체론적-역동

---

4 세련된 과학자와 철학자들은 인과관계를 대신하여 '함수'관계라는 용어로 해석했다. 함수관계에서는 A는 B의 함수이거나, 또는 A이면 B인 관계가 성립된다. 이렇게 함으로써 그들은 원인이라는 개념의 핵심적인 면, 다시 말해 필연성과 무엇에 작용을 미

적 개념을 소개하려면 관점을 근본적으로 재구성해야 한다. 이에 대해 지금부터 단계적으로 상세히 설명하고자 한다.

성격 증후군의 개념

보다 타당성 있는 분석이 가능하다고 할 때 우리는 유기체 전체를 다루는 이런 연구를 어떻게 진행할 수 있을까? 질문에 대한 대답은 반드시 분석할 자료가 조직된 성질에 기초해야 한다. 그래서 이제 우리는 "성격은 어떻게 구성되는가?"라고 질문해야 한다. 이 질문에 본격적인 해답을 구하기에 앞서 증후군이라는 개념을 먼저 분석해보자.

의학적 용법

성격의 상호 연관적인 성질을 설명하기 위하여 우리는 의학으로부터 증후군이라는 용어를 빌려왔다. 의학 분야에서는 증후군의 개념이, 대체로 여러 증상이 함께 일어나는 것으로 봤기 때문에, 하나의 통일된 이름이 붙여지는 증상들의 복합체를 의미해왔다. 이러한 용어 사용에는 장단점이 있다. 무엇보다 증후군은 건강과 정상성보다는 질병과 비정상성이라는 의미를 내포한다. 하지만 우리는 이 단어를 그런 의미로 사용

친다는 개념(acting upon)을 포기한 것으로 보인다. 그러나 상관관계의 단순한 선형계수는 함수적 진술의 예인데, 종종 인과관계와 대조되는 것으로 사용된다. 이렇게 원인이라는 말이 원래 의미하던 바의 반대를 의미한다면 그 말을 고집할 이유가 없다. 어쨌든 함수관계에서는 필연적이거나 본질적인 관계의 문제와 변화가 일어나는 방식의 문제가 남는다. 이런 문제들은 포기하거나 부정하거나 말소시킬 것이 아니라 해결해야 할 것이다.

하지 않을 것이다. 그 대신 어떤 유기적 조직의 유형을 언급하는 일반적인 개념으로 생각할 것이며 이 조직의 '가치'는 언급하지 않을 것이다.

나아가 의학에서는 이 개념을 단순히 더한다는 의미로 사용한다. 즉 조직되고 상호 의존적이며 구조적인 증상들의 집합체보다는 증상들의 목록이라는 의미로 사용한다. 물론 우리는 첫 번째의 의미로 이 단어를 사용할 것이다. 마지막으로 의학에서 이 말은 인과적인 문맥에서 사용되었다. 어떤 증상들의 증후군은 원인이 한 가지뿐이라고 추정되었다. 그와 같은 원인, 예를 들어 결핵의 병원균이 발견되면 연구자들은 만족하면서 자신들의 소임이 끝났다고 생각하려 한다. 그럼으로써 그들은 우리가 핵심적이라고 생각해야 할 많은 문제점들을 소홀히 취급했다. 예를 들어 결핵균은 널리 퍼져 있는데 결핵이 빈번하게 발생하지 않고 증후군의 많은 증세들이 모두 나타나지 않는 사례가 많았다. 또 증세들이 서로 뒤바뀌어 나타날 수 있고 설명할 수 없고 예측할 수 없지만 한 개인에 따라 병이 가벼울 수도 심할 수도 있는 등의 문제가 나타났다. 한마디로 우리는 결핵의 발병에 관계된 가장 극적이고 강력한 한 가지 요인만이 아니라, 모든 요인을 연구하도록 요구해야 한다.

성격 증후군에 대한 우리의 임시 정의는 겉으로 보기에 다양한 특성(행동, 사고, 행동하려는 충동, 지각 등)이 구조적으로 조직된 복합체라는 것이다. 그러나 그런 특성들을 면밀하고 타당하게 연구해보면 표면적으로 드러나는 것과는 다른 공통적인 단일성이 발견된다. 우리는 그것을 표현, '맛'(flavor), 기능 또는 목적 등으로 표현할 것이다.

역동적으로 호환 가능한 부분

이런 특성들은 근원이나 기능 목적이 통일하다. 따라서 상호 교환이 가능하며 서로 심리적인 동의어라고 생각할 수 있다. 즉 모두 '같은 것을 표현하고 있다.' 예를 들어 어떤 아이에게서 나타나는 분노의 폭발과 또 다른 아이에게서 나타나는 야뇨증은 같은 상황에서 발생하며(예를 들어 거부당하는 것), 동일한 목적(예를 들어 엄마로부터 사랑이나 관심을 받는 것)을 달성하기 위한 것인지도 모른다. 그러므로 그것들이 행동으로는 상당히 다르지만 역동적으로는 동일할 수 있다.[5]

한 증후군에는 행동 면에서 다르게 관찰되고 명칭이 다르지만 서로 겹치고, 엉켜 있고, 상호 의존하며, 역동적으로 의미가 같다고 할 수 있는 일군의 느낌들과 행동들이 포함되어 있다. 그렇기 때문에 우리는 그것들을 부분이나 특성으로서 다양하게 연구할 뿐만 아니라 통합체 또는 전체 속에서 연구할 수도 있다. 여기서 까다로운 언어 문제가 제기된다. 우리는 이렇게 다양함이 모인 통합체를 뭐라고 불러야 할까? 아마 여러 가지가 가능할 것이다.

성격의 맛

우리는 다양한 재료로 만들어졌지만 전체적으로 독특한 맛을 내는 음식(수프, 스튜 등)을 예로 들어 '심리적인 맛'이라는 개념을 도입할 수 있다.[6] 예를 들어 스튜 속에는 여러 재료가 혼합되어 있지만 스튜는 특

---

5 호환성은 어떤 목적이 행동으로는 다르게 나타나지만 역동적으로는 유사하다는 관점에서 정의될 수 있다. 그것은 확률 면에서 정의될 수도 있다. 만약 a와 b라는 증세가 X라는 증후군에서 발견될 확률이나 발견되지 않을 확률이 동일하다면, 그 두 증세는 호환성이었다고 할 수 있다.

6 "나는 탄생에서 죽음까지를 왼쪽에서 시작해서 오른쪽에서 끝나는 선을 긋듯이 이야기할 수 없었다. 오히려 어떤 유물을 손에 들고 이리저리 뒤집어보면서 궁리하듯이 이야기를 해야만 했다."(Taggard, 1934, p. 15).

유의 맛을 지닌다. 그 맛은 스튜에 들어가는 모든 재료에 스며들고, 각각의 재료들을 분리시켜도 스튜의 맛을 말할 수 있다. 또는 사람의 관상을 예로 든다면, 우리는 어떤 사람이 코 모양이 이상하고 눈이 너무 작으며 귀가 너무 크다는 것을 금방 알아차리면서도 그 사람이 잘생겼다고 생각하는 경우가 있다("그 사람의 얼굴은 추하지만 잘생겨 보인다"라는 재담도 있다). 우리가 증후군을 분리된 요소들을 더한 것으로 받아들이든 부분으로 구성되어 있는 전체로 받아들이든 전체는 각각의 단일 요소가 전체에 보태준 것과는 다른 '맛'을 지닌다. 우리는 여기서 공통의 심리적 맛을 지닌 다양성들이 조직화된 것이 증후군이라는 정의를 내릴 수 있다.

심리학적인 의미

정의문제에 접근하는 두 번째 방법은 심리학적인 의미를 따르는 것이다. 이런 개념은 현재의 역동적 정신병리학에서 중요하게 생각한다. 어떤 질환의 증세들이 동일한 의미를 지닌다고 말하는 것은(야간 발한, 체중 감소, 호흡할 때 소리가 나는 것 등은 모두 결핵을 뜻한다), 그 증세들이 유일하게 추정할 수 있는 한 가지 원인이 다양하게 표현된 것이다. 심리적 현상을 예로 들면, 고립감과 혐오당하는 느낌의 증세가 모두 포괄적이고 광범위한 불안감의 개념에 포함되는 것으로 보인다. 따라서 두 가지 모두 불안감을 의미한다고 할 수 있다. 다시 말해 두 증세가 동일한 전체를 이루는 부분들이라면 동일한 것을 의미하게 될 것이다. 그렇다면 증후군은 어느 정도 순환적으로 정의될 수 있다. 즉 심리학적으로 동일한 의미를 지닌 다양한 것들이 조직화된 집합체가 증후군이라고 정의될 수 있다. 이렇게 호환성과 '맛'의 의미와 같은 개념들은 유용하지만(예를 들어 어떤 문화의 패턴을 묘사할 때), 이론적·실제적 문제가 있어 좀 더 만족스러운 표현을 찾아야 한다. 이런 문제의 일부는 동기, 목적, 의도, 또는 대응 목표 같은 기능적인 개념을 함께 고려한다면 해결될 수 있다.

문제에 대한 반응

기능주의 심리학의 관점에서 보면 통합된 유기체는 항상 어떤 종류의 문제에 직면해 있다. 그리고 유기체 문화 외부 환경의 특성에 따라서 허용되는 다양한 방법으로 문제를 해결하려고 한다. 따라서 기능주의 심리학자는 모든 성격 구조의 핵심 원리나 중심을 세상의 문제에 대해 유기체가 내놓는 대답이라는 면에서 파악한다. 따라서 성격 구조는, 유기체가 직면한 문제와 그 문제에 대해서 어떤 시도를 하고 있는가라는 면에서 이해된다. 그러면 대부분의 조직화된 행동들은, 무엇인가에 대해 어떤 행동을 하는 것이라고 볼 수 있다.[7] 성격 증후군을 논의할 때 서로 다른 행동들이 어떤 문제에 대해 목적이 동일하다면, 다시 말해 동일한 대상에 대해 동일한 일을 하고 있다면 그 행동들은 동일한 증후군에 속한다고 특징지을 수 있다. 예를 들어 자존감이라는 증후군은 자존감을 얻거나 잃거나 유지하거나 방어하는 문제에 대해 유기체가 내놓는 조직화된 대답이라고 할 수 있다. 이와 유사하게 안전 증후군은 타인의 사랑을 얻거나 잃거나 지키는 문제에 대한 유기체의 대답이라고 할 수 있다.

어떤 단일 행동을 역동적으로 분석하면 대개는 행동에 한 가지가 아

---

7 이에 대한 예외는 6장 '동기화되지 않은 행동'을 참조하기 바란다.

닌 몇 가지의 대응 목적이 있음을 발견할 수 있다. 이를 통해 단 하나의 결정적인 해답을 가지고 있지 않음을, 유기체는 삶의 중요한 문제에 대해서 한 가지 이상의 대답을 가졌음을 알 수 있다.

게다가 성격의 표현에 관련된 사실들과는 별도로 목적을 모든 증후군의 주된 특성이라고 할 수 없다는 점도 부언해야 할 것이다.

우리는 조직의 목적이 유기체 밖의 세계에 존재한다고 말할 수 없다. 형태주의 심리학자들은 지각, 학습, 사고의 대상이 되는 모든 것에 조직이 존재함을 무수히 보여주었다. 그러나 이런 대상이 우리가 지금까지 사용해온 의미에서 대응 목적을 갖는다고는 할 수 없다.

보통 형태주의 심리학자들은 부분들 간에 명백한 상호 의존성이 존재할 때 전체가 의미 있다는 베르트하이머의 정의에 동의한다고 할 수 있다. 그리고 우리가 내린 증후군의 정의와 베르트하이머, 쾰러, 코프카 등이 형태에 대해 내린 다양한 정의들이 유사하다고 해도 무방할 것이다. 크리스티안 에렌펠스의 두 가지 기준 역시 우리가 내린 정의와 유사하다.

부분에 내재하는 전체의 의미

에렌펠스가 제시하는 조직된 정신현상의 첫 번째 기준은, 분리된 자극들(예를 들어 어떤 멜로디를 이루는 개별 음들)을 여러 사람에게 하나씩 제시했을 경우, 그 자극들의 조직된 전체(예를 들면 전체 멜로디)를 한 사람에게 제시했을 때 느껴지는 무엇인가가 결여되어 있다는 점이다. 다시 말해 전체는 부분의 합 이상이다. 증후군도 자신의 환원된 부분들의 총계 이상이다.[8]

그렇지만 중요한 차이점이 있다. 우리가 내린 증후군의 정의에서 전체를 특징짓는 주된 특성(의미, 맛, 또는 목적)은, 증후군의 부분들을 환원적인 관점에서가 아니라 전체론적으로 이해하면 어떤 부분에서도 찾을 수 있다는 것이다. 물론 이것은 이론적인 진술이며 실제 적용될 때는 어려움이 있을 것이다. 대부분의 경우에는 어떤 특정 행동의 목적이나 맛을 그것이 포함된 전체를 이해할 때만 발견할 수 있을 것이다. 그렇지만 이런 규칙에도 예외가 많으므로 목적이나 맛이 전체뿐 아니라 부분에도 내재한다고 확신할 수 있다. 우리는 종종 주어진 일부로부터 전체를 연역 또는 유추할 수 있다. 한 예로 우리는 어떤 사람이 웃는 소리를 한 번만 듣고도 그 사람이 불안해한다고 확신할 수 있다. 또는 어떤 사람이 선택한 옷만 보고도 그 사람의 자존감 전반에 대해 많은 것을 알 수 있다. 물론 그렇게 부분으로부터 내리는 판단이 전체를 보고 내리는 판단보다 타당성이 적다는 것은 인정한다.

부분의 위치 변경

에렌펠스의 두 번째 기준은 전체 안에서 요소들의 위치를 변경시킬 수 있는 가능성이다. 멜로디는 조를 바꿔서 그 안에 들어 있는 모든 단일음을 다르게 연주하더라도 그 정체성을 유지한다. 이것은 어떤 증후군에서 요소들을 서로 바꿀 수 있다는 사실과도 유사하다. 목적이 동일한 요소들은 서로 바꿀 수 있거나 역동적으로 의미가 같다. 조가 바뀌어서 음의 높이가 달라져도 멜로디에서 같은 역할을 하는 경우나 마찬

---

8 그렇지만 증후군이 부분들을 전체론적으로 취한 총계 이상의 것인가는 또 다른 문제다. 환원시켜서 얻은 부분들은 가산적 총계로만 더해질 수 있다. 그러나 전체의 부분들은 조직된 전체로 더해질 수 있다고 생각할 수 있다. 다만 그러려면 이 진술에 포함된 여러 용어들을 특별한 방식으로 정의해야 할 것이다.

가지다.[9]

인간 유기체에 대한 관심

형태주의 심리학자들은 현상적인 세계의 조직, 또는 유기체의 외부에 존재하는 '물질'의 '장'의 구성을 주로 다루었다. 그렇지만 가장 고도로 조직되고 상호 연관되어 있는 것은 인간 유기체이며, 골트슈타인은 이 점을 충분히 증명했다. 동기, 의도, 목표, 표현, 방향의 기본 현상들은 유기체에서 분명히 나타난다. 대응 목적이라는 면에서 성격 증후군의 정의를 내리면, 기능주의 심리학과 형태주의 심리학, 목적주의 정신분석학과 아들러 학파가 지지하는 정신역동이론, 또 골트슈타인의 유기체적 전체론과 같이 서로 분리된 이론들을 통합할 가능성이 생긴다. 다시 말해 적절하게 정의된 증후군 개념은, 앞에서 일반적-원자론적 관점과 대비해 전체론적-역동적 관점으로 명명했던 통합된 세계관의 이론적 기초가 될 수 있다.

성격 증후군의 특징

호환성

한 증후군의 일부는 앞 단락에서 논의된 역동적인 의미에서 상호 교환이 가능하거나 동등하다. 즉 서로 다른 행동으로 나타나는 두 증상이 목적이 동일하기 때문에 서로 대체되고 동일한 기능을 할 수 있으며 나

---

9 그렇지만 에렌펠스의 기준에 대한 쾰러의 비판(1961, p. 25)을 참조하기 바란다.

타날 가능성 또한 동일하며 동일한 확률과 자신감을 토대로 예측할 수 있다.

이런 의미에서 히스테리 환자의 여러 증세들은 상호 교환적이다. 전형적인 경우에 마비된 다리는 최면술이나 다른 암시 테크닉을 통해 '치유' 될 수 있지만, 나중에 팔의 마비와 같은 또 다른 증세로 대체될 수도 있다. 프로이트의 저서를 통해서도 동일한 증세들의 예를 많이 접할 수 있다. 예를 들어 말[馬]에 대한 두려움은 아버지를 향한 억압된 두려움을 의미하며, 다른 것으로 대체될 수 있다. 안정된 사람에게서 모든 행동의 표현은 동일한 것, 즉 안정감을 표현한다는 의미에서 서로 교환될 수 있다. 앞에서 언급한 안정적인 급진주의의 예를 다시 보면, 인류를 도우려는 일반적인 욕구는 급진주의, 자선, 이웃에 대한 친절함, 거지나 매춘부에게 동전을 던져주는 행위 중 어떤 한 행위로 나타날 것이다. 우리가 그 사람이 안정되어 있다는 사실 이외에는 알지 못하는 경우라도 그 사람이 어떤 식으로든 사회적인 관심이나 친절함을 보일 것이라는 사실을 확실히 예측할 수 있다. 그렇지만 그 행동이 정확히 무엇일지는 예측할 수 없다. 그런 동일한 증세나 표현들은 상호 교환이 가능하다.

순환적인 결정

순환적인 결정에 대한 가장 훌륭한 설명은 정신병리학 연구에서 찾아볼 수 있다. 호나이(1937)의 악순환 개념이 순환적인 결정을 보여주는 특별한 예이다. 호나이의 개념은 한 증후군 내에서 역동적으로 일어나는 상호작용의 끊임없는 유동성을 묘사하려는 시도에서 비롯되었다. 상호작용 속에서 한 부분은 어떤 식으로든 모든 다른 부분으로부터 영향을 받는데, 이 작용 전체가 동시에 이루어진다.

완전한 신경증적인 의존에는 환자의 기대가 반드시 좌절된다는 사실이 함축되어 있다. 철저하게 의존적인 사람은 자신의 약함과 무력함을 암묵적으로 인정하기 때문에 이미 분노를 느끼고 있다. 이렇게 필연적인 좌절이 더해지면 더욱 분노가 일어난다. 그러나 분노는 그 사람이 의존하는 대상이자, 그의 도움을 통해서 재난을 피하고자 하는 대상에게 향하는 경향이 있다. 그래서 분노의 느낌은 즉시 죄책감, 불안감, 보복의 두려움 등으로 이어진다. 그렇지만 이런 상태는 맨 처음 완전한 의존의 필요성을 일으켰던 바로 그 요인들이다. 그 환자를 살펴보면 어떤 순간에도 이런 대부분의 요인들이 끊임없이 상호 강화하면서 공존한다는 사실을 볼 수 있다. 유전적인 분석을 하면 한 특성이 다른 특성보다 우선함을 밝힐 수도 있지만 역동적인 분석은 그런 사실을 보여주지 않을 것이다. 모든 요인은 동일하게 원인이자 결과로 나타날 것이다.

또는 어떤 사람은 거만하고 잘난 척하는 태도를 취함으로써 자신의 안정감을 유지하려고 노력할 수도 있다. 그 사람은 자신이 거부당했거나 혐오 대상이라고 느끼지 않는 한(즉 불안정하게 느끼지 않는 한) 거만한 태도를 취하지 않는다. 그러나 거만한 태도 때문에 다른 사람들은 그를 더욱 싫어하게 된다. 그리고 타인의 그런 반응이 거만한 태도를 취할 필요성을 더 강화시켜주는 식으로 순환된다.

인종 편견의 사례에서 이렇게 상호 결정되는 현상을 분명히 볼 수 있다. 증오하는 사람은 증오의 대상에게서 자신의 증오를 변명해줄 수 있는 바람직하지 못한 특성들을 지적할 것이다. 그러나 혐오하는 집단에서 나타나는 이런 특성들은 거의 대부분 증오와 거부가 만들어낸 산물

이다.[10]

이 개념을 좀 더 익숙한 인과관계의 어휘를 사용해서 표현하면 A와 B가 서로에게 원인이 되며 서로의 결과라고 할 수 있을 것이다. 또는 그 두 가지가 상호 의존적이거나 상호 지원적인, 또는 상호 강화적인 변수라고 할 수 있다.

변화에 대한 저항

어떤 사람의 안정 수준이 높든 낮든 그것을 올리거나 내리기는 쉽지 않다. 이런 현상은 프로이트의 저항 개념과 유사하지만, 그보다 훨씬 더 광범위하고 일반적으로 적용된다. 이를 통해서 건강한 사람이나 건강하지 못한 사람 모두에게서 기존의 삶의 양식에 집착하려는 성향이 발견된다. 모든 사람이 본질적으로 선하다고 믿는 성향의 사람은 모든 사람이 본질적으로 악하다고 믿는 사람과 마찬가지로 자신의 신념을 바꾸는 데 저항할 것이다. 변화에 대한 이런 저항을 조작적으로 정의하면, 실험자가 피험자의 안전 수준을 높이거나 낮추려고 할 때 겪는 어려움이라고 할 수 있을 것이다.

때로 성격 증후군은 외부적인 변화가 일어나는 놀라운 조건에서도 상대적인 불변성을 유지할 수 있다. 끔찍하고 괴로운 체험을 겪은 망명

---

10 우리는 이 예에서 동시에 발생하는 역동성만을 설명하고 있다. 증후군 전체의 기원이나 결정에 관한 질문, 맨 처음 순환적인 결정이 어떻게 시작되었는가라는 질문은 과거에 속한 질문이다. 그런 발생론적 분석이 사슬의 맨 처음에 존재했던 하나의 특정 요인을 보여준다고 하더라도, 이 동일한 요인이 역동적인 분석에서 기본적이거나 우선적으로 중요할 것이라고 보장할 수 있는 방법은 없다(Allport, 1961).

자들이 안정감을 유지하는 사례들은 많다. 폭격을 당한 지역 주민들의 사기를 연구한 자료는 대부분의 건강한 사람들이 외부적인 공포에 대해서 놀라울 정도로 저항한다는 사실을 보여준다. 통계에 의하면 경기 침체나 전쟁이 정신병의 발병률을 그다지 높이지 않는다.[11] 안정감 증후군에서 일어나는 변화는 일반적으로 환경의 변화와 상당히 불일치하며, 때로는 환경이 변화하더라도 성격의 변화가 거의 일어나지 않는 경우도 있어 보인다.

부유했던 한 독일인이 모든 것을 잃은 채 미국으로 망명했다. 그렇지만 그는 성격이 안정적이라는 평가를 받았다. 설문조사 결과 그가 인간 본성에 대해서 가진 근본적인 철학이 변화되지 않았음을 확인할 수 있었다. 여전히 그는 여건만 조성되면 인간 본성은 본질적으로 건강하고 선하다고 여겼으며, 그가 목격한 비열함은 여러 가지 외적인 현상으로 설명될 수 있다고 생각했다. 독일에서 그를 알고 지냈던 사람들을 인터뷰한 결과, 그는 재정적으로 몰락하기 전에도 똑같은 사람이었다.

심리치료를 받을 때 환자들이 보이는 저항도 또 다른 예라고 할 수 있다. 어떤 환자들은 어느 정도 분석을 받은 후에 자신의 신념들이 그릇된 근거에서 나온 것이며, 나쁜 결과들을 가져온다는 사실에 대해 통찰을 얻는 경우도 있다. 그렇더라도 그들은 완강하게 그 신념에 매달릴

---

11 그런 자료들은 어떤 문화적 또는 환경적 요인이 정신병을 결정한다는 설을 거부하기 위해 종종 사용되기 때문에 대부분 오해를 일으킨다. 그런 주장은 정신병의 역학을 잘못 이해하고 있음을 보여줄 뿐이다. 정신병이 외부적인 재난의 결과라기보다는 내면적인 갈등과 위협의 직접적인 결과라는 주장이 보다 진정한 진술이다. 또는 그런 외부적인 재난이 개인의 중요한 목적과 방어체계에 관련된 경우에 한해서만 그런 재난이 성격에 역동적인 영향을 미친다고 할 수 있다.

지 모른다.

혼란 후의 회복

한 증후군의 수준이 강제적으로 변화되더라도 일시적인 현상에 불과하다는 사실이 밝혀졌다. 예를 들어 외상 체험은 매우 일시적인 영향을 미칠 뿐이었다. 시간이 지나면 자연스럽게 이전의 유지 상태로 다시 돌아왔다. 또는 외상으로 생긴 증상들이 특이할 정도로 쉽게 사라졌다(Levy, 1939). 때로는 증후군의 이런 경향도 다른 증후군의 경향들이 동시에 개입되어 일어나는 보다 큰 시스템 속에서 일어나는 변화의 여러 과정 중 하나라고 추론할 수 있다.

다음과 같은 사례는 전형적이다. 성적으로 무지한 여성이 자기만큼이나 무지한 남자와 결혼한 후 첫 경험에서 심한 충격을 받았다. 당시에 평균적이었던 그녀의 안정감 증후군이 낮은 수준으로 분명하게 변화되었다. 조사 결과 증후군의 모든 면에서 변화가 나타났다. 즉 드러나는 행동, 삶의 철학, 꿈, 인간 본성에 대한 태도 등이 변했다. 이 시점에서 사람들이 그녀를 지지해주고 안심시켜주며 윤리를 따지지 않고 상황을 상의했으며 너댓 시간에 걸쳐 조언을 해주었다. 그녀는 이런 만남을 통해서 안정을 되찾고 이전 상태로 되돌아갔지만 이전의 수준을 완전히 회복하지는 못했다. 약하지만 영구적인 후유증이 남았던 것이다. 어쩌면 이기적인 남편 때문에 그런 영향이 지속되었는지도 모른다. 이런 영구적인 후유증보다도 더 놀라운 것은 모든 일이 벌어졌는데도 그녀가 결혼 전과 똑같이 생각하고 믿으려는 경향을 강하게 보였다는 것이다. 급격한 변화가 일어났다가 서서히 감정이 회복되는 모습은, 첫

남편이 정신이상자가 되자 재혼했던 여성의 사례에서도 비슷하게 나타났다.

일반적으로 우리는 정상적으로 건강한 친구가 시간만 충분히 주어지면 어떤 충격으로부터도 회복될 수 있을 것이라고 기대한다. 이런 현상도 인간에게 회복 성향이 보편적으로 존재함을 입증해준다. 배우자나 자녀의 죽음, 파산이나 그 밖의 근본적으로 외상적인 경험들이 일시적으로는 사람을 몹시 흔들어놓지만 대부분 사람들은 거의 완전하게 회복된다. 만성적으로 열악한 외부 여건 또는 대인관계 상황만이 건강한 성격 구조에 영구적인 변화를 일으킬 수 있다.

전체로서의 변화

이미 논의되었지만 증후군이 전체적으로 변화되는 경향이 가장 쉽게 눈에 띌 수도 있다. 만약 증후군이 어떤 부분에서 변화가 일어났을 때, 제대로 관찰한다면, 증후군의 다른 부분에서도 언제나 같은 방향으로 동시에 변화가 일어난다는 사실을 알 수 있다. 그리고 동시에 일어나는 변화는 증후군의 모든 부분에서 나타난다는 것도 알 수 있다. 이런 변화들을 간과하는 이유는 그와 같은 변화를 예상하지 못하여 주의를 기울이지 않기 때문이다. 이렇게 전체적으로 변화하려는 경향은 우리가 말했던 다른 모든 경향과 마찬가지로 확실성이 아니라 말 그대로 경향일 뿐이다. 특정한 자극이 특정하고 국지적인 영향만을 미치고 전반적인 영향은 미치지 않는 경우도 있다. 그렇지만 그런 경우는 피상적인 정신착란의 경우를 제외한다면 매우 드물다.

발표되지 않았던 1935년의 한 실험에서는 외부 수단을 이용해 자존감을 높이려는 시도를 했다. 한 여성에게 20여 가지의 특수하면서도 사소한 상황에서 공격적으로 행동하도록 지시했다(예를 들어 언제나 그녀의 뜻을 거슬렀던 식료품점 주인에게 어떤 상표의 물건을 고집하라고 그녀에게 지시했다). 그녀는 지시를 따랐으며, 3개월 후 실험자는 그녀의 성격 변화에 대해 광범위하게 조사했다.[12] 조사 결과 그녀의 자존감에 전반적인 변화가 일어났음이 확연히 드러났다. 예를 들어 그녀가 꾸는 꿈의 특징이 바뀌었다. 그리고 처음으로 몸매가 드러나는 꼭 끼는 옷을 구입했다. 남편이 눈치챌 정도로 성행위도 자연스러워졌다. 전에는 수영복 입기를 부끄러워했으나 처음으로 다른 사람들과 수영을 하러 가기도 했다. 그리고 다른 여러 상황에서도 훨씬 자신감을 느꼈다. 이런 변화들은 암시로 인해서 나타난 것이 아니다. 그녀도 그 중요성을 의식하지 못하는 중에 자연스럽게 나타나는 변화였다. 행동의 변화가 성격의 변화를 가져올 수 있다.

매우 불안정했던 여성이 몇 년간 성공적인 결혼생활을 지속한 후에 만나보니 전반적으로 안정감이 상향되어 있기도 했다. 결혼 전에 처음으로 그녀를 보았을 때 그녀는 자신이 외롭고, 사랑을 받지 못하고, 사랑받을 만한 존재가 못 된다고 느꼈다. 그녀의 지금 남편이 그녀를 사랑한다는 사실을 믿게 만들 수 있었고 둘은 결혼했다. 불안정한 여성에게 그런 사실을 믿게 만든다는 것은 쉽지 않다. 이제 그녀는 남편이 자신을 사랑한다고 느낄 뿐만 아니라 자신이 사랑을 받을 만하다고 느꼈다. 전에는 불가능했지만 이제 그녀는 우정을 받아들였다. 인간에 대해

---

12 오늘날 이것은 행동요법이라고 불릴 것이다.

서 품고 있던 증오심이 사라졌고, 처음 보았을 때는 찾아볼 수 없었던 친절함과 사랑스러움이 보였다. 어떤 특별한 증상들이 사라지거나 약해졌다. 반복되는 악몽 파티나 낯선 사람들의 모임에 대한 두려움, 만성적으로 약하게 느끼던 불안감, 어둠에 대한 특별한 두려움, 권력과 잔인함에 관한 바람직하지 않은 판타지 같은 것들이 사라지거나 약해졌다.

내면적 일관성

어떤 사람이 불안정하더라도 여러 가지 이유에서 안정감의 특성인 몇 가지 특별한 행동, 신념, 느낌을 유지할 수도 있다. 불안정한 사람들은 만성적인 악몽, 불안한 꿈, 기타 다른 불쾌한 꿈을 꾸지만, 그런 내용의 꿈을 별로 꾸지 않는 사람도 상당히 많다. 그렇지만 그런 사람들은 환경이 조금만 바뀌어도 불쾌한 꿈을 꾼다. 이렇게 일관성이 없는 요소들은 증후군의 나머지 요소들과 경계선에서 서로 끌어당기는 긴장관계에 있는 것으로 보인다.

자존감이 낮은 사람들은 겸손하거나 수줍음을 탄다. 그런 사람들은 대부분 수영복을 입지 않거나 입었을 때 보통은 무척 자의식을 느낀다. 그렇지만 자존감이 낮은 한 소녀의 경우를 보면 그녀는 해변에 수영복을 입고 나타날 뿐만 아니라 그녀가 입는 수영복은 노출이 심했다. 나중에 몇 차례 인터뷰를 해보니 그녀는 자신의 몸이 완벽하다고 생각하며 자랑스러워하고 있음을 알 수 있었다. 자존감이 낮은 여성이 그녀와 같은 생각을 가지거나 그와 같이 행동하는 것은 극히 드물다. 그러나 그녀에 대한 보고를 살펴보면 몇 가지 모순이 드러난다. 즉 수영복에 관한 이런 태도는 그녀가 항상 자의식을 느끼며, 언제나 몸을 가리기 위해 가운을 곁에 두고, 누군가의 노골적인 시선을 느끼면 해변에서 사라지는 행동과 일치하지 않았다. 그녀는 다양한 외부적인 의견을 통해 자신의 몸매가 아름답다고 여기게 되었다. 그녀는 이성적으로는 그런 몸을 어떤 식으로든 과시하는 행동을 해야겠다고 느꼈으며, 그렇게 행동하려고 노력했다. 하지만 자신의 성격 구조 때문에 항상 그렇게 하기가 어려웠던 것이다.

특정한 두려움은 전혀 두려움을 느끼지 않는 안정된 사람에게서도 자주 나타난다. 이런 두려움은 특정한 조건화 경험 때문이다. 그러나 이런 종류의 두려움은 쉽게 없앨 수 있다. 단순한 재조건화, 모범의 제시, 강한 의지력을 가지라는 권고, 지적인 설명, 또는 다른 외부적인 심리치료 방법들을 쓰면 충분히 없앨 수 있다. 그렇지만 이렇게 단순한 행동주의적 테크닉은 불안정한 사람의 두려움을 다루는 데는 덜 효과적일 것이다. 성격의 나머지 부분과 일관성이 없는 두려움은 쉽게 제거된다고 할 수도 있다. 성격의 나머지 부분과 일관성이 있는 두려움은 더 끈질기다. 다르게 표현하면 불안정한 사람은 더 완벽하게, 또는 더 일관되게 불안정해지는 경향이 있다. 반면에 자존감이 높은 사람은 좀 더 일관적으로 높은 자존감을 느끼는 경향이 있다.

극단으로 치우치는 경향

앞에서 내면적인 일관성을 유지하려는 경향에 대해서 언급했지만, 그와 함께 불변성보다는 변화를 선호하는 반대의 힘이 적어도 한 가지는 존재한다. 이런 힘은 증후군의 내면적인 역동관계에서 나온다. 그것은 불안정한 사람이 극단적으로 불안정해지려는 경향이며, 안정된 사람이 극단적으로 안정되려는 경향이다.[13]

몹시 불안정한 사람은 모든 외부적인 영향력, 유기체에게 가해지는 모든 자극을 안정적이기보다는 불안정하게 해석할 가능성이 높다. 예를 들어 웃음을 조롱으로 받아들이기 쉬우며, 건망증을 모욕으로, 무관심을 비호감으로, 가벼운 애정을 무관심으로 해석할 가능성이 높다. 불안정한 영향력은 안정된 사람의 세계보다 불안정한 사람의 세계에서 더 강하게 효력을 미친다. 그 사람은 증거의 무게가 불안정 쪽으로 기울어 있다고 할 수 있을 것이다. 그렇게 해서 그런 사람들은 조금씩이라도 꾸준히 점점 더 극단적인 불안정의 방향으로 끌려간다. 물론 불안정한 사람이 불안정하게 행동하려는 경향이 있다는 사실로도 이런 요인은 더 강화된다. 이런 경향 때문에 사람들은 그 사람을 더 싫어하고 거부하며, 그럴수록 그 사람은 더 불안정하게 행동하면서 악순환이 계속된다. 따라서 그런 사람은 자신의 내면적인 역동성 때문에 자신이 가장 두려워하는 불안정함을 드러내게 된다.

가장 분명한 예는 질투하는 행동이다. 질투는 불안정함에서 솟아나며, 언제나 더 많은 거부와 더 깊은 불안정함을 불러온다. 한 사람이 자신의 질투를 다음과 같이 설명했다. "나는 아내를 너무나 사랑하기 때문에 아내가 나를 떠나거나 사랑하지 않게 되면 무너질까 봐 두렵습니다. 나는 아내가 내 동생과 친하게 지내는 것이 신경 쓰입니다." 그렇기 때문에 그는 둘 사이의 친밀함을 저지하려는 여러 조치를 취해보았는

---

[13] 이런 경향은 앞에서 설명했던 내면적 일관성을 이루려는 경향과 밀접하게 관련되어 있다.

데 그 모두가 어리석은 조치여서 그는 아내와 동생의 사랑을 잃기 시작했다. 물론 이런 사태는 그를 더 흥분하고 질투하게 만들었다 그는 정신과 의사의 도움을 받아서 비로소 그 악순환을 멈출 수 있었다. 의사는 그가 질투를 느끼더라도 질투심을 보이는 행동을 하지 말라고 지시했다. 그 다음 단계로 다양한 방법을 동원하여 불안정감을 해소하는 중요한 과제에 착수했다.

외부적인 압력으로 인한 변화

증후군의 내면적인 역동관계에 집중하다 보면 모든 증후군이 외부 상황에 대한 반응이라는 사실을 잊기 쉽다. 이것은 명백한 사실이지만 유기체의 성격 증후군이 고립된 체계가 아니라는 사실을 독자들에게 상기시켜주고 완전을 기하기 위하여 다시 한 번 언급했다.

변수: 수준과 질

가장 중요하고 명백한 변수는 증후군의 수준이다. 어떤 사람의 안정감 수준이 상, 중, 하일 수 있고 자존감의 수준도 상, 중, 하의 어느 한 가지에 해당될 수 있다. 우리는 이런 편차가 단일한 연장선상에 있다고 반드시 암시하는 것은 아니다. 그저 다소고저(多少高低)의 편차가 있다는 사실만 의미할 뿐이다. 그리고 자존감이나 지배성 증후군과 관련하여 증후군의 질을 주로 논의했다. 여러 종류의 유인원을 보았을 때 지배성의 현상이 모든 개체에서 나타나지만, 그런 표현의 질은 각각 다를 것이다. 우리는 자존감이 높은 인간에게서 자존감의 질을 최소한 두 가지로 구분할 수 있었다. 한 종류는 힘(strength)이고 또 다른 한 종류는 권력(power)이라고 지정했다. 안정감이 있으면서 자존감이 높은 사람은 자신감이라는 힘의 느낌을 친절하고 협동적이며 우호적인 방식으로 보여준다. 자존감이 높지만 불안정한 사람은 약한 사람을 돕기보다는 지배하고 상처 주는 데 더 관심이 있다. 두 사람 모두 자존감은 높지만 그 사람의 다른 특성들에 따라서 자존감을 다른 형태로 보여주는 것이다. 극단적으로 불안정한 사람은 다양한 방법으로 불안감을 표현한다. 예를 들어 그 사람의 자존감이 낮다면 은둔하고 움츠리는 특성을 보일 수 있다. 반면에 그 사람의 자존감이 높다면 적대감, 공격성, 비열함의 특성을 보일 수도 있다.

문화적인 결정 요인

문화와 개인 간의 관계는 심오하고 복잡하여 간단히 취급할 수 없다. 그러나 논의의 완결을 위해 삶에서의 주목적에 도달하는 방법은 특정한 문화의 성격에 따라서 결정된다는 것을 지적하지·않을 수 없다. 자존감이 표현되고 실현되는 방법은 전적으로까지는 아니더라도 상당 부분 문화적으로 결정된다. 애정관계에 대해서도 같은 이야기를 할 수 있다. 우리는 문화적으로 인정되는 경로를 통해서 타인에 대한 사랑을 얻거나 그에 대한 사랑을 표현한다. 복잡한 사회적 지위 속에서는 역할들도 부분적으로 문화에 의해서 결정되기 때문에 성격 증후군이 다르게 표현될 수도 있다. 예를 들어 우리 사회에서 자존감이 높은 남성은 자존감이 높은 여성보다 여러 방식으로 드러내놓고 이런 증후군을 표현하도록 허용된다. 여성들처럼 아이들도 높은 자존감을 직접적으로 표현할 수 있는 기회가 별로 주어지지 않는다. 또한 자존감, 안정감, 사회성, 활동성과 같은 각 증후군에는 문화적으로 인정되는 증후군 수준이 존재한다. 이런 사실은 횡문화적 비교나 역사적인 비교 연구를 통해서 분명하게 볼 수 있다. 예를 들어 평균적인 도부족은 평균적인 아라페시 족보다 더 적대적이다. 오늘날의 평균적인 여성은 100년 전의 평균적인 여성보다 자존심이 더 높을 것이다.

성격 증후군의 연구

표준적인 상관법

지금까지 우리는 증후군의 여러 부분이 동질적인 것처럼, 마치 안개 속에 골고루 흩어져 있는 입자들인 것처럼 이야기했다. 그러나 실상은 그렇지 않다. 우리는 증후군의 조직 내에서 중요성에 따라 구분되는 단계와 군집 상태를 발견할 수 있다. 이런 사실은 자존감 증후군을 분석하는 가능한 가장 단순한 방법, 즉 상관법을 통해서 증명되었다. 증후군이 중요성에 따라 분화되어 있지 않다면 각각의 부분은 다른 부분들과 동일하게 전체와 상관관계가 있어야 한다. 그렇지만 전체로서 측정된 자존감은 그 안의 다양한 부분들과 서로 다르게 상관관계를 맺고 있다. 예를 들어 사회 성격 검사(Social Personality Inventory)(Maslow, 1940b)로 측정한 자존감의 증후군 전체는 성급함과 $r = -0.39$의 상관관계를 보였으며, 이교도적인 성적 태도와는 $r = 0.85$, 여러 가지 의식적인 열등감과는 $r = -0.40$, 다양한 상황에서 당혹스려워하는 성향과는 $r = -0.60$, 여러 가지 의식적인 두려움과는 $r = -0.29$의 상관관계를 보였다(Maslow, 1968a, 1968b).[14]

---

[14] 숫자가 클수록 상관 정도가 강하며 −는 역상관관계를 의미한다 − 옮긴이.

임상 연구에서도 서로 밀접하게 속해 있는 부분들이 자연스럽게 뭉쳐서 군집을 이루는 경향이 나타났다. 예를 들어 인습 존중, 도덕성, 겸손함, 규칙 존중의 성향은 한 곳에 속하거나 자연스럽게 어울리는 것으로 보였다. 한편 자신감, 평정, 당혹감을 느끼지 않는 것, 소심함과 수줍음의 결여와 같은 다른 특성들도 하나의 군집을 이루면서 이와 대조를 보였다.

이렇게 군집하려는 경향으로 인해 증후군 내에서 분류하는 것이 가능하기도 하지만, 실제로 분류하는 데는 여러 가지 어려움이 따른다. 첫째, 모든 분류 작업에서 피할 수 없는 공통적인 문제점, 즉 어떤 원칙에 따라 분류할 것인가의 문제에 부딪힌다. 물론 모든 자료와 그 상관관계를 다 안다면 어렵지 않을 것이다. 그렇지만 우리의 경우처럼 부분적인 무지 상태에서 진행할 때는 자료의 내적 성격에 대해 조심스럽게 다룬다 해도 때로는 임의적일 수밖에 없다. 자료의 내적 군집 성향은 최초의 단서가 되어 일반적인 방향성을 제공해준다. 그렇지만 그렇게 자연스럽게 집단화되는 것만으로는 한계가 있어 더 이상 그런 집단화를 지각할 수 없는 지점에 이르게 된다. 그럴 경우 자신의 가설에 기초하여 진행할 수밖에 없다.

둘째, 증후군 자료를 다룰 때 어떤 성격 증후군이라고 하더라도 일반화를 시킬 기준에 따라 10개, 또는 100개, 1,000개, 1만 개로도 구분할 수 있다. 우리는 분류하려는 시도가 원자론적이고 연결주의적인 관점을 반영하는 또 다른 모습에 지나지 않을지도 모른다. 상호 의존적인 자료를 다루면서 원자론적인 도구를 사용한다면, 확실히 연구가 진전되지 않을 가능성이 크다. 서로 다른 부분과 서로 분리된 항목들을 분리시키는 것이 분류가 아니라면 무엇을 분류라고 하는가? 그런데 우리의 자료가 본질적으로 서로 다르거나 서로 분리된 것이 아니라면 어떻게 분류할 것인가? 어쩌면 우리는 원자론적인 분류를 거부하고 전체론적인 분류 원칙을 찾아내야 할지도 모른다. 우리가 환원주의적인 분석 대신 전체론적인 분석을 택했듯이 말이다. 다음의 비유는 어떤 방향에서 그런 전체론적인 분류 테크닉을 찾아야 할지를 암시하기 위해 제시되었다.

배율의 수준

이 표현은 현미경의 작동방식에서 빌려온 물리적인 비유다. 우리는 조직 구조 슬라이드를 연구할 때 슬라이드를 빛에 대고 육안으로 관찰한다. 그럼으로써 전체적인 특성, 일반적인 구조, 형태, 전체 속에서의 상관관계를 파악하고 전체를 파악한다. 이런 전체적인 그림을 기억하면서 전체의 일부를 매우 낮은 배율, 예를 들어 10배율로 관찰한다. 이제는 고립된 상태에서가 아니라 전체와의 관계를 염두에 둔 상태에서 세부를 연구하는 것이다. 그런 후에 좀 더 높은 배율, 예를 들어 50배율의 대물렌즈를 사용하여 전체 안에서 이 부분을 더 자세히 연구한다. 이와 같은 방법으로 기구의 현실적인 한계에 이를 때까지 점점 더 배율을 높이면서 전체 안에서의 세부를 세밀하게 분석할 수 있다.

또한 분류되는 자료들이 일직선적인 연속체가 아니라, 마치 상자를 겹겹이 포개놓은 것처럼 '내부에 포함되어 있다'는 의미에서 분류하는 것으로 생각할 수 있다. 부분들이 서로 분리되어 있고 독립적인 경우에는 어떤 순서로도 다시 배열할 수 있지만 부분이 내부에 포함되어 있는 경우에는 재배열이 불가능하다. 우리가 안정감 증후군 전체를 하나의 상자라고 본다면, 안정감 증후군에 속하는 14개의 하위 증후군은 상자

안에 들어 있는 14개의 상자라고 할 수 있다(Maslow, 1952). 이런 14개의 상자마다 또 다른 각각의 상자들이 들어 있다. 한 상자에는 4개, 또 다른 상자에는 10개, 또 다른 상자에는 6개의 상자가 들어 있는 식이다.

이런 예를 증후군 연구의 용어로 바꾸면, 우선 안정감 증후군을 취해 전체로서, 다시 말해 1배율의 수준에서 살펴본다. 구체적으로 이것은 증후군 전체의 심리적인 맛이나 의미나 목적을 하나의 단일체로 관찰한다는 뜻이다. 그런 후에는 안정감 증후군의 14가지 하위 증후군 중에서 하나를 취해 2배율로 연구한다. 다음으로 그 하위 증후군을 그것에 포함된 특별한 전체성, 13개의 다른 증후군들과의 상호관계의 맥락에서 연구한다. 이 과정에서 하위 증후군은 안정감 증후군의 전체론적인 일부라는 사실을 이해하고 있어야 한다. 한 예로 불안정한 사람에게서 권력-복종이라는 하위 증후군을 취할 수 있다. 전반적으로 불안정한 사람은 권력을 필요로 하지만, 이런 필요 자체는 과잉 야망, 과잉 공격성, 소유욕, 돈에 대한 갈증, 과잉 경쟁심, 편견과 증오의 성향 등이나 또는 아첨, 복종, 피학적 성향 등 정반대되는 다양한 방식과 형태로 나타난다. 그렇지만 이런 특성들도 일반적이기 때문에 좀 더 분석되고 분류될 수 있다. 그런 연구는 3배율에서 진행된다고 하자. 편견의 욕구 또는 편견의 성향을 선택해서 보자. 인종적 편견이 좋은 예가 될 것이다. 이런 특성을 올바르게 연구하려면 그 현상만을 고립시켜서 연구하지 않아야 한다. 일반적인 불안정성 증후군의 하위 증후군인 권력 욕구의 또 하나의 하위 증후군인 편견의 성향을 연구한다고 말하는 것이 완전한 표현이 될 것이다. 4배율, 5배율 등의 수준에서 점점 더 섬세한 연구를 진행할 수 있다는 사실은 굳이 지적하지 않아도 될 것이다. 사람들은 안정감 욕구를 지탱하기 위한 수단으로 피부색, 코의 모양, 사용하는 언어와 같이 인종 간의 다른 점을 포착하려는 성향을 이렇게 다자세한 예로 선택할 수 있다. 다른 점을 포착하려는 성향을 증후군으로 구성하여 연구할 수 있다. 더 구체적으로 말하면 이 경우에 그것은 하위-하위-하위-하위 증후군으로 분류될 것이다. 상자들 중에서 다섯 번째로 포개져 있는 상자인 것이다.

요약하면 그런 분류방법, 즉 '분리되어 있다'보다는 '포함되어 있다'는 근본적인 개념에 기초하고 있는 분류방법이 우리가 찾고 있는 방법에 단서를 줄 수 있다. 그 방법은 의미 없는 특수주의나 애매하고 쓸모없는 일반화에 빠지지 않고 전체와 특수성을 모두 정교하게 취급할 수 있게 해준다. 이 방법은 종합적인 동시에 분석적이며, 고유성과 공통성을 동시에 효율적으로 연구할 수 있게 해준다. 이 방법론은 A범주거나 Not A범주라는 아리스토텔레스식의 이분법을 거부하면서도, 분류와 분석에 대해 이론적으로 만족스러운 원칙을 제시해준다.

의미에 따른 군집

여러 증후군들 또는 하위 증후군들을 세분하는 데 편리한 기준을 찾는다면, 이론적으로 농도라는 개념이 있다. 자존감 증후군에서 자연스럽게 이루어진 집단들 간의 차이는 무엇일까? 인습 존중, 도덕, 겸손함, 규칙의 존중이 군집되어 하나의 집단을 이루고 있음을 발견하게 된다. 그리고 그것은 자신감, 평정, 당혹감을 느끼지 않는 성향과 대담함과 같은 특성에 따라서 형성된 또 다른 군집으로부터 구별될 수 있을 것이다. 이런 군집 또는 하위 증후군은 다른 하위 증후군과 자존감 전체와 연관되어 있다. 나아가 각 군집 내에서도 다양한 요소들이 서로 상관관계를 맺고 있다. 이런 요소들을 측정할 수 있다면, 그로부터 얻게 될 상관관계에는 우리가 군집을 지각하고 다양한 요소들이 자연스럽게 서로 어우러진다고 느끼는 현상이 반영될 것이다. 자신감과 평정은 평정과 인습에 사로잡히지 않는 모습 간의 상관관계보다 더 밀접하게 연관되어 있을 것이다. 한 군집을 통계 용어로 설명하면, 군집에 속하는 모든 구성 요소 사이에서 평균적으로 높은 내부 상관관계가 나타난다고 할 수 있을 것이다. 이런 평균적인 내부 상관관계는 서로 다른 두 군집에 속하는 요소들 간의 평균 상관관계보다 더 높을 것이다. 군집 내 평균 상관관계가 $r = 0.7$이고, 서로 다른 군집에 속하는 구성 요소들 간의 평균 상관관계가 $r = 0.5$라고 가정한다면, 군집 또는 하위 증후군들을 합침으로써 생기는 새로운 증후군의 평균 상관관계는 $r = 0.5$보다는 높고 $r = 0.7$보다는 낮아서 $r = 0.6$ 정도에 가까울 것이다. 하위 증후군에서 또 다른 하위 증후군, 또 다른 하위 증후군으로 옮겨갈수록 평균적인 상관관계가 떨어질 것으로 예상할 수 있다. 이런 변화를 증후군 농도의 변화라고 부를 수 있다. 이 개념은 임상적인 발견을 점검할 수 있는 작업용 도구를 제공해준다. 그러므로 여기서 이 개념을 강조해도 적당할 듯하다.[15]

역동심리학의 기본 가정을 살펴보면 행동 자체를 상관관계로 통합하지 말고 행동의 의미들을 상관시켜야 한다는 사실을 유추할 수 있다.

---

15 전체론적 심리학자들은 상관법을 불신하는 경향이 있다. 그러나 나는 그 이유가 상관법의 근본적 성질과 전체론적 이론이 갈등을 빚기 때문이기보다는, 이 테크닉이 이제까지 원자론적 연구의 독점물로 사용되어 왔기 때문이라고 생각한다. 예를 들어 보통 통계학자들은 자기상관(self-correlation)을 불신하지만(유기체에서 그 밖에 다른 무엇을 얻을 수 있을 것이라고 기대한다는 듯이!), 몇 가지 전체론적 사실만 고려하면서 사용한다면 불신할 필요가 없다.

예를 들어 겸손한 행동이 아니라 유기체의 나머지와의 관계에서도 변하지 않고 남아 있는 겸손함의 질을 다루어야 한다는 것이다. 게다가 역동적인 변수들도 반드시 단일한 연속선상에서 변화되는 것이 아니다. 그러므로 어떤 지점에서 완전히 다른 변수로 급변화하기도 한다는 사실을 인식해야 한다. 사랑에 대한 갈망으로 인해 나타나는 효과에서 이런 예를 찾아볼 수 있다. 아이들을 수용된 상태에서 거부당한 상태에 이르기까지 정도에 따라 배열한다면 아래쪽으로 내려갈수록 아이들은 점점 더 흥분한 상태에서 애정을 구할 것이다. 그러나 척도의 극단까지 가면, 즉 태어나자마자 완전히 거부당했던 아이를 보면 냉담해져서 애정을 전혀 갈구하지 않을 것이다.

마지막으로 원자론적 자료가 아니라 전체론적 자료를 사용해야 한다. 즉 환원적 분석이 아니라 전체론적 분석에서 나온 자료에 의존해야 한다. 그렇게 함으로써 하나의 변수나 부분은 유기체의 통합성을 해치지 않으면서 상관관계를 보여줄 수 있다. 우리가 상관관계를 추적하는 자료를 유의해서 다룬다면, 그리고 모든 통계를 임상적이고 실험적인 지식을 동원하여 조절한다면 전체론적 방법에서도 상관 테크닉을 유용하게 활용하지 못할 이유가 없다.

유기체 내에서 상호 관련되어 있는 증후군

물리적인 형태(Gestalt)에 관한 저서에서 쾰러(1961)는 상호 관련성의 지나친 일반화에 반대한 나머지 일반적인 일원론과 철저한 원자론을 구별하지 못할 지경까지 이르렀다. 따라서 그는 한 형태 내에서의 상호 관련성뿐만 아니라 형태들 사이의 분리도 강조했다. 그리고 그가 연구했던 대부분의 형태들은 비교적 폐쇄된 체계들이었다. 그는 형태 내에서 분석이 가능한 지점까지만 분석했다. 그는 심리적이든 물리적이든 형태들 간의 관계에 관해서는 덜 논의했다.

우리가 유기체의 자료를 다룰 때는 쾰러와는 다른 상황에 있다. 유기체 내에 폐쇄된 체계는 거의 없다. 유기체 내에서 모든 것은 다른 모든 것과 연결되어 있으며, 때로는 아무리 빈약하고 소원한 방식으로라도 서로 연결되어 있다. 게다가 전체로서의 유기체는 문화, 바로 곁에 있는 타인들, 특정한 상황, 물리적이고 지리적인 요인들과 같은 것에 연관되어 있으며, 근본적으로 상호 의존하고 있다. 지금까지의 논의로 볼 때 적어도 쾰러는 현상세계 속에서의 물리적인 형태와 심리적인 형태에만 자신의 일반화를 제한시켰어야 했다. 그의 비판이 유기체 내에서는 그다지 분명하게 적용되지 않기 때문이다.

그 점에 대해서 논한다면 이런 최소한의 언급에서 더 나아갈 수도 있다. 이론적으로는 세계 전체가 서로 연결되어 있다는 진술이 타당하다. 존재하는 무수한 관계 유형 중에서 어떤 하나를 택하더라도, 그것과 우주의 다른 부분과의 사이에서 어느 정도의 관계를 발견할 수 있다. 실용적인 입장에서 전체가 아니라 특정 영역에 국한시켜서 토론할 때에만 체계가 서로 독립적이라고 가정할 수 있다. 예를 들어 심리학적인 관점에서 보편적인 상호 관계는 깨어진다. 세상에 있는 어떤 부분은 우주의 다른 부분과 물리적·화학적·생물학적으로는 연결되어 있더라도, 심리적으로는 관계가 없기 때문이다. 나아가서 세상의 상호 관계는 생물학자, 물리학자, 화학자에 따라서 다른 방식으로 분류될 수도 있다. 비교적 폐쇄적인 체계가 존재하지만 이런 폐쇄된 체계는 부분적으로는 관점의 산물이라고 하는 것이 현재 우리가 할 수 있는 가장 적당한 표현일 것이다. 현재 폐쇄된 체계(또는 그렇게 보이는 것)는 내년에 과학이 발전하여 관계성을 보여줄 수 있게 되면 그때는 폐쇄된 체계가 아닐 수도 있을 것이다. 상호 연관성을 주장하려면 세계의 모든 부분 사이의 이론적인 관계보다 물리적인 과정을 증명해야 한다는 반론이 제기될 수도 있다. 그 반론에 대해서는 일원론적인 철학자들이 보편적인 물리적 상호 관계를 주장한 적이 없고, 다른 여러 종류의 상호 관계를 언급했다고 응답할 수 있다. 그렇지만 이것은 논의의 주요 핵심이 아니므로 길게 논할 필요는 없다. 유기체 내에서(이론적으로) 보편적인 상호 연관성이 존재하는 현상을 지적하는 것으로 충분할 것이다.

성격 증후군의 수준과 성질

이 분야에서 우리는 충분히 연구한 예를 적어도 한 가지 제시할 수 있다. 이 예가 하나의 패러다임이 될 수 있을 것인지, 특별한 사례에 불과한지는 앞으로의 연구를 통해서 밝혀질 것이다.

수량적으로, 다시 말해 단순한 선형 상관관계로 보면 안정감과 자존감의 수준에는 $r = 0.2$ 또는 $r = 0.3$ 정도의 긍정적이지만 약한 상관관계가 있다. 정상적인 사람들을 상대로 실시한 개별 진단에서는 이 두 증후군이 사실상 독립된 변수로 분명하게 나타난다. 어떤 집단에서는 이 두 증후군이 특별한 관계를 보일 수도 있다. 예를 들어 1940년대에 유대인에서는 높은 자존감과 낮은 안정감이 함께 나타났으며, 가톨릭을 믿는 여성들 사이에서는 낮은 자존감이 높은 안정감과 함께 나타났다. 신경증 환자에게서는 이 두 가지 수준이 모두 낮았으며, 낮게 나타날 가능성이 높다.

그렇지만 두 증후군의 수준 사이에 나타나는 이런 관계(또는 무관함)보다도 더 놀라운 것은 안정감(또는 자존감)의 수준과 자존감(또는 안정감)의 질 사이에 밀접한 관계가 있다는 점이다. 이런 관계는 자존감은 높지만 안정감의 척도에서 양극에 속하는 두 개인을 대조해보면 쉽게 볼 수 있다. 높은 자존감과 높은 안정감을 지닌 A라는 사람은 높은 자존감과 낮은 안정감을 지닌 B라는 사람과 다른 방식으로 자존감을 표현하는 경향이 있다. A는 개인적인 힘과 인간에 대한 사랑을 모두 가지고 있으며, 타인을 보살피며 친절하게 대하고 보호하는 방식으로 이런 힘을 자연스럽게 사용할 것이다. 그러나 B는 비슷한 힘을 가졌지만 인간을 향해 증오, 경멸, 두려움을 가지고 있다. 그러므로 상처주고 지배하고 자신의 불안정감을 달래는데 이런 힘을 사용할 가능성이 더 높다. 그의 힘은 다른 사람들에게 위협이 될 수밖에 없다. 따라서 높은 자존감의 불안정한 성질을 이야기하거나 그것을 높은 자존감의 안정적인 성질과 대조할 수 있게 된다.

이와 유사하게 낮은 자존감을 가진 사람들 중에서도 안정적인 성질과 불안정한 성질을 구분할 수 있다. 즉 한편으로는 피학자나 아첨꾼, 또 다른 한편으로는 조용하고 상냥하고 섬기며 의존적인 사람을 대조할 수 있다. 안정감의 질에서 나타나는 차이도 자존감의 수준과 상관관계가 있다. 예를 들어 불안정한 사람은 그 사람의 자존감 수준에 따라 움츠러들고 뒤로 물러나는 사람이 되거나, 노골적으로 공격적이거나, 적대적인 사람이 될 수도 있다. 안정된 사람은 자존감의 수준에 따라서 겸손하거나 추종자가 될 수도 있고 자부심이 강하거나 우두머리가 될 수도 있다.

성격 증후군과 행동

넓은 의미에서 보다 구체적인 분석의 예비 단계로 증후군과 나타나는 행동 사이의 관계는 대략 다음과 같다. 개별 행동은 통합된 성격 전체의 표현일 가능성이 높다. 더 구체적으로 표현하면, 각 행동은 각각의 성격 증후군 전체에 따라 결정되는 경향이 있다(다음에서 언급하는 다른 결정 인자들도 행동의 결정에 관여한다). 존 도(John Doe)란 사람이 어떤 농담에 웃고 반응할 때, 단일한 행동의 다양한 결정 인자 중에서 그의 안정감 수준, 자존감, 에너지, 지능 등을 끄집어낼 수 있다. 그런 견해는 진부해진 특성이론과 분명하게 대조된다. 특성이론에 따르면 하나의 행동은 하나의 특성에 따라서 결정된다. 예술적인 창조행위와 같은 특별한 과제가 우리의 이론적인 진술에 가장 좋은 예가 된다. 어떤 그림을 그리거나 연주회를 할 때 예술가는 분명히 자아를 그 과제에 완전하게 몰입시킨다. 그러므로 그림이나 음악은 성격 전체를 표현한다. 그렇지만 그런 예, 또는 로르샤흐 검사처럼 어떤 구조화되지 않은 상황에 처해 보이는 창의적인 반응은 모든 반응을 배열한 연장선에서 극단에 치우쳐 있다. 또 다른 극단에는 성격 구조와 거의 관계가 없는 고립된 특정한 행동들이 자리 잡고 있다. 그런 예로는 어떤 순간적인 상황에서 요구되는 즉각적인 반응(트럭을 피하는 행동처럼), 대부분의 사람들이 심리적인 의미를 오래전에 상실한 습관적이고 문화적인 반응(여성이 방에 들어올 때 남성이 일어서는 예절) 반사행동 같은 것들을 들 수 있다. 그럴 때 성격은 행동의 미미한 결정 요인이기 때문에 행동이 성격에 대해서 알려주는 것은 극히 드물다. 이런 양극단의 사이에 온갖 부류의 행동이 포함되어 있다. 예를 들어 한두 가지의 증후군에 따라서 결정되는 행동이 있다. 특정한 유형의 치밀한 행동은 다른 어떤 증후군보다도 안정감 증후군과 밀접하게 연관되어 있다. 겸손함은 주로 자존감 증후군에 따라 결정된다.

이런 사실들은 다음과 같은 질문으로 이어진다. 행동과 증후군 사이에 온갖 유형의 관계가 존재한다면 왜 처음에 일반적으로 행동이 모든 증후군에 의해 결정된다고 해야 했는가?

전체론적 이론이 이런 진술에서부터 출발하는 것은 일종의 이론적인 필요성 때문이다. 마찬가지로 원자론적 접근이라면 유기체의 나머지 부분들로부터 분리되고 고립된 어떤 행동(예를 들어 어떤 감각이나 조건화된 반사)을 선택하는 데에서 출발할 것이다. 그리고 어느 부분을 조직된 전체로 볼 것인가라는 중심결정의 문제가 생긴다. 원자론적 이론에서는 환원적인 분석으로 얻어진 행동이 다시 말해 유기체의 나머지 부분과의 모든 관계로부터 분리된 행동이 가장 간단한 기본 자료가 될 것이다.

어쩌면 증후군-행동관계의 첫 번째 유형[16]이 중요하다는 주장이 요지에 더 적합할 수도 있다. 고립된 행동은 삶의 주요 관심사의 주변에 속한다. 그런 행동들은 중요하지 않기 때문에 고립된 것이다. 즉 중요한 문제, 중요한 해답 유기체의 주요 목적과 관계없으므로 고립된 것이다. 어떤 인생철학을 가지고 있거나, 가족을 사랑하거나, 어떤 종류의 실험에 이끌리는 것도 분명히 사실이다. 이러한 사실은 나에게 중요한 의미를 갖는다.

유기체의 내면적인 성질이 행동의 결정 인자로 작용하는 것은 사실

---

16 모든 증후군이 통합되어 행동 이 결정되는 관계 ― 옮긴이.

이지만, 그것이 유일한 결정 인자는 아니다. 유기체가 속해 있는 문화적 배경은 유기체의 내면적인 성질을 결정하는 데 이미 영향을 미쳤으며, 행동의 또 다른 결정 인자로도 작용한다. 마지막으로 '직접적인 상황'이라는 제목에 포괄시킬 수 있는 또 다른 부류의 결정 인자도 있다. 행동의 목적과 목표는 유기체의 성질에 따라서 결정되지만, 그 목적에 이르는 방법은 문화에 따라서 결정된다. 또 현실적인 가능성과 불가능성은 직접적인 상황에 따라서 결정된다. 그런 인자들에 따라서 어떤 행동이 현명하거나 그렇지 못한지, 어떤 부분적인 목표가 가능하거나 불가능한지, 무엇이 위협을 주거나 그 목표를 달성할 수 있게 도구를 제공하는지 등이 결정된다.

이렇게 복잡하게 생각해보면 행동이 왜 항상 성격 구조의 정확한 지표가 되지 못하는지 쉽게 이해할 수 있을 것이다. 행동이 성격에 따라서도 결정되지만 문화와 외부 상황에 따라서 결정된다면, 그리고 그것이 세 종류의 힘 사이에서 일어나는 타협이라면, 행동은 그 세 가지 어느 하나도 완벽하게 나타내는 지표가 될 수 없음은 당연하다. 다시 말해 이것은 이론적인 진술이다. 문화와 상황의 영향을 '배제'하거나 무효화하여 행동이 때로는 성격의 훌륭한 지표가 되도록 만들어줄 수 있는 테크닉들도 있다.[17]

---

17 예를 들어 여러 종류의 투사 검사에서처럼 상황을 충분히 애매하게 만들면 상황이 행동의 결정 인자로 작용하지 못하도록 통제할 수 있다. 때로는 정신착란의 경우처럼 유기체의 요구가 지나치게 압도적이어서 외부세계나 문화가 부정되거나 무시당하기도 한다. 문화를 부분적으로 배제하는 가장 중요한 테크닉은 면담의 신뢰감 형성이나 정신분석학적인 점이다. 술에 취하거나 분노하거나 통제하지 못하는 행동을 하는 경우에서 보듯이 또 다른 상황에서도 문화적인 강제력이 약화되기도 한다. 또한 문화적으로 결정되는 주제를 다양하고도 미묘하게 역치하(subliminal)에서 지각하는 방

성격과 행동하려는 충동 사이에서 훨씬 더 높은 상관관계를 발견할 수 있다. 사실 이런 상관관계가 너무 높아서 행동하려는 충동 자체를 증후군의 일부로 생각할 수도 있다. 겉으로 드러난 행동보다 행동하려는 충동은 외적이고 문화적인 강제력으로부터 훨씬 자유롭다. 우리는 행동하려는 충동의 지표로만 행동을 연구한다고까지 말할 수도 있다. 우리의 궁극적인 목적이 성격을 이해하는 것이라면, 좋은 지표는 연구할 가치가 있지만 좋은 지표가 아닌 것은 연구할 가치가 없다.

증후군 자료의 논리적이고 수학적인 표현

내가 아는 한 증후군 자료를 상징적으로 표현하고 조작할 수 있는 수학이나 논리는 아직 존재하지 않는다. 필요에 따라서 적합하게 수학이나 논리를 구성할 수 있기 때문에, 그런 상징적인 체계를 구성하는 것은 불가능하지 않다. 그렇지만 현존하는 대부분의 다양한 논리와 수학 체계들은 우리가 이미 비판했던 일반적이고 원자론적인 세계관에 기초하며, 그러한 세계관의 표현이다. 이 방면으로는 내 노력이 미흡하여 여기에 소개할 수 없다.

아리스토텔레스가 자신의 논리의 기초로서 도입한 A와 Not-A의 명

식인 이른바 표현운동(expressive movement)처럼 문화적 규제를 일부러 등한시하는 행동들도 많이 있다. 또는 우리가 상대적으로 덜 억압된 사람, 문화적인 강제력이 아직 약한 아이들, 문화적인 강제력이 거의 없는 동물들, 또는 대조적으로 문화적인 영향력을 배제시킬 수 있는 다른 문화에서 나타나는 행동을 연구할 수도 있다. 이런 몇 가지 예들은 행동 연구도 세련되고 이론적으로 올바르게 이루어진다면, 성격의 내적 조직에 대해서 우리에게 무엇인가를 가르쳐줄 수 있다는 사실을 보여준다.

확한 구분은 현대 논리학에서 여전히 채택된다. 어떤 영역에서는 아리스토텔레스적인 다른 가정들은 거부당하면서도 여전히 이 모순율은 받아들여진다. 예를 들어 랭어는 아리스토텔레스의 모순율을 상징논리학 (Symbolic Logic)에서 상호 보완적인 부류로 기술하면서도, 그것이 증명할 필요 없이 상식으로 전제될 수 있는 기본 가정에 속한다고 생각했다. "모든 부류는 보완물을 가지고 있다. 어떤 부류와 그것의 보완물은 상호 배타적이며, 둘로 이루어진 전체 부류에 제3의 것이란 존재하지 않는다."(1937, p. 193)

증후군 자료의 경우에는 그런 식으로 자료의 일부를 전체로부터 깔끔하게 분리시키거나, 또는 어떤 하나의 자료와 증후군의 나머지 부분을 뚜렷이 구분할 수 없다는 사실을 이제는 명백히 이해할 수 있다. A를 전체로부터 분리하면 A는 더 이상 A가 아니며, Not-A도 더 이상 그이전의 Not-A가 아니다. 또 A와 Not-A를 단순하게 추가한다고 처음에 시작했던 전체로 되돌아갈 수도 없다. 한 증후군 안에서 증후군의 각 부분은 다른 모든 부분과 중복된다. 한 부분을 분리시킨다는 것은 이런 중복되는 부분에 전혀 주의를 기울이지 않는 한 불가능하다. 심리학자들은 중복되는 부분을 등한시해서는 안 된다. 상호 배타성은 자료를 고립 상태에서 보았을 때는 성립될 수 있다. 심리학에서는 반드시 문맥 속에서 자료를 취해야 하며 그런 경우 이분화는 전혀 불가능하다. 예를 들어 우리는 다른 모든 행동으로부터 자존감 행동을 잘라낸다는 것을 상상할 수조차 없다. 단지 자존감에서 나오는 행동일 뿐, 다른 어떤 행동도 아닌 행동이 있을 수 없다는 간단한 이유 때문이다.

상호 배타성이라는 개념을 거부한다면 이 개념에 부분적으로라도 기초하고 있는 논리 전체를 의심하지 않을 수 없다. 이뿐만 아니라 우리에게 익숙한 대부분의 수학체계들도 의심하게 된다. 기존의 대부분의 수학과 논리학은 마치 사과더미처럼 상호 배타적인 실체들이 모여서 이루어진 세계를 다룬다. 사과 한 개를 사과더미의 나머지로부터 분리시키더라도 사과의 본질이나 사과더미의 본질은 변화되지 않는다. 그러나 유기체에서는 완전히 다르다. 장기를 하나 잘라내는 것은 유기체 전체뿐만 아니라 잘라낸 부분까지도 변화시킨다.

덧셈, 뺄셈, 곱셈, 나눗셈의 기본 절차에서도 또 다른 예를 볼 수 있다. 이런 사칙 계산은 원자론적 자료를 전제로 하고 있다. 사과의 본질 때문에 하나의 사과를 또 다른 사과에 더하는 것이 가능하다. 그러나 성격은 이와 다르다. 자존감이 높고 불안정한 두 명 중 한 명을 더 안정감 있게 만든다면(안정감을 '더한다면') 그 사람은 좀 더 협력적인 성향을 가지게 될 것이다. 나머지 한 명은 독재자적인 성향을 보일 것이다. 이렇게 한 성격에서의 높은 자존감은 또 다른 성격에 포함된 높은 자존감과 같은 성질을 가지고 있지 않다. 안정감이 더해진 사람에게서는 한 가지가 아니라 두 가지의 변화가 일어난다. 그 사람은 안정감을 얻을 뿐만 아니라, 높은 안정감과 결합됨으로써 자존감의 성질도 변화된다. 장황하지만 이것이 성격에서 덧셈의 과정과 비슷하다고 생각할 수 있는 가장 근접한 예다.

전통적인 수학과 논리학은 가능성이 무한하다. 그런데도 실제로는 원자론적이고 기계적인 세계관을 보조하는 역할에 불과한 것처럼 보인다.

수학은 역동적·전체론적 이론을 수용하는 면에서 현대의 자연과학보다 뒤떨어져 있다고도 할 수 있을 듯하다. 자연과학에서의 중요한 변화는 수학의 본질을 변화시킴으로써 일어나는 것이 아니다. 수학이론의 활용을 확대하고 교묘하게 조작함으로써, 그리고 가능한 한 본질적으로 정적인 성질은 불변으로 남겨둠으로써 일어난다. 이런 변화는 다양한 '비사실적 가정'을 통해서만 가능하다. 좋은 예는 미적분에서 찾아볼 수 있다. 그것은 움직임과 변화를 다루겠다는 취지를 가지고 있지만, 변화를 정적인 상태의 연속으로 전환함으로써 다룰 뿐이다. 곡선 아래의 면적을 일련의 직사각형으로 쪼개서 측정한다. 곡선 자체가 마치 좁은 변으로 이루어진 다각형인 것처럼 다룬다. 미적분이 맞아떨어지고 유용한 도구라는 사실을 통해서 이런 절차가 정당하며 궁극적인 반론을 제기할 수 없다는 것은 분명하다. 그렇지만 미적분이 묘안과 기교, 심리학 연구에서 다루는 현상세계와는 무관한 '비사실적 가정'을 사용하기 때문에 기능한다는 사실을 잊어서는 안 된다.

다음에 소개하는 인용은 수학이 정적이고 원자론적인 경향이 있다는 우리의 주장을 보여준다. 내가 아는 한 수학의 이런 취지는 다른 수학자들로부터 도전을 받지 않았다.

그러나 우리는 앞에서 우리가 운동이 없는 세계에서 살고 있다고 열렬하게 선언하지 않았던가? 그리고 제논(Zenon)[18]의 역설을 동원하여 운동은 불가능하며 날아가는 화살은 정지해 있는 것이라는 사실을 장황하게 증명하지 않았던가? 그렇다면 이렇게 분명한 입장 변화의 원인을 무엇에 돌려야 할까?

더욱이 모든 새로운 수학적 고안들이 오래전에 확립된 기초에 근거하여 생긴다면, 역동적인 실체를 포함하는 문제를 풀 수 있는 새로운 수학을 정적인 대수와 기하이론으로부터 어떻게 끌어낼 수 있는가?

---

18 고대 그리스의 철학자, 아킬레스가 거북이를 뒤따라 출발해서 경주를 할 때 아킬레스는 거북이를 따라잡을 수 없다는 역설을 제시했다 - 옮긴이.

우선 첫 번째 질문에 답하면 관점이 역전되지는 않았다. 우리는 여전히 이 세계에서 운동과 변화란 정지 상태의 특별한 경우라고 굳건히 믿고 있다. 변화가 정지 상태와 질적으로 다른 상태를 의미한다면, 그런 의미에서 변화 상태라는 것은 없다. 우리가 변화라고 구별하는 것은 이미 지적했듯이 짧은 시간 안에 지각되는 많은 정적인 이미지들의 연속일 뿐이다. (…)

날아가는 화살이 비행 중에 모든 지점을 지나가는 것을 실제로 볼 수 없다는 이유에서 움직이는 물체의 행동에 연속성이 있다고 직관적으로 확신한다. 그러기 때문에 운동의 개념을 정지와는 본질적으로 다른 무엇으로 추상화시키고자 하는 본능이 생긴다. 그렇지만 이런 추상화는 심리적·생리적 한계에서 생기는 것이다. 그런 추상화는 논리적인 분석으로는 절대로 정당화되지 못한다. 운동은 시간과 위치의 상관관계이다. 변화는 함수의 다른 이름일 뿐이며, 동일한 상관관계의 또 다른 측면일 뿐이다.

두 번째 질문의 대답은 기하와 대수의 자손인 미적분은 정적인 가계에 속하며 그 부모에게 없었던 특성은 전혀 가지고 있지 않다는 것이다. 수학에서 돌연변이는 불가능하다. 따라서 미적분은 곱셈표나 유클리드의 기하학과 마찬가지로 불가피하게 정적인 특성을 지닌다. 미적분은 그것이 아무리 천재적인 것이라고 해도 움직이지 않는 세상에 대한 또 다른 해석일 뿐이다(Kasner & Newman, 1940, pp. 301-304).

요소들을 보는 데는 두 가지 방법이 있다는 것을 다시 한 번 언급한다. 예를 들어 얼굴을 붉히는 행동은 얼굴 붉힘 그 자체일 수도 있고(환원적 요소), 어떤 문맥 안에서의 얼굴 붉힘일 수도 있다(전체론적 요소).

첫 번째는 일종의 '마치~처럼'이라는 가정을 포함한다. 그럴 때는 '마치 얼굴 붉힘만이 세상에 존재하며, 그것이 세상의 나머지 것들과 아무 관계가 없는 것처럼'이라는 가정이 포함된다. 이것은 형식적인 추상화이며 과학의 분야에서는 매우 유용하다. 추상화는 그것이 형식적인 추상화라는 사실만 잊지 않는다면 분명 나쁘지 않다. 수학자, 논리학자, 과학자처럼 얼굴 붉힘 자체만을 이야기하면서 자신들이 인위적인 작업을 하고 있다는 사실을 잊어버릴 때 문제가 발생한다. 그들도 세상에는 얼굴을 붉히는 인간이나, 얼굴을 붉히게 만들 대상 없이는 얼굴을 붉히는 것이 불가능하다는 사실을 인정할 것이다. 이와 같이 추상화를 하는 인위적 습관이나 환원적 요소로 작업하는 것이 효율적이어서 그런 습관이 너무 깊게 배었다. 그러다 보니 추상화를 하거나 환원을 하는 사람들이 이런 습관의 경험적 또는 현상학적 타당성을 부정하는 사람을 만나면 오히려 놀란다. 그들은 단계를 거치면서 세계가 실제로 그렇게 구성되었다고 확신한다. 그리고 그런 방법이 유용하더라도 결국은 인위적이며 인습화되고 가정적이라는 사실을 쉽게 잊을 수 있을 것이다. 다시 말해 그것이 유동하며 상호 연관되어 있는 세계에 부과하는 인위적인 체계라는 사실을 잊어버릴 수 있을 것이다. 세계에 대한 이런 특이한 가정은 편리를 위해서만 상식에 맞설 권리가 있다. 그런 가정이 더 이상 편리하지 않거나 방해가 될 때는 폐기되어야 마땅하다. 세계에서 실상을 보지 않고 인위적인 것을 보는 것은 위험하다. 단도직입으로 말하면 원자론적 수학이나 논리학은 어떤 의미에서는 세계에 대한 하나의 이론에 불과하다. 심리학자는 이런 이론에 입각하여 기술한 내용이 자신의 목적에 맞지 않는다고 거부해도 상관없다. 방법론을 연구하는 학자들은 현대과학의 성격에 더 잘 부합되는 논리적이고 수학적인 체계를 세우기 위하여 노력할 필요가 있다.

영어라는 언어에까지 이런 의견을 확대시킬 수 있다. 영어도 우리 문화에 만연한 원자론적 세계이론을 반영하는 경향이 있다. 증후군 자료와 증후군 법칙을 기술하면서 우리가 가장 터무니없는 비유와 수사에 의존해야 하고, 그 밖에도 다양하게 언어를 왜곡시켜야 하는 것은 놀랄 일이 아니다. 우리는 두 개의 서로 분리된 실체의 결합을 표현하기 위하여 '그리고'라는 접속사를 쓴다. 그러나 서로 분리되어 있지 않으며, 합쳐졌을 때, 중복이 아니라 단일체를 이루는 두 실체의 결합을 표현할 만한 접속사는 없다. 이런 기본적인 결합을 위해 내가 생각해낼 수 있었던 유일한 대체물은 '함께 구성되어 있는structured with'이라는 어색한 표현뿐이었다. 전체론적-역동적 세계관에 좀 더 호의적인 다른 언어들도 있다. 내 의견으로는 전체론적 세계를 반영하기에는 영어보다는 복합어가 더 적절할 듯하다. 또 우리의 언어도 대부분의 논리학자나 수학자들처럼 세계를 요소와 관계들로 조직하며, 물질과 그물질에 행해지는 행동들로 조직하는 경향이 있다는 점도 언급한다. 명사는 마치 그것이 물질인 것처럼 취급되며, 동사는 어떤 물질이 물질에게 행한 행동인 것처럼 취급된다. 형용사는 물질의 종류를 더 정확하게 묘사하며, 부사는 행동의 종류를 더 정확하게 묘사한다. 전체론적-역동적 견해에서는 그런 날카로운 이분법을 쓰지 않는다. 어쨌든 단어는 증후군 자료를 표현하려고 할 때조차도 일직선으로 배열될 수밖에 없다(Lee, 1961).

참고문헌

Adler, A. (1939). *Social interest*. New York: Putnam's.

Adler, A. (1964). *Superiority and social interests: A collection of alter writings* (H. L. Ansbacher and R. R. Ansbacher, des) Evanston: Northwestern University Press.

Alderfer, C. P. (1967). An organization syndrome. *Administrative Science Quarterly, 12*, 440-460.

Allport, G. (1955). Becoming. New Haven, Cf: Yale University Press.

Allport, G. (1959). Normative Compatibility in the light of social science. In A. H. Maslow (Ed.), *New Knowkdge in human values*. New York: Harper & Row.

Allport, G. (1960). *Personality and social encounter*. Boston: Beacon.

Allport, G. (1961). *Pattern and growth in personality*. New York: Holt, Rinehart & Winston.

Allport, G., & Vernon, P. E. (1933). *Studies in expressive movement*. New York: Macmillan.

Anderson. H. H. (Ed.). (1959). *Creativity and its cultivation*. New York: Harper & Row.

Angyal, A. (1965). *Neurosis and treatment: A holistic theory*. New York: Wiley.

Ansbacher, H., & Ansbacher, R. (1956). *The individual psychology of Alfred Adler*. New York: Basic Books.

Ardrey, R. (1966). *The territorial imperative*. New York: Atheneum.

Argyris, C. (1962). *Interpersonal competence and organizational effec-*

tiveness. Homewood, IL: Irwin-Dorsey.

Aronoff, J. (1962). Freud's conception of the origin of curiosity. *Journal of Psychology, 54,* 39-45.

Aronoff, J. (1967). *Psychological needs and cultural systems.* New York: Van Nostrand Reinhold.

Asch, S. E. (1956). Studies of independence and conformity. *Psychological monographs, 70* (Whole No. 416).

Baker, R. S. (1945). *American chronicle.* New York: Scribber's.

Bartlett, F. C. (1932). *Remembering.* Cambridge: Cambridge University Press.

Bededict, R. (1970). *Synergy in society.* American Anthropologist.

Bennis, W. (1966). *Changing organizations.* New York: McGraw-Hill.

Bennis, W. (1967). Organizations of the future. *Personnel Administration, 30,* 6-24

Bennis, W., & Slater, P. (1968). *The temporary society.* New York: Harper & Row.

Bergron, H. (1944). *Creative evolution.* New York: Modem Library.

Bernard, L. L. (1924). *Instinct: A Study in social psychology.* New York: Holt, Rinehart & Winston.

Bonner, H. (1961). *Psychology of Personality.* New York: Ronald Press.

Bronowski, J. (1956). *Science and human values.* New York: Harper & Row.

Bugental, J. (1965). *The search for authenticity.* New York: Holt, Rinehard & Winston.

Bühler, C., & Massarik, F. (Eds.) (1968). *The course of human life: A study of life goals in humanistic perspective.* New York: Springer.

Cannon, W. G. (1932). *Wisdom of the body.* New York: Norton.

Cantril, H. (1950). An inquiry concerning the characteristics of man.

Journal of Abnormal and Social Psychology, 45, 491-503.

Chenault, J. (1969). Syntony: A philosophical promise for the theory and research. In A. Sutich and M. Vich (Eds.), *Reading in Humanistic Psychology.* New York: Free Press.

Chiang, H. (1968). An experiment in experiential approaches to personality. *Psychologia, 11,* 33-39.

D'Arch, M. C. (1947). *The mind and heart of love.* New York: Holt, Rinehart & Winston.

Davies, J. C. (1963). *Human nature in politics.* New York: Wiley.

Deutsch, F., & Miller, W. (1967). *Clinical intervews,* Vols. I & II. New York: International Universities Press.

Dewey, J. (1939). Theory of valuation. *International encyclopedia of unified scienct* (Vol. 2, No. 4). Chicago: University of Chicago Press.

Drucker, P. F. (1932). *The end of economic man.* New York: Day.

Eastman, M. (1928). *The enjoyment of poetry.* New York: Scribner's.

Einstein, A., & Infeld, L. (1938). *The evolution of physics.* New York: Simon & Schuster.

Erikson, E. (1959). *Identity and the life cycle.* New York: International Universities Press.

Farrow, E. P. (1942). *Psychoanalyze yourself.* New York: International Universities Press.

Frankl, V. (1969). *The will to meaning.* New York: World.

Frenekl-Brunswik, E. (1949). Intolerance of ambiguity as an emotional and perceptual personality variable. *Journal of Personality, 18,* 108-143.

Freud, S. (1920). *General introduction to psychoanalysis.* New York: Boni & Liveright.

Freud, S. (1924). *Collected papers,* Vol. II. London: Hograth Press.

Freud, S. (1930). *Civilization and its discontents.* New York: Cape & Smith.

Freud, S. (1933). *New introductory lectures on psychoanalysis.* New York: Norton.

Fromm, E. (1941). *Escape from freedom.* New York: Farrar, Straus & Giroux.

Fromm, E. (1947). *Man for himself.* New York: Holt, Rinehart & Winston.

Goldstein, K. (1939). *The organism.* New York: American Books.

Goldstein, K. (1940). *Human nature.* Cambridge: Harvard University Press.

Grof, S. (1975). *Realms of the human unconscious.* New York; Viking Press.

Guiterman, M. E. (1930). *Lyric laughter.* New York: Dutton.

Harding, M. E. (1947). *Psychic energy.* New York: Pantheon.

Harlow, H. F. (1950). Learning motivated by a manipulation drive. *Journal Experimental Psychology, 40,* 228-234.

Harlow, H. F. (1953) Motivation as a factor in the acquisition of new responses. In R. M. Jones (Ed.) *Current theory and research in motivation.* Lincoln: University of Nebraska Press.

Harper, R. (1966). *Human love: Existential and mystical.* Baltimore: Johns Hopkins Press.

Hayakawa, S. I. (1949). *Language and thought in action.* New York: Harcourt, Brace & World.

Herzberg, F. (1966). *Work and the nature of man.* New York: World.

Haggart, R. (1961). *The uses of literacy.* Boston: Beacon.

Homey, K. (1937) *The neurotic personality of our time.* New York: Norton.

Homey, K. (1939) *New ways in psychoanalysis.* New York: Norton.

Homey, K. (1942) *Self-analysis*. New York: Norton.

Homey, K. (1950) *Neurosis and human growth*. New York: Norton.

Howells, T. H. (1945). The obsolete dogma of heredity. *Psychology Review, 52*, 23-34.

Howells, T. H., & Vine, D. O. (1940). The innate differential in social learning. *Journal of abnormal and Social Psychology, 35*, 537-548.

Husband, R. W. (1929). A comparison of human adult and white rats in maze learning. *Journal of Comparative Psychology, 9*, 361-377.

Huxley, A. (1944). *The perennial of philosophy*. New York: Harper & Row.

James, W. (1890). *The principles of psychology*. New York: Holt, Rinehart & Winston.

James, W. (1958). *The varieties of religious experience*. New York: Modem Library.

Johnson, W. (1946). *People in quandaries*. New York: Harper & Row.

Jourard, S. M. (1968). *Disclosing man to himself*. New York: Van Nostrand Reinhold.

Kasner, E., & Newman, J. (1940). *Mathmatics and the imagination*. New York: Simon & Schuster.

Katona, G. (1940). *Organizing and memorizing*. New York: Columbia University Press.

Klee, J. B. (1951). *Problems of selective behavior*. (New series No.7.). lincoln: University of Nebraska Studies.

Koestler, A. (1945). *The yogi and the commissar*. New York: Macmillan.

Köhler, W. (1961). Gestalt psychology today. In M. Heinle (Ed.), *Documents of gestalt psychology*. Berkeley: University of California

Press.

Langer, S. (1937). *Symbolic logic*. Boston: Houghton Mifflin.

Lee, D. (1961). *Freedom and culture*. Englewood Cliffs, N J: Prentice-Hall.

Levy, D. M. (1934a). Experiments on the sucking reflex and social behavior of dogs. *American Journal of Orthopsychiatry*.

Levy, D. M. (1934b). A note on pecking in chickens. *Psychoanalytic Quarterly, 4*, 612-613.

Levy, D. M. (1937). Primary affect hunger. *American Journal of Psychiatry, 94*, 643-652.

Levy, D. M. (1938). On instinct-satiations: An experiment on the pecking behavior of chickens. *Journal of General Psychology, 18*, 327-348.

Levy, D. M. (1939). Release therapy. *American Journal of Orthopsychiatry, 9*, 713-736.

Levy, D. M. (1943). *Maternal overprotection*. New York: Columbia University Press.

Levy, D. M. (1944). On the problem of movement restraint. *American Journal of Orthopsychiatry, 14*, 644-671.

Levy, D. M. (1951). The deprived and indulged forms of psychopathic personality. *American Journal of Orthopsychiatry, 21*, 250-254.

Lewin, K. (1935). *Dynamic theory of personality*. New York: McGraw-Hill.

Likert, R. (1961). *New patterns in management*. New York: McGraw-Hill.

Lynd, R. (1939). *Knowledge for what?* Princeton, NJ: Princeton University Press.

Maier, N. R. F. (1939). *Studies of abnormal behavior in the rat*. New York: Harper & Row.

Maier, N. R. F. (1939). *Frnstration*. New York: McGraw-Hill.

Marmor, J. (1942). The role of instinct in human behavior. *Psychiatry, 5,* 509-516.

Maslow, A. H. (1936). The dominance drive as a determiner of the social and sexual behavior of infra-human primates, I-IV. *Journal of Genetic Psychology, 48,* 261-277, 278-309, 310-338; 49, 161-190.

Maslow, A. H. (1937). The influence of familiarization on preference. *Journal of Experimental Psychology, 21,* 162-180.

Maslow, A. H. (1940a). Dominance-quality and social behavior in infra-human primates. *Journal of Social Psychology, 11,* 313-324.

Maslow, A. H. (1940b). A test for dominance-feeling (self-esteem) in women. *Journal of Social Psychology, 12,* 255-270.

Maslow, A. H. (1943). The authoritarian character structure. *Journal of Social Psychology, 18,* 401-411.

Maslow, A. H. (1952). *The S-I Test: A measure of psychological security.* Palo Alto, CA: Consulting Psychologists Press.

Maslow, A. H. (1957). Power relationships and patterns of personal development. In A. Kornhauser (Ed.), *Problems of power in American democracy.* Detroit: Wayne University Press.

Maslow, A. H. (1958). Emotional blocks to creativity. *Journal of Individual Psychology, 14,* 51-56.

Maslow, A. H. (1964a). *Religions, values and peak experience.* Columbus: Ohio State University Press.

Maslow, A. H. (1964b). Synergy in the society and in the individual. *Journal of Individual Psychology, 20,* 153-164.

Maslow, A. H. (1965a). Criteria for judging needs to be instinctoid. In M. R. jones(Ed.), *Human Motivation: A Symposium.* Lincoln: University of Nebraska Press.

Maslow, A. H. (1965b). *Eupsychian management: A Journal*. Homewood, IL: Irwin-Dorsey.

Maslow, A. H. (1966). *The psychology of science: A reconnaissance*. New York: Harper & Row.

Maslow, A. H. (1967). A theory of metamotivation: The biological rooting of the value-life. *Journal of Humanistic Psychology*, 7, 93-127.

Maslow, A. H. (1968a). Some educational implications of the humanistic psychologies. *Harvard Educational Review, 38*, 685-686.

Maslow, A. H. (1968b). Some fundamental questions that face the normative social psychologist. *Journal of Humanistic Psychology*, 8, 143-153.

Maslow, A. H. (1968c). *Toward a Psychology of Being* (2nd ed.). New york: Van Nostrand Reinhold.

Maslow, A. H. (1969a). The farther reaches of human nature. *Journal of Transpersonal Psychology*, 1, 1-10.

Maslow, A. H. (1969b). Theory Z. *Journal of Transpersonal Psychology*, 1, 31-47.

Maslow, A. H. (1969c). Various meaning of transcendence. *Journal of Transpersonal Psychology*, 1, 56-66.

Maslow, A. H. (1951). *Principle of abnormal psychology* (rev. ed.). New York: Harper & Row.

McClelland, D. (1961). *The achieving society*. New York: Van Nostrand Reinhold.

McClelland, D. (1964). *The roots of consciousness*. New York: Van Nostrand Reinhold.

McClelland, D., & Winter, D. G. (1969). *Motivating economic achievement*. New York: Free Press.

McGregor, D. (1960). *The human side of enterprise*. New York: Mc-

Graw-Hill.

Menninger, K. A. (1942). *Love against hate*. New York: Harcourt, Brace & World.

Milner, M. (1967). *On not being able to paint*. New York: International Universities Press.

Money-Kyrle, R. E. (1944). Towards a common aim-A psychoanalytical contribution to ethics. *British Journal of Medical Psychology, 20*, 105-117.

Mumford, L. (1951). *The conduct of life*. New York: Harcourt, Brace & World.

Murphy, G. (1947). *Personality*. New York: Harper & Row.

Murphy, L. (1937). *Social behavior and child personality*. New York: Columbia University Press.

Myerson, A. (1925). *When life loses its zest*. Boston: Little, Brown.

Northrop, F. S. C. (1947). *The logic of the sciences and the humanities*. New York: Macmillan.

Pieper, J. (1964). *Leisure, the basis of culture*. New York: Pantheon.

Polanyi, M. (1958). *Personal Knowledge*. Chicago: University of Chicago Press.

Polanyi, M. (1964). *Science, faith and society*. Chicago: University of Chicago Press.

Rand, A. (1943). *The fountainhead*. Indianapolis: Bobbs-Merrills.

Reik, T. (1948). *Listening with the third ear*. New York: Farrar, Straus & Giroux.

Reik, T. (1957). *Of love and lust*. New York: Farrdr, Straus & Giroux.

Ribot, H. H. (1896). *La psychologie des sentiments*. Paris: Alcan.

Riesman, D. (1950). *The lonely crowd*. New Haven. CT: Yale University Press.

Rogers, C. (1954). *Psychotherapy and personal changes*. Chicago: University of Chicago Press.

Rogers, C. (1961). *On becoming a person.* Boston: Houghton. Mifflin.

Schachtel, E. (1959). *Metamorphosis.* New York: Basic Books.

Schilder, P. (1942). *Goals and desires of man.* New York: Columbia University Press.

Shostrom, E. (1963). *Personal Orientation Inventory (POI): A test of self-actualization.* San Diego, CA: Educational and Industrial Testing Service.

Shostrom, E. (1968). *Bibliography for the P.O.I.* San Diego, CA: Educational and Industrial Testing Service.

Suttie, I. (1935). *The origins of love and hate.* New York: Julian Press.

Taggard, G. (1934). *The life and mind of Emily Dickinson.* New York: Knopf.

Thorndike, E. L. (1940). *Human nature and the social order.* New York: Macmillan.

Van Doren, C. (1936). *Three worlds.* New York: Harper & Row

Wertherimer, M. (1959). *Productive thinking* (2nd ed.). New York: Harper & Row.

Whitehead, A. N. (1938). *Modes of thought.* New York: Macmillan and Cambridge University Press.

Wilson, C. (1967). *Introduction to the new existentialism.* Boston: Houghton Mifflin.

Wilson, C. (1969). *Voyage to a beginning.* New York: Crown.

Wolff, W. (1943). *The expression of personality.* New York: Hatper & Row.

Wootton, G., (1967). *Workets, unions and the state.* New York: Schocken.

Yeatman, R. J., & Sellar, W. C. (1931). *1066 and all that.* New York: Dutton.

Young, P. T. (1941). The experimental analysis of appetite. *Psychological Bulletin, 38,* 129-164

Young, P. T. (1948). Appetite, palatability and feeding habit: A critical review. *Psychological Bulletin, 45,* 289-320

에이브러햄 매슬로가 남긴 풍요로운 수확

루스 콕스

> 나는 지금 내 능력과 가치가 최고조에 이르렀다고 생각했다. 그래
> 서 내가 언제 죽더라도 수확할 사과가 주렁주렁 달린 나무를 자르
> 는 것과 같을 것이라고 생각했다. 그건 슬픈 일일 것이다. 그렇지만
> 받아들일 만하다. 삶이 그토록 풍요로웠다면 그것에 집착하는 것
> 은 탐욕스럽고 감사를 모르는 행위일 것이기 때문이다.
>
> (Maslow's Journal, February 12, 1970, in Lowry, 1979, p. 997)

서론

매슬로는 일기에서 이와 같이 쓴 지 4개월 후에 62세를 일기로 세상
을 떠났다. 그가 개인의 복지와 상조적인 사회를 이루어낼 수 있는 잠
재력에 대해 가졌던 비전은 오늘날 사회학과 심리학적 사고의 수많은
영역에 응용되고 있다. 그의 철학은 그것이 응용되는 광범위한 영역을
통해서 헤아려볼 수 있다.

이 장에서는 매슬로의 비전이 우리의 삶과 사회에 실제적으로, 또 이
론적으로 어떻게 반영되고 있는지 살펴보기로 한다. 그는 인간 본성을
보는 새로운 관점에 지대한 공헌을 했으며 인본주의와 초개인심리학이

라는 현대심리학의 두 분야를 창시했다. 매슬로의 사상은 1970년대와 80년대를 거치면서 심리학, 교육학, 기업, 경영, 건강, 사회과학의 영역에서 결실을 맺고 있다.

그의 성찰과 이론이 우리의 개인적·사회적 삶에 미친 영향에 대해 조이스 캐럴 오츠(Joyce Carol Oates)는 이렇게 썼다. "매슬로의 놀랍도록 풍요로운 정신이 던진 도전을 온당하게 평가하기에는 그의 영향력이 너무나도 심오하다. 그는 스승, 예언자, 의사, 공상가, 사회설계가, 비평가를 포괄한 존재였으며, 겉으로는 무관한 듯한 현상들의 온갖 다양성을 통합시키려는 포부와 불굴의 낙관주의를 품고 있었다."(in Leonard, 1983, p. 335)

객관적인 기준으로 볼 때 매슬로가 발표한 연구의 양은 놀라울 정도다. 6권의 주요 저서와 140여 편이 넘는 논문을 발표했다. 이들은 또한 현대심리학 연구의 다양한 영역에서 다시 간행되고 있다. 그러나 매슬로가 출간한 출판물의 양보다도 그의 사상이 우리의 삶과 사회에 미친 영향이 더욱 중요하다. 그의 저술 활동은 인간이 지닌 최고의 열망을 고려하지 않고는 인간을 절대로 이해할 수 없다는 신념에서 비롯되었다. 그는 인간이 자신을 실현하고 사회에 봉사하는 방법을 통해 그런 열망을 배양하려는 충동을 타고난다고 명료하게 표현했다.

경이로움

매슬로는 인간 본성을 전체론적으로 이해하는 데 일생을 헌신하면서 삶에 대한 사랑과 인간이라는 종의 긍정적인 본성에 대한 끊임없는 믿음을 키워갔다. 인간은 단순히 신경증의 집합체가 아니라 잠재력의 보고라고 생각했다. 그는 젊은 시절부터 경이감, 개방성, 정직한 지각이라는 현상에 고취되어 있었다. 1928년 학부 철학논문에는 다음과 같은 글을 썼다.

왜 '신비 체험의 경이로움'이 인간에게 속한 것이라고 생각하지 않는 것일까? 신비 체험으로부터 인간의 필연적인 무력감과 빈약함을 추론 해내는 대신 (…) 인간의 위대함을 보여주는 보다 크고 멋진 개념을 완 성해낼 수는 없는 것일까?(in Lowry, 1973a, p. 77)

그로부터 40년도 더 지나서 매슬로가 우리 시대의 가장 위대한 심리 학자들 중 한 명으로 위치했을 때에도 『인간 본성에 대한 심층적 연구』 (*The Farther Reaches of Human Nature*, 1971, 144)에서 논의했듯이 그의 주제는 변화되지 않은 채 남아 있었다.[1]

이 책 전체를 한 문장으로 응축시켜야 한다면, 나는 인간이 보다 높 은 본성을 지니고 있으며, 그런 본성이 인간 본질의 일부라는 사실을 발견함으로써 따라오는 결과들을 자세히 설명한 책이라고 할 것이다. 더 간단히 말하면 인간은 인간적이고 생물학적인 본성으로부터 생겨 나서 훌륭한 존재가 될 수 있다고 요약할 것이다(in Lowry, 1973a, p. 77).

그는 자발적이고 호기심 많은 지성을 부여받음으로써 신경증적인 행

---

1 매슬로의 연구에 대한 모든 참조는 '에이브러햄 매슬로의 저서 목록'에 열거되어 있 다. 본문의 괄호 속 연도 다음에 나오는 숫자는 저서 목록에 표시된 문헌의 숫자를 의 미한다.

동과 정신병을 넘어서서 인간의 성장과 자아실현을 다루는 심리학에 접근할 수 있었다. 매슬로는 1959년에 '우리는 무의식적이고 전의식적인 심층, 이성과 비이성, 질병과 건강, 시와 수학, 구체성과 추상성을 모두 연구할 수 있다. 프로이트는 우리의 코 위에 의학적인 안경을 올려놓았다. 이제는 그것을 벗어버릴 때가 되었다"라고 썼다(in Lowry, 1979, p. 66).

간과된 혁명

『동기와 성격』 2차 개정판 서문에서 매슬로는 "인본주의적 철학이 여전히 지식인 사회에서는 외면당하고 있다. (…) 그런 이유에서 나는 이 혁명을 간과된 혁명이라고 부르게 되었다"라고 썼다(1970, p. 142, x).

1985년 3월에 열렸던 인본주의 심리학회의 25주년 기념행사에서 참가자들은 '간과된 혁명'의 영향을 회고하면서 인본주의적 아이디어가 일상생활에 녹아 있는 현상에 주목했다. 주류를 이루는 대학원의 연구나 교과서에는 인본주의적 관점이 종종 반영되지 않지만, 다른 영역에서는 인본주의적 철학이 확실히 관심을 받았다. 심리치료, 교육, 의학, 경영의 추세에는 자아실현, 가치 선택, 책임, 가족, 문화, 직장환경 속에서 인간을 보는 전체론적 관점을 강조하는 매슬로의 입장이 반영되어 있다.

바사 대학의 리처드 로리(Richard J. Lowry)는 매슬로의 친구이자 제자였다. 그는 매슬로 저널들의 편집자이기도 했으며, 매슬로의 공헌을 살펴보는 주도적인 역할을 하기도 했다. 로리는 자신의 저서 『매슬로: 어느 지성인의 초상』(*A. H. Maslow: An Intellectual portrait*, (1973a) 에서 매슬로의 아이디어에 담긴 주요 주제들과 심리학과 서구 사조의 역사에서 그의 아이디어가 차지하는 이론적인 위치를 살펴보았다.

로리는 매슬로의 지성적인 생애를 "인간 본성의 놀라운 가능성과 불가해한 깊이를 비범한 일관성과 통일성을 가지고 추구했던 삶"이라고 묘사했다(Lowry, 1973a, pp. 78-79).

영국 작가 콜린 윌슨(Colin Wilson)은 저서 『심리학의 새로운 길』(*New Pathπays in Psychology: Maslow and the Post-Freudian Revolution*, 1972)을 준비하면서 매슬로와 그의 아내 버사로부터 도움을 받았다. 이 책과 프랭크 고블(Frank Goble)의 저서 『제3의 세력』(*The Third Force, The Psychology of Abraham Maslow*, 1970)은 매슬로의 철학과 업적을 보다 광범위한 역사적인 시각에서 기록했다.

윌슨은 이렇게 표현했다. "매슬로의 업적은 엄청나다. (…) 모든 독창적인 사상가들처럼 그도 우주를 보는 새로운 방법을 열어주었다. 그의 아이디어는 나무처럼 서서히 유기적으로 발달했다. 거기에는 단절이나 갑작스러운 방향 변경이 없다. 그의 본능은 놀라울 만큼 옳았다."(1972, p. 198)

심리학자이자 과학철학자

매슬로는 "사물, 동물, 대상, 부분적 과정을 다루는 경험적인 과학의 일반적인 접근방식이 개인과 문화를 전체적·개별적으로 이해하고 알려고 할 때는 한계가 있고 부적절하다"라고 믿었다(Maslow, 1966, 115, p. xiii).

매슬로는 심리학 분야의 연구에 적합한 수단을 탐구한 과학철학자이기도 했다. 그는 심리학적인 진리를 철학적인 질문들로부터 분리하여 탐구하는 것이 불가능하다는 사실을 깨달았고 과학은 관련된 자료나 경험을 배제시킬 권리가 없다고 주장했다. 『과학의 심리학』(*The Psychology of Science: A Reconnaissance*)에서 그는 "과학은 가치, 개성, 의식, 미, 초월과 윤리를 다룰 수 있어야 한다"라고 했다(Maslow, 1966, 115, p. xiv).

매슬로는 이론을 검증하거나 적용하기보다는 창시하고 개척하는 일에 더 관심이 있었다. 하지만 다른 사람들이 자신의 아이디어를 실험해 보고증명 또는 반박하도록 끊임없이 도전하고 사람들을 초대했다.

나는 새로운 땅을 개척하고 그곳을 떠나는 사람이다. 나는 싫증을 잘 느낀다. 증명보다는 발견을 좋아한다. 발견은 내게 크나큰 전율을 안겨 준다(Maslow, in Lowry, 1979, p. 231).

그는 자신의 저서 『인간 본성에 대한 심층적 연구』(1971, 144)에서 증명이 '과학의 척추'라고 인정하면서도 "과학자들이 자신을 단순히 증명하는 사람이라고 생각하는 데 그치는 것은 크나큰 실수"라고 생각했다(p. 4). 그는 경험과 이론을 융합시켜주는 발견에 몰두했으며, 인간 행동에 대한 지식을 얻을 수 있는 새로운 방법론을 찾기 위해 과학과 과학의 원칙에 도전했다. 그는 실험실로부터 현장으로 연구를 확대하고 공장, 가정, 병원, 공동체, 심지어 국가들에 관한 연구를 포함시킬 것을 요구했다.

인본주의 심리학

오늘날 인본주의 심리학에는 여러 면이 포함되어 있다. 그것은 문화 운동이며 사회적 네트워크이자 사람들의 여러 가지 체험이다. 이와 동시에 테크닉들의 집합, 가치체계, 조직, 그리고 하나의 이론이기도 하다. 이상적으로는 이 모든 요소가 다른 것들과 상호작용하면서 서로를 풍부하게 해주어야 한다(Maslow, in Greening, 1984, p. 3).

나는 프로이트주의자이고 행동주의자이며 인본주의자다. (…) (Maslow, 1971, 144, p. 4)

이론

인간의 동기와 자아실현에 대한 매슬로의 이론은 프로이트나 행동주의 모델과 흔히 대조된다. 그렇지만 매슬로 개인적으로는 욕구단계설이 행동주의, 프로이트, 아들러의 모델을 다루던 자신의 초창기 연구의 논리적인 연장이라고 보았다. 그는 자신이 프로이트주의자와 행동주의자에 대항하는 혁명의 아버지가 아니라 그들의 학파에 속한다고 생각했다. 매슬로는 자신이 반대자가 아니라 창의적인 통합자라고 여겼으며 자신의 연구가 심리학에서 나타나는 현대적인 추세의 연장이라고 여겼다.

매슬로와 다른 인본주의 사상가들의 이론은 왜 그토록 혁명적이었을까? 그를 비롯한 다른 인본주의 심리학자들의 연구는 인간 행동의 경험적인 연구에 의존한다는 의미에서는 과학적이다. 하지만 인간 존재에 대한 어떤 철학적인 신념을 강조한다는 점에서 다른 심리학 체계들과 달랐다(Buhler & Allen, 1972).

인본주의 심리학은 인간 체험의 긍정적인 모델을 제시한다는 점에서 혁명적이다. 인본주의 심리학자들은 인간이 우선이고 그 다음이 과학자라고 주장한다. 그들은 자신들이 객관적이라고 주장하지 않는다. 그들은 관계의 매우 주관적인 교환의 영역에서 방법론을 발견하는 일에 몰두한다. 그것은 또 다른 인간에 대한 개인적인 지식을 드러내줄 것이다(Buhler & Allen, 1972; Polanyi, 1958).

다음에 열거하는 기본적인 주제가 현대 인본주의 심리학의 뚜렷한 특정이다.

- 병리중심적인 이론에 불만족스러워한다.
- 성장하고, 스스로 결정하고, 선택과 책임을 행사할 수 있는 인간의 잠재력을 인정한다.
- 인간이 빵만으로 살아가는 존재가 아니라 학습, 일, 사랑, 창의성 등의 상위 욕구에 따라 살아간다고 믿는다.
- 느낌, 욕망, 감정 등의 반응을 객관화시키거나 환원하여 설명하는 대신 이런 것들을 가치 있게 받아들이는 입장을 취한다.
- 인간이 옳고 그름을 알 수 있고 보다 높은 선(善)에 따라서 행동할 수 있는 능력이 있다고 믿는다. 또한 진리, 행복, 사랑, 아름다움과 같은 궁극적인 가치도 믿는다.

인본주의 운동

'제3세력'이라는 정의는 1957년 매슬로가 맨 처음 사용했고, 『인본주의 심리학 저널』(*Journal of Humanistic Psychology*) 창간호의 서문에 포함되었다(Suitch, 1961, pp. viii-ix).

『인본주의 심리학 저널』은 실증주의나 행동주의 이론이나 고전적인 정신분석 이론 내에서 체계적인 위치를 정립하지 못하는 창의성, 사랑, 자아, 성장, 유기체, 기본 욕구 충족, 자아실현, 높은 가치, 자아 초월, 객관성, 자율성, 정체성, 책임감, 심리적 건강 등과 같은 인간의 능력과 잠재력에 관심이 있는 일군의 심리학자들과 기타 분야의 전문가들에 의해 창간되었다.

두 기관이 1960년대 초에 지식인운동으로서의 인본주의 심리학의 정체성을 형성하는 주요 역할을 했다. 1962년 캘리포니아에 창설된 에설런 연구소가 다른 성장 센터들의 원형이 되었다. 또한 1962년에 매슬로와 그의 동료들이 인본주의심리학회AHP를 창설했다.

인본주의 심리학회와 저널의 주목적은 완전하고 건강한 인간의 행동 특성과 정서적 역동성을 탐색하는 것이었다. 이 새로운 협회는 기계론적·결정론적·정신분석학적·행동주의적 정통에 대한 반란을 의미했다. 1985년에 이르는 동안 AHP는 미국의 50개 주 전역과 여러 다른 나라들에서 5,200명의 회원을 확보했다.

매슬로는 프랭크 고블의 저서 『제3의 세력』(1970, p. vii)의 머리말에 다음과 같이 썼다.

나는 많은 다른 이론가들도 제3의 심리학의 대표자로서 손색없을 것임을 강조하고 싶다. 이 운동에는 단 한 명의 지도자, 그 운동의 특징으로 내세울 만한 한 명의 위대한 학자는 없다. 제3의 심리학은, 예를 들어 프로이트주의, 다윈주의, 마르크스주의, 아인슈타인의 이론과 같이 단 한 명의 이름으로 특징되는 대부분의 세계관의 혁명과는 대조적으로 여러 명의 작품이다. 이뿐만 아니라 제3의 심리학과 더불어 다른 분야에서도 독자적으로 진보와 발견이 이루어지고 있다. 사회와 모든 제도에 대한 새로운 이미지가 급속히 발달하고 있다.

인본주의 심리학자들은 개인 집단 조직에서 자아실현을 배양하고 측정할 수 있는 방법을 모색했다. 1968년에 자아실현의 정도를 측정하는 개인 소재 인식 검사(Personal Orientation Inventory, POI)가 고안되었다(Shostrom, 1968). 이 검사는 기업, 교육, 심리학 분야에서 광범위하게 활용되었다.

인본주의 심리치료

현대 심리치료는 매슬로와 다른 초창기의 제3의 심리학자들이 명시한 이론으로부터 영향을 받았다. 매슬로는 진료하는 임상의는 아니었지만 그의 아이디어는 심리치료의 실무 분야에 의미 있는 영향력을 미쳤다. 그는 체계적인 테크닉을 개발하기보다는 인간관계에 대한 전반적인 윤리적 접근방식을 발전시켰다.

매슬로는 다양한 임상 방법을 통해 만족스러운 결과를 얻을 수 있다고 믿었다. 그리고 성공적인 치료사는 개인의 기본 욕구를 충족시켜 그가 자아실현을 할 수 있도록 도와주어야 한다고도 믿었다. 그것이 "모든 치료의 궁극적인 목적"이라고 규정했다(*Motivation and Personality*, 1970, 142, pp. 241-264), "여기에는 진리가 많은 것을 치유해준다는 의미가 암시되어 있다. 자신의 억압을 뚫고 들어가서 자이를 알아가고, 충동이 내는 목소리를 듣고, 승리하는 본성을 발견하고 지식과 통찰에 도달하는 방법을 배울 것이 요구된다"라고 『인간 본성에 대한 심층적 연구』에 썼다(1971, 144, p. 52).

매슬로(1970, 142)가 묘사했으며 제임스 부겐탈(1971)도 분명하게 설명한 바 있는 인본주의 윤리는 치료 체험에서 특별한 의미를 암시한다. 그런 윤리의 몇 가지 주요 교의들은 다음과 같다.

- 자신의 행동과 체험에 대한 책임을 받아들인다.
- 관계의 상호성을 인식한다. 타인의 시각을 인식한다.
- 실존적인, 또는 지금 여기here and now라는 시각을 가지며, 인간은 언제나 현재에만 살고 있는 존재라는 점을 강조한다.
- 고통, 갈등, 슬픔, 분노, 죄책감과 같은 감정들을 인간적 체험의 일부로 이해해야 하며, 그런 것들을 억압하고 은폐하기보다는 가치를 인정해야 한다고 생각한다. 감정의 표현은 개인이 삶에서 체험한 의미를 보여준다.
- 인본주의적 윤리를 습득한 사람들은 모두 성장을 촉진하는 체험을 추구한다.

칼 로저스(1942, 1961)는 새로운 인본주의적 개념을 치료사-환자의 관계에 최초로 도입한 공로를 인정받아 마땅하다. 매슬로와 로저스는 서로의 이론에 영향을 미쳤는데, 특히 로저스는 환자들을 치료하는 절차의 새로운 패턴을 개발하면서 매슬로의 개념들을 적용시켰다. 그는 자신의 연구를 환자중심 접근방법(client-centered approach)이라고 불렀다. 로저스는 치료사가 치유를 촉진시켜주는 능동적인 역할은 하지만, 지시를 하지 않으면서 치료에 참가하는 사람이라고 했다. 다양한 인본주의적 심리치료사들이 이런 인간 대 인간의 관계를 변형시켜나갔다.

인본주의 치료사들은 자신의 경험을 인식하고 활용하며, 카운슬링 과정에서 치료사의 성격이 미치는 영향과 중요성이 과소평가되어서는 안 된다고 믿는다. 치료사는 환자에게 창의적이고 긍정적인 행동을 이끌어 낼수 있는 잠재력을 암묵적으로 보여주면서 모범이 되어준다. 또한 인본주의 치료사들은 최종 결정과 선택은 환자들이 해야 한다고 믿는다. 치료사가 환자를 지지해주는 역할은 하지만 결국은 환자가 자신의 삶에 대한 근본적인 책임을 지며 그 삶에서 가장 강력한 주체로 존재할 것이다(Buhler & Allen, 1972; Maslow, 1970, 142; Rogers, 1961).

우리는 자신의 깊은 본성을 아는 지식이 일반적인 인간 본성을 아는 지식이기도 하다는 사실을 기억해야 한다(Maslow, 1971, 144, p. xvi).

초개인심리학

나는 인본주의적, 제3세력이 한층 높은 제4의 심리학, 즉 초개인적·초인적 심리학으로 넘어가는 과도기적인 준비 단계라고 생각한다. 나는 제4의 심리학이 인간성, 정체성, 자아실현과 같은 것들을 넘어서 인간적인 욕구와 흥미보다는 우주에 중심을 두게 될 것이라고 믿는다(Maslow, *Toward A Psychology of Being*, 1968, 128, pp. iii-iv).

매슬로는 생의 말년이 되면서 인간 발달의 더 큰 가능성을 보았다. 웰빙의 범위가 확대되면서 인간의 성취를 다루는 연구들이 더 많아졌다. 그와 동시에 전통적인 서구 심리학만으로는 적당한 지침이 부족해졌다. 사실 인본주의 모델만으로도 부족했다. 매슬로는 의식의 특정 상태(의식이 변성되거나 신비적이거나 황홀경에 빠진, 또는 영적인 상태)가 자아실현을 넘어서는 체험으로서 정체성과 체험의 통상적인 한계를 초월하는 것임을 깨달았다(Walsh & Vaughn, 1980).

1968년에 매슬로는 이런 새로운 '제4의' 심리학의 이름에 대하여 앤서니 수티치(Anthony Sutich)와 논의했다. 수티치가 편집을 맡아 이미 저널까지 간행하기로 계획이 되어 있었다.

스탠 그로프(Stan Grof)와 대화 도중에 '초인간적' 또는 '초인본주의적'이라는 어색한 용어 대신에 '초개인적'이라는 용어를 생각해냈다는 것이 이 글을 쓰게 된 이유다. 곰곰이 생각할수록 이 용어는 우리가 의미하는 바를 정확히 말해주고 있다는 생각이 든다. 초개인적이라는 용어는 개성과 개인의 발달을 넘어서 좀 더 포괄적인 것으로 다가간다는 의미를 지닌다(Maslow, in Sutich, 1976, p. 16).

매슬로는 1969년에 창간된 『초개인심리학 저널』의 발행을 생전에 볼 수 있었다. 서두에 실린 논문은 그가 '인간 본성에 대한 심층적 연구'라고 제목 붙였던 강연에서 나온 내용이었다.

다음은 수티치가 저널의 목적에 대해 썼던 진술이다. 매슬로는 이를 적극 지지했다.

이제 부상하고 있는 초개인 심리학('제4세력')은 발달과정, 개별적이면서도 종 전체에 해당되는 메타 욕구, 궁극적인 가치, 통합적인 의식,

절정 체험, B-가치(존재 가치), 황홀경, 신비 체험, 경외, 존재, 자아실현, 본질, 환희, 경이, 궁극적인 의미, 자아 초월, 영혼, 일치, 우주적 인식, 개인적이면서도 종 전체에 관련된 상승효과, 인간 간의 극대화된 만남, 일상생활의 신성화, 초월현상, 보편적인 자기 유머와 즐거움, 극대화된 감각적 의식, 반응성과 표현, 그와 관련된 개념, 체험, 활동 등에 대한 발견을 경험적·과학적으로 연구하고 확실하게 실행하는 일에 특별히 관심을 둔다(Sutich, 1976, pp. 13-14).

1985년에 초개인심리학협회의 회원수는 1,200명을 돌파했다. 국제초개인협회도 결성되어 국제적인 학회들을 주관했다.

초개인적 시각의 출현

1960년대 말에 인간의 행동과 성장을 설명하는 새로운 모델의 필요성을 반영하는 문화적 요인들이 나타나면서 초개인심리학의 출현이 촉진되었다. 인간 잠재력 운동과 환각제의 광범위한 사용, 명상과 같이 의식을 변화시키는 테크닉들의 확산은 의식, 건강, 체험, 동기에 관한 신념에 중요한 영향을 미쳤다.

많은 개인들이 일상생활 영역 바깥에 있는 다양한 의식 상태를 체험하면서 비서구적인 심리학과 종교의 타당성, 중요성을 인식하기 시작했다. 의식 변성 상태에 대한 이론적인 이해가 진화되면서 특정한 비서구적 전통들이 의식의 높은 상태를 이끌어내기 위한 테크닉이라고 인식되기도 했다.

월시와 본은 "선택에 따라서 종교적으로든 심리학적으로든 해석될 수 있는 초월적 상태에 도달하는 능력과, 자아와 세계와의 관계에 대

한 깊은 통찰력이 우리 안에 잠재되어 있음이 분명해졌다"라고 했다
(1980, p. 21).

존재의 본성에 대한 탐구

초개인심리학은 성격이 심리적 본성의 한 면에 불과하다고 여기기
때문에 엄밀히 말하면 성격의 모델이라고 할 수 없다. 오히려 초개인심
리학은 존재의 본질에 대한 탐구라고 해야 할 것이다.

초개인심리학은 다음과 같은 주제를 탐구한다.

- 의식, 특히 자아성찰적인 의식은 인간 존재의 본질이다(Walsh &
  Vaughn, 1980).
- 조건화가 인간의 그다음 차원이다. 우리는 스스로가 생각하는 것보
  다 조건화에 훨씬 더 얽매여 있지만 초개인심리학자들은 최소한 경
  험적으로라도 그런 조건화로부터 자유로워지는 것이 가능하다고 여
  긴다(Goleman, 1977).
- 다른 심리학에서보다 성격을 덜 중요하게 취급한다. 성격의 조절보
  다 성격으로부터의 탈동일시[2]를 건강이라고 여긴다(Wilber, 1977).
- 내면적·심리 내적 현상과 과정이 외부적인 동일시(external
  identifi-cation)보다 더 중요하다.

심리치료

제임스 패디먼(James Fadiman)과 캐슬린 스피스(Kathleen Speeth)

---

[2] 자신의 몸, 감정, 소유물 등과 자신 전체를 동일시하여 그것에 사로잡히지 않으려는
태도 - 옮긴이.

는 "초개인적 심리치료에는 광범위한 행동적·정서적·지적 질환들을 치료하는 것과 함께 완전한 자아실현을 발견하고 그를 향한 노력을 지원하는 것이 포함된다"라고 했다(1980, p. 684). "심리치료 목적은 지배 문화에 성공적으로 적응하는 것이 아니라 다양한 전통이 표현하는 바에 따라 해방, 계몽, 개성화, 확실성, 영지(靈智)라고 불리는 상태를 일상적으로 체험하는 것이다."

초개인적 분야의 심리치료 테크닉은 임상 연구, 신비주의 전통, 명상, 행동 분석과 생리학적 테크놀러지들로부터 개발된다. 그리고 개인의 신체적·정신적·정서적·영적 차원의 발달과 통합에 초점을 맞춘다.

인간 본성의 최고 한계와 궁극적인 가능성을 탐색하는 작업은 소중히 지켜왔던 공리들을 끊임없이 파괴하고, 표면적으로 드러나는 역설, 모순, 모호함에 지속적으로 대응하는 일이었다. 또한 그 과정에서 오랫동안 고수되어 믿음이 확실하고 공격이 불가능해 보였던 심리학적 법칙들을 때때로 붕괴시키는 것을 의미했다(Maslow, 1968, 128, p. ii).

"지금의 우리는 우리가 될 수 있는 전부인가? 아니면 대부분의 사람들은 꿈도 꾸지 못하지만, 더 높고 깊은 심리적 능력이 우리 안에 있어서 어떤 사람들은 얼핏 보고 그것을 기르기도 하며 극소수는 열매를 맺기까지 하는 것일까? 그런 능력이 존재한다면 그것의 성질은 어떻고, 어떻게 알아볼 수 있을까? 또 우리는 그것들로부터 어떻게 배울 수 있으며, 어떻게 하면 그것을 가장 잘 개발할 수 있을까?"(Walsh & Shapiro, 1983, p. 5).

이것은 매슬로가 30여 년 전에 제기했던 질문들이다. 오늘날 인본주의적이고 초개인적 심리학 분야에서는 자기 이해의 새로운 문맥을 탐색하고 통합적인 웰빙심리학을 향해 나아가려는 움직임이 일고 있다.

교육: 인본주의적 가치와 새로운 학습 방법

인생의 모든 것은 교육이고, 모든 사람은 교사이며, 모든 사람은 영원히 학생이다(Maslow, in Lowry, 1979, p. 816).

삶에서 내게 가장 많은 것을 가르쳐준 가장 위대한 교육적 체험은 결혼한 것과 아버지가 되는 것이었다. 그 체험은 내가 어떤 사람인지를 가르쳐주었으며, 나를 이끌어내고, 튼튼하게 해주고, 더 크고 강하게 해주었으며, 더 완전한 인간이 되도록 해주었다("Conversation with Abraham H. Maslow", *Psychology Today*, 1968, p. 57).

매슬로에게 학습은 인간의 모든 욕구와 관련이 있었다. 학습은 단순히 자료와 사실을 습득하는 것이 아니라 자아 이미지, 느낌, 행동, 환경과의 관계에서 끊임없이 변화를 가져오면서 개인을 전체론적으로 재통합하는 것을 의미한다. 그는 교육이 교실에 국한된 것이 아니라 평생에 걸쳐서 이루어지는 과정이라고 생각했다.

매슬로는 어린아이들이 깨어나고 '존재 가치'를 실현하면 새로운 문명이 꽃필 수 있다고 생각했다. 비전을 가졌던 다른 사람들과 마찬가지로 그도 젊은이들의 교육이 변화되면 새로운 사회가 형성될 수 있다고 믿었다. 교육에서의 인본주의적 가치는 많은 개혁가와 교육계의 선구자의 기치가 되었다. 닐(A. S. Neill)은 『섬머힐』(*Summerhill*, 1969)

에서 매슬로와 유사한 신념을 그렸다. 이런 신념에는 즐겁게 일하고 행복을 발견하고 개인적인 흥미를 개발할 수 있는 자유가 포함된다. 자기 확신, 통찰, 자발성, 성장을 일깨우는 것이 매슬로의 접근방식에 담긴 핵심이다.

허버트 콜(Herbert Kohl, 1969)과 그 밖의 여러 교육 개혁가들은 이런 철학을 공립학교와 사립학교 환경에 적응시켰다. 열린 교실의 옹호자였던 콜은 교사가 권위주의적인 역할에서 벗어나 학생과 동등한 위치에서 이야기하며 학생들의 흥미 위주로 이끌어가는 교실 환경을 개발했다. 관련된 연구 결과들은 창의적이고 자발적이며 따뜻한 사람이나, 사실보다는 의미를 전달해주며 자존감이 높고 자신의 역할을 통제보다는 해방시켜주는 것이라고 생각하는 어른들에게서 아이들이 가장 잘 학습한다는 사실을 보여주었다.

교육에 대한 인본주의적 접근, 즉 정서 교육(affective education)이라고 알려진 개념은 학습의 지적인 면 이외의 것들을 강조한다. 감정, 느낌, 흥미, 가치, 성격과 관계된 면을 중요시한다. 조지 브라운(George Brown)이 최초로 도입한 융합교육(confluent education)은 개별적이고 집단적인 학습에서 정서와 인지적 요소의 통합을 시도한다(Miller, 1976).

인본주의적 교육의 기본 주제는 다음 내용을 핵심으로 한다.

- 개인이 스스로 학습하고 정체성을 발달시키는 책임을 진다.
- 사랑과 자기 가치감의 욕구를 지지하고 인정해준다.
- 교사는 열린 교실을 구성하는 역할을 한다.
- 학생이 토론을 주도하는 조별 학습, 집단 상호작용과 과정을 통해 개

인의 노력을 향상시키는 방법 등 학습과정에서 또래 집단을 활용한다.

매슬로의 단계이론에서 준비성은 결정적인 요인으로 인식된다. 정서 교육에서는 학습자나 교사가 준비되기 전까지는 어떤 전략도 사용하지 않을 것을 강조한다. 모리스는 학습자의 욕구와 준비성이 분명하게 파악될 수 있으면 조직적인 지침, 교과목 결정, 심지어 학교 환경까지도 개선될 수 있다고 했다. 공립학교에서는 매슬로의 단계이론을 활용하여 교과과정을 개별화하고 학습의 가능성을 높이기 위해 자아 개념, 자기 통찰, 자기 이해, 자아실현 등의 개인 욕구와 준비성 개념을 사용해 왔다.

여러 학군은 교육 프로그램이 생리적 욕구(예를 들어 무료급식, 옷, 통학 수단 등), 안전 욕구(예를 들어 소방 훈련, 아동 학대에 대한 계몽, 결석했을 때 전화하기), 사랑과 소속감의 욕구(예를 들어 학급회의, 우정 집단, 카운슬링, 아이들에 대한 보살핌) 등을 충족시키는지의 여부에 주안점을 두고 프로그램을 검토했다(Guest, 1985). 존경과 자아실현 욕구를 충족시키기 위해 학생의 작품을 전시하고, 통지표에 설명을 덧붙이며, 시상을 해주고, 각종 생산 활동과 특별 활동에 참여시키는 것을 프로그램에 포함시켰다.

다중지능과 창의성

매슬로는 모든 자아실현자가 예술적이든 과학적이든 다양한 방면에서 항상 언제나 창의적이라고 언급했다. 그는 문제를 해결하는데 다른 여러 방법이 있을 수 있다고 생각했다. 학생들에게 "여러분이 망치만 가지고 있으면 모든 문제가 못으로 보이기 시작할 것이다"라고 주의를 주었다고 인용된다(Ostrander & Schroeder, 1979, p. 147).

인지심리학과 신경심리학에서 이루어진 다년간의 연구에 기초하여 하워드 가드너(Howard Gardner, 1983)는 인간 잠재력 프로젝트(Project on Human Potential)를 통해 다중지능이론을 발표했다. 가드너의 연구는 문제를 해결하고 잠재력을 실현하는 데 여러 가지 방법이 있다는 매슬로의 주장을 확인시켜준다. 그의 이론에 따르면 개인은 언어, 음악, 논리-수학, 공간, 신체운동 또는 대인지능을 가지고 있다. 또한 통찰, 직관, 운동감각 의식은 모든 인간의 타고나는 잠재성으로서 인간 본성의 근본적인 특성을 표현하는 것으로 소중하게 여겨진다.

매슬로는 교육이 개인의 성장에 대해서, 즉 무엇을 향해 성장할 것인가, 무엇을 선택할 것인가, 무엇을 거부할 것인가에 대해서 배우는 것이어야 한다고 생각했다. 그는 '교육과 절정 체험'이라는 장에서(in *The Farther Reaches of Human Nature*, 1971, 144, pp. 168-179) 미술, 음악, 무용의 조기 교육이 심리적이고 생물학적인 정체성을 형성하는 데 필수적이라고 제안했다.

조지 레너드는 『교육과 황홀경』(*Education and Ecstasy*, 1968)에서 인간의 잠재력에 대한 매슬로의 이론과 혁신적인 학교, 두뇌 연구 실험실과 실험적인 공동체를 종합했다. 그는 매슬로와 마찬가지로 두뇌의 궁극적인 창의력이 무한할 것이라고 믿었다. 레너드는 자유로운 학습자(free leaner)에 대해 썼으며, 배움의 기쁨을 창조할 수 있는 새로운 테크놀러지와 환경을 제시하는 학습의 새로운 비전을 추구하라고 학생, 부모, 교육자들에게 촉구했다.

인본주의적 교육을 넘어서 초개인적 교육으로

창의적인 교육은 사람들에게 미지의 것을 맞이하도록 준비시킬 수 있다(Maslow, in Lowry, 1979, p. 18).

삶이 소중하다는 것을 가르치는 것이 교육의 한 가지 목표가 되어야 한다(Maslow, 1971, 144, p. 187).

인간의 잠재력에 대한 우리의 지식에 부합하는 교육의 패러다임을 향해 나아가는 움직임은 여전히 새롭다. 전통적인 교육은 기존 사회에 개인을 적응시키려는 목적을 가지고 있었다. 반면에 1960년대의 인본주의 교육자들은 사회가 자율적이고 고유한 개인들을 수용해야 한다고 주장했다. 초개인적 체험은 새로운 종류의 학습자와 사회를 지향한다. 자아 수용을 넘어서 자아 초월을 장려한다(Ferguson, 1980).

초개인적 교육은 전인 교육을 의미하며 사람을 자신 안에 있는 신비함에 노출시키는 과정이다. 배우는 방법을 배우는 것에 주안점을 둔다. 학습은 과정으로서 개인의 변화를 발견하는 것이 반영되는 여정이다. 매슬로는 학교가 학생으로 하여금 자신의 내면을 보고 이런 지식을 통해 가치체계를 개발하도록 도와주기 위해서 존재해야 한다고 주장했다.

저자이면서 교사였던 조너선 코졸(Jonathan Kozol)은 교육이 진리, 정직, 동정심과 같은 윤리적인 가치를 다루어야 하며 이런 가치를 교실 밖에서 일어나는 사건에 응용해야 한다고 제안했다. 매슬로는 개인의 건강이 집단의 건강과 분리되어 존재할 수 없으며, 개인의 성장도 영적인 성장과 분리될 수 없다고 굳게 믿었다.

학습에 관한 새로운 모델

인간의 잠재력에 대한 매슬로의 이론은 학습 테크닉의 개발에도 연결될 수 있다. 학습의 새로운 양식을 다루는 문헌과 방법론들이 현재 통용되고 있다. 새로운 학습 도구와 테크닉들에는 이완 테크닉, 시각화, 최면, 감각 인식, 직관과 예감 개발, 수면 학습, 긍정, 기억력 개발과 마인드 게임 등이 있다. 이런 학습 도구들은 두려움, 자책감, 뒤틀린 자아상, 능력의 한계에 대한 부정적인 이미지를 해소하기 위해 사용된다.

교사와 카운슬러들은 실제로 이런 초개인적 학습 테크닉들을 사용하고 있다. 이는 교실에서 이것을 활용하기 위한 게임과 테크닉에 관한 책들이 많이 출시되어 있는 것으로 뒷받침된다(Castillo, 1974; Hendricks & Fadiman, 1976; Hendricks & Willis, 1975; J. B. Roberts & Clark, 1975).

의식의 상태에 관한 연구도 매우 중요한 분야다. 연구 결과들은 인간에게 다양한 의식의 수준이 존재함을 보여준다. 우리는 다양한 의식 수준을 가지고 있다. 이뿐만 아니라 학습을 억제하는 상태들을 의도적으로 전환시키거나 능력을 향상시켜주는 상태를 배양할 수도 있다. 꿈, 심령 치유(LeShan, 1974), 과학적으로 설명할 수 없는 현상(Ullman, Krippner & Vaughn, 1973), 바이오피드백을 통한 자율신경계의 통제(Green & Green, 1977) 등이 그런 테크닉에 포함된다.

초학습(superlearning) 테크닉도 점점 더 인기를 얻고 있다. 1960년대 중반에 불가리아의 의사이자 정신과 의사인 게오르기 로자노프(Georgi Lozanov) 박사가 초학습체계를 개발했다. 그는 이 테크닉을 정신 요가, 음악, 수면 학습, 생리학, 최면, 자율 훈련, 초심리학, 연극 등을 활용하여 개발했으며, 암시학(suggestology)이라고 불렀다. 그는 의식의 변성된 상태를 학습, 치유, 직관 발달에 적용했다(Ostrander & Schroeder, 1979).

학습자들은 자신의 진정한 능력을 엿보고 구체적인 결과를 얻으면서 고무된다. 이런 학습에서는 학습의 유기적인 성질과 스스로에게 의존할 필요성이 강조된다(Holt, 1970; Kohl, 1969; Maslow, 1971, 144). 이런 테크닉들이 점점 더 주류로 자리 잡으면 우리는 매슬로가 교육과 심리학에 대해 가지고 있던 개념들에 좀 더 다가갈 수도 있을 것이다.

자기 탐구를 심화시키기 위해서는 교육 가능성의 한계에 높은 기대를 갖고 그에 초점을 두는 것이 필수적이다. 매슬로는 대학 강의실에서 학생들에게 중요한 질문을 했다.

"여러분 중 누가 자신이 선택한 분야에서 위대한 업적을 이룰 것이라고 예상합니까?"

학생들은 그를 멍하게 바라보았다. 한동안 침묵이 흐른 후 매슬로가 말했다. "여러분이 아니라면 누가 그런 사람이겠습니까?"(Wilson, 1972, p. 15)

직장과 경영에 미친 매슬로의 영향

인간 본성은 과소평가되어왔다. 인간은 '본능과 유사한 성향'이라는 하위 본성을 가지고 있듯이 상위 본성도 가지고 있다. 그리고 인간의 상위 본성으로는 의미 있는 일과 책임감, 창의성에 대한 욕구가 있다. 그리고 공정하고 정당하게 행동하고 가치가 있는 일을 하고 싶고, 그 일을 잘하고 싶어하는 욕구도 있다(Maslow, 1971, 144, p. 238).

1962년 여름, 매슬로는 델마에 위치한 최첨단 공장 논리니어 시스템에 객원 펠로로 일하기 위해 캘리포니아로 건너갔다. 그에게 개인적인 전환점이 되는 계기였다. 그는 자신이 경영심리학에 뛰어들게 된 이유를 회고하면서 이렇게 썼다. "내가 대중요법에 관심을 가지게 되면서 큰 변화가 있었다. 개인요법은 대중에게는 쓸모가 없다. 나는 사회를 변화시키는 데 교육이 가장 좋은 방법이라고 생각했다. 그런데 이제는 직장 환경을 다루는 것이 더 좋은 방법이라고 생각하게 되었다"(Lowry, 1979, p. 191)

논리니어 시스템에서의 관찰을 통해 매슬로는 자신의 이론이 조직경영에 응용될 수 있다는 가능성을 발견했다. 그는 조직이 인간의 전체론적 본성을 포용하는 운영방식을 취할 때 사람들이 최적의 기능을 발휘한다는 것을 발견했다. 그는 인간의 잠재력에 초점을 맞춘 인간적이고 계몽된 경영 방침이 경제적으로도 이익을 가져올 것이라고 믿었다.

그는 이런 유토피아적인 리더십의 개념을 유사이키안 경영이라고 불렀다. 그는 모든 사람이 심리치료를 받을 여유는 없지만 많은 사람이 치유적인 분위기의 작업 환경은 체험할 수 있다고 지적했다. 유사이키아(eupsychia)는 매슬로가 궁극적으로 이해하는 심리적 건강에 부합되는 방향으로 움직여가는 제도를 설명하기 위해 그가 만들어낸 어휘다. 매슬로는 더글러스 맥그리거(1969)의 X이론과 Y이론에 영향을 받았다. 맥그리거의 이론은 권위주의적이거나(X) 인본적인(Y) 가정(假定)이 어떻게 경영방식에 영향을 미치는지 보여주었다. 나아가 매슬로는 본질적으로 초개인적인 또 다른 가정을 제시하면서 그것을 Z이론이라고 불렀다.

Z이론은 자아실현, 사랑, 그리고 인간 가치의 최고에 이르고자 하는 충동을 포함시킴으로써 고전적인 경제학의 희소성 모델에 혁명을 일으켰다. Z이론은 공동의사결정, 상호 신뢰, 친밀감, 보살핌, 협동이 조직의 발달에 필수적이라고 본다.

이런 이론을 채택하는 회사들은 직원 교육에 지속적으로 관심을 기울이며, 기업이 자아실현자들을 변화시키고 지원해줄 수 있는 잠재력을 지니고 있다는 생각을 강화해나간다. 모든 직급의 사람들 사이에서 맺어지는 관계가 변화하며 복잡한 것임을 인정한다. 개인의 성장과 존경에 대한 욕구가 경제적인 안정감만큼 중요하며, 직업이 경제 추구인 동시에 심리적 체험이기도 하다고 인식한다.

매슬로의 Z이론은 일본 기업 실태에 관한 윌리엄 오우치의 유명한 저서 『Z이론』(1981)을 20년이나 앞선 것이었다. 그런데 이상하게도 오우치의 책에는 매슬로가 전혀 언급되어 있지 않다.

기업에서의 인본주의적 발달

인본주의 심리학은 성취, 독립, 자율성에 대한 욕구, 자부심을 느끼고 싶은 욕구, 성장하고 자아실현을 하고 싶은 욕구 등의 심리적 욕구의 존재와 중요성을 암시했다(Argyris, 1964; Drucker, 1974; Maslow, 1965, 112; McGregor, 1960). 1960년대와 70년대에 출현한 인간지향적인 경영과 기업 업무에 대한 아이디어는 계속 발전했다. 많은 조직이 감수성 훈련(French & Bell, 1980), 참여적인 의사결정(Hackman & Oldham, 1980), 목적이 이끄는 경영(Drucker, 1974), 직장생활의 질을 향상시키기 위한 프로그램(Carlson, 1980)과 같은 테크닉을 도입했다.

1965년에 매슬로의 초안들을 모아 저널 형식으로 출간한 『유사이키 안 경영』에는 톰 피터스와 로버트 워터먼의 『초우량 기업의 조건』(*In Search of Excellence*, 1982), 파스칼과 아토스의 『일본식 경영의 기술』 (*The Art of Japanese Management*), 오우치의 『Z이론』과 같은 최근의 인기 경영학 저서들에 등장하는 많은 아이디어가 예시되어 있다. 미국 의 기업들은 새로운 시각으로 국내와 해외에서 성공을 추구하고 있다. 그런 기업에서 탁월한 성과를 달성하는 방법으로 현재 확인되는 많은 혁신과 조건들은 매슬로가 일찍이 1960년대에 설명했던 것들이다.

매슬로는 1965년에 피터스와 워터먼이 1982년에 확인했던 사실을 이미 깨달았다. 즉 인간적인 가치에 초점을 두며 의미를 추구하는 인간 욕구의 충족을 지향하고 조직의 목적을 창조해내는 리더십이 성공을 거둔다는 것이다. 매슬로는 완전히 기능하는 조직을 위해 36가지의 가 정과 전제조건을 제시했다. 일부 소개하면, 첫째, 모든 직원에게는 성취 욕구가 있고, 그들은 훌륭한 기량을 가지고 있으며, 시간을 낭비하려 하지 않고, 일을 잘하고 싶어 한다고 가정한다. 둘째, 사람들은 자신이 중요한 존재이며, 타인에게 필요하며, 유용하고, 성공적이며, 자랑스럽 고, 존경받는다고 느끼기를 좋아한다고 가정한다. 셋째, 모든 사람을 신 뢰할 만하다고 가정한다. 넷째, 모든 사람에게 상황과 관련하여 가능한 최대한 사실과 진실을 알려주어야 한다고 가정한다. 다섯째, 인간에게 는 궁극적으로 세상과 더욱 동일시하려는 경향 또는 선호가 있으며 진 실, 정의, 완벽함과 같은 가치에 대한 갈망이 있다고 가정한다(Maslow, 1965, 112).

휴렛패커드, 애플 컴퓨터, 텍사스 인스트루먼트, 이스트먼 코닥, 리바 이 스트라우스와 같은 거대한 미국 회사들은 개인의 책임, 팀워크, 사람에 대한 관심에 기초를 둔 경영 스타일을 채택한다. 이런 대기업들은 지속적인 생산성을 유지하려면 직장생활이 고도의 상호 의존성, 상호 신뢰, 협동을 필요로 한다는 사실을 인식하고 그것을 반영하고 있다.

VALS 프로젝트: 욕구단계이론의 직접적인 응용

캘리포니아의 멘로파크에 위치한 스탠퍼드 연구소(Stanford Research International, SRI)에서 매슬로의 이론을 가장 직접적이며 성공적으로 기업에 응용하는 프로젝트가 개발되었다. 가치와 생활양식(Values and Lifestyles, VALS)이라고 알려진 이 프로젝트는 미국인들을 독특한 방식으로 그려주었다. VALS 시스템은 매슬로의 욕구단계에 기초하여 아홉 가지 유형의 사람들의 정교한 초상을 그려냈다. 각 유형은 "각자의 가치, 추동, 신념, 욕구, 꿈과 특별한 관점이 독특하게 배열되어 결정되는 삶의 방식"을 보여준다(A. Mitchell, 1983, p. 4).

생활양식 정보(lifestyle information)라고 불리는 VALS는 어떻게 직원을 끌어들이고 보유할 것인가, 각자가 생산적이고 행복한 생활을 하게 하기 위해서 개인에게 어떤 일을 맡겨야 할 것인가, 어떻게 작업 집단을 형성할 것인가를 결정하기 위하여 사용된다. VALS 유형학은 시장 분화와 규모를 판단하고 제품 개발, 포장, 디자인을 돕기 위하여 활용되기도 한다.

영 앤드 루비컴, 오길비 앤드 매더, 레오 버넷 등의 광고대행업자들은 소비자의 선호도를 파악하기 위해 VALS 사이코그래픽스[3]를 사용하고 있다. 욕구단계이론은 이렇게 활용되면서 오늘날 수백만 미국인의 삶

---

3 수요 조사 목적으로 소비자의 행동양식, 가치관 등을 심리학적으로 측정하는 기술 - 옮긴이.

을 설득력 있고 강력한 방식으로 움직이고 있다.

건강과 전인

매슬로가 의료 분야에 미친 영향은 크게 두 가지로 나눌 수 있다. 하나는 기존의 의료기관에서 그의 이론을 직접 응용하고 있는 것이다. 또 다른 하나는 건강에 대해 전체론적 사고방식이 폭발적으로 증가한 현상이다.

간호, 의료, 병원행정, 교육, 노인학 등의 영역에서 매슬로의 모델을 응용한 연구가 수없이 많이 이루어졌다. 이런 많은 연구를 통해 병원, 클리닉, 정신병원, 요양원과 같은 의료기관에 상위 욕구 개념이 도입되었다. 의사, 간호사, 기타 의료 전문가들이 환자들의 광범위한 욕구에 대해 좀 더 개인적인 관심을 기울이는 것을 인정하고 격려하기 시작했다. 많은 기관에서 이런 변화를 반영하는 정책들을 세웠다. 예를 들어 런던의 한 클리닉에서 의사들은 "건강이 질병보다 더 강하고 전염성이 있다"라는 전제하에 진료했다(Pioneer Health Center, 1971, cited in Duhl, L. J., "The social context of health," p. 42 in Hastings, Fadiman & Gordon, 1980). (인용 색인에 매슬로를 인용하는 수많은 의학 저널들은 이 분야에 그가 미친 영향을 여실히 보여준다.)

전체론적 건강

최근에 전체론적이라는 단어는 건강 분야와 연관되어 가장 빈번하게 언급된다. 릭 칼슨(Rick Carlson, 1980, p. 486)은 미국 의료계의 미래에 대해 쓰면서 매슬로의 신념을 반복했다. "의료계를 포함한 모든 영역에서 환원적 사고는 인간 존재와 인간 경험에 개입하거나 상세한 분석을 하기 위하여 그것들을 면이나 부분으로 분할하는 결과를 가져온다. 이것이 현재 지배적인 의료 현실에 깔려 있는 한 가지 기본 전제다. 물론 환원주의도 유용한 면이 있지만, 인간을 제대로 보기에는 몹시 제한된 견해다. 전체론으로의 이행은 그것이 의료계에 강요되었기 때문이 아니라 (…) 인간 존재가 무엇이며 누구인가를 보는 관점에 일어나는 보다 큰 변화의 일부이기 때문에 되돌릴 수 없는 추세다."

보건 분야에서는 웰빙 증진에 전체론적으로 접근하는 방식과 진료받으러 오는 사람들의 신체적·정신적·영적인 면에 맞추려는 태도의 증거를 풍부하게 찾아볼 수 있다. 전체론적인 의학은 개인의 요구에 따르는 맞춤 진료의 중요성과 함께 환자의 유전적·생물학적·심리사회적 고유성을 강조한다(Gordon, 1980).

자신을 치유하기

질병은 갑작스러운 가치 변화, 즉 각성을 일으킬 수도 있다. 그렇기 때문에 질병에는 인간의 변화를 가져올 수 있는 잠재력이 있다. 많은 사람들이 자신의 웰빙에 책임을 지기 시작했다. 다이어트, 영양, 운동과 스트레스 감소를 위한 자기 지침서가 베스트셀러가 되고 있다. "고전적인 매슬로주의로의 전환이야말로 의료 현실의 비인간화와 치솟는 비용으로 인한 위기를 해결할 수 있는 길이다. 점점 더 많은 사람들이 자신의 건강증진에 개인적으로 책임을 지면서 병리적인 환경과 사회와 싸우고 있다."(Leonard, 1983, p. 335)

정신·감정 상태가 건강과 질병에 미치는 영향과 치유과정에 적극 참여하는 환자의 통합적인 역할을 의식하면서 개인의 자연 치유과정에 동원할 수 있는 다양한 테크닉이 나왔다. 이런 테크닉으로는 자율 훈련(Lindemann, 1974), 최면(Crasilneck & Hall, 1975), 명상(Shapiro & Walsh, 1980), 임상적인 바이오피드백(Pelletrer, 1977) 등이 있다.

필 뉴언버거(Phil Nuernberger)는 『스트레스로부터의 해방』(*Freedom from Stress-A Holistic Approach*, 1981)에서 자아실현자는 다른 사람들과 같은 정도의 스트레스를 생성하지 않는다고 단언했다. 게다가 그들은 병도 덜 걸리며 삶에 대해 높은 수준의 만족도를 일관되게 보인다. 그렇지만 자아실현자들은 우리 사회의 다른 모든 사람들과 마찬가지로 압력을 받는 상황에서 일하면서도 많은 것을 성취한다. 긴장, 두려움, 불안감, 신경질은 고도의 성취와 업적을 이루기 위해 반드시 겪어야 하는 요소들이 아니다. 그들은 스트레스를 다스리는 방법을 알고 있다.

전체론적 시각의 적용은 대안적인 분만방법, '건강한' 노화, 죽음과 죽어가는 단계에 대한 새로운 인식에 이르기까지 삶의 주기의 모든 단계에 영향을 미쳤다. 의학에 대한 우리의 믿음은 건강을 증진하고 질병을 예방하며 치유를 지원하는 여러 가지 개인적·가족적·환경적·사회적 요인들이 포함되도록 확장되고 있다. 각자가 자신의 건강에 대해서 많은 책임을 지면서, 우리는 성장하고 변화하는 능력뿐 아니라 진정으로 치유하는 능력까지도 갖게 된다.

동기와 자아실현이론과 여성심리학

여성들은 끊임없는 기적이다. 그들은 꽃과도 같다. 모든 인간이 신비로운 존재이지만 내게는 여성이 남성보다 더 신비스럽게 여겨진다 (Maslow, in Hall, 1968, p. 56).

매슬로는 많은 분야에서 새로운 영역으로 전진해가면서, 그 역시 많은 동시대인들과 마찬가지로 심리적인 발달단계에서 남녀가 거치는 과정이 공통적이라고 가정했다. 그리고 인간 발달의 정점에 이르렀을 때의 특징은 개성화와 성취라고 했다. 이런 가정은 포괄적인 여성심리학을 촉진하기도 했지만 제한하기도 했다. 매슬로는 양성 간의 차이점에 대해서 생각을 하기는 했지만 자신의 관찰을 충분히 전개하지는 않았다.

베티 프리던(Betty Friedan)은 『여성의 신비』(*The Feminine Mystique*, 1977)에서 여성이 아내와 어머니로서의 역할을 넘어서 자아실현의 비전을 지향하도록 격려하면서 매슬로를 많이 언급했다. 그렇지만 욕구단계를 여성에게 적용시킬 때, 여성들은 매슬로가 이야기한 '상위' 수준에 따라 특징지을 수 없었다. 여성들은 자율과 분리보다는 애착과 친밀감에 중심을 두며, 남자와는 다른 방식으로 체험하고 발달해나간다 (Norman, Murphy & Gilligan, 1982).

매슬로는 1962년 이 점을 궁금해하면서 일기에 다음과 같이 기록했다(in Lowry, 1979, p. 251).

여성에게는 사랑을 받으려는 욕구가 있다. 이것은 첫 번째이며 가장 중요하다 (…) (나는 이 점을 생각할수록 놀라게 된다. 그리고 지금까지

이 문제는 아무도 언급하거나 연구하지 않았다.)

그의 의문은 이런 차이에 대한 연구의 전조가 되었다. 그렇지만 매슬로의 욕구단계이론은 초연함과 독립성이라는 특성을 강조하면서 남성과 여성의 본질적인 차이를 간과했다.

유명한 저서 『다른 목소리로』(*In a Different Voice*)에서 캐롤 질리건(Carol Gilligan)은 "지금까지 여성의 심리를 묘사할 때 관계와 상호의존성을 더 많이 지향하는 특징이 일관되게 거론되었다. 이는 여성을 이해할 때 상황적인 판단양식과 다른 도덕적 이해가 필요함을 암시한다. 자아와 도덕성에 대한 여성의 개념은 남성과 다르므로 여성들은 평생 동안 다른 관점을 취하며 다른 우선순위에 따라 경험의 순서를 정한다."(1982, p. 22) 여성들은 인간관계의 맥락에서 자신을 규정할 뿐만 아니라 보살필 수 있는 능력의 기준으로 자신을 판단하기도 한다. 인생에서 여성이 차지하는 위치는 양육자, 보살피는 사람, 조력자, 내조자, 관계의 네트워크를 짜는 사람이며 그런 관계에 의존하는 사람이었다(Gilligan, 1982, p. 17).

여성의 독립성과 개인적인 의존의 특성은 매슬로가 연구할 당시에는 분명하게 구분되어 있지 않았다. 따라서 그의 연구에서는 여성의 가치와 우선순위가 "결핍에 따라 동기화된다"라고 묘사된다.

결핍 때문에 동기가 생긴 사람은 그들의 기본 욕구(사랑, 안전, 존경, 체면, 소속감의 욕구)를 충족시키기 위해서 타인들을 필요로 한다. 그러나 성장을 향해서 동기화된 사람은 타인 때문에 방해를 받을 수도 있다(Maslow, 1970, 142, p. 162).

매슬로는 양성 모두의 자아실현을 정의하려고 시도했지만, 심리적 건강에 대한 그의 정의는 여성의 심리를 근본적으로 표현하지 못한다. 성인기에 이른 사람을 볼 때도 여전히 개성화와 개인적인 성취에 초점을 맞추고 성취를 개인적인 자율성과 동일시하면, 관계에 대한 배려는 인간적인 장점이 아니라 여성의 약점처럼 보이게 된다(Miller, 1976).

상조적인 사회

자아실현자들은 자기 문화에 속한 가치들을 초월한다. 그들은 미국인에 그치지 않고 세계의 시민이며 무엇보다도 인간이라는 종의 일원이다. 그들은 자신이 속한 사회를 객관적으로 바라보면서 어떤 면은 좋아하고 어떤 면은 싫어한다(Maslow, 1971, 144, p. 184).

사회적인 함의

매슬로는 자신의 연구로부터 어떤 사회적·정치적 이론을 끌어낼 수 있을 것인지에 대해 진술하지 않았지만, 건강한(그는 그것을 상조적이거나 유사이키아적이라고 불렀다) 사회에 대한 자신의 개념에서 어느 정도의 아이디어를 개략적으로 묘사했다. 그의 개요는 개인의 완전한 건강과 발달에 대한 자신의 관심과 베네딕트의 후기의 인류학적 연구를 상술하여 결합시킨 것이었다. 베네딕트는 '낮은 시너지'와 '높은 시너지' 사회를 구분하면서 높은 시너지가 "한 가지 행동을 통해 개인의 이익과 집단의 이익을 동시에 충족시켜줄 수 있는 사회질서를 가지고 있다"고 언급했다(in Goble, 1970).

매슬로는 그녀의 기준을 미국 사회에 적용하면서 미국이 시너지가 혼합된 사회임을 발견했다. 즉 사회가 어떤 영역에서는 개인 욕구를 충족시켜주고 성장을 촉진시켜준다. 반면에 다른 영역에서는 욕구를 좌절시키고 발달을 가로막으며 사람들로 하여금 불필요하게 서로, 또 사회와 싸우게 만든다는 것이다(Anderson, 1973).

매슬로는 가치의 단계에 대한 자신의 철학이 내포하는 사회적인 의미를 연구하는 일에 마지막 20년의 대부분을 바쳤다. 이런 연구 결과로 그는 '자본주의적 무정부주의'(capitalist anarchism)라고 표현하면 적당할 듯한 입장을 취하게 되었다. 이때 무정부주의는 동등한 구성원들 사이에서 유익한 협력이 이루어진다는 본래 의미에서 사용되었다(Wilson, 1972, p. 179).

그는 제3의 세력을 단순히 하나의 심리학파라기보다는 세계관이라고 보았으며, 시대정신과 모든 범위의 인간 활동에서 일어나는 근본적인 사고 변화, 모든 사회적 제도에서 일어나는 잠재적인 변화라고 보았다.

이 후기에서는 심리학, 기업, 교육, 과학, 의료 분야에서의 추세들을 살펴보았다. 이 모든 추세는 개인의 성장잠재력에 관한 매슬로의 개척자적 긴 연구가 우리 사회 안에서 점점 더 잘 알려지고 있음을 보여준다.

SRI에서 VALS 프로젝트를 담당했던 아널드 미첼(Arnold Mitchell)은 다음과 같이 썼다. "가치에 근거한 선택이 단순한 능력을 압도하게 된다. 많은 사람들이 스스로 진정 원하는 삶을 선택하기 위해서 자신의 능력을 충분히 발휘할 수 있는 시대가 마침내 도래하고 있다."(1983, p. viii)

그렇지만 이런 선택의 위력과 함께 '사람들이 취하는 자아 성취 전략의 역기능적인 특성'도 나타나게 되었다. 대니얼 얀켈로비치(Daniel Yankelovich)는 사회적 경향과 대중의 태도에 관한 조사를 통해 사람들 사이에서 '나 먼저'라는 태도가 나타나고 있음을 보여주었다. 그는 이것을 '풍요의 심리학'이라고 부르면서 자아실현이 '모든 것을 더 많이' 가지는 것을 정당화하는 방식이라고 해석하는 대다수의 사람들을 지적했다(Yankelovich, 1981, pp. 234-243).

개인적인 엘리트주의가 사회적인 약정이라는 보다 큰 윤리를 희생시킨다는 점이 매슬로에게는 끊임없는 논쟁거리가 되었다. 그리고 그런 논의는 한정된 자원, 핵무기의 딜레마, 인구 증가에 직면한 오늘날의 세계에도 연관이 있다.

불행히도 물리적·경제적 부가 더 높은 욕구 충족에 반드시 기여하는 것은 아니다. 쉽지는 않지만 상위 욕구는 가난 속에서도 충족될 수 있다. 우리가 자동차, 돈, 욕조가 아니라 존경, 사랑, 자아실현을 다루고 있는 것임을 기억한다면 어려운 여건에서도 상위 욕구의 충족은 가능하다(Maslow, in Lowry, 1979, pp. 373-374).

매슬로는 사람들이 내면만을 바라봄으로써 자신을 발견할 수 없을 것이라고 믿었다. 진정으로 주의를 기울인다면 자아의 탐구는 다시 외부로 향해야 하기 때문이다. 레너드는 "1960년대의 반문화는 80년대의 주류 문화에서 중요하고 영향력 있는 부분으로 자리 잡았다. 또한 일부 사람들이 자아실현을 추구하기 위해 자아에 몰두하기도 했다. 하지만 '나 먼저'의 단계는 대체로 임시적이며 사회의식으로 이어지는 여정의 중간역임에 불과하다는 것이 분명해지고 있다"라고 언급했

다.(Leonard, 1983, p. 335)

악의 문제

일부 비평가들은 매슬로가 악과 인간성의 어두운 면을 충분히 다루지 못했으며, 그가 지닌 긍정적인 시각이 그의 발견을 왜곡시켰다고 주장한다. 제2차 세계대전을 치르면서 인종 학살이 벌어졌고 핵무기가 등장했다. 이로 인해 매슬로는 포괄적인 심리학이 선과 악을 모두 고려해야 한다는 사실을 깨달았다. 그는 인간사에서 일어나는 대부분의 악은 무지 때문이라는 입장을 견지했다. 그렇지만 그는 감상적이지 않았으며 약함, 실패, 잔인함이라는 현실을 이해해야 할 필요성을 무시할 수 없었다. 그의 마지막 일기들은 악한 동기의 보편성에 대해 일어나는 내면의 질문과 논의로 가득 차 있다.

나는 폭동, 야비함, 비열함, 의심, 냉소주의에 대한 내용들을 읽는다 (…) 선, 너그러움, 품위와 같은 것들이 현실이라고 주장하는 사람은 나 혼자뿐인 것 같다. 다른 모든 사람들은 침묵하고 있다. 세상에는 선과 악이 공존하며 그 둘은 서로 밀고 당기며 싸운다. 결론이 나지 않는 싸움이다. 그렇지만 선한 사람이 포기하면 싸움에 지게 되어 있다 (Maslow, in Lowry, 1979, p. 1235).

악의 심리학은 매슬로의 또 다른 업적이 되었을지도 모른다. 『사이콜로지 투데이』(*Psychology Today*)와의 인터뷰에서 매슬로는 다음과 같이 언급했다.

"악의 문제는 내가 오랜 기간 풀어보려고 애써왔던 심리학적인 퍼즐이다. 왜 사람들은 잔인하기도 하고 선량하기도 한가? 악한 사람은 드물지만 당신은 대다수의 사람에게서 악한 행동을 발견할 것이다. 삶의 다음 과제로 나는 악을 연구하고 이해하고 싶다."(Maslow, in Hall, 1968, p. 35)

미래의 방향

매슬로는 자아실현자가 전체 인구 중 8퍼센트만 존재해도 세계는 자아실현을 하는 사회가 될 것이라고 말한 바 있다. 미첼은 "그렇게 훌륭한 사람은 변화의 동력이 될 것이다"라고 했다(1983, p. 4). 미첼의 연구는 1990년까지 '내면의 인도를 받는 사람들'(또는 자아실현자들)이 미국 인구의 3분의 1을 차지하게 될 것이라고 예측했다.

에너지, 정치, 공동체의 자조, 소비자운동, 전체론적 보건 등 어떤 쟁점이 되었든 자기 의존과 지역적인 솔선 운동이 앞으로 새로운 신조가 될 것이다. 이렇게 새롭게 진화하는 세계는 새로운 형태의 사회적 조직들을 요구할 것이다.

존 나이스비트(John Naisbitt)는 자신의 베스트셀러 『메가트렌드』(*Megatrends*, 1982)에서 미국 사회에서 나타나는 새로운 경향을 서술했다. 그러면서 중앙집권화된 위계질서에서 분산된 네트워크로 이행하는 변화를 지적했다. 예를 들어 네트워크의 한 형태인 품질관리 집단은 미국 기업에서 직원의 참여와 생산성을 다시 활성화시키는 데 도움을 주었다. 매슬로는 중앙집권화된 산업사회가 발달하는 데 도움이 되었던 전통적인 구조를 이제는 포기해야 할 것이라고 예언했다. 매슬로의 아이디어는 나이스비트가 가지고 있었던 개념, 즉 "생각이 같은 집단이 자연스럽고 평등하게 형성되면서 생겨난 조직과 커뮤니케이션의 네트워크 모델"과 일치한다(p. 251).

오늘날 미국 사회는 집단적인 변화를 가져올 수 있는 여러 요인을 지니고 있다.『물병자리의 음모』(*The Aquarian Conspiracy: Personal and Social Transformation in the 1980's*)에서 메릴린 퍼거슨(Marilyn Ferguson)은 많은 분야에서 매슬로의 시각을 뒷받침해주는 증거들을 확인했다. 퍼거슨은 이렇게 썼다. "운명을 상상하고 과거를 초월하기 위해서 우리는 자신을 알기 시작했으며, 오래된 과학의 한계와 무거운 위계의 위험을 인식하고 지구가 처한 배경을 보게 되었다. 우리는 배우고 변화할 수 있는 우리의 능력을 일깨우게 되었다. 우리는 이제 가능한 사회를 꿈꾸기 시작했다."(1980, p. 142)

미래에는 문화를 가로질러 동기와 자아실현의 패턴을 더 잘 이해하게 될지도 모른다. 매슬로의 업적은 전 세계적으로 응용되고 있다. 그런 맥락에서 개발도상국의 근무 동기를 관찰하거나 동양철학과 매슬로를 비교하는 연구가 진행된다. 매슬로의 이론과 관련지어 연구들을 종합할 필요가 있다. 세계에 초점을 맞춤으로써 국제적인 상승효과가 일어나고 문화 간의 규범과 가치를 더 잘 이해할 수 있을 것이다.

영구적인 수확

심리적 건강을 향한 움직임은 영적인 평화와 사회적인 화합으로 나아가는 움직임이기도 하다.(Maslow, 1971, 144, p. 195)

매슬로의 이론은 농장에서 은행, 명상그룹에서 군대, 양로원에서 유아원에 이르기까지 놀라울 정도로 광범위한 조직과 환경에서 적용되어 왔다. 또한 상업적인 텔레비전 광고뿐 아니라 공중보건 홍보에도 활용되었다.

매슬로의 심리학은 동시대의 정신을 포착하면서 미국인의 삶과 어우러져 만들어졌다. 관찰에 기초한 그의 연구는 우리 문화의 여러 차원에서 끊임없이 확장되고 있다. 그가 『동기와 성격』에 분명하게 피력한 강력한 비전은 우리가 가치를 두는 것, 우리가 생각하고 배우는 방법, 즉 우리가 사는 방법을 깊이 관통하며 영향을 미쳤다.

매슬로의 심리학이 남긴 수확은 여전히 독특한 질문들을 제시하며 우리를 발전하게 한다. 그는 인간세계를 보는 새로운 방법을 열어주었다. 또한 그는 우리를 부상시켜주며 인간 잠재력의 본성을 강조해주고, 우리가 더 멀리 나아갈 수 있도록 격려해주며, 우리 모두 안에 위대함이 존재한다고 일깨워주었다. 궁극적으로 매슬로가 미친 영향의 진실은 우리 각자의 안에 존재하며 보다 완전한 인간이 되려는 우리의 모색으로 표현된다.

『동기와 성격』을 인용한 분야별 저널 목록

『동기와 성격』은 매슬로의 저서들 중 가장 광범위하게 인용되는 책이다. 매슬로의 다른 책들은 일반 대중을 위해서 쓰였지만 『동기와 성격』은 교과서로 널리 사용되었다. 따라서 이 책은 학계에 관련된 사람들에게 더 친숙하다.

다음은 사회과학과 인문학 인용 색인에서 취한 것들이다. 다음의 숫자들은 20년에 걸친 기간에 1954년판과 1970년판 『동기와 성격』이 인용된 횟수를 보여준다.

1966~1970년까지 5년 사이에 300차례 인용되었으며 1971~1976년까지 5년 사이에는 489차례 인용되었다. 그리고 출판된 지 20년이 지난 1976~1980년 사이에 그 내용은 다양한 영역에서 791차례 인용되었다.

1981~1985년 사이에 『동기와 성격』은 550여 차례 인용되었다. 이 책에 대한 사람들의 흥미, 참고 빈도, 도전은 꾸준히 증가하고 있다. 이런 추세는 1985년에 이르러 안정된 것으로 나타나지만 흥미가 감소한다는 증거는 찾아볼 수 없다.

『동기와 성격』을 인용하는 출판물은 놀라울 정도로 다양하다. 매슬로의 이론에 대한 광범위한 관심은 이 연구가 발표되고 처음 5년 사이(1966~1970)에 확립되었으며, 그후 10여 년 사이(1970~1980)에 점점 더 다양해졌다.

심리학의 전반적인 분야를 필두로 교육, 기업, 의학, 간호, 사회 연구 등이 그 뒤를 이어 이 책을 빈번하게 인용하고 있다. 엔지니어링, 유전학, 정치학, 철학, 노인학, 사회비평, 언론, 평화연구, 종교 등의 영역에서도 인용한다.

다음에 열거한 저널들에 나오는 대부분의 논문 요약은 특정 분야와 연구와 관련하여 매슬로의 동기이론과 욕구단계설에 초점을 맞추고 있다. 많은 논문은 매슬로 이론의 타당성을 검증하는 경험적이고 응용적인 연구를 담고 있다.

『동기와 성격』은 다음과 같은 주요 저널에서 가장 빈번하게 인용되었다.

심리학

Journal of Applied Psychology, Psychological Review, Journal of Humanistic Psychology, Journal of Individual Psychology, Journal of Psychology and Theology, Psychology Today, Journal of Counseling Psychology, Journal of Consulting and Clinical Psychology, Personality and Individual Differences, Journal of Personality, Journal of Psychology, Psychology in the School, Journal of Transpersonal Psychology, Psychoanalytic Quarterly, Journal of Marriage and the Family

『동기와 성격』은 사회과학 색인에 포함된 대부분의 심리학 관련 저 널에서 인용된 것으로 보인다.

교육학

Child Development, Harvard Educational Review, Education, Gifted Child Quarterly, American Educational Research Journal, Reading Teacher, Educational Review, Educational Administration Quarterly, Educational Leadership and Journal of Education for Teaching, Adolescence, Language Learning

경영학

Administrative Science Quarterly, Vocational Guidance

Quarterly, Training and Development Journal, Managmant Science, Harvard Business Review, Business Horizons, Joumal of Management Studies, Personnel and Guidance Journal, Organizational Behavior and Human Performance, American Business Law Journal of Business, Management Focus, Joumal of Vocational Behavior

의학, 간호학, 노인학

Journal of the American Medical Association, Journal of Nervous and Mental Diseases, Hospital Administration, Nurse Research, Journal of Nursing Administration and Education, Gerontologist, Gerontology, Aging and Human Development, International Journal of Aging, Aging and Work

사회연구

Pubilc Health Research, Human Relations, Sociology Review, Journal of Social Issurs, Journal of Leisure Research, Horizons, Journal of American Culture, Social problems, Social Service Review, Social Policy, Social Work, Social Science Quarterly, Public Welfare, public Opinion Quarterly, Social Science and Medicine, Health Policy and Education

함께 읽으면 좋은 문헌

인본주의 심리학과 초개인심리학 분야

Assagioli, R. (1972). *Psychosynthesis*. New York: Viking Press.

Boorstein, S. (Ed.). (1980). *Transpersonal Psychotherapy*. Palo Alto, CA: Science and Behavior Books.

Bugental, J. F. T. (1967). *Challenges of humanistic psychology*. New York: McGraw-Hill.

Bugental, J. F. T. (1971). The humanistic ethic — The individual in psychotherapy as a societal change agent. *Journal of Humanistic Psychology, 11*(1), 11-25

Buhler, C., & Allen, M. (1972). *Introduction to humanistic psychology*. Monterey, CA: Brooks/Cole.

Fadiman, J., & Frager, R. (1976). *Personality and personal growth*. New York: Harper & Row.

Fadiman, J., & Speeth, K. (1980) Transpersonal psychotherapy. In R. Herink (Ed.), *The psychotherapy handbook* (pp. 684-686). New York: American library.

Frick, W. B. (1971). *Humanistic psychology interview with Maslow, Murphy and Rogers*. Columbus, OH: Merrill.

Frick, W. B. (1982). Conceptual foundations of self-actualization: A contribution to motivation theory. *Journal of Humanistic Psychology, 22*(4), 33-52.

Geller, L. (1982). The failure of self-actualization theory: A critique of Carl Rogers and Abraham Maslow. *Journal of Humanistic Psychology, 22*(4), 56-73.

Gendlin, E. (1978). *Focusing*. New York: Bentam.

Glasser, W. (1965). *Reality therapy*. New York: Harper & Row.

Goble, F. (1970). *The third force: the psychology of Abraham Maslow.* New York: Grossman.

Goleman, D. (1977). *The varieties of the meditative experience.* New York: Dutton.

Goleman, D., & Davidson. R. (Eds.). (1979). *Consciousness: Brain, states of awareness and mysticism.* New York: Harper & Row.

Greening, T. (1984, Fall). Commentary by the editor. *Journal of Humanistic Psychology*, pp. 3-6

Grof, S. (1975). *Realms of the human unconscious.* New York: Viking

Hall, M. H. (1968, July). A conversation with Abraham Maslow. *Psychology Today*, pp. 35-37, 54-57.

Leonard, G. (1978). *The silent pulse.* New York: Dutton.

LsShan, L. (1977). *Alternative realities: lbe search for the full human being.* New York: Ballantine.

Lowry, R. J. (1973a). *A. H. Maslow: An intellectual portrait.* Monterey, CA: Brooks/Cole.

Lowry, R. J. (Ed.) (1973b). *Dominance, self-esteem, self-actualization: Germinal papers of A. H. Maslow.* Monterey, CA: Brooks/Cole.

Lowry, R. J. (1979). *The journal of A. H. Maslow* (Vol. I & II). Monterey, CA: Brooks/Cole.

May, R. (1967). *Psychology and human dilemma.* Princeton, NJ: Van Nostrand.

McCain, E. W., & Andrew, H. B. (1969). Some personality correlates of peak experiences–A Study in self-actualization. *Journal of Clinical Psychology, 25,* 36-40.

Needleman, J. (1976). *On the way to self knowledge.* New York: Knopf.

Ornstein, R. (1972). *The psychology of consciousness.* San Francisco: Freeman.

Polanyi, M. (1958). *Personal Knowledge.* Chicago: University of Press.

Roberts, T. (1972). *Maslow's human needs hierarchy: A bibliography.* (Report N. SO 005 008). De Kalb: Northern Illinois University, Secondary Professional Education. (ERIC Document Reproduction Service No. ED 069 591).

Roger, C. R. (1942). *Counseling and psychotherapy.* Boston: Houghton Mifflin.

Roger, C. R. (1961). *On becoming a person.* Boston: Houghton Mifflin.

Roger, C. R. (1963). The actualizing tendency. In M. R. Jones (Ed.), *Nebraska Symposium on Motivation* (Vol 11). Lincoln: University of Nebraska Press.

Shostrom, E. (1965). A test for measurement of self-actualization. *Educational and psychological Measurement, 24,* 207-218.

Shostrom, E. (1968). *Bibliography for the P.O.I.* San Diego, CA: Educational and Industrial Testing Service.

Severin, F. (1965). *Humanistic viewpoints in Psychology.* New York: McGraw-Hill.

Smith, M. B. (1973). On self-actualization: transambivalent examination of a focal theme in Maslow's psychology. *Journal of Humanistic Psychology, 13,* 17-33.

Sutich, A. (1961, Spring). Introduction. *Journal of Humanistic Psychology, 1*(1), vii-ix.

Sutich, A. (1976). The emergence of the transpersonal orientation: A personal account. *Journal of Transpersonal Psychology, 1,* 5-19.

Tart, C. (1975a). *States of consciousness.* New York: Dutton.

Tart, C. (1975b). *Transpersonal Psychologies.* New York: Harper & Row.

Walsh, R., & Shapiro, D. (Eds.). (1983). *Beyond health and normality: Exporations of exceptional psychological well being.* New York: Van Nostrand Reinhold.

Walsh, R., & Vauthn, F. (Eds.). (1980). *Beyond ego: Transpersonal dimensions in psychology*. Los Angeles: Tarcher.

White, J. (Ed.). (1974). *Frontiers of consciousness*. New York: Julian Press.

Wilber, K. (1977). *The spectrnm of consciousness*. Wheaton, IL: Theosophical Publishing House.

Wilber, K. (1979). *No boundary*. Los Angeles: Center Publications.

Wilber, K. (1980). *The Atman project*. Wheaton, IL: Theosophical Publishing House.

Wilson, C. (1972). *New pathway in psychology*. Maslow and the post-Freudian revolution. London: Victor Gollancz.

교육 분야

Arieti, S. (1976). *Creativity: The magic Synthesis*. New York: Basic Books.

Brown, G. (1971). *Human teaching for human learning*. New York: Viking.

Canfield, J., & Phillips, M. (1975). A guide to resources in humanistic and transpersonal education. In T. Roberts (Ed.), *Four psychologies applied to education*. New York: Schenkman/Halsted.

Canfield, J., & Wells, H. C. (1976). *100 ways to enhance self-concept in the classroom: A handbook for teachers and parents*. Englewood Cliffs, NJ: Prentice-Hall.

Castillo, G. (1974). *Left-handed teaching*. New York: Praeger.

Fairfied, R. (1971). *Humanistic frontiers in American education*. Englewood Cliffs, NJ: Prentice-Hall.

Ferguson, M. (1973). *The brain revolution*. New York: Taplinger.

Ferguson, M. (1980). *The aquarian conspiracy*. Los Angels: Tarcher.

Gardner, H. (1983). *Frames of mind: The theory of multiple intelligenc-*

es. New York: Basic Books.

Green, E., & Green, A. (1977). *Beyond biofeedback*. New York: Delacorte.

Guest, W. (1985). *Societal change: Implications for education*. Unpublished report to Superintendent of Schools, Rio Linda Unified School District, Rio Linda, CA.

Hendricks, G., & Fadiman, J. (1976). *Transpersonal education: A curriculum for feeling and being*. Englewood Cliffs, NJ: Prentice-Hall.

Hendricks, G., & Willis, R. (1975). *The centering books*. Englewood Cliffs, NJ: Prentice-Hall.

Holt, J. (1970). *Freedom and beyond*. New York: Dutton.

Kohl, H. (1969). *The open classroom*. New York: New York Review Books.

Kozol, J. (1968). *Death at early age*. New York: Houghton Mifflin.

Leonard, G. (1968). *Education and ecstasy*. New York: Delta.

LsShan, L. (1974). *How to mediate: A guide to self-discovery*. Boston: Little, Brown.

Montessori, M. (1967). *The absorbent mind*. New York: Dell.

Miller, J. (1976). *Humanizing the classroom: Models of teaching in affective education*. New York: Praeger.

Morris, R. (1981). An assessment of student perceptions of needs deficiencies. *Education, 102*, 2-18

Naisbitt, J. (1982). *Megatrends: Ten new directions transfonning our lives*. New York: Warner Books.

Neill, A. S. (1960). *Summerhill: A Radical approach to child rearing*. New York: Hart.

Ostrander, S., & Schroeder, L. (1979). *Superlearning*. New York: Delta/Dell.

Pearce, J. C. (1977). *Magical child*. New York: Dutton.

Roberts, J. B., & Clark, F. V. (1976). Transpersonal psychology in education. In G. Hendricks, & J. Fadiman, (Eds.), *Transpersonal education*. Englewood Cliffs, NJ: Prentice-Hall.

Roberts, T. (Ed.). (1975). *Four psychologies applied to education*. New York: Halsted/Schenkman.

Ullman, M, Krippner, S., & Vaughn, F. (1973). *Dream telepathy: Experiments in nocturnal ESP*. New Macmillan.

Vaughan, F. (1979). *Awakening intuition*. New York: Anchor Press/Doubleday.

Weinstein, G., & Fantini, M. (1970). *Toward humanistic education: A curriculum of affect*. New York: Praeger.

비즈니스 및 매니지먼트 분야

Adams, J. (Ed.). (1984). *Transfonning work*. Alexandria. VA: Miles River Press.

Alderrer, C. P. (1972). *Existence, relatedness and growth: Human needs in organizational settings*. New York: The Free Press.

Allen, R. F., & Kraft, C. (1982). *The organizational unconscious*. Englewood Cliffs, N J: Prentice-Hall.

Argyris, C. (1964). *Integrating the individual and the organization*. New York: Wiley.

Argyris, C. (1978). *Participative management*. Reading, MA: Addison-Wesley.

Argyris, C., & Schon, D. (1978). *Organizational learning: A theory of action perspective*. Reading, MA: Addison-Wesley.

Atlas, J. (1984, October). Beyond demographics. *The Atlantic Monthly*, pp. 59-58.

Beauchamp, G. (1982). *Transpersonal management: Application of psychological principles in a business setting.* Unpublished doctoral dissertation. California Institute of Transpersonal Psychology.

Caison, H. (1980). GM's quality of work life efforts: An interview. In F. Schuster (Ed.), *Contemporary issues in human resources management.* Reston, VA: Reston Publishers, Prentice-Hall.

Cleland, D., & King, J. (1979). *Management: A systems approach.* New York: McGraw-Hill.

Dale, E. (1978). *Management: Theory and practice.* New York: McGraw-Hill.

Drucker, P. (1966). *The effective executive.* New York: Harper & Row.

Drucker, P. (1974). *Management tasks, responsibilities, practices.* New York: Harper & Row.

French, W., & Bell, J. (1980). Organizational development, objectives, assumptions and strategies. In F. Schuster (Ed.), *Contemporary issues in human resources management.* Reston, VA: Reston Publishers, Prentice-Hall.

Hackman, J., Oldham, G. (1980). *Work redesign.* Reading, MA: Addison-Wesley.

Hamner, W. (1979). Motivation theories and work applications. In S. Kerr (Ed.), *Organizational behavior.* Columbus, OH: Grid Publishing.

McGregor, D. (1960). *The human side of enterprise.* New York: McGraw-Hill.

Mitchell, A. (1983). *The nine American lifestyles.* New York: Warner Books.

Mitchell, T. (1978). *People in organizations.* New York: McGraw-Hill.

Ouchi, N. (1981). *Theory Z.* Reading, MA: Addison-Wesley.

Pascale, R., & Athow, A. (1981). *The art of Japanese management.* Simon & Schuster.

Peters, T., & Waterman, R., Jr. (1982). *In search of excellence.* New York: Harper & Row.

Sarmiento, F. (1984). *Bringing the spirit back to work: A transpersonal approach to organizational development.* Unpublished doctoral dissertation, California Institute fo Transpersonal Psychology.

Schuster, F. (Ed.). (1980). *Contemporary issues in human resources management.* Reston, VA: Reston Publishers, Prentice-Hall.

Snyder, R., & Williams, R. (1982). Self-theory: An integrative theory of work motivation. *Journal of Occupational Psychology, 55,* 257-267.

Stanton, E. (1982). *Reality centered people management.* New York: Amacom.

Terkel, S. (1982). *Working.* New York: Random House.

Toffler, A. (1980). *The third wave.* New York: Bantam.

Vroom, V., & Deci, E. (Eds.). (1982). *Management and motivation.* New York: Penguin.

Wahba, S., & Bridwell, H. (1976). Maslow reconsidered: A review of research on the need hierarchy theory. *Organizational Behavior and Human Performance, 15,* 616-622.

Williams, A. (1978). *Participative management.* Reading, MA: Addison-Wesley.

Yankelovich, D. (1982). The new psychological contracts at work. In F. Schuster (Ed.), *Contemporary issues in human resources management.* Reston, VA: Reston Publishers, Prentice-Hall .

건강 분야

Caison, R. (1980). The future of health care in United States. In A. Hastings, J. Fadiman, & J. Gordon (Eds.), *Health for the whole person* (pp. 483-495). Boulder, CO: Westiview Press.

Crasilneck, H., & Hall, J. (1975). *Clinical Hypnosis: Principles and applications.* New York: Grune & Stratton.

Duhl, L. J. (1980). The social context of health. In A. Hastings, J. Fadiman, & J. Gordon (Eds.), *Health for the whole person* (pp. 39-52). New York: Grune & Stratton.

Dychtwald, K. (1977). *Bodymind.* New York: Pantheon.

Gordon, J. (1980). The Paradigm of holistic medicine. In A. Hastings, J. Fadiman, & J. Gordon (Eds.), *Health for the whole person* (pp. 3-35). Boulder, CO: Westiview Press.

Graettinger, J. (1978). The results of the NIRMP for 1978. *Journal of Medical Education, 53,* 500-502.

Illich, I. (1976). *Medical nemesis.* New York: Pantheon.

Hastings, H., Fadiman, J. Gordon, J. (Eds.). (1980) *Health for the whole person* (pp. 3-35). Boulder, CO: Westiview Press.

Leonard, G. (1983, December). Abraham Maslow and the new itself. *Esquire Magazine,* pp. 326-336.

Lingemann, H. (1974). *Relieve tension the autogenic way.* New York: Wydon.

Nuernberger, P. (1981). *Freedom from stress—A holistic approach.* Honesdale, PA: Himalayan Publications.

Pelletier, K. R. (1977). *Mind as healer, mind as slayer: A holistic approach to preventing stress disorders.* New York: Delta.

Popenoe, C. (1977). *Wellness.* Washington, DC: Yes! Inc.

Smaules, M., & Bennett, H. (1973). *The well-body book.* New York: Random House.

Shapiro, D., & Walsh, R. (1980). *Meditation: Self regulation strategy and altered states of consciousness.* New York: Aldine.

Sobel, D. (Ed.). (1979). *Ways of health.* New York: Harcourt Brace javonovich.

여성심리학 분야

Friedan, B. (1977). *The feminine mystique*. New York: Dell.

Gilligan, G. (1979). Woman's place in man's life cycle. *Harvard Educational Review, 49*, 431-446.

Gilligan, G. (1982). *In a difference voice: Psychological theory and women's developmnet*. Cambridge, MA: Harvard University Press.

Hall, M. H. (1968, July). A conversation with Abraham Maslow. *Psychological Today*, pp. 35-37, 54-57.

Miller, J. (1976). *Toward a new psychology of women*. Boston: Beacon Press.

Norman, D., Murphy, M., & Gillingan, K. (1982). Sex differences and interpersonal relationships: A cross-sectional sample in the U.S. and India. *Intetnational Journal of Aging and Human Development, 14*(4), 291-305.

Roaldo, M., & Lamphere, L. (1974). *Women, culture and society*. Stanford, CA: Stanford University Press.

상생의 사회 분야

Anderson, W. (1973). *Politics and the new humanism*. Pacific Palisades, CA: Goodyear.

Ferguson, M. (1980). *The aquarian conspiracy*. Los Angeles: Tarcher.

Goble, F. (1970). *The third force: The psychology of Abraham Maslow*. New York: Grossman.

Mitchell, A. (1983). *The nine American lifestyles*. New York: Warner Books.

Naisbitt, J. (1982). *Megatrends: Ten new directions transforming our lives*. New York: Warner Books.

Yankelovich, D. (1981). *New rules: Searching for self-fulfillment in a world turned upside down*. New York: Random House.

에이브러햄 매슬로의 저서 목록

당신이 괜찮은 글을 썼을 때, 그것이 누군가에게 읽힌다는 것이 얼마나 큰 기쁨인가. 그것은 최고의 즐거움이다!

애이브러햄 매슬로

Abraham H. Maslow: A Memorial Volume, 1972, p. 115

1932

1. Delayed reaction tests on primates from the lemur to the orangoutan. (With Harry Harlow and Harold Uehling.) *Journal of Comparative Psychology*, *13*, 313-343.

2. Delayed reaction tests on primates at Bronx Park Zoo. (With Harry Harlow.) *Journal of Comparative Psychology*, *14*, 97-101.

3. The "emotion of disgust in dogs." *Journal of Comparative Psychology*, *14*, 401-407.

1933

4. Food preferences of primates. *Journal of Comparative Psychology*, *16*, 187-197.

1934

5. Influence of differential motivation on delayed reactions in mon-

keys. (With Elizabeth Groshong.) *Journal of Comparative Psychology*, *18*, 75-83.

6. The effect of varying external conditions on learning, retention and reproduction. *Journal of Experimental Psychology*, *17*, 36-47.

7. The effect of varying time intervals between acts of learning with a note on proactive inhibition. *Journal of Experimental Psychology*, *17*, 141-144.

1935

8. Appetites and hungers in animal motivation. *Journal of Comparative Psychology*, *20*, 75-83.

9. Individual psychology and the social behavior of monkeys and apes. *International Journal of Individual Psychology*, *1*, 47-59. Reprinted in German translation in *Internationale Zeitschrift für Individual Psychologie*, 1936, *1*, 14-25.

1936

10. The role of dominance in the social and sexual behavior of infra-human primates: I. Observations at Vilas Park Zoo. *Journal of Genetic Pshchology*, *48*, 261-277.

11. II. An experimental determination of the dominance behavior syndrome. (With Sydney Flanzbaum.) *Journal of Genetic Psychology*, *48*, 278-309. Reprinted in W. Dennis (Ed.), *Readings in general psychology*, Prentice-Hall, 1949.

12. III. A theory of sexual behavior of infra-human primates. *Journal of Genetic Psychology*, *48*, 310-338.

13. IV. The determination of hierarchy in pairs and in groups. *Journal of Genetic Pshchology*, *49*, 161-198.

1937

14. The comparative approach to social behavior. *Social Forces, 15,* 487-490.

15. The influence of familiarization on preferences. *Journal of Experimental Psychology, 21,* 162-180.

16. Dominance-feeling, behavior and status. *Psychological Review, 44,* 404-429.

17. Personality and patterns of culture. In R. Stagner, *Psychology of personality*, McGraw-Hill. Reprinted in S. Britt (Ed.), *Selected readings in social psychology*, Rinehart, 1950.

18. An experimental study of insight in monkeys. (With Walter Grether.) *Journal of Comparative Psychology, 24,* 127-134.

1939

19. Dominance-feeling, personality and social behavior in women. *Journal of Social Psychology, 10,* 3-39.

1940

20. Dominance-quality and social behavior in infra-human primates. *Journal of Social Psychology, 11,* 313-324.

21. A test for dominance-feeling (self-esteem) in college women. *Journal of Social Psychology, 12,* 255-270.

22. *Principles of abnormal psychology: The dynamics of psychic illness.* (With Bela Mittelmann), Harper. Recordes as Talking Book for the Blind.

23. Deprivation, threat and frustration. *Psychological Review, 48,* 364-366. (Included in No. 57.) Reprinted in T. Newcomb and E. Hartley (Eds.), *Readings in social psychology*, Holt, 1947; in M. Marx (Ed.), *Psychological theory: Contemporary readings*, Mac-

millan, 1951; C. Stacey and M. DeMartino (Eds.), *Understanding human motivation*, Howrd Allen, 1958.

1942

24. Liberal leadership and personality. *Freedom, 2,* 27-30.
25. *The Social personality Inventory: A test for self-esteem in women* (with manual), Consulting Psychologists Press.
26. The dynamics of psychological security-insecurity. *Character and Personality, 10,* 331-344.
27. A comparative approach to the problem of destructiveness. *Psychiatry, 5,* 517-522. (Included in No. 57.)
28. Self-esteem (dominance-feeling) and sexuality in women. *Journal of Social Psychology, 16,* 259-294. Reprinted in M. DeMartino (Ed.), *Sexual behavior and personality characteristics*, Citadel Press, 1963; H. M. Ruitenbeek (Ed.), *Psychoanalysis and female sexuality*, College and University Press, 1966.

1943

29. A preface to motivation theory. *Psychosomatic Medicine, 5,* 85-92. (Included in No. 57.)
30. A theory of human motivation. *Psychological Review, 50,* 370-396. (Included in No. 57.) Reprinted in P. Harriman (Ed.), *Twentieth century psychology*, Philosophical Library, 1946; H Remmers, et al. (Eds.), *Growth, teaching and learning*, Harpers 1957; C. Stacey and M. DeMartino (Eds.), *Understanding Human Motivation*, Howard Allen, 1958; W. Lazer and E. Kelley (Eds.), *Managerial marketing*, Richard Irwin, 1958; W. Baller (Eds.), *Readings in psychology of human growth and development*, Holt, Rinehart & Winston, 1962; J. Seidman (Ed.), *The child,*

Rinehart, 1958; L. Gorlow and W. Katkowsky (Eds.), *Readings in the psychology of adjustment*, McGraw-Hill, 1959; I. Heckman and S. Huneryager (Eds.), *Human relations in management*, South-Western, 1960; P. Hountras (Ed.), *Mental hygiene: A test of readings*, Merrill, 1961; J. A. Dyal (Ed.), *Readings in psychology: Understanding human behavior*, McGraw-Hill, 1962; T. Costello and S. Zalkind (Eds.), *Psychology in administration: A research orientation*, Prentice-Hall, 1963; R. Sutermeister (Ed.) *People and productivity*, McGraw-Hill, 1963; H. J. Leavitt and L. R. Pondy (Eds.), *Readings in managerial psychology*, University of Chicago Press, 1964; J. Reykowski (Ed.), *Problemy osobowosci i motywacji w psychologii Amerykanskij*, Warsaw, Panstwowe Wydrwnictwo Naokowe, 1964; D. E. Hamachek (Ed.), *The self in growth, teaching and learning*, Prentice-Hall, 1965; Bobbs-Merrill reprint series, 1966; Y. Ferreira Balcao and L. Leite Cordeiro (Eds.), *O comportamento humano na empresa*, Fundacao Getulio Vargas, Rio de janeiro, 1967; M. S. Wadia (Ed.), *Management and the behavioral sciences*, Allyn & Bacon, 1968; H. Kassarjian and T. Robertson (Eds.), *Perspectives in consumer behavior*, Scott, Foresman, 1968; D. Hampton, C. Summer, and R. Weber (Eds.), *Organizational behavior and the practice of management*, Scott, Foresman, 1968; R. G. Brown, R. Newell, and H. G. Vonk (Eds.), *Behavioral implications for curriculum and teaching*, W. C. Brown, 1969; S. Frey and E. Haugen (Eds.), *Readings in learning*, American Book, 1969; L. D. Grebstein (Ed.), *Toward self-understanding: Studies in personality and adjustment*, Scott, Foresman, 1969.

31. Conflict, frustration and the theory of threat. *Journal of Abnormal and Social Psychology*, *38*, 81-86. (Included in No. 57.) Re-

printed in S. Tomkins (Ed.), *Contemporary psychopathology: A sourcebook*, Harvard University Press, 1943.

32. The dynamics of personality organization I & II. *Psychological Review*, *50*, 514-539, 541-558. (Included in No. 57.)

33. The authoritarian character structure. *Journal of Social Psychology*, *18*, 401-411. Reprinted in P. Harriman (Ed.), *Twentieth century psychology: Recent developments in psychology*, Philosophical Library, 1946; R. S. Ross (Ed.), *Speech-communication*, Prentice-Hall.

1944

34. What intelligence tests mean. *Journal of General Psychology*, *31*, 85-93.

1945

35. A clinically derived test for measuring psychological security-insecurity. (With E. Birsh, M. Stein, and I. Honigman.) *Journal of General Psychology*, *33*, 21-41.

36. A suggested improvement in semantic usage. *Psychological Review*, *52*, 239-240. Reprinted in Etc., *A Journal of General Semantics*, 1947, 4, 219-220.

37. Experirnentalizing the clinical method. *Journal of Clinical Psychology*, *1*, 241-243.

1946

38. Security and breast feeding. (With I. Szilagyi-Kessler.) *Journal of Abnormal and Social Psychology*, *41*, 83-85.

39. Problem-centering vs. means-centering in science. *Philosophy of Science*, *13*, 326-331. (Included in No. 57.)

1947

40.   A symbol for holistic thinking. *Persona, 1,* 24-25.

1948

41.   "Higher" and "lower" needs. *Journal of Psychology, 25,* 433-436.
      (Included in No. 57.) Reprinted in C. Stacey and M. DeMartino
      (Eds.), *Understanding human motivation,* Howard Allen, 1958.
      Reprinted in K. Schultz (Ed.), *Applied dynamic psychology,* Uni-
      versity of California Press, 1958.

42.   Cognition of the particular and of the generic. *Psychological Re-
      view, 55,* 22-40. (Included in No. 57.)

43.   Some theoretical consequences of basic need-gratification. *Jour-
      nal of Personality, 16,* 402-416. (Included in No. 57.)

1949

44.   Our maligned animal nature. *Journal of Psychology, 28,* 273-278.
      (Included in No. 57.) Reprinted in S. Koenig et al. (Eds.), *Sociol-
      ogy: A book of readings,* Prentice-Hall, 1953.

45.   The expressive component of behavior. *Psychological Review,
      56,* 261-272. (included in No. 57.) *Condensed in Digest of Neu-
      rology and Psychiatry,* Jan., 1950. Reprinted in H. Brand (Ed.),
      The study of personality: A book of readings, Wiley, 1954.

1950

46.   Self-actualizing people: A study of psychological health. *Person-
      ality symposia: Symposium #1 on Values,* Grune & Stratton, pp.
      11-34. (Included in No. 57.) Reprinted in C. Moustakas (Ed.), *The
      self,* Harpers, 1956; G. B. Levitas (Ed.), *The World of psychology,*
      George Braziller, 1963; C. G. Kemp (Ed.), *Perspectives on the*

group process, Houghton Mifflin, 1964.

1951

47. Social Theory of Motivation. In M. Shore (Ed.), *Twentieth century mental hygiene*, New York: Social Science Publishers. Reprinted in K. Zerfoss (Ed.), *Readings in counseling*, Association Press, 1952.

48. Personality. (With D. MacKinnon.) In H. Helson (Ed.), *Theoretical foundations of psychology*, New York: Van Nostrand.

49. Higher needs and personality. *Dialectica* (Univ. of Liege) 5, 257-265. (Included in No. 57)

50. Resistance to acculturation. *Journal of Social Issues*, 7, 26-29. (Included in No. 57.)

51. *Principles of abnormal psychology* (rev. ed.). (With Bela Mittelmann), Harper & Bros. Recorded as Talking Book for the Blind. Chapter 16 reprinted in C. Thompson et al. (Eds.), *An outline of psychoanalysis*, Modern Libraty, 1955.

52. Volunteer-error in the Kinsey study. (With J. Sakoda.) *Journal of Abnonnal and Social Psychology*, 47, 259-262. Reprinted in *Sexual behavior in American society*, J. Himelhock and S. Fava (Eds.), Norton, 1955.

53. *The S-I Test (A measure of psychological security-insecurity)*, Consulting Psychologist Press. Spanish translation, 1961, Instituto de Pedagogia, Universidad de Madrid. Polish translation, 1963.

1953

54. Love in healthy people. In A. Montagu (Ed.), *The meaning of love*, Julian Press. (Included in No. 57.) Reprinted in M. DeMartino (Ed.), *Sexual behavior and personality characteristics*, Citadel

Press, 1963.

55. Collede teaching ability, scholarly activity and personality. (With W. Zimmerman.) *Journal of Educational Psychology, 47,* 185-189. Reprinted in U.S. Dept. Health, Education & Welfare, *Case book: Education beyond the high school,* 1958.

1954

56. The instinctoid nature of basic needs. *Journal of Personality, 22,* 326-347. (Included in No. 57.)

57. *Motivation and personality,* Harper & Bros. (Includes papers 23, 27, 29, 30, 31, 32, 39, 41, 42, 43, 44, 45, 46, 49, 50, 54, 56, 59.) Spanish translation, 1963, Sagitario, Barcelona. Selections reprinted in W. Sahakian (Ed.), *Psychology of personality: Readings in theory,* Rand-McNally, 1965. Japanese translation, 1967, Sangyo Noritsu Tanki Daigaku.

58. Abnormal psychology. *National Encyclopedia.*

59. Normality, health and values. *Main Currents, 10,* 75-81. (Included in No. 57.)

1955

60. Deficiency motivaion and growth motivation. In M. R. Jones (Ed.), *Nebraska symposium on motivation: 1955,* University of Nebraska Press. (Include in No. 86.) Reprinted in *General Semantics Bulletin,* 1956, Nos. 18 and 19, 33-42; J. Coleman, *Personality Dynamics and Effective Behavior,* Scott, Foresman, 1960; J. A. Dyal (Ed.), *Readings in psychology: Understanding human behavior,* McGraw-Hill, 1962; R. C. Teevan and R. C. Birney (Eds.), *Theories of motivation and social psychology,* Van Nostrand, 1964.

60a. Comments on Prof. McClelland's paper. In M. R. Jones (Ed.), *Ne-*

braska symposium on motivation, 1955, University of Nebraska Press, pp. 143-147.

60b. Comments on Prof. Old's paper. In M. R. Jones (Ed.), *Nebraska symposium on motivation, 1955,* University of Nebraska Press, pp. 143-147.

1956

61. Effects of esthetic surroundings: I. Initial effects of three esthetic conditions upon perceiving "energy" and "well-being" in faces. (With N. Mintz.) *Journal of Psychology, 41,* 247-254. Reprinted in D. C. Barnlund (Ed.), *Interpersonal communication,* Houghton Mifflin, 1968.

62. Personality problems and personality growth. In C. Moustakas (Ed.), *The self,* Harpers, Reprinted in J. Coleman, F. Libaw, and W. Martinson, *Success in college,* Scott, Foresman, 1961; F. Matson (Ed.), *Being, becoming and behavior,* Braziller, 1967; D. Hamacheck (Ed.), *Human dynamics in psychology and education,* Allyn & Bacon, 1968.

63. Defense and growth. *Merrill-Palmer Quanerly, 3,* 36-47. (Included in No. 86) Reprinted in T Millon (Ed.), *Theories of psychopathology,* Saunders, 1967.

64. A philosophy of psychology. *Main Currents, 13,* 27-32. Reprinted in Etc., 1957, 14, 10-22; J. Fairchild (Ed.), *Personal problems and psychological frontiers,* Sheridan Press, 1957; Manas, 1958, 11, 17 & 18; S. L Hayakawa (Ed.), *Our language and our world,* Harpers, 1959; L. Hamalian and E. Volpe (Eds.), *Essays of our times.* IL McGraw-Hill, 1965; *Forum for correspondence & contact,* 1968, *1,* 12-23. Translated into Urdu in *Fikr-O-Nazar,* Muslim University of Alibarth, India, 1968.

1957

65.   Power relationships and patterns of personal development. In
A Kornhauser (Ed.), *Problems of power in American democracy*,
Wayne University Press.

66.   Security of judges as a factor in impressions of warmth in others.
(With J. Bossom.) *Journal of Abnormal and Social Psychology*,
55, 147-148.

67.   Two kinds of cognition and their integration. *General Semantics
Bulletin*, *20* & *21*, 17-22. Reprinted in *New Era in Home and
School*, 1958, *39*, 202-205.

1958

68.   Emotional blocks to creativity. *Journal of Individual Psychology*,
14, 51-56. Reprinted in *Electro-Mechanical Design*, 1958, *2*, 66-
72; *The Humanist*, 1958, *18*, 325-332; *Best Articles and Stories*,
1959, *3*, 23-35; S. Parnes and H. Harding (Eds.), *A source book
for creative thinking*, Scribners, 1962; *Humanitas*, 1966, *3*, 289-
294.

1959

69.   Psychological data and human values. In A H. Maslow (Ed.),
New knowledge in human values, Harpers. (Included in No. 86.)
Reprinted in B. J. Ard. Jr. (Ed.), *Counseling and psychotherapy:
Classics on theories and issues*, Science & Behavior Books, 1966.

70.   Editor, *New knowledge in human values*, Harpers. Hebrew trans-
lation, Daga Books, Tel-Aviv, Israel, 1968. Paperback edition,
Regnery, 1970.

71.   Creativity in self-actualizing people. In H. H. Anderson (Ed.),
Creativity and its cultivation, Harpers. (Included in No. 86.) Re-

printed in *Electro-Mechanical Design*, 1959 (Jan. & Aug.); *General Semantics Bulletin*, 1959, *24* & *25*, 45-50; L. Nelson and B. Psaltis (Eds.), *Fostering creativity*, S. A. R., 1967.

72. Cognition of being in the peak experiences. *Journal of Genetic Psychology*, *94*, 43-66. (Included in No. 86) Reprinted in *International Journal of Parapsychology*, 1960, *2*, 23-54; B. Stoodley (Ed.), *Society and self: A reader in social psychology*, Free Press, 1962; W. Fullager, H. Lewis, and C. Cumbee (Eds.), *Readings in educational psychology* (2nd ed.), Crowell, 1964; D. E. Hamachek (Ed.), *The self in growth, teaching, and learning*, Prentice-Hall, 1965.

73. Mental health and religion. In *Religion, science and mental health*, Academy of Religion and Mental Health, New York University Press.

74. Critique of self-actualization. I. Some dangers of being-cognition. *Journal of Individual Psychology*, *15*, 24-32. (Included in No. 86.)

1960

75. Juvenile delinquency as a value disturbance. (With R. Diaz-Guerrero.) In J. Peatman and E. Hartley (Eds.), *Festschrift for Gardner Murphy*, Harpers.

76. Remarks on existentialism and psychology. *Existentialist Inquiries*, *1*, 1-5. (Included in No. 86.) Reprinted in *Religious Inquiry*, 1960, *28*, 4-7; R. May (Ed.), *Existential psychology*, Random House, 1961; D. E. Hamachek (Ed.), *The self in growth, teaching and learning*, Prentice-Hall, 1965. Japanese translation, 1965.

77. Resistance to being rubricized. In B. Kaplan and S. Wapner (Eds.), *Perspectives in psychological theory, essays in honor of Heinz*

Werner, International Universities Press. (Included in No. 86.)

78. Some parallels between the dominance and sexual behavior of monkeys and the fantasies of patients in psychotherapy. (With H, Rand and S. Newman.) *Journal of Nervous and Mental Disease, 131*, 202-212. Reprinted in M. DeMartino (Ed.), *Sexual behavior and personality characteristics*, Citadel Press, 1963. Reprinted in W. Bennis et al., *Interpersonal dynamics* (2nd ed.), Dorsey, 1968.

1961

79. Health as transcendence of the environment. *Journal of Humanistic Psychology, 1*, 1-7. (Included in No. 86.) Reprinted in *Pastoral Psychology*, 1968, *19*, 45-49.

80. Peak-experiences as acute identity experiences. *American Journal of Psychoanalysis, 21*, 254-260. (Included in No. 86.) Reprinted in A. Combs (Ed.), *Personality theory and counseling Practice*, University of Florida Press, 1961. Digested in *Digest of Neurology and Psychiatry*, 1961, *439*. Reprinted in C. Gordon and K. Gergen (Eds.), *The self in social interaction* (Vol. I), Wiley, 1968.

81. Eupsychia-The good society. *Journal of Humanistic Psychology, 1*, 1-11.

82. Are our publications and conventions suitable for the personal sciences? *American Psychologist, 16*, 318-319. (Included in No 86.) Reprinted in *WBSI Report* No. 8, 1962; *General Semantics Bulletin*, 1962, *28* & *29*, 92-93; A. A. Hitchcock (Ed.), *Guidance and the utilization of new educational media: Report of 1962 conference*, American Personnel and Guidance Association, 1967.

83. Comments on Skinner's attitude to science. *Daedalus, 90,* 572-573.

84. Some frontier problems in mental health. In A. Combs (Ed.), *Personality theory and counseling practice,* University of Florida Press.

1962

85. Some basic propositions of a growth and self-actualization psychology. In A. Combs (Ed.), *Perceiving, behaving, becoming: A new focus for education. 1962 yearbook of Association for Supervision and Curriculum Development,* Washington, DC. (Included in No. 86.) Reprinted in C. Stacey and M. DeMartino (Eds.), *Understanding human motivation* (rev. ed), Howard Allen, 1963; G. Lindzey and L. Hall (Eds.), *Theories of personality: Primary sources and research,* Wiley, 1965; B. J. Ard, Jr. (Ed.), *Counseling and psychotherapy: Classics on theories and issues,* Science & Behavior and Books. 1966; W. Sahakian (Ed.), *History of psychology: A source book,* Peacock, 1968.

86. *Toward a Psychology of being.* Van Nostrand. (Includes papers 60, 62, 63, 69, 71, 72, 72, 74, 76, 77, 79, 80, 82, 85, 93.) Preface reprinted in *General Semantics Bulletin,* 1962, *28 & 29,* 117-118. Japanese translation, Tuttle, Tokyo, 1964 (Y. Ueda, Translator)

87. Book review: John Schaar, *Escape from authority. Humanist, 22,* 34-35.

88. Lessons from the peak-experience. *Journal of Humanistic Psychology, 2,* 9-18. Reprinted as *WBSI Report,* No. 6, 1962. Digested in *Digest of Neurology and Psychiatry,* 1962, p.340. Reprinted in *Turning On,* 1963, No. 2; R. Farson (Ed.), *Science and human affairs,* Science and Behavior Books, 1965.

89. Notes on being-psychology. *Journal of Humanistic Psychology, 2,* 47-71. Reprinted in *WBSI Report,* No. 7, 1962; H. Ruitenbeek (Ed.), *Varieties of personality theory,* Dutton, 1964; A. Sutich and M. vich(Eds.), *Readings in humanistic psychology,* Free Press, 1969.

90. Was Adler a disciple of Freud? *A note. Journal of Individual Pschology, 18,* 125.

91. Summary comments: Symposium on human values. L. Solomon (Ed), *WBSI Report,* No. 17, 41-44. Reprinted in *Journal of Humanistic Psychology,* 1962, *2,* 110-111.

92. *Summer notes on social psychology of industry and management,* Non-Linear Systems, Inc. (Includes papers Nos. 97, 100, 101, 104.) Edted and improved revision published as *Eupsychian management: A Journal,* Irwin-Dorsey, 1965.

1963

93. The need to know and the fear of knowing, *Journal of Psychology, 68,* 111-125 (Included in part in No. 86.) Reprinted in H. J. Peters and M. J. Bathroy (Eds.), *School counseling: Perspective and procedures,* Peacock, 1968; D. Lester (Ed.), *Explorations in exploration,* Van Nostrand Reinhold, 1969.

94. The creative attitude. *The Structurist, 3,* 4-10. Reprinted as a separate monograph by *Psychosynthesis Foundation,* 1963. Reprinted in *The Ethical Forum,* 1966, No. 5; R. Mooney and T. Razik (Eds.), *Explorations in creativity,* Harper & Row, 1967.

95. Fusions of facts and values, *American Journal of Psychoanalysis, 23,* 117-131. Reprinted in *The Ethical Forum,* 1966, No. 5.

96. Criteria for judging needs to be instinctoid. *Proceedings of 1963 International Congress of Psychology,* North-Holland, Amsterdam, pp. 86-87.

97. Further notes on being-psychology. *Journal of Humanistic Psychology*, *3*, 120-135.

98. Notes on innocent cognition. In L. Schenk-Danzinger and H. Thomas(Eds.), *Gegenwartsprobleme der Entwicklungspsychologie: Festschrift für Charlotte Bühler*, Verlag für Psychologie, Gottingen. Reprinted in *Explortions*, 1964, *1*, 2-8

99. The scientific study of values. *Proceedings 7th Congress of Interamerican Society of Psychology*, Mexico, DF.

100. Notes on unstructured groups. *Human Relations Training News*, *7*, 1-4. (Included in No. 112.)

1964

101. The superior person. *Trans-action*, *1*, 10-13 (Included in No. 112)

102. *Religions, values and peak-experiences*. Ohio State University Press. Chap.3 reprinted in *The Buzz sheet*, Dec.1964. Paperback edition, The Viking Press, 1970.

103. Synergy in the society and in the individual. *Journal of Individual Psychology*, *20*, 153-164 (With L. Gross.) Reprinted in *Humanitas*, 1964, *1*, 161-172; M. C. Katz, *Sciences of and social ethics*, Branden Press, 1969.

104. Further notes on the psychology of being. *Journal of Humanistic Psychology*, *4*, 45-58.

105. Preface to Japanese translation of *Toward a psychology of being*, Seishin-Shobo, Tokyo.

1965

106. Observing and reporting education experiments. *Humanist*, *25*, 13.

107. Foreword to A. Angyal, *Neurosis and treatment: A holistic theory*,

Wiley, pp. v-vii.

108. The need for creative people. *Personnel Administration, 28,* 3-5, 21-22.

109. Critique and discussion. In J. Money (Ed.) *Sex research: New developments.* Holt, Rinehart & Winston, pp. 135-143, 144-146.

110. Humanistic science and transcendent experiences. *Journal of Humanistic Psychology, 5,* 219-227. (Included in No. 115.) Reprinted in *Manas,* July 28, 1965, *18,* 1-8; *Challenge,* 1965, *21 & 22; American Journal of Psychoanalysis,* 1966, *26,* 149-155; E. P. Torrance and W. F. White (Eds.), *Issues and advances in educational psychology,* Peacock, 1969.

111. Criteria for judging needs to be instinctoid. In M. R. Jones (Ed.), *Human motivation: A symposium,* University of Nebraska Press, pp, 33-47.

112. *Eupsychian management: A Journal. Irwin-Dorsey.* (Edited version of No.92.) (Included papers No. 100, 101.) Japanese translation, 1967, Tutle, Tokyo.

113. Art judgment and the judgment of others: A preliminery study. (With R. Morant.) *Journal of Crinical Psychology,* 389-391.

1966

114. Isomorphic interrelationships between knower and known. In G. Kepes (Ed.), *Sign, image, symbol,* Braziller. Reprinted in F. W. Matson and A. Montagu (Eds.), *The human dialogue: Perspective on communication.* Free Press, 1966.

115. *The psychology of science: A reconnaissance.* New York: Harper & Row. (Included paper No. 110.) Paperback edition, Regnery, 1969.

116. Toward a psychology of religious awarenss. *Explorations, 9,* 23-

41.

117. Comments on Dr. Frankl's paper. *Journal of Humanistic Psychology*, *6*, 107-112. Reprinted in A. Sutich and M. Vich (Eds.), *Readings in humanistic psychology*, Free Press, 1969.

1967

118. Neurosis as a failure of personal growth. *Humanitas*, *3*, 153-169. Reprinted In *Religious Humanism*, 1968, *2*, 61-64; W. Bennis et al. (Eds.), *Intetpersonal dynamics* (2nd ed.), Dorsey, 1968.

119. Synanon and eupsychia, *Journal of Humanstic Psychology*, *7*, 28-35. Reprinted in H. Ruitenbeek (Ed.), *Group therapy today*, Atherton, 1969.

120. Preface to Japanese translation of *Eupsychian management*. (Included in No. 128.)

121. A theory of metamotivation: The biological rooting of the value-life. *Journal of Humanistic Psychology*, *7*, 93-127. Reprinted in *The Humanist*, 1967, *27*, 83-84, 127-129; *Psychology Today*, 1968, *2*, 38-39, 58-61; P. Kurtz (Ed.), *Moral problems in contemporary society: Bsays in humanistic ethics*, Prentice-Hall, 1969; A. Sutich and M. Vich (Eds.), *Readings in humanistic psychology*. Free Press, 1969; *Humanitas*, 1969, 4, 301-343; H. M. Chiang and A. H. Maslow (Eds.), *The healthy personality: Readings*, Van Nostrand Reinhold, 1969; *Bobbs-Merrill Reprint Series in Psychology*, 1970.

122. Dialogue on communication. (With E. M. Drews.) In A. Hitchcock (Ed.), *Guidance and the utilization of new educational media: Report of the 1962 conference*, Americn Personnel and Guidance Association, 1-47, 63-68.

123. Foreword to Japanese translation of *Motivation and personality*.

124. Self-actualizing and beyond. In J. F. T. Bugental (Ed.), *Challenges of humanistic psychology*, McGraw-Hill. Reprinted in D. Hamachek (Ed.), *Human dynamics in psychology and education*, Allyn & Bacon, 1968.

1968

125. Music education and peak-experiences. *Music Educators Journal*, 54, 72-75, 163-171. Reprinted in *The arts and education: A new beginning in higher education*, Twentieth Century Fund, 1969.

126. The farther reaches of human nature. *Journal of Transpersonal Psychology*, *1*, 1-9. Reprinted in *Psychological Scene* (South Africa), 1968, *2*, 14-16; *Philosophical Research and Analysis*, 1970, *3*, 2-5.

127. Human potentialities and the healthy society. In H. Otto (Ed.), *Human potentialities*, Warren H. Green.

127a. The new science of man. In papers on *The human potential* for the Twentieth Century Fund.

128. *Toward a psychology of being* (2nd ed.), Van Nostrand. Italian translation, Ubaldini Editore, Rome, 1970.

129. Conversation with Abraham H. Maslow. *Psychology Today*, *2*, 35-37, 54-57.

130. Toward the study of violence. In L. Ng (Ed.), *Alternatives to violence*, Time-Life Books.

131. Some educational implications of the humanistic psychologies. *Harvard Educational Review*, *38*(4), 685-696. Reprinted in *Forum for Correspondence and Contact*, 1969, *2*, 43-52; *California Elementary Administrator*, 1969, *32*, 23-29; *Reflections*, 1969, *4*, 1-13.

132. Goals of humanistic education. *Esalen Papers*.

133. *Maslow and self-actualization* (Film). Psychological Films, Santa Ana, CA.

134. Some fundamental questions that face the normative social psychologist. *Journal of Humanistic Psychology, 8*.

134a. Eupsychian network (mimeographed). (Included in No. 128.)

1969

135. Theory Z. *Journal of Transpersonal Psychology, 1*, (2), 31-47.

136. Various meanings of transcendence. *Journal of Transpersonal Psychology, 1*, 56-66.

137. A holistic approach to creativity. In C. W. Taylor (Ed.), *A climate for creativity: Reports of the Seventh National Research Conference on Creativity*, University of Utah.

138. *The healthy personality: Readings*. (With Hung-Min Chiang), Van Nostrand Reinhold.

139. Notice biographique et bibliographique. *Revue de Psychologie Appliquée, 18*, 167-173.

140. Toward a humanistic biology. *American Psychologist, 24*, 724-735.

141. Humanistic education vs. professional education. *New Direction in Teaching, 2*, 6-8.

1970

142. *Motivation and Personality* (rev. ed.), Harper & Row.

143. Humanistic education vs. professional education. *New Directions in Teaching, 2*, 3-10.

1971

144. *The farther reaches of human nature*, Viking Press (Esalen Se-

ries).

145. *Humanistic psychology: Interviews with Maslow*, Murphy, and Rogers (edited by W. B. Frick), Merrill.

1972

146. *Abraham H. Maslow: A memorial volume*, Brooks/Cole.

1973

147. *A. H. Maslow: An intellectual portrait* (by Richard J. Lowery), Brooks/Cole.

148. *Dominance, self-esteem, self-actualization: Germinal papers of A. H. Maslow* (edited by Richard J. Lowry), Brooks/Cole.

1977

149. Politics 3 (Maslow's notes edited by Robert E. Kantor). *Journal of Humanistic Psychology, 17*(4), 5-20.

1979

150. *The journals of A. H, Maslow* (Vols. I & II) (edited by Richard J. Lowry), Brooks/Cole.

151. Humanistic education. *Journal of Humsnistic Psychology, 19*(3), 13-26.

찾아보기